REISE DURCH HANAUS GESCHICHTE

stadtzeit

Geschichtsmagazin anläßlich des Jubiläums

150 Jahre
Revolution und Turnbewegung
Hanau

1848 - 1998

IMPRESSUM:

Redaktion: Richard Schaffer-Hartmann

Autoren:

Jens Arndt	Hanauer Geschichtsverein 1844
Kurt Blaschek	Hanauer Geschichtsverein 1844
Prof. Dr. Harald Braun	Universität Bremen
Hans Burster	Turngemeinde Hanau 1837 a. V.
Ruth Dröse M. A.	Journalistin
Norbert Engel	Turn- und Sportverein Hanau 1860
Dr. Wolfram Heitzenröder	Archiv und Museum der Stadt Rüsselsheim
Angelika Hentschel	Bibliothek, Museen der Stadt Hanau
Martin Hoppe	Hessisches Puppenmuseum, Hanau-Wilhelmsbad
Marianne Jacoby M. A.	Kulturanthropologin
Hans Kegelmann	Turn- und Sportverein Kesselstadt 1860
Dr. Hartfrid Krause	Historiker
Karl Ludwig Krauskopf	Hanauer Geschichtsverein 1844
Werner Kurz	Redakteur, Hanauer Anzeiger
Dr. Bernhard Lauer	Brüder-Grimm-Museum Kassel
Dr. Eckhard Meise	Hanauer Geschichtsverein 1844
Dr. Anton Merk	Museen der Stadt Hanau
Dr. Rolf Muhs	Deutsches Historisches Institut, London
Angela Noe	Stadtbibliothek Hanau
Alexander Piesenecker	Forscher: Öffentlicher Nahverkehr Rhein-Main-Gebiet
Ingeborg Platz	Hanauer Geschichtsverein 1844
Monika Rademacher	Stadtarchiv Hanau
Dr. Günter Rauch	Kulturamt der Stadt Hanau
Dr. Lars-Oliver Renftel	Geologe
Eugen Heinz Sauer	Pfarrer i. R.
Richard Schaffer-Hartmann	Museen der Stadt Hanau
Prof. Gertalis Schohs	Dipl.-Sportlehrerin i. R.
Prof. Dr. Hans See	Fachhochschule Frankfurt a. M.
Ludwig Sommer	Oberstudienrat i. R.
Sabine Wolfram M. A.	Museen der Stadt Hanau
Hubert Zilch	Hanauer Kulturverein

Korrektur: Angelika Hentschel, Albrecht Eitz

Fotografien: Susanne Friedrich, Frankfurt; Roland von Gottschalck, Bildstelle Hanau; Jürgen Herrmann, Frankfurt; Historisches Museum Frankfurt; Institut für Stadtgeschichte Frankfurt; Museen der Stadt Hanau; Philippa Pfahler, Frankfurt; Hans Pokorny, Hanau; Katrin Röttcher, Frankfurt; Lars-Oliver Renftel, Hanau; Turn- und Sportverein Kesselstadt 1860, Hanau; Richard Schaffer-Hartmann, Hanau; Ursula Seitz-Gray, Frankfurt; Wallonisch-Niederländische Gemeinde Hanau; Hubert Zilch, Hanau

Gesamtherstellung: Hanauer Anzeiger Druck & Verlag

Titelblattgestaltung: Eva Hofmann, Büro für Grafik, Frankfurt

Layout: Willi Hedderich, Hanauer Anzeiger Druck & Verlag

Leihgeber Publikation und Ausstellung: Hessische Landesbibliothek Fulda; Institut für Stadtgeschichte Frankfurt; Universitätsbibliothek Marburg; Brüder-Grimm-Museum Kassel; Staatsbibliothek zu Berlin – Preußischer Kunstbesitz, Handschriftenabteilung; Historisches Museum Frankfurt; Christian Reuel, Neu-Isenburg; Familie Brüggemann, Hanau; Stadtarchiv Hanau; Hans Spindler; Stadtbibliothek Hanau

Anzeigen: Günter Nohl, Werbe- und Verkaufsagentur, Maintal

Herausgeber:
Hanauer Anzeiger;
Magistrat der Stadt Hanau/Museenverwaltung;
Hanauer Geschichtsverein 1844

1. Auflage 3000 Exemplare

ISBN 3-9805307-0-1

© 1998:
Hanauer Anzeiger;
Magistrat der Stadt Hanau/ Museenverwaltung;
Hanauer Geschichtsverein 1844

RÜCKKUNFT DER MIT DEM ULTIMATUM NACH CASSEL GEREISTEN HANAUER DEPUTATION
am 12. März 1848.

INHALT

Hanau in der napoleonischen Zeit
Carl Theodor Reichs Freyherr von Dalberg und das „Großherzogtum
Frankfurt" / Günter Rauch 13

Schlacht bei Hanau / Anton Merk 17

Steine erinnern an die Schlacht / Richard Schaffer-Hartmann 20

Schleifen der Befestigungsanlagen / Anton Merk 22

Die Vereinigung der Alt- und Neustadt Hanau / Günter Rauch 25

Die Hanauer Union zwischen Reformierten und Lutheranern 1818 /
Günter Rauch 28

Die Kurhessische Verfassung von 1831 / Günter Rauch 31

„Die politischen Verhältnisse könnten mich rasend machen" -
Der Sozialrevolutionär Georg Büchner / Marianne Jacoby 33

Die sozialstrukturellen Entwicklungen der Stadt Hanau bis zur Revolution von 1848 / Hans See 35

Pressefreiheit / Richard Schaffer-Hartmann 46

Das Wilhelmsbader Fest - ein Palaver ? -
Von Krawallen, Volksfesten, Restauration und Revolution / Hubert Zilch 49

Dem Zeit(un)geist angemessen? -
Zu den Wilhelmsbader Festen des Hanauer Kulturvereins /
Hubert Zilch 54

Die vormärzliche Aktionsentfaltung der Hanauer Turngemeinde /
Gertalis Schohs 56

Die Zerstörung der Maut in Hanau - die Hanauer Krawalle /
Richard Schaffer-Hartmann 58

Die Garnison Hanau in kurhessischer Zeit / Jens Arndt 67

Die Hanauer Bürgergarde / Jens Arndt 73

Hanauer Bürgergardist als Zinnfigur / Hanauer Märteswein-Vereinigung 79

Die Deutsche Revolution 1848/49 / Harald Braun 80

Am Vorabend der Revolution / Richard Schaffer-Hartmann 82

Das Hanauer Ultimatum / Richard Schaffer-Hartmann 86

Hanau und die Nationalversammlung / Richard Schaffer-Hartmann 94

August Rühl - Verfasser des „Hanauer Ultimatums" / Martin Hoppe 99

Von Hessen nach Deutschland - Die Brüder Grimm und die Einigung der Deutschen / Bernhard Lauer . 102

Der Hessische Abgeordnete des Paulskirchenparlaments - Wilhelm Schulz / Hans See 106

Die Gründung des Deutschen Turnerbundes in Hanau 1848 /
Harald Braun 113

„Turnvater Jahn" 1848 in Hanau - Ein Pamphlet / Hubert Zilch 117

Die Turner und die Revolution 1848/49 / Harald Braun 121

Der Turnerzug nach Baden / Richard Schaffer-Hartmann 123

Der Freischarenzug des Lehrer Roediger / Kurt Blaschek 129

August Schärttner - Ein Lebensbild / Harald Braun/Eugen Sauer .. 134

Karl Marx und Theodor Fontane zu Gast in August Schärttners
Londoner „Flüchtlingskneipe" / Rudolf Muhs 136

INHALT

Die Strafbayern in Hanau / Günter Rauch 141

Die Anfänge der Arbeiterbewegung in Hanau 1848 - 1851 /
Wolfram Heitzenröder 145

Ein Kind des Vormärz -
Die Gründung des Hanauer Geschichtsvereins 1844 /
Karl Ludwig Krauskopf 148

Eine denkwürdige Zeit - Hanauer Bilderbögen / Anton Merk 151

Karikaturen / Anton Merk 158

Hanauer Malerei der Biedermeierzeit / Anton Merk 166

Hanauer Maler - Hanauer Turner / Anton Merk 176

Moritz Daniel Oppenheim / Anton Merk 181

Jüdische Emanzipation / Eckhard Meise 186

Der Telegraf / Richard Schaffer-Hartmann 188

Das Ende des Hanauer Marktschiffes / Eckhard Meise 193

Die nordmainische Eisenbahn / Alexander Piesenecker 197

Die Musik der Revolutionszeit 1848/49 / Ludwig Sommer 204

Über den Hof Trages und den literarischen Kreis der Romantiker / Ruth Dröse 208

Friedrich König - Ein Hanauer Verleger des Vormärz /Angela Noe 211

Wilhelm Ziegler - Chronist der Hanauer Revolution / Inge Platz .. 215

Hanauer Literaten / Angelika Hentschel 217

Das Hanauer Kunsthandwerk des Biedermeier / Anton Merk 221

Hanauer Gold- und Silberschmiedekunst vom 19. Jahrhundert
bis zur Gegenwart/Deutsches Goldschmiedehaus 225

Wilhelmsbad und die Freimaurerei / Werner Kurz 228

Das Hessische Puppenmuseum zeigt Spielzeug aus der Zeit
der Revolution / Martin Hoppe 231

Hanau in der Revolution von 1918/19 / Hartfrid Krause 233

Schloß Philippsruhe / Richard Schaffer-Hartmann 242

Dampfmaschinen und ein Zoo aus Bronze / Richard Schaffer-Hartmann 249

Museum Schloß Steinheim / Sabine Wolfram 251

Das Heimatmuseum Mittelbuchen - 1200 Jahre Buchen / Anton Merk/Sabine Wolfram 254

Buchener Wasser nach Hanau / Lars-Oliver Renftel 255

Die Turngemeinde Hanau 1837 a. V. / Hans Burster 258

Der Turn- und Sportverein 1860 Hanau e. V. / Norbert Engel 261

Der Turnverein Kesselstadt 1860 e. V. / Johannes Kegelmann 265

Katalog und Bildnachweis / Richard Schaffer-Hartmann/Anton Merk 267

Revolution und Turnerbewegung in historischen Bildern / Richard Schaffer-Hartmann 284

Bibliographie / Angela Noe 290

400 Jahre Neustadt 310

Früchtestilleben mit Nelken - Peter Soreau / Anton Merk 311

Kul/tour / Veranstaltungen des Hanauer Kulturamtes 312

Stadtwerke Hanau GmbH
Strom · Erdgas · Trinkwasser · Fernwärme · Hafen

Sie brauchen nur den Hahn aufzudrehen
oder den Schalter zu drücken –
wir liefern zuverlässig und sicher
durch unsere Leitungssysteme
Trinkwasser und Energie
für Ihre Lebensqualität.

Strom: Schon 1898 begann die Stromversorgung in Hanau.
Heute beziehen wir elektrische Energie von der PreussenElektra
und erzeugen Strom selbst umweltschonend im Laufwasser-
kraftwerk Herrenmühle und in Blockheizkraftwerken.

Gas: Die 1848 gegründete „Gasbereitungsanstalt" wurde 1871
städtisch. Heute versorgen wir Sie mit Erdgas aus Holland,
Rußland und Norwegen.

Trinkwasser: Das erste Wasserwerk einer zentralen Trinkwasserversorgung wurde 1890 in Betrieb genommen. Heute ist
Trinkwasser das am besten kontrollierte Lebensmittel. Wir
liefern jährlich rund 5700 Millionen Liter (5,7 Mio Kubikmeter).

Fernwärme: Die Weststadt erhielt 1966 ein zentrales Heizwerk
für 10.000 Einwohner. Heute wird durch Fernleitung aus dem
Großkraftwerk Staudinger auch der Südosten und Osten
der Stadt mit Fernwärme versorgt – z.B. auch das Stadtkran-
kenhaus.

Mainhafen: 1924 wurde der neue Mainhafen fertiggestellt und
1985 modernisiert. Heute betreiben wir an der Großschiffahrts-
straße Rhein-Main-Donau den größten Hafen zwischen Frankfurt und Regensburg – für den Wirtschaftsstandort Hanau.

**Die Stadtwerke Hanau GmbH –
ein Unternehmen im Eigentum der Stadt.
Damit Sie in Hanau gut leben können.**

Veranstaltungen

26. Februar - 2. Juli:

Vortragsprogramm der Volkshochschule Hanau

18 Vorträge zum Thema
Hanau und die Revolution von 1848/49

Jeweils 19.30 - 21.00 Uhr, VHS-Gebäude,
Philippsruher Allee 22

Der Besuch der Vorträge ist gebührenfrei!

Ausführliche Informationen entnehmen Sie dem
Programm-Magazin Frühjahr/Sommer 1998

Bürger-Gardist
Hanau 1848.

1. März, 11.30 Uhr:

Hessisches Puppenmuseum, Wilhelmsbad
Ausstellungseröffnung „**Wilhelmsbad 1848 - Spielzeug aus der Zeit der Revolution**"
Ausstellungsdauer bis 28. Juni

Offizier der
Bürgergarde
Hanau 1848.

21. März, 11 Uhr: Comoedienhaus Wilhelmsbad

Preisverleihung: **14. Fabulierwettbewerb der Hanauer Schulen**
Sport, Spiel und Tanz machen unsere Stadt lebendig!
Das Thema bezieht sich auf die „Sportstadt Hanau" als
Gründungsort des Deutschen Turnerbundes 1848

3. April - 29. Mai:

Stadtbibliothek Hanau, Schloßplatz 2

Die Bibliothek in der Bibliothek - Lesestoff und Lesegewohnheiten um 1848
Öffnungszeiten der Bibliothek

April: Sparkasse Hanau, Marktplatz

Friedrich König - ein Hanauer Verleger des Vormärz
Kämpfer für die Pressefreiheit
Sonderausstellung der Stadtbibliothek
Öffnungszeiten der Sparkasse

3. April, 18.00 - 20.00 Uhr:

Wallonisch-Niederländische Kirche

Festakt des Deutschen Turnerbundes zum 150. Gründungstag in der Wallonischen Kirche Hanau 1848
im Anschluß (20.00 - 21.00 Uhr) **Festauszug** von der
Wallonisch-Niederländischen Kirche zur Stadthalle
mit Stationen auf dem Marktplatz vor dem Neustädter
Rathaus, am Schwanenbrunnen auf dem Freiheitsplatz, am Altstädter Markt vor dem Deutschen Goldschmiedehaus

Tambourmajorstab, Turn-Verein Hanau

4. April, 12.00 - 14.00 Uhr:

Schloß Philippsruhe, Weißer Saal

Ehrung der 1848 gegründeten Turnvereine durch den Deutschen Turnerbund und die Stadt Hanau

4. April, 19.00 Uhr: August-Schärttner-Halle

Turnschau

Hanauer Turnvereine, Turngau Offenbach-Hanau, Deutscher Turnerbund

4. - 9. April 1998

Hanauer Literaten im Literaturtelefon -
0 61 81/2 41 41 - Karl Gutzkow
Die Ausstellung „150 Jahre Revolution und Turnbewegung Hanau 1848 - 1998" wird vom Hanauer Literaturtelefon mit ausgewählten Texten der Zeit begleitet

5. April, 10.00 Uhr: Marienkirche

Gottesdienst in Erinnerung an die gottesdienstliche Feier am 13.3.1848, Kirchenrat Pfarrer Jörn Dulige, Beauftragter der evangelischen Kirchen bei der Hessischen Landesregierung

5. April, 15.00 Uhr:

Schloß Philippsruhe, Weißer Saal
Eröffnung der historischen Ausstellung
150 Jahre Revolution und
Turnerbewegung Hanau 1848-1998

Ausstellungsdauer bis 21. Juni

Öffnungszeiten: Dienstag - Sonntag 11.00 - 18.00 Uhr

10. - 16. April

Hanauer Literaturtelefon 0 61 81/2 41 41 -
Karl Gutzkow

17. - 23. April

Hanauer Literaturtelefon 0 61 81/2 41 41 -
Emanuel Geibel

24. - 30. April

Hanauer Literaturtelefon 0 61 81/2 41 41 -
Friedrich Rückert

1. - 7. Mai

Hanauer Literaturtelefon - 0 61 81/2 41 41 -
Friedrich Rückert

5. Mai, 14.30 Uhr:

Museum Hanau, Schloß Philippsruhe

Hanau 1848 in die Schule tragen - Die Ausstellung als Beitrag zur regionalen Geschichte, Gespräche und Diskussion, in Zusammenarbeit mit dem Hessischen Landesinstitut für Pädagogik, Bruchköbel

Schellenbaum
der Bürgergarde

8. - 14. Mai
Hanauer Literaturtelefon - 06181/2 41 41 –
Karl Spindler

15. - 21. Mai
Hanauer Literaturtelefon - 06181/2 41 41 -
Karl Spindler

22. - 28. Mai
Hanauer Literaturtelefon - 06181/2 41 41 -
Karl von Ben(t)zel-Sternau

29. Mai - 4. Juni
Hanauer Literaturtelefon - 06181/2 41 41 -
Heinrich Joseph König

5. - 11. Juni
Hanauer Literaturtelefon - 06181/2 41 41 -
Heinrich Joseph König

12. - 18. Juni
Hanauer Literaturtelefon - 06181/2 41 41 -
Jacob Grimm

15.- 18. Juni, 9.00 - 19.00 Uhr:
Hauptbahnhof Hanau
ZeitZug 1848 - Für die Freiheit streiten
Ausstellungszug mit Stationen in 100 Orten Deutschlands

16. Juni, 10.00 Uhr:
Weißer Saal, Schloß Philippsruhe

Symposium und Preisverleihung des *Förderpreises für Hessische Heimatgeschichte 1998* Thema „Lokale Spuren demokratischer Bewegung des Vormärz in Hessen"

Informationen: Hessische Akademie der Forschung und Planung im ländlichen Raum, Bad Karlshafen

21. Juni:
Historische Kur- und Badeanlage Wilhelmsbad
4. Wilhelmsbader Fest, politisches Volksfest des Hanauer Kulturvereins im Gedenken an das Wilhelmsbader Fest am 22. Juni 1832

Änderungen im Programm vorbehalten

Folgende Artikel stehen zum Verkauf:

150 Jahre Revolution und Turnerbewegung Hanau 1848
Publikation zum Jubiläum im Verlag des Hanauer Anzeigers
Über 20 Autoren schrieben ca. 50 Textbeiträge, reich bebildert

Gedenkmedaille, Silber 35 mm

Postkarten zum Jubiläum

Der Hanauer Bürgergardist
Zinnfigur, vollplastisch, blank oder bemalt
Hanauer Märteswein-Vereinigung

August Schärttner
Zinnfigur, vollplastisch, blank oder bemalt
Hanauer Märteswein-Vereinigung

August Schärttner
Anstecknadel, silber und silber-vergoldet
Museum der Stadt Hanau, Schloß Philippsruhe

„Hanau und die Revolution 1848/49"
Vortragsreihe

Do, 26.02.98	Hessen in der Revolution 1848/49	Erhard Bus
Do, 05.03.98	Deutschland in der ersten Hälfte des 19. Jahrhunderts	Dr. Günter Rauch
Do, 12.03.98	Geschichte der jüdischen Gemeinde in Hanau: Das Kulturdenkmal „Jüdischer Friedhof"	Dr. Eckhard Meise
Do, 26.03.98	Von der Rebellion zur Reaktion: Wilhelmsbad in den Jahren 1830 bis 1850	Martin Hoppe
Do, 02.04.98	„Aufbruch zur Freiheit" im Vormärz: Der revolutionäre Student Georg Büchner	Marianne Jacoby
Do, 16.04.98	Kant, Fichte und Hegel: Die deutsche Philosophie zwischen Aufklärung und Revolution	Joachim Volke
Do, 23.04.98	Berühmte Hessen in der Revolution 1848/49	Erhard Bus
Do, 30.04.98	Hanauer Bilderbögen aus der Zeit des Vormärz und der Revolution: Die Bilderbögen des Johann Heinrich Fiedler	Dr. Anton Merk
Do, 07.05.98	Hessische Abgeordnete in der Frankfurter Nationalversammlung: Am Beispiel von Jacob Grimm und Wilhelm Schulz	Prof. Dr. Hans See
Do, 14.05.98	Hanauer Stadtbaugeschichte in der ersten Hälfte des 19. Jahrhunderts: Das Zeitalter der beginnenden Industrialisierung	Richard Schaffer-Hartmann
Do, 28.05.98	Die Anfänge der Hanauer Arbeiterbewegung um 1850	Dr. Wolfram Heitzenröder
Do, 04.06.98	Wilhelm Ziegler - Chronist der Hanauer Revolution 1848/49	Ingeborg Platz
Fr, 05.06.98	Die Frankfurter Paulskirche - ein Symbol der Freiheit. Frankfurter Bau- und Kulturdenkmäler bis 1848	Angelika Schmid
Sa, 06.06.98 (Ffm)	Kunstgeschichtliche Stadtführung: Frankfurt zwischen Paulskirche, Römerberg und Dom	Angelika Schmid
Fr, 19.06.98	Frankfurt in der Revolution 1848/49	Erhard Bus
Sa, 20.06.98 (Ffm)	Geschichtliche Stadtführung: Frankfurt in der Revolution 1848/49 (mit Ausstellungsbesuch in der Kunsthalle „Schirn")	Erhard Bus
Do, 25.06.98	Hanauer Künstler und die Revolution 1848/49: Die Hanauer „Turner-Maler"	Dr. Anton Merk
Do, 02.07.98	Marx und Schopenhauer: Die deutsche Philosophie zwischen Revolution und Resignation	Joachim Volke

Die Vorträge finden in der Regel donnerstags von 19.30 - 21.00 Uhr im VHS-Gebäude, Philippsruher Allee 22 (Erdgeschoß), statt. Der Besuch der Vorträge ist gebührenfrei. Nähere Informationen Programm-Magazin für Frühjahr/Sommer 1998, Tel. 0 61 81 / 9 23 80-0

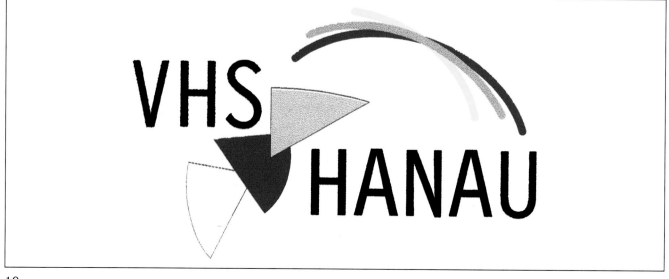

Revolution und Turnerbewegung

Das Jahr 1998 steht in zahlreichen Orten Deutschlands ganz im Zeichen der 150. Wiederkehr der Revolution von 1848/49. Unter dem Slogan *Für die Freiheit streiten* findet eine Vielzahl von Veranstaltungen bundesweit statt. Ein verbindendes Element hierzu wird der *ZeitZug* sein. Er wird in diesem und im nächsten Jahr in mehr als 100 Städten Deutschlands Station machen, und bietet den interessierten Bürgern Informationen über die Ereignisse vor 150 Jahren. Hanau wird eine wichtige Station sein, denn die Bedeutung, die der Nationalversammlung in der Paulskirche in Frankfurt am Main für das gesamte Deutschland zukommt, diese Bedeutung kommt der Stadt Hanau für das damalige Kurfürstentum Hessen zu. Die mutigen Bürger der Stadt forderten von ihrem reaktionären Landesherrn in Kassel ultimativ bürgerliche Freiheiten, die im *Hanauer Ultimatum* von August Rühl, dem späteren Oberbürgermeister, formuliert waren. Mit unbeschreiblichem Jubel wurde die Ankunft der erfolgreich nach Kassel gereisten Hanauer Deputation am 12. März 1848 aufgenommen. Die Bürger der Stadt hatten sich eine *Republik Hanau* geschaffen, denn im bestimmenden Volksrat waren alle Bevölkerungsgruppen vertreten ebenso wie in der bewaffneten *Volksarmee*, die aus Bürgergarde, Turnerwehr und Arbeiterfreischar bestand. Das republikanische, also politisch links orientierte Hanau hob sich auch von der allgemeinen politischen Entwicklung in den deutschen Ländern deutlich ab. Die Mehrheit der in der Paulskirche tagenden Abgeordneten deutscher Länder in der Nationalversammlung war noch konstitutionell-monarchistisch gesinnt.

Bundesweit kommt Hanau als dem Gründungsort des *Deutschen Turnerbundes* damals und heute eine nationale Geltung zu. Bereits 1952 beging man hier den 100. Jahrestag dieser Gründung vom 2. bis 4. April 1848 in der *Wallonischen Kirche* mit einem *Deutschen Turntag* in unserer Stadt. Aufgrund der allgemeinen Not und der politischen Verhältnisse im kriegszerstörten Deutschland fand die Wiedergründung des *Deutschen Turnerbundes* unter demokratischen Verhältnissen erst nach 104 Jahren statt. Am diesjährigen Jubiläumswochenende vom 3. bis 5. April wird der 150. Jahrestag des Deutschen Turnerbundes und der revolutionären Ereignisse mit entsprechenden Veranstaltungen begangen werden.

Das vorliegende Geschichtsmagazin informiert über die Geschichte in und um unsere Stadt in der ereignisreichen Epoche der ersten Hälfte des vorigen Jahrhunderts und gibt einen Überblick auf die zahlreichen Veranstaltungen zu diesem Jubiläum.

Mit der politischen Revolution ging zeitweise die *industrielle Revolution* einher, deren konkreter Ausdruck die Eröffnung der Eisenbahnlinie von Hanau-West nach Frankfurt-Ost am 9. und 10. September 1848 war. Das industriell weit entwickelte Hanau dieser Zeit zählte somit sowohl zu den politisch wie auch wirtschaftlich bedeutendsten Städten Hessens. Der wesentliche Grundstein zu dieser Entwicklung war vor damals 250 Jahren mit dem Bau der Neustadt durch Wallonen und Niederländer calvinistischen Glaubens gelegt worden. In unserer Zeit gedenkt Hanau mit dem Doppeljubiläum *400 Jahre Wallonisch-Niederländische Gemeinde und Neustadt Hanau 1597/1997* und dem diesjährigen Doppeljubiläum *150-Jahre Revolution und Turnerbewegung 1848/49* bedeutender historischer Ereignisse, die, wie in der Vergangenheit, die Stadt in Deutschland und teilweise darüber hinaus bekannt machen. Am Ende des 20. Jahrhunderts ist uns die Erinnerung an markante Ereignisse in der Geschichte unserer Stadt, die uns mit Stolz erfüllen, zugleich ein Ansporn für die Gestaltung ihrer Zukunft im dritten Jahrtausend.

Margret Härtel
Oberbürgermeisterin

Klaus Remer
Sport- und Kulturdezernent

„Wir wollen sein ein einzig Volk von Brüdern,
In keiner Not uns trennen und Gefahr.
Wir wollen frei sein, wie die Väter waren, ..."

Turnschwester und Turnbruder

Diese Anrede wird heute fast jeder belächeln – und doch ist sie Ausdruck der deutschen Sehnsucht nach einem freien, demokratischen und geeinten Staat. Diese Anrede verkörpert die Idealvorstellung von **liberté**, **egalité** und **fraternité**, verschmilzt sie geradezu in einem Wort, nämlich „Schwester" oder „Bruder".

In Hanau wurde 1817 zum ersten Mal öffentlich geturnt. Die Turner organisierten sich in einer Gesellschaft, über die nachzulesen ist:

> Alle Anordnungen und Gesetze gingen durch Beschlüsse von der Gesellschaft selbst aus. Turnwart und Vorturner oder Anmänner wurden gewählt und bildeten den Turnrat. In diesem Turnrat saßen die jungen, kleinen Vorturner, kaum 14 Jahre alt, mit gleichem Beratungs- und Stimmrecht wie die Alten. Der Beitritt zur Gesellschaft stand jedem frei.

Friedrich Schillers Verse aus dem 1804 vollendeten Schauspiel „Wilhelm Tell" formulieren beispielhaft die politischen Wünsche und Sehnsüchte der Deutschen in der ersten Hälfte des 19. Jahrhunderts. Einheit und Freiheit: ein demokratischer deutscher Nationalstaat sollte die politische Heimat aller Deutschen sein. In den Kriegen gegen Napoleon hatte man der Führerschaft der Fürsten, vor allem des preußischen Königs, vertraut und war betrogen worden. 1848 wollte man dieses Ziel selbst, ohne und gegen die Fürsten, auf dem Weg der Revolution erreichen. Doch man hatte sich zu viel vorgenommen. Die alten Machtstrukturen und die aus dem Mittelalter überkommenen Grenzen ließen in Europa demokratische Nationalstaaten nicht zu.

Noch nicht? Bedenkt man, daß eine Neuordnung Europas nach eindeutigen nationalen und zugleich demokratischen Prinzipien weder 1919 noch 1945 gelang, daß auch nach den Katastrophen des Ersten und des Zweiten Weltkriegs das Ziel eines demokratischen deutschen Nationalstaates Makulatur blieb, wird man das Scheitern der Männer von 1848/49 nicht mehr besserwisserisch bemäkeln. Sie haben es ernsthaft versucht, und für eine kurze Zeit waren ja alle vorwärts drängenden Kräfte in gemeinsamem Bemühen vereint.

Die Revolutionäre von 1848/49 haben für ihr großes Ziel Leben und Existenz aufs Spiel gesetzt. Sie sind die Vorbilder und sie haben die Traditionen geschaffen, auf die sich ein demokratisches deutsches Nationalbewußtsein berufen kann. Wenn wir es nur wollten - das bewußte Annehmen dieser Traditionen und das bewußte Erinnern an 1848 könnten nicht unbedeutende Integrationsfaktoren für das heutige Deutschland sein.

Dr. Eckhard Meise
Vorsitzender des Hanauer
Geschichtsvereins

Freiwilliges Eintreten für die Allgemeinheit und zum Wohl der Mitbürger,

> wie das Gründen eines freiwilligen Turnfeuerwehr-Korps in Hanau

Freiwilliges Eintreten gegen offensichtliche Ungerechtigkeit der Obrigkeit,

> wie die Beerdigung eines Mitbürgers am 16.12.1847 auf dem Hanauer Friedhof in der gewöhnlichen Reihe, obwohl dieser laut Ministererlaß auf einem gesonderten Platz wie ein Selbstmörder beerdigt werden sollte – letzteres führte zu einer polizeilichen Verfügung, die Turngemeinde 1837 Hanau aufzulösen.

Freiwilliges Eintreten für demokratische Neuerungen unter Einsatz des eigenen Lebens

> wie der Ausmarsch der Turnerwehr 1849 zur Rettung der in Baden ausgerufenen Republik (Kampf gegen Reichstruppen und preußische Einheiten)

war Spiegelbild des politischen Denkens und Handelns der Hanauer Turner.

Es wundert deshalb nicht, daß die von den Hanauer Turnern eingeforderten demokratischen Grundrechte, wie sie im Hanauer Ultimatum vom 9. März 1848 ihren Niederschlag gefunden haben, im Grundgesetz der Bundesrepublik Deutschland in moderner Sprache nachgelesen werden können.

Walter Mosler
Vorsitzender
Turngemeinde 1837 Hanau a. V.

Hanau in der napoleonischen Zeit

In den zwei Jahrzehnten zwischen 1795 und 1815 erfuhr Deutschland tiefgreifende politische, gesellschaftliche und territoriale Veränderungen.

Am Anfang stand die Französische Revolution vom Sommer 1789 mit dem Sturz des absolutistischen Königtums und der Verkündigung der Menschen- und Bürgerrechte unter der Parole „Freiheit - Gleichheit - Brüderlichkeit".

Das neue Frankreich verband mit der Propagierung der revolutionären Ideale sehr rasch die machtpolitische Forderung nach „natürlichen Grenzen": d. h. dem gesamten linken Rheinufer. Während England - aus altem Machtinstinkt gegen das Aufkommen einer Vormacht auf dem Kontinent - Frankreich vom Anfang bis

Carl Theodor von Dalberg

on Bonaparte als Erster Konsul 1799 die Macht an sich gerissen; ab 1804 war er „Kaiser der Franzo-

mer, Abteien - enteignet wurden (Säkularisierung) und eine Vielzahl kleinerer weltlicher (Grafschaften, Reichsstädte) gleich mit (Mediatisierung).

Die riesige Transaktion war einer „Reichsdeputation", einem Ausschuß des Reichstages von acht Mitgliedern, übertragen, der unter massivem französischen und russischen Druck den „Reichsdeputationshauptschluß" (Februar 1803) zustande brachte.

Nicht säkularisiert wurde der vornehmste geistliche Reichsfürst, der Erzbischof von Mainz, zugleich Kurfürst und Erzkanzler. Das war seit 1802 Carl Theodor von Dalberg.

Dalberg, 1744 geboren, war ein außergewöhnlicher Mann. Er hatte

Carl Theodor von Dalberg und das „Großherzogtum Frankfurt"

zum Ende hart und fest bekämpfte, trieben die anderen Großmächte (Rußland, Österreich, Preußen) lange eine fahrige, vielfach egoistische und unkoordinierte Politik, die im Ergebnis Frankreich immer wieder als Sieger sah.

So wurden die Jahre von 1792 bis 1815 für Europa eine Phase fast pausenloser Kriege, die einen zutiefst erschöpften Kontinent hinterließen.

Frankreich hatte sein erstes Ziel faktisch schon im Herbst 1794 erreicht: Zwei Jahrzehnte lang blieben die linksrheinischen Gebiete unter seiner Herrschaft. Preußen erkannte das bereits 1795 an, Österreich - zugleich im Namen des Reiches - dann 1801. Inzwischen hatte in Frankreich Napole-

sen". Seine Herrschaft war praktisch eine Militärdiktatur, aber zwei wesentliche revolutionäre Errungenschaften blieben erhalten: Die Einteilung des Landes, auch des eroberten, in Departements, Arrondissements und Mairies; und die Sicherung der bürgerlichen Freiheiten durch den Code civil (auch Code Napoléon).

Im deutschen Reich mußten also die Reichsstände, die linksrheinische Verluste erlitten hatten, nach 1801 im rechtsrheinischen Reichsgebiet entschädigt werden. Darüber brach das Gefüge des alten Reiches zusammen. Das Problem wurde nämlich, ebenso einfach wie brutal, im wesentlichen dadurch gelöst, daß die geistlichen Reichsstände - Erzbistümer, Bistü-

im Mainzer Kurstaat schnell Karriere gemacht und war schon 1771 Statthalter im (mainzischen) Erfurt geworden. Seit 1787 war er zudem Koadjutor mit dem Recht der Nachfolge als Kurfürst, die sich aber hinzog. Als Vertreter eines weltoffenen Katholizismus lag ihm die Verbindung von Aufklärung und Religion am Herzen; mit Goethe, Schiller und vielen anderen wissenschaftlichen und Geistesgrößen stand er in regem Austausch; seine geistigen und literarischen Interessen waren überaus weitgespannt; bei einer Vielzahl von Themen hat er selbst zur Feder gegriffen. Aus dem Adel des alten Reiches stammend, lag ihm dessen Bewahrung in stürmischen Zeiten am Herzen. Daran ist er schließlich gescheitert. Seine oft lavierende, zwiespältige Haltung hat ihm bei Zeitgenossen und mehr noch der Nachwelt viel Kritik und wenig Lob (aber immerhin etwa von Goethe und Humboldt) eingetragen. Eines haben aber auch seine schärfsten Gegner nicht bestritten: Daß ihm das Wohl der ihm anvertrauten Menschen und Länder ein echtes Anliegen, daß er ein ausgezeichneter Regent und ein vorbildlicher, wohlmeinender Landesvater war, übrigens auch ein untadeliger Seelsorger.

Als Dalberg Erzbischof wurde, war der größte Teil seines Kurstaates samt der - linksrheinischen - Metropole Mainz verloren. Entschädigt wurde er mit den „Fürstentümern" Aschaffenburg und Regens-

burg sowie der „Grafschaft" Wetzlar, also denkbar auseinanderliegenden Gebieten. Noch blieb er Kurfürst und Kurerzkanzler und bekam den Titel „Fürst-Primas" für das rechtsrheinische Deutschland.

Aber das dauerte nicht lange. Im Juli 1806 gründete Napoleon - nach seinem Sieg über Rußland und Österreich - den „Rheinbund", ein Satellitensystem aus 16 Fürsten im mittleren und südlichen Deutschland unter französischem Protektorat. Dem Kaiser standen für jeden Krieg auf dem Festland die Soldaten der Bundesstaaten zur Verfügung. Das alte Reich hörte zu bestehen auf, Kaiser Franz II. nannte sich seit 1806 „Kaiser von Österreich".

Daß der Fürst-Primas Dalberg dem Rheinbund beitrat, versteht sich von selbst. Er erhielt jetzt noch die bisherige Freie Reichsstadt Frankfurt.

Das Fürstentum (früher Grafschaft) Hanau als Teil der Landgrafschaft und neuerdings (1803) des Kurfürstentumes Hessen-Kassel hatte seit Jahren unter Truppendurchzügen und Einquartierungen zu leiden gehabt, war aber von den territorialen Umwälzungen noch nicht berührt worden. Das wurde nun anders.

Kurfürst Wilhelm I. hatte es trotz französischem Drängen abgelehnt, dem Rheinbund beizutreten und sich aus alter Anhänglichkeit an Preußen neutral erklärt. Im Oktober 1806 schlug Napoleon Preußen zu Boden und ließ, auf russische Intervention, nur einen Rumpfstaat bestehen. Dem Kurfürsten von Hessen erging es schlechter. Obwohl er am Krieg nicht beteiligt war, wurde er Anfang November 1806 kurzerhand vom Kaiser abgesetzt und ging ins Exil.

Sein Land wurde zerschlagen. Der weitaus größte Teil gelangte an das neugeschaffene Königreich Westphalen unter Napoleons Bruder Jérôme (natürlich jetzt im Rheinbund). Hanau hingegen kam (ebenso wie das ehemalige Bistum Fulda) als „reservierte Provinz" unter direkte französische Herrschaft und Verwaltung. Oberster Gouverneur

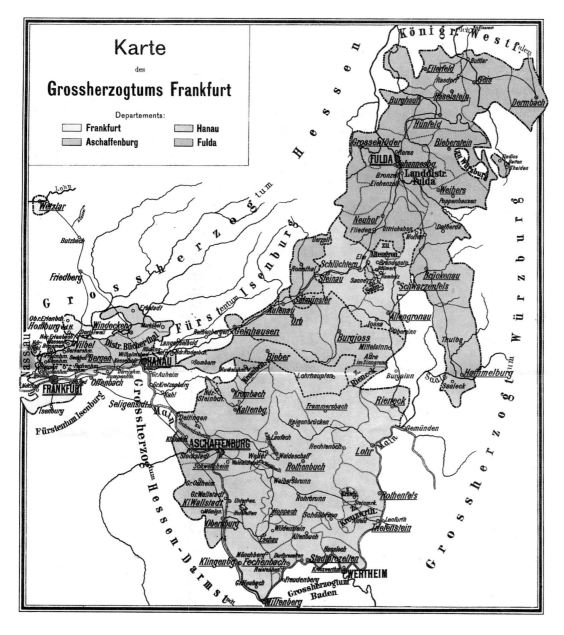

wurde der alte Marschall François Kellermann, der in Mainz residierte.

Vier Jahre dauerte in Hanau die „Franzosenzeit". Das ist eine kurze Spanne, aber sie brachte eine entscheidende Veränderung im Stadtbild. Am 3. November 1806 ergriffen die Franzosen von Hanau Besitz. Schon eine Woche später wurde die Entfestung verfügt und begonnen. Sie war Ende 1807 beendet (die Festungswerke waren freilich schon seit langem veraltet, morsch und baufällig), Hanau war jetzt - erstmals in seiner Geschichte - eine offene Stadt. Nicht unerwähnt kann bleiben, daß im Sinn der Rechtsgleichheit die bisher benachteiligten Katholiken besser gestellt wurden: 1809 verfügte Napoleon die Gründung der ersten katholischen Pfarrei in Hanau. Auch die Juden machten sich Hoffnungen.

Doch das waren vereinzelte Ansätze. Was alles andere überdeckte und zunächst das Bild der Franzosenzeit prägte, war dies: Das vordringlichste Ziel der neuen Verwaltung war es, aus den Städten (Alt- und Neuhanau zählten um 1800 zusammen etwa 12000 Einwohner) und der Provinz enorme Kontributionen für die nicht endenden Kriege einzutreiben; einem französischen Beamten wird die Bemerkung zugeschrieben, aus dem Fürstentum Hanau könne man wie aus einer Zitrone immer noch ein paar Tropfen herauspressen. Da wird es vermutlich wenig Bedauern ausgelöst haben, als Napoleon Ende 1809, nach einem weiteren siegreichen Krieg gegen Österreich, neu disponierte. Der Fürst-Primas Dalberg verzichtete nämlich zugunsten Bayerns auf das entlegene Regensburg und erhielt dafür durch den Vertrag von Paris (16. Februar 1810) die bisherigen reservierten Provinzen Hanau und Fulda. Dazu bekam er an Stelle des überholten Titels den eines „Großherzogs (dieser bisher in Deutschland völlig unbekannte Titel wurde jetzt recht großzügig eingeführt) von Frankfurt". Dalberg hatte nun ein arrondiertes Territorium. Seine Herrschaft war freilich von vornherein als Übergang gedacht: Zu seinem Nachfolger wurde bereits jetzt Napoleons Stiefsohn Eugène Beauharnais bestimmt.

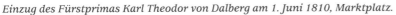

Das neue Großherzogtum bestand seit dem 16. Mai 1810, und schon am 1. Juni hielt Dalberg seinen feierlichen Einzug in Hanau und residierte hier einige Wochen (sein eigentlicher Amtssitz war Aschaffenburg). Die neue Regierung ging mit der Umgestaltung der Verwaltung zügig ans Werk.

Das „Organisationspatent" und die „Verwaltungsordnung" (August und Oktober 1810) ordneten das Großherzogtum nach französischem Muster: 4 Departements (neben Hanau noch Frankfurt, Aschaffenburg, Fulda), darunter Distriktmairies (im Dept. Hanau: 8) und Munizipalitäten mit einem Maire an der Spitze (im Dept. Hanau: 92).

Einer der Grundsätze Dalbergs war: „Das Hergebrachte ist soweit als möglich zu schonen". Und so wurden zwar die Amtsbezeichnungen geändert, aber die bisherigen Amtsinhaber blieben im Großen und Ganzen. Oberste Spitze des Staates war der Großherzog mit drei Ministern; der fähige Minister des Inneren, der Justiz und der Polizei Freiherr von Albini residierte in Hanau. Eine Notabelnversammlung trat bereits im Oktober 1810 in Hanau (im Altstädter Schloß) zusammen, wurde dann aber nie wieder einberufen, wohl weil Dalberg Gegenwirkungen befürchtete. Den Maires standen aber Munizipalräte zur Seite (hauptsächlich zur Rechnungsprüfung). Mehr als erste Ansätze zu einer bürgerlichen Mitwirkung waren das freilich noch nicht.

Entschiedener war der Fortschritt im Justizwesen. Zum 1. Januar 1811 trat der Code Napoléon als bürgerliches Gesetz in Kraft, doch mit Modifikationen als Rücksicht auf die bestehenden Verhältnisse. Entsprechend wurden Gerichtsverfassung und Strafrechtsordnung reformiert. Das waren verheißungsvolle Anfänge mit deutlicher Tendenz zu Gleichheit vor dem Gesetz.

Einzug des Fürstprimas Karl Theodor von Dalberg am 1. Juni 1810, Marktplatz.

Nicht minder fortschrittlich war Dalbergs Wirken im Bereich von Bildung und Erziehung. Aufgrund seiner bildungsreformerischen Vergangenheit schon seit seinen Erfurter Tagen lagen hier - auch wenn er eher eine rezeptive als kreative Persönlichkeit war - seine stärksten persönlichen Interessen und Neigungen. So war das Unterrichtsgesetz vom 1. Februar 1812 der umfassendste Bildungsgesamtplan seiner Zeit. Das Schulwesen wurde zur alleinigen Sache des Staates erklärt; der Lehrerbildung galt die besondere Sorge des Großherzogs. An die Hohe Landesschule wurde als Direktor Johannes Schulze berufen (der später jahrzehntelang in Preußen als Organisator des humanistischen Gymnasialwesens wirkte). Ebenso galt der Hanauer Zeichenakademie Dalbergs Fürsorge. Und es ist bekannt, daß er an einer Sitzung der Wetterauischen Gesellschaft (die 1808, also noch unter der französischen Verwaltung, als älteste heute noch bestehende wissenschaftliche Gesellschaft gegründet worden war) teilnahm und ihr eine jährliche Unterstützung von 1200 Gulden zusicherte. Freilich, auch in diesem, Dalbergs eigenstem Bereich, setzte die ewige Geldnot den besten Plänen enge Grenzen. Sie war überhaupt das fortdauernde Hauptproblem: Alle wohlgemeinten Reformansätze mußten - und konnten es eben deswegen nicht - sich unter dem Druck ganz schwieriger wirtschaftlicher Verhältnisse entwickeln.

Hanau (ebenso Fulda) war, als Dalberg die Regierung übernahm, so überschuldet, daß dem ganzen Großherzogtum der Staatsbankrott drohte, was nur durch Finanztricks immer wieder aufgeschoben wurde. Durch die dauernden Truppendurchzüge waren viele Felder verwüstet, die Lasten durch Einquartierungen und Kontributionen, durch Anlage von Magazinen und Spitälern enorm. Die an sich lebenskräftige Hanauer Industrie war stark auf Luxuswaren - Schmuck, Tabak, Handschuhe, Strümpfe, Spielkarten - ausgerichtet, für die der Markt in der Depression wegbrach. So war die Zahl der Arbeitslosen sehr hoch (1813 sollen es 735 gewesen sein). Dazu kam, daß in Hanau ein Großteil der staatlichen Einnahmen traditionsgemäß von den Domänen kam. Die aber hatte sich Napoleon auch nach der Gründung des Großherzogtums weiter vorbehalten (so erhielt z. B. seine Schwester Pauline Borghese Schloß Philippsruhe und viele andere Besitzungen); teilweise mußten sie von Dalberg zurückgekauft werden. Unter diesen Umständen fielen wirtschaftliche Verbesserungen - wie die Aufhebung des Zunftzwanges - noch nicht ins Gewicht.

Schwer belastet war das Land auch durch die dauernden Truppenforderungen des Rheinbundprotektors. So wurde an Stelle des bisherigen Werbungssystems schon im Organisationspatent von 1810 die allgemeine Wehrpflicht verkündet, von der allerdings ein Freikauf durch eine Art Wehrsteuer (durchschnittlich 5 % des Vermögens) möglich war. Viele Tausende von Soldaten mußte der Großherzog - und entsprechend die anderen Rheinbundfürsten - in die Kriege des Kaisers schicken. Nicht viele kamen zurück.

Das Großherzogtum Frankfurt war als Satellitenstaat auf Gedeih und Verderb mit dem Schicksal seines Protektors und eigentlichen Schöpfers verbunden. Nach Napoleons Desaster in Rußland 1812 und während der Kriegsvorbereitungen des Jahres 1813 sah Dalberg die Lage offensichtlich zunehmend als aussichtslos an. Er fiel nicht vom Kaiser ab, aber noch vor dessen Niederlage in der Völkerschlacht bei Leipzig übergab er die Regierungsgeschäfte seinen Ministern und reiste am 1. Oktober 1813 nach Konstanz, wo er auch Bischof war. Am 28. Oktober, nach Leipzig, verzichtete er dann formell auf die Regierung des Großherzogtums. Seit 1814 lebte er in Regensburg und nahm weiter seine erzbischöflichen Pflichten wahr. Am 10. Februar 1817, zwei Tage nach seinem 73. Geburtstag, starb er.

Europa hatte sich indessen erneut sehr verändert. An Napoleons Katastrophe konnte auch seine letzte - siegreiche - Schlacht bei Hanau am 30./31. Oktober 1813, die der Stadt schwere Wunden schlug, nichts mehr ändern. Schon im November zog Kurfürst Wilhelm I. - übrigens zum Unwillen der siegreichen Alliierten - in Kassel ein, am 29. November dann in Hanau, wo er freudig und feierlich empfangen wurde.

Endgültig kam Hanau - mit einigen Abstrichen und Tauschen - auf dem Wiener Kongreß 1815 als Fürstentum wieder zu Kurhessen, dazu 1816 auch Fulda. Erst jetzt hatte Hanau eine direkte Landverbindung mit dem Hauptteil des Kurfürstentums.

Die Franzosen- und Dalbergzeit war kurz, aber für Hanau alles andere als eine Episode, vielmehr höchst folgenreich. Die Stadt sah inzwischen schon äußerlich völlig anders aus als vorher. Aber auch die Menschen hatten sich verändert. Sie waren mit den Menschen- und Bürgerrechten bekannt geworden, mit einer neuen Justizordnung. Das war, wie gesagt, in der kurzen Zeit und unter drückenden wirtschaftlichen Verhältnissen nicht zu großer Wirkung gekommen, wurde wohl, weil von außen oktroyiert, vielfach als „fremdländisch" empfunden. Aber man hatte es erfahren und erlebt und irgendwie - das müßte näher erforscht werden - blieben, während nun in Kurhessen Restriktion und Reaktion einsetzten, die neuen Ideen und Ideale am Leben, und zwar besonders in Hanau. Mit anderen Worten: Es kam in Hanau zu einem Mentalitätswandel, ohne den die Ereignisse von 1830, 1832 und 1848/49 nicht zu erklären wären. Seine Wurzeln hat dieser Wandel in der Franzosen- und in der Dalbergzeit, und darin liegt ihre historische Bedeutung für die Stadt.

Günter Rauch

Schlacht bei Hanau

Das Kurfürstentum Bayern verbündete sich freiwillig 1805 mit Kaiser Napoleon. Im bayerisch-französischen Vertrag von Brünn erhielt es gegen Abtretung von Würzburg und Berg unter anderen Tirol, Vorarlberg, Ansbach, die Reichsstädte Augsburg und Lindau und die Reste der Hochstifte Passau und Eichstädt. Außerdem bekam der bayerische Kurfürst Max IV. Joseph das Recht zugesprochen, den Königstitel anzunehmen. Am 1. Januar 1806 wurde Bayern Königreich. Darüber hinaus trat es dem Rheinbund bei.

Im Zuge dieses Bündnisses war Bayern auch als Verbündeter Napoleons an dessen Kriegen beteiligt. Große Teile der Bayerischen

Feldmarschall Fürst Wrede,
Joseph Karl Stieler, Öl auf Leinwand.

Armee gingen dabei während des Rußlandfeldzuges zugrunde. Es waren etwa 30.000 Tote zu beklagen. Diese Opfer und vor allem die sich abzeichnende Niederlage Napoleons beschleunigten einen Umdenkungsprozeß in Bayern, das bis 1812 fest zum Bündnis mit Napoleon stand und territorial stark davon profitiert hatte.

Nach der Niederlage in Rußland 1812 entstand eine neue Allianz gegen Napoleon. Rußland, Preußen und Österreich schlossen sich 1813 zusammen. Bayern mußte nun zu einem Zeitpunkt auf die Seite der Alliierten treten, bei dem der Ausgang des Krieges eindeutig feststand, wollte es seine territorialen Zugewinne nicht gefährden.

Also kündigte der bayerische König auf Betreiben des Grafen Montgelas und des Generals Wrede dem französischen Kaiser die Gefolgschaft auf.

Die Reiterschlacht bei Hanau, Wilhelm von Kobell, Aquarell über Bleistift.

Am 8. Oktober 1813 unterzeichnete Wrede den Vertrag von Ried, mit dem Bayern aus dem Rheinbund ausschied, seine Armee als selbständiges Korps dem österreichischen Oberkommando unterstellte und dafür von Wien seine Souveränität und seinen territorialen Besitzstand garantiert erhielt.

Der Frontenwechsel war gerade noch rechtzeitig erfolgt, denn mit der Völkerschlacht bei Leipzig am 18. Oktober 1813 wurde der Feldzug gegen Napoleon entschieden.

Wrede marschierte nun mit neugebildeten bayerischen Truppen, unterstützt von österreichischen Verbänden, Richtung Main, um Napoleon den Rückzug abzuschneiden. Nach diversen Vorgeplänkeln am 28. uns 29. Oktober nahm General Wrede am Nachmittag des 29. Oktober Hanau ein. Die Stadt war bis dahin noch Teil des Großherzogtums Frankfurt.

Ab 7 Uhr des 30. Oktober 1813 bezogen die bayerischen und österreichischen Truppen ihre Stellun-

Reiterschlacht bei Hanau, Lithographie nach einem Gemälde von Horace Vernet.

gen. General Wrede postierte seine Truppen nördlich der Kinzig vor dem Waldgebiet der Bulau und des Lamboywaldes: der rechte Flügel an der Lamboybrücke, das Zentrum auf dem heutigen Tümpelgartengebiet und der linke Flügel rechts und links des Fallbaches.

Der Nachteil dieses Aufmarsches waren die fehlenden Rückzugsmöglichkeiten und die mangelnde Einsicht in die Stärke und die Auf-

marschwege der Franzosen, die sich weitgehend im Lamboywald aufhielten, darunter auch die Kerntruppen der Grande Armee und Kaiser Napoleon selbst. Dieser entscheidende Umstand war Wrede noch unbekannt, ein deutliches Zeichen für eine ungenügende Vorbereitung der Schlacht durch Späher.

Während des Vormittags und des frühen Nachmittags fanden heftige

Beschießung der Stadt und brennende Vorstadt, Conrad Westermayr, Öl auf Papier, auf Leinwand aufgezogen.

Gefechte auf allen Flügeln, insbesondere auf dem rechten Flügel statt, wobei die Stellungen von beiden Parteien gehalten werden konnten und keiner ein entscheidender Durchbruch gelang.

Erst gegen 11 Uhr erfuhr General Wrede, daß Kaiser Napoleon mit seinen Elitetruppen im Lamboywald lagerte. Wrede änderte seine Taktik nicht mehr, es war wohl auch zu spät. Schon am frühen Nachmittag hatten sich große Teile der bayerischen und österreichischen Truppen verschossen. Die ungenügende Munitionsversorgung im Vorfeld der Schlacht rächte sich nun.

Kaiser Napoleon startete daraufhin gegen 15 Uhr seinen großen Angriff. Zunächst griff er verstärkt am rechten Flügel an, wodurch Wrede dorthin Truppenteile schicken mußte und der linke Flügel geschwächt wurde. Dann gab er seiner Artillerie und Kavallerie den Befehl, massiv den linken Flügel anzugreifen. Auf dem Gebiet des Fallbaches entspann sich eine hitzige Reiterschlacht mit mindesten sechs sich wiederholenden Attacken. Nachdem sich die bayerische und österreichische Artillerie des linken Flügels gänzlich verschossen hatte, löste sie sich panikartig auf. Nun mußte auch die Kavallerie fliehen. Die Stellungen des linken Flügels brachen zusammen. Die französischen Reiter warfen sich nun mit Gewalt auf die Infanterietruppen des Zentrums, gleichzeitig drangen immer mehr französische Infanterietruppen aus dem Wald vor. Die Hauptmasse des Wredeschen Heeres konnte diesem Angriff nicht standhalten. Das bayerisch-österreichische Heer mußte versuchen, durch die Kinzig das südliche Ufer zu erreichen. Erschwerend kam hinzu, daß in diesem Jahr extrem schlechtes Wetter herrschte mit Kälte und Regenschauern, die eisige Kinzig führte für diese Jahreszeit ungewöhnlich viel Hochwasser. Viele Soldaten ertranken oder wurden von den Franzosen erschossen. Nur dem rechten Flügel gelang es, die Lam-

boybrücke zu halten. Gegen 17 Uhr endete die Schlacht mit einem Sieg Napoleons. Die Verbündeten mußten sich auf das südliche Kinzigufer und in die Stadt Hanau zurückziehen.

Am Abend des 30. Oktober hatte sich Napoleon den Weg nach Frankfurt freigekämpft. Er ließ in der Nacht die Stadt Hanau unter Artilleriefeuer nehmen, um den beginnenden Abzug seiner Truppen nach Westen zu sichern. Unter dem anhaltenden Beschuß sah sich General Wrede gezwungen, die Stadt Hanau zu räumen. Die französische Division Fontanelli besetzte daraufhin wieder Hanau. Aufgrund des Artilleriebeschusses brannten große Teile der Vorstadt,

schwer verletzt. Daraufhin feuerte die französische Artillerie wieder in die Vorstadt, die erneut in Brand geriet. Um 7 Uhr abends war dann der größte Teil des französischen Heeres abgezogen.

Die Schlacht bei Hanau gilt als eindeutiger Sieg Napoleons. Der bayerische General hatte sein Ziel, dem Franzosen den Rückzug zu versperren, nicht erreicht: Napoleon konnte ungehindert Mainz und somit französisches Staatsgebiet erreichen. Diese Schlacht hatte keinen militärischen Sinn, denn die Verbände der Preußen, Russen und Österreicher hätten Napoleon den Rückzug schon lange abschneiden können, wenn sie es gewollt hätten.

Entrance into Hanau over the Kinzig Bridge, Radierung, koloriert, Verlag Bowyer, London.

der Judengasse und der Altstadt ab. Die unbeteiligte Zivilbevölkerung Hanaus wurde unmittelbar in die Schlacht und den Kampf mit einbezogen.

Als Napoleon mit der Hauptmasse seiner Truppen sich bereits Frankfurt näherte, befahl General Wrede am frühen Nachmittag die Rückeroberung Hanaus. Die Division Fontanelli leistete keinen nennenswerten Widerstand. Wrede eilte an der Spitze seiner Truppen zur Kinzigbrücke und bot dabei in seiner hellen Uniform für die französische Nachhut am anderen Ufer der Kinzig ein treffliches Ziel. Durch einen Schuß in den Unterleib wurde er

Der einzige Sinn dieser Schlacht war ein politischer: Bayern mußte die Ernsthaftigkeit seines Bündniswechsels seinen neuen Verbündeten unter Beweis stellen, dabei war es offensichtlich von untergeordneter Bedeutung, ob die Schlacht gewonnen wurde oder nicht. In der Schlacht bei Hanau fielen auf französischer Seite etwa 6000 Mann, auf seiten der Verbündeten etwa 9000 Mann. Allerdings konnten die Verbündeten etwa 10.000 Mann des französischen Heeres gefangen nehmen, meist Erschöpfte und Kranke, die Napoleon auf dem Weitermarsch zurückgelassen hatte.

Anton Merk

Steine erinnern an die Schlacht

Die Schlacht bei Hanau vom 30. und 31. Oktober 1813 war das bedeutendste militärische Ereignis, das die Stadt Hanau und ihre Einwohner im vorigen Jahrhundert direkt betroffen hatte. Die Beschießung von Teilen der Stadt und Tausende von toten Soldaten auf dem Schlachtfeld am Lamboywald, Kinzig und Main, hinterließen nicht nur bei den Hanauern einen nachhaltigen Eindruck. In einem Massengrab auf dem Deutschen Friedhof wurden die Toten später beerdigt. Auf zahl-

„Schlacht am 30. October 1813 - Deutscher Linker Flügel" Gedenkstein 1856, Sandstein H 85 x B 57 x T 18 cm, Museum Hanau, Schloß Philippsruhe, ehemaliger Standort: Eingangsbereich Bundesbahnbetriebsgelände, Robert Blum - Straße. Der Stein hat starke Splitterschäden durch die Bombardierung Hanaus im II. Weltkrieg.

reichen Gemälden und Graphiken wurde das militärische Ereignis gewürdigt. Die Bandbreite der Darstellung reicht vom Historiengemälde bis zur populären Druckgraphik, von historisch getreuer Wiedergabe bis zur phantasievollen Darstellung. Der Markt war groß, denn nicht allein in Hanau

waren die Bilder gefragt, auch im Königreich Bayern, das sich als Sieger wähnte, in ganz Deutschland und in Frankreich, das der tatsächliche militärische Sieger war, verlangte man nach Erinnerungsbildern.

1856 wurde vom Hanauer Geschichtsverein ein Plan von der Schlacht bei Hanau herausgegeben, vom Verkaufserlös wurde das langgehegte Vereinsprojekt, die Aufstellung von Gedenksteinen, realisiert. Insgesamt fünf Gedenksteine wurden angefertigt. Auf drei Steinen waren die deutschen Truppenstellungen bezeichnet: „Deutscher Linker Flügel", „Deutscher Rechter Flügel" und „Deutsches Zentrum". Mit einem Gedenkstein wurde der Ort der Stellung der französischen Batterien markiert, von der die Hanauer Vorstadt beschossen wurde. Mit ei-

„Schlacht am 30. October 1813 - Napoleons Zelt in der Nacht nach der Schlacht" Gedenkstein, 1856 gefertigt, 1869 aufgestellt, Sandstein, Fuß abgebrochen, H 78 x B 57 x T 18 cm, Museum Hanau, Schloß Philippsruhe, ehemaliger Standort: Privatgelände Ruhrstraße (Gaststätte Napoleons Ruh'). Der Stein hat starke Splitterschäden durch die Bombardierung Hanaus im II. Weltkrieg.

nem weiteren Stein wurde der Ort von „Napoleons Zelt" bei der Schlacht bezeichnet. Drei der Gedenksteine wurden 1856 aufgestellt. Die Steine „Deutscher Linker Flügel" und „Napoleons Zelt" konnten erst 1869 aufgestellt wer-

„Zum 50 jährigen Gedächtnis an die Schlacht v. 30. u. 31. Oktober 1813" Gedenkstein, Basalt H 140 x B 88 x T 70 cm. Standort: Lamboystraße, stadtauswärts links, in Höhe der Friedrich Engels - Straße. Nach dem Bau der Nordbahnunterführung, Lamboystraße an diese Stelle versetzt.

den, da das Gelände, das ehemals kurfürstliches Terrain war, nun preußisch war und die Regierung - im Gegensatz zum Kurfürsten - nichts gegen die Aufstellung hatte.[1]

Im Rahmen des fünfzigjährigen Gedenkens an die Völkerschlacht bei Leipzig (16. bis 19. Oktober 1813) und der Schlacht bei Hanau (30. und 31. Oktober 1813) fanden 1863 Jubelfeiern statt. In Zimmermanns Chronik steht hierzu „13. Okt. Jubelfeier der Leipziger Völkerschlacht. Die Festrede hielt auf dem Exerzierplatz der ehemalige freiwillige Jäger Metropolitan Karl Faber von Marköbel. Die in der Marienkirche aufbewahrte (Nordseite der Chores) Fahne der ehemaligen Freiwilligen zu Roß trug der Veteran Johann Daniel Walther aus der Frankfurterstraße. Die am 31. Okt. zur Erinnerung an die Schlacht bei Hanau jenseits der Kinzig an dem Kreuzungspunkt von Aepfelalle und des Milchwegs angepflanzte Eiche wollte nicht gedeihen[2]." Der aufgestellte „Denkstein" aus Basalt steht dagegen noch heute. Hierzu steht in der Hanauer Zeitung folgendes Inserat „....Auf einem geeigneten Platze des Feldes, wo vor 50 Jahren Napoleon seine letzte Schlacht auf deutscher Erde schlug, soll ein Denkstein mit passender Inschrift gesetzt und von der Jugend eine Erinnerungseiche gepflanzt werden... Hanau, am 27. October 1863. Der Festausschuß[3]"

Zum 100-jährigen Jubiläum der Schlacht von Leipzig 1813 schrieb die Hanauer Zeitung 1913, ein Jahr vor dem I. Weltkrieg: „Die Feier des 18. Oktober begann in unserer

„Schlacht am 30. Oktober 1813 - Deutsches Zentrum" Gedenkstein, 1863, Sandstein, H 128 x B 56 x T 23 cm, Standort: Karl Marx - Straße gegenüber dem katholischen Kindergarten.

Stadt gestern mittag 12 Uhr am Denkstein in der Lamboystraße mit dem Empfang der Eilbotenläufer von Straßburg und Gravelotte. Am Morgen um 4.90 Uhr traf der Bote am Denkstein mit der blechernen Hülse ein, welche gestern abend 9 Uhr durch den ersten Läufer bis zur nächsten Etappe und so weiter gebracht wurde, um heute morgen am Völkerschlachtdenkmal in Leipzig in die Hände des Kaisers gelegt zu werden.

Auf 12.14 Uhr am gestrigen Tage war die

Ankunft des Läufers mit der vorgestern abend in Gravelotte abgegebenen Hülse in Hanau festgelegt und nur sieben Minuten später, also 12 Uhr 21 Minuten, erschien der Bote mit lebhaften „Gut Heil"-Rufen begrüßt, am Denkstein woselbst Vertreter der Turnvereine mit den Fahnen Aufstellung genommen hatten. Anwesend waren ferner Bürgermeister Hild, Mitglieder des Magistrats und der Stadtverordnetenversammlung, sowie Vertreter der Garnison. Die Kapelle des Eisenbahnregiments spielte das „Niederländische Dankgebet", worauf der Vorsitzende der „Turngemeinde" Herr Oberlehrer Humpf mit weithin schallender Stimme eine mit lebhaften Beifall aufgenommene Ansprache hielt[4]."

Richard Schaffer-Hartmann

[1] Karl Ludwig Krauskopf, 150 Jahre Hanauer Geschichtsverein, Hanauer Geschichtsblätter Bd. 33, Hanau 1994, S. 14 ff. und Wilhelm Ziegler, Chronik Hanau, Bd. III, S. 326

[2] Ernst J. Zimmermann, Hanau Stadt und Land, 2. vermehrte Auflage, Hanau 1919, S.784

[3] Hanauer Zeitung 30.10.1863

[4] Hanauer Zeitung Nr. 245, Samstag 18. Oktober 1913

„Von hier aus wurde die Vorstadt in Brand geschossen am 31. October 1813" Gedenkstein, 1856, Sandstein, H 55 x B 52 x T 24 cm, Standort: Vor der Kinzigbrücke, stadtauswärts in Höhe des Übergangs in die Bruchköbeler Landstraße.

„Hier wurde General Graf v. Wrede im Kampfe am 31. October 1813 verwundet" Gedenkstein, 1856, Sandstein, unbehauener Findling, H 80 x B 127 (diagonal) x T 80 cm

Das Kanaltor, 1804

Schleifen der Befestigungsanlagen

Die Demolierung der Wälle ab 1806 war ein erster, äußerer Schritt in Richtung einer Erweiterung der Stadt und eines Zusammenwachsens beider noch verwaltungsmäßig getrennten Städte Hanau, der Altstadt Hanau und der Neustadt Hanau. Es war eine der ersten, entscheidenden Neuerungen des französischen Regimes unter Reichsmarschall François Christophe Kellermann.

Darüber hinaus kann die Demolierung der Wälle auch als Maßnahme zur Arbeitsbeschaffung betrachtet werden. Ein deutliches Licht auf die soziale Situation der ärmeren Hanauer Schichten wirft die Tatsache, daß durchaus auch Frauen und Kinder bei dieser Schwerarbeit eingesetzt worden sind.

Damit wäre die Voraussetzung gegeben gewesen, daß sich Hanau auch über die 200 Jahre gültigen Grenzen entwickelt hätte. Dies war allerdings in nennenswertem Umfang erst nach Mitte des Jahrhunderts der Fall. Eine wesentliche Rolle spielte dabei die Einrichtung

Das Nürnberger Tor, 1809

der Eisenbahnstrecke Hanau-West – Frankfurt-Ost, die Hanau schnelleren Zugang zu den Handelsplätzen eröffnete. Der Abbruch der mittelalterlichen und vor allem der aus dem 17. Jahrhundert stammenden Stadttore wurde in der damaligen Zeit nicht als Verlust ihrer Schutzfunktion gesehen. Neu entstanden das Kanaltor und das Nürnberger Tor als offene klassizistische Stadttore.

Zu einer umfangreichen Neubefestigung der Stadt Hanau kam es nicht mehr. Während der Schlacht bei Hanau 1813 lag Hanau im wesentlichen unbefestigt da. Dies war auch die Voraussetzung der leicht

Das Steinheimer Tor, 1807

zu bewerkstelligenden, wechselnden Besetzungen durch die Bayern und Österreicher, dann durch die Franzosen und abschließend wieder durch die Bayern und Österreicher. Der zerstörende Beschuß Hanaus durch Napoleon hätte allerdings auch durch die Befestigungen nicht aufgehalten werden können.

1814 wurde kurzfristig die Neubefestigung Hanaus als Bundesfestung begonnen, aber bald wieder eingestellt. Die Zeit für Stadtbefestigungen war endgültig vorüber.

Anton Merk

Das Mühltor, 1806

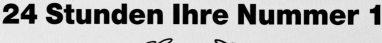

Wann sind die Altstadt und die Neustadt Hanau vereinigt worden? Mustert man die Hanauer Geschichtsschreibung, so hat man die Wahl zwischen zwei Jahreszahlen: 1833 und 1834. „Richtig" im ausschließenden Sinn kann nur eine sein. Sie sind es aber beide nicht.

1833 beruft sich vermutlich auf Zimmermanns monumentale Chronik.[1]

1834 geht wohl auf die Lebenserinnerungen des ersten Oberbürgermeisters Bernhard Eberhard (1795 - 1860) zurück, der schreibt:

gemeindungen und Zusammenschlüssen (Kesselstadt, Mittelbuchen, Großauheim/Wolfgang, Steinheim, Klein-Auheim, Hohe Tanne).

Zwei Städte mit dem Namen Hanau gab es seit 1597, als Graf Philipp Ludwig II. zusammen mit den niederländischen Glaubensflüchtlingen die Gründungsurkunde für die „Neustadt" erließ, die - alsbald weitaus die größere - südlich vor der (jetzt) „Altstadt" (Stadtrecht 1303) entstand. Beide Städte blieben rechtlich getrennt mit eigenen Stadträten, Verwal-

der heutige Freiheitsplatz (damals Paradeplatz und Esplanade). Die Arbeiten dauerten zehn Jahre, von 1767 bis 1777.

Die Vereinigung der Altstadt und der Neustadt Hanau

„Durch sie (die ‚Gemeinde-Ordnung vom 23. Oktober 1834 für die Städte und Landgemeinden Kurhessens') wurde auch die Trennung der beiden Städte Alt- und Neuhanau, die jedem Fortschritte der Verwaltung hemmend entgegengetreten war, beseitigt, die Vereinigung beider zu einer Gemeinde, vorbehaltlich näherer Verständigung über die besonderen Rechte derselben, ausgesprochen."[2]

Das ist in dieser apodiktischen Form zumindest mißverständlich, da die Gemeindeordnung speziell für Hanau weder etwas „beseitigt" noch „ausspricht".

In Wirklichkeit ist der Zusammenschluß der Städte ein Prozeß, der lange vor den 1830er Jahren einsetzt und sich auch darüber hinaus hinzieht. Man müßte diese Entwicklung einmal näher erforschen. Auf keinen Fall gibt es einen festen Stichtag wie bei den späteren Ein-

tungen usw.; gemeinsam war aber von Anfang an der herrschaftliche Beamte, der Schultheiß. Beide wurden selbstverständlich von einer gemeinsamen Festungsmauer samt Graben umschlossen. Mauer und Wassergraben der Altstadt gegen die Neustadt blieben allerdings bestehen, während die Neustadt einfach vor die Altstadt gelegt wurde und also offen blieb. Ein kleines Brückchen über den Graben war fast zwei Jahrhunderte lang die einzige direkte Verbindung zwischen den beiden Städten.

1764 kam der spätere Landgraf und Kurfürst Wilhelm IX. (I.) von Hessen-Kassel (1785 - 1821) in Hanau als Erbprinz und Graf vorab zur selbständigen Regierung. Er baute gern und viel und ordnete an, daß das Areal zwischen Altstadt und Neustadt planiert wurde. Die Wälle verschwanden, der Graben wurde zugeschüttet. So entstand

Nachdem die räumliche Trennung beseitigt war, dauerte die rechtliche jedoch weiter an.

In den 1820er Jahren kam dann aber Bewegung in die Sache. Gleich nach seinem Regierungsantritt erließ Kurfürst Wilhelm II. das „Organisationsedikt", welches das Land in neue Verwaltungseinheiten (Provinzen, Kreise) einteilte und Verwaltung und Justiz trennte.

Die Hanauer Provinzialregierung wünschte nun (an Stelle des Schultheißen) für beide Städte zusammen einen „gelehrten Bürgermeister", der jetzt nur noch für die Verwaltung zuständig war. Von beiden Stadträten gewählt wurde - als erster gemeinsamer Bürgermeister Hanaus - 1822 Wilhelm Carl, dem 1827 Bernhard Eberhard folgte (im Januar 1828 wurde er vom Kurfürsten auf Lebenszeit bestätigt).

25

Paradeplatz

Noch blieben zwar die getrennten Stadträte bestehen, aber schon seit Juni 1826 gab es ein gemeinschaftliches Protokoll des „Magistrats" von Alt- und Neuhanau; daneben gab es noch spezielle Protokolle für die beiden „Stadträte" Alt- und Neuhanau (bis 1834). Aber die Entwicklung lief jetzt deutlich auf die völlige Integration beider Städte hin, die inzwischen schon seit Jahrzehnten durch Paradeplatz und Esplanade eher verbunden als getrennt waren; mit zusammen etwa 12 000 Einwohnern waren sie auch ein durchaus überschaubares Gemeinwesen. Leider geht Eberhard in seinen Erinnerungen auf die Meinungen und Stimmungen in der Bürgerschaft, besonders in den tonangebenden Kreisen, nicht explizit ein.

Bezeichnend ist immerhin, daß die Altstadt schon seit 1822 kein repräsentatives Rathaus mehr hatte: Das „Altstädter Rathaus" (heute Deutsches Goldschmiedehaus) wurde dem Staat als „Lokal" für das Landgericht abgetreten; letztes „Rathaus" der Altstadt war ein Gebäude in der Bangertstraße; vermutlich sah man es schon damals als Provisorium an.

Die kurhessische Verfassungsurkunde vom 5. Januar 1831 (an der Eberhard kräftig mitwirkte) bestimmte in § 63, daß zwei Abgeordnete von „der" Stadt Hanau, die also insoweit schon als Einheit angesehen wurde, in die Ständever-

sammlung gewählt werden sollten (der eine war dann Eberhard).

Die oben erwähnte „Gemeindeordnung" von 1834 liegt auf dieser Linie: „Hanau" tritt (§ 40 u. ö.) als eine der vier Hauptstädte des Kurfürstentums (neben Kassel, Fulda und Marburg) auf, der *„Ortsvorstand führt in den Hauptstädten den Namen eines Oberbürgermeisters"* (§ 41). Hanau wird also auch hier als Einheit betrachtet. Speziell zum Zusammenschluß von Alt- und Neuhanau sagt die Gemeindeordnung aber nichts.

In Hanau selbst sah man die Gemeindeordnung jedoch offenbar als eine Art Schlußpunkt an, denn Wilhelm Ziegler schreibt in seiner Chronik zum 27. Oktober 1834: *„Publikation der Gemeinde-Ordnung für Kurhessen vom 23. Okto-*

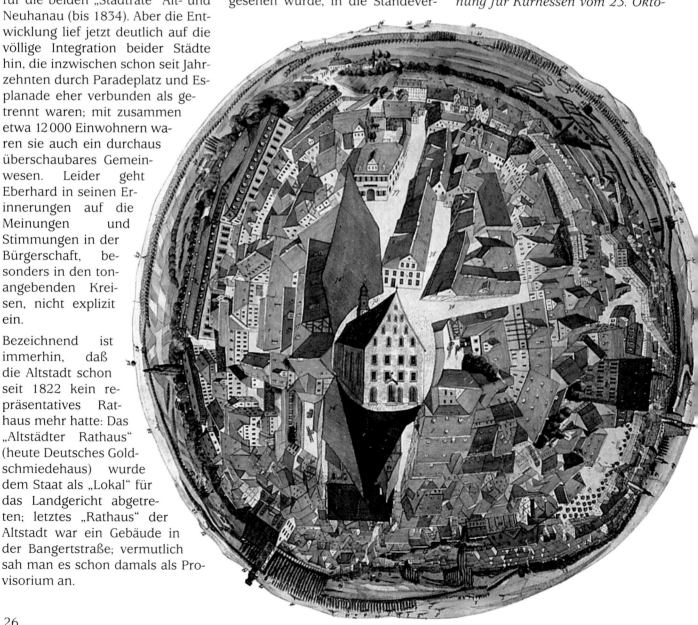

26

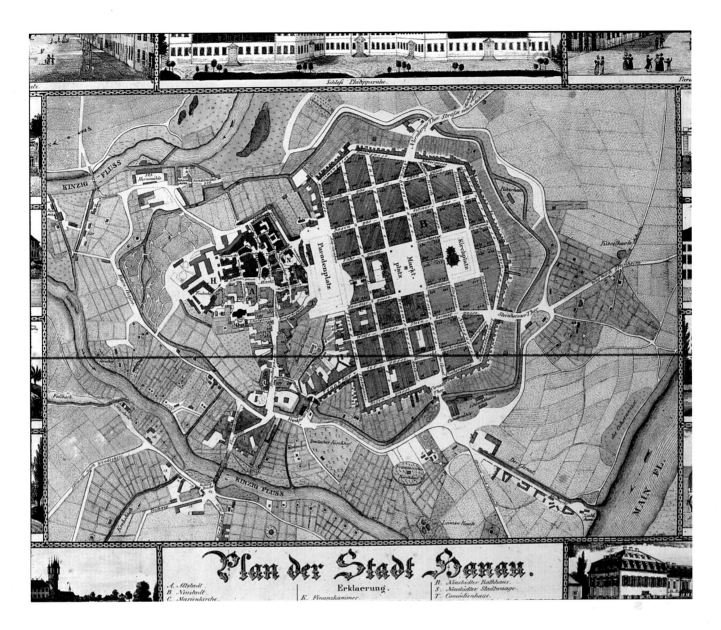

Plan der Stadt Hanau.

Erklaerung.

A. Altstadt.
B. Neustadt.
C. Marienkirche.

K. Finanzkammer.

R. Neustädter Rathhaus.
S. Neustädter Stadtwaage.
T. Comödienhaus.

---

ber 1834. Auf deren Grund sind die beiden Gemeinden von Alt- und Neuhanau vereinigt."[3]

Seit Januar 1835 tagte der neugewählte „Gemeindeausschuß" (heute Stadtverordnetenversammlung) gemeinsam im Neustädter Rathaus. Die getrennten Protokolle für die Stadträte der einzelnen Städte hörten auf, es gab nur noch einen Stadtrat/Ortsvorstand.

Am 6. Juli 1835 ergingen Statuten[4], in denen es einleitend heißt: „Zur Vereinfachung der Gemeinde-Verwaltung, zur gleichmäßigeren Verteilung der Gemeinde-Abgaben und Feststellung der Verhältnisse der vereinigten Gemeinden von Alt- und Neuhanau im Allgemeinen, sind die nachstehenden Statuten ... errichtet worden." Vor allem wurden die bisher getrennten Kassen mit Wirkung vom 1. Januar 1836

zu einer „Stadtkasse" vereinigt und die Gemeindeumlagen festgelegt. Die Altstadt, wo es - beim weitaus kleineren Partner sehr begreiflich - offenbar Widerstände und Ängste gegen den Zusammenschluß gab, bekam einige Zugeständnisse (Holzrechte, Allmeien, Martiniwein, Waage). Bis in den Anfang der 1840er Jahre wurden auch die Bürgeraufnahmen noch getrennt nach Altstadt und Neustadt vorgenommen, was dann auslief.

Fassen wir zusammen: Ein festes Datum für einen formellen Zusammenschluß von Alt- und Neuhanau - das etwa damals als feierliches Ereignis mit einem Festakt gefeiert worden wäre oder an das man sich später zur runden Wiederkehr hätte erinnern können - gibt es nicht. Es war weniger ein Zusammenschluß als ein Zusammenwachsen.

Der überaus anordnungsfreudige und massiv in die Städte hineinregierende kurhessische Staat hat hier, soweit wir sehen, einmal nichts befohlen. Die Vereinigung der beiden Städte war eine überfällige Entwicklung, die - geregelt durch die nötigen Verwaltungsmaßnahmen - sich ohne schwerwiegende Gegenwirkungen kontinuierlich und im ganzen einvernehmlich vollzog.

Günter Rauch

Anmerkungen:

[1] E. J. Zimmermann, Hanau - Stadt und Land, Hanau 1919, 778: „1833 wurden die beiden Städte Alt- und Neuhanau zu einer Stadtgemeinde vereinigt"; wiederholt im Register 827. Eine Begründung gibt es nicht.

[2] Bernhard Eberhard, Aus meinem Leben, Hanauer Geschichtsblätter 1, 1911, 35.

[3] Stadtarchiv Hanau, Eigentum des Hanauer Geschichtsvereins 1844.

[4] Einlage in Zieglers Chronik.

Schon bald nach der Reformation, in der zweiten Hälfte des 16. Jahrhunderts, war der deutsche Protestantismus in zwei Hauptrichtungen auseinandergefallen, die Lutheraner und die Reformierten. Eine Besonderheit in der, überwiegend reformierten, Grafschaft Hanau war, daß seit der zweiten Hälfte des 17. Jahrhunderts - nachdem die lutherische hanau-lichtenbergische Linie an die Regierung gekommen war - kleine lutherische Gemeinden entstanden. Seitdem gab es als oberste geistliche Behörden zwei Konsistorien, ein reformiertes und ein lutherisches. Die beiden Hauptkirchen des Landes, die Hochdeutsch-Reformierte (Marienkirche) und die lutherische Johanneskirche standen in unmittelbarer Nachbarschaft in der Hanauer Altstadt.

Die Trennung der protestantischen Kirchen wurde schon im 18. Jahrhundert mehr und mehr als problematisch empfunden. Grund war zum einen die geistesgeschichtliche Bewegung der Aufklärung und des Rationalismus, die in die protestantische Theologie und, wichtiger, in das Bewußtsein der Pfarrerschaft Eingang gefunden hatte; die alten Lehrstreitigkeiten galten aus dieser Sicht als überholt und vernunftwidrig. Die gleiche Überzeugung vertrat, wenn auch auf einem völlig anderen Fundament gründend, der Pietismus, der die persönliche Frömmigkeit in den Mittelpunkt des Lebens stellte. Seit dem Wiener Kongreß und als Folge der napoleonischen Umwälzungen waren zudem alle deutschen Staaten konfessionell gemischt. Auch aus politisch-pragmatischer Sicht stellte sich damit die Frage, ob nicht wenigstens im Protestantismus die Unterschiede in Kultus und Lehre überbrückt werden sollten.

Ein Katalysator der Unionsbestrebungen war die Dreihundertjahrfeier der Reformation 1817. Im Herzogtum Nassau erfolgte schon im Sommer 1817, stark obrigkeitlich geprägt, die Union zwischen Lutheranern und Reformierten. In Preußen strebte der König, vorerst auf freiwilliger Grundlage, gleichfalls die Vereinigung der Konfessionen an. In Kassel nahm der Kurfürst Wilhelm I. mit seiner ganzen Familie an einem gemeinsamen Abendmahl zum Reformationsjubiläum teil.

Vielfach glaubte man, daß nun auch in Kurhessen eine Kirchenunion bevorstand. Sie kam dann nicht zustande - abgesehen von der „Hanauer Union".

Der Anstoß zu dieser Union erfolgte in Hanau aber „von unten", nämlich von den beiden Konsistorien, dem reformierten und dem lutherischen. Am 8. Oktober 1817, also noch vor dem Reformationsjubiläum, traten sie zu einer gemeinsamen Sitzung zusammen in der erklärten Absicht, die Union vorzubereiten. Am 19. November richteten sie an den Kurfürsten - der als Landesherr nach protestantischem Kirchenrecht auch in geistlichen Dingen höchste Instanz war - die Bitte, eine Synode abhalten zu dürfen, deren Ergebnis eben die Kirchenunion sein sollte. Es war alles andere als selbstverständlich, vielmehr höchst bemerkenswert, daß ein Landesherr, der so hart und fest auf seine Prärogativen pochte wie Kurfürst Wilhelm I., tatsächlich - am 31. Dezember 1817 - die Einberufung dieser Synode genehmigte und, nicht weniger erstaunlich, daß er der Entwicklung der Dinge in der Folgezeit völlig freien Lauf ließ.

Für die Klugheit und Weisheit der Konsistorien spricht es, daß sie ih-

Die „Hanauer Union" zwischen Reformierten und Lutheranern 1818

Johanneskirche

rserits die angestrebte Union nicht von oben und von amtswegen dekretieren wollten: Sie schickten vielmehr an alle Pfarreien „Artikel" zur Beratung, die ausdrücklich als „Vorschlagspunkte" bezeichnet waren.

Im März 1818 wurde dann die Synode für den 27. Mai einberufen. Sie beriet bis zum 1. Juni im großen Saal des reformierten Gymnasiums, der Hohen Landesschule. 76 Pfarrer nahmen an der Synode teil, 55 reformierte und 21 lutherische, und zwar nicht nur aus dem Fürstentum Hanau, sondern auch aus den früheren isenburgischen Gebieten und aus dem „Großherzogtum" Fulda, dem früheren Bistum. (Der Einzugsbereich der Synode entspricht also ziemlich genau dem heutigen Sprengel Hanau der Evangelischen Kirche von Kurhessen-Waldeck).

Die Stimmung auf der Synode war als Frucht der guten Vorbereitung von vornherein eindeutig für die Union. Eine herausragende Rolle spielte der kluge landesherrliche Kommissar Iber, ein Jurist. Neun Punkte wurden beraten: Geistliche Fragen - vor allem die Feier des Abendmahls - und praktisch-organisatorische Dinge (Zusammenlegung von Pfarreien, Schulen, Stiftungen u. a.). Die Diskussionen waren eingehend und führten doch in sechs Tagen zum Ziel: Die Union wurde beschlossen. Schon am 4. Juli 1818 erteilte Kurfürst Wilhelm die landesherrliche Bestätigung.

In weiser Mäßigung hatte die Synode beschlossen, daß auch in der Union *„die zeitherige Form des Gottesdienstes beibehalten"* werden sollte. Die beiden großen protestantischen Bekenntnisgrundlagen - Luthers Katechismus und der Heidelberger Katechismus - blieben zunächst, in einem Buch vereinigt, nebeneinander bestehen. Man hat die Hanauer Union deshalb bisweilen mit einem boshaften und abschätzigen Aperçu als „Buchbinderunion" bezeichnet. Damals vielleicht zu recht; aufs ganze,

Marienkirche

historisch gesehen, aber zu unrecht, denn die Union setzte sich durch.

Das dauerte freilich seine Zeit. Am einfachsten war die Zusammenlegung der Konsistorien, die schon 1821 erfolgte. Sehr viel länger brauchte es, bis die überaus zahlreichen in Übung befindlichen Gottesdienstordnungen (Agenden) vereinheitlicht wurden; ein erster großer Schritt war die Agende von 1854, die in preußischer Zeit dann von einer allgemein gültigen ersetzt wurde (1896). Mit dem einheitlichen Katechismus und dem Gesangbuch zog es sich ebenso lange hin.

Ein rechter Segen war es, daß nicht lebensfähige Gemeinden zusammengelegt, überzählige Kirchen,

Pfarr- und Schulhäuser abgestoßen wurden. Dadurch konnten auch die vielfach höchst kümmerlichen Lebensverhältnisse - und das damit vielerorts dürftige Sozialprestige - der Pfarrer allmählich verbessert werden.

Alles in allem und aus der Rückschau betrachtet war die Hanauer Union - die, wie gesagt, in Ober- und Niederhessen keine Entsprechung fand - ein großer Wurf, auch und gerade angesichts der politischen Sklerose in Kurhessen. Die Union hat, neben ihrer geistlich-kirchlichen Relevanz, sicher zumindest in der Stadt Hanau auch zum bürgerlichen Selbstbewußtsein gegenüber der Obrigkeit beigetragen.

Günter Rauch

29

Die kurhessische Verfassung von 1831

Nach dem Untergang Napoleons wurde Europa auf dem Wiener Kongreß (1814/15) neu geordnet. An die Stelle des alten Römischen Reiches trat der Deutsche Bund aus 35 souveränen Fürsten und 4 Freien Städten. In Art. 13 der Bundesakte vom 8. Juni 1815 hieß es lapidar: *„In allen Bundesstaaten wird eine landständische Verfassung stattfinden."* Die Wiener Schlußakte vom 15. Mai 1820 enthielt dann nähere und ausführlichere Bestimmungen über den Deutschen Bund und nahm auch auf die Einführung von Verfassungen Bezug (Art. 54 bis 61), jetzt freilich mit deutlich restriktiver Tendenz: Die Ausgestaltung der Verfassungen sollte allein Sache der Einzelstaaten sein und die gesamte Staatsmacht im Fürsten vereinigt bleiben, der *„nur in der Ausübung bestimmter Rechte an die Mitwirkung der Stände gebunden"* war.

In der Folge entstanden in den meisten deutschen Bundesstaaten Verfassungen.

Nicht so in Kurhessen. Hier war Kurfürst Wilhelm I. im Herbst 1813 aus dem Exil zurückgekehrt. Er schraubte die Verhältnisse auf den Stand von 1806 zurück und begann ein rigides Restaurationsregime. 1816 berief er zwar nach alten ständischen Kriterien einen Landtag ein – aber nur für die althessischen Gebiete: Hanau war also nicht vertreten –, schloß ihn aber abrupt, als dieser das Recht der Steuerbewilligung verlangte. Der Kurfürst regierte weiter absolutistisch, und sein Sohn Kurfürst Wilhelm II., der 1821 ins Regiment kam, tat es ihm nach.

Die wirtschaftliche Lage im Land war nach den jahrzehntelangen ruinösen Kriegen miserabel. Besonders verzweifelt war sie in der Provinz Hanau, die, ringsum von „Ausland" umgeben, schlauchartig ins Untermaingebiet hineinragte und wo man überall Zollschranken

vor der Tür hatte. Alle ein- und ausgeführten Waren wurden künstlich verteuert. Mißernten mit Hungersnöten sorgten für weiteres Elend.

Der Abend vor der Verfassungsfeier, Marktplatz 7. 1. 1831

Die von der verständnislosen Regierung falsch eingeschätzte Mißstimmung in Hessen entlud sich, als die Kunde von der französischen Julirevolution 1830 über den Rhein drang. Im September kam es zunächst in Kassel zu schweren Unruhen, die sich ausbreiteten und das ganze Land in Gärung versetzten.

Von Hanau wurde eine Delegation nach Kassel geschickt, aber sie erreichte beim Kurfürsten nicht die dringlich geforderte Aufhebung der Zölle. Die Folge waren die „Hanauer Krawalle", der berühmte Mautsturm am 24. September, bei denen die Zollämter am Hanauer Heumarkt und an der Mainkur in Flammen aufgingen. Eine Bürgergarde mußte die Ruhe wiederherstellen.

Indessen trat am 16. Oktober 1830 in Kassel der Landtag in drei Kurien – Adel, Städte, Bauern – zusammen. Als Hanauer Vertreter, zugleich für Bockenheim und Windecken, berief der Kurfürst den Hanauer Bürgermeister Bernhard Eberhard.

Die Beratungen verliefen erstaunlich rasch und zügig: Schon am 5. Januar 1831 wurde die kurhessische Verfassung beschlossen und am 8. Januar in Kraft gesetzt.

Sie kam, wie gesagt, für die deutschen Verhältnisse sehr spät, war aber eben deswegen sehr weitgehend und „modern", so daß man sie geradezu als „das Höchstmaß dessen, was der deutsche Konstitutionalismus im Vormärz erreicht hat" bezeichnen konnte.

Bemerkenswert viel Platz (§§ 19 – 41) nahm die Ausformulierung der „Grundrechte" ein (die man bekanntlich noch in der Bismarck-

Verfassung von 1871 vergeblich sucht): Gleichheit vor dem Gesetz; Freiheit der Berufswahl, der Religion, der Meinung, der Presse, der Person, des Eigentums; Briefgeheimnis; Rechtsweggarantie u. a.. Höchst bemerkenswert war das „Einkammersystem" für den Hessischen Landtag: In den weitaus meisten

Ehrenpokal für Bürgermeister Bernhard Eberhard, 1831

sten anderen Bundesstaaten bestand das „Zweikammersystem"; in der Ersten Kammer saßen üblicherweise Mitglieder der Herrscherfamilie, Adelige und andere ständisch Privilegierte; die Ersten Kammern waren durchweg regierungstreu, weil ihre Zusammensetzung stark von den Landesfürsten abhing; erst in der Zweiten Kammer saßen die eigentlichen Volksvertreter. Eine solche Spaltung des Landtags gab es in Kurhessen also nicht. Es versteht sich von selbst, daß die altkonstitutionelle Forderung des „Budgetrechts" erfüllt wurde, d. h. der Landtag hatte das Recht der Haushaltsbewilligung. Ebenso stand ihm die Gesetzesinitiative zu, d. h. er konnte eigene Gesetzesvorschläge einbringen. Auch hatte er das Recht der Ministeranklage (die Person des Landesherrn war unverletzlich, aber sein Ministerium sollte verantwortlich sein); aus diesem Recht haben sich dann endlose, für Kurhessen letztlich verderbliche, Streitigkeiten ergeben.

Am 16. Februar 1831 wurde dann das Wahlgesetz erlassen. Es schrieb das „Zensuswahlrecht" fest: Das aktive und passive Wahlrecht erhielten nur die Bürger (Männer!), die durch unabhängige Arbeit ihren Unterhalt verdienten und durch Steuern zum Bestand des Staates beitrugen. Die besitzlosen „Massen" waren also ausgeschlossen – da waren sich Fürst und Bürgertum ganz einig. Hanau entsandte zwei Abgeordnete in den Landtag (einer davon mußte Mitglied der städtischen Gremien sein; bis in die 40er Jahre war dies der Oberbürgermeister Bernhard Eberhard).

So schienen durch die weithin mit Emphase begrüßte Verfassungsurkunde, fast wie durch ein Wunder, Friede und Eintracht in Kurhessen hergestellt, das Tor zu einer glücklichen Entwicklung aufgestoßen. Aber diese Hoffnung trog.

Die Verfassung war dem Kurfürsten in einem Moment der Schwäche abgerungen worden. Wilhelm II. kehrte, auch aus privaten Gründen, seiner Residenz und seinem Staat den Rücken und überließ die Regierung (zunächst als Stellvertreter) seinem Sohn Friedrich Wilhelm. Diesem, dem

letzten hessischen Kurfürsten, waren alle Abstriche an seinen monarchischen Prärogativen jedoch ebenso in der Seele zuwider wie seinem Vater.

So kam es, daß Kurhessen zwar auf dem Papier eine fortschrittliche Verfassung hatte (die der Frankfurter Bundestag übrigens, weil zu weitgehend, nicht formell garantierte, sondern nur widerwillig passieren ließ). Aber ihr fehlte das Wesentliche: Sie war – was sie notwendigerweise hätte sein müssen – kein wirkliches Fundament, auf dem der Staat hätte gedeihen können. Von Anfang an fehlte die gegenseitige Vertrauensbasis zwischen dem Landesfürsten und seiner Regierung auf der einen, den Volksvertretern auf der anderen Seite. Schon mit der Berufung des Ministeriums Hassenpflug (Mai 1832) ging der Regent auf Konfrontationskurs gegen den Landtag. An dieser Politik hat sich während seiner ganzen langen, 35 Jahre währenden Regierung im Prinzip nichts geändert. Fürst und Landtag standen sich in beiderseits vielfach kleinlichem, abgrundtiefem Mißtrauen gegenüber.

Günter Rauch

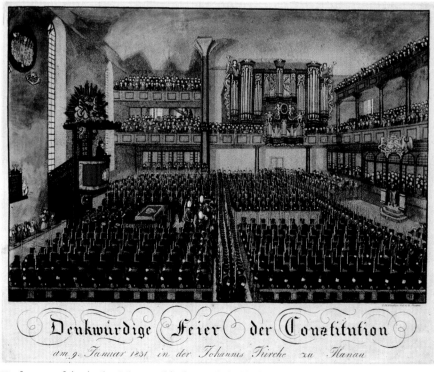

Verfassungsfeier in der Johanneskirche am 8. 1. 1831

„Die politischen Verhältnisse könnten mich rasend machen"

Der Sozialrevolutionär Georg Büchner

Der zwanzigjährige Medizinstudent Georg Büchner ist maßgeblich an den „revolutionären Umtrieben" im Großherzogtum Hessen 1834 beteiligt. Als einer der beiden Autoren des „Hessischen Landboten" wird er steckbrieflich gesucht und flieht vor der großherzoglichen Justiz nach Straßburg. Mit seiner Flucht und Weidigs Verhaftung endet im Frühjahr 1835 die zweite Oppositionswelle gegen das restaurative Deutschland.

Georg Büchner wird am 17. Oktober 1813 im südhessischen Goddelau geboren. Nach dem Umzug der Familie in die Residenzstadt Darmstadt 1816 verbringt er hier seine Kindheit und Schulzeit. Büchner besucht das renommierte neuhumanistische Gymnasium, das „Pädagog". Die Schule nährt freiheitliches Denken, vermittelt republikanische Ideale. Der Gymnasiast Büchner fällt durch seine rhetorischen Fähigkeiten und seine offene Sympathie für die Französische Revolution auf. Mit fünfzehn Jahren schließt er sich einem literarischen Schülerzirkel an, dem auch spätere Mitglieder der „Gesellschaft der Menschenrechte" angehören.

Auf Wunsch seines Vaters und weil im Elsaß Verwandte der Mutter leben, beginnt Georg Büchner im Herbst 1831 das Medizinstudium in Straßburg, das ihm „zweite Vaterstadt" wird. In Frankreich erlebt er das Scheitern der Julirevolution, den Aufstieg der Geldaristokratie unter dem Bürgerkönig Louis-Philippe. Der Klassengegensatz zwischen dem Besitzbürgertum und den „prolétaires" wird immer offensichtlicher:

„.... das Ganze ist doch nur eine Komödie. Der König und die Kammern regieren, und das Volk klatscht und bezahlt" (Brief an die Familie, Straßburg Dezember 1832).

Büchner interessiert sich für die Theorien und Organisationsformen der französischen Linksopposition, der „Amis du peuple" und der „Société des Droits de l'homme et du citoyen". Ihn beschäftigt vor allem die soziale Frage, das Aufkommen des „vierten Standes".

Nach zweijährigem Studienaufenthalt in Straßburg ist Büchner davon überzeugt, daß die liberalen

Aktionsmittel wie der Kampf um Pressefreiheit und die parlamentarische Arbeit keine gesellschaftlichen Veränderungen bewirken können:

„Ich werde zwar immer meinen Grundsätzen gemäß handeln, habe aber in neuerer Zeit gelernt, daß nur das notwendige Bedürfnis der großen Masse Umänderungen herbeiführen kann, daß alles Bewegen und Schreien der Einzelnen vergebliches Torenwerk ist. Sie schreiben, man liest sie nicht; sie schreien, man hört sie nicht; sie handeln, man hilft ihnen nicht. - Ihr könnt voraussehen, daß ich mich in die Gießener Winkelpolitik und revolutionären Kinderstreiche nicht einlassen werde" (Brief an die Familie, Straßburg Juni 1833).

Im Oktober 1833 wechselt Büchner nach Gießen, weil er sein Studium an der großherzoglichen Landesuniversität beenden muß. Hier ist er anfangs einsam und unglücklich, leidet unter der Trennung von seiner Verlobten und den Straßburger Freunden:

„Hier ist Alles so eng und klein. Natur und Menschen, die kleinlichsten Umgebungen, denen ich auch keinen Augenblick Interesse abgewinnen kann" (Brief an August Stoeber, Darmstadt 9.12.1833).

Die Repressionen der Ermittlungsbehörden gegen die republikanische Bewegung, die auch einige Schulfreunde Büchners wegen ihrer Teilnahme am Frankfurter Wachensturm vom 3. April 1833 betreffen, sind ihm ebenso unerträglich wie das feudale System überhaupt. Eine Möglichkeit der Veränderung zeichnet sich nicht ab.

„Die politischen Verhältnisse könnten mich rasend machen. Das arme Volk schleppt geduldig den Karren, worauf die Fürsten und Liberalen ihre Affenkomödie spielen. Ich bete jeden Abend zum Hanf und zu d. Laternen" (Brief an August Stoeber, Darmstadt 9.12.1833).

Büchner vertieft sich in die Geschichte der Französischen Revolution und überwindet seine Depression, indem er sich zu aktivem politischem Handeln entschließt.

Vermutlich im Januar 1834 lernt Büchner den führenden Oppositionellen Oberhessens, den Butzbacher Rektor Friedrich Ludwig Weidig (1791-1837) kennen. Als entschiedener Befürworter des gewaltsamen Umsturzes gehört Weidig zu den Hintermännern des Frankfurter Wachensturms. Büchner ist davon überzeugt, daß gesellschaftliche Veränderungen nur auf Massenbasis durchführbar sind und die „große Masse des Volkes" deshalb mit Flugschriften agitiert werden muß. Er ist „mehr Socialist als Republikaner" (Wilhelm Büchner), sein Ziel ist nicht allein die Erringung der bürgerlichen Freiheitsrechte, sondern die Beseitigung der „schneidenden Gegensätze" zwischen Arm und Reich als „Quelle aller Übel". Büchner und Weidig vereinbaren, daß Büchner eine Flugschrift entwerfen soll, um herauszufinden, „inwieweit das deutsche Volk geneigt sei, an einer Revolution teilzunehmen".

Als die wegen Beteiligung am Frankfurter Wachensturm in Friedberg inhaftierten Freunde Büchners entlassen werden, gründet er im März eine Gießener, im April auch eine Darmstädter Sektion der „Gesellschaft der Menschenrechte", eine revolutionäre Geheimorganisation von Studenten und Handwerkern nach französischem Vorbild. Die „Gesellschaft der Menschenrechte" ist „rot wie die Commune" (Karl Minnigerode), propagiert die Gütergemeinschaft und führt Waffenübungen durch. Im Mittelpunkt der konspirativen Tätigkeit steht die Drucklegung und Verbreitung von Büchners Flugschriftenentwurf, den Weidig inzwischen überarbeitet und „Der Hessische Landbote" betitelt hat. Über die Eingriffe Weidigs in seinen Text ist Büchner „außerordentlich aufgebracht", will die Schrift „nicht mehr als die seinige anerkennen" (August Becker).

Am 3. Juli 1834 versammeln sich Oppositionelle aus Kurhessen und Hessen-Darmstadt auf der Badenburg und gründen einen überregionalen „Preßverein". Büchner verteidigt seinen Flugschriftenentwurf, kann sich aber gegen Weidig und den Marburger Demokraten Leopold Eichelberg (1804-1879) nicht durchsetzen. Die Badenburger Versammlung beschließt, die Weidig'sche Fassung des „Hessi-

schen Landboten" als Musterflugschrift für die „niederen Volks-Klassen" drucken zu lassen.

Zusammen mit Friedrich Jakob Schütz bringt Büchner das Manuskript in die Offenbacher Druckerei von Carl Preller. Ende Juli sind etwa 1500 Exemplare gedruckt, die von den Studenten Schütz und Minnigerode abgeholt werden. Aufgrund einer Denunziation wird Karl Minnigerode bei seiner Rückkehr nach Gießen verhaftet. In seiner Kleidung sind 139 Exemplare des „Hessischen Landboten" versteckt. Büchner bricht sofort nach Butzbach und weiter nach Offenbach auf, um Weidig und die anderen Beteiligten zu warnen. Inzwischen ist er den Ermittlungsbehörden als Verfasser der Flugschrift bekannt; ein Haftbefehl liegt bereits vor. Am 4. August läßt Universitätsrichter Conrad Georgi Büchners Zimmer durchsuchen. Als Büchner tags darauf nach Gießen zurückkehrt, protestiert er sofort bei Georgi gegen diesen offenkundigen Gesetzesbruch. Sein offensives Vorgehen schützt ihn vor der Verhaftung.

„Friede den Hütten! Krieg den Pallästen!" - Mitte August kommt die Verbreitung des „Hessischen Landboten" doch noch in Gang; die Behörden haben bisher nur einen Bruchteil der Auflage beschlagnahmt. Die Flugschrift wird in Friedberg, Butzbach, Gießen und Umgebung verteilt.

„Der Fürst ist der Kopf des Blutigels, der über euch hinkriecht, die Minister sind seine Zähne und die Beamten sein Schwanz. Die hungrigen Mägen aller vornehmen Herren, denen er die hohen Stellen verteilt, sind Schröpfköpfe, die er dem Lande setzt" (Der Hessische Landbote. Erste Botschaft, 1834).

Büchner verläßt Gießen im September und kehrt auch zum Wintersemester nicht zurück. Auf Wunsch seiner Familie, die ihn von weiteren politischen Aktivitäten abhalten will, bleibt er im Darmstädter Elternhaus. Er beginnt unverzüglich mit der Reorganisation der „Gesellschaft der Menschen-

rechte". Die Darmstädter Sektion plant die Anschaffung einer Druckerpresse und die Befreiung der Friedberger Gefangenen (u.a. Karl Minnigerode). Beide Vorhaben scheitern. Im November läßt Weidig eine zweite, nochmals überarbeitete Auflage des „Hessischen Landboten" verbreiten. Büchner beschäftigt sich abermals mit der Französischen Revolution und arbeitet an seinem ersten Drama „Dantons Tod".

Inzwischen zieht sich das Netz der Ermittlungsbehörden immer enger um die Revolutionäre zusammen; die gerichtlichen Vorladungen häufen sich. Anfang März 1835 flüchtet Georg Büchner nach Straßburg.

Detaillierte Geständnisse des Studenten Gustav Clemm, einst Mitglied der Gießener Sektion der „Gesellschaft der Menschenrechte", lösen im April eine Verhaftungswelle aus, die etwa 50 Personen ins Gefängnis und Weidig den Tod bringt. Am 18. Juni erscheint Büchners Steckbrief in der „Großherzoglich Hessischen Zeitung" und im „Frankfurter Journal". Insgesamt ermittelt die Justiz wegen der „revolutionären Umtriebe" im Großherzogtum gegen rund hundert Personen. Im November 1838 verurteilt das Gießener Hofgericht 30 Angeklagte zu Haftstrafen. Die Verurteilten werden am 7. Januar 1839 vom Großherzog amnestiert.

Nach zwei rastlosen Jahren im Exil, in denen „Lenz", „Leonce und Lena", „Woyzeck" und seine naturwissenschaftliche Dissertation entstehen, stirbt Georg Büchner am 19. Februar 1837 an einer Typhusinfektion in der Spiegelgasse 12 in Zürich.

Im Nachbarhaus Spiegelgasse 14 erhält Wladimir Iljitsch Lenin achtzig Jahre später die Nachricht von der Revolution in Rußland.

Marianne Jacoby

Literatur:

Georg Büchner. Werke und Briefe. Hrsg. Von Fritz Bergemann. München 1965.

Georg Büchner 1813-1837. Revolutionär, Dichter, Wissenschaftler. Frankfurt a. M./Basel 1987.

Jan Christoph Hauschild: Georg Büchner. Biographie. Berlin 1997.

Drei große historische Tendenzen bestimmen in der ersten Hälfte des 19. Jahrhunderts das wirtschaftliche, soziale, politische und kulturelle Leben der Menschen in den noch nicht zur nationalen Einheit gelangten deutschen Staaten.

Die wichtigste dieser Tendenzen ist zweifellos die hauptsächlich von

Als dritte große Tendenz wirkte die gegen Freiheits- und Machtansprüche des Bürgertums gerichtete feudale Reaktion und Restauration. Der durch die Französische Revolution und die zündende Parole „Freiheit, Gleichheit, Brüderlichkeit" erwachte Bürgergeist erkämpfte sich neben der Freiheit von französischer Fremdherrschaft auch die Unfreiheiten der mit die-

schen glorious revolution ganz Europa und andere Kontinente erfaßt hatte, sehr eindrucksvoll wider. Auch Hanau wurde von der unaufhaltsam fortschreitenden kapitalistischen Produktionsweise erfaßt und seine Bevölkerung einem tiefgreifenden sozialen und ideologischen Wandel unterworfen, dessen ungelöste Probleme sich in Unzufriedenheit, Krawallen, Revolten

Die sozialstrukturellen Entwicklungsprobleme der Stadt Hanau bis zur Revolution von 1848

England ausgehende kapitalistische Umwälzung der feudalen Produktionsverhältnisse, die die bürgerliche Revolution auslöste, den Parlamentarismus hervorbrachte und in die industrielle Revolution einmündete.

Die zweite große Tendenz ist der im Zuge der großen Französischen

sem Sieg wieder an die Macht gelangenden antirevolutionären Feudalherrn. „Demagogen" und Demokraten, Menschenrechtler und Republikaner wurden seit dieser Zeit

und Revolutionsversuchen entluden.

Die Schlüsselrolle beim Eintritt Hanaus in die Neuzeit fiel den wallonisch-niederländischen Flüchtlingen zu, die gegen Ende des 16. Jahrhunderts aus einem neben England ebenfalls wirtschaftlich sehr stark entwickelten Gebiet Europas wegen ihres reformierten Glaubens weggegangen und zuerst einmal in die Reichsstadt Frankfurt gekommen waren, von wo sie dann nach Hanau übersiedelten[1]. Die Hanauer Neubürger waren überwiegend relativ wohlhabende Kaufleute, Manufakturisten, Fabrikanten, zumindest jedoch spezialisierte Handwerker, die nicht nur das moderne Wissen und Bewußtsein bürgerlicher Wirtschaftsmethoden, sondern auch das notwendige Geld mitbrachten, um die kleine Ackerbürgerstadt mit Residenzcharakter aus der wirtschaftlichen Stagnation zu befreien und die Fundamente für den langfristigen Aufbau einer modernen Industriestadt zu legen.

Paradeplatz in Hanau.

Revolution und der nachfolgenden napoleonischen Kriege in ganz Europa sich entzündende Freiheitsgedanke, der sich - zum Schaden der Freiheitskämpfer - mit einer starken Neigung zum Nationalismus, mit deutschem Expansions- und Hegemoniestreben, einem zu spät gekommenen Kolonialismus und Imperialismus verband.

immer wieder verfolgt, eingekerkert, außer Landes getrieben und diskriminiert.

In der Entwicklungsgeschichte der Stadt Hanau spiegelt sich - wenngleich mit vielen lokalen Besonderheiten und Brechungen - der historische Prozeß, der spätestens seit der Reformation und der engli-

Mit der erfolgreichen Ansiedlung der Flüchtlinge begann in der Hanauer Neustadt „ein lebhaftes industrielles Treiben von Tuchmachern, Posamentierern, Seiden- und Samtwebern, Färbern, Gold- und Silberschmieden". Der calvinistische Geschäftssinn und Kaufmannsgeist ließ neben der Altstadt Hanau eine neue Stadt erblühen mit weltweiten, bis nach Amerika und Ceylon reichenden Handelsbeziehungen. Die wirtschaftliche Basis der gesamten Stadtbevölkerung begann sich zu verändern. Mit ihr freilich auch die Struktur der Berufe und der sozialen Beziehungen, der ökonomischen, sozialen, politischen und kulturellen Interessen der einheimischen Bewohner dieser Stadt.

Die Naturalwirtschaft wurde durch die Geldwirtschaft immer stärker in den Hintergrund gedrängt, die feudalen Abhängigkeiten, Leibeigenschaft, Frondienste, Naturalabgaben verloren an Bedeutung. Arbeitsteilung und zunehmender Austausch der Waren auf wachsenden Binnen- und Außenmärkten schufen neue Verkehrssysteme. Eine nie dagewesene Mobilisierung und Auflösung der alten Gesellschaftsbeziehungen und neue, umfassendere, aber auch anonymere Abhängigkeiten forderten große Anpassungsleistungen, also auch neue politische und ideologische Problemlösungsstrategien.

Die sich verstärkende soziale Differenzierung untergrub nahezu unmerklich, aber unaufhaltsam das althergebrachte Ständesystem, und es schälten sich allmählich - jenseits des alten, in die Defensive geratenen Mittelstands der Bauern, Handwerker und Kleinhändler - die beiden mächtigen sozialen Klassen heraus, die sich seit der zweiten Hälfte des 19. und 20. Jahrhunderts als Kapitalisten und Proletarier gegenübertreten und deren eskalierende ideologische Gegensätze und militärische Machtapparate bis zum Ende des Ostblockkommunismus und des kalten Krieges die Verhältnisse nicht nur Deutschlands, sondern der ganzen Welt maßgeblich beeinflussen sollten.

Durch den Dreißigjährigen Krieg waren die deutschen Lande in großen wirtschaftlichen Rückstand geraten und religiös gespalten. Die sogenannte Gegenreformation, die diesen Krieg ausgelöst hatte, beein-

flußte den einigermaßen parallel zu den übrigen Staaten Europas verlaufenden Entwicklungsgang der Kernländer des Heiligen Römischen Reichs Deutscher Nation so negativ, daß die deutschen Staaten weit zurückfielen und die entstandene Verspätung (vor allem gegenüber England und Frankreich) nur noch unter schweren zusätzli-

Marktplatz in Hanau.

chen Opfern und mit extremistischer Überhöhung des Militarismus und Nationalismus aufzuholen vermochten. Die wegen ihrer ökonomischen Interessen auf Freihandel, große Märkte, Rechtsgleichheit und Rechtssicherheit, also Vereinheitlichung des Rechts, der Maße, Gewichte und Währungen sowie Einheit der Nation drängenden Teile des Bürgertums waren in ganz Deutschland, nicht nur in Hanau, relativ schwach entwickelt. Die deutsche Bourgeoisie hatte sich über Jahrhunderte an die Kleinstaaterei gewöhnt und neigte, im Gegensatz zur französischen und englischen, immer dazu, sich auf ihre ökonomische Macht zu beschränken und der alten Aristokratie die Staatsmacht zu überlassen.

Wenn dennoch gelegentlich revolutionäre Ideen aufflackerten, kamen sie aus den kleinbürgerlichen Teilen der Gesellschaft und konn-

ten von den gottgewollten Obrigkeiten leicht erstickt werden, weil der durch kleinstaatliche Nähe zu den Obrigkeiten genährte Untertanengeist des Landvolks wie der städtischen Handwerker, Krämer und Beamten noch nicht durch Anonymisierung, Industrialisierung und Proletarisierung, Verstädterung, Massenverelendung und

kritische Aufklärung tief genug untergraben war.

Die Französische Revolution, die Feldzüge und die Fremdherrschaft Napoleons veränderten die mittelalterliche Welt der Deutschen. Freiheitsideale und Sehnsucht nach nationaler Einheit und Stärke erwachten, aber weil der Fortschritt ein importierter war, stärkte die napoleonische Macht auch - unbeabsichtigt - die reaktionären Kräfte innerhalb der deutschen Staaten. Die alten besiegten Mächte bekannten sich zwar angesichts ihrer Niederlage zu inneren Reformen und politischen Konzessionen gegenüber dem deutschen Bürgertum, aber dennoch schreckten sie nicht davor zurück, nach dem Sieg über Napoleons Heere die Restauration der alten Ordnung mit allen Mitteln der Unterdrückung, Verfolgung und Manipulation erneut mit ungebrochener Selbstherrlichkeit zu betreiben. Daß dies - trotz der „Revolution von oben", wie die Reformen von Steins und Hardenbergs genannt wurden - geschehen konnte, zeigt, wie gering noch antifeudaler bürgerlicher Freiheitswille entwickelt war und wie sich der kleinbürgerliche Obrigkeitsglaube trotz Aufklärung, Befreiungskriegen und Menschenrechtsideen erhalten hatte.

Die alten Herrschaftsverhältnisse wurden wieder hergestellt. Und obwohl immer mehr Bürger nach einer ihren Interessen gerecht werdenden Verfassung verlangten, dauerte es doch noch lange, bis sie - durch rapide Verschlechterung ihrer ökonomischen Situation und durch die Julirevolution in Frankreich ermutigt - ab dem Jahre 1830 wieder verstärkt bereit waren, wenigstens für ihre ökonomischen und politischen Interessen zu kämpfen. Das dem Hambacher Fest nachempfundene Wilhelmsbader Fest im Juni 1832 war für die Hanauer Bevölkerung ein großes politisches Ereignis. Der Burschenschafter Heinrich Brüggemann und der Journalist Wilhelm Schulz aus Darmstadt hielten - neben anderen - wortgewaltige Reden gegen die herrschenden Mißstände und für menschenwürdige politische Verhältnisse. Schulz, der später im Babenhausener Gefängnis landete, von seiner Frau befreit wurde und - wie Georg Büchner und andere politisch Verfolgte - nach Straßburg floh, von dort nach Zürich ging, kehrte erst 1848 als hessischer Abgeordneter im Paulskirchenparlament für kurze Zeit zurück. Er inspirierte als Politökonom Karl Marx zu seinen Studien über das Kapital und untersuchte als Menschenrechtler den wirklichen oder angeblichen Selbstmord Ludwig Weidigs im Gefängnis; er war ein Freund Georg Büchners, mit dem er in Zürich auf einer Etage wohnte und den er zusammen mit seiner Frau während dessen tödlicher Krankheit pflegte. Als Abgeordneter versuchte er vergeblich, seine politischen Ziele einer Mehrheit näherzubringen. Später ging er in die Schweiz zurück. (Vgl. Beitrag „Hessische Abgeordnete in der Nationalversammlung" in diesem Band.)

Die sogenannten Hanauer „Krawalle" bildeten den Auftakt der demokratischen Bewegung der Stadt. Daran änderten auch die Rückschläge und Niederlagen nichts, die die Soldadeska der reaktionären Herrschaft den fortschrittlichen Kräften immer wieder zufügten. Schrittweise setzte sich gegen die alte Feudalordnung der bürgerliche Verfassungsstaat durch. 1848 machte sich das revolutionäre Bürgertum noch deutlicher und kräftiger als 1830 daran, die überlebte und schwer erträglich gewordene Ordnung umzustürzen und rechtsstaatliche Verhältnisse zu schaffen. Dabei waren auch die Hanauer Bürger maßgeblich beteiligt.

Freilich zeichnete sich mit dem Aufkommen des vom Besitzbürgertum vertretenen Wirtschaftsliberalismus auch schon ab, daß Rechtsstaatlichkeit Ausbeutung, soziale Unsicherheit, Existenzvernichtung durch freie Konkurrenz und Wirtschaftskrisen, Arbeitslosigkeit und Verelendung nicht ausschloß. Erst der durch diese Erkenntnis möglich gewordene organisierte Kampf der Arbeiterbewegung, der eine staatliche Antwort auf die unerträglich und für die bürgerliche Ordnung gefährlich werdende Verelendung derjenigen Massen erzwang, die nur vom Verkauf ihrer Arbeitskraft lebten, ist die Entstehung und spätere Weiterentwicklung des Netzes der sozialen Sicherung, das - wie immer in Krisenjahren - auch gegenwärtig wieder einmal verteidigt werden muß, zu verdanken. Doch dieses Kapitel gehört schon in die Geschichte der zweiten Hälfte des 19. und in die des 20. Jahrhunderts.

In der ersten Hälfte des 19. Jahrhunderts bis zur Auflösung des Paulskirchenparlaments spielten vor allem die drei genannten Tendenzen eine zentrale Rolle und haben auch in Hanau deutliche Spuren hinterlassen: Die industrielle Revolution, die mit zum Teil revolutionären Forderungen wie Volkssouveränität, Gewaltenteilung, Rechtsstaatlichkeit verbunden ist; der aufkeimende Nationalismus, der in die Forderung nach einem deutschen Nationalstaat einmündete, und schließlich die politische Reaktion der um ihre Privilegien bangenden oberen Stände, des Adels und des Klerus.

Um den sozialen Wandel auf dem Weg zum Revolutionsversuch von 1848 vor dem Hintergrund der beginnenden Industrialisierung zu veranschaulichen, ist es sinnvoll, die Ursprünge und die Entwicklung des Hanauer Gewerbes etwas genauer zu betrachten[2].

Die bedeutendsten Fabrikationszweige dieser Zeit, das Edelmetallgewerbe, die Tabakfabrikation und die Textilherstellung, lassen sich auf ihre Errichtung im frühen 17. Jahrhundert, als Ergebnis der Neustadtgründung, zurückführen. In den ersten Jahrzehnten des 19. Jahrhunderts sind in den genannten Bereichen zwei entgegengesetzte Entwicklungstendenzen festzustellen: Das zerfallende Textilgewerbe und die allmählich sich entfaltende Industrialisierung des Tabak- und Edelmetallgewerbes.

Die Textilfabrikation gliederte sich in die Seiden- und Wollwarenherstellung. Eine eigene Position nahm die Teppichfabrikation ein. Der Seidenproduktion brachte die veränderte Herrenmode - die lange Hose löste die kurze Hose und die dazugehörigen Seidenstrümpfe ab - starke Absatzeinbußen. 1817 bestanden noch vier Seidenfabriken. Die Firma Blachière wird mit 75 Beschäftigten angegeben. Die Umstellung der Produktion auf Damenstrümpfe, Filetstickerei (Netzstickerei), „Cravatten" und halbseidene Stoffe konnte das Seidengewerbe nur bis in die 50er Jahre erhalten, durchschnittlich waren in diesem Industriezweig 350-400 Arbeiter, überwiegend Frauen, beschäftigt.

Die volkstümlichere Wollwaren-herstellung beschäftigte ihre Arbeiter im Verlagssystem auf dem „platten Lande'. Beim Verlagssystem kaufte der Verleger, meist ein Kaufmann, Rohstoffe ein und gab sie an die Textilwerker zur Verarbeitung weiter. Diese verarbeiteten die Rohstoffe in ihren eigenen Werkstätten. Die fertigen Erzeugnisse gaben sie gegen Lohn an den Verleger zurück, der dann die von den verschiedenen Handwerkern erarbeiteten Produkte als Massenware verkaufte. Von einem Teil des Erlöses kaufte er wieder Rohstoffe, die er an die ihm untergeordneten Textilarbeiter weitergab. Dieses System, zu dem noch die Gewährung von Krediten kam, machte die „Heimarbeiter" vom Verleger so abhängig, daß sie, wenn Aufträge ausblieben, in der Regel gezwungen waren, sich als „Lohnarbeiter" in einerManufaktur zu verdingen, sofern sie dort einen Arbeitsplatz fanden. Kinder waren nicht ausgenommen.

1840 beschäftigte die Firma Teppich-Leisler 34 Kinder vom 6. bis 14. Lebensjahr in der Spinnerei und Weberei. Die Arbeitszeit dauerte von 6.00 Uhr bis 19.00 Uhr, nur durch zwei halbstündige Pausen unterbrochen. Der Wochenlohn betrug zwischen 36 Kreuzer und 1 Gulden 12 Kreuzer. Da die Kinder schulpflichtig waren, schloß sich unmittelbar an die Arbeitszeit von 19.00 Uhr bis 20.30 Uhr der Besuch der Armenschule an.

1817 beschäftigte die Firma der Gebrüder Pannot ca. 1500 Arbeitskräfte in der Umgebung Hanaus. Die Produktion erfolgte auf handwerklich-kleinbetrieblicher Grundlage und war damit der schon viel weiter entwickelten englischen und inländischen Maschinenspinnerei nicht gewachsen. Das Grenzzollsystem besorgte ein übriges, und die spätere Schaffung des Zollvereins kam für die Hanauer Wollweberei bereits zu spät. Die freiwerdenden Lohnarbeiter wanderten, sofern sie dort Arbeit fanden, in die besser bezahlte Tabakfabrikation ab.

Die Fabrik des Jean Leisler betrieb in erster Linie die Herstellung von

Arbeiterin, Teppichfabrik Leisler.

Teppichen, besonders Wappenteppiche. Produziert wurde zunächst noch auf Handwebstühlen. Ab 1837 nahm die Firma einen bedeutenden Aufschwung. Durch die Verbindung des Friedrich Leisler mit dem Frankfurter Bankhaus du Fay entstand nach den Worten des Hanauer Handels-und Gewerbevereins ein „großartiges Geschäft". Leisler brachte mit der Umstellung der Produktion auf Maschinenbetrieb die erste Dampfmaschine in die Provinz Hanau. Die besondere Stellung der Teppichfabrik innerhalb des Hanauer Gewerbes bestand auch in seiner Größe. 1845 waren dort 450 Arbeiter beschäftigt. In der allgemeinen Krise von 1847 sank die Arbeiterzahl auf 172, und von 65 Teppichknüpfstühlen standen 48 still.

Das Tabakgewerbe entwickelte sich aus der Verbindung mit dem Tabakanbau in Hanau. Während die qualitativ bessere überseeische Konkurrenz zum weitgehenden Rückgang des Hanauer Tabakanbaus gegen Ende des 18. Jahrhunderts führte, gelang es der Tabakverarbeitung, sich zu verselbständigen. In erster Linie wurde Rauch- oder Pfeifentabak hergestellt, der Tabak wurde gesponnen. Tabakspinnen war die Bezeichnung für die Tätigkeit des Aufwickelns großer, feuchter, ungeschnittener Blätter mit Hilfe einer Spindel zu Rollen.

Dieser Rollen- oder Stangentabak wog ca. 3-4 Pfund pro Rolle und kam so in Handel und Gebrauch. Diese erste Art der Rauchtabaksfabrikation, zeitweise auch als „Hanauer Tabak" bekannt, erhielt sich im wesentlichen bis Ende des 19. Jahrhunderts. Das Handwerkszeug der Tabakarbeiterschaft bestand aus einem großen Werktisch, der Tabakspindel, einem Rollholz und einem Messer. Die Arbeit wurde meist von Frauen und Kindern geleistet. Sie waren billiger als Männer und drückten deren Löhne, sofern sie ihnen nicht sogar den Arbeitsplatz wegnahmen.

Die Entwicklung des Tabakgewerbes im 19. Jahrhundert litt zunächst unter Napoleons Kontinentalsperre, der Verlegung der Zollgrenzen an den Rhein und der Einführung der Tabakregie in Frankreich. Ein Großteil des Belieferungsgebietes hiesiger Betriebe erlosch. Die Zahl der Tabakfabriken ging bis auf drei zurück. Die Zollschranken der nachfolgenden Zeit taten ein übriges. Erst die Schaffung eines nationalen Mark-

Wappenteppich der Fabrikantenfamilie Leisler.

tes im Zollverein brachte der Tabakfabrikation wieder einen Aufschwung. Eine Ausnahme bildete die Schnupftabakherstellung. Es bestanden nur noch die Schnupftabaksmühlen am Frankfurter Tor und in Kesselstadt.

1828 brachte die Firma Oldenkott die Zigarrenproduktion nach Hanau. Die mitgebrachten Zigarrenarbeiter aus Bremen und Hamburg schotteten sich zunächst gegenüber den einheimischen, geringer bezahlten Arbeitern ab. Sie hüteten ihre Fertigungskenntnisse, um dadurch lohndrückende Konkurrenz auszuschalten. Das Zigarrenrauchen fand allmählich Verbreitung in den Zollvereinsländern. So konnten 1833/34 bereits über 100 angelernte Arbeiter in der Oldenkottschen Fabrik beschäftigt werden. 1836 existierten bereits fünf Fabriken in Hanau.

Die Erfindung der Wickelform für die Zigarrenherstellung durch Oldenkott brachte zunächst der Firma und später dem gesamten Gewerbe einen weiteren Auftrieb. Die Wickelform bestand aus zwei aufeinanderzulegenden Brettchen, in die Negativformen für Zigarren eingearbeitet waren. Der Zigarrenmacher brauchte also nur die Zigarre grob vorzuformen, die g1eichmäßige, gefällige Form besorgte das Pressen in der Wickelform. In Verbindung mit der Zigarrenfabrikation entwickelte sich eine Zulieferindustrie. Handwerkliche Schreinerbetriebe spezialisierten sich auf die Herstellung von Zigarrenkisten und später Wickelformen. Bereits 1845 fanden 100 Schreiner ihre Existenz in diesem Fertigungsbereich. Die Zunahme der Zigarrenfabrikation führte auch zur maschinellen

Zigarrenwicklerin.

Goldschmied.

Produktionsweise der Zulieferindustrie. Schon 1848 stellte der Betrieb des Zimmermanns Conrad Deines eine 10-PS-Dampfmaschine auf, als Antrieb zum Schneiden von Zigarrenkistenbrettern. Produziert wurde nicht nur für den lokalen Gebrauch, sondern auch für den Export. Auf diese Weise entstanden auch einige lithographische Anstalten, die für die Ausstattung von Zigarren und Zigarrenkisten sorgten.

Das Edelmetallgewerbe umfaßte die Bereiche der Goldschmiede und Silberschmiede. Seit dem Zuzug vorwiegend französischer Goldarbeiter, aufgrund der Freiheitspatente im 18. Jahrhundert, bezeichnete man die Goldschmiede auch als Galanterie- oder Bijouteriearbeiter. Die Produktion umfaßte neben der Schmuckherstellung vornehmlich große Goldarbeiten wie Dosen, Tabatieren, Etuis, Degengriffe, Schnallen, Stockknöpfe. An Silberwaren wurden gefertigt: Bestecke, Geschirr, Knöpfe und Leuchter.

Das exportabhängige Edelmetallgewerbe war in der napoleonischen Zeit durch Kriege, Eingangszölle und Ausfuhrabgaben stark in Mitleidenschaft gezogen worden. 1817 bestanden nur noch 10 Bijouterie- und 2 Silberwarenbetriebe, die zusammen ca. 200 Arbeiter beschäftigten. Die Rückkehr Hanaus zum Kurfürstentum Hessen-Kassel und die spätere Mitgliedschaft im Zollverein führten jedoch zu einem stetigen Anstieg des Edelmetallgewerbes bis zu den Ereignissen von 1848.

In der Produktion verlegte sich nun die Bijouterieherstellung auf kleinere Goldarbeiten wie Ohr- und Fingerringe, Broschen, Anstecknadeln und Souvenirs. Hinzu kam das handwerkliche Hilfsgewerbe von Graveuren, Emailleuren, Juwelieren und Etuianfertigern. Die Herstellung erfolgte überwiegend in kleineren (bis 20 Personen) und mittleren (bis 50 Personen) Betrieben. Absatz fanden die Waren auf den großen Messen wie in Frankfurt und Leipzig, in den Zollvereinsländern, den nordischen Ländern, Rußland, England, Frankreich und Österreich.

Nach der bisherigen ausführlichen Beschreibung der Hanauer Gewerbeverhältnisse sei im folgenden noch ein kurzer Überblick auf das übrige Gewerbe gegeben.

von Zier- und Gebrauchsgegenständen aus Eisenguß. 1845 zählte der Betrieb 75, 1852 bereits 170 Arbeiter.

Aus der 1815 gegründeten Schlosserei Bracker entwickelte sich eine Maschinenfabrik, die 1850 um eine Gießerei erweitert wurde. Bei dieser Gelegenheit wurde eine 6-PS-Dampfmaschine für die Produktion eingesetzt. Die ersten hergestellten Werkzeuge wurden in der Edelmetallindustrie verwendet.

Erwähnt sei auch noch die Fues'sche Papierfabrik, die bereits seit dem 17. Jahrhundert bestand.

Neben den Fabrikarbeitern der bisher beschriebenen Produktionszweige entfällt der größte Teil der Handwerker auf das Nahrungsgewerbe, besonders der

Nachtlichtuhr, Hanauer Eisenkunstguß, E. G. Zimmermann.

Werfen wir auch noch einen Blick auf die Hanauer Verkehrsverhältnisse jener Zeit: Für die Exportabhängigkeit des wichtigsten Hanauer Gewerbes waren gute Verkehrsverbindungen eine notwendige Voraussetzung für einen schwunghaften Handel mit Rohstoffen und Fertigerzeugnissen. In überwiegendem Maße wickelte sich der Personen-, Handels- und Postverkehr auf den Nah- und Fernstraßen ab. Der alte Handelsweg der Leipziger Straße zog sich durch das Kinzigtal. Die beiden Messestädte Frankfurt und Leipzig waren damit verbunden. Die alte Birkenhainer Straße stellte eine Verbindung zwischen Frankfurt und Nürnberg durch den Spessart her. Die Aschaffenburger Straße brachte den Zugang zu Süddeutschland und die Straße Hanau-Windecken den Anschluß an die Frankfurt-Kasseler-Straße und damit zu Norddeutschland. Eine Belebung des Straßenverkehrs fand durch den Beitritt Kurhessens zum Zollverein 1831 statt.

Weniger erfolgreich war die Mainschiffahrt für Hanau. Seit der Gründung der Neustadt stellte ein Kanal mit Ladeeinrichtung den Anschluß an die Mainschiffahrt her. Das Marktschiff versah den täglichen Liniendienst mit Frankfurt. Von der übrigen, von Mainz

Goldschmiede.

Von den handwerklichen Schmiede- und Schlossereibetrieben abgesehen, war die Eisenverarbeitung in Hanau unbekannt. 1840 wurde die Eisengießerei eingeführt, und ab 1842 befaßte Zimmermann sich mit der Fertigung

Bäcker und Metzger, des Genußmittelgewerbes der Bierbrauer und Weinbrenner, auf das Bekleidungsgewerbe der Schneider, Schuster, Hutmacher, auf das Bauhandwerk und einen umfangreichen Holzhandel.

kontrollierten Mainschiffahrt blieb Hanau ausgeschlossen.

Erst 1834 gelang es Hanau, an der Rangschiffahrt teilzunehmen. „Unter dem Namen einer Rangfahrt (oder Reihenfahrt) pflegten mehrere Städte mit einer Anzahl von Schiffern einen Privatvertrag zu schließen, wonach die Schiffer verpflichtet waren, einen regelmäßigen Liniendienst einzurichten und nur die beteiligten Städte anzulaufen. Dafür erhielten sie ein gewisses Monopol der Warenbeförderung und eine Fracht- oder Frachtgeldgarantie. Die Tarife wurden festgelegt." Die Rangfahrt zwischen Köln, Offenbach, Hanau und Miltenberg konnte aufgenommen werden. 1837 brachte die Aufnahme Frankfurts ein Ansteigen des Güterverkehrs, aber auch Beschwerden Hanaus über die willkürliche Schiffsplangestaltung und Verzögerungen Frankfurts.

Durch das Aufkommen der Dampfschiffahrt verlor der Segel- und Leinenzugbetrieb der Obermainschiffer immer mehr an Bedeutung. 1842 trat Hanau der Main-Dampfschiffahrtsgesellschaft bei. Dampfschiffe nahmen den regelmäßigen Betrieb zwischen Mainz und Bamberg auf. Talwärts wurden billige Massengüter wie Steine, Holz und Getreide befördert. Bergwärts Kolonialwaren wie Textilien und Genußmittel: Kaffee, Wein, Rohtabak, außerdem Kohle, später Eisenerz.

Poststation in Hanau.

Die Eisenbahn und die kurhessische Flußschiffahrtspolitik setzten der Dampfschiffahrtslinie 1858 ein Ende. In Kurhessen war man der Ansicht, daß die Mainschifffahrt den Weserhandel und den nordhessischen Straßenverkehr schädige. Der überfällige Beitritt Kurhessens zum Zollabkommen der Mainanliegerstaaten und die notwendige Flußlaufkorrektur des Untermains ließen die Bedeutung der Wasserstraße für Hanau sinken.

Die Beförderung von Personen und Gegenständen fand neben der Schiffahrt durch die Thurn- und Taxis'sche Postverwaltung, im Auftrag der Kurhessischen Landespost statt. Sie verlor aber an Bedeutung durch die zunehmende Verbreitung der Bahn. In den 1840er Jahren befand sich die

Die gute alte Zeit, Seidenbild.

41

Fahrpost in der Langstraße 85, Stall und 36 Pferde in der Langstraße 81. Folgende Verkehrsverbindungen bestanden 1847 täglich nach Frankfurt:

Marktschiff	*1 hin 1 her*
Dampfschiff	*1 hin 1 her*
Post	*2 hin 2 her*
Eisenbahn (1848)	*6 hin 7 her*

Die Zukunft gehörte in den nächsten Jahren der Eisenbahn, die dem Transportwesen eine völlige Umgestaltung und neue Möglichkeiten eröffnete. Der Eisenbahnbau verursachte scharfe Auseinandersetzungen zwischen der jungen deutschen Bourgeoisie und den rückständigen Vertretern des Feudalismus. So dauerten die Verhandlungen über eine Eisenbahn Hanaus seit 1836 an. Am 10. September 1848 wurde die lang erwartete Lokalbahn Hanau Westbahnhof - Frankfurt Ostbahnhof eröffnet. Die Effektivität der Bahnlinie litt jedoch zunächst noch daran, daß zu den übrigen Frankfurter Bahnhöfen keine Verbindung bestand. Im gleichen Jahr wurde der Betrieb des Marktschiffes eingestellt.

Soweit Schaffers Darstellung der Entwicklung des Hanauer Gewerbes und des damit verbundenen Verkehrswesens. Diese Darstellung führt nun weiter zur Entwicklung der Sozialstruktur und zu den sozialen Problemen der Hanauer Bevölkerung bis zur Jahrhundertmitte.

In der Zeit von der Neustadtgründung bis zur ersten Hälfte des 19. Jahrhunderts war Hanau zur bedeutendsten Gewerbestadt Kurhessens herangereift. Das bäuerliche Element der Bevölkerung war zurückgedrängt, jetzt dominierte das spezialisierte Handwerk, der Gewerbebetrieb, die Manufaktur und der Handel. Daneben existierte ein verzweigtes Netz von Dienstleistungsangeboten wie Speise- und Gastwirtschaften, es gab Fuhrmänner und Lohnkutscher, Geldwechsler und Lotterie-Collecteure, Friseure und Putzmacherinnen, Privatlehrer für Sprachen, Musik, Tanz, Agenten von Versicherungsanstalten, Ärzte, Apotheker, Mineralwasser-Händler, überhaupt: Handlungen aller Art. Genannt seien nur Böttcherwaren-, Gewürz-, Kolonial-, Kurz-, Ellen- und Manufakturwaren, Feuerungsmaterialien-, Tabaks-, Spezereiwaren- und Weinhandlungen. Für die etwa 15000 Bürger Hanaus standen im Jahre 1837 rund 90 Spezereiwarenhandlungen, 6 Spielwarenhandlungen, 14 Tuchhandlungen, 17 Weinhandlungen zur Verfügung. Es gab über 30 Bijouterie-Fabriken, 7 Chaisen-Fabriken, 2 Fabriken für Lederhandschuhe, 5 für seidene und baumwollene gewebte Handschuhe.

Es geht hier keineswegs um eine vollständige Aufzählung der einzelnen Produktionsstätten oder Erwerbszweige. Vielmehr soll gezeigt werden, daß man sich die meisten Fabriken nur als kleinere oder mittlere Betriebe, vielleicht nur etwas größere Werkstätten vorzustellen hat. Nur ganz wenige Manufakturen beschäftigten mehrere hundert Menschen. Den Großbetrieb gab es noch nicht. Und in den Betrieben herrschte - trotz eines arbeitsteiligen Produktionsablaufs - noch Handarbeit (deshalb Manufaktur). Zwar gab es die verbesserten mechanischen Webstühle, aber die wirklich industrielle Revolution setzt erst kurz vor Mitte des 19. Jahrhunderts ein, zumindest in den weniger fortschrittlichen Staaten Deutschlands. Immer noch sind die meisten Gewerbetreibenden kleine Handwerksmeister mit helfenden Familienangehörigen und Gesellen.

Die Gewerke, die Handwerkersparten, hatten für die Gesellen, die nicht in

Wanderbuch des Lohgerbergesellen Carl Reinhold Retsch.

*Fabrikantenfamilie
Leisler
in Ihrer Kutsche*

den Familien der Meister lebten oder in Manufakturen arbeiteten, eigene Herbergen, die in Hanau allesamt Bierbrauereien angeschlossen waren. Im „Schwarzen Roß" trafen sich die Müller, „Zur goldenen Gerste" die Buchbinder. Der „Goldene Schwan" war die Herberge für die Kammacher, Zimmerleute, Leineweber, Metzger und Bäcker, „Im Thiergarten" wohnten Schreiner und Schlosser, ferner gab es Herbergen für Drechsler, Spengler, Seifensieder und Strumpfweber, eine Maurer-Herberge, eine für Kupferschmiede, eine für Schneider und Schuhmacher und eine für Weißbinder und Schornsteinfeger.

Die 15 Bierbrauereien und Herbergen für die verschiedensten „Gewerke", die im Hanauer Handels-Adressbuch von 1837 aufgeführt sind, belegen, daß ein großer Teil der Gesellen nur aus Wandergesellen bestand, die auf Zeit in Hanau wohnten und arbeiteten, dann aber, wenn der Meister ein Projekt, zum Beispiel einen Neubau, abge-

schlossen hatte, wieder weiterzogen. Ein wichtiger Bestandteil der arbeitenden Bevölkerung setzte sich folglich nicht aus Bürgern der Stadt, sondern aus Fremden zusammen. Auch dies ist ein wichtiges Element der Sozialstruktur Hanaus in der ersten Hälfte des 19. Jahrhunderts. In den Gewerksherbergen, in denen die Gesellen bestimmter Berufsgruppen zusammenlebten, bildeten sich die Keimformen der späteren Gewerksvereine, aus denen schließlich in der zweiten Hälfte des 19. Jahrhunderts die Gewerkschaften hervorgegangen sind.

Die politische Vereinigung der Arbeiter war freilich in der Restaurationsperiode verboten. Ein Streik- und Koalitionsrecht gab es nicht. So wurden „unpolitische" Turnvereine und Gesangsvereine gegründet, in denen sich gleichgesinnte Bürger oder Arbeiter oder beide zusammenfanden und ihre Probleme diskutierten, vor allem jedoch ihre politischen Ideale formulieren und gemeinsam verfolgen konnten.

Bis 1850 bestand ein Tabakarbeiterverein, der sich aufgrund einer Denunziation auflöste. Darüber hinaus war von 1848 bis 1850 ein gewerbeübergreifender Arbeiterverein politisch tätig. Er arbeitete eng mit dem republikanischen Turnverein und dem Demokratischen Verein zusammen. In den fünfziger Jahren gründeten Arbeiter einen Konsumverein, um sich vor dem preistreibenden Zwischenhandel zu schützen.

Unter der durchaus nicht uneigennützigen merkantilistischen Wirtschaftspolitik der Fürsten konnten Kaufleute, Manufakturisten, Verleger, Fabrikanten die kapitalistische Warenproduktion entfalten. Doch stießen sie, in England schon im 17. Jahrhundert, in Frankreich Ende des 18. Jahrhunderts, auf die der freien Marktwirtschaft, dem freien Konkurrenzkapitalismus, gesetzten feudalen Schranken. Im kriegsbedingt rückständigen Deutschland mit seinen kleinstaatlichen und entsprechend kleinbürgerlichen, von Obrigkeitsdenken geprägten Verhältnissen spürte man diese Investitionshemmnisse erst später. Doch nur wenige sahen sie im Feudalsystem selbst. Die Besitzbürger machten deshalb auch keine Anstrengungen, gegen die alte Ordnung eine Revolution zu organisieren. Sie begnügten sich in der Regel mit Bittschriften und Eingaben an, wie es Hanauer Unternehmer und Gewerbetreibende 1816 und auch später noch häufiger taten, die „Hochpreyßliche, Kurfürstliche Regierung" in Kassel. Sie wollten vor allem eine institutionalisierte eigene Interessenvertretung, nämlich eine Handelskammer, um auf die Wirtschaftspolitik Einfluß zu gewinnen.

In der Eingabe, auf die ich hier anspiele, heißt es einleitend: „je größer die Bedrückungen und Einschränkungen waren, denen der Handel im allgemeinen besonders aber die Hanauer Fabriken unterlagen, umso mehr muß es jetzt ein gemeinsames Bestreben seyn, die noch fort bestehende Hinderniße weg zuräumen und Mittel aufzufinden, unserer guten Stadt Hanau, ihren früheren Handelsverkehr und den gleichzeitigen Flor ihrer Fabricken wieder zu geben."

Es gab einen Handels- und Gewerbeverein, der aber eher als Hilfsbehörde der Obrigkeit denn als Organ der Interessenvertretung anzusehen war. Die Mitglieder waren zwar vom Handelsstand gewählt, bedurften jedoch der staatlichen Bestätigung. In Hanau gehörten der Deputation des Handels- und Gewerbevereins unter dem „Vorsitz" des Hanauer Regierungsrates Neuhof folgende Bürger an: Teppichfabrikant Leisler, Lederfabrikant Hauchar, Bijouterie-Fabrikant Esal Collin, Hutfabrikant Roessler, Spediteur Sommer, Holzhändler Johann Conrad Deines und Kaufmann Jean Brandt.

Das Interesse der aufstrebenden Kapitalbourgeoisie richtete sich bis Mitte der dreißiger Jahre fast ausschließlich auf die Beseitigung der Zollschranken, gegen das verhaßte Mautsystem, die Stempeltaxe und die gewerbefeindlichen Gesetze. Da diese Gesetze offensichtlich als schier unerschöpfliche Finanzquelle der Fürsten dienten, damit diese in ihren „Palästen" ihre aufwendige Hofhaltung, ihre Maitressenwirtschaft und Beamtenherrschaft bezahlen konnten, wurde nur dieses feudale Abgabensystem als „Quelle alles übels" gesehen. Vom Bürgertum bis in die ärmsten Bevölkerungsschichten hinunter kam es deshalb zu einem Interessenbündnis gegen die Einrichtungen, mit deren Hilfe die Fürsten einen immer größer werdenden Teil des produzierten Mehrprodukts abschöpften und sich ohne nennenswerte Gegenleistungen aneigneten.

Erst nach den Unruhen in Hessen und den Hanauer „Krawallen" im Jahre 1830 und nach Bildung größerer Freihandelszonen durch Zollvereine konnte die sich allmählich aus dem Bürgerstand herauslösende und zu einem eigenen Klassenbewußtsein gelangende Arbeiterschaft erkennen, daß die Schranken der überlebten Feudalordnung nur die eine Ursache ihrer sozialen Probleme, der ständigen Teuerung, der Wirtschaftskrisen, der Arbeitslosigkeit und Kinderarbeit, der sozialen Unsicherheit und Rechtlosigkeit waren. Die andere war die kapitalistische Wirtschaft selbst. Und je größer der Einfluß des Kapitals auf die staatliche Politik wurde, um so deutlicher bekamen die kleinen Bauern, die kleinen Gewerbetreibenden und vor allem die Arbeiter dies zu spüren. Ihre Lage verschlechterte sich rapide. Erst ab den sechziger Jahren des 19. Jahrhunderts kam es zum organisierten Widerstand der Arbeiterklasse gegen das sich abspaltende und stärker werdende Großbürgertum. Diese gesellschaftliche Klasse hatte sich nach der Niederlage von 1848 unter dem Eindruck der an Zahl und Selbstbewußtsein wachsenden Arbeiterbewegung zu einem Bündnis mit den alten Feudalmächten entschlossen, die auch nach der gescheiterten 48er Revolution die wichtigsten Schalthebel des Staatsapparates in ihren Händen hielten.

Vor 1830 und auch noch vor 1848 waren weder das Bürgertum noch die Arbeiter stark und selbstbewußt genug, um das obrigkeitliche Bewußtsein ihrer Zeit überwinden zu können. Die Tuch-, Seiden-, Strumpf- und Wollweber, die in den Manufakturen beschäftigt waren, arbeiteten zwar schon an mechanischen Webstühlen, aber die Zahl derer, die in der Textilbranche als Wollsortierer, Bleicher, Färber, Posamentierer, Näherinnen etc. arbeiteten, die also kaum oder nur wenig mechanisierbare Tätigkeiten ausübten, war noch sehr groß. Noch größer war die Zahl der verschiedenen Bijouterie-Arbeiter, die weiterhin nach den Regeln des klassischen Handwerks produzierten, d. h. als Gold- bzw. Silberschmiede mit feinstem Werkzeug manuell ihre Produkte fertigten. Die Ereignisse von 1848 zwangen viele Bijouterie-Arbeiter, aus wirtschaftlichen oder politischen Gründen nach Amerika auszuwandern. Ein beträchtlicher Teil der Bevölkerung war in der ersten Hälfte des 19. Jahrhunderts im Kleingewerbe tätig und stand häufig in enger Fühlung mit der Staatsmacht, den Obrigkeiten, der städtischen Verwaltung.

Folgende Berufe mögen davon einen Eindruck vermitteln: Es gab Wegegeld-Erheber, Brückengeld-Erheber, Steueraufseher, Leibkutscher, Leibköche, Mundschenken, Kunstgärtner, Kreisbereiter, Landbereiter, Jagdaufseher, Holzmesser, Uferwärter, Feldschützen, Polizei-Sergeanten, Polizei-Commisäre, Hofkassierer, Polizei-Wachtmeister, Chaussee-Aufseher, Finanzkammer-Sekretäre, Obergerichtsanwälte, Marställe, Land-Krankenhaus-Verwalter, Hof-Silberdiener, Hof-Juweliere, Regierungs-Kanzlisten, Hofgraveure, Compagnie-Wundärzte, Kammerherrn, Hauptmänner, Polizei-Räte, Hoffriseure, Rittmeister, Oberregierungs-Kanzleiboten, Majore, Hof-Portiers, Pedelle und viele andere.

Sozialstrukturell befand sich die Hanauer Bevölkerung zwischen 1800 und 1848 noch im vorindustriellen Stadium, wenngleich die

Zahl der Industriearbeiter ständig wuchs und sich abzeichnete, daß sie nicht nur quantitativ zunehmen, sondern auch zu einer eigenständigen, angesichts der sozialen Frage, die auf Antwort drängte, starken gesellschaftlichen und politischen Kraft heranwachsen würde, die die demokratische Entwicklung nicht nur in Hanau und Hessen, sondern in ganz Deutschland und in den europäischen Nachbarstaaten maßgeblich beeinflussen sollte. Dies zeichnete sich in den sozialen Bewegungen der fortgeschrittenen Staaten England und Frankreich, in den auf die Deutschen, auch die Hanauer, wie Funkenflug übergreifenden Revolten der Franzosen und zuletzt an den Weberaufständen in Schlesien ab.

Als endlich die erste bürgerliche Revolution der Deutschen im Jahre 1848 ausbrach, waren weder die sozialen und ökonomischen Verhältnisse noch die Persönlichkeiten, die für eine bessere Zukunft Deutschlands standen und im Paulskirchenparlament versuchten, einen modernen Verfassungsstaat zu gründen, reif für die Umwälzung, die als notwendig erkannt wurde, um die deutsche Geschichte mit nachhaltiger Wirkung in bürgerlich demokratische Bahnen zu lenken. „Der große Kampf zwischen der Demokratie und dem Absolutismus ist endlich entbrannt." So hieß es emphatisch in „Berichte vom Kriegsschauplatz Nr.1"[3]. Weiter ist in diesem Bericht zu lesen: „Die Stunden der Entscheidung sind gekommen. Bald muß es sich zeigen, ob wir russisch oder republikanisch sind. Die Blicke und die Hoffnungen Deutschlands, Europa's, hängen an dem Freiheitheere in Baden. Bis jetzt haben sich unsere Kämpfer ihrer Heiligen Sache würdig gezeigt, das Beispiel der Magyaren braucht uns nicht mehr zu beschämen. Die Reaktion ist natürlich bemüht, unseren Standpunkt zu verrücken und unseren Kampf in den Koth zu ziehen. Täglich werden die infamsten Gerüchte verbreitet. Um der Lüge und Verläumdung entgegenzutreten, werden wir von nun an wahrheitsgetreue, authentische Berichte herausgeben, die das Publikum über die Lage der Dinge aufklären sollen. Wo möglich, werden täglich solche Berichte erscheinen. Die Redaktionen der demokratischen Blätter sind ersucht, das Ihrige zur Verbreitung der Wahrheit zu thun."

Die Wahrheit war, daß die Paulskirchenparlamentarier sich in ihrer großen Mehrheit für die konstitionelle Monarchie entschieden, nicht für die Republik, nicht für die fortschrittlichste Form der bürgerlichen Demokratie. Und zu dieser traurigen Wahrheit gehörte, daß sie sich dezidiert für einen militaristischen, per se antidemokratischen Monarchen als Wahlkaiser entschieden haben. Dieser Fürst, der an der Spitze des militaristischen Preußen stand, lehnte die große „Ehre", die ihm sogar seitens republikanisch gesonnener Abgeordneter zuteil wurde, ab und stellte damit die Weichen in die demokratiefeindliche Zukunft, die vielen Deutschen und den Juden, den europäischen Nachbarn Deutschlands und vielen Völkern der Welt so viel Leid bringen sollten. Es waren auch entschlossene Hanauer Republikaner, die die Republik im letzten Augenblick doch noch zu retten versuchten. Auch wenn sie damals scheiterten, aus heutiger Sicht haben sie den Sieg davongetragen.

Hans See

1 Vgl. dazu meinen Beitrag: 400 Jahre Hanauer Wirtschafts- und Sozialgeschichte - Hanau als Grenzstadt, in: Auswirkungen einer Stadtgründung, Festschrift, Hanau 1997, S. 206.
2 Richard Schaffer-Hartmann in: „Hanau im Vormärz und in der Revolution von 1848/49", S. 12-14).
3 In: Hans Blum, Die deutsche Revolution 1848 - 49, Florenz und Leipzig 1897, in dem „der Kampf der Hanauer Bürgerwehr bei Hirschhorn" geschildert wurde.

Die neue Zeit, Seidenbild, um 1848.

Die Forderung nach Freiheit schloß selbstverständlich auch die Pressefreiheit mit ein. Die schikanöse Willkür der Zensoren wurde nur zeitweise durch die neue kurhessische Verfassung gemildert, die ein Pressegesetz in Aussicht stellte. Man gab sich der Hoffnung auf *Pressefreiheit in ihrem vollen Umfang* hin. Als erster machte der im nahen Gut Emmerichshofe zwischen Hanau und Alzenau wohnende Graf von Benzel-Sternau davon Gebrauch. Im Hanauer Verlag von Friedrich König gab er die Zeitschrift *Der Verfassungsfreund. Ein*

Wilhelm Sauerwein

Landtagsblatt für Deutschland ab Anfang 1831 heraus. Im Gegensatz zu den radikalen politischen Tageszeitungen des Herbstes 1830 widmete sich der politisch erfahrene liberale Oppositionelle in Aufsätzen Fragen der Verfassung, des Rechts, des Budgets und weniger den aktuellen Ereignissen. Im Beitrag des Hanauer Obergerichtsanwalts K. Bernhard Hartz, der auch zeitweise an der Hanauer Zeitung arbeitete, äußerte der Autor öffentlich bemerkenswert revolutionäre Gedanken: Die Behördenwillkür wurde angeprangert. Zur wirtschaftlichen Entwicklung forderte er die Ansiedlung von Fabriken. Für die Bauern verlangte er die Ablösung aller Fronden. Dem Ruf der öffentlichen Meinung nach Menschen-

rechten stände ein Bund aus Oligarchie und Aristokratie entgegen, so daß die Idee der Revolution weiterhin bestehen bleibe. Ganz im Gegensatz hierzu stand ein Aufsatz im *Verfassungsfreund*, den der Hanauer Heinrich Koenig aus der Sicht des vorsichtigen, der Revolution abholden Dichters schrieb. Benzel-Sternaus Zeitschrift war im

Pressefreiheit!

Tenor radikal, antimonarchistisch, revolutionär, denn schließlich war ihr Herausgeber einer der Initiatoren des Wilhelmsbader Festes.

In der Provinz und der Stadt Hanau gewann die radikale, demokratische und revolutionäre Richtung immer mehr an Bedeutung. Auf politischen Versammlungen, durch die verbotenen Burschenschaften, die wandernden Handwerksburschen und die liberale Presse wurde das revolutionäre Gedankengut, der Wunsch nach nationaler Vereinigung und liberaler Staatsform, verbreitet. Der Bundestag hatte nach dem Mord des Studenten und Burschenschaftlers Karl Ludwig Sand an dem reaktionären Dichter August von Kotzebue in den Karlsbader Beschlüssen vom 20. September 1819 die studentischen Verbindungen der Burschenschaften verboten und eine scharfe Pressezensur verfügt. Im Gegensatz zu den Bundesbestimmungen stand das freiheitliche Pressegesetz Badens, das die Entstehung zahlreicher Zeitungen begünstigte. Dem Politiker und Staatsrechtslehrer Dr. Karl Friedrich Welcker gebührte für seinen Einsatz für die Pressefreiheit besonderer Dank, den ihm die Hanauer durch Übersendung eines silbernen Pokals am 7. Oktober 1831 abstatteten. Der *Freisinnige* und *Der Wächter am Rhein* und die *Deutsche Tribüne* waren die Zeitungen Südwestdeutschlands.

In Hanau bestand seit 1678 der *Hanauische Mercurius*, unter Na-

poleon als *Hanauer Europäische Zeitung* verboten, seit 1814 *Hanauer Neue Zeitung* und seit 1826 *Hanauer Zeitung*, die der gebürtige Ansbacher Johann Georg Kittsteiner herausgab. Die Zeitung bestand bis 1922 und ist nicht mit dem heutigen *Hanauer Anzeiger*, der 1725 als *Wochentliche Hanauer Frag- und Anzeigennachrichten*

gegründet wurde, zu verwechseln. Seit der kurhessischen Verfassung, die zunächst nur die Freiheit der Presse und des Buchhandels in Form eines Pressegesetzes in Aussicht stellte, drückte die *Hanauer Zeitung* eine freiheitliche Gesinnung aus. Dem in Frankfurt sitzenden Bundestag erschien das Blatt als *höchst schädlich* und es war im Königreich Preußen verboten. Aufgrund der liberaleren Handhabung der Zensur im ausländischen Ha-

Friedrich Funk

nau wurden nun einige Frankfurter Blätter in der Stadt gedruckt und herausgegeben, denn Frankfurt wagte angesichts des dortigen Bundestages keine Lockerung der Zensur bis Mitte 1831. Herausgegeben von Gustav Oehler und später von Georg Stein wurden nun die *Zeitbilder*, für die Christian Freiesen und Wilhelm Sauerwein wie auch Graf von Benzel-Sternau schrieben. Ursprünglich als *Zeit-Bilder* ein Beiblatt der *Zeitung der Freien Stadt Frankfurt*. Offen wurde nun gegen die geübte Pressezensur geschrieben, die sie gezwungen hatte, *stets mit gefesselter Zunge vor dem Leser zu stehen*. Die Gründung eines freien konstitutionellen Deutschlands und die Erlösung der Untertanen durch Volksvertretung und Freiheit der Rede forderten die Redakteure. An den sozialen Verhältnissen übte man Kritik: Daß nämlich Unterdrückung und Not durch Adel und „Pfaffen" die Bauern zur Auswanderung zwangen. Gedruckt wurde in der Hanauer Waisenhaus-Druckerei und Friedrich König nahm Anzeigen an. Durch die Zensur des Blattes sahen sich die Herausgeber gezwungen, den Zeitungs-Kopf zu ändern. In Erinnerung an Ludwig Börnes *Zeitschwingen* nannte sich die Zeitung nun *Neue Zeitschwingen* und erschien ab November 1831 in Hanau. Mit dem *ABC-Buch der Freiheit* 1832 gab es bei Friedrich König in Hanau eine Broschüre, die dem Manne aus dem Volke in einfacher und ironischer Weise die politischen Verhältnisse und Mißstände schilderte. In ähnlicher Form gaben Georg Büchner den *Hessischen Landboten, erste Botschaft* und Friedrich L. Weidig den *Leuchter und Beleuchter für Hessen oder der Hessen Notwehr* heraus.

Der Frankfurter Verleger und Herausgeber der *Neuen-Zeitschwingen* Gustav Oehler, ließ in der Hanauer Waisenhaus-Druckerei ein weiteres Blatt herstellen: *Der Ring des Saturn*. Dieser hatte literarische Themen und Theaterangelegenheiten zum Inhalt. Redakteure waren Sauerwein, Freieisen und auch Friedrich Funk. Nachdem die Bundesbehörden den Zusammenhang der beiden Blätter herausgebracht hatten, mußte ihr Erscheinen eingestellt werden. An ihrer Stelle erschien, wieder von Freieisen und Sauerwein, *Der Proteus, Betrachter über Politik, Literatur und Kunst* in der Waisenhaus-Druckerei hergestellt. Erhältlich unter anderem auch bei Friedrich König. Das Ein-

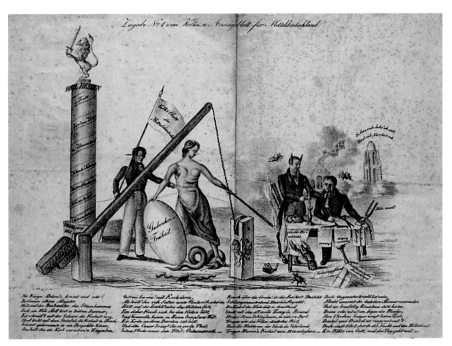

Zugabe Nr 1 zum Volks- und Anzeigenblatt für Mitteldeutschland

treten für Gleichheit vor dem Gesetz, für ein einiges, starkes Vaterland und die Propagierung eines allgemeinen deutschen Vereins zur Unterstützung der freien Presse, ließen das Blatt nicht lange vor der Zensur bestehen. Zwei weitere Burschenschaftler waren in Hanau journalistisch tätig, Gottfried Theobald und Franz von Florencourt, der einer radikalen burschenschaftlichen Richtung, den *Germanen*, angehörte. Die in Hanau erschienenen *Zeit-Bilder* und *Neuen Zeitschwingen* sowie die beiden radikalen Zeitungen *Westbote* von Dr. Philipp Jacob Siebenpfeifer, Zweibrücken und *Deutsche Tribüne* von August Wirt und Georg Fein, München, gaben dem Bundestag Anlaß, sich wegen deren revolutionärer Propaganda mit den gefährlichen Blättern zu beschäftigen. Zur Last gelegt wurde den Redakteuren ihr Eintreten für die Freiheit, dem demokratischen Prinzip der Volkssouveränität, der Pressefreiheit und die Verunglimpfung der herrschenden Souveräne. *Gäb's keine Höflinge, so gäb's keine Fürsten* sollen sie geschrieben haben. Nachdem die letzten Nummern der *Neuen Zeitschwingen* in Hanau gedruckt war, erschien bereits ein neues Blatt in der Stadt *Der neue Eulenspiegel*. Als Herausgeber zeichnete der Frankfurter Friedrich Funck. Zweimal die Woche sollte das Blatt erscheinen und

jede Ausgabe wurde als *Ritt des Eulenspiegel* bezeichnet. Gedruckt wurde bei Joh. Georg Scharnack. Der Hanauer Chronist Wilhelm Ziegler bemerkte zum *Ritt des Eulenspiegel*, daß er in der Stadt großen Absatz fände. In Frankfurt wurde das Blatt bald verboten. Leicht verändert, nur als *Eulenspiegel*, erschien er weiter in Hanau. Der Inhalt war ultraliberal und auch antisemitisch. Nacheinander wurden beide *Eulenspiegel* eingestellt. Eine Ausgabe des Eulenspiegel konnte - mit Zensurlücken - noch vom Hambacher Fest berichten. In der letzten Ausgabe wurde schon das neue Blatt *Die Volkshalle* angekündigt. Wieder von Funck herausgegeben, als Mitarbeiter treten Freieisen und Sauerwein auf, und in der Waisenhaus-Druckerei wurde es gedruckt. Bei Friedrich König konnte es bestellt werden. Die Berichterstattung widmete sich dem Wilhelmsbader Fest und Frankfurter Ereignissen, da es auch dort hauptsächlich verkauft wurde. Begreiflicherweise erregte *Die Volkshalle* bald den Zorn des Bundestages. Der österreichische Vorsitzende monierte die Handhabung der Zensur in der Stadt *wegen des alle Grenzen überschreitenden Unfugs, welcher mit der Presse zu Hanau getrieben worden.*

Die liberale und ultraliberale Bewegung dieser Zeit traf sich wegen des Verbots politischer Versammlungen zu Festessen mit politischen Reden. Im Kampf um die Pressefreiheit rief der Pfälzer Rechtsanwalt August Wirth am 29. Januar 1832 zur Gründung eines *Vaterlandsvereines zur Unterstützung der freien Presse* auf. Unterstützt werden sollten die Redakteure, die durch Verbot ihrer Zeitungen, Strafen und Geldbußen in existenzielle Not gerieten. Der Aufruf führte in zahlreichen Städten zur Gründung dieser Preßvereine. In Frankfurt gründeten Freieisen, Funk und Sauerwein den Preßverein. In Hanau veröffentlichte die Hanauer Zeitung im März 1832 den Aufruf und im April kündigte, der nach halbjährigen Exil aus der Schweiz zurückgekehrte Graf von Benzel-Sternau die Gründung des Hanauer Preßvereins unmittelbar nach dem Wilhelmsbader Fest an. Der *Vaterlandsverein zur Unterstützung der freien Presse*, kurz *Preßverein* und später *Vaterlandsverein* genannt, war die erste deutschlandweite Parteigründung. Sein Ziel waren Einheit und Freiheit in Deutschland, vom gemäßigten konstitutionellen Liberalen bis zum zentralistischen Republikaner.

Das Amt des Zensors lag in Hanau in den Händen des Polizeidirektors Neuhof. Die ständig zunehmenden Lücken in der Hanauer Zeitung zeigten sein Wirken. Was das südwestdeutsche Blatt *Der Freisinnige* noch drucken konnte, durfte in Hanau nicht veröffentlicht werden. Der Kampf um die Pressefreiheit führte zur *Protestation deutscher Bürger gegen die Preßsklaverei in Deutschland*. Friedrich König traute sich noch den Leitartikel des *Freisinni-*

gen in Hanau nachdrucken zu lassen. Die Unterzeichner wandten sich gegen die *fortdauernde Rechtsverletzung* des Bundes. In der Ergänzung der Bundesakte 1819 wurde eine scharfe fünfjährige Pressezensur beschlossen, deren Ablauf jedoch immer weiter verlängert wurde. Der Bundestag verlangte anläßlich des Nachdrucks der Protestation von König, eine strengere Handhabung der Zensur in Hanau. Die Protestation hatten in Hanau 87 Männer unterzeichnet, davon waren 29 Kaufleute und Fabrikanten, 15 Handwerker und Wirte, 12 Arbeiter, 10 Lehrer, Musiker und Künstler, 4 Rechtsanwälte und 2 evangelische Geistliche. Bei den letztgenannten

handelte es sich um die Pfarrer Georg Merz und Gottfried Theobald, die sich später aktiv an den revolutionären Ereignissen sich beteiligten ebenso wie der Kandidat des Rechts, Bibliothekar Spangenberg, der Kaufmann Ludwig A. Pelissier vom polnischen Unterstützungsverein und der Lehrer Dr. Bernhard Denhard vom Hanauer Geschichtsverein 1844. Die Forderung nach Freiheit wurde auch in Form politischer Volksfeste propagiert: Hambach, Bergen, Wilhelmsbad.

Richard Schaffer-Hartmann

Tabakspfeife 1832/1834

Das Wilhelmsbader Fest - Ein Palaver?

Von Krawallen, Volksfesten, Restauration und Revolution

Vier Wochen vor dem Wilhelmsbader Fest erlebte die Bewegung des Vormärz beim „republikanischen" Hambacher Fest am Wochenende vom 26. bis 28. Mai 1832 auf dem Schloß Hambach mit nicht weniger als 30.000 Teilnehmern ihren demonstrativen Höhepunkt. Das Hambacher Fest, das auch von den Hanauer Liberalen unterstützt wurde, strahlte mit seinen radikalen Reden auf ganz Deutschland aus. Im Gegensatz zum Wilhelmsbader Fest ist es in die Deutschen Geschichtsbücher und Lexika eingegangen.

Von „Palavern"

Heinrich Heine, dessen 200. Geburtstag wir letztes Jahr begingen, bekannt für seine scharfe Zunge, freilich sah sich damals veranlaßt, das Hambacher Fest als „Palaver" einzustufen. Den radikalen Republikanern, die in Hambach 1832 den Umsturz planten und ein Jahr später eine Miniatur der Bastille, nämlich die Frankfurter Konstablerwache, stürmten, hält Heine 1840 in seiner Denkschrift Ludwig Börne entgegen, daß das große Lösungswort - wenn überhaupt- zum rechten Augenblick ausgesprochen werden müsse und daß dieser Zeitpunkt längst nicht gekommen sei. Stimmte man Heine zu, so könnte man eine Auseinandersetzung mit dem Wilhelmsbader Fest als „Palavern" über die Fortsetzung eines „Palavers" leicht herabwürdigen - ganz zu schweigen von den Versuchen des Kulturvereins, 1979 und 1982 dieses bedeutendste und letzte „Volksfest" nach dem Hambacher Fest aus der Vergessenheit der Geschichte zu entreißen und wieder mit aktuellen Themen einem größeren Publikum zugänglich zu machen.

Es liegt meines Erachtens mit an der Janus-Gesichtigkeit der bürgerlichen Revolution, daß nämlich der 3. Stand zur Durchsetzung seiner ureigensten Interessen, die Interessen des heranwachsenden Proletariats (des 4. Standes also) mitzuvertreten vorgibt, die politische Widersprüche notwendig produziert. Das soll an dieser Stelle sowohl bei den Hanauer „Krawallen" als auch im Verlauf des Wilhelmsbader Festes exemplarisch angerissen werden. Zum anderen soll die Bedeutung der Feste an der Reaktion des Metternich-Systems gemessen werden.

Von der Revolution 1830 zu den „Volksfesten" 1832

Nachdem die Hoffnung auf Einheit und Demokratie, wie sie in den Freiheitskriegen gegen Napoleon lebendig gewesen war, nach 1815 brutal unterdrückt wurde, hatte der Sturz des französischen Königtums in der Julirevolution von 1830 eine Erschütterung des restaurativen Systems in ganz Europa verursacht. Es kam zu einer Reihe von Aufständen und ganz allgemein zur Wiederbelebung der Hoffnung auf Einheit und Fortschritt. So auch im Kurfürstentum Hessen-Kassel und insbesondere in Hanau mit seinen „Krawallen" und der ersten Kurhessischen Verfassung vom 5. Januar 1831 als Ergebnis.

Zahlreiche neugegründete liberale Zeitungen entfachten eine ganz Deutschland überziehende politische Diskussion. Auch in Hanau kam es zu einer Gründung eines Zweigvereins des „Deutschlandvereins zur Unterstützung der freien Presse", kurz „Preßverein" genannt, der gegen Zensur protestierte. In Hanau fand er, wie der Chronist Ziegler zu berichten weiß, regen Zuspruch. Der „Preßverein" stellte übrigens die erste überregionale Parteibildung der deutschen Geschichte dar.

Heinrich Heine, 1827.

In Hanau wurde bei dem Buchhändler Friedrich König die „Protestation deutscher Bürger gegen die Preßsklaverei in Deutschland" gedruckt - mit späteren unangenehmen Folgen für die Beteiligten. Die Liste vereint im Hinblick auf die Hanauer Unterzeichner, wie Alfred Tapp[1] feststellt, „einen großen Teil der Hanauer Liberalen und Demokraten dieser Zeit und auch der späteren Revolutionsjahre von 1848/49. Noch stehen diese beiden politischen Gruppen ohne jede Trennung der Parteirichtungen in der Opposition gegen Bund und Regierung vereint."

Nach dem Verbot liberaler Zeitungen und des „Preßvereins" in Preußen begannen die Liberalen im Südwesten Deutschlands als Ersatz für die freie Presse seit dem Frühjahr 1832 Volksversammlungen mit politischen Informationen und Diskussionen zu veranstalten.

Als auch diese verboten und geknebelt wurden, organisierte der „Preßverein" „Volksfeste". Deren Höhepunkt war das Hambacher Fest, das Liberale und Demokraten unter der - damals revolutionären - schwarzrotgoldenen Fahne vereinigte. Die Redner forderten die Revolution und die deutsche Republik; sie riefen zur Befreiung aller europäischen Völker auf. „Und all diese unendlichen Triumphe des menschlichen Geschlechts, all diese unermeßlichen Segnungen sollten den Völkern Europas bloß darum vorenthalten werden, damit ein paar unverständige Knaben fortwährend die Königskrone erben können?" rief der Hauptredner. Einige der Redner finden wir dann auch wieder bei dem Wilhelmsbader Fest. So den entscheidenden Redner dieses letzten Volksfestes: Heinrich Brüggemann.

Dem in der demokratischen Geschichte Deutschlands bedeutenden Hambacher Fest folgte an verschiedenen Orten in Deutschland eine Reihe von Volksfesten, auf denen gegen die Obrigkeiten jener Zeit die populären Forderungen nach Einheit und Freiheit Deutschlands artikuliert wurden. Eines der ersten war das Volksfest in Bergen am 31. Mai. Himmelfahrt war ein Feiertag, an dem man traditionsgemäß Frühlingsausflüge zur Mainkur nahe Frankfurt unternahm, und am Himmelfahrtstag 1832 wurde dieser Brauch zur Organisation eines „demokratischen Volksfestes" in dem kurhessischen Bergen, einem Ort oberhalb der Mainkur, genutzt. Hanaus Festteilnehmer fuhren mit dem Marktschiff bis zur Mainkur. Die Hanauer Zeitung berichtete[2]:

Auf den Wunsch mehrerer Frankfurter, daß auch in unserer Gegend ein Vereinigungsfest der getrennten deutschen Bundesstämme Statt finden möge, übernahmen mehrere Hanauer die Veranstaltung desselben in Bergen. Früh Morgens um 10 Uhr fuhr das Marktschiff von Hanau vom Jubel der das Ufer bedeckenden Menschenmenge begleitet, ab; rauschende Musik und schallende Lieder erhoben die Freude der Menge. In Bergen selbst waren zahlreiche Fremde aus der Nähe und Ferne, worunter auch viele ächtdeutsche Frauen und Mädchen, die nicht wenig zur Verherrlichung des Festes beitrugen, versammelt, so daß sich die Anzahl derselben auf einige Tausend belaufen kann.

Das Fest wurde mit dem Liede „Sind wir vereint zur guten Stunde" eröffnet; dann folgte eine im Namen des Festausschusses gehaltene Eröffnungsrede, die kurz den Zweck und Sinn des Festes darlegte. Unter mehreren Reden, die gehalten wurden, zeichnete sich besonders die des Hrn. W. Sauerwein aus Frankfurt, durch edle Kraft und tief ansprechende Gemüthlichkeit, aus. Sie drang so zum Herzen, daß manchem ernsten Manne Thränen in die Augen traten. Kräftige Gesänge und schöne Toaste auf Deutschlands Einigung und Freiheit, auf das Wohl aller freigesinnten Männer und Frauen, auf das Glück und Heil aller edlen Völker u.s.w. würzten das herrliche Volksfest. Besonders aber verschönert wurde es durch die Anwesenheit des Herrn Fein, Mitredakteur der deutschen Tribüne, der, nachdem er es abgelehnt öffentlich zu reden, um ja keine Veranlassung zu Verfolgungen zu geben, doch zuletzt, als sich das ganz falsche Gerücht verbreitete, er solle arretirt werden, mehrere Worte über die Art, wie man ihnen in Baiern, Baden und Hessen-Darmstadt behandelt habe, sagte. Im Ganzen herrschte die schönste Stimmung unter allen Anwesenden, tiefe

Rührung, edle Herzlichkeit waren überall sichtbar, so daß man mit Bestimmtheit sagen kann: auch dieses Maifest ging nicht ohne Heil und Segen für das Gesamtvaterland vorbei. Das herrlichste Wetter begünstigte die ganze Feier, die Abends 7 Uhr endete. Dann zog die fröhlich Menge unter Musik und Gesang - die Frankfurter begleiteten die Hanauer bis an die alte Mainkur, wo man sich unter herzlichen Bruderküssen trennte - nach Hause. Auch nicht die geringste Störung trübte den herrlichen Accord des Festes.

Vermutungen - Warum nach Hambach Hanau?

Über den dritten Tag des Hambacher Festes schreibt Tapp mit Bezug auf Hanau unter anderem: „Am Montag, dem 28. Mai, fanden sich noch einmal mehrere tausend Personen auf dem Hambacher Schloß zusammen, von denen der bayerische Landtagsabgeordnete Schüler dazu aufforderte,...Kundgebungen wie zu Hambach in allen deutschen Gauen zu veranstalten. Die nächste „Volksversammlung ähnlicher Art" - wie in Hambach - sollte nach Schülers Vorschlag am 23. Juli im Lamboywald bei Hanau stattfinden." Über die Gründe für diesen Tagungsort führt Tapp nichts aus. Wir sind auf Vermutungen angewiesen. Es stellt sich dabei die Frage, ob - im Gegensatz zum Wilhelmsbader Fest - die „Hanauer Krawalle" wirklich bloß von lokaler Bedeutung waren, wie Tapp annimmt.

Von Krawallen

In Paris war 1789 die - an sich sinnlose wie verlustreiche - Stürmung der Bastille das Fanal für die Radikalisierung der französischen Revolution. Wie sah es aus mit dem „Großfeuer in Hanau", das der Türmer auf dem Frankfurter Dom am 24. September 1830 meldete? Es ist die Rede von der Zerstörung von zwei Zollämtern in Hanau und Mainkur sowie eines Geschäftes, das Stempelpapiere verkaufte, als sinnlicher Ausdruck des Elends und der Not in Hanau aufgrund der kurhessischen Zollpolitik. Der „Hanauer Krawall" schlug Wellen der Begeisterung wie Empörung weit über die Provinz Hanau hinaus. Nach Tapp sollen übrigens Frankfurter Kaufleute, an der Abschaffung der Zölle ebenfalls sehr interessiert, die Hanauer Revolutionäre insbesondere bei der Zerstörung des Zollamtes Mainkur unterstützt haben. Und das alles vor der Haustür des Bundestages in Frankfurt! Dazu käme noch der propagandistische Versuch der großherzoglichen Regierung in Darmstadt, die die Schuld für soziale Unruhen im eigenen Land Kurhessen und insbesondere „Hanauer Krawallen" zuschieben wollte. Immerhin kam es dadurch zu Mobilmachungen und Truppenkonzentration der an Kurhessen angrenzenden Länder. Warum sollten die Hanauer Vorgänge nur von lokaler Bedeutung sein?

In Hanau wie in Oberhessen waren es zunächst wirtschaftliche und soziale Gründe, die zu Erhebungen führten. Die Tumulte gingen vom Proletariat und Bauern aus. Das Bürgertum nutzte aber die entstehende Unruhe für eigene Zwecke. Es politisierte sich.

Das Wilhelmsbader Fest
Ungünstige Bedingungen in Wilhelmsbad

Die Folge der „Protestation deutscher Bürger gegen die Preßsklaverei" und des Hambacher Festes war eine Verschärfung der restaurativen Politik des Deutschen Bundes, waren Presseverbote und Strafmaßnahmen gegen Demokraten. Am 14. Juni schon nahm die Bundesversammlung das Verbot „revolutionäre Zwecke andeutende(r) Abzeichen" - das waren Fahnen in den Farben schwarz-rotgold - und der Volksversammlungen an. Das Wilhelmsbader Fest war nur möglich, weil Kurhessen dem Beschluß erst am 7. Juli durch eine von dem kurhessischen Minister des Innern, H. D. Ludwig Hassenpflug - im Volksmund „Der Hes-

sen Fluch" - erwirkte Verordnung folgte. Die Ständeversammlung wurde dabei von diesem Erzreaktionär schon nicht mehr gefragt. Ein „Lamboyfest à la Hambach" wäre am 23. Juli nicht mehr möglich gewesen. Auch aus dem Wilhelmsbader Fest ist aus verschiedenen Gründen kein zweites Hambach geworden. Schon aus räumlichen Gründen war das nach Tapp nicht möglich. Auch trat „in Wilhelmsbad...der soziale Unterschied zwischen den für teures Geld im trockenen Saal speisenden Honoratioren und der Masse des Volkes draußen im Regen in einer die zeitgemäßen Erwartungen enttäuschenden Weise in Erscheinung". Die Frage, ob im Gegensatz zu Hambach ein Werktag, ein Freitag, gewählt wurde, um „radikale Elemente" von der Art der „Hanauer Krawaller" fernzuhalten, hält Tapp für durchaus möglich. Immerhin schwanken die höchsten Schätzungen der Anzahl der Teilnehmer zwischen 10.000 und 15.000.

Und doch großer Zulauf

Das Wilhelmsbader Fest vom 22. Juni 1832 ist jedenfalls das größte und bedeutendste der zahlreichen „Volksfeste" nach Hambach. Es sollte auch das letzte sein. In den Kurpark Hanau-Wilhelmsbad waren damals zu einem demonstrativen „Mittagsmahl" auch Bürgervertretungen aus Mainz, Heidelberg, Frankfurt, Darmstadt, Gießen, Fulda, Kassel, Neustadt a.d. Hardt, ja sogar Besucher aus Westfalen, Hannover, Braunschweig, Anhalt, Köthen, Rheinbayern und Franken gekommen. Die Unterzeichner der Einladung waren durchweg „dem gemäßigten liberalen, dem konstitutionen Flügel zuzurechnen und galten als angesehene, wohlsituierte Bürger", schreibt Tapp: die Obergerichtsanwälte Louis Blachière, Wilhelm Emmerich und Adolph Manns, dann Carl P. Brand(t), Anton Häußler, Daniel Leisler sen. , Pfarrer Georg Merz und L.A. Pelissier. Manns, Herz und Pelissier hatten schon die „Protestation.." mit unterzeichnet.

Gegenüber der Obrigkeit war als Zweck des „Mittagsmahl" - von einem „Volksfest" war in der Genehmigung Hassenpflugs nicht die Rede - genannt: „Die Stärkung des Geistes der Verbrüderung unter den deutschen Volksstämmen". Zur Verhinderung „verbrecherischer Regungen" wie beim Hambacher Fest wurde das Mittagsmahl unter Polizeiaufsicht gestellt. Jedes Abweichen von dem erlaubten Rahmen in den Reden sollte als „Hochverrat" verfolgt werden. Um Ausschreitungen vorzubeugen, sollte Militär bereit gestellt werden.

Zum Verlauf

Getreu dem Hambacher Vorbild begann das Fest am Morgen des 22. Juni mit einem Festzug nach Wilhelmsbad, der vom Hanauer Gasthaus „Zur goldenen Schachtel" ausging. Von der Polizei wurden hinter der Musikkapelle exakt fünf Fahnen registriert. Eine schwarz-rotgoldene Fahne trug die Inschrift „Freiheit, Wahrheit, Gerechtigkeit und Einheit Deutschlands". „Ohne Freiheit kein Leben" war auf der zweiten aus Hanau zu lesen.

Von der Polizei registriert

Unter den Anwesenden aus Wilhelmsbad ermittelte die Polizei etliche ehemalige Burschenschafter, darunter auch den Hambacher Redner und Hauptredner in Wilhelmsbad, Heinrich Brüggemann. Andere „Radikale", die ausdrücklich die inhaltliche Fortsetzung von Hambach wollten, waren durch vorherige Verhaftung oder andere Schikanen verhindert. Auch Beamte wurden als Teilnehmer ermittelt und später vernommen. Viele der polizeilich mit Namen Genannten tauchten in den Prozessen und Fahndungslisten der kommenden Jahre wieder als „politische Verbrecher" auf. Über die Anwesenheit von Stadträten wurde nichts vermeldet.

Erste Beunruhigung

Vor dem Kurhaus sprach nach einer Begrüßung der Festzugsteilnehmer durch Pfarrer Merz unprogrammgemäß der aus Bayern ausgewiesene Redakteur Dr. Georg Fein von der Notwendigkeit von gesetzlicher „Reform". Das revolutionäre, das diesen Worten folgte, Veranstalter und Polizeidirektor gleichermaßen beunruhigte, verschwieg der Bericht der kurhessischen Regierung an die Bundeszentralbehörde wohlweislich: „...daß wir aber dann, wenn der gesetzliche Weg uns abgeschnitten würde, wenn die rohe Gewalt uns alles Recht entreißen wollte, daß wir dann auch als Männer Blut und Leben der großen Sache weihen sollten". Er war schwer zu verstehen. Nachzulesen waren seine Worte freilich in dem Blatt „Deutsche Volkshalle" vom 3. Juli 1832.

Die revolutionäre Rede von Brüggemann:

Hambacher Geist in Wilhelmsbad

Nachdem die 300 Honoratioren sich in das Kurhaus begeben hatten und Reden und Toaste im wesentlichen in „gesetzlichen" Ausdrücken das „splendide Mittagsmahl" würzten, drangen Schimpfworte wie „Aristokraten" und „Justemilianer", die die Anpassung an die Obrigkeit kritisierten, aus der Menschenmenge in den Parkanlagen nach oben in den Festsaal. Die Mehrheit im Regen draußen fühlte sich im wahrsten Sinne ausgeschlossen; man hatte sich ein „zweites Hambach" gewünscht und reagierte mit Unwillen. Heinrich Brüggemann gelang es dann in einer mitreißenden, leidenschaftlichen Rede vom Balkon nach draußen zu den unzufriedenen Massen „Hambacher Geist" wach werden zu lassen. In einfacher anschaulicher Sprache geißelte er Mätressenwirtschaft und Despotie, die Gefahren, die für die deutsche Freiheit durch die Großmächte - das absolutistische Rußland, aber auch durch die Wortbrüchigkeit der Monarchen Preußens und Österreichs - drohten. In Deutschland empfahl Brüggemann zur Erlangung der Freiheit erst den gesetzlichen Weg, aber gegen die Tyrannei der Fürsten.

Dr. Georg Fein.

Wenn der gesetzliche Weg nicht ausreiche, das Volk nicht respektiert werde, müsse es sich zum Widerstand erheben. An die deutsche Aristokratie gewandt, drohte er:„...gehe es aber nicht anders, dann an die Laterne mit ihr".

Sechs Stunden sind genug!!

In visionärer und sozialrevolutionärer Weise greift es die soziale Frage auf. Anknüpfend an die französische Aufklärung des 18. Jahrhunderts besteht er darauf, daß jeder Mensch zur Freiheit geboren sei, nicht zum Lasttier, noch zur Sklaverei. Von brandaktueller Bedeutung sind seine Ausführungen zur Arbeitszeit. Daß der Tagelöhner dreizehn Stunden am Tag arbeiten müsse, sei zuviel. Man muß es schon heute wieder gleich mehrfach lesen: Er forderte den Sechsstunden-Arbeitstag! Schließlich erwartet er auch vom Tagelöhner, daß er sich zum Kampf bereit halte, sich bewaffne, „wenn es kein Gewehr sein könne, so möge er eine Pike, eine Sense p.p. anschaffen".

Auf Kurhessen und damit auch auf die Hanauer gemünzt, geht Brüggemanns Lob an das kleine Volk, das durch Revolution sich das Joch eines wollüstigen Fürsten abgeschüttelt und sich Freiheit und Recht (durch eine Verfassung) verschafft hätte. So wurde er auch verstanden. Tapp vermerkt, „enthusiastischen Beifall". Festpräsident Joh. Adam aus Fulda, konstitutionell und antirevolutionär, betonte in seinem Bericht auch die Ableh-

nung der revolutionären Gedanken durch viele Hanauer Bürger. Heinz Winkler hält fest: „Brüggemanns Rede rief große Erregung hervor. Heftig schieden sich an ihr die Geister in Zustimmung und Widerspruch."

Zensur und „Bilderkampf"

Im Gefolge der nunmehr folgenden radikalen Redner gerät der Festpräsident in eine prekäre Situation. Es kam auf Veranlassung des anwesenden Polizeidirektors Neuhof zu Redeunterbrechungen und zum Redeverbot.

In den Parkanlagen kam die Polizei in eine bedrängte Lage mit der Gefahr von Tätlichkeiten, als der Polizeidirektor eine zum Verkauf vom Makler Isaak Dittmar aus Hanau angebotene Lithographie politischen Inhalts beschlagnahmte. Dabei sah er sich von einer großen Menschenmenge umringt, die ihm die letzten beiden noch vorhandenen Exemplare wieder entriß. Die Wogen konnten rechtzeitig vor Eingreifen des nahe Wilhelmsbad bereitgestellten Militärs geglättet werden.

Folgen des Festes

Der Rest des Festes bis zum Ende um 7 Uhr verlief dann in ruhigeren Bahnen. Die Redner und Veranstalter des Festes waren schon in den folgenden Tagen schwersten polizeilichen Verfolgungen ausgesetzt. Am schlechtesten erging es Brüggemann, der an Preußen ausgeliefert wurde und dort zum Tode durch das Rad verurteilt wurde. Erst 1840 wurde er - nach der Thronbesteigung Friedrich Wilhelms IV. - begnadigt und entlassen.

Reaktion im Bundestag und in Kurhessen

Fürst Metternich sah im Hambacher Fest, dieser zweiten großen politischen Kundgebung nach dem Wartburgfest schon so etwas wie den Versuch einer deutschen Nationalversammlung. Die absolutistischen Mächte Österreich und Preußen gewannen den Eindruck, am Vorabend einer Revolution zu stehen. Gefahren aus solchen Mas-

Der Sieg des Bürgertums oder der Kampf der neuen mit der alten Zeit, 1832.

senversammlungen wie Hambach und Wilhelmsbad sah man in den Regierungen und im Bund für das nach 1815 errichtete restaurative System Metternichs. Auch das „Fortbestehen der einzelnen Staaten und des deutschen Staatenbundes" wähnte etwa Hassenpflug in Gefahr: Trotz der Bedenken der Hanauer Regierung verbot er nach dem Wilhelmsbader Fest nochmals ausdrücklich das Tragen schwarz-rotgolderner Kokarden als Symbol dieser revolutionären Gesinnung. Am 28. Juni verfügte der Bundestag eine weitgehende Beschränkung von Mitbestimmungsrechten in Ländern mit Verfassungen und eine Stärkung der Stellung des Monarchen. Eine Kommission zur Überwachung der Landtage wurde eingerichtet, die Länder zur gegenseitigen militärischen Unterstützung zur Verhütung von Angriffen auf den Bund verpflichtet. Am 5. Juli verbietet der Bundestag politische Vereine, politische Reden bei Volksfesten, die staatlicher Genehmigung bedürfen. Die Pressefreiheit wird massiv eingeschränkt.

Ausblicke

Eine der letzten wegweisenden Meldungen ist dem Blatt „Der Freisinnige", das noch kurze Zeit unzensiert gedruckt werden konnte, am 12. Juli zu entnehmen: Die Verwirklichung rationalistischer, antiromantischer Auffassung vom Staat, die keine monarchistische Gewalt über der Volkssouveränität mehr anerkennen kann, sei die „politische Reformation" , als „das große Thema unserer Zeit". „Erst wenn sie unmöglich oder vereitelt wird, wirft das rationelle Streben, zur Gewalt gedrängt, den materiellen Widerstand zu Boden, der sie hindert, und das ist die politische Revolution."

Auch das war wohl noch verfrüht, nicht zum rechten Augenblick. Am Ende der demokratischen Bewegung der dreißiger Jahre bleiben viele Hoffnungen unerfüllt. Was aber mit den „Hanauer Krawallen" und mit dem „Wilhelmsbader Fest" schon Wellen bis Wien schlug, hat in Hanau eine Entwicklung eingeleitet, die bis ins 20. Jahrhundert

hineinreichen sollte: Hanau stand „stets am radikalen Flügel des Zeitgeistes". Die Revolutionsvorgänge 1848/49 und von 1918/19 sind herausragende Beispiele, die in dieser Tradition Hanaus stehen.

Doch halt - da war doch noch Heine! Stellen wir die Gegenfrage: Was er ist der richtige Augenblick? Es gibt überall falsche Augenblicke, ebenso im Alltag wie im Kalender der Revolution. Könnten nicht Worte und Taten - immer wieder zum „falschen Augenblick" gebracht - sich nicht doch im historischen Bewußtsein festsetzen, in die „richtigen" Traditionen münden und im rechten Augenblick dann doch den Erfolg garantieren?

Halten wir Heine entgegen: Das Wilhelmsbader Fest war wie das Hambacher Fest kein Palaver.

1 „Hanau im Vormärz und in der Revolution 1848-49")
2 Eckhard Meise, Die Schifferfamilie Bein und das Ende des Hanauer Markschiffes. In Hanauer Geschichtsblätter, Bd. 31, Hanau 1993, S. 216 f.
3 „Vor 125 Jahren. Das politische Volksfest von 1832 in Wilhelmsbad"

Dem Zeit(un)geist unangemessen?

Zu den Wilhelmsbader Festen des Hanauer Kulturvereins

Zum zweiten Wilhelmsbader Fest

Was aber ist der rechte Augenblick? - „Hanau - Aus der Vergessenheit reißen will der Hanauer Kulturverein die Erinnerung an die stolze demokratische Tradition der Stadt Hanau. Schon vor 150 Jahren kämpften Hanauer Bürger unter Gefahr für Leib und Leben für Bürgerrechte, für eine Verfassung, für Pressefreiheit, für die Aufhebung der Zollschranken und für mehr soziale Gerechtigkeit", so kündigt der Wilhelmsbader Fest-Anzeiger (Ein Extrablatt des Hanauer Kulturvereins) zum 2. Wilhelmsbader Fest am 23. Juni 1979 die Intentionen des damals noch nicht zwei Jahre alten Vereins an. Schlagzeile: „Am 22. Juni 1882 demonstrierten 10.000 Menschen in Wilhelmsbad für die Bürgerrechte."

Der Verein beläßt es nicht bei der historischen Beschreibung. Ein Gegenwartsbezug wird hergestellt, weil „bereits neu aufziehende Gefahren mitunter gar nicht erkannt werden". Zum damals noch unbekannten Schlagwort von der „Individualisierung der Gesellschaft" liest man da: „Gleichgültigkeit, Desinteresse, die ausschließliche Hinwendung ins Private, Individuelle und in den Konsum sind aber die größten Gefährdungen, die einem demokratischen Rechtsstaat zustoßen können...". So aktuell wie heute. Anzufügen wird sein beim 4. Wilhelmsbader Fest des Kulturvereins am 21. Juni 1998: „Der systematische Abbau des Sozialsystems und die gewollte verantwortungslose Aushöhlung des Sozialstaates sind der Totengräber unserer Demokratie schlechthin." Dem „Rechtsstaat" unterstellte der „Festanzeiger" 1979, er stecke „noch in den Kinderschuhen". Dem wurde vehement widersprochen. Was, fragt der kritische De-

mokrat 1998, kommt auf den Rechtsstaat heute in Springer- und Bundeswehrstiefeln zu?

„In den letzten Monaten häuften sich allzusehr die Nachrichten darüber, daß kritische Demokraten

und auch wahrlich harmlose Bürger von Schnüfflern, Reaktionären und subalternen Kleingeistern in ihren Bürgerrechten bedroht wurden", fährt das Extrablatt 1979 fort und appelliert an die Festbesucher: „Unsere Bürgerrechte sind lange und schwer erkämpft, vergeßt das nicht, seid wachsam Leute!" „Zum Schutz gegenüber dem organisierten Verbrechen" werden heute der Große Lauschangriff und Europol geplant. „Auch an Wilhelmsbad klebt Blut ... Erbprinz kassierte vier Millionen Pfund für verkaufte Söldner", zog der Kulturverein 1979 kritisch zum Festort Stellung. „Verliehen!" wurde gekontert. Verkauft oder verliehen? Blut von gestern. Wen interessiert's noch heute... Gekommen waren 4.000 Besucher.

Zum dritten Wilhelmsbader Fest

Beim Wilhelmsbader Fest Nummer 3 am 5. und 6. Juni 1982 zum 150. Jubiläum stellte der Kulturverein in seinem Festanzeiger das „Wilhelmsbader Mainfest 1982" auf die erste Seite. Vor dem Hintergrund der geschichtlichen Ereignisse zeigte er die Kluft zwischen Verfassungsanspruch und -wirklichkeit in der Bundesrepublik Deutschland auf. Zu Wort kommen etwa Notstandsgesetze, „Radikalenerlaß" (aber nicht gegen Altnazis), Polizeiübergriffe, Friedens- und antifaschistische Aktionen sowie Umweltzerstörung im Interesse des Profits. „Zwei Millionen Arbeitslose (!) sind Ergebnis gesellschaftlicher Verhältnisse, die eine wirksame Verhinderung des Mißbrauchs wirtschaftlicher Macht in den Konzernzentralen nicht dulden ... Bedrohlich erscheint uns auch, daß im Zuge jener Politik die Formel ‚Mehr Demokratie wagen' klammheimlich beerdigt worden ist." Die

Konsequenz 1982: „Deshalb reden WIR davon. Gerade heute ist ‚Wilhelmsbader Geist' gefordert. Leute aus nah und fern: Zeigt Ungeduld! Auf zum 3. Wilhelmsbader Fest der Demokraten, der Unbequemen, der Mahner und Warner!" Das klingt heute - nach nur 16 Jahren - ziemlich anachronistisch. Die sogenannte öffentliche Meinung bestimmen heute andere Schlagworte: „Der Standort Deutschland ist bedroht!" - „Der Wohlfahrtsstaat ist ein Relikt von gestern!" - „Die Globalisierung fordert ihren Preis!" - „Sozialmißbrauch!" - „Flexibilisierung!" - „Rationalisierung!" - „Schlanker Staat!" und und und. „Wo gehobelt wird, fallen auch Späne." Wer's heute noch marxistisch will: „Die Produktivkräfte sprengen die Produktionsverhältnisse" (Und nicht nur das!). Die Autoren des Manifests hätten's wissen müssen, schrieben sie doch: „Demokratie geht nur so weit, wie es den Herrschenden in ihr kapitalistisches Ordnungskonzept paßt."

(Selbst)ironie und Sarkasmus einmal beiseite: Mit ihrer Analyse der damaligen Situation der Gesellschaft haben die Autoren die Interpretation heutiger Verhältnisse im Kern getroffen: privater Reichtum und öffentliche Armut durch - in diesem Ausmaß 1982 noch gar nicht voraussehbar - Steuergeschenke des Staates an die „Wirtschaft", Umverteilung von unten nach oben bei gleichzeitiger Instru-

mentalisierung von Ausländern zu Sündenböcken für Arbeitslosigkeit und heute für alle Mißstände. Damit waren - neben dem ausdrücklichen Engagement für Abrüstung und äußeren Frieden - auch schon die heutigen Probleme des inneren Friedens angesprochen.

Um die 6.000 Besucher haben nach Zeitungsangaben das 3. Wilhelmsbader Fest besucht: „Demonstration von Hitze erstickt." Aber auch: „Diese größte Nachfolgeveranstaltung des ‚Hambacher Festes', dessen 150. Jahrestag bereits seit Wochen gefeiert wird, ist einer der bedeutendsten Tage in der Hanauer Geschichte... Offensichtlich ist

die Kluft zwischen den überwiegend jüngeren Veranstaltern, ihren Anhängern und dem Hanauer Bürgertum schon so groß, daß nicht einmal der Versuch gemacht wurde, diese für einen Tag zu überbrücken, um den bedeutenden Tag gemeinsam zu feiern." Zwischen Familienfeiern und/oder politischer Demonstration schwankten die Bewertungen der Medien. Immer wieder betont wurde die „friedliche Atmosphäre". Die Veranstalter fanden die inhaltliche Konzeption gelungen, den Verlauf geglückt und waren über die öffentliche Resonanz erfreut. Weniger stellte sie die Besucherzahl zufrieden: Beide Feste mögen an den drei Tagen zusammen 10.000 Menschen nach Wilhelmsbad gezogen haben. Das entsprach nicht den Vorstellungen der Initiatoren. Ob Widrigkeiten oder gar systematische Behinderung bei den Vorbereitungen, die sengende Sonne - der entscheidende Funke war nicht übergesprungen: Die Utopie vom aktiven kritischen Bürger, vom aufrechten Demokraten, schon unzeitgemäß?

Auch beim Wilhelmsbader Fest 1832 waren die „richtigen" Worte nicht zum rechten Augenblick gesprochen worden... Und doch haben sie die Geschichte vorangetrieben. Ein Trost.

Als sich fünf ältere Turner 1837 zur Turngemeinde Hanau zusammenschlossen, vollzogen diese Turner eine formelle Bestätigung eines nach dem Ende der Freiheitskriege 1813/14 sische Fremdherrschaft und einem deutsch-nationalen Gedankengut, das durch philosophische, pädagogische und historische Veranstaltungen an Universitäten und Lehrerseminaren seine Verbreitung Der Wunsch nach durch Verfassung garantierter persönlicher Freiheit, Presse- und Versammlungsfreiheit band die erwachsenen Turner über den Turnplatz hinaus in einer zielorientierten Ge-

Die vormärzliche Aktionsentfaltung
der Hanauer Turngemeinde

ununterbrochen existenten Betätigungsfeldes junger Leute und später auch Erwachsener. 1817 hatte der Gymnasiallehrer Prof. Vormel den ersten Gymnasial-Turnplatz gegründet, 1818 richtete der Realschullehrer Folk eine zweite Turngesellschaft ein. Beide jungen Männer waren geprägt von der deutschen Erhebung gegen die franzö- fand. Ebenso waren es die vielerorts eingerichteten Turnplätze, auf denen neben den Turnübungen Gleichheit aller, Freiheit des einzelnen in Anbindung an eine Gemeinschaft und Verantwortung für das Vaterland als das von Fr. Ludwig Jahn fixierte Erziehungsprogramm an die junge Generation weitergegeben wurde. dankengemeinschaft zusammen. Dieses „vaterländische Turnen" stand nach dem Wiener Kongreß von 1814/15 im Gegensatz zu den restaurativen Bestrebungen der Obrigkeit in den 39 deutschen Einzelstaaten. Die geweckten Hoffnungen nach den Freiheitskriegen ließen sich selbst durch die 1819/20 in den meisten deutschen

29. Juli 1846

Weihe der Fahne der Hanauer Turngemeinde.

Staaten verhängte Turnsperre in weiten Kreisen der Bevölkerung - hier seien die Turner besonders hervorgehoben - nicht mehr auslöschen

Als Vorsitzender der von Christian A. Lautenschläger 1837 gegründeten Hanauer Turngemeinde profilierte sich ab 1841 August Schärttner. Ein Jahrzehnt wirkte er als Inspirator des Turnplatzes, einem Hort freiheitlichen Strebens. Die Wertschätzung seines bürgernahen Engagements belegen die Mitgliederzahlen des Vereins, der 1842 bereits 122 und 1848, als der Verein am 3. Januar durch die Polizei aufgelöst wurde, 386 aktive Mitglieder zählte.

August Schärttner und die übrigen Vorstandsmitglieder des Vereins erkannten die Notwendigkeit eines vielseitigen „Turn"-Angebotes. Neben Sommer- und Winterturnen aktivierte der Verein junge und ältere Männer beim Fechten, Chorgesang und in der neu eingerichteten Turnerfeuerwehr.

Die innerhalb Hanaus und in die Umgebung der Stadt ausstrahlende politische Aktivität des Vereins zog nicht nur aktive Turner an. Letztlich war die Hanauer Turngemeinde auch Sammelpunkt für Wortführer und Mitläufer, die sich für das Wohl des Volkes und Vaterlandes einzusetzen bereit waren. Die nur mit Worten Streitenden wurden von den aktiven Turnern mitunter als „Maulturner" kritisiert.

August Schärttner hat seine Idee vom Auftrag des Turnens, für die Rechte und Freiheiten des Bürgers einzustehen, in keiner schriftlichen Form dokumentiert. Das gemeinsame Wirken mit August Ravenstein, dem Frankfurter „Turnvater", läßt darauf schließen, daß sich zwei Männer für das patriotische Anliegen „Vaterland" gefunden hatten und sich in ihrem Tun ergänzten. Ravenstein charakterisierte die Turnvereine 1846 als „den Boden und Kern, aus dem sich folglich früher oder später unter

Teilnahme gereifter Bürger und einsichtsvoller Behörden das Turnwesen zur Vollendung gestalten soll". Vollendung im Sinne von Vorbereitung auf die Zeit, da die Turner zur Durchsetzung der angestrebten persönlichen Rechte und Freiheiten in einem geeinten Vaterland aufgerufen seien.

Zur Realisierung dieses Zieles wirkten Schärttner und Ravenstein seit Beginn der 40er Jahre gemeinsam. Sie gründeten den Rheinisch-hessischen Turnbezirk, den ersten Turngemeindezusammenschluß in Deutschland. Man traf sich bei Turnfesten und Turnfahrten. Die Turnpraxis war in einen festlichen Rahmen eingebettet. Lied, Rede und Meinungsbildung, gemeinsames Essen, Festzug durch die Stadt aktivierten die Turnergemeinschaft und trugen die Turnidee in breitere Bevölkerungskreise. 1843 begeisterten die rheinisch-hessischen Turner durch ihr diszipliniertes Auftreten und ihre bestaunenswerten Turnfertigkeiten die Hanauer Bürger. Die reibungslose Durchführung dieses Turnfestes brachte Schärttner Lob und Anerkennung ein.

Die „vaterländische Turnidee" wurde von Hanauer Turnern auch über die Stadtgrenzen hinaus weitergetragen. So gründeten drei Turner an ihren neuen Wohnorten 1843 in Stuttgart und München und 1847 in Saarbrücken neue Turnvereine. Unter Leitung August Schärttners besuchten Aktive und „Maulturner" Turnfeste und Turnerversammlungen nachweislich im Raum zwischen Reutlingen und Bingen. Die aktiven Turner Hangard, Spieß und Wedekind erwiesen sich in der Turnkunst als Meister an den Geräten. Die „Maulturner" flochten das Band, das die Herrschaftsrechte beschneiden und allen Bürgern persönliche Freiheit garantieren sollte.

Nur Gemeinsamkeit zur Durchsetzung der politischen Anliegen konnte stark machen. Unter den Wortführern taten sich 1846 beim Turnfest in Heilbronn Schärttner,

Ravenstein und Felsing aus Darmstadt überregional hervor. Die Zustimmung der Turnerversammlung zu einem „Deutschen Turnerbund" von Dresden bis Trier, von Hamburg bis München schien greifbar nahe. Bei dem zweiten gesamtdeutschen Turnfest 1847 in Frankfurt am Main sollte dieser Bund besiegelt werden.

Die Brisanz einer gesamtdeutschen Turnervereinigung veranlaßte einige Länderminister zum Einschreiten gegen die unliebsamen, zum Teil revolutionären Angriffe auf die Staatsmacht. Einschüchtern ließen sich die Turner dadurch nicht. Als freie Männer, als Sprachrohr für freiheitliche und menschenachtende Rechte organisierten sie 1847 mehrere Turnfahrten und Turnfeste in Bingen (22./24.5., 1200 Turner), Heidelberg (17.6., 1500 Turner), Frankfurt (31.7., – 2.8., 750 Turner). Diese Zusammenkünfte zeigten deutlich, daß das Turnziel - Selbstbestimmung des Bürgers und eigenständiges Denken - Inhalte des politischen Engagements geblieben waren, aber den Weg zu diesem Ziel die Turner spaltete. Ravenstein tendierte in die demokratisch-liberale Richtung, Schärttner und seine Hanauer Turner reihten sich in die demokratisch-revolutionäre Gruppierung ein und standen an der Seite der religiös-revolutionären Lichtfreunde und Deutschkatholiken.

Die Hanauer Turngemeinde blieb dem 4. Feldbergturnfest 1847 fern. Schärttner, der Mitbegründer des Festes, ließ sich nicht auf die abwartende Haltung seines Mitstreiters Ravenstein ein. Ein Turnfest ohne politische Tendenzen in dieser politische Aktivität fordernden Zeit lohnte für ihn und seine Turner nicht. Während der Märzunruhen 1848 wurden angesehene Bürger - darunter auch der hochgeschätzte August Schärttner - beim Kurfürsten in Kassel vorstellig. Ihre Mission fand erst auf ultimativen Druck die erhoffte Erhörung.

Gertalis Schohs

Kurfürst Wilhelm I.

schen Verhältnisse seiner „guten alten Zeit" wieder einzuführen. Alle in der französischen Zeit getroffenen Reformen, Erleichterungen für Katholiken und Juden, für Bauern und Städter, auch die Zusammenlegung der beiden Städte Alt- und Neuhanau, wurden aufgehoben. Alle alten Behörden wieder eingesetzt und Beförderungen bei Beam-

Dorthin schickten die einzelnen Souveräne Gesandte als ihre Interessenvertreter und stellten Truppen für ein gemeinsames Heer zur Verfügung. Zweck des Bundes war die Erhaltung der äußeren und inneren Sicherheit der deutschen Länder und die Unabhängigkeit und Unverletzbarkeit der einzelnen Staaten.

Die Zerstörung der Maut in Hanau - Die Hanauer Krawalle

„Willkommen Vater des Vaterlandes!" lautete die Inschrift auf einem Triumphbogen, den die jubelnden Hanauer anläßlich der Wiederkehr des Kurfürsten Wilhelm I. und seines Sohnes, des Kurprinzen Wilhelm, am 29. November 1813 aufgestellt hatten. Es war der Ausdruck der Freude über das Ende der französischen Besatzungszeit, gleichzeitig verknüpft mit der Hoffnung auf eine zeitgemäße, landständische, liberale Verfassung, die der Kurfürst dem Kaiser von Österreich versprochen hatte. Kräftig zahlen mußte Wilhelm I. und Truppen für den Feldzug der Allianz gegen Napoleon stellen, damit er sein Kurfürstentum Hessen-Kassel unbeschadet wieder in Besitz nehmen konnte. Die Begeisterung der Hanauer über das Ende der französischen Fremdherrschaft bewies auch die Rekrutierung für den Feldzug gegen Napoleon: Über hundert junge Männer und fünf junge Juden aus Hanau meldeten sich zu den freiwilligen Jägern. Es waren Handwerker, Fabrikanten, Staatsdiener und andere Berufe in der freiwilligen Jägerkompanie vertreten. Der Jubel der Hanauer über die Wiederkehr ihres Landesherrn war allerdings auch von der Hoffnung auf Bildung einer deutschen Nation getragen. Die Erwartungen der Bevölkerung wurden vom Kurfürsten rasch enttäuscht. Er sprach von seinem siebenjährigen Exil als von einem Schlaf, den er nur gehalten hatte, um die vorherigen, absolutisti-

ten und im Militär rückgängig gemacht. Augenfälligster Ausdruck des Rückschritts war die Wiedereinführung des Zopfes beim Militär. Die enttäuschte Bevölkerung nannte den Kurfürsten nun spöttisch den Siebenschläfer.

Von November 1814 bis Juni 1815 fand der Wiener Kongreß statt. Eine Neuordnung Europas im restaurativen Sinne wurde unter der Leitung des österreichischen Staatskanzlers Fürst von Metternich betrieben. Beim „unwürdigen Länderschacher" wie es Jacob Grimm nannte und dem Festhalten an der Souveränität der einzelnen Fürstentümer blieb, unter Verzicht auf ein deutsches Kaiserreich, bloß der „Deutsche Bund" übrig. Dieser lose Zusammenschluß hatte seinen Sitz, den Bundestag, in Frankfurt.

Fürst von Metternich

Der Kurfürst berief 1815 den kurhessischen Landtag ein, von dem das Bürgertum eine Verfassung erwartete. Wilhelm Grimm schrieb hierzu im Rheinischen Merkur programmatisch im Sinne des liberalen Konstitutionalismus: „Unter Beibehaltung der Ständevertretung sollte die absolutistische Macht eingeschränkt und Rechtssicherheit für alle gegenüber der Obrigkeit in Verwaltung, Justiz und Polizei geschaffen werden. Mitwirkung bei Steuererhebung und Gesetzgebung sowie Pressefreiheit. Ein Zustand des Rechts und der Freiheit, nicht der Gewalt und Unterdrückung sollte zwischen Volk und seinem Regenten bestehen."

Das zähe Ringen des grundbesitzenden Adels um die Wiederherstellung seiner Rechte gegenüber dem Kurfürsten ließ die Hoffnungen des Landes auf eine zeitgemäße Reform mit dem Schluß des Landtages am 10. Mai 1816 schwinden.

Die napoleonischen Eroberungskriege, die Befreiungskriege von Napoleon sowie der immense Finanzbedarf des zurückgekehrten Kurfürsten hatten die Bevölkerung ausgepreßt. Die Wirtschaftskrise der Jahre 1815-17 führte in Stadt und Land zu großer Arbeitslosigkeit und Not. Durch die Aufhebung der Kontinentalsperre, die unter Napoleon herrschte, warf England die angehäufte Ware zu niedrigen Preisen auf den europäischen

Markt. Die französischen Eingangszölle waren ja nun auch entfallen. Der verregnete Sommer 1816 führte durch Überschwemmung weiter Ackerflächen zu einer Mißernte. Die unsinnigen Zollgrenzen verteuerten die Waren, so daß dadurch große Hungersnot herrschte. Mangels Getreidemehl wurde Kartoffel-

Einfahrt des Frankfurter Fruchtwagens, 7. Juli 1817

Hanauer Hungerbrötchen, 1816

brot gebacken. Der Frauenverein, kirchliche und private Armenhilfe versorgten ca. 500 Arme der Stadt täglich mit Suppe und etwas Brot.

Die engstirnigen kurhessischen Regierungsbeamten und die Anhäufung von Vermögen zum persönlichen Wohl des Kurfürsten ließen die Steuerlast der Bürger immer größer werden. Nahezu alle rechtswirksamen Vorgänge des täglichen Lebens im Privaten und im Geschäftsleben wie Verträge, Bescheinigungen, Abschriften und vieles mehr mußten durch den Kauf amtlicher Stempelpapiere bezahlt werden. Taler, Albus und Heller waren die amtlichen Währungen in Althessen und Gulden und Kreuzer in Südhessen. Das ungünstige Umrechnungsverhältnis verteuerte das Leben zusätzlich. Eine stattliche Reihe von Zöllen trieb die Preise der Waren weiter in die Höhe. Die Nationalstaaten wie Frankreich oder England erhoben Schutzzölle auf unerwünschten Warenimport. An Landesgrenzen und Stadttoren standen zahlreiche Schlagbäume und Mauthäuser zum Abkassieren.

Das weit auseinanderliegende und getrennte Staatsgebiet Preußens, z. B. die Rheinprovinz im Westen, veranlaßte das preußische Königreich zum Transit der Waren und dadurch zur Vereinfachung der Zölle. Die preußische Unnachgiebigkeit in der Zollpolitik zwang zahlreiche Anrainerstaaten, widerwillig sich dem Beispiel anzuschließen. Das kurhessische Zollwesen kannte in der Hanauer Südprovinz zunächst keinen Grenzzoll. Dafür gab es das Chausseegeld, Zoll als Wegegeld. Die Benutzung der Landstraßen wurde nach Wegstunde, Art des Gespanns, sei es einspännige Kutsche oder vierspänniger Frachtwagen oder bloß ein Schubkarren, berechnet. Die Chausseegelderheber in Hanau saßen vor der Kinzigbrücke, an der Hellerbrücke, daher die sinnbildlichen Münzen an der heutigen Brücke, und am Nürnberger Tor, heute Volksbühne. Bezahlt wurde auch der Chausseefrevel wie eigenmächtiges Öffnen des Schlagbaums, Befahren des Banketts oder Beleidigung der Zöllner. Eine weitere Abgabe war die Akzise,

Einfahrt des Hanauer Fruchtwagens, 28. Juli 1817

59

eine Art Verbrauchssteuer auf Branntwein, Bier, Essig oder Schlachtvieh. Der Lizent oder Maut war etwa dem heutigen Zoll gleich und wurde auf Importwaren berechnet. Außerdem gab es in Hanau noch den Mainzoll. Der Personen- und Warenverkehr zu Wasser war groß, denn vor dem Ausbau der Eisenbahnen war die Wasserstraße die sicherere und bequemere Transportart gegenüber den schlechten Landstraßen. Juden mußten auf viele Waren doppelten Zoll zahlen. Dieses System der Gelderhebung brachte es mit sich, daß es nicht nur eine Vielzahl von Gelderhebungsstellen gab, sondern auch die Mehrfachzahlung auf ein und dieselbe Ware, was zur ungeheueren Verteuerung der Güter führte.

Die wirtschafts- und verkehrsfeindliche kurhessische Politik versuchte, durch eigene Zollgesetze (1817, 1819) die preußische Zollpolitik zu bekriegen, was für das kleine und ungünstig angeordnete Staatsgebiet Kurhessens im höchsten Maße

Ein Frachtwagen passiert ein Stadttor

wurde auch genehmigt, sollte aber nicht veröffentlicht werden. 1821 starb Kurfürst Wilhelm I., sein nicht minder starrsinniger Sohn Wilhelm II. folgte ihm als Landesherr. In den Jahren 1821 und 1824 sah sich Kurhessen zur Revidierung seiner Zollgesetze gezwungen. Um eine mögliche Warenver-

ren Überschreitungen. Auch die neuen Regelungen waren manchen einfachen Fuhrleuten undurchschaubar. Den beiden Lizentämtern Hanau am Heumarkt und Mainkur unterstanden nun die Grenzzollstätten der Straßen zum „Ausland": Ravolzhausen, Rumpenheim, Großkrotzenburg, Neuwirtshaus, Hüttengesäß und das Mainzollamt. Eine prekäre Situation entstand für die Stadt Frankfurt. Dem Hanauer Zollamt Mainkur unterstanden die Mautstationen Bockenheim, Preungesheim, Heiligenstock und Bergen. Somit war halbkreisförmig um die Stadt eine Sperre gelegt und der Warenverkehr der Handels- und Messestadt kontrolliert. Die wirtschaftliche Lage des Grenzlandes Hanau wurde immer schwieriger. Begreiflicherweise versuchte man, durch Bestechung und Schmuggel die Abgabenordnungen zu umgehen. Nach den Jahren wirtschaftlicher Not konnten sich einige Wirtschaftszweige Hanaus Mitte der 1820er Jahre erholen: die Bijouteriewarenherstellung und das neue Gewerbe der Zigarrenwicklerei. Dagegen war die einst blühende Textilindustrie der Provinz der ausländischen Maschinenspinnerei gegenüber nicht mehr konkurrenzfähig. Eine Ausnahme bildete die Teppichfabrik von Leisler. 1821 lebten in der Stadt nur 9.634 Einwohner, 1827 zählte sie bereits

Zollamt am Mainkanal

unsinnig war. Um die Wirtschaft der Provinz Hanau nicht vollends zu ruinieren, suchte die hiesige Rentkammer um Aussetzung der Anordnungen von 1819 an. Dies

teuerung durch die neuen Zollgesetze zu vermeiden, wurde ein umständliches System von Freischeinen und Freilagern eingeführt und stattliche Strafandrohungen bei de-

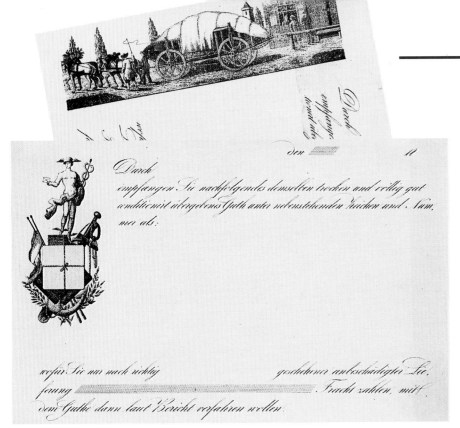

Frachtscheine

13.792 und hatte somit die Einwohnerzahl von 1806, ca. 12.000, wieder überschritten.

Der Zusammenschluß zu einem nationalen Markt ging langsam voran. 1828 schloß sich Hessen-Darmstadt dem preußischen Zollverband an. Kurhessen, insbesondere die Provinz Hanau, war nun durch die hessisch-preußischen Zollgrenzen reichlich eingezwängt. Im Süden hatten sich Bayern und Württemberg zu einer Zollvereinigung zusammengeschlossen. Lediglich Österreich suchte den sich allmählich entwickelnden Zollverein zu behindern. Den eigensinnigen hessischen Kurfürsten ließ Metternich durch Gefälligkeiten an seine Politik binden, so durch den Erwerb großer Domänen in Böhmen und Mähren, dorthin ging der spätere Kurfürst Friedrich Wilhelm II. 1866 ins Exil, und die Standeserhebung seiner bürgerlichen Mätresse Ortlöpp zur Gräfin Reichenbach. Der Kamarilla um die Reichenbach gehörte auch der Hanauer Finanzrat Johann Michael Deines an. Sie bestärkten den Kurfürsten in seiner eigenwilligen Zollpolitik, da sie eine Mitgliedschaft im Zollverein als Verlust seiner Souveränität ausgaben. 1829 hatte sich der preußische und süddeutsche Zollverein auf gegenseitige Er-

leichterungen im Warenverkehr geeinigt.

In den Städten Hanau wuchsen der Unmut und die Erregung über die ständige Verschlechterung der Wirtschaftslage als Folge der Isolierung Kurhessens. Das Jahr 1830 war wieder von Mißernten in Folge von Überschwemmungen und großer Kälte gekennzeichnet. Nahrungsmangel, Preissteigerung, Hungersnot und Armut, wie fast fünfzehn Jahre zuvor, wiederholten sich. Niemand konnte über die Straße gehen, ohne befürchten zu müssen, daß er von zerlumpten Menschen aufs zudringlichste angegangen wurde, schrieb Arnd in seiner „Geschichte der Provinz Hanau und der unteren Maingegend". Die Zahl der Obdachlosen und Arbeitslosen mit Frauen und Kindern soll 1830 etwa 3.000 betragen haben, bei einer Einwohnerzahl von 13.792! In der Stadt bestanden 11 Stiftungen und Verwaltungen, die sich der Armenfürsorge widmeten.

Bei uns kocht es auch gewaltig[1]
Hier wird's in den Köpfen vieler Bürger unruhig. Revolution (?)[2]

schrieb der Hanauer Chronist Ziegler angesichts der Meldungen über die französische Juli-Revolution in Paris[3], die Revolution in Brüssel[4] und den Aufstand der Braun-

schweiger gegen Herzog Karl und seine Mißwirtschaft, die nach Hanau drangen. Auch in Kassel war die Unruhe in der Bevölkerung bedrohlich geworden, insbesondere durch den Einfluß der Reichenbach auf den Kurfürsten. Der Zorn entlud sich, als die Bäcker wegen ausbleibender Getreidelieferungen die Brotpreise erhöhten. Ein Sturm auf die Bäckerläden wurde am 6. September durch das Militär unterdrückt.

Läßt uns nichts.
Ein hessisches Volkslied. 14. September 1830.

1. *Weh! es tönt im Lande überall*
   Fast nur trüber Klagen Widerhall;
   Eine feine Dirne aus dem Norden
   Ist bei uns zur Gräfin schnell geworden;
   Alles ruft zum Gott des Lichts:
   Weh! die Gräfin läßt uns nichts!

2. *Aller Wohlstand sank in's düstre Grab,*
   Uns bedrohend mit dem Bettelstab;
   Denn die Ortlöpp, die hereingezogen,
   hat das Blut, das Mark uns ausgesogen;
   Alles seufzt zum Gott des Lichts:
   Weh! die Otter läßt uns nichts!

3. *Fürst und Volk hat schmählich sie entzweit*
   und zu all' den Ränken, all' dem Leid,
   Von dem Blutgeld, jenen Millionen,
   wußt mit achten sie sich selbst zu lohnen
   Alles klagt zum Gott des Lichts:
   Weh! die Natter läßt uns nichts!

4. *Vor der glatten Schlange gift'gem Biß*
   Floh die Landesmutter; auch entriß
   Uns die Hader bald des Thrones Erben,
   Dem sie längst geschworen Gift, Verderben.
   Alles klagt zum Gott des Lichts:
   Weh! der Lindwurm läßt uns nichts!

5. *Noch nicht ist an's Tageslicht gebracht,*
   Noch ist eingehüllt in dunkle Nacht
   Die Verschwörungs-Schandthat. Sollte bringen
   Dieser ihr den Fürsten in die Schlingen.
   Alles ruft zum Gott des Lichts:
   Weh! der Drache läßt uns nichts!

6. *Alles sollte vor ihr kriechen nur,*
   Denn die Schlange sieht darin Natur,
   Und zum Hohn dem besseren Geschlechte,
   krochen um den Thron bald nichts als Knechte:
   Alles ruft zum Gott des Lichts:
   Weh! der Unhold läßt uns nichts!

7. *Nur die Fürstenkrone, die nur noch.*
   Wollt' die Gräfin - doch die hing zu hoch!
   Und ward nicht erkauft durch goldne Tonnen,
   Nicht durch Krankheit - Reisen, schlau ersonnen,
   Und umsonst der theure Witz,
   Sie bleibt Gräfin Lessonitz.

8. *Dadurch doch hat's Blättchen sich gewandt,*
   jetzt folgt ihr der Rachegöttin Hand,
   Und sie wird der Strenge nicht entfliehen,
   Mag sie auch nach fernem Böhmen ziehen,
   Alles sagt nun, jubelt, spricht:
   Gott der Herr verläßt uns nicht!

Delegation Kasseler Bürger vor dem Kurfürsten Wilhelm II. am 15. September 1830

In einer öffentlichen Volksversammlung bereiteten die Kasseler Bürger eine Bittschrift an den Landesherren vor, die ihn veranlassen sollte die allgemein herrschende Not zu lindern und die seit 1816 nicht mehr versammelten Landstände einzuberufen. Am 15. September versprach der Kurfürst, die Bitten zu erfüllen. Daraufhin durchbrauste eine gewaltige Begeisterung ganz Kassel.

Wegen der herrschenden Pressezensur und dem Spitzelwesen kursierten die Nachrichten und Gespräche der Hanauer in den Vereinigungen wie der konservativen Deutschen Assemblee und der bürgerlichen Französischen Assemblee, unter den Flanierern auf der Esplanade und in den Wirtshäusern. Alte und neue aufrührerische Gedanken wurden laut: die Forderung nach einer liberalen Verfassung und die Abschaffung der Maut. Ohnehin fühlten sich die Hanauer in ihren Freiheiten beschränkt, die aus alten Privilegien der Neustadtgründung von 1597 herrührten. Ein spontan gebildeter Bürgerausschuß verfaßte ein Schriftstück, in dem die Not geschildert wurde, die durch die Lizenteinrichtungen hervorgerufen wurde, die Zerstörung des Handels und Gewerbes wurde beklagt und danach die Verwirklichung des Artikels 13 der Bundesakte, die darin zugesicherte landständische Verfassung, gewünscht. Am 14. September reichte man das Schriftstück den Magistraten beider Städte ein, und schon am darauffolgenden Tag, dem 15. September um 10 Uhr abends, reiste eine Abordnung Hanauer Stadträte über Fulda und Hünfeld nach Kassel. Die Hanauer Delegation bestand aus vier Personen: J. D. Walther und F. Nickel von der Neustadt und P.W. Böhm aus der Altstadt, J. D. Toussaint war als Sprecher mitgefahren. Am 17. September, in Kassel, erfuhren die Hanauer bereits von den dortigen Ereignissen vom 15. September. Vier Tage mußten die Hanauer auf eine magere Antwort warten, in der zwar Landständeversammlung und Verfassungsberatung erwähnt wurden, zum Problem der Maut aber nichts geschrieben worden war. Am 23. September reisten die Hanauer wieder ab. Das lange Ausbleiben der Delegation führte zu Unmut und Verärgerung in der Stadt. Inzwischen hatte Bürgermeister Eberhard sicherheitshalber eine Schutztruppe aus 90 angesehenen Bürgern als unverfängliches „Brandpikett" aufstellen lassen. Als Führer fungierte der Hutfabrikant Carl Roeßler. Am **Freitag, dem 24. September**, um 7 Uhr abends trafen die vier Hanauer auf dem Marktplatz wieder ein. Der riesige, damals noch unbebaute Neustädter Marktplatz war schnell mit einer Menschenmenge gefüllt. Mehrfach mußte Bürgermeister Eberhard die Kasseler Anwort verlesen, die geteilte Aufnahme fand. Enttäuscht waren die Bürger über fehlende Aussagen zur Maut. Unter den Rufen **Freiheit!** und **Nieder mit der Maut!** waren die Stichworte gefallen, die eine große Menschenmenge veranlaßte, zum Lizentamt am Heumarkt 6 zu ziehen, das im Volksmund *das Letzte Hemd - Amt* genannt wurde. Türen und Fenster wurden eingeschlagen, Mobiliar und Akten hinaus auf den Platz gezerrt und dort angezündet. Ein gewaltiges Feuer stieg auf, das von infernalischem Jubel und Gebrüll der versammelten Menschen begleitet war. Sogar der Turmwächter des Frankfurter Domes konnte das Feuer in Hanau erkennen. Die Hanauer Türmer läuteten Sturm, das Militär marschier-

Die Zerstörung der Mauth in Hanau, 24. September 1830

te auf dem Paradeplatz auf, die berittene Gendarmerie sammelte sich, die sieben armseligen Stadtpolizisten waren nirgends zu sehen. Die Führer des Militärs und der Ordnungstruppe fühlten sich dem Aufstand nicht gewachsen und warteten auf den Befehl des Hanauer Gouverneurs und Stadtkommandanten Generalmajor Louis von Dalwigk. Der sechsundsechzigjährige ehemalige Haudegen verbrachte seine Abende beim Kartenspielen im Wirtshaus und unterließ das Eingreifen der Ordnungsmacht. Daraufhin zog die Meute zum Mainzollamt und demolierte es ebenfalls. Besonders verhaßte Geschäftsleute wurden nun auch aufgesucht. Der Fleischakziser Hirschfeld am Kanaltor, der die leidigen Stempelpapiere verkaufte, wurde

Zerstörung des Licentamts zu Hanau am Abend des 24. September 1830

zur Herausgabe von Vorräten gezwungen. Dem wegen Getreidewuchers bekannten Jakob Ballin in der Judengasse zerstörte man die Wohnung. Da auf die Führung von Militär und Gendarmerie kein Verlaß war, wurde die Bürgerwehr aufgerüstet. Nicht nur wohlhabende Bürger wurden aufgenommen, sondern auch Tagelöhner und Ar-

beitslose als potentielle Aufrührer, für den einfachen Dienst, zum Schutz des Privateigentums organisiert. Am Samstagnachmittag, dem 25. September, zog ein Haufen **Krawaller**, wie man die aufrührerischen Mautzerstörer und Unruhestifter zu nennen begann, unter Führung von *General Paulsohn* zum Zollamt an der Mainkur. Im Hause dieses Zollamtes befand sich eine Gaststätte und um das beabsichtigte Zerstörungswerk zu verhindern, traktierte der Wirt die Krawaller mit Speisen und Getränken. Während des Gelages sollen vornehme Frankfurter in ihren Chaisen vorgefahren sein, die dem Wirt die entstandenen Auslagen ersetzten, denn Frankfurt hatte ein höchst eigennütziges Interesse am Verschwinden der Maut. Die Bürgerwehr ließ die Betrunkenen nach Hause ziehen.

Trotz zahlreicher Wachen der Bürgergarde in der Stadt kam es an den Abenden zu den sogenannten *Katzenmusiken*. Vor den Häusern mißliebiger Personen wurde Radau gemacht und die Fensterscheiben eingeworfen. Unter Bezug auf

Hanauer Krawall

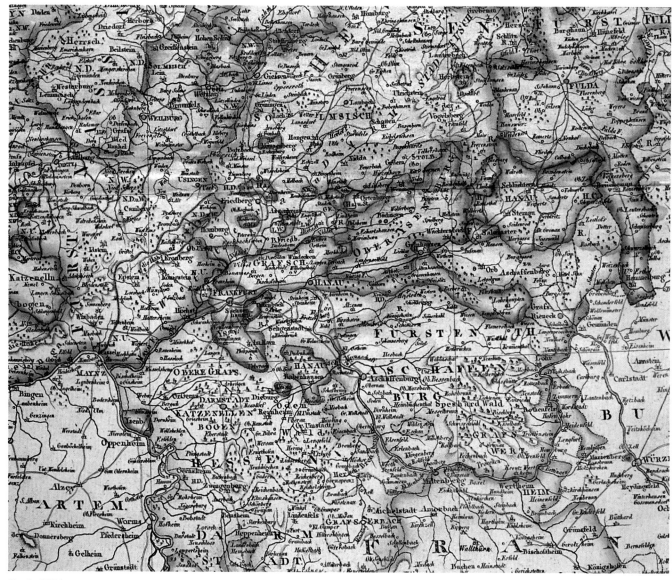

Karte 1806

die Französische Revolution rief man: *Freiheit haben wir jetzt und die Gleichheit kommt bald nach.*

Die Hessen sind da! So hallte der schreckliche Ruf durch Offenbachs Gassen, das zum „ausländischen" Großherzogtum Darmstadt gehörte. Tatsächlich hatten sich die Menschen auch auf der anderen Mainseite gegen die drückenden Lasten erhoben. In den Orten der Hanauer Provinz von Windecken und Heldenbergen über die Gräflich-Ysenburgischen Länder, die Dörfer um Steinau bis Fulda wurden dortige Mauteinrichtungen verwüstet. Der Zorn der Bevölkerung richtete sich auch gegen andere obrigkeitliche Einrichtungen wie Rent- und Forstämter. In den niedergrafschaftlichen Besitzungen bestanden teilweise noch alte feudale Lasten wie

Frondienste, Beden, Renten für die Landleute. Da die untere Gerichtsbarkeit auch vom Grundbesitzer ausgeübt wurde, sah sich die Bevölkerung ohnmächtig der Beamtenwillkür und Schikane ausgesetzt. Der aufgestaute Haß, der sich dort in besonders intensiver Zerstörungswut entlud, etwa 500 bis 600 Personen durchzogen die Orte, erklärte sich aus diesen dort herrschenden besonderen Verhältnissen. Gerne legte man deshalb jeden Aufruhr in den Orten Oberhessens wie in Büdingen, die zum Darmstädter Großherzogtum zählten, den Hanauer Krawallern, den *rebellischen Ausländern* direkt oder indirekt zur Last.

Um die in Hanau herrschende Not etwas zu mindern, hatten die Behörden als Arbeitsbeschaffungs-

maßnahmen Notstandsarbeiten, wie auch in den 1848er und 1920er Jahren angesichts der hohen Arbeitslosigkeit in Auftrag gegeben. Vor dem Kanaltor wurde ein alter Stadtgraben aufgefüllt und das Rohr, ein großes Sumpfgebiet um den heutigen Hauptbahnhof, durch einen Graben (heute Straße Am Krawallgraben) trockengelegt. Das Bürgertum fürchtete wegen der Ausschreitungen um seinen Besitz, denn hinter den spektakulären Demolierungen der Krawaller zeigte sich immer deutlicher die strukturell bedingte soziale Not der einfachen Bevölkerung.

Die Hanauer Septemberunruhen erweckten nicht nur den Zorn des Kurfürsten in Kassel, sondern auch den des im nahen Frankfurt befindlichen Bundestags. Eine erste kurhessische Staatskrise zeichnete sich ab. Der in Hanau weilende Kurprinz wurde umgehend nach Frankfurt beordert. Die von den Hanauern geforderte Verfassungsgebung zur Beruhigung der Situation stieß beim herrschenden Adel der Kurhessen, Preußen und Österreicher auf Ablehnung. Es drohte die Besetzung der aufständischen Hanauer Provinz durch Bundestruppen. Der kurhessische Bundestagsgesandte von Meyerfeld wurde nach Wilhelmsbad beordert. Das hiesige Militär durch neue Truppen ersetzt. Von Mitte September bis Mitte Oktober beriet der Bundestag über die in Deutschland ausgebrochenen Unruhen, wobei die Ereignisse in Braun-

Der Wittagskrawall am 22. Februar 1831

schweig und im nahen Hanau besonders schwer wogen. Insbesondere der großherzoglich-darmstädtische Gesandte geißelte die kurhessischen Zustände im Bundestag, um von den Aufständen im eigenen oberhessischen Gebiet von Wetterau und Volgelsberg, die bis Anfang Oktober anhielten, abzulenken. Der Bundestag beschloß die Aufstellung einer Interventionstruppe von 7.000 Soldaten und ein Reservekorps von 12.000 Soldaten.

Die immense Aufrüstung entsprang nicht nur der Furcht vor dem Verlust von Zollstationen, sondern auch der politischen Gefahr einer liberalen Verfassung in Kurhessen. Der kurhessische Gesandte von Meyerfeld konnte der am 21. Oktober tagenden Bundesversammlung versichern, daß sich in Stadt und Provinz Hanau alles beruhigt habe und keine weiteren Störungen zu besorgen seien, die

militärische Hilfe von außen erforderlich machten. Tatsächlich hatte sich die Lage beruhigt.

Doch bereits ab dem 9. Oktober gab es wieder Krawalle in Hanau, als der Laden des Papierhändlers Rühl in der Fahrgasse gestürmt wurde, ausgelöst durch seinen Versuch, neu ausgegebene Stempelpapiere zu verkaufen. Am folgenden Tag, dem 10. Oktober versuchten Jugendliche, Gesellen und Weibsleute den am Vortag verhafteten Goldarbeiter Becker gewaltsam zu befreien. Bürgergarde und Militär mußten wieder Häuser und Gefängnis vor der Menge schützen. Zwei neue kurfürstliche Verordnungen erschienen am 22. Oktober. Demnach waren Aufrührer, die sich den Anweisungen der Obrigkeit nicht fügten, sofort zu verhaften, und Militär sollte nur auf Anforderung der Zivilbehörden zum Einsatz kommen. Weiterhin sollten bei Einbruch der Dunkelheit Wirtshäuser schließen und sich nicht mehr als vier Personen zusammenrotten. Letzteres ließ sich in Hanau nicht durchsetzen.

Anlaß neuer Krawalle war die Ankündigung von Brotpreiserhöhungen am 18. November. An den beiden folgenden Tagen zog eine Schar von Menschen aus der ärmeren Klasse unter Führung *Generals Paulsohns* und seines *Sekretärs, dem Tagelöhner Gimpel*, vor das Haus des wegen seiner Kleinlichkeit geschmähten Bäckers Gergone in der Leimengasse und schrie nach billigem Brot. Tatsächlich verteilte der verängstigte Bäcker nun kostenlos ein paar Körbe Brot. Als der Aufruhr bekannt wurde, bemühte sich die Bürgergarde, die tobende Menge zu zerstreuen. Unvermutet erschien auch Militär vom neuen Regiment und ging schonungslos mit aufgepflanztem Bajonett gegen das Volk vor. Viele wurden verletzt oder mißhandelt. Fünf Karwaller wurden verhaftet. Da aufgrund der Vorfälle vom 10. Oktober das Gefängnis nicht sicher erschien, sollten die Gefangenen am nächsten Tag, Sonntagmittag, den 21. November, nach Fulda eskortiert werden.

Eine Menschenmenge mit Knüppeln, Steinen und anderem bewaffnet, stellte sich beim Nürnberger Tor der Eskorte in den Weg. Da auf Anrufen der Durchgang nicht freigemacht wurde, ging ein Stein- und Knüppelhagel auf die Soldaten nieder und Schüsse fielen. Die Gefangenen wurden in das Torhaus des Nürnberger Tores gesperrt, von dort konnten sie durch ein Fenster entkommen. Inzwischen marschierte Militär vom Paradeplatz zum Nürnberger Tor. Auf der Nürnberger Straße, in Höhe der Gaststätte *Drei Rinder* zum Ballplatz, kam es zum Zusammenstoß und einer wilden Schießerei. Die eilends eintreffende Bürgergarde versuchte, die Krawaller vom Militär zu trennen. Das Militär formierte sich zum Rückmarsch, dem die Bürgergarde im Abstand folgte.

Das erbitterte Volk drängte wieder zwischen die beiden bewaffneten Gruppen und bewarf das Militär mit Steinen. Daraufhin schossen Soldaten in die *tollen Menschen*. Der Aufruhr hatte mehrere Menschen das Leben gekostet, unter ihnen waren der angebliche Sekretär der Krawaller, Tagelöhner Gimpel aus der Neustadt, Schreinergeselle Melius, Lehrling Joh. Georg Koller und ein Soldat. Der Bürgergarde war es gelungen, General Paulsohn und fünf weitere Krawaller zu verhaften. Aufgrund dieser Ereignisse waren die Soldaten des 3. Infanterieregiments bei der Bevölkerung verhaßt. Einzelne Soldaten wurden tätlich angegriffen, und die in Privathäusern einquartierten Soldaten wurden auf die Straße gesetzt. Da der Stadtkommandant von Dalwigk eine Volksbewaffnung fürchtete, forderte er militärische Verstärkung an. Ihr Einmarsch erfolgte wie in Feindesland mit aufgepflanztem Seitengewehr, geladenen Kanonen und brennenden Lunten. Vorsichtshalber wurden die Soldaten in Wirtshäuser einquartiert. Am 14. Dezember 1830 konnte der kurhessische Gesandte von Meyerfeld dem Bundestag melden, daß wieder Ruhe in Hanau eingekehrt sei.

Es war nicht allein der Hunger, der *Tagelöhner und Handlanger, fremde Gesellen und Lehrburschen, Polierjungen, Gassenläuferinnen, Arbeiter, Arbeitslose und ihre Frauen* zu verzweifelter, spontaner Empörung veranlaßte. In der Industriestadt Hanau und den verarmten Landorten zeigten sich neben Auswirkungen der unseligen Zollpolitik deutlich die Folgen der Umwandlung des Handwerks zur industriellen Fertigung und dem damit verbundenen Wirtschaftsliberalismus, der eine furchtbare Verelendung, als Pauperismus bezeichnet, hervorrief. Die handwerklich arbeitenden Menschen fühlten sich der industriellen Revolution schutzlos ausgeliefert. Es fehlten den Angehörigen des sogenannten vierten Standes noch die Fähigkeiten und Möglichkeiten, sich zu organisieren, um ihre Interessen zu vertreten. Der Landesherr mit seiner Regierung und den Behörden stand dem Problem der sozialen Verelendung verständnislos gegenüber. In den Jahren nach den Hanauer Krawallen von 1830 begann die Masse der ziel-, ideen- und führungslosen Arbeiter, politische Aktivitäten zu entwickeln und, da gesellschaftliche Lösungen ausblieben, eine radikale, konspirative, sozialrevolutionäre Bewegung, wie in anderen Städten auch, in Gang zu setzen.

In den Kreisen der bürgerlichen Herrengesellschaften von Assemblee bis Abendverein verfolgte man den am 16. Oktober 1830 eröffneten Landtag. Die in Hanau bestehenden Vorstellungen ließen sich in einem Satz kurz charakterisieren: *Innigste, unbeschränkteste Vereinigung aller Staaten des Deutschen Bundes mit gänzlicher Aufhebung aller Zwischenlinien in einem gemeinsamen Zollverband.* Unbegreiflich war vielen Bürgern, daß die versprochene Verfassung so lange ausblieb. Im Januar 1831 wurde sie unter unbeschreiblichem Jubel verkündet. Sie galt als eine der liberalsten ihrer Zeit, wozu die Hanauer Krawalle nicht unwesentlich beigetragen hatten. Die Angehörigen der aktiven Krawaller der unteren Volksklassen hatten auch weiterhin kein Wahlrecht. Ein Koalitions- und Versammlungsrecht bestand auch weiterhin nicht. In Hanau wurden in einigen bürgerlichen Kreisen schon weitergehende Forderungen diskutiert, nämlich, daß niemand vom Wahlrecht ausgeschlossen sei und die Herstellung freier Konkurrenz in Handel und Handwerk, Gewerbefreiheit.

Aufgrund der Unruhen im Herbst 1830 gab es keine Zollerhebung. Dies konnte der Staat nicht hinnehmen. Der Streit um den Zoll zwischen Hanau und Kassel dauerte an. Die Hanauer Deputierten im Landtag versuchten, die städtischen Interessen gegen die nordhessischen durchzusetzen. Hanau forderte die Aufhebung der eigenen Mauten ohne Rücksicht auf andere Zollverhältnisse, freien Handel und unbehinderten Warenaustausch zu Wasser und zu Lande.

In der Zollfehde gewann die Stadt einen unerwarteten Verbündeten, den Kurfürsten selbst. Die öffentliche Erregung Kassels über Wilhelm II. Mätresse Gräfin Reichenbach ließ den Kurfürsten zeitweise nach Hanau ins Schloß Philippsruhe umsiedeln. Später folgte die Reichenbach von Frankfurt nach Wilhelmsbad nach. Der nun in Hanau residierende Hof des Kurfürsten belebte das Hanauer Geschäfts- und Wirtschaftsleben nicht unerheblich. Deputationen Hanauer Bürger bedrängten den Kurfürsten mit ihren Vorstellungen zur Maut. Der so umschmeichelte Wilhelm versprach *Nicht mehr wiederkommen die Maut.* Als der Kurfürst nach Kassel zurückkehrte, trat sein Sohn Kurprinz Friedrich Wilhelm in die Regentschaft des Landes mit ein. Da die Wiedereinführung der Maut zum 1. Januar 1832 wirksam war, befürchtete man wieder Unruhen. Die eine, neue Zollstation befand sich Am Frankfurter Tor und die andere wieder in Mainkur. Die Krawaller suchten die neuen Zollerheber ausfindig zu machen. In der Stadt gingen wieder Scheiben zu Bruch, und die Bürgergarde mußte einschreiten. Beim Sturm auf das Zollamt in Mainkur gab es Tote und Verletzte. Zur Brechung des Hanauer Widerstandes wurde wieder zusätzliches Militär einquartiert. Der fast einjährige Kampf um die Wiedereinführung und Nachzahlung des Zolls war gewaltsam beendet worden.

Richard Schaffer-Hartmann

[1] Wilhelm Ziegler, Chronik Hanau, Bd. II, S. 60, 9. August 1830
[2] a.a.O., S. 60, 13. August 1830
[3] 26. Juli 1830 dankt König Karl X. ab. Als Nachfolger wird der liberale Herzog Louis Philippe (Bürgerkönig) gewählt, eine Entscheidung gegen die republikanische Lösung.
[4] 25./26. August 1830 führt zur Unabhängigkeit Belgiens

Die Garnison Hanau in kurhessischer Zeit

Um 1800 lag das Hanauer Militär zumeist in sogenannten Bürgerquartieren oder auch teilweise während der wärmeren Jahreszeit im Biwak vor der Stadt. Ein größeres Anwesen in der Altstadt (Steingasse Nr.1) war schon unter der Bezeichnung „die Kaserne", als rein militärische Unterkunft eingerichtet worden. Eine gemeinschaftliche Unterbringung einer größeren Einheit war bis dahin jedoch noch nicht gegeben. So litt die Bürgerschaft immer wieder unter den Einquartierungen, wobei die Soldaten nicht nur Nachtlager fanden, sondern obendrein auch noch verköstigt werden mußten. Eine Entschädigung seitens der Stadt oder der Kommandobehörde wurde zwar im Regelfall geleistet, jedoch nicht immer in voller Höhe der tatsächlichen Kosten.

1777 wurde auf dem, durch Beseitigung der Alt- und Neu-Hanau trennenden Festungswerke, gewonnenen Gelände der Ostteil als „Paradeplatz" (Freiheitsplatz) angelegt, auf dem die militärische Ausbildung und die Paraden abgehalten wurden. Auf dem Westteil entstand die „Esplanade", eine mit Linden bepflanzte Anlage. Drei Jahre später, 1780, wurde das neue „Zeughaus" mit der Hauptwache an der Nordostecke des Platzes erbaut - das alte Zeughaus fiel bereits bei der Beseitigung der Festungswerke weg. In der Gärtnerstraße befand sich bis 1910 das Garnisonslazarett.

An militärischen Formationen garnisonierten um 1800 kurhessische Truppen in Hanau, nämlich das I. und II. Linien-Infanterie-Regiment, ferner die Garnisonsbataillone I und II von Schaller, das Stadtbataillon und eine Konstablerkompanie; auch müssen hier noch die 10 städtischen Kanonen mit ihren Bedienungsmannschaften Erwähnung finden. 1803 wurde Kurhessen Kurfürstentum und Hanau wurde Regierungsprovinz.

Plan des Paradeplatz im Jahre 1775. Der Kolliegenbau (F) wurde in den Jahren 1827/28 zu einer Kaserne umgebaut und am 1. Mai 1828 von dem hier garnisonierenden 2. Kurhessischen Infanterie-Regiment bezogen – Hanau hatte damit seine erste Kaserne erhalten.

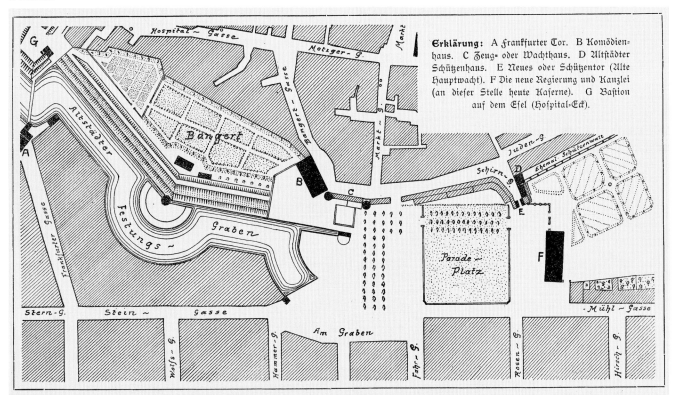

Erklärung: A Frankfurter Tor. B Komödienhaus. C Zeug- oder Wachthaus. D Altstädter Schützenhaus. E Neues oder Schützentor (Alte Hauptwacht). F Die neue Regierung und Kanzlei (an dieser Stelle heute Kaserne). G Bastion auf dem Esel (Hospital-Eck).

Der Paradeplatz und Bangert im Jahre 1775.

Ausschnitt aus einem gleichzeitigen Originalplan. Die Zuschüttung des Grabens zwischen Alt- und Neustadt war noch nicht vollendet (beendet 1777), die sogenannte Gelbe Mauer, welche die Aussicht in die Gerbereien der Sterngasse verdecken sollte und die Esplanade waren noch nicht vorhanden. (Vergl. auch die Pläne auf S. 505 und 536.)

In den Jahren zwischen 1806 und 1813, als das Land, und somit auch Hanau, von Napoleon Bonaparte zum Königreich Westfalen geschlagen worden war, wurden die kurhessischen Truppen beurlaubt. 1806 war auch das Jahr indem General Jouaunnot, der im Namen Napoleons von der Stadt Besitz genommen hatte und mit der Entfestigung der Stadt begann. Alle Befestigungsanlagen und Tore wurden geschleift - nur das Frankfurter Tor blieb bis in die heutige Zeit erhalten.

Daß aber die insbesondere ab 1597 errichteten Festungsanlagen der Stadt Hanau zu diesem Zeitpunkt ihre „besten Tage" bereits hinter sich gebracht haben mögen, und somit der Stadt durch den Abbruch nur weitere Kosten für Instandhaltung erspart blieben, ergibt sich auch aus einer Schrift, welche anonym in Leipzig 1807 unter dem Titel „Hessen vor dem 1. November 1806" erschienen war. Dort steht zu lesen: „Die Festung Hanau war eigentlich nichts, als eine mit einem nassen Graben und einem baufälligen Wall, von dem ein Stück bald hier, bald dort einstürzte, umgebene Stadt...ganz zuletzt wurden einige tausend Lumpengulden zu Reparaturen angewiesen und nun glaubte man höchsten Orts hier ein zweites Gibraltar zu besitzen und nahm jeden noch so bescheidenen Zweifel höchst übel auf."

Mit der Niederlegung der äußeren Festungswerke wurden auch die alten Stadtkanonen, welche bereits seit der Zeit des Dreißigjährigen Krieges auf den Festungswällen ihren Dienst versahen, nach Mainz verbracht. Als man diese 1815 zurückforderte, waren sie nicht mehr auffindbar; vermutlich, so hieß es, wurden sie von den Franzosen nach Metz verbracht und dort eingeschmolzen.

Am 30. und 31.Oktober 1813 fand vor den Toren Hanaus eine Schlacht zwischen den verbündeten bayrischen und österreichischen Truppen einerseits, und gegen das, bei Leipzig geschlagene

und auf dem Rückzug nach Frankreich befindliche, Napoleonische Heer statt. Diese Schlacht bescherte beiden Seiten Tausende Verluste. Hanauer Militärs gab es nicht, die daran hätten teilnehmen können, aber die Stadt selbst erfuhr während einer nächtlichen Kanonade durch die französische Artillerie schwere Gebäudeverluste. So ist bis auf ein Haus die gesamte Vorstadt niedergebrannt. Die Schlacht hat Napoleon letztlich für sich entschieden; denn es gelang den Verbündeten nicht, ihn bei Hanau zu besiegen.

Nachdem 1813 der Kurfürst sein Land wieder betrat wurde die Armee wie 1806 wieder eingerichtet. Größere Änderungen in der Organisation wurden 1821 und 1832, bei der Kavallerie auch 1840 vorgenommen. Hanau erhielt bis 1822 das I. und II. Bataillon des Regiments „Kurprinz", während das Füsilier-Bataillon je zur Hälfte in Marburg und Gelnhausen untergebracht war. Von 1821 bis 1843 regierte Kurfürst Wilhelm II. und dieser führte das Land aus den alten Formen und Einrichtungen hinüber in die „neue Zeit"; so hielten z.B. die hessischen Truppen bereits am 14. März 1821 zum letzten Male mit Zopf und Puder, die Offiziere mit dem langen Stock, die Parade ab. Das Landdragonerkorps erhielt nun die Bezeichnung kurfürstliche Gendamerie.

In allen Armeeangelegenheiten lehnte man sich nun stark an das preußische Vorbild an. Das bezog sich auf Dienst und die Vorschriften, aber auch die Uniformierung und Ausrüstung, so daß kurhessische Truppen den preußischen oft zum Verwechseln ähnlich sahen. Selbstverständlich waren Hoheitsabzeichen wie Kokarden, Portepees, Schärpen, Fahnen, Tschako- und Helmbeschlag, wenn auch der preußischen Form ähnlich, doch von eigener Farbe und Symbolgehalt. Bei der Infanterie trugen die Soldaten ein dunkelblaues Kollett, aber vollständig rote Kragen, Aufschläge und Schoßumschläge, graue Tuchhosen, im Sommer aber

weißleinene Hosen. Der Tschako besaß einen bei den Offizieren rotweiß durchflochtenen Behang und ein rot-weißes National.

1822 wurde das 2.Kurhessische Infanterie-Regiment nach hier in Garnison genommen. Der Paradeplatz wurde im Jahre 1825 abermals umgebaut. In diesem Jahr verschwanden die Linden der Esplanade im Westen und die Fußgänger durften von da ab den neuen vergrößerten Paradeplatz überschreiten. Die Ketten der Esplanadeeinfriedung fanden auf den Rasenflächen vor Schloß Philippsruhe in Kesselstadt Verwendung, wo auch heute noch einige davon vorhanden sind.

Auf dem Platze des heutigen Behördenhauses wurde durch Erbprinz Wihelm von Hessen zwischen 1764 und 1768 das Regierungsgebäude, auch Kanzlei- oder Kollegienbau genannt, der ehemaligen landgräflich-hessischen Provinz Hanau neuerbaut. Dieses Gebäude wurde zwischen 1827 und 1828 zu einer Kaserne umgebaut bzw. eingerichtet und am 1.Mai 1828 von dem hier garnisonierenden 2.Kurhessischen Infanterie-Regiment bezogen. Die Garnison Hanau hatte damit ihre erste rein militärische Wohnstätte erhalten. Allerdings mußten auch noch in den darauffolgenden Jahren die Militärs immer wieder einmal in Bürgerquartieren untergebracht werden.

Am 24.September 1830 brachen die sogenannten „Hanauer Krawalle" aus. Das mit der Bevölkerung Hanau's zu sehr verwachsene 2.Infanterie-Regiment wurde wegen zu erwartenden „Unzuverlässigkeiten" am 30. September nach Marburg und Ziegenhain verlegt. Am 4.Oktober gleichen Jahres rückte statt dessen das 3.Kurhessische Linienregiment „Prinz Friedrich Wilhelm von Hessen" in Hanau ein.

Am 19.November 1830 brach wegen einer Brotverteuerung ein neuer „Krawall" aus; eine Patrouillie der Bürgergarde nahm 4 Personen fest und übergab diese an die Militärs. Am 30.November sollten die „Krawaller" durch das Militär nach Fulda verbracht werden, jedoch die aufgebrachten Bürger überwältigten die Soldaten beim Ausmarsch am Nürnbergertor, entwaffneten diese und befreiten die Inhaftierten. Daraufhin rückten zwei Kompanien des 3.Infanterie-Regiments zum Ort des Geschehens um für Ruhe und Ordnung zu sorgen, auch sollten die Befreiten wieder gefaßt werden. In der Nürnbergerstraße wurden plötzlich Steine auf das marschierende Militär geworfen, worauf die hinteren Glieder das Feuer auf die Steinewerfer eröffneten. Panik brach aus, wildes Geschrei entstand und alles lief durcheinander - die Offiziere, die keinen Feuerbefehl gegeben hatten, sorgten sofort für „Schieß halt". Dennoch wurden drei Bürger getötet und über dreißig verwundet - es war wohl bis dahin einer

der schlimmsten Zusammenstöße zwischen Bürgern und Militär in Hanau.

Die Handfeuerwaffen der kurhessischen Armee erhielten im Jahre 1841 Perkussionszündung, bis dahin hat sich die Bewaffnung der Infanterie in über 120 Jahren kaum verändert. Die Hauptwaffe war eine Vorderladerflinte mit glattem Lauf, die billig herzustellen und auch rasch zu laden war. Die bei Regen und Wind allerdings sehr unsichere Zündung durch den Feuerstein wurde nun durch das Zündhütchen mit Knallquecksilber ersetzt, wozu die alten Gewehre leicht umgerüstet (aptiert) werden konnten.

Im Frühjahr 1843 wurde dem Kurhessischen Kriegsministerium durch dem Kommandeur des hier

liegenden 3.Infanterie-Regiments, Oberst von Specht, die Erweiterung der Kaserne, durch Anbau oder Neubau, empfohlen, um die Bürgerschaft von den dauernden Lasten der immer noch notwendigen Einquartierung zu befreien. Für einen evtl. Neubau hatte man zuerst das Gelände, „so man Mühlschanze nennt", erwogen, kam aber hiervon wieder ab, da das Mühlschanzengelände, das teils den Erbleihemühlen Herrenmühle, Schneidemühle und Sandelmühle zugeteilt, teils verkauft war und durch den Geländeerwerb und Abbruch der drei Mühlen, einschließlich der Teppichfabrik Du Fay, Leisler & Cie doppelte Kosten verursacht würden.

Auch der Haingarten mit Türkischen Gärten, früher gräflich-han-

Ansicht des Paradeplatz nach Osten. Im Hintergrund befinden sich in der Mitte die Infanterie-Kaserne in ihrem Zustand bis 1856. Auf dem Paradeplatz ist ein kurhessischer Truppenteil zur Abnahme durch den Kommandeur aufmarschiert. Links im Bild befindet sich das im Jahre 1780 erbaute Zeughaus mit der Hauptwache.

2. Infanterie-Regiment Landgraf Wilhelm

auisches, dann kurhessisches Staatseigentum, zwischen heutiger Wilhelm- und Eugen-Kaiser-Straße kamen zum Vorschlag. Dieser Plan wurde aber durch die Oberbaudirektion, wegen der häufigen Überschwemmungen und damit verbundenen Gesundheitsgefährdung der Mannschaften am 26.Juli 1843 abgelehnt. Die Oberbaudirektion befürwortete hingegen für einen Neubau den Platz des heutigen Behördenhauses, da dieser an einem freien Platz und zwischen Neu- und Altstadt liege. Außerdem war man der Ansicht, daß die Garnison möglichst in der Stadtmitte anzusiedeln sei.

Am 24.August 1843 bringt dann das Kriegsministerium einen Platz vor dem Kanaltor und etwas später einen weiteren zwischen diesem und dem Nürnbergertor zum Vorschlag. Es handelt sich bei letzterem Vorschlag um den sogenannten „Lavatter´schen Garten" in der Gegend zwischen Neue Anlage und Oberrealschule. Aber auch dieser Platz erwies sich bald, wegen teilweiser Überflutung, als unbrauchbar und Oberst von Specht brachte

nun wiederholt die Erweiterung der vorhandenen Kaserne mit der Begründung in Vorschlag, daß der vorhandene Bau massiv, gesund, trocken und selbst von dem in Hanau so häufigen Ungeziefer frei sei. Später soll es umgekehrt gewesen sein.

Im April 1846 neigt das Kriegsministerium, unter Beibehaltung der vorhandenen Kaserne, zur Unterbringung eines Bataillons im Zeughaus und eines weiteren Bataillons in einer neu zu erbauenden Kaserne an der „Gelben Mauer" (heute Sporthaus Barthels). Doch schon gegen Ende April 1846 gewinnt auch beim Kriegsministerium der Ausbau des Mansardstocks zu einer dritten Etage und Erweiterung durch beiderseitigen Anbau von Flügeln, bis zur Straße, an Boden. Im September gleichen Jahres wird bei Vorlegung der Baupläne, die Unterbringungsmöglichkeit von 1199 Mann angegeben. Es sollten allerdings noch etwa 10 Jahre vergehen ehe die große Erweiterung erfolgte. 1846 wurde außerdem in der ganzen kurhessischen Armee Waffenrock und Helm mit Spitze, der sogenannten „Pickelhaube", nach preußischem Modell eingeführt.

Die Unruhen der Jahre um 1848 führ-

ten am 14.Juni 1849 zu einem neuen und ungleich schwereren Zusammenstoß zwischen Bürgertum und Militär. Wieder war es das 3.Kurhessische Infanterie-Regiment, welches nun bei Hirschhorn im Badischen gelegen, zusammen mit einer Batterie Mecklenburger und einem Bataillon Bayern gegen die Hanauer Turnerwehr, diese unter ihrem Anführer August Schärttner, sich kämpfend gegenüber standen. Im Hanauer Infanterie-Regiment dienten derweil viele junge Hanauer, die aber ihrem Fahneneid getreu ihren Hanauer Freunden und Bekannten auf der Gegenseite gegenüberstanden. Die Hanauer Turnerwehr war bereits am 2.Juni nach Baden aufgebrochen, als dort die Revolution zu schweren Bruderkämpfen führte, um dort für die Reichsverfassung zu kämpfen. Die Hanauer Turner wurden hier und später im Gefecht bei Waghäusel geschlagen und auf schweizerisches Gebiet abgedrängt. Das machte das 3.Infanterie-Regiment wieder zum „Sündenbock" und nach Beendigung der Unruhen wurde es beim Ein-

3. Infanterie-Regiment

marsch in Hanau entsprechend „freundlich" begrüßt.

Als Strafmaßnahme gegen die Hanauer „Aufmüpfigkeit" marschierten am 1.November 1850 die Exekutionstruppen, bestehend aus den sogenannten „Strafbayern" und dem 14.Österreichischen Jägerbataillon, in einer Stärke von fast 100.000 Mann und 20 Geschützen, in Hanau ein. Etwa 3.500 Bayern wurden bei der Bürgerschaft einquartiert, manche Familien erhielten 10 Mann, andere bis zu 32, die Familie Waltz sogar 64. Die restlichen Truppen marschierten weiter nach Meerholz und Gelnhausen. Das 3.Kurhessische Infanterie-Regiment wird deswegen nach Bockenheim verlegt. Im Januar 1851 waren bei einer Einwohnerzahl von 15.200 Personen immer noch 2.700 Strafbayern einquartiert. Eine andere Zahl gibt an, daß vom 1.November bis Ende Dezember 1850 insgesamt 220.000 Soldaten des Bundes-Exekutionsheeres in Hanau einlogiert waren, das heißt je einen Tag und eine Nacht verköstigt werden mußten.

Am 16.Februar 1851 verläßt das II. Bataillon des 1.bayr. Infanterie-Regiment „König" Hanau. Das abmarschierende Bataillon war dasjenige, von dem die meisten hier vorgefallenen Exzesse verübt worden sind. Am 19.Februar 1851 rückte das 3.Kurhessische Infanterie-Regiment von Bockenheim kommend wieder in Hanau ein. Am folgenden Tag verließ das hier stationierte 1.Kurhessische Infanterie-Regiment „Kurfürst" Hanau. Im März folgten dann die kurhessische Artillerie mit drei Batterien, das Schützenbataillon und die Pioniere - mit ihnen sind dann alle kurhessischen Truppen wieder in ihre früheren

Garnisonen eingerückt. Am 5.August 1851 zogen dann auch endlich die letzten bayr. Exekutionstruppen wieder ab, nachdem man der Ansicht war, durch die „Strafbayern" seine Zwecke erfüllt zu haben und die Behörden

Kurfürst Wilhelm II.

und Bewohner Hanaus durch Bequartierung genug bestraft zu haben.

Am 1.September 1853 rückt das von der Bürgerschaft so ungeliebte 3.Infanterie-Regiment zum Manöver aus und erhält nach dessen Beendigung Kassel als Garnison. In Hanau bezieht am 1.Oktober 1853 das 1.Kurhessische Leibregiment, die sogenannten „Konrädcher" die Kaserne. Der Überlieferung nach soll bei der Aufstellung des Regiments außergewöhnlich oft der Name Konrad vorgekommen sein - daher der Name „Konrädcher".

Am 18.März 1856 wird bekannt gegeben, daß das Leibregiment nach Kassel zurückverlegt wird und es erfolgte sein Ausmarsch am 1.September gleichen Jahres. Ihm folgte

am 1.Oktober wieder das 2.Kurhessische Infanterie-Regiment „Landgraf Wilhelm von Hessen". Dieses war auch zugleich das letzte kurhessische Regiment in Hanau vor der Occupation durch Preußen im Jahre 1866. Man nannte es auch „die kleine Garde", wohl, weil es, wie das Leibgarde-Regiment, weiße Achselklappen trug.

Am 29.April 1856, wurde endlich die Bauausführung und die Erwerbung der erforderlichen Grundstücke für den Erweiterungsbau der Infanteriekaserne genehmigt. Die neu vorzulegenden Baupläne erfahren noch so manche Änderung, bis endlich am 3.März 1857 der Kurfürst seine Genehmigung erteilt und sofortigen Baubeginn anordnet. Deshalb bezog man vom 30.April 1857 ab wieder Bürgerquartiere in Hanau.

Bei diesem großen Umbau wurden der Kaserne dann auch zwei große Seitenflügel im Norden und Süden, sowie zwei Türme und Zinnen angesetzt, welche durchaus an eine Burg erinnern mochten. Bis 1919 wurde das Gebäude in Hanau als Infanteriekaserne genutzt. Später diente es der Verwaltung, der Polizei und den Behörden. Im 2.Weltkrieg wurde es stark beschädigt und dient nach dem vereinfachten Wiederaufbau, unter der Bezeichnung „Behördenhaus" auch dem Finanzamt als Sitz in Hanau.

Alle vorgenannten kurhessischen Regimenter hatten je zwei Bataillone. Der Garnisonswechsel vollzog sich in kurhessischer Zeit in der Regel nach der Beendigung der großen Herbstübungen, welche in der Nähe von Kassel stattfanden und zu welchem Zwecke die ganze kurhessische Armeedivision zusammengezogen wurde.

Jens Arndt

Vertrauen ist gut. Post ist besser.

BRIEF 2000: Manche Dokumente sind so vertraulich, daß man ernsthaft überlegen muß, wie man sie am besten weitergeben kann. Da gibt es eigentlich nur ein geeignetes Medium: den Brief! Doch damit Ihr Brief auch vertraulich bleibt, brauchen Sie einen „Geheimnisträger". Jemanden, dem Sie vertrauen können. Der Ihnen jederzeit dabei hilft, todsichere Geschäfte zu machen. Schnell und sicher. Mit einem niet- und nagelfesten Konzept, auf das Sie sich voll und ganz verlassen können ... Tja, zum Glück gibt es so jemanden – Ihre Post. Mit dem Konzept „Brief 2000". Und dazu gehören auch die „Geheimnisträger" – unsere Briefzusteller.

Wir werden jeden Tag besser.

Deutsche Post AG

Die umfangreiche Geschichte der Hanauer Bürgergarden und -wehren ist bis zum heutigen Tage noch nicht geschrieben worden. Nachfolgender Aufsatz soll dem interessierten Leser dennoch einen kleinen, vorläufigen Einblick in die Zeit zwischen 1830 und 1866 gestatten. Wenn der „Spießbürger in Uniform" beschrieben sein soll, stellt sich dabei zwangsläufig auch eine unfreiwillige Komik ein, die allem was sich in Uniform zeigte, zu allen Zeiten anhaftete. Eitel und selbstbewußt bewegte und gebärdete sich der Bürger in Uniform, der allerdings bestrebt war, die ihm zugeschobene Rolle als Offizier oder Gardist möglichst gut zu spielen.

In Paris war am 27. Juli 1830 die Revolution ausgebrochen und blieb in blutigen Straßenkämpfen siegreich: die Bourbonen wurden verjagt und die Volkserhebung warf ihre Schatten auch bis nach Hanau. Das Volk war der reaktionären Bevormundung durch autokrate Machthaber überdrüssig, und eine neue Zeit schien sich anzubahnen.

waren ausgebrochen. Da die staatlichen Sicherheitsorgane, Militär und Polizei, völlig versagten, lag es an dem besonnenen Teil der Bürgerschaft, diese Unruhen nicht ausarten zu lassen. Es war das Verdienst des Bürgermeisters Eberhard den Weg zu weisen. Auf seinen Vorschlag hin entschloß sich bereits am 25. September das

Die Hanauer Bürgergarde

Brandpikett, eine Art Freiwillige Feuerwehr, das schon beim Sturm auf das Lizenzamt zu tolle Ausschreitungen verhindert hatte, „*sich zu einem Korps zum Schutz der Personen und des Eigentums zu konstituieren*". Von hier aus hat sich das Hanauer Bürger-Bataillon entwickelt. An die bereits bewaffnete und mit blauen Kitteln gleichmäßig bekleidete Brandwehr schlossen sich Freiwillige aus allen Bürgerkreisen zusammen. Noch am gleichen Tage wurden die,

Aus ruhigeren Bürgern wurde am 25. September 1830 ein „bewaffnetes Bürgercorps" gebildet, dessen Aufgabe es war, für die Aufrechterhaltung der Ordnung und dem Schutz des Eigentums und der Bürgerschaft zu dienen.

In Hanau entlud sich bekanntlich diese Unzufriedenheit mit der Regierung und die Erregung über die schlechte Wirtschaftslage am 24. und 25. September 1830 in den Stürmen gegen die Lizenz- und Zollämter. Die Hanauer „Krawalle"

nach 6 Quartieren geordnet, Hauptleute, Leutnants und Unteroffiziere gewählt.

Ein gewisses Verdienst um die Ausgestaltung der jungen Wehr kam sicher auch dem Kurprinzen zu,

der am 27. September in Hanau weilte, indem er durch anlegen der weißen Armbinde sich zum Bürgerkorps bekannte („ich auch Hanauer bin!") und es gleichsam legitimierte.

Am 28. September wurde der Fabrikant Carl Rößler zum Kommandeur und Oberst der Hanauer Bürgergarde bestimmt. Dieser ließ auch sogleich folgende Proklamation verteilen:

„*Bürger von Hanau! In der Stunde der Gefahr haben wir die Waffen ergriffen, zum Schutze der heiligsten Güter, für Ordnung und Recht. Zwar ist sie fast verschwunden, doch ist es nöthig sich fester an einander anzuschließen, Ordnung in unsere Glieder zu bringen, und durch unsere kräftige aber ruhige Haltung den geschreckten Gemüthern, das verlorene Gefühl der Sicherheit wieder zu geben.*

So sammelt Euch denn, jeden Angriff der Störer unserer Ruhe entschlossen zurückzuweisen! Ihre Zahl ist nur gering, und der Ernst unserer Schritte wird ihnen zeigen, daß sie nicht ungestraft uns widerstehen.

Hanau, am 28. September 1830 C. Rößler, Obrist des bewaffneten Bürgercorps".

Die vorgeschriebene Uniformierung sah vor, daß ein jeder Gardist einen dunkelblauen, gefalteten Leinenkittel mit Bund und rotem Umlegekragen sowie eine mit schwarzem Wachstuch bezogene Mütze mit Kokarde zu tragen habe. Als Bewaffnung diente ein von der Stadt gestelltes Gewehr mit Seitengewehr, einen Säbel und Patronentasche, letztere waren mit einem Wappenschild aus Messing beschlagen (Krone und Hanauer Sparren). Säbel und Patronentasche wurden an breiten, schwarzledernen Bandelieren, die kreuzweise über der Brust verliefen, getragen. Die Offiziere trugen ihren Schleppsäbel an zwei schmalen Riemen am übergeschnallten Leibriemen, der mit einer Messingspange geschlossen wurde. Die Stabsoffiziere trugen eine rotweiße Schärpe über die Schultern, die Leutnants und Führer diese um die Hüften und hatten rote Achselklappen, auf welchen die Nummern der 6 Stadtquartiere gestickt waren (Altstadt 2, Neustadt 4). Jeder Gardist trug am linken Oberarm eine weiße Binde mit roter Randeinfassung, auf welcher mit roten Zahlen die Kompanienummer stand. Die Armbinde der Offiziere wies zwei schmale karmesinrote Streifen auf (die der Stabsoffiziere hellblaue). Nichts durfte „von Geld, Silber oder Seide" sein, wie überliefert ist, nur die Portepees der Offiziere waren von silbernen Gespinst.

Mit dieser Uniformierung, welche von 1830 bis 1834 im Gebrauch war, war die Hanauer Bürgergarde allen anderen im Kurfürstentum voraus; Kassel, Fulda, Marburg usw. haben erst nach der Verfügung Wilhelm II. vom 6. Oktober die Uniform eingeführt. Ihre war stattlicher, aber die Hanauer hatte den Vorzug der Billigkeit, wodurch ihre Anschaffung den meisten auch möglich war, mußte diese doch selbst erworben werden.

Insgesamt waren in Kurhessen 24 Bürger-Bataillone über das Land verteilt, das Hanauer Bataillon erhielt die Nr. 21. Die anfänglich offizielle Benennung „Bürger-Bataillon" wurde 1832 in den klingenderen Namen „Bürgergarde" umgewandelt. Diese Wandlung vollzog sich in Hanau allerdings schon

Der Aufmarsch der Bürgergarde auf dem alten Exerzierplatz, heute Bereich nördlich der Lamboystraße, während einer Truppenschau. Die Bürgergardisten tragen die bis 1834 gültige Uniform „alter Art", gefalteter Schoßkittel mit rotem Kragen, Ledermütze und als Bewaffnung Säbel, Gewehr mit Patronentasche.

sehr zeitig, denn die Bezeichnung „Bürgergarde" ist bereits erstmals am 24. November 1830 angewandt worden. Zuvor nannten sich die Hanauer „bewaffnetes Bürger-Corps".

Das Aussehen der Bürgerkompanien war Anfangs mehr bunt als schön und die Ausrüstung vollkommen unvollständig. Nur wenige hatten ein Gewehr, Patronentasche und Säbel, die meisten nur das eine oder andere, einige waren ohne alle Bewaffnung. Etwas besser sah die berittene Abteilung aus;

Die Patronentasche aus schwarzem Leder mit gekrönten Hanauer Sparren, der lederne Tschako mit Federbusch und der Säbel am Leibriemen der Offiziere - erhalten gebliebene Ausrüstungsstücke der Hanauer Bürgergarde aus der Zeit vor über 150 Jahren.

aber alles in allem war noch viel Arbeit erforderlich, um aus den bewaffneten Bürgern eine geordnete,

disziplinierte Truppe zu machen. Vielen Gardisten war außerdem weder Sinn noch Aufgabe der Bürgergarde klar, und manche schienen durchaus im Spenden und Vertrinken von Freibier ihre Hauptdienstobliegenheiten vermutet zu haben.

Verpflichtet zum Eintritt waren in Hanau alle Einwohner vom 20. bis 45. Lebensjahr, und zwar nur soweit sie Bürger, Bürgersöhne und Grundbesitzer waren. Im Hauptbüro, neben dem Rathaus gelegen, war in jenen Tagen der Aufstellung ein ungeheueres Treiben zu beobachten gewesen, da Oberst Rößler bereits für den Oktober eine Musterung angesetzt hatte. Zur Seite standen ihm die drei Hauptleute seines Stabes: Thomas Weber, zugleich Hauptmann der Brandwache, Landgerichtsassessor Bode und Christian Wagner sowie die Adjutanten Gehring, Häuser und Josef.

In den nächsten Tagen wurden die 6 Kompanien vollzählig gemacht, jede mit einem Kapitän, 5 Leutnants, 10 Unteroffizieren und 1 Feldwebel, 1 Sergeanten, 1 Fourier, auf je 10 Mann einen Unteroffizier und zwei bis drei Trommler oder Hornisten - alles in allem aber höchstens 150 Mann. Ferner wurde eine halbe Escadron Bürgerkavallerie gebildet mit einem Rittmeister und je 1 Premier- und Secondeleutnant, 1 Wachtmeister, auf 10 Reiter einen Unteroffizier und zwei bis vier Trompeter. Die späteren Fahnenträger wurden aus den Unteroffizieren des gesamten Bataillons ausgewählt.

Die erste Musterung im Oktober bot immer noch kein gerade sehr militärisches Bild. Viele erschienen noch ohne Kittel, und die einen hatten, waren mal von dunklerem, mal von hellerem Stoff, bald in Leinwand und Baumwolle, manche gar in Wolle gekleidet. Doch die Waffen glänzten; denn ein jeder Bürgergardist ließ jetzt das ihm von der Stadt gelieferte und zumeist eingerostete Gewehr mit Feilen polieren, seine alten weißen Patronentaschen und Säbelriemen schwarz lackieren; einige wenige kauften sich neue glänzende Patronentaschen und Bandeliere. Die Waffen waren zumeist zusammengesuchte Schlachtfeldfunde von 1813; es ist überliefert, daß sogar der eine oder andere Gewehrlauf Risse aufwies, welche von einem geschickten Schmied kunstvoll zugelötet wurden. Schießen konnte man mit diesen Waffen jedoch nicht mehr, aber darauf kam es ja dem stolzen Gardisten auch gar nicht so sehr an. Das Offizierskorps hingegen war bereits bestens ausgestattet.

Zur Sicherstellung der Ruhe und Ordnung gehörte auch der Wachtdienst an den Einfallstraßen Hanaus. Auf dieser historisierenden Darstellung von Prof. Wilhem Schultz hielten die Bürgergardisten am Nürnbergertorhaus (heute Volksbühne) in der ab 1834 getragenen Tuch-Uniform ihren Wachdienst ab.

Am Morgen des 24. Oktober 1830 wurde die Bürgergarde vereidigt. Sie stellte sich um 8 Uhr in einem Viereck auf den Neustädter Marktplatz vor dem Rathaus auf, wo ihr von Bürgermeister Fritz die Vereidigungsformel vorgelesen wurde. Im Anschluß daran wurde die Vereidigung durch Handschlag vollzogen, daran folgte die erste große Truppenschau.

Annähernd vier Wochen nach der Vereidigung konnte sie sich in Ruhe auf ihren Dienst vorbereiten.

Das Exerzieren und Üben mit den Waffen erfolgte auf den Wiesen vor der Stadt, zumeist aber nördlich der Lamboystraße auf dem sogenannten „Exter". Die Übungen der Bürgergarde waren durch ein vom Landesherrn erteiltes Reglement vorgeschrieben. Sie sollten nicht öfters als zweimal im Monat stattfinden und durften nicht zu Zeiten des Gottesdienstes abgehalten werden. Es war immer ein besonderes Ereignis an dem sich jung und alt rege beteiligte, wenn die Hanauer Bürgergarde hinaus mar-

Fahnenweihe in der Johanneskirche am 5. April 1831

schierte zu ernster Übung und sich ehrlich im Schweiße des Angesichts unter schwerem Tschako mühte, seiner Pflicht der Stadt gegenüber, als guter Bürger und eifriger Gardist Genüge zu tun.

Ende November 1830 wurde es wieder ernst. Eine Brotverteuerung und den damit verbundenen Sturm auf die Bäckereien konnte sie am 20. November verhindern; tags darauf gelang es ihr nur noch so eben, die Krawaller an allzu wilden Ausschreitungen zu hindern, so daß ein Straßenkampf zwischen Bürgern und Militär vermieden werden konnte. Daraufhin wurde das Militär in Hanau durch Infanterie und Husaren verstärkt. Diese starke militärische Macht und die Bekanntmachung der Bürgergardeoffiziere vom 24. November, daß bei „Zusammenrottungen" in Zukunft rücksichtslos durchgegriffen werde, scheuchten die Unruhestifter zurück, und von nun an blieb es ruhig in der Stadt.

Im Januar 1831 wurde die Verfassungsfeier der Bürgergarde in der Johanneskirche abgehalten und auf dem Marktplatz der Eid geleistet. Nun war sie gegen jegliche willkürliche Auflösung geschützt, da sie § 40 der Verfassung als eine dauernde Einrichtung festgelegt hatte.

Sieben Frauen und 182 Jungfrauen, so ist es überliefert, beschenkten am 5. April 1831, die Bürgergarde mit 2 Fahnen und 1 Standarte. Jetzt hatte die Bürgergarde auch ihre bis dahin fehlenden Feldzeichen erhalten. Die Fahnenweihe wurde von Pfarrer Emmel vor dem Altar der Johanneskirche vollzogen. Auf weißem Tuch prangt in der Mitte das Alt- und Neustädter Wappen, der Schwan, und in gotischen Großbuchstaben stand geschrieben „Treue dem Gesetze". Anschließend erfolgte noch ein Parademarsch. Nun war die Aufstellung und Ausrüstung der Bürgergarde, dem 21. Bürgerbataillon, vollendet, die Anfänge lagen hinter ihm.

Am 23. Juli 1832 bestand die Hanauer Bürgergarde aus 8 Kompa-

nien mit insgesamt 919 Personen, hierbei ist die berittene Bürgergarde nicht mitgerechnet.

1834 wurde dann einheitlich die Tuchuniform, der lange blaue Rock („Kutka") mit zwei Reihen Messingknöpfen eingeführt. Der Kragen und die Aufschläge waren von zinnober- oder karminroter Farbe, später auch hellblau. Auf den Schultern prangten zwei mächtige Epauletten aus geflochtener roter Wolle und mit ebenso dicken, gedrehten Fransen. Die Hose war einheitlich graumeliert mit roter Biese und unterschied sich nicht von denen der Armee. Als Kopfbedeckung diente der Tschako aus Leder oder auch aus Wachstuch mit Lederschirm. Der lederne Kinnriemen war für gewöhnlich hinter einer metallenen Kokarde befestigt. Dieser Tschako von stattlicher Dimension hatte die Form eines umgestülpten Eimers. Obenauf wippte der blau-weiße oder rot-weiße Federbusch der Infanterie-Bataillone. Die Musiker waren erkenntlich an den sogenannten „Schwalbennestern" aus

goldenen Tressen auf Schulter und Oberarm; außerdem trugen sie rote Haarbüsche.

Einzigst der Kommandeur der Bürgergarde war durch seine Uniform besonders herausgehoben: Die Epauletten waren von Gold und

August Gouze Mitglied des Volksrates. Major der Bürgergarde, dessen Uniform im Altstädter Museum aufbewahrt ist. Bild aus den 1850er Jahren.

mit dicken Raupenbehängen von gleicher Farbe versehen. Der Überrock war auf je acht Knöpfe aufgeschlagen und zeigte das hellblaue Rockfutter. Außerdem trug er anstelle des Tschakos den „Zweispitz", einen Hut von beachtlicher Größe und Höhe mit wallendem, weiß-blauen Federbusch aus Hahnenfedern über der goldenen Sternverzierung, die in rot-weißer Kokarde endete.

Wiederum waren es die Pariser Unruhen, die diesmal im Februar 1848 ausgebrochen waren und bereits im März auch in Hanau ihren Niederschlag erfuhren. Am 1. März reiste eine Abordnung Hanauer Bürger nach Kassel, um die Hanauer Forderungen nach Erneuerung vorzutragen. Groß war die Aufregung in diesen Tagen in der Stadt, wartete man doch auf die Antwort aus Kassel. Ohne besondere Vorankündigung wurde plötzlich das Militär aus Hanau abgezogen und, durch Husaren und Artillerie verstärkt, in der Umgebung der Stadt bereitgehalten. In der Bürgerschaft rechnete man mit einem bewaffneten Angriff und der Besetzung der Stadt als Reaktion der staatlichen Macht auf die Hanauer Revolution. Daraufhin wurde alles mobilisiert was Waffen tragen konnte; Hanau glich einem Heerlager, alles rüstete sich; neben der nun aus 2 Bataillonen bestehenden Bürgergarde, sie

war durch Zugang von Veteranen und der Jugend erweitert worden, wurde ein Schützenkorps unter der Führung des Procurators Braubach gebildet, die Turner unter Schärttner waren bereits bewaffnet, und aus der Arbeiterschaft rekrutierte sich unter ihrem Anfüh-

Fahne der Bürgergarde 1831

*Hanauer Bürgergardisten
1831*

des Verfassungsbruches beschuldigte, daher wurde über das Kurfürstentum Hessen der Kriegszustand ausgerufen, und es erfolgte die Bundesexekution. Als dann am 1. November 1850 während des Kriegszustandes das Waffentragen verboten wurde, mußte sowohl die Bürgergarde, wie auch die Schutzwache ihre Waffen am 3. November abliefern. 1855 wurden dieselben wieder zurückgegeben. Wann die Hanauer Bürgergarde aufgelöst wurde, ist nicht mit Sicherheit zu berichten, jedoch dürfte das spätestens mit der Annexion an Preußen 1866 erfolgt sein.

Als Nachbemerkung sei noch erwähnt, daß es schon vor 1800 und auch noch 1919 Bürgergarden resp. Bürgerwehren in Hanau gegeben hat, deren Aufgabe es jedesmal gewesen war, den Schutz des Eigentums und der Bürgerschaft und die Aufrechterhaltung der Ordnung zu gewährleisten.

Jens Arndt

rer Röttelberg eine Freischaar. Letztere bot infolge Waffenmangels ein eher makaberes Bild - so trugen sie als Hauptwaffen umgeschmiedete Sensen, Lanzen und Dolche, folglich erhielt die Freischaar den schaurig klingenden Namen „Hanauer Sensenmänner". Vor der Stadt und an den Toren wurden Barrikaden errichtet, sogar die Kinzigbrücke in einer Länge von 15 Fuß abgetragen. Als endlich am 12. März aus Kassel die Nachricht kam, daß alle Wünsche der Hanauer erfüllt seien, brach ungeheurer Jubel in der Stadt aus, und allmählich setzte eine Entspannung der Situation ein.

Am 1. Mai 1848 wurde aufgrund eines innenministerlichen Erlasses, die Bildung einer Schutzwache „zum Zweck der Aufrechterhaltung der Ordnung und Schutz des Eigentums" bestimmt. Sie stand unter dem Kommando des Kommandeurs der Bürgergarde, trug als Abzeichen um den linken Arm eine weiße Binde mit einem hellblauen Streifen und als Waffe einen Säbel.

Die Verfassungsstreitigkeiten führten am 7. September 1850 zu einer landesherrlichen Verkündung, welche die Stände der Rebellion und

Hanauer Bürgergardist
und
August Schärttner
als Zinnfigur

*Zinnfigur
August Schärttner*

A nläßlich der 150jährigen Wiederkehr der Märzrevolution von 1848 in Deutschland, gibt die Hanauer Märteswein-Vereinigung eine Zinnfigur heraus, die einen ehemaligen Hanauer Bürgergardisten darstellt.

Die Bürgergarde wurde 1830 während der sogenannten Hanauer Krawalle gegründet und der Hutfabrikant Rößler mit deren Aufstellung beauftragt. Mit einer Muskete, Seitengewehr und schwerem Säbel war die Bewaffnung der Gardisten komplett. Die Hanauer Bürgergarde nahm in der Revolution 1848, im Gegensatz zu den meisten Bürgerwehren in Deutschland, einen demokratischen Standpunkt ein und bildete so den Grundstock zu einer nicht zu unterschätzenden Volksmacht in Hanau.

*Modellfigur eines Bürger-
gardisten, um 1900,
Prof. Wilhelm Schultz, Hanau*

Der dargestellte Bürgergardist und August Schärttner werden sowohl als Blankfigur, aber auch bemalt angeboten. Sie sind im Museum Hanau, Schloß Philippsruhe, im Hessischen Puppenmuseum, Wilhelmsbad und im Verkehrsbüro am Markt erhältlich.

Objekt: Hanauer Bürgergardist/
August Schärttner
Material: Zinn, legiert
Guß: Matthäus Steiger
Preise: blank DM 38,—
bemalt DM 129,—

Herausgegeben von der Hanauer Märteswein-Vereinigung.

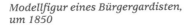

*Modellfigur eines Bürgergardisten,
um 1850*

Zinnfiguren Bürgergardist

Todt des General von Gagern in dem Treffen von Heckers Freischaar, bei Kandern, den 20. April 1848

Die Deutsche Revolution von 1848/49

Mißernten und Industrialisierung einerseits, die schwerfällige Bürokratie der Bundesbehörde und die schwachen Fürsten der deutschen Partikularstaaten mit ihrer reaktionären Kabinettspolitik andererseits, verschärften die sozialen und politischen Spannungen ab 1845: Politische Gruppen begannen, sich über die Grenzen der Einzelstaaten hinweg zu verständigen. Dabei vertiefte sich die Kluft zwischen der Mehrheit der gemäßigten Liberalen, die ihre Hoffnungen immer noch auf Reformen und Vereinbarungen mit den Fürsten setzten, und der Minderheit der radikalen Demokraten, deren Bestrebungen sozialrevolutionäre Züge trugen.

Die Republikaner versammelten sich am 12. September 1847 unter der Führung Heckers und Struves in Offenburg. Sie forderten von den Regierenden die Wiederherstellung der Presse- und Lehrfreiheit, die Abschaffung aller Privilegien, die Ausgleichung des „Mißverhältnisses zwischen Arbeit und Kapital„ und „an Stelle der Vielregierung der Beamten (...) die Selbstregierung des Volkes". Gegen

die Teilnehmer der Versammlung leitete die badische Regierung einen Hochverratsprozeß ein.

Einige liberale Abgeordnete aus Baden, Hessen (Heinrich von Gagern), Nassau, Rhein-Preußen und Württemberg trafen sich am 12. Oktober 1847 in Heppenheim an der Bergstraße. Sie planten ein deutsches Parlament, das sich schrittweise aus dem Zollverein heraus entwickeln sollte. Man beriet auch die Lage der ärmeren Klassen und die „gerechte Vertheilung der öffentlichen Lasten zur Erleichterung des kleineren Mittelstandes und der Arbeiter". Außerdem wurden Forderungen formuliert, die als gleichlautende Anträge an die einzelnen Regierungen zu stellen waren.

Zuerst brachte Bassermann in Baden diese in ganz Deutschland großes Aufsehen erregenden sogenannten Märzforderungen am 5. Februar 1848 vor den Landtag, am 27. Februar folgte von Gagern in Hessen. Einen Tag später forderten Rheinhessens Bürger „die Abgeordneten der Stadt Mainz in zweiter Kammer des Großherzog-

thums" mit Nachdruck auf, die Märzforderungen in Darmstadt durchzusetzen. Dabei wurde aber auch hervorgehoben, daß „eine verblendete Regierung (...) die Liebe des Volkes zu ihrem Regenten in hohem Grade beeinträchtigt (hatte). In Zeiten wie die gegenwärtige aber bewährt sich dieselbe. Rheinhessens Bürger werden die Treue bewahren, wovon sie schon oft Proben abgelegt haben."

Insgesamt gingen 21 Petitionen nach Darmstadt. In der Wormser Eingabe vom 1. März, die u. a. auch von Bürgermeister Friedrich Renz unterschrieben wurde, heißt es:

„Wir wollen ein Staat sein, in dem der Bürger sich ohne Furcht vor Polizeizwang und Bevormundung der Beamten bewegen kann. Dann haben wir die Überzeugung, daß in Zeiten der Noth alle Bürger treu zusammenstehen werden."

Da eine Stellungnahme aus Darmstadt auf sich warten ließ, erfolgte in Mainz am 5. März eine „letzte Aufforderung an alle Bürger Hessens", am 8. März mit nach Darmstadt zu ziehen, um den zehn Forderungen Nachdruck zu verleihen.

Auf den massiven Druck der Bevölkerung versprach Ludwig III., Erbgroßherzog und Mitregent in Hessen, am 6. März alle Forderungen zu erfüllen, was dann auch am 6. Juli 1848 geschah. Dies teilte der Vorstand der Mainzer Turngemeinde auf einem Flugblatt vom 7. März allen Turnern von Hessen mit, außerdem verschickte er ein Flugblatt mit dem „Ruf der Turner von Hessen an ihre deutschen Brüder", daß die hessische Revolution auf friedlichem Weg vollbracht worden sei und ein großherziger Fürst dem gerechten Drang des Volkes entsprochen habe.

„Auch der Bundestag (...) hat einige Lebenszeichen von sich gegeben; nachdem er schon am 9. März die während dreißig Jahren als hochverrätherisch von ihm verfolgten Farben: Schwarz, Roth und Gold als Bundesfarben erklärt hatte, hat er in seiner 20. Sitzung am 21. März befohlen, daß diese Farben und das Bundeswappen, der alte Reichsadler, sofort in allen Bundesfestungen angebracht werden sollen. Das ist gewiß eine glänzende Genugthuung für die Hunderte, welche als studierende Jünglinge aus ihrer Laufbahn hinausgestossen wurden, blos weil sie zur Kundgebung ihrer deutschen Gesinnung ein schwarzrothgoldenes Band getragen hatten."

Die Auseinandersetzung der Veränderungs- und der Verharrungskräfte waren eine europäische Angelegenheit; so lebten auch die Deutschen mit Blick auf Europa und speziell auf Frankreich, dem „Modelland der Revolution". Die Nachricht von den Pariser Ereignissen ab dem 22. Februar 1848 war der Funke, der in die deutschen Spannungen einschlug und die Welle der Unruhe in Gang setzte. Was im März in Deutschland geschah, das war zunächst eine Kette von Revolutionen in den Partikularstaaten: hauptsächlich in den Hauptstädten, aber auch in manchen größeren Provinzstädten, begleitet von sozialen Unruhen auf dem Land.

Am 5. März 1848 traten in Heidelberg 51 Persönlichkeiten des öffentlichen Lebens zusammen. Sie bezeichneten in einer Proklamation „die Versammlung einer in allen deutschen Landen nach der Volkswahl gewählten Volksvertretung" für unaufschiebbar und wählten einen siebenköpfigen Ausschuß (Binding, Gagern, Itzstein, Römer, Stedmann, Welcker, Wil-

lich), der Männer einlud, die „durch das Vertrauen des deutschen Volkes ausgezeichnet" waren, sich am 30. März 1848 in Frankfurt zu einer Beratung über

Heinrich von Gagern

die Grundlagen der staatlichen Neugestaltung einzufinden.

Im Frankfurter Vorparlament, das Ende März und Anfang April 1848 tagte, offenbarten sich bereits konträre Ansichten über die zu erstrebende Staatsform. Am 18. Mai trat dann die deutsche Nationalversammlung in der Paulskirche in Frankfurt mit Heinrich von Gagern als Präsident zusammen.

Die endlich am 28. März 1849 von der Paulskirchen-Versammlung angenommene Reichsverfassung und die Wahl Friedrich Wilhelms IV. von Preußen zum Erbkaiser wurde zwar von 28 Regierungen anerkannt, nicht aber von sich inzwischen wieder gefestigten alten Mächten, vornehmlich Österreichs und Preußens.

Friedrich Wilhelm lehnte endgültig am 28. April die ihm von einer 33köpfigen Abgeordnetendelegation, angeführt von Eduard Simson aus Königsberg, dem Präsidenten der Nationalversammlung, angetragene Würde eines Kaisers der Deutschen mit der Begründung ab, daß er ohne das Einverständnis der

deutschen Fürsten die Krone nicht annehmen könne. Schon vorher hatte er geäußert, er halte den Liberalismus für eine Krankheit (...) die in der Paulskirche ausgearbeitete Verfassung sei, würde er sie akzeptieren, ein „eisernes Halsband", durch das er zum Leibeigenen der Revolution gemacht werden solle (...) an der angebotenen Krone hafte „der Ludergeruch der Revolution".

Während im Frühsommer 1849 in verschiedenen deutschen Staaten (Sachsen, Baden, Pfalz, Rheinland, Ruhrgebiet) Aufstände zur Durchsetzung der Reichsverfassung entbrannten, verlegte das Frankfurter Rumpfparlament (104 von 812 Abgeordneten) seinen Sitz nach Stuttgart, wo es am 18. Juni 1849 von württembergischen Truppen aufgelöst wurde.

Die Ereignisse von 1847 bis 1849 hatten gezeigt, daß das deutsche Bürgertum allein nicht in der Lage war, einen liberalen Volksstaat mit parlamentarischer Regierung zu schaffen. Die Revolution war am Widerstand der alten Dynastien, der obrigkeitstreuen Heere und Bürokratie, aber auch an den wachsenden Gegensätzen im eigenen Lager gescheitert. Mit Hilfe des wiederhergestellten Bundestages in Frankfurt ließen die beiden Vormächte Österreich und Preußen in den deutschen Partikularstaaten die liberalen und demokratischen Überreste der nationalen Revolution beseitigen. Ausdrücklich wurden die Grundrechte der Nationalversammlung, die als Reichsgesetz in mittleren und kleineren Staaten verkündet worden waren, aufgehoben, das demokratische Wahlrecht für bundeswidrig erklärt, ein mit den Karlsbader Beschlüssen von 1819 vergleichbares „Bundespressegesetz" erlassen, sowie ein „Bundesvereinsgesetz" mit Verbot von Vereinen, die „politische oder sozialistische oder kommunistische Zwecke" verfolgten, beschlossen.

Harald Braun

Das Leben in der Stadt floß nach den aufregenden Jahren der Unruhen von 1830 bis 1833 in biedermeierlicher Ruhe und Beschaulichkeit, vergnüglich und heiter dahin, wie es Heinrich Joseph Koenig einst so sehr geschätzt hatte. Das bürgerliche Vergnügen fand in häuslicher Gesellschaft, in Vereinen oder in den Gastwirtschaften der Stadt und auf geselligen Lustpartien in der Umgebung statt. Die Kasinogesellschaft war der gesellschaftliche Ort für Offiziere, Adel und höhere Staatsbeamte zum vornehmeren Amusement. Es gab weiterhin das Stadttheater und Wilhelmsbad. Die Kuranlage des Erbprinzen erfreute sich allgemeiner Beliebtheit mit dem Roulette und dem gemischten Vergnügen nach der Art von Vaudeville und Vauxhall, bestehend aus Illumination, Tanz, Essen und Trinken. Dem gebildeten Bürgertum boten die Wetterauische Gesellschaft für die gesamte Naturkunde, seit 1808, der Hanauer Geschichtsverein von 1844, die Bibliothek ab 1845 und ein Kunstkreis um die Zeichenakademie Möglichkeiten, sich anspruchsvoll zu betätigen. Die Handwerkerschaft traf sich nach Berufsgruppen in ihren jeweiligen Wirtschaften. Über allen wachte die Polizei. Vereinigungen mußten ihre Statuten und Mitgliederlisten offenbaren. Erschienen sie der Polizeibehörde suspekt, wurden sie kurzerhand untersagt. Jetzt war *ein politisch' Lied, ein garstig' Lied!*

Doch hinter der biedermeierlichen Beschaulichkeit gärte es. Die aktiven Wortführer der unruhigen Jahre waren verhaftet oder hatten die Flucht in die Schweiz oder nach Frankreich ergreifen müssen. Nach Schätzungen sollen sich in Paris in den 1830er Jahren etwa 30.000 Deutsche befunden haben. Aus dem Exil versuchte man Kreise des Widerstands aufzubauen. Die beginnende Industrialisierung drückte das produzierende Handwerk immer weiter nach unten. Die wandernden Handwerksburschen wurden zu mißliebigen Gesellen von Gesellschaft und Obrigkeit. Ar-

beitslosigkeit trieb sie zum Fechten - Betteln -, was mit Ausweisung oder Prügel bestraft wurde. Da ein reformiertes Gewerbegesetz nicht zustande kam, gab es für Handwerker weiterhin den Zwang zum Wandern, der oft sechs Jahre dauerte, deshalb verbot man das

Am Vorabend der Revolution

Wandern in die liberale Schweiz, Belgien und Frankreich. Die Gesellenorganisationen der Gewerke oder Bruderschaften waren Anlaufstationen in fremden Städten. In dieser Struktur bot sich auch die Möglichkeit, verbotene Schriften weiterzugeben und Nachrichten zu übermitteln und zu verbreiten. Nach dem Verbot des *Deutschen Vaterlandsvereins*, der sich aus dem *Preß- und Vaterlandsverein* entwickelte, entstand nun 1834 daraus der geheime *Bund der Geächteten*. Als Ziel sah die Satzung die *Begründung und Erhaltung der sozialen und politischen Gleichheit, Freiheit, Bürgertugend und Volkseinheit* vor. Die Leitung des Bundes lag in Paris bei dem deutschen Schriftsteller Jakob Venedey. In Hanau soll in der Koch'schen Wirtschaft am Steinheimer Tor ein Treffpunkt der Geheimbündler gewesen sein. 1848 trafen sich hier die Hanauer Repu-

blikaner. Als die Polizeiorgane den Geheimbund aufspürten, wurden in der Stadt 1840 einige Handwerker festgenommen, vor Gericht standen in Hanau 11 Personen. Vom *Bund der Geächteten* hatte sich der *Bund der Gerechten* abgespalten. Unter Führung von Karl

Schapper und Wilhelm Weitling entwickelten sich unterschiedliche kommunistische Vorstellungen in der Zielsetzung des *Bundes der Gerechten*. Im späteren Londoner Exil wurde Schapper Gründer des *Londoner Arbeitervereins* und Mitglied des *Bundes der Kommunisten* um Karl Marx und Friedrich Engels. Bekanntermaßen zählte ab 1849 auch August Schärttner zu diesem Kreis.

In den 1830er und -40er Jahren trat der Hanauer Georg Pflüger an die Öffentlichkeit. Er zählte zu den schillerndsten und eigenwilligsten Hanauer Persönlichkeiten. 1830 machte er sich mit dem Handel von modischen Berliner Eisenwaren selbständig. Erst ab 1842 produzierten Alfred Seebaß und Ernst Georg Zimmermann in einer eigenen Gießerei Hanauer Eisen. Pflüger versuchte sich in anderen Geschäften von Lotterie bis Kurzwa-

Marktplatz, Friedrich Cornicelius.

Die Pariser verbrennen den Thron Louis Philippes am 24. 2. 1848.

ren. Wegen seiner Impulsivität und Unbeherrschtheit kam er öfters mit dem Gesetz in Konflikt. Von Geldstrafen bis Haft, wegen Beleidigung, Reitens über den Paradeplatz und aufreizenden Äußerungen gegen die Staatsregierung. Georg Pflüger soll in Hanau den *Bund der Geächteten* geleitet haben. In den Jahren zwischen den Revolutionen entwickelte sich Pflüger zum alleinigen, zeitkritischen Literaten in der Stadt. Er kritisierte die Bürokraten und den gehobenen Bürgerstand, der durch seinen Reichtum soziale Mißstände geschaffen habe und den liberalen Geist vergessen hätte. Unter Umgehung der hiesigen Zensur ließ er seine Schriften außerhalb drucken. Mit seiner Flugschrift von 1835 *Vernunft gegen Aberglaube* mischte sich Pflüger auch in den theologischen Streit der evangelischen Kirche ein: *Die Vernunft ist dem Christentum untergeordnet und sie*

trage die Hörner des Aberglaubens. Neben der wohl verhältnismäßig geringen geheimbündischen Aktivität gab es in Hanau eine Gruppierung, die sich rege entwickelte: die der Turner. Bereits seit 1816 gab es in der Stadt eine Turnergruppe, die eine freie, patriotische und nationale Gesinnung pflegte. In der Forderung nach der *Einheit des deutschen Vaterlandes* stimmten sie mit den ehemaligen Freiwilligen der Freiheitskriege überein. Wegen der teilweisen Vereinigung der Turnbewegung mit radikalen Burschenschaftsverbindungen bereiteten die Karlsbader Beschlüsse dem öffentlichen Turnen ein Ende. Trotz Verbots verbreitete sich das Turnwesen durch wandernde Handwerker in den 1830er Jahren. 1837 gründete sich die Hanauer Turngemeinde neu. Mit den überall entstehenden Turnvereinen pflegte man über die Landesgrenzen Kameradschaft, Deutschtum

und Verbrüderung auf Turnfesten, ähnlich den Volksfesten von 1832. August Schärttner war ab 1841 der Führer der Hanauer Turngemeinde. Der gelernte Küfer war ein mitreißender Redner, wenngleich in breitestem Hanauer Dialekt. Unter dem Mantel der Sängervereinigungen fanden sich wie bei den Turnern Männer zusammen, die ein einiges Vaterland anstrebten. Ebenso wie die Turner pflegten sie Verbrüderung mit dem *deutschen Ausland.* 1845 fuhren die Hanauer Sänger mit dem Dampfboot nach Würzburg. Ein gemeinsames Fest der Hanauer Sänger und Turner, 1846 im Wald bei Hochstadt, wurde wegen des politischen Charakters der Reden vorzeitig abgebrochen. So hielt die Polizei ein wachsames Auge auf die umtriebigen Turner, die sich immer offenkundiger den demokratisch-republikanisch gesinnten südwestdeutschen Turnern zuwandten.

Auch in der Kirche entwickelte sich eine oppositionelle Bewegung, die in Hanau regen Zuspruch fand. Die Zurschaustellung des Heiligen Rockes in Trier, 1844, rief den Protest des katholischen Geistlichen Johannes Ronge hervor, der das Götzenfest als unwürdiges, unchristliches Schauspiel in den Sächsischen Vaterlandsblättern anprangerte. Daß ausgerechnet die Ärmsten an den kostspieligen Wallfahrten der Reliquienverehrungen teilnahmen und dies sie in Not und Bettelei brächte. Ronge wurde exkommuniziert und gründete daraufhin eine katholische Gemeinde, die sich von Papst und Kirchendogmen lossagte: die Deutschkatholiken. 1845 gründete sich eine deutschkatholische Gemeinde in Hanau. Ihren Gottes-

Johannes Ronge

dienst hielt sie zunächst in der französisch-reformierten Kirche und später in der Hospitalkirche. Auf Verbot des Kurprinzen untersagte die Hanauer Regierung im Juni 1845 den Deutschkatholiken die Ausübung des Gottesdienstes. Als Sekte durften sie nur noch Hausandachten halten. Diese Unterdrückung rief in Hanau große Empörung hervor. Als Ronge auf einer Reise am 11. November 1845 durch Hanau kam, wurde er abends von einer gewaltigen Menschenmenge erwartet. Die Turner waren aufmarschiert, die Straßen illuminiert und ein bengalisches Feuerwerk ließ Volksfestcharakter aufkommen. Da Ronge die Stadt nicht betreten durfte, sprach er vom Wagen aus zur begeisterten Menschenmenge.

In den zehn Jahren von 1836, vom Beitritt Frankfurts zum Zollverein, bis 1846 hatte sich das Wirtschaftsleben in Hanau aufwärts entwickelt. Die Stadt hatte in Kurhessen den stärksten Bevölkerungszuwachs, 1846 wurden 16.329 Seelen gezählt. In diesem Jahr hatte die Konjunktur ihren Höhepunkt bereits überschritten und die Mißernte des Jahres und die des darauffolgenden 1847 führten wieder zu schlimmer Not, Arbeitslosigkeit und Teuerung der Lebensmittel in Stadt und Land. Georg Pflüger griff in seinen Veröffentlichungen und in der Hanauer Zeitung die sozialen Mißstände an: Wucherei im Lebensmittelhandel, Spekulation mit der Not der Menschen. Er forderte von den Unternehmern als Christen- und Bürgerpflicht die Fürsorge für ihre Arbeiter und riet den Arbeitern zu Selbsthilfe durch Zusammenschluß. Angesichts der sich bedrohlich entwickelnden Situation im Lande wagte es Pflüger, trotz Zensur, seine revolutionären Worte zu drucken.

In den Jahren 1846/47 hatte sich wieder eine höchst gefährliche Lage entwickelt. In der Turnerbewegung und der deutschkatholischen Bewegung hatte sich ein brisantes Potential gesammelt. Die Not der Bevölkerung des Vierten Standes, das rücksichtslose Verhalten der kurhessischen Regierung gegenüber der Bevölkerung und der Regierungsantritt des Kurfürsten Friedrich Wilhelm I. am 20. November bildeten zusammen das Pulverfaß, das ein Funke zur Explosion brachte. Im Dezember 1847 trafen sich Bürger in Versammlungen, um zu beraten, wie sie sich gegen Schikanen der Regierung wie die gegen die Deutschkatholiken oder das Turnvereinsverbot zur Wehr setzen konnten. Radikalste Gedanken waren im Trubel der Neujahrsnacht in der Öffentlichkeit zu hören. Am Morgen des ersten Januar fand man das bisher in seinem Inhalt radikalste und aufrührerischste Flugblatt, das zur sozialen und politischen Revolution aufrief.

Kurfürst Friedrich Wilhelm I.

Alfred Tapp, der Autor der umfassenden Beschreibung des Vormärz und der Revolution von 1848/49 in Hanau, geht davon aus, daß dieses und ähnliche Flugblätter, später in Mannheim, Heilbronn und Frankfurt aufgefunden, in Hanau gedruckt wurden und zwar im Umfeld eines kommunistisch, republikanisch, turnerbewegten Kreises.

Am 5. Januar 1848 galt es den Jahrestag der kurhessischen Verfassung zu begehen. Der Kurfürst hatte bereits Feierlichkeiten zur mißliebigen Verfassung verboten. Die übliche Parade der Bürgergarde mußte unterbleiben, doch am üblichen Kirchgang konnte niemand gehindert werden. Nach Einbruch der Dunkelheit wurde die Stadt durch Lichter in fast allen Fenstern der Häuser illuminiert. In den Wirtschaften trafen sich die Menschen zu Festessen und hielten in Reden die einst freiheitliche Verfassung hoch.

Am 9. Januar trafen sich Turner in Hattersheim. Zum Präsidenten dieser Versammlung wählte man den radikalen Karl Blind aus Mannheim. Anwesend waren auch Germain Metternich, Mainzer Turnerführer, und Gottfried Una, ein jüdischer Turner aus Hanau, der im Sinne der französischen Revolution rief: *..daß niemand, kein Alter, kein Stand, kein Geschlecht geschont werden dürfe. Und zu allererst müsse man die Köpfe der Tyrannen holen.*

Richard Schaffer-Hartmann

Ein Erlebnishaus rund ums Bad

Die BÄDERWELT muß man gesehen haben, die BÄDERWELT muß man erlebt haben. Kein Blättern in Katalogen kann einen Besuch ersetzen im Erlebnishaus rund ums Bad. Von 4000 Quadratmetern Verkaufsfläche sind allein 1200 für die Bäderausstellung reserviert.

In der BÄDERWELT kann der Kunde alles kaufen, was die führenden Markenhersteller in Sachen Bad, Badaccessoires und Fliesen anbieten. Das Besondere dabei ist zugleich, daß sich in der Bäderwelt die Vorteile eines Erlebnishauses – enorme Angebotsbreite und große Ausstellung – mit der eines Fachgeschäftes vereinen, nämlich exklusive Markenfabrikate mit qualifizierter Beratung, Lieferung und Einbau.

Das Bad ist heute – ähnlich wie die Küche – kein rein funktionell bestimmter Raum innerhalb einer eingerichteten Wohnung. Das Bad ist zum Wohnraum geworden, und so unterschiedlich wie sich die Bewohner ihren individuellen Lebensraum gestalten, wird heute auch das Bad gestaltet. Natürlich muß mancher auch mal einen Kompromiß zwischen den eigenen Vorstellungen und dem räumlich Machbaren eingehen, aber um so optimal zu gestalten, gibt es schließlich die BÄDERWELT. Die Badmöbelausstellung wurde vergrößert und bietet den Kunden nun 80 Badmöbelanwendungen an. Der Accessoiresbereich wurde erweitert. Sucht man nun das passende Handtuch, die passende Seifenschale oder eine ausgefallene Toilettenpapierhalterung, man findet es!

Die BÄDERWELT bietet allein 75 komplette Badezimmer, mehr als 1200 Bestellfliesen und über 180 Mitnahmefliesen. Alle namhaften Herstellerfirmen im Bereich Bad sind vertreten.

Freundliche Mitarbeiter, unter ihnen auch viele Spezialisten wie Sanitärmeister, Installateure und Fliesenleger, stehen für Beratung und Planung zur Verfügung, denn die BÄDERWELT bietet den Komplettservice von der Beratung über die Planung bis zur Durchführung und Umsetzung mit ausgewählten Handwerksbetrieben aus der Region.

Zukunfts- und kundenorientiert wie die BÄDERWELT ist, bietet man eine 3-D-Bad-Planung an. Hier werden im Computer die Daten des zu gestaltenden Bades eingegeben, man kann am Bildschirm das Bad gestalten und sieht, wie es nach der Realisierung seinen Bewohner empfängt.

2.000 qm Erlebnis-Badausstellung

in Hanau
und Viernheim

75 komplette Badezimmer

65 Badmöbeleinrichtungen

1.200 Fliesensorten auf Bestellung

350 Armaturentypen im direkten Verkauf

100 Ausstattungsserien in unserer Badboutique

Markenprodukte in allen Preisklassen

BÄDERWELT
ALLES UND MEHR FÜRS BAD

Bäderwelt
Sanitärhandel GmbH & Co. KG
Rödersee Str. 4
63457 Hanau, Hafengebiet
Tel: 06181 - 95 70-0

Die Nachricht *Revolution in Paris!,* die Reisende aus Frankreich verkündeten, war der Funke, der die spannungsgeladene Atmosphäre in Hanau zur revolutionären Explosion brachte. Auf den bisher von der Polizei argwöhnisch beäugten Versammlungen wurden nun offen aufrührerische Reden gehalten. Alle bisher verbotenen Freiheitslieder wie das Hambachlied, das Polenlied, die Marseillaise wurden gesungen und die deutsche Fahne, schwarz-rot-gold, geschwenkt. Die Polizeispitzel warf man kurzerhand aus den Versammlungslokalen.

Nahezu permanent tagten die Volksversammlungen in den Wirtschaften, im *Weißen Schwan* von Jacob Koch am Steinheimer Tor, später *Deutsches Haus* oder bei Gauff in der *Großen Krone,* Kämergasse, später *Deutsche Volkshalle.* Von den Rednern beeindruckte der Hanauer Tabakfabrikant August Rühl das Publikum am stärksten. Eine von ihm verfaßte Eingabe an den Kurfürsten beschloß die Volksversammlung. Der Inhalt lautete: Entlassung des Ministeriums und Neubesetzung mit Männern, die Veränderungen durchsetzen; Auflösung der Landstände und Neuwahl ohne Beschränkung; sofortige Pressefreiheit; Amnestie für die Verfolgten von 1830 und Freiheit für die Deutschkatholiken. Zwar war die Eingabe an den Kurfürsten noch ehrfurchtsvoll unterzeichnet, dennoch stellte sie bereits eine unerhörte Forderung dar. Am Mittwoch, dem 1. März, reiste eine Delegation, bestehend aus August Schärttner, Küfer und Turnerführer, Pedro Jung, Fabrikant und Wilhelm Wagner mit der Petition in der Extrapost nach Kassel. Auch der Stadtrat hatte seine Eingabe mit Kurier abgeschickt. Am Abend feierte die ganze Stadt, außer dem Polizeirat. Am nächsten Tag steigerte sich die revolutionäre Stimmung, Flugblätter wurden verteilt und Volksversammlungen abgehalten. Der Stadtkommandant, der Polizeidirektor und Oberbürgermeister berieten die brisante Situation. Die staatliche Autorität war auf nichts herabgesunken. Die Turner formierten sich wieder und die Arbeiter stellten ein Freikorps auf, zu dessen Führer Carl Röttelberg, ein ehemaliger Offizier aus den Befreiungskriegen, gewählt worden war.

Röttelberg war alles andere als ein Revolutionär und im Verlauf der Ereignisse wirkte er immer mäßigend auf die drängenden Revolutionäre ein, denn schließlich machten die Männer seines Korps einen schreckenerregenden Eindruck. Bewaffnet mit Keulen, Säbeln, Lanzen, Gewehren und den geradegeschmiedeten (gestreckten) Sensen, die ihnen deshalb den Namen Sensenmänner eintrugen, der weit über die Stadt hinaus bekannt wurde.

Oberbürgermeister Eberhard unterstellte ohne obrigkeitliche Zustimmung beide Kompanien der Hanauer Bürgergarde. Zu den radikalen Rednern der Volksversamm-

Bildnis von Karl Röttelberg

lungen zählten unter anderen August Rühl, Georg Pflüger, Kaufmann und der Turner und Seifensieder Gottfried Una, jüdischen Glaubens. Die gemäßigten Redner waren Privatlehrer Dr. Georg Pres-

sel und Justizrat Carl Braubach. Seit der Abreise der ersten Deputation waren sechs Tage vergangen. Die Stimmung in der Bevölkerung erregte sich immer mehr. Marburg und Kassel hatten ähnliche Schritte wie die Hanauer unternommen, nur das ruhige, zahme Fulda mit seinen frommen, biederen Bürgern rührte sich nicht, deshalb schickte

Das Hanauer Ultimatum

man aus Hanau dem dortigen Stadtrat zwölf Schlafmützen.

Am 6. März beschloß eine Volksversammlung, eine zweite Deputation nach Kassel zu schicken. Der Kaufmann Eduard Graf und der Major der Bürgergarde, August Gouze, sollten ultimativ eine schnelle Antwort auf die Hanauer Eingabe verlangen. Inzwischen hatten sich zahlreiche Zuzügler aus anderen Städten und dem Land eingefunden, und die ersten ängstlichen Hanauer verließen die Stadt. Am 8. März traf die Nachricht ein, daß die Pressezensur und das Verbot der Deutschkatholiken vom Kurfürsten aufgehoben sei. Eberhard verlas die Nachricht vom Balkon des Neustädter Rathauses, doch die Zugeständnisse waren zu gering. Die bewaffnete Menge auf dem Marktplatz schrie nach **Freiheit!** Die Forderungen der Hanauer sollten nun gemeinsam vertreten werden, von allen Bürgern der Stadt. Das Volk schuf sich eine eigene Vertretung: Die Volkskommission, auch Volksrat genannt, bestand aus 24 gewählten Bürgern. Zwar gehörten der Volkskommission überwiegend Bürger aus der Oberschicht an, es waren aber auch einige aus der Mittelschicht und zwei Arbeiter dabei. Vertreten waren alle politischen Richtungen von staatstreuen Beamten, liberalen Bürgern und revolutionär-radikalen Turnern. Diese gemäßigte Form der Volksvertretung entsprach nicht den Vorstellungen der Radikalen, die aus Südwestdeutschland angereist waren und in Hanau den Beginn der Revolution erwarteten. Faktisch war am 8. März mit der Volkskommission eine provisorische Regierung in der Stadt geschaffen worden, die auch über eine nicht zu unterschätzende, bewaffnete Volksarme verfügte.

Am 9. März kehrten die beiden Hanauer Abordnungen aus Kassel zurück. Die Zugeständnisse des Kurfürsten: Aufhebung der Pressezensur, des Verbots der Deutschkatholiken und weitere Verbesserung durch Einberufung der Landstände fanden in Kurhessen Befriedigung - in Hanau nicht. In der folgenden Beratung der Volkskommission legte Rühl eine neue Eingabe an den Kurfürsten vor: Das Hanauer Ultimatum.

Die ersten sieben Punkte entsprachen der alten Eingabe der jetzigen Hanauer Liberalen. Sozialrevolutionäre und republikanische Forderungen nach Volkssouveränität und demokratische Wahlen, wie beim Wilhelmsbader Fest erhoben, konnten nicht durchgesetzt werden. Dennoch war die ultimative Fristsetzung für eine Antwort und die Drohung des Abfalls der Provinz Hanau mit der bewaffneten Bürgermacht gegenüber dem Landesherren unerhört. Um zwei Uhr und um vier Uhr nachmittags am 9. März, reisten zwei Delegationen, aus acht Personen bestehend, nach Kassel. Die eine Gruppe nahm den Weg über Marburg, die andere über Fulda, um Unterstützung im Land zu erhalten. Bereits abends

begannen Vorbereitungen für den Fall der Ablehnung des Hanauer Ultimatums. Aus West- und Südwestdeutschland kamen bewaffnete Revolutionäre zur Unterstützung nach Hanau, an der Spitze Germain Metternich, Mainzer Turnerführer, ebenso Studenten und Bürger aus Marburg und Gießen. Auch der Bund der Kommunisten schickte Agitatoren und Kämpfer. Mit Hilfe polnischer Offiziere wurde begonnen, die Stadt zu verbarrikadieren. Aus Pflastersteinen, Brückenbohlen, mit Sand aufgeschütteten und Eggen gespickten Barrikaden schloß man die Stadttore. Für den Straßen- und Häuserkampf wurden Kisten und Fässer und Wurfgeschosse aller Art aufgetürmt. Eine eigens eingesetzte Mobil-

RÜCKKUNFT DER MIT DEM ULTIMATUM NACH CASSEL GEREISTEN HANAUER DEPUTATION
am 12. März 1848.

Die Volkscommission in Hanau an den Kurfürsten von Hessen, Königl. Hoheit.

Königliche Hoheit!

Durch die Proclamation Eurer königl. Hoheit vom 7. dieses sind die Wünsche des Volkes nicht erfüllt und seine Bitten unvollständig gewährt worden. —

Das Volk ist mißtrauisch gegen Eure königl. Hoheit Selbst, und sieht in der unvollständigen Gewährung seiner Bitten eine Unaufrichtigkeit.

Das Volk hat in der unvollständigen Gewährung seiner Bitten nichts gesehen, als die dringendste Aufforderung sich noch enger zusammenzuschaaren und eine noch festere Haltung Eurer Königl. Hoheit gegenüber einzunehmen.

Das Volk, welches wir meinen, ist nicht der vage Begriff mehr von ehedem, nein es sind Alle — Alle! — Ja, Königl. Hoheit: Alle! Auch das Militär hat sich für einstimmig erklärt!

Das Volk verlangt, was ihm gebührt. Es spricht den **Willen** aus, daß seine Zukunft besser sein solle, als seine Vergangenheit, und dieser Wille ist unwiderstehlich. —

Das Volk hat sich eine Commission erwählt, und diese verlangt nun für es und Namens seiner:

1) Besetzung aller Ministerien, soweit diese nicht neuerdings geschehen ist, mit Männern, welche das Vertrauen des Volks genießen.

2) Auflösung der wiedereinberufenen Ständeversammlung und als baldige Berufung neu zu wählender Stände.

3) Bewilligung vollständiger Preßfreiheit auf Grund der hierzu im §. 95 der Verfassungs-Urkunde gewährten Zuständigkeit.

4) Vollständige Amnestie für alle seit dem Jahr **1830** begangenen politischen Vergehen.

5) Gewährung vollständiger Religions- und Gewissensfreiheit und deren Ausübung.

6) Hinwirkung bei dem deutschen Bund auf Bildung einer deutschen Volkskammer. Zurücknahme aller den Genuß verfassungsmäßiger Rechte, ganz insbesondere des Petitions-Einigungs- und Versammlungsrechtes beschränkenden Beschlüsse.

7) Die bestimmte Zusage, daß die bereits durch die Proclamation vom 7. dieses zugesicherten und in Beziehung auf die ausgesprochenen Desiderien weiter erforderlichen Gesetzentwürfe der nächsten Ständeversammlung vorgelegt werden. —

8) Entschließung Eurer Königlichen Hoheit binnen drei Tagen von heute an, deren Verstreichen ohne Antwort als Ablehnung angesehen werden soll.

Jetzt ist die Stunde gekommen, wo Sie zu zeigen haben, Königl. Hoheit, wie Sie es mit dem Volke meinen.

Zögern Sie nicht einen Augenblick zu gewähren, vollständig zu gewähren.

Besonnene Männer, Königl. Hoheit, sagen Ihnen hier, daß die Aufregung einen furchtbaren Charakter angenommen hat. Bewaffneter Zuzug aus den Nachbarstädten ist bereits vorhanden, schon wird man mit dem Gedanken einer Lostrennung vertraut und kennt recht wohl das Gewicht der vollendeten Thatsache.

Königl. Hoheit, gewähren Sie! Lenke Gott Ihr Herz.

Hanau, den 9. März 1848.

Die Volkscommission:

P. Jung,	Dr. G. Pressel,	J. G. Schreher,
Ed. Graf,	L. A. Pelissier,	A. Rühl,
Renaud,	H. Rau,	Springmühl,
Nollenberger,	Ph. Heydt,	W. Ziegler,
L. Braun,	A. Gouze,	Eberhard,
Lautenschläger,	Braubach,	Rommel,
G. Pflüger,	E. Weidman,	Manns,
E. Röttelberg,	C. W. Wagner,	A. Schärttner,

machungskommission befaßte sich mit Bewaffnung, Munitionierung und Unterbringung der Masse der auswärtigen Kämpfer. Weitere bewaffnete Zuzügler mußten abgewiesen werden. In Mainz und Mannheim standen mehrere hundert bewaffnete Turner und Freischaren zur Unterstützung bereit. Zahlreiche Hanauer verließen mit Sack und Pack die Stadt, sogar das kurfürstliche Militär zog aus.

Die Nachrichten über die Ereignisse in Hanau verbreiteten den Eindruck als ginge von hier aus die deutsche republikanische Erhebung, gar für eine rote Republik aus.

Die Drohung der Hanauer mit Abfall des Hanauer Landes von Kurhessen und Anschluß an Hessen-Darmstadt erschien Großherzog Ludwig II. nicht ganz unsympathisch. Dafür erregte der Hanauer Sezessionsgedanke aber um so mehr den Zorn des Kurfürsten Friedrich Wilhelm. In Kassel empfand man das Hanauer Ultimatum auch in der Bevölkerung als höchst schockierend. Der preußische Gesandte sprach von der frechsten Eingabe, die deutsche Untertanen je an ihren Fürsten gerichtet hatten. Mitglieder der Kasseler Volksbewegung und der Marburger Deputation drängten die Hanauer Deputation zur Mäßigung. Zunächst lehnte der Kurfürst rundweg die Hanauer Forderungen ab. Nach Ablauf der Frist machte sich die Deputation zur Heimreise bereit. In dreistündigen Verhandlungen rangen die Berater dem Kurfürsten die Zugeständnisse ab. Man fürchtete, daß von der Provinz Hanau aus eine Erhebung im Südwesten Deutschlands ausbrechen könnte und eine Lawine des Aufstands losbräche. Letztendlich rettete der Kurfürst durch sein Nachgeben zumindest seinen Thron. Unter unbeschreiblichem Jubel der Kasseler fuhren die siegreichen Hanauer aus der illuminierten Stadt nach Hause. In der Stadt rechnete man bereits mit der Ankunft der Deputation am Sonntag, dem 12. März.

Fieberhafte Unruhe herrschte in der Stadt. Familien verließen auf beladenen Wagen die Stadt, neue Hilfsscharen und Bauern strömten in sie hinein. Straßen und Wirtshäuser waren mit Menschen gefüllt. Endlich, kurz vor vier Uhr lief, die Nachricht von der Ankunft der Deputation in der Stadt um. In einer vierspännigen Kutsche, mit schwarzrotgoldenen Fahnen geschmückt, fuhren die Volksmänner auf den Marktplatz. Als erster rief Gustine vom Balkon des Rathauses: *Es ist alles, alles genehmigt!* Danach verlas Rühl den Erlaß des Kurfürsten vom 11. März, der alle Forderungen der Hanauer, außer der Auflösung und Neuwahl der Ständeversammlung, erfüllte. Dies bemerkte die aufgeregte Menge nicht. Bekanntgegeben wurde, daß Oberbürgermeister Eberhard zum Vorstand des Innenministeriums ernannt worden war. Unbeschreiblicher Jubel erfaßte die Stadt. Die zahlreichen Republikaner, die sich Hoffnung auf eine allgemeine Volkserhebung gemacht hatten, zogen ab. Am nächsten Tag, Montag, den 13. März zog noch einmal die gesamte bewaffnete Hanauer Streitmacht auf. Ein Dankgottesdienst wurde auf dem Marktplatz gehalten. Es predigte Pfarrer Calaminus. In einem Gedicht an die Hessen schrieb Ferdinand Freiligrath am 17. März in einem Vers:

Denn das ist doch die Freiheit nicht,
Die Deutschland muß begnaden,
Wenn eine Stadt in Waffen spricht
Und hinter Barrikaden:
Kurfürst verleih' sonst hüte Dich
Sonst werden wir - großherzoglich.
Pulver ist schwarz
Blut ist rot
Golden flackert die Flamme.

In den Orten der Provinz Hanau bis Schlüchtern, sogar bis Fulda schloß man sich den Hanauer Forderungen an. Wie im Jahr 1830 richtete sich der Zorn der Landbevölkerung gegen einzelne verhaßte Beamte. Auch schreckte man vor der Verfolgung von Juden nicht zurück.

In der Stadt Hanau selbst beruhigte sich die Lage nicht völlig. Nahezu täglich kam es in den Straßen zu Umzügen mit roten Fahnen und zu Katzenmusiken gegen besonders verhaßte Personen. Einzelne Gendarmen wurden verprügelt. Als Symbole der menschenverachtenden Obrigkeit versuchte man die *Lattenkammer*, in die vorläufig Festgenommene gesperrt wurden, in der Hauptwache am Paradeplatz zu zerstören, auch das *Schwarze Buch*, das Strafregister sollte vernichtet werden. Schließlich konnte der *Wolf*, die Prügelbank, auf der öffentlich die Prügelstrafe wegen einfacher Vergehen, wie Betteln und Stehlen, vollzogen wurde, zerstört werden. Die Volkskommission wurde neu gewählt. Die Bürgergarde wurde aufgrund der ständigen Unruhen wieder verstärkt durch die bürgerliche Schützenkompanie, das Arbeiterfreikorps und die Turnerwehr. Oberbürgermeister Eberhard ging als Minister nach Kassel. Sein Nachfolger wurde August Rühl.

Richard Schaffer-Hartmann

Geschichte und Zweck der Prügelmaschine, vulgo Wolf

Da die Prügel als *vehiculum* der Gesittung wieder zu Ehren kommen wollen, können wir hier eine verfassungstreues Genie aus Kurhessen bestens empfehlen, womit sich zugleich der

Geist auf's Neue veranschaulicht, mit dem wir ohnehin zu kämpfen haben. In Folge des da Oben beregten kurhessischen Kammerbeschlusses entstieg dem Gehirne eines *Hauptverfassungstreuen* jene *ewigdenkwürdige* kurhessische Prügelmaschine, deren komplizirte Konstruktion sogar die Aufmerksamkeit der türkischen Paschas rege machte und auch, wir wissen nicht durch welche Vermittlung, in einem *zierlichen Modell* (Taschenformat), wie es von Kassel aus im ganzen Lande zur Anfertigung herumgeschickt worden, nach Konstantinopel wanderte; allein die

Maschine soll unter Anerkennung der Genialität ihres Erfinders neben Verleihung eines Brillants an den Künstler für den türkischen Unterthan doch etwas zu entwürdigend und grausam befunden worden sein und daher unter den deutschen Raritäten *ad futuruam memoriam* aufbewahrt stehen, wo sie einer unserer Freunde selbst gesehen. Inzwischen würde man dem Menschen des Verfassungstreuen zu nahe treten, wenn man etwas Anderes zum Motive unterstellen wollte, als *Menschenliebe*. - Die Maschine ist, nach der Versicherung ihres Erfinders, das Produkt der Humanität, denn sie sei so christlich hergerichtet, daß jedes beliebige Quantum dem weichen hintern Theile dergestalt applizirt werden könne: daß man dabei sicher gehe, keinen Knochen zu verletzen, da der Mensch in allen seinen Theilen fest an die Prügelmaschine geschlossen sich gedacht werden müsse.

Diese menschenfreundlichen Fürsorge macht es gewiß interessant, die Struktur etwas näher kennen zu lernen: die *Maschine*, so heißt es, habe die Form einer Schnitzbank (wir meinen eines Bocks), wie sie die Bötticher oder Küfer

oder Küper gebrauchen, mit dem Unterschiede nur, daß sie einen erhabenen Rücken, wie ungefähr ein Fisch, ganz einladend und sehr fleißig oder glatt gearbeitet darbiete. - Diese *kostspielige* Glätte motivirt der Menschenfreund durch den Umstand, daß dadurch keine dem Körper nachteiligen Splitter sich bilden und, wo etwa die Exekution ganz in *puris naturalibus* vorgenommen werde, bei einer zarten, reizbaren Haut jedwelche Verletzung oder Reibung unmöglich erscheine, was besonders dem andern Geschlecht eine *dankenswerthe* Rücksicht gelten müsse.

Die Einrede, daß zu diesem Zwecke der Polster, der nicht Mehr koste, als diese fleißige Arbeit, vorzuziehen sei, wehrt der Erfinder mit der möglichen Gefahr für die *gute Gesittung* in so weit ab, als dann leicht kleine Verbrechen und Vergehen nur *deßhalb* verübt würden, um einmal wieder weich zu liegen, wie dies im Winter mit Vielen zu geschehen pflege, die, um Obdach und Kost zu finden, des Diebstahls sich schuldig machten. - Die kleine, etwas konvexe Erhöhung des Rückens soll nach den innern Gründen des Rechtskünstlers dazu dienen, daß der körperli-

che Theil, auf welchen die Gesittung es abgesehen, *hervorstechend sich präsentire*. Da gegen diese innern Gründe nichts einzuwenden ist, empfiehlt sich die eigentliche Struktur von selbst. Der Mensch wird über den Rücken der Maschine, vulgo Wolf, hingezogen und dabei sofort mit einem Jochholze, welches über seinen Rücken um die Weichen sich schlingt, gegen jedes Widerstreben festgebannt. Dann müssen die Beine etwas auseinandergezogen und zur Seite des hölzernen Körpers durch eine Knieklammer um die Biegung des Knie's angekeilt, die Füße aber nach unten durch eine Oeffnung geschoben werden, während eine *breite eiserne Klammer* und das *untere Bein* über dem Knöchel durch einen einfachen Druck sofort sich dergestalt in die Maschine festschließe, daß die *Beine regungslos* ansäßen, ohne den Kreislauf des Blutes zu stören.

Die der Gesittung nicht ganz annehmliche Manipulation, daß die Beine auseinander gezogen werden, rechtfertiget der Freund des Sittengesetzes durch Gründe der Nothwendigkeit vom Standpunkte der Humanität: in so fern das *Knie* als empfindlicher Theil keine Härte dulde und in Folge der Exekution bei einer gestreckten geschlossenen Lage des Körpers unter den eintretenden Krämpfen leicht Sugillationen davon tragen könne, während das Urtheil, polizeilich wie gerichtlich, immer bloß laute: *aposteriora*. Daher schließt der *Menschenfreund*, daß in der angedeuteten Weise die *Knie* zur Seite der Maschine gegen möglichen Schaden frei und gesichert seien, während die *obere Partie des Körpers* einer *gleichen* Fürsorge sich zu erfreuen habe. Hier ist auch in der That eine doppelte Vertiefung wie zwei konkave Hemisphären in den Rücken der Maschine angebracht, kunstgerecht ausgestämpt oder ausgehöhlt, welche nach des edlen Erfinders innerm Grunde dem andern Geschlechte zu gut komme, indem bei der inbrünstigen Umarmung des hölzernen Körpers, in Folge der Krampfhaften

Zerstörung des Prügelbocks, Hanau am 18. März 1848

Bekanntmachung
des Volksrathes zu Hanau.

Am 22. d. M. haben die Bürger der Stadt Hanau aus ihrer Mitte einen Volksrath erwählt, dessen Aufgabe in folgenden Punkten enthalten ist:

Der Volksrath übernimmt die Verpflichtung dem Volke Mittel vorzuschlagen, alles das zu verwirklichen, was in den Kurfürstlichen Proklamationen vom 7. und 11. d. M. versprochen worden und in der Verfassungs-Urkunde bereits zugesagt ist;

Der Volksrath übernimmt zugleich die Ermittelung der Mängel in unsrem Staat und den Vorschlag von abhelfenden Schritten;

Der Volksrath übernimmt die Besorgung der Verbindung mit auswärtigen Bürgervereinen zu gemeinsamer Verfolgung volksthüm= licher Zwecke;

Der Volksrath übernimmt endlich die Ordnung der Volksver= sammlungen.

Dieser Volksrath besteht aus nachbenannten Bürgern:

Carl Braubach, Louis Braun, Wilhelm Dietz, Eduard Graf, Philipp Heidt jun., Petro Jung, Christian Lautenschläger, Adolf Manns, Adam Rollenberger, Georg Pflüger, Anton Pelissier, Georg Pressel, Heinrich Rau, Karl Röttelberg, Christian Renaud, August Rühl, Georg Jakob Schreher, Joseph Springmühl, Friedrich Sommerhoff, August Schärtner, Gottfried Theobald, Gottfried Unna, Wilhelm Wagner und Ernst Weidmann.

Hanau den 24. März 1848.

An die Bürgerinnen

Frau *Minna Hosse*, geb. *Jung*; Frau *Auguste Jung*, geb. *Haak*; Frau *Katharine Weidmann*, geb. *Wülker*; Frau *Sophie Jung*, geb. *Lucanus*; Frau *Friederike Pelissier*, geb. *Haeusser*; Fräulein *Marie Haak*; Fräulein *Marianne Lucanus* in Hanau.

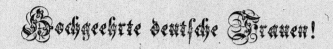

Hochgeehrte deutsche Frauen!

Wir sind in der That um den Ausdruck verlegen, mit dem wir Ihr eben so überraschendes als hocherfreuliches Schreiben würdigen sollen.

Wenn schon seit grauer Zeit weibliche Anerkennung der süsseste Lohn männlicher Bestrebung war, auf welche Weise sollen wir den deutschen Frauen Hanau's danken, die — als leuchtendes und erstes Beispiel für andere Gauen unsers grossen Vaterlandes — den blossen Willen fast bis zur Beschämung für uns ehren?

Ihre theure Gabe wird jedem von uns ein erhebendes Andenken an die Zeit bleiben, in welcher deutsche Volkskraft einen — wie wir hoffen — dauernden Sieg zum Heile von ganz Deutschland errungen. Aber sie soll auch, wenn es gilt, in den Vorderreihen leuchten im Kampfe für die heiligsten Rechte der Menschheit.

Genehmigen Sie, hochverehrte Frauen, mit unserm wärmsten Danke die Versicherung der innigsten Anhänglichkeit an Hanau's edle Bürgerschaft und der ausgezeichnetsten Hochachtung, mit der wir sind

Ihre ergebenste

Gottfried Stumpf, Karl Jung, G. Metternich, Franz Mämpel, Oscar v. Podbielsky Trzaska, J. Hitzfeld.

Mainz, am **16. März 1848.**

Pressung, die Erhöhung der Brust leicht eine der menschlichen Fürsorge nicht zur Ehre gereichende Wirkung erfahren könne. Indem nach dem Gesetze der Humanität alle edleren Theile des menschlichen Körpers also versichert seien, würden die *Arme an beiden Seiten* unter der Schulter durch eine Klammer (wie bei den Füßen) an die Maschine gekeilt, unter dem Leibe des hölzernen Instruments aber, wie gefaltene Hände zum Gebet, in einander gefügt und über den Handgelenken gleich fest an den Bauch geschlossen. - Das *Gesicht* müsse, wie das *ingenium acutum* sich ausdrücke, den *Rücken* der Maschine *küssen*, indem über das Genick ein *breites* Jochholz künstlich um den Hals laufe und den hintern Kopf zugleich dergestalt niederzwänge, daß die Lippen angepreßt säßen und keine Bewegung des Kopfs wie der Gliedmaßen überhaupt möglich sei.

Hierdurch will der Menschenfreund das Schreien fürsorglich verhindern, welches die Exekution störe und bei den Krämpfen leicht die Zunge unter die Zähne bringen und also gefährden dürfte, ein dumpfes Wimmern, das nicht ganz beseitigt werden könne, weiter nicht achtend!

Der Freund, welcher das Modell (wie eine danach angefertigte große Maschine) in Konstantinopel sah, genoß durch die Güte des Verwalters daselbst das Vergnügen, daß ein Sklave darauf gespannt wurde, um zu zeigen, wie der Deutsche sich ausnehme. Nach seiner Versicherung sei der Sklave ihm vorgekommen, wie ein *ausgespannter* Frosch. Der menschenfreundliche Rechtskünstler schließt aber seine Motivirung mit der Zusicherung, daß diese Maschine, *vulgo* Wolf, die beste Gewähr sei gegen das unleidliche Winden, Bäumen,

Springing, Wenden, Drehen, Tanzen und Ringen, wodurch es *zu häufig* geschähe, daß die Ellebogen oder sonst ein empfindlicher Theil des Körpers verletzt würden, während dadurch der Streiche leicht zu viel oder zu wenig applizirt und der Gerechtigkeit nicht Aug' um Aug', Zahn um Zahn bis auf den letzten Heller Genüge geleistet werde. Darum danke er seinem Schöpfer, daß er nach *jahrelangem Sinnen und Trachten* unter Mitwirkung seiner *edlen Freunde* das Mittel gefunden habe, die Menschen auf seinen sittlichen Weg zu geleiten, ohne zur Grausamkeit seine Zuflucht nehmen zu müssen.

Das ist die denkwürdige, kurhessische Prügelmaschine mit ihren innern Gründen, wie sie unser Freund aus der Beschreibung (des Erfinders) seiner Zeit wortgetreu dem der Maschine zu Konstantinopel beigefügten Pergament entnommen, wobei wir nicht verbürgen können, ob das Modell nicht etwa noch raffinirter, als es in Kurhessen zu sehen war, dahin geschickt worden. Eine ähnliche Beschreibung, auf Veranlassung einer hochstehenden Person, durch einen andern Menschenfreund in die Kölnische Zeitung gegeben, zog schon in dem Jahre 1843 oder 44 durch die Presse über den ganzen Kontinent, selbst über den Ozean und überhaupt in alle übrigen Welttheile. Diese Beschreibung verdankte die Presse damals der lebhaften Schilderung eines Handwerksburschen, Namens *„Wolf"*, der wegen sogenannten Fechtens die Maschine als Jungfer küssen mußte. Da der also der Erste war, so wurde das Kunstwerk nach ihm genannt und lebt seitdem im Munde des Volks sowohl, wie Derer, welche das Instrument handhaben, also „Wolf". Je sorgfältiger aber die Maschine dem Auge eines Jeden vorenthalten blieb, der sie nicht zu besteigen hatte und je hartnäckiger alle Diejenigen, welche sie umarmten, jedenfalls aus innerer Scham, ihre Bekanntschaft mit diesem sittlichen Vehikulum leugneten, desto schwerer ist es,

die treue Darstellung der Struktur überall zu verbürgen, wenn nicht Darin eine Bestätigung liegen darf, daß die Eingeweihten ein gewisses Einverständniß mit jener Beschreibung durchblicken ließen und endlich auch ein Interdikt über den „Wolf" zur Kunde des Publikums gelangte; denn ob in Folge jenes Sturms in der Presse oder in Betracht der Einsprache einer deutschen Regierung auf die Beschwerde eines ihrer Unterthanen - man ward höchsten Orts auf die sinnreiche Erfindung im eigenen Lande erst aufmerksam, nachdem sich der „Wolf„ schon ziemlich ein-

gefressen hatte. Neben dem höchsten Mißfallen und dem Verbote dieses sittlichen Förderungsmittels soll aber dem Vernehmen nach dem verfassungstreuen Erfinder und seinen Koauktoren nichts weniger, als ein Brillant *ad futuram rei* memoriam überreicht worden sein, Nichts desto weniger wissen wir sicher, daß die Polizei in **** vom „Wolf" nicht so ganz sich zu trennen wußte, sondern nach wie vor ihn besteigen ließ.

Aus: „Enthüllungen des Gerühmten Prozesses und seiner Geschichte, die Tödtung des Generals von Auerswald und Fürsten Lichnowsky betreffend" von Georg Pflüger, Frankfurt a. M. 1852, S. 977 ff.

Dank der Hanauer.

Was wir erstrebten in den letzten Tagen, — es ist erlangt!

Unser Erstes ist es nun, Euch allen, biedre deutsche Männer nah und fern! die Ihr so schnell bereit wart uns zu helfen, unsern Dank zu bringen. Wie er in unserm Innern lebt, vermögen wir nicht auszudrücken; doch nehmt ihn hin, den Dank, wie wir ihn sagen können. — Ihr habt's gezeigt und mit dem Blut des Herzens wollet Ihr's beweisen, daß wir in Deutschland Brüder sind. — Wir wußten es schon lange, wer Ihr wart, — wir hatten nie gezweifelt an dem deutschen Volk! Glaubt auch an uns und seid versichert, wir haben tief erkannt, daß unser Dank nicht in dem Wort allein bestehen darf. Wir kennen unsre Pflicht und wissen wohl, daß wir jetzt nur das Werkzeug uns errungen um fortzubauen an der Größe unsres Vaterlandes. Redlich wollen wir das Unsre thun, das schwören wir! — und wie Ihr uns als Brüder habt die Hand gereicht, so nehmt die unsre hin und uns, für jetzt und immer!

Hanau am 14. März 1848.

Die konstituierende Sitzung zur Nationalversammlung fand in Frankfurt am 18. Mai 1848 in der Paulskirche statt. Zuvor wurde aus berufenen Männern, gegenwärtiger und ehemaliger Landtagsmitgliedern, am 31. März ein vorbereitender Ausschuß gebildet. Allein aus Hanau waren acht Personen vertreten, unter anderem Louis Blachière, Obergerichtsanwalt, August Rühl, Oberbürgermeister, Carl Rößler, Hutfabrikant. Auch Georg Pflüger fühlte sich berufen und berichtete in seiner ihm eigenen Art, in seiner *Deutschen Volksstimme aus Hanau* laufend über die Beratungen. Inzwischen war ein *Fünfziger Ausschuß* berufen worden, der sich nun mit der Vorbereitung und Wahlform zur Nationalversammlung befaßte. Als Hanauer war Louis Blachière darin vertreten. Insgesamt gefiel den Hanauer Republikanern die Arbeit des Vorparlaments nicht, denn hier erwartete man die Ausschaltung der alten Mächte und den Grundsatz der Volkssouveränität. Umgekehrt schaute das seit dem 31. März tagende Vorparlament sorgenvoll auf Hanau, Offenbach, Mainz, Mannheim, von wo aus man die Ausrufung der demokratischen, vielleicht sogar roten Republik befürchtete. Vor den hiesigen Volks-

Robert Blum

versammlungen sprachen von den Angehörigen des Fünfziger Ausschusses von den Linken: Robert Blum, Graf Oskar von Reichenbach und für die hier als Rechts geltenden: Sylvester Jordan, Dr. Adam Pfaff und Ludwig Schwarzenberg.

Der Wahlkampf zur Nationalversammlung setzte in Hanau früh ein. Der Volksrat organisierte die politischen Redner und besorgte die anfallende Korrespondenz. Als

Hanau und die Nationalversammlung

Kandidaten stellten sich im 10. kurhessischen Wahlkreis Hanau, der von Bockenheim bis Bieber reichte: Oberbürgermeister Rühl als Republikaner, Obergerichtsanwalt Carl Braubach als konstitutionell-monarchistisch geltend, Rentier Heinrich Rauh erklärte sich als Demokrat und Georg Pflüger, der neben sozialpolitischen Zielen das Wahlrecht für alle forderte und dem Demokratischen Zentralkomitee in Frankfurt nahe stand. Es galt das kurhessische Wahlgesetz vom 10. April 1848. Wahlberechtigt waren alle männlichen erwachsenen kurhessischen Staatsangehörigen. Zur Masse der Bevölkerung, der nicht Wahlberechtigten, zählten alle Unselbständigen wie Arbeiter, Gesellen, Dienstboten und vor allem die Frauen. Gewählt wurde im Bezirk Hanau am 18. April August Rühl. Von den insgesamt 9.977 Stimmen, entfielen auf ihn 1.215, gefolgt von Rauh mit 358 Stimmen, Braubach mit 32 und H. J. Koenig mit 114 Stimmen. Damit stand das Hanauer Wahlergebnis im krassen Gegensatz zum gesamten Kurhessen, denn Republikaner und Demokraten mußten eine nahezu völlige Niederlage hinnehmen.

Am letzten Sonntag, dem 14. Mai, vor der Eröffnung der Nationalversammlung besuchte Robert Blum die Stadt. Vormittags sprach er im *Deutschen Haus,* dem Treffpunkt der Republikaner, und nachmit-

tags vor einer großen Volksversammlung in Wilhelmsbad, bei einem großen Maifest mit Musik der Bürgergarde.

In Hanau hatten sich folgende politische Gruppierungen gebildet. Die Volkskommission oder Volksrat verstand sich als gewählte Vertretung aller Hanauer. Gefordert wurde: Die allgemeine Volksbewaffnung, eine einfache Regierung und Beamte, die dem Volk, das sie be-

zahlte, Rechenschaft gäben. Weiterhin eine gerechte Steuerverteilung und die Beseitigung der großen Kluft zwischen Armen und Reichen. Die Versammlungen fanden gewöhnlich im Stadttheater oder auf dem Marktplatz statt. Zu den radikaldemokratischen Mitgliedern des Rates zählten u.a. Rühl, Schärttner, Lautenschläger, Pelissier, Koch, Rauh, Rödiger und zu den Gemäßigten zählten Denhard, Pressel, Wagner u.a.. Bei der Parteienbildung formierte sich als erstes das gemäßigte bürgerliche

Emil Blachière

Gauff, Gastwirt Zur Großen Krone, ab 1848 Deutsche Volkshalle, Krämergasse

Lager am 6. Mai im Lokal *Zum Weidenbusch*, Webergasse in der Neustadt im *Verein zum politischen Fortschritt* später nur *Politischer Verein*.

Blachière, Dr. Pressel, Nollenberger und Rühl, Bruder des Oberbürgermeisters, und andere bildeten den Vorstand. In vielen deutschen Städten bestanden schon Arbeitervereine. Am 23. April fand eine erste Generalversammlung des Hanauer Arbeitervereins in der *Deutschen Volkshalle* bei Gauff statt.

Im Vorstand war Wilhelm Kämmerer, auch Georg Pflüger fühlte sich dem Verein als Ratgeber verbunden. Der Demokratische Verein gründete sich erst nach dem Frankfurter Demokratenkongreß und hielt eine erste Generalversammlung am 20. Juni. Der Demokratische Verein, republikanischer Richtung, bestand aus Mitgliedern des Arbeiter- und Turnervereins. Gottfried Una, Gottfried Theobald, Wilhelm Kämmerer, August Schärttner, Christian Lautenschläger, Heinrich Rauch waren die führenden Köpfe.

Mit Hanau eng verbunden waren die beiden Frankfurter Arbeiterführer Eduard Pelz und Christian Essellen. Sie gaben die *Allgemeine Arbeiter-Zeitung* heraus, wovon zwei Ausgaben bei Kittsteiner gedruckt und von Friedrich König vertrieben wurden.

Die Beratungen der Nationalversammlung wurden in Hanau auf-

Christian Lautenschläger, Graveur

merksam verfolgt. Auf wesentliche Fragen erfolgte in der Stadt ein entsprechendes Echo. Der Versammlungsbeschluß vom 28. Juni zur Wahl eines Reichsverwesers wurde in Hanau unter heftigen Protesten als Sünde gegen die Volkssouveränität empfunden.

Am 29. Juni wurde Erzherzog Johann von Österreich zum Reichsverweser gewählt. Seine Person fand allgemeine Zustimmung in Deutschland. Auf seiner Reise nach Frankfurt wurde er in den Orten, die er durchreiste jubelnd empfangen - nur in Hanau nicht. Der Stadtrat hatte beschlossen die Durchfahrtsstraßen mit Fahnen und Blumen zu schmücken. Die

Republikaner rissen teilweise den Schmuck herab und hängten eine schwarze Fahne auf. Die Ankunft verzögerte sich um Stunden und als Erzherzog Johann endlich die Stadt durchfuhr gab es nur geringes Tücherwinken und Hochrufe der Bevölkerung. Aufgrund des frostigen Empfangs stieg er erst gar nicht in der Stadt aus.

Die Beratungen zur Neuregelung des kurhessischen Wahlgesetzes erregten die hiesigen Gemüter. Die Hanauer Mitglieder der beratenden Volksräte Gottfried Theobald, Heinrich Rauh und August Schärttner votierten für ein volkstümliches Wahlrecht. Dr. Denhard sprach sich für ein Wahlgesetz gebunden an Bürgerrecht und Steuernachweis aus. Als Vertreter des Hanauer Wahlbezirks wurden Theobald und Rauh in den Landtag gewählt, Rühl und Pelissier als deren Vertreter.

Erzherzog Johann von Österreich

Der Lehrer Gottfried Theobald war ehemaliger Burschenschaftler und demokratischer Republikaner. In der Stadt polarisierten sich die politischen Gegensätze immer stärker. Nachdem drei Mitglieder des politischen Vereins, unter ihnen Dr. Denhard, ihr Amt im Volksrat niederlegten, gelangte der radikale Turner Gottfried Una in den Rat.

Ludwig (Louis) Anton Pelissier, Kaufmann, Stadtrat und Vorstandsmitglied des Demokratischen Vereins mit Tochter und Ehefrau

Aus dem Schleswig-Holstein Konflikt entwickelte sich der Frankfurter Septemberaufstand. Die Erhebung der Deutschen in Schleswig-Holstein gegen Dänemark sollte laut Bundestagsbeschluß vom 3. April unterstützt werden. Preußische Truppen marschierten über die dortige Grenze. Auf Intervention europäischer Großmächte schloß Preußen im Namen des Bundestages Waffenstillstand. Das eigenmächtige Handeln Preußens entfachte einen Entrüstungssturm in Deutschland - ganz besonders in Hanau. Als die Nationalversammlung gegen den Waffenstillstand stimmte, mißachtete Preußen dies und zog seine Truppen zurück. Die Machtprobe zwischen der Nationalversammlung und dem mächtigen Königreich Preußen entschied die Paulskirchenversammlung am 16. September mit der Zustimmung zum Waffenstillstand. Das bedeutete auch die Aufhebung der demokratischen provisorischen Regierung Schleswig-Holsteins. Große Teile der Bevölkerung waren tief enttäuscht worden. Flugblätter riefen zu einer Volksversammlung in Frankfurt auf der Pfingstweide auf. Tausende von Frankfurtern und Auswärtigen folgten dem Aufruf, darunter auch zahlreiche Hanauer.

Zum 18. September wurde eine bewaffnete Volksversammlung am Roßmarkt in Frankfurt einberufen. Der Senat der Stadt forderte preußische und österreichische Truppen an, die um die Paulskirche Aufstellung nahmen. In der eilends einberufenen Hanauer Volksversammlung sprach man sich dafür aus, die Rechten der Nationalversammlung mit Waffengewalt zu verjagen und die Linken zum allein berechtigten Parlament zu erklären. Mitglieder der Turnerwehr, des Arbeiterkorps und der Bürgergarde sammelten sich für einen möglichen bewaffneten Zug nach Frankfurt. Die Nationalversammlung lehnte die Dringlichkeitsanträge der Linken ab. Ein bewaffneter Volkshaufen versuchte in die Paulskirche einzudringen. Barrikaden wurden gebaut und aus Offenbach und Hanau erwartete man den Zuzug weiterer tausender bewaffneter Mannschaften. In Hanau steigerte sich die Erregung in ähnlicher Form wie zu Beginn der Märztage. Schärttner, Rühl, Nollenberger und Una wechselten als Beobachter nach Frankfurt. Der Führer des Frankfurter Aufstandes Germain Metterin traf in Hanau ein, sprang aus dem Zug und rief: Zu den Waffen! Die Menge wogte in die Stadt zurück, die Sturmglocke wurde geläutet und man versuchte sich zu bewaffnen. Metternich und Kawiecky forderten zum Abmarsch auf. August Schärttner hatte wohl die Aussichtslosigkeit der Frankfurter Situation erkannt und riet vom Marsch dorthin ab. Die Menge zog tobend und schießend durch Hanaus Straßen. In Frankfurt kämpften die Aufständischen gegen die militärische Übermacht bis in die Morgenstunden. Einige Hanauer, die an den Kämpfen teilgenommen hatten, berichteten vom Zusammenbruch des Aufstands. Getötet wurden von ihnen der Diener Günther, der Ta-

Septemberaufstand Frankfurt

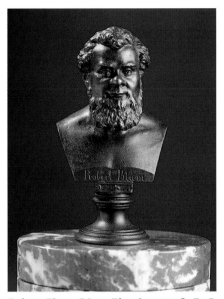

Robert Blum, Büste Eisenkunstguß, E. G. Zimmermann, Hanau

Robert Glatz, deutschkatholischer Pfarrer

ren. Für alle Demokraten bedeutete die Niederschlagung des Frankfurter Septemberaufstandes erneute Enttäuschung und Ernüchterung. Das Paktieren der Nationalversammlung mit den alten Mächten gegen das Volk schien bewiesen.

Als den empfindlichsten Schlag gegen nationale Hoffnung und die Freiheit empfanden die Vertreter aller politischen Richtungen Hanaus die Wiener Ereignisse. Am 6. Oktober erhob sich in Wien erneut das Volk gegen den Kaiser. Nach langen Kampf fiel die Stadt am 31. Oktober durch kaiserliche Truppen. Eine Gruppe von Abgeordneten der Nationalversammlung war nach Wien gesandt worden.

gelöhner Lamm, der Zigarrenarbeiter Müller und schwer verwundet der Zigarrenarbeiter Diehl. Am gleichen Tag waren Fürst Felix von Lichnowsky und General Hans Adolf von Auerswald, die als Vertreter des konservativen monarchistischen Flügels der Nationalversammlung galten, in Frankfurt von einem Haufen der Aufrührer ermordet worden.

Das Reichsministerium beschloß Truppen zur Unterdrückung revolutionärer Erhebungen am Mittelrhein und in Frankfurt zu stationie-

Unter ihnen befand sich Robert Blum. Er beteiligte sich am Kampf und wurden gefangengenommen. Unter Mißachtung seiner Immunität als Nationalvertreter wurde er hingerichtet. Eine Welle der Empörung erhob sich in ganz Deutschland gegen das reaktionäre Österreich. Blum genoß in Hanau besonders große Sympathien. Sechs Wochen trauerten Turner und Freischaren in der Stadt.

Am 19. November fand ein Trauergottesdienst in der Wallonischen Kirche statt, die Trauerrede hielt der deutschkatholische Pfarrer

Robert Glatz. Am folgenden Tag übergab man dem Freischarenführer Carl Röttelberg feierlich einen Ehrensäbel: Zum Andenken an die Märztage 1848.

Am 5. Dezember löste der preußische König die Nationalversammlung in Brandenburg auf und verkündete seine Verfassung. Somit hatte in den beiden größten deutschen Staaten Österreich und Preußen die Reaktion gesiegt. Die Pöbelherrschaft von oben, wie man in Hanau sagte.

Richard Schaffer-Hartmann

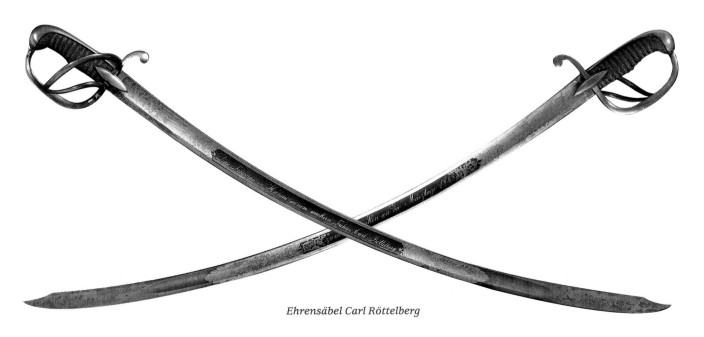

Ehrensäbel Carl Röttelberg

August Rühl - Verfasser des „Hanauer Ultimatums"

August Rühl

Vielen ist das „Hanauer Ultimatum" als eine der wichtigsten Schriften der revolutionären Bewegung vor 150 Jahren in Kurhessen bekannt. Aber wer verfaßte die Petition, die mit ihren für die damalige Zeit sehr kühnen Forderungen in Form, Inhalt und Ton alles bis dahin bekannte in den Schatten stellte, schlechthin *nicht dem Verhältnisse des Untertans zu seinem Landesherrn*[1] entsprach?

Johann Adam August Rühl erblickte am 19. Februar 1815 als Sohn des Kantors und Realschullehrers Friedrich Wilhelm Rühl und der Maria Petronelle, geb. Lappig, in Hanau das Licht der Welt.

Nach dem Besuch des Gymnasiums (heutige Hola) studierte er von 1832 bis 1836 Jura in Jena und

renden Tabakfabrik. 1843 wagte Rühl erfolgreich den Schritt in die Selbständigkeit im selben Wirtschaftszweig. 1847 ist er als Ausschußmitglied des „Hülfsvereins zur Brodversorgung" belegt[3].

Erst 33 Jahre alt, avancierte Rühl zu einem der führenden Hanauer Revolutionäre von 1848. Als Mitglied der von ihm angeregten 24köpfigen Hanauer Volkskommission, gleichsam einer provisorischen Hanauer Regierung, gewann er bald großen Einfluß auf die Bevölkerung[4].

Wer die Zeitungen der damaligen Zeit studiert, kommt rasch zu dem Schluß, daß es der Fabrikant in geradezu genialer Art und Weise verstanden haben muß, *mit gepflegtem Aussehen und weltmännischem Auftreten als glänzender Redner, logischer Denker und klarer Kopf* Volkstümlichkeit mit juristischem Sachverstand zu verbinden. *Kühn, aber ruhig im Augenblick der Gefahr, umsichtig und klug in seinen Entwürfen, und mit eisernem Sinn das als richtig Erkannte festhaltend, wußte er mit den ihm Gleichgesinnten einerseits der Bewegung ihre Richtung zu sichern und sie zu organisieren, anderntheils sie vor Abwegen und Ausartungen zu bewahren*[5].

Eintrittskarte von August Rühl zum Frankfurter Vorparlament.

Ein in der breiten Öffentlichkeit heute weniger bekannter Hanauer ist Urheber der bedeutenden Schrift: August Rühl. Zusammen mit August Schärttner, Carl Röttelberg und Bernhard Eberhard muß er zu den populärsten Persönlichkeiten und Motoren der Ereignisse von 1848/49 in unserer Stadt gezählt werden.

Marburg (Mitglied des Corps Teutonia Marburg 1833 und Guestphalia Heidelberg 1834), legte das juristische Staatsexamen ab und leistete seinen Vorbereitungsdienst. Eine Karriere in der Verwaltung gab er jedoch vorerst auf, als *ihm gewahr wurde, daß dort nicht Befähigung, sondern Gefügigkeit und ergebene Gesinnung bevorzugt wurden*[2]. Der Hanauer Pedro Jung machte ihn 1837 zum Teilhaber seiner florie-

Die zweifellos wichtigsten Beispiele seines revolutionären Engagements stellen die Abfassungen der Petition vom 29. Februar 1848 und des eingangs erwähnten „Hanauer Ultimatums" vom 9. März 1848 dar. Er war es auch, der die Schriften, wie Proklamationen des Kurfürsten vom 7. und 11. März 1848, vom Balkon des Neustädter Rathauses herab der wartenden Menge in Volksversammlungen verkündete. Insbesondere durch die Bekanntgabe der Einwilligung des Kurfürsten auf die Forderungen des Hanauer Ultimatums, die damit einhergehende Jubelstimmung, gepaart mit Freudenschüssen unter der versammelten Bürgerschaft, erlangte Rühl beispiellose Popularität.

Nachdem Bernhard Eberhard am 17. 3. 1848 als Minister des Innern nach Kassel berufen wurde, schlug man Rühl als dessen Nachfolger im Amt des Hanauer Oberbürgermeisters vor. Am 20.3.1848 wählten ihn Stadtrat und Bürgerausschuß mit 51 von 54 Stimmen (Einführung am 13. April 1848). In seine Amtszeit fallen etwa die Eröffnung des Gaswerkes und der Bahnlinie Hanau-Frankfurt.

Rühl engagierte sich auch über die Grenzen der Stadt hinaus. In direkter Wahl zur Paulskirchenversammlung am 18. April 1848 siegte er souverän im 10. Kurhessischen Wahlbezirk (Hanau mit den Ämtern Bergen, Bockenheim, Langenselbold, Nauheim, Windecken, Bieber und Meerholz) gegen vier Mitbewerber und erreichte 9877 von 11.605 abgegebenen Stimmen (85,11 %). Seine „Hauptrichtpunkte für ein Mitglied der deutschen constituirenden National-Versammlung", als Wahlflugblatt gestaltet, sind nebenstehend abgedruckt.

Als „gemäßigter Linker" agierte er vorerst unter Führung Robert Blums in der Fraktion „Deutscher Hof", ab Juli 1848 trat er den am 27. Mai 1848 gegründeten „Donnersbergern" unter Arnold Ruge bei. Aus seiner Plenumsarbeit ist überliefert, daß er vehement eine strengere Kontrolle der Exekutive durch das Parlament forderte, gegen Erzherzog Johann als Reichsverweser und gegen das Preußische Erbkaisertum stimmte (als einer der beiden einzigen kurhessischen Abgeordneten, die nicht für den preußischen König Friedrich Wilhelm IV. votierten). Unter dem Eindruck der Herbstaufstände 1848 stellte er im September und Dezember gleichen Jahres Dringlichkeitsanträge auf Auflösung des Parlaments und Neuwahlen, denen aber nicht gefolgt wurde. Auch nahm er am Rumpfparlament in Stuttgart teil, das das württembergische Militär am 18. Juni 1849 „sprengte". Auf ein ihm angebotenes Mandat im Erfurter Unionspar-

Rühl im Kreise der „Linken" der Paulskirche.

An der ihm zu Ehren abgehaltenen Totenfeier am 28. Juli nahmen *auf Einladung des demokratischen Vereins im hellerleuchteten und decorierten Saale der deutschen Volkshalle … ca. 7-8.000 Personen*[7] teil. Sein Tod wurde allerorts als ein *unersetzlicher Verlust* bezeichnet[8].

Aus seiner Ehe mit Wilhelmine Janni Josephine Georgine Nathalie Weigel aus Korbach ging u.a. Franz Rühl hervor (geb. 26. Oktober 1845 in Hanau, gest. 3. Juli 1916 in Jena), von 1876 bis 1911 Professor für alte Geschichte in Königsberg.

Martin Hoppe

Hauptrichtpunkte

für ein Mitglied der deutschen constituirenden National-Versammlung.

1) Ein deutscher **Bundesstaat.**

2) **Eine** deutsche Volkskammer mit beschließender, gesetzgebender Gewalt.

3) Eine deutsche **verantwortliche** Centralregierung.

4) Ein **verantwortliches** Oberhaupt der Centralregierung.

Dieses Oberhaupt darf kein regierender Fürst sein.

5) Wahl des Oberhauptes **auf bestimmte Zeit** durch die Volkskammer.

6) Eine **deutsche** wahre Volkswehr, lediglich unter dem Befehl der Centralbehörde oder des Oberbefehlshabers, welchen diese ihr gibt.

Abschaffung der stehenden Heere und überhaupt der Einzelheere der Bundesstaaten.

7) Allgemeines deutsches Bürgerrecht.

8) Ausgedehnteste Garantie der persönlichen Freiheit.

9) Ausgedehnte Preßfreiheit ohne besonderes Preßgesetz, unbeschränktes Versammlungs= und Vereinigungsrecht.

10) Oeffentlichkeit und Mündlichkeit des Gerichtsverfahrens. Schwurgerichte. Sicherstellung der Richter.

11) Gleiche Berechtigung aller Religionen und religiösen Meinungen.

12) Einerlei Recht, einerlei Maas, Münze und Gewicht.

13) Einerlei Handelsgesetzgebung und **ein** Zollsystem, beide mit alleiniger Rücksicht auf Erhaltung und Hebung des Handels, der Gewerbe und der Landwirthschaft, auf Beschaffung von Arbeit und angemessenem Verdienst.

14) Freiheit des **inneren** Verkehrs zu Wasser und zu Land.

15) Im Inneren nur **directe** Besteuerung.

16) Abschaffung aller Staatsfrohnden und Ablösbarkeit aller Grundlasten und Privatfrohnden. Abschaffung aller Monopole und vom Staat betriebenen Handels=, Gewerbs= und landwirthschaftlichen Geschäfte, sofern sie nicht als bloße Mustergeschäfte oder zur Unterstützung der Staatsangehörigen betrieben werden.

17) Aufhören der Stände= und Patrimonialherrschaften.

18) Ausgedehnteste Freiheit der Gemeinden in ihrer Selbstverwaltung.

19) Aenderung der Verfassungen der einzelnen Bundesstaaten in allen Punkten, worin sie mit der Bundesverfassung unvereinbar sind.

20) Ein freisinniges deutsches Wahlgesetz.

Auf die Durchsetzung dieser 20 Punkte muß meiner Ansicht nach das Bestreben eines Mitgliedes der deutschen constituirenden Nationalversammlung gerichtet sein, und mit ihnen als Richtpunkten in der Hand trete ich hiermit als Wahlkandidat für den 10. kurhessischen Wahlbezirk auf.

A. Rühl,
Oberbürgermeister von Hanau.

Hauptrichtpunkte für ein Mitglied der deutschen constituirenden National-Versammlung, Hanau 1848; Landeskundliche Abteilung der Stadtbibliothek Hanau.

lament und einen Sitz im kurhessischen Landtag verzichtete er, um sich ganz den städtischen Angelegenheiten seiner Heimatstadt Hanau widmen zu können.

Rühl, seit Dezember 1848 auch Vorsitzender des Hanauer Märzvereins, starb im Alter von 35 Jahren am 20. Juli 1850, *Morgens früh um 1 Uhr auf seiner Rückreise* von einem Kuraufenthalt *zu Arolsen und zwar in Folge eines Sturzes vom Pferde*[6].

1   So Bernhard Eberhard in seinen Memoiren „Aus meinem Leben", Hanauer Geschichtsblätter Band 1, Hanau 1911, S. 31.

2   Alfred Tapp: Hanau im Vormärz und in der Revolution, Hanauer Geschichtsblätter Band 26, Hanau 1976, S. 281.

3   Wilhelm Ziegler, Band II, S. 45 (B 21).

4   ebd., S. 147: Am 8. März 1848, 5 Uhr, betrat August Rühl die Altane (des Neustädter Rathauses) und machte bekannt, daß durch den Drang der Umstände genöthigt angemeßene Maßregeln zu ergreifen seien u. schlug deßhalb vor, zu diesem Zwecke Männer zu wählen, Männer aus allen Volksklassen, welche als Volkskommission handeln sollten.

5   Nachruf in der Hanauer Zeitung vom 24. Juli 1850, S. 1. So verhinderte er etwa einen bewaffneten Marsch von Hanauern nach Frankfurt in dem Septemberaufstand 1848, indem er in Hanau Waffenvorräte verteidigen, die Eisenbahnverbindung blockieren und das Sturmläuten einstellen ließ.

6   Wilhelm Ziegler, Band II, S. 576.

7   Wilhelm Ziegler, Band II, S. 578. Hinter der „Deutschen Volkshalle" verbirgt sich das am 30. 3. 1848 umbenannte Gasthaus „Zur großen Krone" von Bierbrauer Friedrich Gauff.

8   Hanauer Zeitung vom 24. Juli 1850.

Von Hessen nach Deutschland

Die Brüder Grimm und die Einigung der Deutschen

Jacob und Wilhelm Grimm – 1785 bzw. 1786 in der kleinen hessischen Nebenresidenz Hanau geboren, 1863 bzw. 1859 in der preußischen und nachmaligen deutschen Hauptstadt Berlin gestorben – sind vor allem durch ihre berühmte Sammlung der *Kinder- und Hausmärchen* (zuerst: Berlin 1812-15) in aller Welt bekannt geworden; sie haben aber auch mit ihren grundlegenden Sprach- und Literaturforschungen, mit der sie eine neue Wissenschaft – die Germanistik – begründeten, Weltgeltung erlangt. Weniger bekannt ist ihr gesellschaftliches und politisches Wirken, als dessen Ziel- und Höhepunkt ihr Eintreten für die nationale Einheit aller Deutschen angesehen werden kann.

Schon mit ihren in Marburg und Kassel begonnenen „altdeutschen" Studien und volkskundlichen Sammlungen wollten die Brüder Grimm die „schlafende Schrift" der teils vergessenen und teils verschollenen bzw. nur noch bruchstückhaft überlieferten deutschen und germanischen „National-Kultur" wiedererwecken und in einer Zeit, in der Napoleon fast ganz Europa beherrschte, auch für die Gegenwart fruchtbar machen.

Jacob und Wilhelm Grimm haben nie ausschließlich für ihre Wissenschaft gelebt und gearbeitet, sondern immer wieder auch Stellung bezogen zu wichtigen politischen und verfassungsrechtlichen Fragen ihrer Zeit. Wissenschaftliche Erkenntnis und gesellschaftliche Verantwortung standen für sie in einem wechselseitigen Zusammenhang.

Obwohl Jacob Grimm in der Zeit des sog. „Westphälischen Königreiches" neben seiner Tätigkeit als Bibliothekar des „westphälischen" Königs Jérôme Bonaparte, dem Bruder Napoleons auch Funktionen in der französischen Verwaltung – er war Mitglied des Staatsrats („Auditeur d'État") – wahrnahm, standen die Brüder Grimm der französischen Revolution und ihren Prinzipien der „Liberté, Égalité, Fraternité" doch ablehnend gegenüber. *„Das drückende jener Zeiten zu überwinden half denn auch der Eifer, womit die altdeutschen Studien getrieben wurden",* – schrieb Wilhelm Grimm über diese Zeit in seiner *Selbstbiographie*, und er fuhr fort:

„Ohne Zweifel hatten die Weltereignisse und das Bedürfniß, sich in den Frieden der Wissenschaft zurückzuziehen, beigetragen, daß jene lange vergessene Literatur wieder erweckt wurde; allein man suchte nicht bloß in der Vergangenheit einen Trost, auch die Hoffnung war natürlich, daß diese Richtung zu der Rückkehr einer andern Zeit etwas beitragen könne ..."

Nach dem Ende der Napoleonischen Fremdherrschaft über Europa wirkte Jacob Grimm als kurhessischer Legationssekretär in Frankreich sowie beim Kongreß in Wien. Schon hier formulierte er kritische Bemerkungen über eine zukünftige deutsche Reichsverfassung, die er später als Abgeordneter der Frankfurter Nationalversammlung

Jacob Grimm

Wilhelm Grimm

wiederaufnahm. Große Verdienste erwarb er sich aber auch durch die von ihm organisierte Aufspürung und Rückführung der von den Franzosen geraubten und nach Paris verbrachten hessischen und preußischen Kulturgüter.

Im Zentrum des gesellschaftlichen und politischen Denkens der BRÜDER GRIMM stand die Auffassung eines an Sprache und Geschichte orientierten Volks- und Nationenbegriffs. „Ein Volk ist der Inbegriff von Menschen, welche dieselbe Sprache reden", – formulierte JACOB GRIMM. Die BRÜDER GRIMM forderten daher schon 1815 einerseits die Wiedereingliederung von Elsaß und Lothringen in das Deutsche Reich, andererseits billigten sie aber auch den europäischen Nachbarvölkern das Recht einer eigenen staatlichen und kulturellen Identität zu, als sie sich beispielsweise für die Wiederherstellung des polnischen Staatswesens einsetzten. Gerade für die nationale Wiedergeburt zahlreicher europäischer Völker spielte das historische Konzept der BRÜDER GRIMM eine wichtige Rolle.

Zur Politik ihres hessischen Heimatlandes nahmen die BRÜDER GRIMM eine kritische Haltung ein, indem sie im Kreis um die von ihrem Mann getrennt lebende Kurfürstin AUGUSTE offen politische Fragen diskutierten und sich damit insbesondere zur Regierung des hessischen Kurfürsten WILHELM II. in Opposition stellten. Aus ihrem Heimatgefühl für Hessen entwickelten sich bald weitergespannte Vorstellungen, die jedoch nicht nur durch den Lebensweg der BRÜDER von Hanau und Kassel über Göttingen nach Berlin bedingt sind, sondern auch in ihren wissenschaftlichen Forschungen wurzeln. „Mein Ziel war (...) immer das Vaterländische", – schrieb JACOB GRIMM 1849 rückblickend in einem Brief an THEODOR BENFEY.

JACOB und WILHELM GRIMM haben ihr Handeln stets aus historisch gewachsenem und begründbarem Recht und auf der Grundlage der Freiheit des Einzelnen nach be-

stem Wissen und Gewissen abzuleiten gesucht. Ihrer Auffassung nach sollte die Politik immer dem Recht und niemals umgekehrt das Recht der Politik angepaßt werden. Diese Haltung war ihnen auch Richtschnur ihres Tuns, als sie sich 1837 ohne Rücksichtnahme auf die eigene Person und Familie dem Göttinger Professorenprotest (den sog. „Göttinger Sieben") anschlossen und sich mit Entschiedenheit gegen den nach ihrer Meinung unzulässigen Rechts- und Verfassungsbruch des neuen Königs ERNST AUGUST in Hannover wandten. Dieser hatte die Ständeversammlung für aufgelöst und die gerade erst eingeführte neue Landesverfassung für ungültig erklärt. Durch ihr mutiges Eintreten für Freiheit und Recht verloren JACOB und WILHELM GRIMM nicht nur ihre Anstellung, sondern mußten auch das Königreich Hannover verlassen.

Sicherlich hatten vor allem der Göttinger Protest und seine breite publizistische Diskussion bewirkt, daß die beiden Gelehrten einem immer breiteren Publikum bekannt wurden und ihre wissenschaftlichen Leistungen stärker in einen auch gesellschaftlichen und politischen Kontext gestellt wurden. Hatten nicht auch ihre fast alle deutschen Erzähllandschaften erfassenden Märchen- und Sagensammlungen, ihre zahlreichen Editionen, Bearbeitungen und Übersetzungen der deutschen Literatur des Mittelalters sowie ihre bahnbrechenden Arbeiten auf den Gebieten der germanischen Altertumskunde, Rechtsgeschichte und Mythologie dazu beigetragen, in ihrem in viele partikulare Territorien und Einzelinteressen aufgespalteten „deutschen Vaterland" ein Bewußtsein für die gemeinsame Sprache, Literatur und Geschichte aller Deutschen zu wecken? Wurden die BRÜDER GRIMM so nicht nur als bahnbrechende Schöpfer neuer philologischer Wissenschaftszweige, sondern auch als die Urheber einer patriotisch ausgerichteten Erforschung der eigenen Vergangenheit angesehen, – ein Wirken, das

gerade im Zeitalter der ungelösten nationalen Frage in Deutschland bis in die Tagespolitik hinein Früchte tragen konnte? „Die Brüder Grimm verdienen die Hochachtung jedes Deutschen durch Gesinnungstüchtigkeit sowohl als durch ihre Forschung auf dem Gebiet der deutschen Sprache, deutscher Sitte, deutschen Lebens", – heißt es nicht nur einmal in Artikeln der liberalen Presse.

Auch für die Vorgeschichte der ersten Deutschen Nationalversammlung in der Frankfurter Paulskirche spielen die BRÜDER GRIMM eine wichtige Rolle. Angeregt von dem Rechtsgelehrten AUGUST LUDWIG REYSCHER, fanden in den Jahren 1846 und 1847 zwei wissenschaftliche Tagungen von Juristen, Historikern und Philologen in Frankfurt am Main und Lübeck statt; diese „Germanistenversammlungen", bei denen JACOB GRIMM den Vorsitz innehatte, waren ein bedeutsames Vorspiel für die Nationalversammlung, und zahlreiche Teilnehmer fanden sich später als Abgeordnete an herausragender Stelle des Paulskirchenparlamentes wieder. Beide BRÜDER nahmen auch am sog. Vorparlament, das am 31.3.1848 in Frankfurt zusammentrat, teil.

Der großen Bekanntheit beim liberalen Publikum hatte es dann JACOB GRIMM sicherlich zu verdanken, daß er als „ein Stern erster Größe" mit „freudiger Begeisterung" (Kölnische Zeitung vom 21.5.1848) am 19.5.1848 als Abgeordneter des rheinpreußischen Wahlkreises Essen-Mülheim in die Deutsche Nationalversammlung in der Frankfurter Paulskirche berufen wurde. Zwar war zuvor — am 10.5.1848 – in diesem Wahlkreis schon ERNST MORITZ ARNDT gewählt worden, hatte jedoch sein Mandat nicht angenommen, da er zugleich im Wahlkreis Solingen gewählt wurde und als Abgeordneter dieses Wahlkreises in der Paulskirche wirkte. JACOB GRIMM wurde gleich im ersten Wahlgang gewählt: „(...) es bedurfte nur der Nennung seines Namens, um ihm noch wenige Minuten vor der Wahl die überwiegende Majorität zu verschaffen" (*Kölnische Zeitung* vom 21.5.1848); er hat die Essener Wahl ohne Zögern angenommen und umreißt in seinem Anwortschreiben an den Essener Wahlkommissar KERSTEIN seine politischen Ansichten kurz: *„Ich bin für ein freies, einiges Vaterland unter einem mächtigen König, und gegen alle republikanischen Gelüste".*

JACOB GRIMM reiste nach seiner Wahl sogleich nach Frankfurt ab und traf dort am Nachmittag des 23.5.1848 ein. In der Paulskirche wurde ihm ein besonderer Ehrenplatz in der ersten Reihe der Abgeordneten im Mittelgang vor Präsidium und Rednertribüne eingerichtet, den er am 25.5.1848 – in der sechsten Sitzung des Parlaments – erstmals einnahm. Er blieb Mitglied des Paulskirchenparlaments bis zum 2.10.1848. Jacob Grimm besaß jedoch nicht nur einen besonderen Sitzplatz in der Paulskirche, auch in seinem politischen Denken und in seinem politischen Auftreten in der Nationalversammlung unterschied er sich deutlich von der landläufigen Vorstellung eines Politikers. Tagesfragen und Geschäftsordnungsprobleme des Parlaments zog er kaum in den Blick, vielmehr war er immer bestrebt, das Ganze – das Ziel der nationalen Einigung aller deutschen Staaten – zu erfassen.

Neben seinen Beiträgen „Über die Geschäftsordnung" – gegen die Pedanterie der Deutschen in formaler Hinsicht gerichtet – oder „Über Adel und Orden" – er setzte sich für die Abschaffung diesbzgl. Privilegien ein – ist vor allem seine Konzeption der „Grundrechte des deutschen Volkes" von Bedeutung, in der er – ausgehend von der theoretischen Leitsätzen der historischen Rechtsschule Friedrich CARL VON SAVIGNYS, deren Schüler er und sein Bruder waren – den Begriff des „Volksgeistes" und der auf „Freiheit" beruhenden Gemeinschaft des deutschen Volkes zum Ausgangspunkt seiner Betrachtungen machte:

Abgeordnete der Nationalversammlung in der Paulskirche, Frankfurt a. M.

„Meine herren! ich habe nur wenige worte vorzutragen zu gunsten des artikels, den ich die ehre habe, vorzuschlagen. zu meiner freude hat in dem entwurf des ausschusses unserer zukünftigen grundrechte die nachahmung der französischen formel ‚freiheit, gleichheit und brüderlichkeit‘ gefehlt. die menschen sind nicht gleich, wie neulich schon bemerkt wurde, sie sind auch im sinne der grundrechte keine brüder; vielmehr die brüderschaft – denn das ist die bessere übersetzung – ist ein religiöser und sittlicher begriff, der schon in der heiligen schrift enthalten ist. aber der begriff von freiheit ist ein so heiliger und wichtiger, dasz es mir durchaus nothwenig erscheint, ihn an die spitze unserer grundrechte zu stellen. ich schlage also vor, dasz der artikel 1 des vorschlages zum zweiten gemacht, und dafür ein erster folgenden inhalts eingeschaltet werde:

‚alle Deutschen sind frei, und deutscher boden duldet keine knechtschaft. fremde unfreie, die auf ihm verweilen, macht er frei.‘

ich leite also aus dem rechte der freiheit noch eine mächtigere wirkung der freiheit her, wie sonst die luft unfrei machte, so musz die deutsche luft frei machen …“

In der Folge formulierte Jacob Grimm seine Ansichten über die Grundrechte des deutschen Volkes, wie folgt, weiter aus:

„Artikel I.

§1. Das deutsche Volk ist ein Volk von Freien, und deutscher Boden duldet keine Knechtschaft. Fremde Unfreie, die auf ihm verweilen, macht er frei.

§2. Für deutschen Boden gelten auch deutsche Schiffe oder Schiffe unter deutscher Flagge segelnd, und welcher Sclave ihren Rand betritt, wird sofort frei.

§3. Kein Deutscher darf einen Sclaven halten, noch sich unmittelbar oder wissentlich mittelbar beteiligen bei Unternehmungen, die auf Sclavenhandel ausgehn oder nur mittelst Sclaven in Ausführung gebracht werden können.

§4. Wer diesen zuwider handelt und dessen durch ein Gericht überführt worden ist, geht des deutschen Bürgerrechts verlustig.“

Der Antrag Jacob Grimms wurde jedoch in der Parlamentssitzung vom 20.7.1848 mit 205 Nein-Stimmen gegen 192 Ja-Stimmen abgelehnt. Jacob Grimm besuchte die Sitzungen in der Paulskirche noch bis Ende September 1848, zog sich dann jedoch aus der unmittelbaren Politik wieder zurück, um sich in Berlin wieder ganz seinen Forschungen widmen zu können. 1848 erschien zugleich sein Buch *Die Geschichte der deutschen Sprache*, das er auch als einen politischen Beitrag zur deutschen Einigung verstehen wollte:

„Der sich zunächst dem Forscher in der Sprache enthüllende Grundsatz, daß zwischen großen und waltenden Völkern (…) auf die Dauer allein sie scheide, und anders redende nicht erobert werden sollen, scheint endlich die Welt zu durchdringen. Aber auch die innern Glieder eines Volkes müssen nach Dialect und Mundart zusammentreten oder gesondert bleiben; in unserm widernatürlich gespaltnen Vaterland kann dies kein fernes, nur ein nahes, keinen Zwist, sondern Ruhe und Frieden bringendes Ereignis sein, das unsre Zeit, wenn irgend eine andere mit leichter Hand heranzuführen berufen ist. …“

Bernhard Lauer

Der Hessische Abgeordnete des Paulskirchenparlaments – Wilhelm Schulz

der Prophet des kapitalistischen Wohlfahrtsstaats

Wilhelm Schulz stammte aus Darmstadt - mit Blick auf seine „Staatsangehörigkeit" - aus Hessen-Darmstadt. „Darmhessen" nannten es die Gegner seiner Herrschaft. Schulz war Lutheraner, hatte vorzeitig das Gymnasium verlassen und schlug schon als 14jähriger die Offizierslaufbahn ein. Krönender Abschluß seiner Ausbildung zum Offizier war, daß er - als Angehöriger der „Rasse der Honoratioren" Darmstadts, wie er sich selbst bezeichnete - zur Universität des Großherzogtum, nach Gießen, geschickt wurde, wo er mathematische und naturwissenschaftliche Vorlesungen besuchte.

Im Alter von 16 Jahren wurde er Leutnant und kämpfte - weil das Großherzogtum dem Rheinbund angehörte - zunächst auf der Seite Napoleons gegen die Allianz der Reaktion. Der Sieg der Allianz in der Völkerschlacht bei Leipzig, von den meisten Deutschen bis heute als Höhepunkt des „Befreiungskrieges" gefeiert, war für Schulz, der daran teilgenommen hatte - rückblickend - „der Tag, an dem die Freiheit geschlachtet wurde".

(Walter Grab, S.22) Als Darmstadt die Front wechselte, mußte Schulz nicht mehr für, sondern gegen Napoleon kämpfen und dessen Armeen bis Lyon und Grenoble folgen.

Nach Kriegsende wurde Schulz vom Militär beurlaubt und ging zur Fortsetzung seines Studiums wieder nach Gießen. Jetzt befaßte er sich neben der Mathematik mit den Kriegswissenschaften. Als 1815 Napoleon von Elba floh und nach Frankreich zurückkehrte, mußte Schulz noch einmal an einer Schlacht, diesmal bei Straßburg, gegen die Franzosen teilnehmen. Danach kehrte er in seine Garnison nach Darmstadt zurück. Hier erst entwickelte er sich zu jenem radikaldemokratischen Rebellen, der zweimal in Festungshaft saß, zweimal ins Exil ging und in der Paulskirche für seine Ideale focht.

Zwar stammte er aus einer rebellischen Beamtenfamilie, aber für seine Entwicklung waren die Kontakte mit studentischen Revolutionären an der Universität Gießen, vor allem mit Karl Follenius, aus-

schlaggebend. Follen, wie er sich später nannte, war zweifellos eine der bedeutendsten und einflußreichsten, aber auch problematischsten Persönlichkeiten der deutschen Burschenschaftsbewegung. Er war Kopf der nach ihrer Kleidung benannten „Gießener Schwarzen", deren harter Kern sich als die „Unbedingten" bezeichnete. Ihre Mitglieder hatten der

Wilhelm Schulz

herrschenden Ordnung den „unbedingten," Kampf angesagt. Follen war radikaler Anhänger Rousseaus und der Jakobiner und hatte sich sein Weltbild aus einem - wie Walter Grab es zusammenfaßt (S.27) - „Konglomerat von jakobinisch-kosmopolitischen, aufklärerisch-rationalistischem Ideengut einerseits und romantisch-irrationalem Mystizismus andererseits" zusammengesetzt. Jeder, der dem Theologiestudenten Follen und späteren Rechtsgelehrten begegnete, war von dessen „gottähnlichen Vaterfigur" beeindruckt. Follen trug entscheidend dazu bei, daß es in der Studentenschaft immer wieder zu Ausschreitungen kam und die Universität Gießen in der Geltungszeit der Karlsbader Beschlüsse (von 1819 bis zum 2. April 1848) ein

Nest des demokratischen, national- und sozialrevolutionären Widerstands gegen Fürstenwillkür wurde.

Auch Georg Büchner erfuhr seine politische Radikalisierung in den Studentenzirkeln der Gießener Universität, wo er mit dem entfernten Verwandten von Schulz, Rektor Weidig, den „Hessischen Landboten" verfaßte. Schulz und Büchner lernten sich erst 1835 im Straßburger Exil kennen, in Zürich wurden sie dann Freunde.

Follens Lehre - zum Beispiel sein Entwurf einer deutschen Verfassung - enthielt neben progressiven auch gefährliche Elemente mittelalterlich-reaktionärer Politikvorstellungen. So sollte der zu gründende deutsche Nationalstaat von der Kirche nicht getrennt sein. Deutschland hätte danach ein fundamentalistischer Gottesstaat werden müssen. Um den für die Nationalstaatsbildung so hinderlichen Gegensatz von Katholizismus und Protestantismus zu überwinden, sollten sich nach Follen alle Glaubensakten, so in § 10 seines Verfassungsentwurfs, „in eine christlich-teutsche Kirche" auflösen. Andere „Glaubenslehren, welche den Zwecken der Menschheit zuwider sind, wie die jüdische, welche nur eine Glaubensart ist, werden in dem Reiche nicht geduldet."

Die von Luther her religiös begründete Judenfeindschaft Fichtes, Arndts und Jahns, die sich auch bei Follen findet, bedeutete faktisch, daß im künftigen deutschen Nationalstaat die Juden entweder der Zwangstaufe unterworfen oder ausgewiesen werden mußten, oder aber, was 100 Jahre später bei Hitler zum Programm seines nun nicht mehr religiös, sondern rassistisch begründeten Nationalstaates wird, die Juden mußten ausgerottet werden.

Wie nahezu alle, die ihn kannten, war auch Schulz von Follen fasziniert, übernahm jedoch weder dessen fragwürdiges Christgermanentum noch dessen politisch-romantische Deutschtümelei, noch weniger dessen antiaufklärerisches und antifranzösisches Ideengut. Der Aufklärer Schulz verzichtete auch auf den Judenhaß (von dem er nur einmal in seinem Leben für kurze Zeit befallen wurde) und teilte auch Follens Glauben an die allen anderen Völkern überlegene Sittlichkeit der Deutschen nicht.

Follen sympathisierte, ohne es offen zu artikulieren, mit dem Tyrannenmord, mit terroristischen Anschlägen, um der deutschen Einheit den Weg zu ebnen. Einer der ergebensten Anhänger Follens, Karl Ludwig Sand, ermordete bekanntlich den von radikalen Burschenschaften als Verräter der deutschen Interessen verdächtigen „Fürstenknecht", den Dichter August von Kotzebue. Kurz darauf verübte der ebenfalls mit den „Gießener Schwarzen" in Verbindung stehende Idsteiner Apotheker Karl Löning einen - allerdings mißglückten - Mordanschlag auf den Nassauischen Regierungspräsidenten Karl Friedrich von Ibell. Löning kam ins Gefangenschaft und nahm sich dort das Leben.

Diese politischen Extremisten, die in der Gesellschaft weitgehend isoliert waren - kamen freilich Metternich, dem Fürsten „Mitternacht", gelegen. Denn die Empörung über diese Verbrechen lieferte ihm die Legitimation und die notwendigen Argumente zur systematischen Zerschlagung der nationalen und sozialrevolutionären Burschenschaften und zur Bekämpfung aller übrigen politischen Bestrebungen, die Einheit und Freiheit der Deutschen auch gegen den Willen der Obrigkeiten herzustellen und für mehr soziale Gerechtigkeit zu sorgen.

Es traf auch Schulz. Da half keine Distanzierung. So sehr Schulz von Follen beeindruckt war und so viel er ihm verdankte, er sympathisierte mehr mit der alten jakobinischen Tradition, deren Anhänger es vorzogen, statt auf eine Erneuerung des Mittelalters zu hoffen, kritische Pamphlete zur Volksaufklärung zu verfassen. 1818 ließ Schulz sein anonym gedrucktes und verbreitetes „Frag- und Antwortbüchlein" erscheinen, das von den finsteren antisemitischen Verschwörungstheorien und der Propagierung individuellen Terrors weg und hin zu demokratischen Reformen führte, das die soziale Frage vor die nationale stellte und den Weg bereitet, der 1834 von Ge-

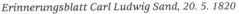

Erinnerungsblatt Carl Ludwig Sand, 20. 5. 1820

Sand der Freie.
Lebt wohl ihr Berge, ihr geliebten Triften, ihr traulich stillen Thäler lebet wohl!—

org Büchner und Ludwig Weidig mit dem „Hessischen Landboten" und 1848 von Karl Marx und Friedrich Engels mit dem „Kommunistischen Manifest", wenn auch jeweils auf einer höheren Stufe sozialrevolutionärer Radikalität, fortgeschrieben wurde.

Büchners „Hessischer Landbote" knüpfte ohne Zweifel an die Tradition von Schulzens Denken an. Wie Schulz lehnten auch Büchner und sein Butzbacher Ko-Autor Weidig den individuellen Terror und den militanten Aktionismus kleiner Gruppen ab. Als die Studenten 1833 vergeblich die Frankfurter Hauptwache gestürmt hatten, schrieb der Revolutionär Büchner: „Soll jemals die Revolution auf eine durchgreifende Art ausgeführt werden, so kann und darf das bloß durch die große Masse des Volkes geschehen, durch deren Überzahl und Gewicht die Soldaten gleichsam erdrückt werden müssen. Es handelt sich also darum, die große Masse zu gewinnen."

Bald nachdem der junge Leutnant Schulz sein aufklärerisches „Frag- und Antwortbüchlein„ in einer Auflage von 3500 Stück unters Volk gebracht hatte, geriet er in große Schwierigkeiten. Es dauerte nur etwas mehr als ein halbes Jahr, bis die Behörden Anfang Oktober 1819 auf ihn stießen und er seine Autorenschaft des inkriminierten Bändchens gestand. Im Oktober 1820 wurde er wegen Hochverrats, Aufreizung zum Aufruhr und Beleidigung öffentlicher Autoritäten vor ein Kriegsgericht gestellt. Man hatte ihm zwar einen guten Anwalt erlaubt, aber der Inquisitionsprozeß fand unter Ausschluß der Öffentlichkeit statt. Schulz wurde, nicht zuletzt aus Rücksicht auf die in dieser Zeit zwischen dem Großherzog und den Landständen getroffene Vereinbarung einer landständischen Konstitution, freigesprochen. Allerdings hatte er bis zu seiner Freilassung neun Monate im Gefängnis gesessen. Da der erzkonservative Sohn des Großherzogs nun Schulz' Entlassung aus dem „ehrenvollen Stand hessischer

Krieger" betrieb, kam der Leutnant seiner Entlassung zuvor. Mit einem Gehalt von 350 Gulden im Jahr wurde der Freigesprochene am 1. November 1820 in den Ruhestand versetzt.

Schulz ging wieder an die Universität Gießen und studierte Rechtswissenschaft. Im November 1823 machte er sein Staatsexamen, wurde aber nicht als Gerichtsreferendar zugelassen, was ihm den Zugang zum Anwaltsberuf ein- für allemal versperrte. Berufsverbot. Zynisch empfahl ihm der Hessische Staatsminister Karl von Grolmann, doch Schriftsteller zu werden. Tatsächlich arbeitete Schulz künftig hauptsächlich als Journalist und Publizist, veröffentlichte aber in unregelmäßigen Abständen immer wieder politische Aufsätze und auch wissenschaftliche Studien, die von gründlicher theoretischer Arbeit und hervorragenden historischen Kenntnissen zeugen. Doch in seinem verständlichen Bemühen, sich nach dem Berufsverbot mit Blick auf eine Anstellung als Redakteur von Karl Follen und seinen Sektierern öffentlich zu distanzieren, verriet er nicht nur die Französische Revolution, er geriet auch unversehens in die Nähe der Herrschaften, die ihn bisher gejagt, gedemütigt und um seinen Beruf gebracht hatten. Er kroch zu Kreuze. Und obgleich er schnell zu sich zurückfand, entschuldigte er sich erst zwanzig Jahre später für seine Entgleisungen.

Im Jahre 1828 wurde er Herausgeber eines „Montagsblatts". Hierin veröffentlichte er eine Reihe von Aufsätzen, die sich fast vollständig auf statistisches Material stützten. Dies sollte für seine künftige wissenschaftliche Publizistik charakteristisch werden. Er kam nämlich immer entschiedener zu der Überzeugung, daß mittels statistischer Methoden die objektiven, von Willkür und Zufällen unabhängigen wirtschaftlichen und gesellschaftlichen Entwicklungen prognostiziert werden können. Die Wellen, die die Französische Revolution von 1830 in ganz Europa schlug, ließen

Schulz nicht unberührt. Eine schlecht bezahlte Anstellung als Redakteur bei Cotta, vor allem eine positive Heinrich Heine-Rezension, brachten ihn in Schwierigkeiten und er kehrte aus München nach Darmstadt zurück, zumal die Darmstädter Regierung seine Rente nicht über die Staatsgrenze hinaus zu zahlen bereit war. Im Jahre 1832 wurde er von der Universität Erlangen promoviert. Thema seiner Dissertation: „Das zeitgemäße Verhältnis der Statistik zur Politik." Noch bevor er seinen neu in Aussicht gestellten Posten als Redakteur der Zeitschrift „Hesperus" antreten konnte, kam es schon mit dem Verleger Cotta zum Zerwürfnis, weil der ihm untersagte, einen Artikel zu publizieren, der die Landstände aufrief, von ihrem Recht auf Steuerverweigerung Gebrauch zu machen. Kurz darauf wurde Schulz auf polizeiliche Anordnung mit seiner Frau aus Württemberg ausgewiesen. Begründung: „Man hat schon genug Opposition im Lande." Wieder einmal kehrte er zurück nach Darmstadt.

1832 kam es zu zahlreichen als „Volksfeste" deklarierten politischen Demonstration, dessen größtes und bedeutendstes das Hambacher Fest war. Obgleich Schulz schon vorher oft als Redner aufgetreten war, trat er auf dem Hambacher Fest nicht in Erscheinung. Schulz sprach aber am 31. Mai in Bergen und am 22. Juni in Wilhelmsbad bei Hanau. Die Wilhemsbader Demonstration war neben dem Hambacher Fest eine der mächtigsten überhaupt. Acht bis zehntausend Teilnehmer hatten sich dort versammelt. Neben einer Reihe anderer Redner verschiedenster Ansichten, sprach auch Wilhelm Schulz. Hatte der Heidelberger Student Brüggemann zum Volksaufstand aufgerufen und den Massen nahegelegt, die Aristokraten notfalls, wenn es nicht anders ginge, „an die Laterne" zu hängen, denn auf die Wohlhabenden und Reichen sei kein Verlaß, ließ Schulz sich nicht zu derartigen Äußerungen hinreißen. Er warnte allerdings vor der Reaktion, die der Volksbewegung nicht lange tatenlos zusehen, sondern „im Dunkel der Kabinette schon gemeinsame Maßregeln" verabreden und das „mit so schweren Opfern Errungene" wieder zunichte machen werde. In diesem Fall sollten die Bürger die gewählten Ständekammern einberufen. Falls die Regierungen sich weigerten, sei dies Vertragsbruch und müsse mit Steuerverweigerung beantwortet werden. Wichtig war ihm mitzuteilen, daß es in diesem Falle nicht genüge, den Widerstand gegen Verfassungsbrüche bloß in den Grenzen der „erlaubten Notwehr" zu leisten, sondern ihn so zu koordinieren, „daß er auch den genügenden Erfolg verbürge". Und schließlich forderte er die Opposition in den diversen landständischen Parlamenten auf, „zu allseitiger Verständigung in engeren, freundschaftlichen Verkehr zu treten". Schulz behielt recht. Schon wenige Tage später rollte eine Welle der Reaktion über Deutschland, die alle demokratischen Träume wie Seifenblasen zum Platzen brachte.

Nach dem Hambacher und dem Wilhelmsbader Fest war das bedeutendste Ereignis des Vormärz der „Sturm auf die Hauptwache" im April 1833, die eine neue Welle der „Demagogenverfolgung" nach sich zog. Ihr fiel auch Schulz zum Opfer. Wegen einer Veröffentlichung mit dem Titel „Rechnung und Gegenrechnung". Eine Arbeit, die heute von den Verfechtern des schlanken Staates gründlich studiert werden sollte, denn er hatte als wichtigste sparpolitische Maßnahme die Abschaffung des Adels und der stehenden Heere, dazu die Reduzierung der Zahl der Beamten gefordert und vorgerechnet, daß man mit dem eingesparten Millionen wahre sozialpolitische Wunder vollbringen könne. Das reichte. Schulz wurde verhaftet und angeklagt, das „Verbrechen der Majestätsbeleidigung und der beleidigten Amtsehre der Staatsbehörden" begangen zu haben.

Da er noch immer seine Offizierspension bezog, wurde er - obgleich längst Zivilist - vor das Darmstädter Kriegsgericht gestellt. Das Urteil: Fünf Jahre Festungshaft in Babenhausen, Entzug der Pension und Beschlagnahmung mehrerer seiner Schriften. Aber schon vom 30. auf den 31. Dezember 1834 war er wieder frei. Die von seiner Frau Caroline sorgfältig vorbereitete Flucht führte zum Erfolg. Eines der Mitglieder der von Georg Büchner in Gießen und Darmstadt gegründeten „Gesellschaft der Menschenrechte", die sich auch die Befreiung politischer Gefangener im Großherzogtum Hessen vorgenommen hatte, versteckte ihn. Dann floh Schulz zu Fuß ins Elsaß und lebte ein halbes Jahr, bis Juli 1835, in Straßburg.

Auch Georg Büchner mußte 1835 fliehen. Auch er ging ins nahe Straßburg. Dort hatte er zwischen 1831 und 1833 Medizin studiert und sich verlobt. Er war - weil es Pflicht war - nach Gießen zurückgekehrt, um sein Studium abzuschließen. Aber stattdessen hatte er konspirative Menschenrechtsgruppen gegründet und den „Hessischen Landboten" verfaßt, wurde verraten und mußte - wie viele andere, die Gefängnis, Folter und Tod zu befürchten hatten - Hessen wieder verlassen.

In Straßburg lernten sich das Ehepaar Schulz und Georg Büchner, kurz bevor Schulz aus Straßburg ausgewiesen wurde, kennen. Im

Februar 1848

Oktober 1836 waren sie in Zürich wieder vereint. Beide hatten eine Professur an der 1833 gegründeten Zürcher Universität erhalten, Schulz für „Statistik und allgemeine Verfassungskunde", Büchner für „Anatomie", beide wohnten sogar im selben Haus, auf derselben Etage.

Diese beiden Sozialrevolutionäre, der Verfasser des „Frag- und Anwortbüchlein" und der Verfasser des „Hessischen Landboten" verkörpern den zwischen den Karlsbader Beschlüssen und ihrer Neuauflage nach dem Sturm auf die Hauptwache im Jahre 1833 liegenden politisch-ökonomischen Fortschritt. Schulz vertrat zwar revolutionäre Ideen, praktisch aber war er ein Sozialreformer, der daran glaubte, die Klassengegensätze zwischen Reichen und Armen friedlich zum Ausgleich bringen zu können, also durch einen sozialen und demokratischen Staat, der für eine gerechtere Verteilung der Arbeitsergebnisse sorgt und somit die Revolution verhindert. Büchner vertrat dagegen frühkommunistische Vorstellungen und bejahte die soziale Revolution, die revolutionäre Gewalt, allerdings nur, wenn sie von den Massen der Armen getragen würde. Büchner anerkannte die Methode seines Freundes Schulz, mit Hilfe der Statistik und ihrer Interpretation die Massen besser und objektiver als mit jedem anderen Mittel aufklären zu können, aber er versuchte dies - zum Beispiel im „Landboten" - nicht mit dem Ziel, die Revolution zu verhindern.

Als Büchner im Februar 1837 tödlich erkrankte, wurde er bis zu seinem Tod von Caroline Schulz gepflegt. Wie Büchner von Schulz, so war auch Schulz von Büchner inspiriert worden. Schulz hatte die große dichterische Begabung seines jungen Freundes erkannt und ihm vor allem ist es zu verdanken, daß er nicht vergessen und - wenn auch erst sehr spät - als einer der größten deutschen Dichter entdeckt und anerkannt wurde. Nur vier Tage nach Büchners Tod, am

23. Februar 1937, starb, nachdem er zwei Jahre in Untersuchungshaft und unter Folter verbracht hatte, der Mitstreiter Büchners, Ludwig Weidig, im Darmstädter Gefängnis. Schulz vermutete Mord oder Totschlag und sammelte alle Dokumente, ließ Gutachten erstellen, um diesen mysteriösen Tod und die Schuld der Justiz aufzuklären. Er entfachte seit 1843 eine Kampagne, die in ganz Deutschland die Gemüter bewegte und Empörung gegen das System der politischen Inquisitionsverfahren und Geheimjustiz hervorrief. Der politische Flüchtling hatte schon 1839 seine Professur wieder aufgegeben und widmete sich von da an ganz seiner publizistischen Tätigkeit. Er kämpfte nicht nur gegen die deutsche Geheimjustiz, sondern er schrieb in dieser Zeit auch noch sein bedeutendstes Werk, nämlich „Die Bewegung der Produktion". Gestützt auf diese Studien gelang Karl Marx der Durchbruch zu einer neuen politischen Ökonomie und Gesellschaftsanalyse. Es enthielt in seinem ersten Teil über die „materielle Produktion" alle wesentlichen Gründzüge der Theorie, die später unter dem Namen historischer Materialismus Geistes- und Politikgeschichte machen sollte. Es war der Historiker Walter Grab, der in seinem Standardwerk über Wilhelm Schulz nachgewiesen hat, daß dessen 1843 in Zürich erschienenes Werk über die „Bewegung der Produktion" eine wichtige Inspirationsquelle von Karl Marx gewesen ist.

Hier wurden schon die Marx'sche Arbeitswertlehre sowie seine Akkumulation und Konzentrationstheorie vorformuliert, es wurden die Ursachen der Überproduktion und die mit ihr einhergehende Arbeitslosigkeit erklärt, aber auch schon die Folgen der Konkurrenz und der Monopolisierung privaten Kapitals aufgezeigt. Schulz stand auch positiv zur Opposition der Industriearbeiter gegen die besitzenden Gesellschaftsklassen. Was er entschieden ablehnte, war die revolutionäre Gewalt der unteren, der nichtbesitzenden Klassen gegen das Institut Privateigentum. Schon Büchner hatte im Privateigentum das größte Übel der Gesellschaft gesehen und war für Gemeineigentum eingetreten. Aber erst Marx erkannte die enteignende Logik der Kapitalkonzentration und zog daraus die bekannten Schlüsse. Er verdankte Wilhelm Schulz einen erstmals empirisch abgesicherten Einblick in diese Logik, aus dessen Werk er für seine Pariser Manuskripte ausführlich exzerpierte und das er im ersten Band des Kapital als „in mancher Hinsicht lesenswerte Schrift" zitierte. Er teilte freilich nicht die Überzeugung Schulz', durch eine breit angelegte Sozialgesetzgebung, durch staatliche Kontrolle zur Eindämmung marktwirtschaftlicher Auswüchse, durch Mitbestimmung und Gewinnbeteiligung (letztere eine Erfindung von Schulz) oder durch Teilhabe der besitzlosen Menschen am öffentlichen Leben, durch Volksaufklärung, staatliche Förderung der Volksbildung, der schulischen Erziehung, der Wissenschaften und Künste seien die Interessengegensätze zwischen Kapital und Arbeit soweit zu verringern, daß auf Dauer eine soziale Revolution vermieden werden könne.

Walter Grab über Schulz: „Diese Konzeption machte ihn zu einem der Väter des Reformismus und des Staatskultes." (S. 226) Marx ließ sich von Schulzens Seitenhieben gegen die kommunistischen Doktrinäre, die vor allem im zweiten Teil des Buches, das von der geistigen Produktion handelt, verstärkt verteilt werden, nicht irritieren. Er erkannte, daß Schulz einen neuen Weg zur Erklärung gesellschaftlicher Entwicklungsprozesse gefunden hatte und übernahm diesen methodischen Ansatz, ohne den zweiten Teil auch nur eines Wortes der Kritik zu würdigen.

Es lag in dieser Biographie begründet, daß Schulz im Jahre 1848 Mitglied der ersten Deutschen Nationalversammlung wurde. Zwischen den vielen bekannten Persönlichkeiten dieses Parlaments war

Schulz von eher mittelmäßigem Interesse. Hier unterschied er sich kaum vom Hanauer Wahlkreisvertreter, dem Tabakfabrikanten Rühl, der mit einem gut begründeten Antrag - allerdings erfolglos - die Nationalversammlung zur Selbstauflösung und zur Neuwahl bringen wollte. Mit Recht hegte Rühl schon nach kurzer Zeit starke Zweifel, ob die Abgeordneten noch das Volk repräsentierten. Ihm war alsbald klar geworden, was bis heute nur von wenigen begriffen wird, daß die Revolution von 1848/49 und die verfassungsgebende Paulskirchenversammlung - trotz ihres inneren Zusammenhangs - zwei völlig verschiedene, ja sich grundlegend widersprechende historische Ereignisse gewesen sind.

Schulz zeichnete sich aber - rückblickend - vor den meisten anderen hessischen und auch sonstigen Parlamentariern aus, weil er schon lange vor 1848 (und auch noch danach) als Prophet einer demokratischen und sozialstaatlichen Gesellschaftsordnung auftrat, die sich erst nach fürchterlichen Irrwegen der deutschen National- und Sozialgeschichte, durch militärische Niederlagen erzwungen, seit 1949 durchzusetzen begann. Schulz steht aus heutiger Sicht nicht nur für das Scheitern der Nationalver-

◆ *Robert Blum*

Die deutsche Nationalversammlung in der Paulskirche, Frankfurt a. M.

sammlung, sondern auch für den dann folgenden historischen Prozeß der Sozialdemokratisierung der deutschen Gesellschaft, ein Prozeß, der selbst die christdemokratischen Parteien und Teile der Kirchenrepräsentanten beider Konfessionen erfaßt hat.

In der Nationalversammlung zählte Schulz zur republikanisch-demokratischen Mitte und war stets bemüht, sich als entschiedenen Liberalen darzustellen. Allerdings stimmte er, als es zum Schwur kam, für die erbliche Monarchie.

Als Lebensaufgabe hatte er von früher Jugend an zwei Ziele verfolgt, für die er auch als Volksvertreter kämpfte: Das Volk sollte über die wirtschaftlichen, politischen und militärischen Probleme objektiv aufgeklärt werden, um über sein Schicksal mitbestimmen zu können. Sein Ideal war die bürgerlich-demokratische und sozialstaatliche Republik. Das Grundübel, an dem er ansetzte, war auch in seiner Parlamentsarbeit das Militär. Er setzte sich für eine grundlegende Militärreform ein, in deren Mittelpunkt die Abschaffung der stehenden Heere und der Wehrpflicht standen. Es sollte ein Freiwilligenheer, ein richtiges demokratisches Volksheer sein. Dazu gehörte auch die Volksbewaffnung, die es nach seiner Aufassung allen künftigen Regierungen unmöglich machen würde, das Militär zur Unterdrückung des eigenen Volkes zu mißbrauchen.

Mit statistischen Berechnungen und ökonomischen Argumenten hatte Schulz bewiesen, daß die traditionellen Armeen und die Rüstung die Staatshaushalte ruinierten und die Hauptschuld an Not und Elend der unteren Klassen trugen. Die soziale Revolution, die er sich vorstellte, bestand in Sozialreformen, aus einer umfassenden Sozialgesetzgebung. Es ging ihm offensichtlich eher darum, dem

Karikatur zu A. Rühls Antrag zur Auflösung der Nationalversammlung

drohenden Aufstand der niedergetretenen und niedergehaltenen Volksmassen vorzubeugen als ihr Elend wirklich zu beheben. Dazu paßt, daß er geradezu haßerfüllt gegen kommunistische Theoretiker und Theorien auftrat, ihnen sogar vorwarf, „Werkzeuge der Reaktion" zu sein. Gleichzeitig attackierte er das kapitalistisch-großindustrielle Ausbeutersystem der freien Konkurrenz, dem er vorwarf, den Armen und Ungebildeten nichts als das „leere Recht der Arbeit und des Erwerbs, nur den hohlen Titel des freien Staatsbürgers" zu bewilligen. (Walter Grab, S. 298)

Seinen Freiheitsbegriff entwickelte Schulz wahrscheinlich aus seinen Erfahrungen mit der Schweiz und seiner Beschäftigung mit den USA. Er entsprach jedenfalls dem Ideal eines demokratisch legitimierten, bürgerlich-parlamentarischen Sozial- und Wohlfahrtsstaates, in dem wirtschaftlich selbständige und aufgeklärte Kleineigentümer aktiv am öffentlichen Leben teilnehmen und ihre Geschicke selbst bestimmen sollten. Seine sozialrevolutionären Ideale mußten erreichbar sein, und seine Gesellschaftsordnung mußte der wahren Natur des Menschen entsprechen. Zu den notwendigen Rahmenbedingungen gehörten für Schulz unverzichtbar die Freiheit des Eigentums, der freie Austausch der Güter und der freie Handel. In den Anträgen und Reden, die Schulz in der Paulskirche hielt, schlugen sich diese Prinzipien nieder. Aber Schulz war innerhalb der Grenzen seiner bürgerlich-sozialdemokratischen Vorstellungen kein Prinzipienreiter.

Trotz seiner Abrüstungsvorschläge engagierte er sich - als es um die Sicherheit der an verschiedenen Grenzen bedrohte deutsche Nation ging - für die Vergrößerung der Armee und für militärische Einsätze. Obgleich es ihm immer um eine radikale Lösung der „sozialen Frage" zu gehen schien und er bereit war, für dieses Ideal das gleiche Schicksal wie die Kommunisten in Kauf zu nehmen, nämlich lebenslanges

Der Hessische Landbote.

Erste Botschaft.

Darmstadt, im Juli 1834.

Vorbericht.

Dieses Blatt soll dem hessischen Lande die Wahrheit melden, aber wer die Wahrheit sagt, wird gehenkt, ja sogar der, welcher die Wahrheit liest, wird durch meineidige Richter vielleicht ge aft. Darum haben die, welchen dies Blatt zukommt, folgendes zu beobachten:

1) Sie müssen das Blatt sorgfältig außerhalb ihres Hauses vor der Polizei verwahren;
2) sie dürfen es nur an treue Freunde mittheilen;
3) denen, welchen sie nicht trauen, wie sich selbst, dürfen sie es nur heimlich hinlegen;
4) würde das Blatt dennoch bei Einem gefunden, der es gelesen hat, so muß er gestehen, daß er es eben dem Kreisrath habe bringen wollen;
5) wer das Blatt nicht gelesen hat, wenn man es bei ihm findet, der ist natürlich ohne Schuld.

Friede den Hütten! Krieg den Pallästen!

Im Jahr 1834 siehet es aus, als würde die Bibel Lügen gestraft. Es sieht aus, als hätte Gott die Bauern und Handwerker am 5ten Tage, und die Fürsten und Vornehmen am 6ten gemacht, und als hätte der Herr zu diesen gesagt: Herrschet über alles Gethier, das auf Erden kriecht, und hätte die Bauern und Bürger zum Gewürm gezählt. Das Leben der Vornehmen ist ein langer Sonntag, sie wohnen in schönen Häusern, sie tragen zierliche Kleider, sie haben feiste Gesichter und reden eine eigne Sprache; das Volk aber liegt vor ihnen wie Dünger auf dem Acker. Der Bauer geht hinter dem Pflug, der Vornehme aber geht hinter ihm und dem Pflug und treibt ihm mit den Ochsen am Pflug, er nimmt das Korn und läßt ihm die Stoppeln. Das Leben des Bauern ist ein langer Werktag; Fremde verzehren seine Aecker vor seinen Augen, sein Leib ist eine Schwiele, sein Schweiß ist das Salz auf dem Tische des Vornehmen.

Exil, war er doch niemals bereit, kommunistischen Bestrebungen auch nur die geringste Daseinsberechtigung zuzuerkennen. Lieber ein Bündnis mit dem demokratiefeindlichen Adel als eine soziale Revolution, in deren Gefolge die Freiheit des Kapitals in Frage gestellt werden konnte. Diese Grundentscheidung des frühkapitalistischen Sozialreformers Schulz ist exemplarisch für den Geist der Paulskirchenmänner und ein wesentlicher Grund für das Scheitern des Paulskirchenparlaments und seiner Folgen.

Die Wirkungsgeschichte von Wilhelm Schulz zeigt, daß das Leben nicht nur diejenigen bestraft, die zu spät kommen. Schulz kam viel zu früh. Dies zeigt sein zweifaches Exilantenschicksal, seine als Mitglied der Nationalversammlung erlebte bittere Entäuschung, seine sehr späte Wiederentdeckung. Letztere begann - immer noch zu früh - in der Weimarer Republik. Erst 1948, nach mehreren gescheiterten Demokratieversuchen, nach Bismarck, Kaiser Wilhelm, schließlich Hitler, das heißt nach fürchterlichen sozialen Katastrophen, wirtschaftlichen und politischen Verbrechen und erneuter Niederlage

konnte endlich das antikommunistisch-sozialdemokratische, das sozialkapitalistische Deutschland, wofür Schulz schon 100 Jahre zuvor gekämpft hatte, verwirklicht und Mitglied der bürgerlich demokratischen Völkergemeinschaften werden. Freilich zum Preis einer erneuten Teilung der deutschen Nation und der zunächst notgedrungenen Anpassung an die bis 1945 als jüdische Erfindung denunzierte parlamentarische Demokratie. Nach der Wiedervereinigung hätte Wilhelm Schulz als Prophet des sozialdemokratischen Wohlfahrtsstaats erscheinen können, wären da nicht wieder altbekannte Zeichen an der Wand, die sein Ende möglich erscheinen lassen, noch bevor er sich im vereinigten Deutschland etablieren konnte. Hans See

Literaturhinweise:
1 Blum, Hans: Die deutsche Revolution 1848-49, Florenz und Leipzig 1897
2 Grab, Walter: Dr. Wilhelm Schulz aus Darmstadt - Weggefährte von Georg Büchner und Inspirator von Karl Marx, Büchergilde Gutenberg, ohne Jahr.
3 200 Jahre Brüder Grimm - Ihre amtliche und politische Tätigkeit, Kassel 1985.
4 Hans See, 400 Jahre Hanauer Wirtschafts- und Sozialgeschichte - Hanau als Grenzstadt. In: Auswirkung einer Stadtgründung - 400 Jahre Neustadt Hanau - 400 Jahre Wallonisch-Niederländische Gemeinde, Hanau 1997.
5 Hist. Museum Hanau (Hg.): Hanau im Vormärz und in der Revolution 1848/49

Wallonisch-Niederländische Kirche

Die Gründung des Deutschen Turnerbundes in Hanau 1848

Der Ausschuß der deutschen Turner hatte zur Bildung eines nationalen Verbandes im Paragraphen 2 seines Planes im September 1847 festgelegt, daß

„die deutsche Turnerschaft zum Zweck die sittliche und geistige Veredelung des deutschen Volkes, die Erringung von freien Regierungsprinzipien, Öffentlichkeit, Mündlichkeit, Pressefreiheit, kurz eines freien Deutschlands auf dem Wege der Volkserziehung oder anderer einzuschlagenden nötigen Wegen (habe)“.

Zu Beginn der revolutionären Bewegung von 1848/49 hatten die Bürger durch massiven Druck auf die Regierungen der meisten deutschen Partikularstaaten u. a. die Einrichtung eines deutschen Parlaments in der Frankfurter Paulskirche, sowie Schwurgerichte, Presse-

freiheit, Vereins- und Versammlungsrecht durchgesetzt.

Daraufhin hielt die Turngemeinde Hanau am 17. März 1848 eine Generalversammlung ab, in der beschlossen wurde, die Abgeordneten aller deutschen Turngemeinden auf den 2. April nach Hanau einzuladen.

Auch Friedrich Ludwig Jahn, der 1811 in der Hasenheide/Berlin den ersten öffentlichen Turnplatz einrichtete und mit diesem das Turnen schuf, Mitglied der Pauls-Kirche-Nationalversammlung und einer ihrer fünf Vizepräsidenten, war

Programm

zum

zweiten allgemeinen deutschen Turntage.

Hanau den 2. Juli 1848

1) Samstag den 1. und Sonntag den 2. Juli, Vormittags: **Empfang der Abgeordneten in der deutschen Volkshalle und Einweisung in ihre Wohnungen.**

2) Sonntag den 2. Juli, 10 Uhr Vormittags: **Vorberathende Versammlung in der deutschen Volkshalle.**

3) Nachmittags 2 Uhr: **Versammlung in der deutschen Volkshalle und Zug zur Sitzung in die wallonische Kirche** in folgender Ordnung:
  a. Eine Abtheilung der hiesigen Turngemeinde mit der Fahne.
  b. Die Ehrenmitglieder und Turnfreunde.
  c. Die Abgeordneten.
  d. Die übrigen Mitglieder der hiesigen Turngemeinde und die übrigen auswärtigen Turner.

4) **Sitzung.**

5) **Gesellige Vereinigung im Gasthaus zum Weidenbusch.**

6) Montag Morgen den 3. Juli, 5½ Uhr: **Zug auf den Turnplatz und Freiturnen.**

7) 9 Uhr: **Fortsetzung der Berathung in der Kirche.**

8) Nachmittag 2 Uhr: **Zug nach Wilhelmsbad.** Die bewaffnete Abtheilung der hiesigen Turner mit Waffen, Uebung desselben. Gesellige Unterhaltung am Wilhelmsbad. Heimzug 9 Uhr Abends.

Allgemeiner deutscher Turntag zu Hanau am 2. April 1848.

Samstag und Sonntag Vormittags bis 12 Uhr: Anmeldung der auswärtigen Turner im Saale des Neustädter Rathhauses und Einweisung in ihre Wohnungen; Vorberathung der Abgeordneten der verschiedenen Turngemeinden in der „deutschen Volkshalle."

Mittags 1 Uhr versammelt sich die sämmtliche Turnerschaft in denselben Räumen, die Mitglieder der verschiedenen Festausschüsse aber, sowie die Ehrengäste in dem großen Saale des Neustädter Rathhauses, wohin sich dann die Turner, nach ihren Gemeinden geordnet, begeben.

Um ½2 Uhr Versammlung auf dem Neustädter Markte; Ausschmückung der hiesigen Fahnen mit den deutschen Farben. Hierbei wird unter Musikbegleitung das Lied: „Brüder reicht die Hand zum Bunde ec." gesungen. Dann setzt sich der Zug zwischen dem von den verschiedenen bewaffneten Corps gebildeten Spaliere in folgender Ordnung in Bewegung:

1. Das Musikcorps der Bürgergarde,
2. eine Abtheilung hiesiger Turner,
3. die Hälfte der Mitglieder der Festausschüsse,
4. die Ehrengäste,
5. die Abgeordneten der Turngemeinden,
6. die auswärtigen Turner,
7. die andere Hälfte der Mitglieder der Festausschüsse,
8. die übrigen hiesigen Turner.

Der Zug geht rechts um den Neustädter Markt durch die Lindengasse bis an die französische Allee, schwenkt in dieselbe ein und tritt durch das Hauptportal auf der Westseite in die französische Kirche. Erst wenn derselbe in der Kirche ist, können die Zuhörer gegen Vorzeigung ihrer Eintrittskarten zugelassen werden.

Die Verhandlung beginnt mit dem Liede „Sind wir vereint zur guten Stunde ec.", dann wird ein Präsident gewählt, der die Verhandlungen leitet. Bei denselben hat jeder deutsche Mann das Recht, das Wort zu ergreifen. Die Abstimmung aber steht nur den Abgeordneten der Turngemeinden zu.

Abends um 7 Uhr findet Restauration im Theatergebäude Statt, zu welcher wegen Mangels an Platz zunächst nur die Ehrengäste, die auswärtigen und hiesigen Turner und die Gastgeber Eintritt haben. Letzteren werden die Eintrittskarten sowohl zur Berathung in der französischen Kirche, als in die Restaurationsräume eingehändigt werden. Bei der Restauration werden im Namen des Festausschusses zuerst 3 Toaste ausgebracht, dann ist das Wort frei.

Der Festausschuß.

nach Hanau gekommen und wurde zum Ehrenvorsitzenden dieses ersten deutschen Turnertages ernannt.

Unter dem Vorsitz des damals 22jährigen Theodor Georgii aus Eßlingen ist am 3. April 1848 der Deutsche Turnerbund gegründet worden.

Die politische Zielsetzung - ob deutsche Republik oder Monarchie, über die in der Nationalversammlung entschieden werden sollte - wurde von den Turnern leidenschaftlich verfolgt. So ist es zu erklären, daß auch nach der Gründung des neuen Bundes die Turnvereine keineswegs eine geschlossene politische Einheit darstellten.

Viele Vereine machten ihren Beitritt von einer Satzungsänderung abhängig. Deshalb wurde am 6. Juni 1848 im Interesse der allgemeinen Einigung ein zweiter Turntag auf den 2./3. Juli 1848 nach Hanau einberufen. Dazu hatten sich schließlich aus 150 Turngemeinden 180 Abgeordnete aus Bayern, Braunschweig, den drei Hessen, dem Ober-, Mittel- und Niederhein, Sachsen, Schwaben und Württemberg versammelt. Auch Jahn und einige andere Abgeordnete der Nationalversammlung waren anwesend. Am Morgen des 3. Juli wurden in der Wallonischen Kirche - dem Beispiel der Paulskirche folgend - der Mainzer Literat L. Bamberger (später langjähriges Mitglied des deutschen Reichstags) per Akklamation zum Vorsitzenden und Th. Georgii (ab 1868 Vorsitzender der Deutschen Turnerschaft) zu dessen Stellvertreter gewählt.

Schon zu Beginn der Verhandlungen war durch die eingebrachten Anträge zu Paragraph 2 der Beschlüsse des ersten Hanauer Turntags zu erkennen, daß der Turnerbund die demokratische Republik als die allein vernunftgemäße Regierungsform Deutschlands befürworten sollte. Nach stundenlanger,

kontrovers geführter Debatte setzten sich bei der Abstimmung die Turner (91:81) durch, die den Bund frei von Politik halten wollten.

Getrennt berieten die beiden Parteien weiter. Die Mehrheit der Abgeordneten blieb unter Georgiis Vorsitz in der Wallonischen Kirche,

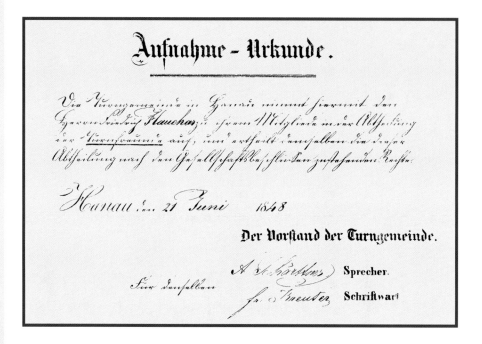

bestätigte mit wenigen Satzungsänderungen den Deutschen Turnerbund und wählte Marburg als vorläufigen Vorort, d. h. der Marburger Turnverein übernahm die Geschäftsführung des DTB.

Beschlüsse des Turntags zu Hanau vom 3. April 1848.

§. 1.

Die Turnvereine Deutschlands treten zu einem Bunde „der deutsche Turnerbund" zusammen.

§. 2.

Der Zweck des Turnerbundes ist, für die Einheit des deutschen Volkes thätig zu seyn, den Brudersinn und die körperliche und geistige Kraft des Volkes zu heben.

§. 3.

An der Spitze des Bundes steht ein Vorort, welcher jährlich gewählt wird. Der Vorstand dieses Vororts ist zugleich Vorstand des ganzen Bundes.

§. 4.

Die einzelnen Gemeinden organisiren sich zu Bezirksvereinen, zeigen ihre Constituirung dem Vorort an und erklären demselben ihren Beitritt zum allgemeinen Turnerbund.

§. 5.

Wer wegen Wechsel des Wohnorts direct von einem Vereine in den andern übertritt, bedarf keiner Aufnahme und zahlt kein Eintrittsgeld.

§. 6.

Die verschiedenen Vereine unterstützen sich gegenseitig nach Kräften; als Mitglieder eines und desselben Bundes stehen sie für alle ihre Angelegenheiten wie Ein Mann ein.

§. 7.

Der Wille der Mehrheit sey in allen Gesetz.

§. 8.

Jeder Verein hat für 10—50 stimmfähige Mitglieder eine Stimme; für die zwei nächsten 50 je eine Stimme weiter (also 150 haben 3 Stimmen;) für je weitere 100 eine Stimme mehr. Mehr als 6 Stimmen hat kein Verein (also 450 und mehr 6.)

Die einzelnen Vereine können Einem oder Mehreren ihre Stimme übertragen, ebenso können mehrere Vereine zusammen ihre Stimmen auf Einen vereinigen. —

§. 9.

Die Tagsatzung ist constituirt, wenn 2/3 der Mitglieder beisammen sind.

§. 10.

In dringenden Fällen ist der Vorort befugt, selbstständige Maßregeln zu ergreifen.

§. 11.

Als äußerliches Zeichen der Vereinigung der deutschen Turnvereine führt der allgemeine Turnerbund eine Bundesfahne, der Vorort ist im Besitz derselben.

§. 12.

Die Tagsatzung befiehlt den Bundesgliedern sich, so weit es ihnen möglich ist, zu bewaffnen. Die einzelnen Vereine sind gehalten, von ihrer Bewaffnung dem Vorort Nachricht zu geben.

§. 13.

Die Tagsatzung beschließt, mit der Redaction der deutschen Volkszeitung dahin zu unterhandeln, daß sie ein monatliches Beiblatt erscheinen lasse, welches die Interessen der deutschen Vereine vertrete. Die einzelnen Vereine verpflichten sich dagegen für das Abonnement von einem Exemplar dieser Zeitung.

§. 14.

Der Bund hat eine Kasse, deren Verwaltung dem Vorort zusteht. Jeder Verein zahlt für den Kopf jährlich 12 Kreuzer. Der Vorort legt jährlich der Tagsatzung Rechenschaft über die Verwaltung des Bundesvermögens ab.

§. 15.

Zum Vorort ist Hanau gewählt.

Statuten des deutschen Turnerbundes.

§. 1.

Die Turnvereine Deutschlands treten zu einem Bunde „der deutsche Turnerbund" zusammen.

§. 2.

Der deutsche Turnerbund hat den Zweck, einen Mittelpunkt für die turnerischen Bestrebungen der einzelnen Vereine zu bilden und dadurch für die Weckung des Brudersinnes und für die Kräftigung, Einigung und Freiheit des deutschen Volkes thätig zu seyn.

§. 3.

An der Spitze des Bundes steht ein Vorort, welcher jährlich gewählt wird. Der Vorstand dieses Vororts ist zugleich Vorstand des ganzen Bundes.

§. 4.

Die einzelnen Gemeinden organisiren sich zu Bezirksvereinen, zeigen ihre Constituirung dem Vorort an und erklären demselben ihren Beitritt zum allgemeinen Turnerbund.

§. 5.

Wer wegen Wechsel des Wohnorts direct von einem Vereine in den andern übertritt, bedarf keiner Aufnahme und zahlt kein Eintrittsgeld.

§. 6.

Bei Beschlüssen der Tagsatzung ist der Wille der Mehrheit Gesetz; zu Veränderungen der Satzungen sind jedoch 2/3 der Stimmenden nothwendig.

§. 7.

Je 300 Mitglieder haben bei der Tagsatzung 1 Stimme. Die Stimmen können übertragen werden, jedoch nicht mehr als 3 auf eine Person.

§. 8.

Die Tagsatzung ist constituirt, wenn 2/3 der Mitglieder beisammen sind.

Anhang.
Verwaltungsmaßregeln enthaltend.

1. Die vom Vororte im Interesse des Bundes gemachten Auslagen werden nach Köpfen auf die einzelnen Gemeinden vertheilt.

2. Jeder Bezirk wählt jährlich seinen Bezirksvorort, durch welchen alle Mittheilungen des Bundesvororts und die Beschlüsse der Tagsatzung an die einzelnen Gemeinden der betreffenden Bezirke gelangen.

3. Die Tagsatzung ermächtigt den Vorort, Vorkehrungen zu treffen, daß einige Zeitungen, wo möglich aus Nord=, Mittel= und Süd= Deutschland durch ein von Zeit zu Zeit erscheinendes Beiblatt Turnangelegenheiten ihre Spalten öffnen und sich wegen der näheren Bestimmungen mit den einzelnen Bezirken zu benehmen.

4. Zum provisorischen Vorort wird Marburg gewählt, bis Leipzig oder Dresden sich über ihren Beitritt zum deutschen Turnerbund und über Annahme der Vorortschaft erklärt haben. Leipzig geht dabei Dresden vor.

Nachricht. Ueber die Wehrfrage wird eine Eingabe an das Parlament abgehen, betreffend die allgemeine Volksbewaffnung.

Festlied.

Gesungen

in der Turnerversammlung zu Hanau

am 2. April 1848.

1.

Sind wir vereint zur guten Stunde,
Wir starker, deutscher Männerchor,
So dringt aus jedem frohen Munde
Die Seele zum Gebet hervor;
Denn wir sind hier in ernsten Dingen,
Mit hehrem, heiligem Gefühl,
Drum muß die volle Brust erklingen,
Ein volles, helles Saitenspiel.

2.

Wem soll der erste Dank erschallen?
Dem Gott, der groß und wunderbar
Aus langer Schande Nacht uns Allen
In Flammen aufgegangen war;
Der unsrer Feinde Trotz zerblitzet,
Der unsre Kraft uns schön erneut,
Und auf den Sternen waltend sitzet
Von Ewigkeit zu Ewigkeit.

3.

Wem soll der zweite Wunsch ertönen?
Des Vaterlandes Herrlichkeit!
Verderben Allen, die es höhnen!
Heil, wer ihm Leib und Seele weiht!
Es geh' durch Tugenden bewundert,
Geliebt durch Redlichkeit und Recht,
Stolz von Jahrhundert zu Jahrhundert,
An Kraft und Ehren ungeschwächt!

4.

Das Dritte, deutscher Männer Weide,
Am hellsten soll's geklungen sein!
Die Freiheit heiße deutsche Freude,
Die Freiheit führt den deutschen Reih'n;
Für sie zu leben und zu sterben,
Das flammt durch jede deutsche Brust,
Für sie den großen Tod zu werben,
Ist deutsche Ehre, deutsche Lust.

5.

Das Vierte, — hebt zur hohen Weihe
Die Hände und die Herzen hoch! —
Es lebe alte, deutsche Treue!
Es lebe deutscher Glaube hoch!
Mit diesen wollen wir bestehen,
Sie sind des Bundes Schild und Hort:
Fürwahr, es muß die Welt vergehen,
Vergeht das feste Männerwort.

6.

Rückt dichter in der heil'gen Runde,
Und klingt den letzten Jubelklang,
Von Herz zu Herz, von Mund zu Munde,
Erbrause freudig der Gesang:
Das Wort, das unsern Bund geschürzet,
Das Heil, das uns kein Teufel raubt,
Und Zwingherrntrug uns nimmer kürzet,
Das sei gehalten und geglaubt!

Arndt.

Die in der Abstimmung Unterlegenen zogen mit der Mehrheit der Zuhörer in die Deutsche Volkshalle um und gründeten dort den Demokratischen Turnerbund mit dem Vorort Hanau. Im Falle eines Verbotes sollte Worms Vorort sein. A. Schärttner aus Hanau wurde zum Sprecher und die Mainzer Zeitung, das bedeutendste Oppositionsblatt Hessens jener Zeit, zum Presseorgan gewählt.

Doch nach der Emigration A. Schärttners, des Führers des Hanauer Turnerbataillons im pfälzisch-badischen Aufstand im Frühsommer 1849, und anderer republikanisch gesinnter Turner über die Schweiz nach England und Amerika, war der Demokratische Turnerbund seiner Leitung beraubt und damit wirkungslos geworden.

Der Deutsche Turnerbund hat die Revolutionsjahre überstanden, ist nicht Opfer der rigiden Vereinsge-

Es hat sich die freudige Bereitwilligkeit von vielen Seiten kund gegeben, die den 1. k. M. hier eintreffenden fremden Turner gastfreundlich aufzunehmen.

Wir erlauben uns daher, diejenigen hiesigen Bürger, welche bei Förderung unseres Zweckes sich auf die angegebene Weise betheiligen wollen, dies, wegen der erforderlichen zeitigen Regelung, bei den Buchhändlern Herren König und Edler dahier einzeichnen zu wollen.

Hanau, den 23. März 1848.

Der Vorstand der Turngemeinde.

Namen der bis jetzt dem deutschen Turnerbunde beigetretenen Gemeinden.

Gemeinde	Mitglieder		Gemeinde	Mitglieder
Fulda	104 Mitglieder.		Ruhrort	36 Mitglieder.
Butzbach	35 "		Aschaffenburg	37 "
Gemünd	1200 "		Barmen	120 "
Runkel	52 "		Nackenheim	73 "
Marburg	200 "		Bodenheim	49 "
Offenbach	150 "		Schweinfurt	85 "
Eschersheim	24 "		Langen-Schwalbach	
Bockenheim	32 "		Cassel	200 "
Dresden	1700 "		Nürnberg	360 "
Limburg	230 "		Wertheim	80 "
Hadamar	46 "		Gießen	150 "
Darmstadt	350 "		Wetzlar	50 "
Homburg v. d. H.	130 "		Alzei	86 "
Friedberg	80 "		Braunschweig	200 "
Gelnhausen	68 "		Celle	100 "
Nieder-Ingelheim	42 "		Wolfenbüttel	100 "
Ober-Ingelheim	90 "		Bonn	30 "
Elberfeld	380 "		Würzburg	76 "
Horas	40 "		Dillenburg	90 "
Eltville	152 "		Babenhausen	42 "

setzgebung Preußens vom März 1850 und des Bundesreaktionsbeschlusses vom August 1851 geworden. Er hat sich nach 1860 in die in Coburg de facto gegründete Deutsche Turnerschaft übergeleitet.

Mit dem Präsidiumsbeschluß des DTB am 10. Dezember 1995 sind Gründungsort und -datum der ersten nationalen Turnervereinigung auf Hanau, dem 3. April 1848 festgelegt.

Harald Braun

„Turnvater Jahn" 1848 in Hanau -
Anlaß für ein kleines Pamphflet

Der verehrte Deutsche „Turnvater"…

Es gibt in deutschen Landen wohl keine Stadt oder Gemeinde, wo dem sogenannten „Turnvater Jahn" nicht eine Ehrung zuteil geworden wäre. Straßen, Plätze, Turnhallen, Schulen, Eichen und und und tragen seinen Namen. In fünf Jahren wird man wohl den 225. Geburtstag von Friedrich Ludwig Jahn feiern, in vier Jahren schon seines 150. Todestages gedenken. Eine Ehrung von Friedrich Ludwig Jahn anläßlich der Revolution von 1848/49 in Hanau wäre zuviel. Ihm ist in dieser Stadt der Ehre schon zuviel zuteil geworden: Seit 1902 tragen eine Straße, eine Gaststätte und eine Turnhalle seinen Namen; aus Anlaß des 150. Geburtstages steht seit 1928 an der Rosenau eine „Jahneiche".

…1848 in Hanau

Im Revolutionsjahr 1848 ist die Anwesenheit Jahns im revolutionären Hanau zweimal verbürgt. Im April 1848 hatte er noch bei dem 1. Deutschen Turnertag, den die Hanauer Turngemeinde ausrichtete, den Altersvorsitz inne. Zum Abschied von Hanau, am 14. April, feierten ihn die Hanauer Turner enthusiastisch. Er hatte sich wohl bis dato in der Frankfurter Nationalversammlung nicht zu Wort gemeldet. Er gehörte dort, wie Meyers Großes Konversations-Lexikon von 1905 berichtet, „zu den konservativsten Elementen der Versammlung, in der er nur selten, z. B. zur Befürwortung des erblichen Kaisertums mit preußischer Spitze, das Wort ergriff".

…und der Bruch mit den Hanauer Turnern

In dieser Frage kommt es bei der vom Hanauer Volksrat zur Aufklärung der Landbevölkerung am 4. Juni 1848 einberufenen Volks-versammlung in Bergen zum Bruch zwischen dem dort anwesenden Jahn und den radikalen Hanauern. Schärttner mit seinen Turnern - Republikanern und Demokraten - verzieh Jahn nicht seine Entscheidung in der Frage der Exekutivgewalt. Für sie gehörte er als Abgeordneter in der Paulskirche zu der äußersten Rechten. Und mit dieser hatten sie nichts am Hut. Das bekam Jahn, als er am Eröffnungstage des Turnerkongresses am 2. Juli 1848 in Hanau erschien, deutlich zu spüren. Man übersah ihn einfach. Diese Ablehnung ließ ihn alsbald verbittert die Stadt - „das rotschwärmende Hanau" - verlassen.

Später nur noch Ausfälle gegen die „Roten"

Mit Republikanern und Demokraten hat er in Zukunft gründlich abgerechnet. Überall im Westen Deutschlands ereiferte er sich gegen sie, die „Roten": „Leute der Nacht und des Nebels, deren Farbe darum die rote ist, weil sie überall den roten Hahn auf die Häuser setzen möchten…" Jahn weiter im Originalton: „eine Bande, so halb aus Taugenichtsen, halb aus Habenichtsen". Aber die „Meuterer" hatten kein Ohr mehr für ihn. - Er fand, wie er gestand, kein Echo mehr[1].

Gegen den Strich gebürstet: Der andere, unbekannte Jahn – Versuch einer „Annäherung"

Es ist nicht zu vermuten, daß die Hanauer Turner den wahren „Turnvater Jahn" gekannt haben, sozusagen: Jahn in seiner charakterlichen Gesamtheit. Der ist wohl

Wohnhaus von August Schärttner, Fischergasse, mit Gedenktafel F. J. Jahn.

Karikatur „Jahnus"

auch nicht mehr - wenn überhaupt - zu ermitteln. Angeregt für diese Zeilen hat den Verfasser die Allgegenwart Jahns im Stadtbild, seine relative Aktualität im Jubiläumsjahr der Revolution von 1848/49 in Hanau und - vor allem die Lektüre von zwei Zeitschriftenartikeln, die Jahn zum Gegenstand haben[2]. Trotz berechtigter Einwände gegen die Abteilung eines politischen Weltbildes aus einzelnen Äußerungen bleiben gewichtige Fakten. Aus der Reihung der ausgewählten Zitate von Jahn konnte wohl nur ein Pamphlet entstehen. Verstehen Sie's feuilletonistisch, als Impuls. Dabei kommt etwas anderes von Jahn zum Tragen. In den Schulgeschichtsbüchern findet sich nichts von diesem Teil der Persönlichkeit Jahns. Das rechtfertigt auch die hier durchgehaltene „Einseitigkeit".

Deutschtümelei und Germanomanie

Ohne „Turnvater" Jahn gäbe es auch das Wort „Turnen" nicht. Den Namen wählte er nur deswegen, weil er irrtümlich das althochdeutsche turnan (drehen) als «echt deutsches Grundwort» zu turnieren ansah, während es nur Lehnwort aus dem griechisch-lateinischen tornare (runden, drehen) ist[3].

In dem Essay „Ascher gegen Jahn" zitiert Peter Hacks den jüdischen Religionsphilosophen Saul Ascher,

der Jahn ein kleines Buch gewidmet hat: „.... es klingt schauderhaft. Jahn deutschte nicht nur die fremden, er deutschte auch die deutschen Wörter ein."

Doch es geht um mehr als nur Sprache. Die „Germanomanen" (Saul Ascher) beschrieben Deutschland und die Deutschen unter Verwendung absurder Begriffe wie „Urvolk", „Urstaat" und „Ursprache". Dem setzt Jahn in seinen „Runenblättern" noch eins drauf: Er ersetzt das rassische Merkmal des „Urvolks" und das höhere linguistische der „Ursprache" durch ein höchstes: „Volksthum". „Volksgenosse seyn, erfüllt mit Volksthum."

Für Jahn waren die Deutschen das einzig reinrassige und gleichsam naturgewollte Volk. Der Vorturner plädierte für planvoll-rassenmäßige Völkerzucht. Das heißt für Jahn: Notwendig ist nicht nur eine deutsche Turnjugend zur soldatischen Ertüchtigung im Sinne germanomanischer Kriegsromantik (à la Fichte), sondern auch eine deutsche Kleidung und eine deutsche Religion für das von ihm entdeckte deutsche Ewigkeitsvolk in Europa.

Zur Mode

Zur Mode meinte der „Turnvater": „Alle langdauernden Völker retteten sich vor der immerneuen

Wütherei durch eine Volkstracht", entwarf sie und schmückte sich mit ihr. Wegen dieser „Allgemeinen Volkstracht" passierte es ihm dann, daß man ihn des öfteren für einen russischen Popen oder einen Juden hielt.

Zur Religion

Wie andere Germanomanen strebte er die Gleichschaltung der christlichen Konfessionen in einer deutsch-völkischen Nationalkirche, die „Freigläubig einige Deutsche Kirche", an. Mehr noch: „Welches von allen noch lebenden Volksthümern dem reinen Christenthum am Meisten zusagt?" Eine rhetorische Frage. „Unmöglich wird das Endurtheil für ein anderes als für das echte, unverfälschte, menschheitliche Deutsche Volksthum ausfallen."

Zur Wiedervereinigung – Alt- und Großdeutschland

Deutschland kann sich Wiedervereiniger Jahn nur alt- und großdeutsch vorstellen. Berlin als Hauptstadt lag - wie andere Hauptstädte auch - für den Teutomanen Jahn falsch: „Teutonia, die Hauptstadt von ganz Deutschland, hätte liegen müssen an der Elbe, in einer schöngezeichneten Gegend, ungefähr auf dem halben Wege von Genf nach Memel; von Triest und

Postkarte

Fiume nach Kopenhagen; von Dünkirchen nach Sendomir. Wie ist Wiedervereinigung noch einmal möglich? ist - itzt - schwer zu sagen." „Allvater mag's walten!" Natürlich alles urdeutsche Städte! Jahn war eben «echt» alt- und großdeutsch. Aber die Deutschen sind und bleiben für Jahn ein „unvermischtes, naturgemäß lebendes, von undenklicher Zeit her eingewohntes Urvolk" in diesem Großdeutschland, für das Jahn lediglich die Schweiz, Ostfrankreich, die Niederlande, einen Teil Belgiens, Dänemark, Westrußland und Norditalien einfordert.

Zur Kultur

Entsprechend sind bei Jahn Geistesleben, Theater und Literatur. Eine Kostprobe: „Nur Gegenstände

scher Gedenktag etwa, wie Volksfestler Jahn ihn sich vorstellt: „Der Tag der Hermannsschlacht". Erraten? Und zuletzt: Bei aller Gleichheit der Turnerkleidung - Jahn «denkt» ständisch: Die „niederen Stände" sollen zur „Arbeitsliebe und Unthätigkeitsscheu" erzogen werden. Das braucht der „Geschlechtsadel" bei Jahn nicht.

Über Welsches

Wenn die Jahnsche Vorstellung von Kultur sich durchgesetzt hätte, hätte natürlich „jeder wälsche Gesang auf der Bühne aufgehört". Dafür tönt Franzosenhasser Jahn 1817 in Berlin bei einer Vorlesung: Wenn einer „seinen Töchtern Französisch lehren läßt, so ist das eben so gut, als wenn er ihnen die Hurerei lehren läßt".

Karikatur „Der Demokratenvertilger"

Burschenschafter und Turner Karl Sand den Autor eines der verbrannten Bücher, August von Kotzebue. Ein Zusammenhang ist - wenn auch immer wieder abgestritten - evident. 1823 befürchtet Heinrich Heine, daß bei einem Sieg der Jahnschen Demagogen „einige tausend jüdische Hälse, und just die besten abgeschnitten werden". Die Mordmaschinerie der Nazis erledigte das Problem mit den Juden im 20. Jahrhundert in damals unvorstellbar größeren Dimensionen gleich europaweit und mit technischer Perfektion.

„Mit der Geste wildester Fortschrittsmänner" als „Demokraten" in die Geschichte eingegangen...

In einer Untersuchung des Werkes des Schriftstellers Hartwig von Hundt-Radowsky (1779(?) - 1835) kommt der Historiker Peter Fasel zu dem recht abgesicherten und begründeten Ergebnis, daß dieser schon in den Anfängen des 19. Jahrhunderts (!) „zum Vater des modernen, eliminatorischen Antisemitismus geworden" sei. Ausgerechnet Hundt-Radowsky ist es aber, der 1819 in einer „Rechtfertigungsschrift" „sich und die Germanomanen um den inhaftierten Juden, diesen «rechtlichen, biedern Mann» von aller Verantwortung für staatsfeindliche Umtriebe reinzuwaschen gedachte" (P. Fasel). Ein recht dubioser Verteidiger also, wenngleich er in Walter Killys

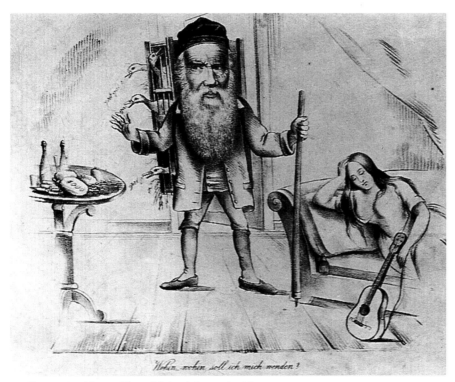

Karikatur „Wohin, wohin soll ich mich wenden?"

aus der Geschichte des Volkes" würden „ausschließlich aufgeführt." „Die Hermannsschlacht" u. s. w. „Es werde Regel und Gesetz, daß nur Jungfrauen u. s. w. dabei Rollen spielen." Reicht's? Dies noch: „Der Gegenstand der Volksfeste muß volksthümlich sein, nicht Freiheit, Aufklärung, Vernunft u. s. w." Ein vaterländi-

Antisemitisches – erste ahnungsvolle Vorzeichen

Jahn gilt als der eigentliche geistige Urheber der Burschenschaft, und „Wehe über die Juden ..." hieß es schon beim Wartburgfest der Burschenschaften 1817. Dort kam es auch schon zu einer ersten Bücherverbrennung. 1819 ermordete der

119

Literaturlexikon[4] („schon" oder noch?) als „engagierter Verfechter der bürgerlichen Freiheiten, Republikaner mit jakobinischer Tugendliebe" durchgeht. Das könnte ja auch unkritisiert so stehen bleiben, gäbe es von Hundt-Radowsky nicht die schlimmsten antisemitischen Hetzschriften. Er stilisiert sich zum Anhänger unveräußerlicher Menschenrechte und fordert gleichzeitig dazu auf, Juden und „Zigeunern" den Hals abzuschneiden. Eine „Volksfront von hinten" nennt Peter Hacks die Germanomanen, „einen rückwärtsgewandten, konformistischen Aufruhr, wobei sie, irritierend bisweilen, den Eindruck politischer Fortschrittlichkeit zu wecken suchten" (Peter Fasel). Ob bloße Taktik also (Hacks, Fasel) oder weitgehend unbewußter historischer Reflex, Abbild einer „Dialektik der Aufklärung" sei dahingestellt. Zeit(un)geist ganz bestimmt. Hier ist wohl mit Fasel von vielen Historikern eine nachträgliche Aufarbeitung des beginnenden Nationalbewußtseins zur Zeit der „Befreiungskriege" und der Folgezeit zu fordern, gelten doch überwiegend die von Ascher „Germanomanen" genannten als „Fortschrittsmänner", eben als gute Demokraten.

Diese Tatsache könnte mit eine Erklärung abgeben für die Ehrung Jahns 1902 in Hanau anläßlich seines fünfzigsten Todesjahres und den scheinbaren Widerspruch auflösen, daß die Hanauer Turnerschaft sich 1898 zur Fünfzigjahrfeier der Revolution von 1848 so demokratisch gab und nur vier Jahre später dem alten Demokratenhasser Jahn den Namen ihrer Turnhalle widmete.

Jahn - ein Rechter trotz oder wegen der Biographie?

Alfred Tapp stellt fest, daß Jahn „trotz" seiner Biographie („begeisterter Freiheitskämpfer", Verfolgter und Gefängnisinsasse in Preußen) nicht zur „Linken" gefunden habe. Warum auch? Seit 1825, aus der Festungshaft entlassen, brachte Ignaz Lorinsers Kritik an der körperlichen Schädigung der

Jugend durch den Schulunterricht 1836 Jahn wieder freies Aufenthaltsrecht, die Verankerung des Turnens im Unterricht allgemeines Ansehen in Preußen. Das preußische Militär brauchte gesunde, trainierte Rekruten, keine Krüppel. Mit dem Regierungsantritt Friedrich Wilhelm IV. erhielt er 1840 auch das ihm bis dahin vorenthaltene Eiserne Kreuz. Jahn auf dem Höhepunkt des Ruhms in Zeiten des neu entflammten Nationalismus gegenüber Frankreich. Jahn, der Patriot, dem der frühe, durchaus aufklärerisch geprägte Sprachgebrauch des Wortes „Patriotismus", bei dem Patriotismus und Kosmopolitismus nicht als Ge-

gensätze, sondern als Ergänzung und wechselseitige Verstärkungen gesehen wurden, zeitlebens fremd geblieben sein dürfte. Ist es vermessen zu vermuten, daß Jahn auch wegen seiner weiteren Biographie in der Paulskirche zu einem Vertreter der äußersten Rechten wurde?   Hubert Zilch

[1] Nach Alfred Tapp: Hanau im Vormärz und in der Revolution von 1848-1849, Hanau 1976

[2] Peter Hacks: Die Romantik von Reich und Rasse - dort auch die Jahn-Zitate im folgenden und Peter Fasel: „....sie durchaus zu vertilgen" (eine Untersuchung des Werkes des Schriftstellers Hartwig von Hundt-Radowsky), KONKRET 10/89 und 2/98. Jahn und Hundt-Radowsky waren miteinander bekannt.

[3] Meyers Großes Konversations-Lexikon von 1905, 19. Band, S. 836. Die Deutschtümelei Jahns.

[4] Band 6, München 1990

Gustav-Hoch-Straße/Ecke Kattenstraße

Die von Friedrich Ludwig Jahn (1778-1852) durch die Einrichtung des ersten öffentlichen Turnplatzes in der Hasenheide/Berlin 1811 initiierte Turnbewegung hat ab 1845/46 ihre einheitliche politische Zielsetzung aufgegeben. Diese war ursprünglich von Jahn im Streben nach Einheit und Freiheit in einer konstitutionellen Monarchie unter preußischer Führung vorgegeben worden.

Von einer gemeinsamen Politik aller Turner konnte aber anfangs 1848 nicht mehr ausgegangen werden. Sie waren in der Regel demokratisch, nach egalitären Grundsätzen organisiert und spiegelten in

Übung der Hanauer Turner

Die Turner und die Revolution 1848/49

ihrer Gesamtheit die politische und gesellschaftliche Situation Deutschlands unmittelbar vor der Revolution von 1848/49 wider.

Das heißt, allein in der Tatsache ihrer Gründung und in dem Bemühen, sich im nationalen Rahmen zusammenzuschließen, stellten die neuen, vormärzlichen Turnvereine ein revolutionäres Potential dar. Seit Jahren bestand der Wunsch, eine einheitliche Organisation aller deutschen Turnvereine zu gründen.

Inwieweit sich die Turner an der Revolution beteiligten, wird in der Geschichtsliteratur unterschiedlich bewertet. Vielfach fanden unter dem Deckmantel des Turnens Versammlungen und Zusammenrottungen mit Gewaltakten statt. Die Turnfeste in Heilbronn 1846, Heidelberg und Frankfurt 1847 sind als politische Foren auch von Nichtturnern mißbraucht worden.

Die Hattersheimer Turnversammlung vom 9. Januar des Revolutionsjahres ist beredtes Beispiel dafür. Die überwiegende Mehrheit der etwa 315 Teilnehmer - viel-

Der Kampf der 17 Tapferen Turner u: Freischäärer bei Kirchheimboland den 14.Juny 1849.

Aufgezogen von einem Augenzeugen A.G.

Kirchheimboland

fach Tagelöhner besonders aus Fechenheim und Bauern aus Bockenheim – sprachen sich unter dem Einfluß der „Maulturner" Blind aus Mannheim und Metternich aus Mainz offen für die Revolution aus, „selbst Dolch, Blut und Gift dürften nicht gescheut werden". Der Turner Ravenstein aus Frankfurt äußerte sich im Laufe der Versammlung, „daß er dieses Treiben nicht billigen könne (…) und das seien nicht die Zwecke, die er mit der Turnerei verbinde".

Die Turner, die sich in den vierziger Jahren des 19. Jahrhunderts zur größten Massenorganisation entwickelt hatten und sich politisch und gesellschaftskritisch äußerten, sahen die Volksbewaffnung als notwendig an, zumal man in den Waffenübungen eine her-

Niederlage der Kieler Turner und Studenten bei Bau

vorragende Ergänzung der körperlichen Ausbildung und in den Turnübungen eine wirksame Vorschule für den Kriegsdienst erblickte. So entstanden im Frühjahr 1848 in allen Turnvereinen des

Rhein-Main-Gebietes Turnerwehren, die anfangs noch ganz im Sinne Jahns - der schon immer die stehenden Heere durch die Volksbewaffnung ersetzt sehen wollte - für das Vaterland den wirksameren Schutz bedeuteten.

Tatsächlich zogen die Turner in den Kampf, während des Konfliktes mit Dänemark wegen dessen Annektierung Schleswig-Holsteins im Sommer 1848.

Am 27. März 1849 hatte die Paulskirchen-Nationalversammlung die Verfassung verabschiedet und einen Tag später den preußischen König zum „Kaiser der Deutschen" gewählt. Doch Friedrich Wilhelm IV. lehnte ab. Damit war das Verfassungswerk der Nationalversammlung gescheitert. Im Zuge der daraufhin erfolgten Reichsverfassungskampagne kam es in der Pfalz und in Baden zu Kampfhandlungen, bei denen sich besonders das Hanauer Turnerbataillon mit seinem Führer August Schärttner auszeichnete, aber letztlich der gut bewaffneten Staatsmacht unterlag.

Harald Braun

Freischaren und Turner in Wedelsheim, Pfalz

Die in der Nationalversammlung anstehenden Beratungen und Beschlußfassungen zur Reichsverfassung und des Reichsoberhauptes schienen nicht mehr im Sinne der Märzerhebungen lösbar. Die großdeutsche Lösung unter Einbeziehung der Habsburgermonarchie fand keine Mehrheit. Die kleindeutsche Lösung mit einem Erbkaisertum für den preußischen König erschien realistischer. Wenigstens das Ziel der Deutschen Einheit sollte durch den Zusammenschluß von Linken und konstitutionellen Monarchisten gerettet werden. In Form der Märzvereine sollten die Kräfte hierfür gesammelt werden. In Hanau bildete sich der Märzverein aus Mitgliedern des Turnvereins, des Arbeitervereins und des Demokratischen Vereins. Zur Konstituierung am 17. Dezember fanden sich auch andere Bürger und Mitglieder der Nationalversammlung ein. Der Lehrer Heinrich Roediger, derzeitiger Vorsitzender des Demokratischen Vereins, gab bekannt, daß sich weitere Zweigvereine in Friedberg, Gelnhausen, Schlüchtern dem Hanauer anschlossen. Der Hanauer Märzverein wies 1217 Mitglieder auf und wurde zum zentralen Ausschuß für ganz Kurhessen. Politisches Ziel sollte der Erhalt der künftigen Reichsverfassung werden. Am 21. Dezember wurden die in der Nationalversammlung beschlossenen Grundrechte des deutschen Volkes verkündet. Die kurhessische Regierung übernahm sie am 3. Januar 1849. Noch einmal fanden sich alle politischen Vereine Hanaus zusammen, um mit einem großen Fest am 7. Januar das Ereignis würdig zu begehen. Die Bürgergarde marschierte zur Parade auf, die Stadt war illuminiert worden, und ein Ball beendete das Fest. Der Politische Verein gedachte auch noch der kurhessischen Verfassung.

Am 28. März 1849 wurde die von der Nationalversammlung beschlossene Reichsverfassung verkündet, gleichfalls die Wahl des Preußenkönigs Friedrich Wilhelm IV. zum deutschen Kaiser. Gegen die Kaiserwahl stimmten nur zwei der kurhessischen Abgeordneten: Rühl und Förster. Große Erregung erfaßte die Bevölkerung, als der preußische König die ihm von der Nationalversammlung angetragene Kaiserwürde auch noch ablehnte. Österreich, Bayern, Sachsen und Hannover lehnten die Verfassung ab, 28 deutsche Staaten hatten sie anerkannt.

In Sachsen, im Westen und Südwesten Deutschlands begann sich der Widerstand zu regen. Selbstverständlich war auch in Hanau die Aufregung groß. Am 23. April trafen sich die Vorstände aller politischen Vereine der Stadt: Der Arbeiterverein, der Demokratische Verein, der Märzverein, der Politische Verein und der Turnerverein. Zum Präsidenten wurde der Lehrer

Der Turnerzug nach Baden

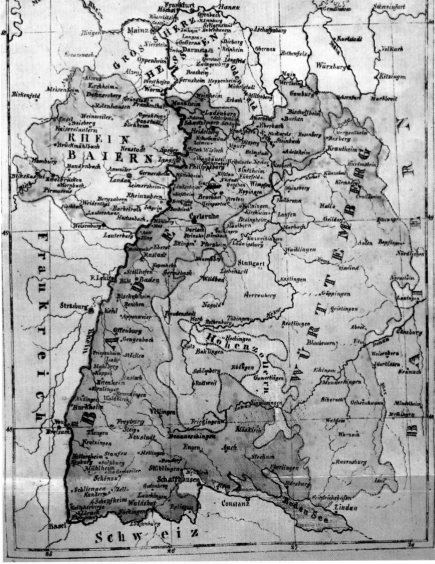

Der Kriegsschauplatz in Baden und Rheinbaiern.

Heinrich Roediger gewählt. In mehreren Versammlungen wurde über das weitere Vorgehen beraten. Lehrer Theobald hielt eine flammende Rede zur Verteidigung der Reichsverfassung, in der er sagte, daß selbst mit den Waffen in der Hand der deutschen Reichsverfassung Achtung zu verschaffen sei. Am Montag, dem 30. April einigten sich alle politischen Vereine der Stadt zur Aufstellung eines Freikorps zum Schutze der Reichsverfassung und des Wahlgesetzes. Ausschüsse zur Rüstung und zur Finanzierung wurden eingesetzt, 3000 Gulden sollten bei der Bevölkerung gesammelt werden. Tag und Nacht wurde exerziert, Kugeln gegossen, Patronen gemacht. Waffenfähige Männer wurden aufgerufen sich, für das Freikorps zu melden. Beschlossen worden war auch, daß ein Ausmarsch des Freikorps nur mit Zustimmung aller fünf politischen Vereine möglich sei. Offensichtlich auf Drängen Schärttners ließen sich die bereits gemeldeten Turner wieder aus der Freiwilligenliste streichen, die etwa 300 Namen enthielt. Der Handlungsspielraum für die Turnerwehr sollte wohl hiermit offengehalten werden.

Bereits am 20. April war der Club Donnersberg, die Angehörigen der äußersten Linken in der Nationalversammlung aus dem Märzverein ausgeschieden, darunter auch August Rühl. Aufgerufen wurde von ihnen nicht mehr zur Rettung der Reichsverfassung, sondern nun zur republikanischen Erhebung. Die Ereignisse eskalierten:

Die Revolution in Sachsen wurde mit Hilfe preußischer Truppen niedergeschlagen. Am 16. Mai brachte die Hanauer Zeitung endlich die ersehnte Meldung aus Baden: *Heute ist hier die Republik proklamiert worden!* Meldungen um bewaffnete Hilfe trafen aus der Pfalz und aus Baden ein. Eine Delegation Hanauer reiste zur Orientierung am 6. Mai nach Neustadt an der Haardt, Schärttner, Kämmerer und Roediger traten dort als Redner auf.

Die Darmstädter Kirschenfrau.

Die Nationalversammlung schrumpfte zum Rumpfparlament zusammen. Österreich, Preußen, die Erbkaiserlichen waren ausgeschieden. Die verbliebenen 200 Parlamentarier zogen nach Stuttgart, mit dem Dampfschiff fuhren sie am 1. Juni an Hanau vorbei. Flüchtige Aufständische aus Berlin und Sachsen zogen durch Hanau weiter nach Baden. Eine Abordnung der provisorischen badischen Regierung und Mitglieder der Nationalversammlung trafen in Hanau ein, um die Turnerwehr zum Ausmarsch zu bewegen. Am Abend des 1. Juni beschloß man im Deutschen Haus über den Marsch der bewaffneten Turnerwehr nach Baden. Roediger wurde die Kriegskasse ausgehändigt. Am folgenden Abend rief Schärttner die in der Deutschen Volkshalle versammelten Turner zum Ausmarsch auf, der aus Sicherheitsgründen noch am selbigen Abend stattfinden müsse. Gegen $^3/_4$ 10 Uhr nahmen der größte Teil der Turner, Mitglieder der

Bürgergarde sowie Arbeiter und Handwerker in der Kastanienallee, also außerhalb des damaligen Hanau, Aufstellung. Die etwa 260 Mann marschierten über Neuwirtshaus, Großauheim nun mainaufwärts, um möglichst bald badisches Gebiet zu erreichen. Die Großauheimer Bauern verweigerten den Turnern ihre Wagen zum Transport. Der Repositar Carl Zick hielt es für seine vornehmste Untertanenpflicht, am folgenden Tag, sonntags mit dem ersten Zug nach Frankfurt zu fahren, um den Abmarsch dem Generalleutnant der Reichstruppen zu melden. Da erst am nächsten Abend die fast 900 Mann starke mobile Reichstruppe aus Frankfurt aufbrach, konnte sie die Hanauer nicht mehr aufhalten. Die Hanauer Truppe bestand aus drei Kompanien unter Führung August Schärttners, militärischer Führer war der polnische Offizier Eduard Wojnicki, Kompanieführer waren Friedrich Engel, Christian Lautenschläger, Bernhard Una

(Bruder des Gottfried Una). Über Walldürn zog die Turnerschar nach Mosbach. Der Lehrer Roediger besorgte in der Regel Transportwagen, Unterkünfte und Verpflegung und bezahlte ordentlich aus der Kriegskasse. Meist wurden die Hanauer freundlich von der Bevölkerung empfangen.

In Neckargemünd wurde ein Zug Heilbronner Turner, etwa 60 Mann, in die Hanauer Turnerwehr eingegliedert und noch 20 Nachzügler kamen aus Hanau dazu. Nun war die Truppe ca. 360 Mann stark. Die genauen Mannschaftslisten, die geführt wurden, sind zur Sicherheit vor Verfolgung später vernichtet worden.

In Schönau wurden die Hanauer Kompanien anderen Truppenteilen zugeordnet, was auf erhebliche Mißstimmung stieß, denn schließlich war man gemeinsam ausgezogen. Aufgrund der Bedrohung durch starke preußische Truppen sollten die aufständischen Streitkräfte gesammelt werden. Die Hanauer Truppenteile trafen über Sinsheim und die anderen über Hirschhorn wieder in Neckargemünd zusammen. In Hirschhorn hatte sich die 1. Kompanie der Turnerwehr ein Gefecht mit Reichstruppen des 3. kurhessischen Infantrieregiments geliefert, in dem sie erfolgreich das dortige Schloß gegen die Übermacht verteidigten. Welche Ironie des Schicksals, denn dieses Regiment war einst in Hanau stationiert gewesen. Aufgrund der Septemberkrawalle von 1830, als Soldaten dieses Regiments auf Hanauer schossen, war es in der Stadt besonders gehaßt. Bei der Besetzung des Schlosses fingen die Hanauer einen Spion. Eine Bauersfrau bot der Besatzung Kirschen zum Kauf an, zeigte aber lebhaftes Interesse an militärischen Dingen. Schließlich zog man die vermeintliche Bauersfrau aus und entdeckte einen verkleideten darmstädtischen Offizier.

Über Heidelberg zog die etwa 470 Mann starke Turnerwehr am 19. Juni in die Schlacht bei Waghäusel. Am 21. Juni begann das Gefecht, das die Wende des Krieges herbeiführte. Die Reichstruppen konnten zunächst aus Waghäusel vertrieben werden. Der französisch-polnische General Ludwig Mieroslawski war dem Irrtum erlegen, das gesamte preußische Armeekorps geschlagen zu haben, tatsächlich war es nur die 1. Division. Als die 4. Preußische Division noch auftauchte, mußten die aufständischen Truppen den Rückzug antreten.

Die Niedergeschlagenheit, die sich unter den Kämpfern breit machte, ließ etliche die Flucht in die Heimat antreten. In Hanau erschienen wieder 60 bis 70 unbewaffnete Turner. Die verbliebene Volksarmee, unter ihr auch die restlichen Hanauer Turner, zog über Sinsheim, Bretten, Durlach, Karlsruhe nach Rastatt. In den Orten der Umgebung bezogen die Truppen Quartier. Die überlegenen Preußischen und Reichstruppen besiegten die Badisch-Rheinpfälzische Armee an der Murg. Mit dem Fall der Festung Rastatt am 23. Juni war die Deutsche Revolution endgültig verloren.

In den Kasematten von Rastatt gingen viele der gefangenen Freiheitskämpfer elend zugrunde. Die verbliebenen Hanauer Turner zogen über Offenburg, Freiburg, Lörrach in die Schweiz. Beim Grenzübertritt lieferten sie in Basel alle Waffen ab, die später die Hanauer Stadtverwaltung als ihr Eigentum zurückforderte. 1852 kamen sie

Die Schlacht bei Waghäusel, 1849.

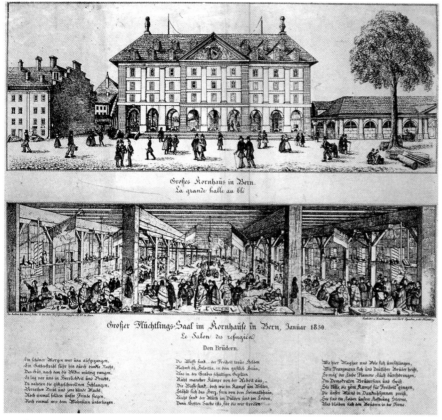

Großer Flüchtlings-Saal im Kornhause in Bern, Januar 1850.

Turnerzug soweit dies möglich war. Am 14. Dezember 1849 trafen sich die Beteiligten, um ihre Einlassungen bei den Vernehmungen abzusprechen. Der Stab der Turnerwehr blieb sicherheitshalber im Ausland. Nachdem die Verantwortlichkeit und Zuständigkeit zwischen den kurhessischen Justizbehörden hin- und hergeschoben worden war, konnte im September 1856 Klage gegen 203 Beschuldigte erhoben werden. Gegen 130 Beteiligte war das Verfahren bereits eingestellt. Die Klageerhebung berief sich auf den Tatbestand des Hochverrats. Der Anklagesenat in Fulda wies die Anklage wegen Hochverrats bis auf 48 Beteiligte ab und gab das Verfahren an das Hanauer Gericht. Unter den anzuklagenden Personen befanden sich: August Schärttner, Christian Lautenschläger, Heinrich Roediger, August Philipp Schleißner. Gleichzeitig regte der Anklagesenat beim Justizministerium an, die Sache niederzuschlagen, da fast acht Jahre vergangen seinen. Verwiesen wurde auch auf die im Verhältnis bereits entstandenen hohen Kosten und die mögliche Stimmung,

tatsächlich in Kisten in Frankfurt an, 200 Gulden Eingangszoll mußten bezahlt werden. Über den weiteren Verbleib der Waffen ist nichts mehr bekannt geworden.

Die am 5. Juli 1849 beim Grenzübertritt gezählten 236 Mann der Hanauer Turnerwehr wurden im Kornhaus in Bern untergebracht. Die Hanauer unterstützten ihre Freunde und Verwandten in Bern durch Spenden und Sachleistungen. Sammlungen wurden in der Stadt durchgeführt. Im August besuchte sie der ehemalige Lehrer Heinrich Roediger und Jacob Koch, Wirt des Deutschen Hauses. Diejenigen Hanauer, welche sich unbelastet fühlten, traten die Heimreise an. Andere, die eine Verhaftung erwartete, ließen sich in der Schweiz nieder. Ein Teil der politisch Verfolgten zog über Paris nach London oder von dort nach Amerika.

Relativ spät begann die kurhessische Justiz die Verfolgung der Turner. In Hirschhorn waren Namenslisten der Hanauer Turner entdeckt worden, so daß konkret gegen die aufgeführten Personen Verneh-

mungen durchgeführt wurden. Begreiflicherweise leugneten die Beschuldigten ihre Teilnahme am

„Er behauptete eine natürliche Gleichberechtigung aller Menschen, und sprach von Rechten, welche Jeder auf seines Leibes und Lebens Nothdurft habe. Durch solche verderbliche Lehren reizte er die niedern Stände, die Unglücklichen und Armen zur Unzufriedenheit mit der bestehenden Ordnung und zur Empörung gegen die von Gott eingesetzte Obrigkeit."

die bei einer Verhandlung entstehen könnte. Das Justizministerium konnte sich jedoch nicht zur Aussetzung der Klage entschließen. Letztlich wurde gegen 43 Hanauer Turner das Verfahren in der Stadt eröffnet, wegen des Besucherandrangs wurden die Verhandlungen in den Rathaussaal gelegt. Von den 43 Angeklagten erschienen 21, die alle vom Schwurgericht freigesprochen wurden. 22 der nicht erschienen Angeklagten wurden zu Haftstrafen von 8 bis 3 Jahren verurteilt, darunter erhielt Schärttner

ten und Kultur verbreiteten sie in den Regionen in denen sie sich niederließen. Deutsche Zeitungen entstanden. Schulturnen, Kindergärten, Gesangs-, Turn- und Arbeitervereine gründeten sie ebenso wie Biergärten und Brauereien. Obwohl die meisten politisch verfolgten Deutschen der Demokratischen Partei Nordamerikas zuneigten, unterstützten sie den Kampf der Union zur amerikanischen Einheit und der Abschaffung der Sklaverei. So waren die Deutschen Forty-Eighters nicht nur Soldaten im Sezessi-

sten amerikanischen Turnverein. Sein Mitstreiter Gustav von Struve war von 1851 bis 1863 in Amerika.

Gustav von Struve war die zweite demokratisch-republikanische Symbolfigur. Viermal war er inhaftiert worden. In der Bundesfestung Rastatt saß er wegen des *Struveputsches* von Oktober 1848 bis Mai 1849 ein. Seine Frau Amalie kämpfte für die gleichen politischen und sozialen Ideale wie ihr Mann, was ihr ebenfalls eine Haftstrafe einbrachte. Mit Amalie Struve ist neben der Masse der unbekannt gebliebenen Frauen eine der tatkräftigen Frauen der revolutionären Bewegungen öffentlich bekannt geworden. Das Ehepaar war nach den gescheiterten Aufständen gezwungen nach Amerika zu fahren. Mathilde Franziska Anneke, Schriftstellerin, gab die *Neue Kölnische Zeitung* nach ihrem Verbot als *Frauenzeitung* heraus. Sie nahm aktiv an den Pfälzisch-badischen Kämpfen teil. Gefangen in der Bundesfestung Rastatt gelang ihr zusammen mit ihrem Mann die Flucht nach Amerika. In Milwaukee gab sie die Deutsche Frauen-Zeitung heraus. Vom April 1849 bis 1852 gab Louise Otto die Frauen-Zeitung heraus. Eine weitere aktive Kämpferin war Emma Herwegh, Ehefrau des Dichters Georg Herwegh. Aus dem Pariser Exil der deutschen Emigranten, versuchte er den bewaffneten Aufstand seiner Deutschen Legion im April 1848 in Baden. Seine Frau führte die Verhandlungen mit Friedrich Hecker. Nach dem gescheiterten Kampf mußte das Ehepaar in die Schweiz fliehen.

Gustav Struve und Frau Amalie.

die Höchststrafe. 1860 wurde Schleißner, in Nordamerika, und vier weiteren Emigranten vom Kurfürsten Straferlaß gewährt.

Die führenden Köpfe der revolutionären Bewegungen in Deutschland waren zur Flucht gezwungen, um ihrer Verhaftung zu entgehen. Die meisten wanderten nach Nordamerika aus. Als Forty-Eighters bezeichnet, brachten es einige dort zu Wohlstand und großem Ansehen. Deutsche Lebensgewohnhei-

onskrieg, sondern führende Offiziere geworden. Nach den gescheiterten europäischen Freiheitskämpfen 1848/49 erschien vielen der Sieg der Union im amerikanische Bürgerkrieg als erfolgreicher zweiter Freiheitskampf. Carl Schurz, der aus der Festung Rastatt entkommen konnte, wurde späterer Innenminister der USA. Die republikanische Symbolfigur Friedrich Hecker wurde Farmer, Redner der Republikaner und Oberst und gründete in Cincinnati den er-

Die Nationalversammlung in der Paulskirche Frankfurts war eine reine Männerversammlung. Die Forderungen nach bürgerlichen Freiheiten betrafen in erster Linie wieder die Männer. Das Recht auf Freiheit des eigenen Handelns und der Person, unabhängig von einem Mann, und das Recht auf Bildung waren grundlegende Forderungen der Frauen zur Gleichstellung.

Richard Schaffer-Hartmann

Erinnerung an die Hanauer Freischaren am 12. März 1848 „Ein einiges freies Deutschland hoch!"

Der Freischarenzug des Lehrers Roediger -

Chronik einer nichtgenehmigten Reise und ihrer Folgen

Unter den mehr als 500 namentlich bekannten Teilnehmern des Hanauer Freischarenzugs befand sich neben einer überwiegenden Anzahl Handwerker und Fabrikarbeiter auch der Lehrer H.A.Roediger. Er hatte den Mut - oder die Unbedachtheit - aufgebracht, ohne behördliche Erlaubnis seinem Dienst fernzubleiben und sich dem Zug anzuschließen. Die Folgen konnten nicht ausbleiben. Obwohl er, wie alle Teilnehmer, die sich dem Gericht stellten, freigesprochen wurde, verlor er seine Anstellung, seine zunächst genehmigte Privatschule wurde am 23. November 1852 polizeilich geschlossen und Roediger emigrierte nach Genf: „Die Unmöglichkeit, in meinem Vaterlande - Kurhessen - dem Berufe ferner zu leben, den ich aus Neigung gewählt habe und dem ich bisher mein Leben gewidmet, hat mich bestimmt, mit meiner Erziehungsanstalt für Knaben nach Genf überzusiedeln. Die Ausführung meines Entschlusses wurde mir durch das große Vertrauen meiner Mitbürger und die Anhänglichkeit meiner sämtlichen bisherigen Zöglinge sehr erleichtert, indem vierundzwanzig derselben und einige meiner früheren Mitarbeiter mich hierher begleiteten".

Aber lassen wir die Beteiligten selbst zu Wort kommen:

Urlaubsgesuch Roedigers an den Kurfürstlichen Schulvorstand (2.Juni 1849):

„Eine für mich höchst wichtige Angelegenheit nötigt mich, plötzlich zu verreisen. Voraussichtlich kann meine Abwesenheit nur kurze Zeit dauern.

Zur Stellvertretung und Übernahme meiner Lehrstunden habe ich dem Lehrer Hammerschmidt Anleitung und Auftrag gegeben unter der Voraussetzung, Kurfürstlicher Schulvorstand werde aus Rücksicht auf die Dringlichkeit und Wichtigkeit der Angelegenheit mir sowohl die Gewährung meiner Bitte um einen 14tägigen Urlaub als die Gutheißung der vorläufig angeordneten Stellvertretung nicht versagen. gez. Roediger."

Bericht des Schulvorstande zu Hanau an die Bezirks-Direktion (5.Juni 1849):

„In dem hier angegebenen vom 2.Juni datierten, am Sonntag, dem 3.Juni, anhier abgegebenen Gesuche des Lehrers Roediger bittet derselbe um einen Urlaub von 14 Tagen zu einer Reise und zugleich um Genehmigung seiner vorläufig getroffenen Anordnung zur Versorgung seiner Lehrstunden durch den Lehrer Hammerschmidt.

Der Schulvorstand hat darauf gestern Röder beauftragt, bis auf weitere Verfügung die Hilfe des Lehrers Hammerschmidt in Anspruch zu nehmen und überhaupt zur einstweiligen Versorgung des betreffenden Unterrichts das Angemessene zu tun, bezüglich des Urlaubsgesuchs aber beschlossen, an Kurf. Bez. Direktion zu berichten.

Zur Erledigung des Auftrags vom 4.d.M. kann der Schulvorstand aus Mangel näherer Kenntnis über den Zweck und andere Umstände der Abreise des Lehrers Roediger eine zuverlässige Mitteilung nicht machen, und der zur Auskunfterteilung aufgeforderte Schulinspektor Röder gibt dahin eine Erklärung ab, daß er zwar früher von Lehrer Roediger die Absicht zur Beteiligung an dem Auszuge eines Freikorps vernommen, ihn auch deshalb die ernsthaftesten abmahnenden Vorstellungen gemacht habe, jedoch habe Lehrer Roediger bei der erfolgten Abreise ihn vorher nicht in Kenntnis gesetzt und wisse er nur aus den Behauptungen des Publikums, daß derselbe am 2.Juni in Gesellschaft einer Anzahl Turner von hier abgereist sei. gez. Röder."

Aus dem Protokoll der Kurf. Bezirks-Direktion Hanau (8. Juni 1849):

„Beschluß: Der Schulvorstand hat dem Lehrer Roediger - nötigenfalls durch dessen Angehörige - zu eröffnen, daß dem Urlaubsgesuche nicht zu willfahren stehe, sowie daß er schleunigsts seinen Dienst wieder anzutreten habe, widrigenfalls der ihm erteilte Auftrag zur Versehung einer Lehrstelle zurückgezogen werden müßte.

Nach Verlauf von 8 Tagen ist sodann anzuzeigen, ob Roediger wieder in sein Dienstverhältnis eingetreten sei oder nicht. gez. Rothe."

Bericht des Schulvorstandes an die Kurf. Bez. - Direktion (19.Juni 1849):

„In Befolgung des Beschlusses vom 8.d.M. haben wir dem Lehrer Roediger eine Abschrift des Beschlusses zugehen lassen, worauf er unmittelbar nach Empfang der Weisung sofort anher zurückgekehrt ist und heute vormittag seine Unterrichtsstunden in der Realschule wieder begonnen hat.

Daß diese Mitteilung wegen Unkenntnis seines Aufenthaltes erst am 14.d.M.mit sicherer Gelegenheit von hier abgehen konnte, wollen wir zur Beurteilung des Sachverhaltes hier nicht unbemerkt lassen. gez. Röder."

Bericht des Schulinspektors an den Kurf. Schulvorstand (22.Juni 1849):

„Unterm 23.Mai d.J. schrieb mir Herr Kaufmann Ch.J.Lossow, daß er seine zwei älteren Knaben aus der Realschule zurückziehe, und gab als Grund für diesen Schritt an: Herr Roediger habe in einer französischen Unterrichtsstunde bei Anlaß, daß im Übungsbuche mehrmals das Wort „Fürst" vorkam, sich zu sagen erlaubt: derjenige, welcher das Buch geschrieben, sei ein Esel, denn anstatt Fürst hätte er doch ebensogut andere Wörter, so z.B Schweinehirt setzen können.

Auf diese Anzeige und Beschwerde forderte ich Herrn Lehrer Roediger zur schriftlichen Berichterstattung über den Inhalt jener Anzeige auf, und derselbe gab mir schriftlich die Erklärung ab:

„Die Tatsache ist richtig, nur die Auffassung nicht. Ich sagte wie folgt: der Name Fürst kommt ständig, wir wissen ja, wie das auf Französisch heißt, aber Krämer, Schweinehirt und andere Hauptwörter, die deshalb passender hier stehen würden, findet man nicht" (Roediger).

Da Herr Roediger im wesentlichen die Inhalte der Beschwerde als richtig zugab, so machte ich ihm einen ernst verweisenden Vorhalt. Bei diesem Anlaß versicherte er, es sei ihm diese Äußerung zufällig und gewiß zum erstenmal entfallen, er sehe ein, daß er unrecht getan und bedaure es, wolle mir auch versprechen, sich künftig keiner ähnlichen Mißgriffe schuldig zu machen. Auf dieses Schuldbekenntnis ließ ich die Sache auf sich beruhen, zumal auch vor anderen Lehrern Herr Roediger bekannte, daß seine Äußerung ein Mißgriff gewesen sei. gez. Röder."

Bericht des Schulvorstandes an die Kurf. Bez.Direktion (29.Juni 1849):

„Auf die an den Lehrer Roediger unter 26.d.M. erlassene Aufforderung, sich über seine ohne Urlaub

unternommene Abreise und Entfernung von seinen dienstlichen Pflichten schriftlich zu rechtfertigen, hat derselbe die hier angegebene Eingabe bei uns eingereicht. Röder."

Bericht Roedigers an den Kurf. Schulvorstand (28.Juni 1849):

„Schon seit längerer Zeit beabsichtigte ich, meinen Schwager und meine Schwester Dr.Pelissier und Frau zu Genf zu besuchen, um dort ein Geschäft abzumachen, was nur durch meine Gegenwart erledigt werden kann, und hatte mir zuletzt vorgenommen, dies Vorhaben in den Sommerferien d.J. auszuführen. Am 2.Juni wurde ich indes durch ein unerwartetes Ereignis zum sofortigen Antritt dieser Reise unter Verbindung eines anderen Zweckes mit derselben bestimmt. Ich erfuhr an diesem Tag, daß das zur Unterstützung des Kampfes für die Reichsverfassung dahier ausgerüstete Freikorps an demselben Abend ausrücken werde. Am Nachmittag kamen mehrere Freunde zu mir und baten mich, dem Zug vorauszureisen, um für die Leute desselben Quartier und Verpflegung zu bestellen, damit sie niemandem unerwartet kämen und es jedem freigestellt bliebe, ob und für welchen Preis er Leute des Zuges bei sich aufnehmen wolle oder nicht. Bis zu jener Stunde hielt ich mich, obgleich von der Rechtmäßigkeit eines bewaffneten Eintretens für Ausführung der Reichsverfassung - wie jetzt noch - durchdrungen, doch durch meine speziellen Dienstpflichten für verhindert, mich an besagtem Zug zu beteiligen, ich lehnte deshalb das Anliegen zunächst ab. Da mir indes die Versicherung ward, daß durchaus niemand sonst für die Ausführung des bezeichneten Geschäfts zu finden sei und es mir einleuchtete, daß nur durch dessen Vergabe in zuverlässige Hände jede Verletzung der Freiheit, auch jede Scheu vor Gewalt oder Einschüchterung vermieden werden könne, so ließ ich mich zuletzt zur Übernahme des Auftrags bereitfinden

und beschloß zugleich in der Besorgnis, es möge mir eine solche Tätigkeit vielleicht nachteilig ausgelegt werden, meine Abwesenheit hiernächst mit meiner oben erwähnten Reise nach Genf zu entschuldigen, zu welchen Zwecken ich mir auch einen Paß nach Genf ausstellen ließ, um mich dann nach zum Vollzug des bezeichneten Auftrages erforderlichen wenigen Tagen wirklich nach Genf zu begeben. Nachdem der Zug mit dem 3. Tage auf badischem Gebiet angelangt, womit meine Tätigkeit beendet war, ließ ich mich abends durch einige Freunde bestimmen, meine beabsichtigte Reise nach Genf aufzugeben und ihren persönlichen Bedürfnissen an Wäsche, Kleidungsstücken und dergleichen meine fernere Tätigkeit zuzuwenden und verbrachte in Begleitung des Korps noch weitere 8 Tage bis zum 13. Juni in Waldmichelbach und Neckargemünd. Dann begab ich mich, als ich durch meine Frau die Weisung Kurf.Bezirks-Direktion zur schleunigen Rückkehr erhielt, ohne Verzug auf die Rückreise und legte diesen Weg, da mir ein anderer nicht sicher erschien, größtenteils zu Fuß zurück. In einem Dienstverhältnis zu besagtem Korps oder sonstigen habe ich während gedachter Zeit überhaupt nicht gestanden, konnte vielmehr jederzeit zurückkehren, würde es auch, nachdem ich meine Reise nach Genf einmal aufgegeben hatte, schon vorher getan haben, wenn mich nicht das bei meinen Freunden des Korps stattgehabte Bedürfnis rein menschlicher Hilfeleistung daran gehindert hätte.

Wenn ich nun deshalb beschuldigt werden sollte, als habe ich meinen Unterricht in der Realschule durch meine Abreise verkürzt und ohne vorausgehende Einholung von Urlaub gegen meine Dienstpflicht gefehlt, so bitte ich in Erwägung zu ziehen, daß ich für eine Stellvertretung in der Person des Lehrers Hammerschmidt gesorgt hatte und überhaupt durch den plötzlich antretenden Abzug des Freikorps faktisch verhindert war, die Gewährung des Urlaubsgesuchs abzuwarten, darf indessen mit gutem Gewissen versichern, daß ich an der Gewährung meiner Bitte keinen Augenblick zu zweifeln Grund hatte. Mit Hochachtung gezeichnet A.H.Roeder."

Protokoll der Kurfürstl. Bezirks-Direktion (10.Juli 1849):

„Dem Schulvorstand wird die Erklärung des Lehrers Roediger remittiert, um denselben noch darüber zu vernehmen, wie er die darin enthaltenen Angaben über die Art und Weise seiner Beteiligung bei dem Freischarenzuge nach Baden zu beweisen vermöge, und sodann hierüber mit Angabe dessen, was dem Schulvorstande hinsichtlich der Wahrheit oder des Ungrundes der Aussage Roedigers bekanntgeworden, zu berichten. Ferner ist der Widerspruch, welcher zwischen der im Bericht vom 5. des Monats enthaltenen, von dem Herrn Schulinspektor Röder abgegebenen Erklärung über den fraglichen Gegenstand und der im Eingang der oben gedachten Erklärung des Roediger befindlichen deshalbigen Angabe stattfindet, genügend zu erläutern. gez. Rothe"

Bericht des Schulvorstandes an die Kurf. Bez.-Direktion (20.Juli 1849):

„Nach Anleitung hohen Beschlusses vom 10.des Monats wurde heute Lehrer Roediger in der rubrizierten Angelegenheit vernommen und darüber ein Protokoll aufgenommen, welches wir abschriftlich beilegen. Wir bemerken dabei, daß dem Schulvorstand kein Grund vorliegt, an der Wahrheit der Angaben des Lehrers Roediger zu zweifeln, daß dieselben vielmehr in Gereden und Erzählungen, welche über den Freischarenzug in hiesiger Stadt umgehen, ihre Bestätigung finden und überhaupt auf dergleichen Gerüchte ein Wert gelegt werden kann. Was die Erläuterung betrifft, welche über einen Widerspruch gegeben werden soll, der zwischen einer Erklärung des Schulinspektors Röder und einer Angabe des Lehrers Roediger stattfindet, so haben wir in dieser Beziehung von ersterem Bericht gefordert und legen denselben in Original bei, indem wir uns dahin aussprechen, daß nach der Aufklärung, welcher dieser Bericht gibt, der Widerspruch gelöst zu sein scheint. gez. Rühl."

Aus dem Protokoll Roedigers (20.Juli 1849):

„Erscheint auf Vorladung Lehrer Roediger und gibt, sachgemäß befragt, zu vernehmen, zu beweisen, daß er sich bei dem Freischarenzug und den Ereignissen in Baden nicht aktiv und überhaupt in keiner anderen Art und Weise als mein Bericht vom 28.des Monats angibt, beteiligt habe, würde vermöge der negativen Natur dieses Beweises mir unmöglich sein. Ich muß es daher hauptsächlich der Beurteilung der mir vorgesetzten Behörde überlassen, ob die Angaben meines erwähnten Berichtes den Mangel der Wahrheit oder des Gegenteils an sich tragen, und ich setze von deren Gerechtigkeit voraus, daß, wenn sie den Angaben meines Berichtes, welche gegen mich sprechen, Glauben schenken, sie auch auf der anderen Seite meine anderen Angaben für wahr annehmen.

Zudem beziehe ich mich auch noch auf den Umstand, daß bei der großen Menge hiesiger am Freischarenzug Beteiligter es bis jetzt schon kein Geheimnis hätte bleiben können, wenn ich aktiven Anteil an dem Zuge oder dessen Handlungen genommen hätte, aber dennoch wird auch nicht das geringste in dieser Beziehung verlautet haben, was meinen Angaben widerspricht. gez. Rühl."

Bericht des Bezirks-Direktors an das Kurfürstl. Min. des Inneren (30.August 1849):

„Das Verhalten des Lehrers Roediger stellt sich hiernach in zweifacher Hinsicht als strafbar dar, indem er teils ohne Urlaub seinen Posten verlassen, teils sich an einer ungesetzlichen Handlung beteiligt hat.

In Verbindung mit desseben oben erwähnten tadelnswerten Benehmen beabsichtige ich deshalb, denselben in eine Disziplinarstrafe von 10 Talern mit der Androhung zu verurteilen, daß, falls er sich wieder eines Vergehens schuldig machen sollte, seine Entfernung von der ihm nur auftragsweise übertragenen Lehrstelle (Unterrichtserteilung in der französischen Sprache) ohne weiteres stattfinden werde. gez. Rothe."

Protokoll des Kurfürstl. Min. des Inneren (6. September 1849):

„Dem Herrn Bezirks-Direktor zu Hanau wird eröffnet, daß das Verhalten des Lehrers Roediger nach den vorliegenden Verhandlungen der Art ist, daß die Fortdauer des ihm erteilten Auftrags zum Unterricht an der öffentlichen Schule für ganz unstatthaft erachtet werden muß, und wird der Herr Bez.-Direktor für unverzüglichste Zurückziehung dieses Auftrages sorgen."

Beschluß des Bezirks-Vorstandes Hanau (10.September 1849):

„Gemäß Beschluß Kurfürstl.Ministeriums des Inneren wird nunmehr der dem Lehrer Roediger erteilte Auftrag zur Unterrichtserteilung an der hiesigen Realschule zurückgezogen. gez. Rothe"

Kurt Blaschek

Quellenangabe: StAMarburg, Abt 16, Min.des Inneren, Rep. VI, Klasse 44, Nr 1,Vol. II und Bestand 82 e, Regierung Hanau, Nr 763 (zum Teil gekürzt und in heutiger Rechtschreibung).

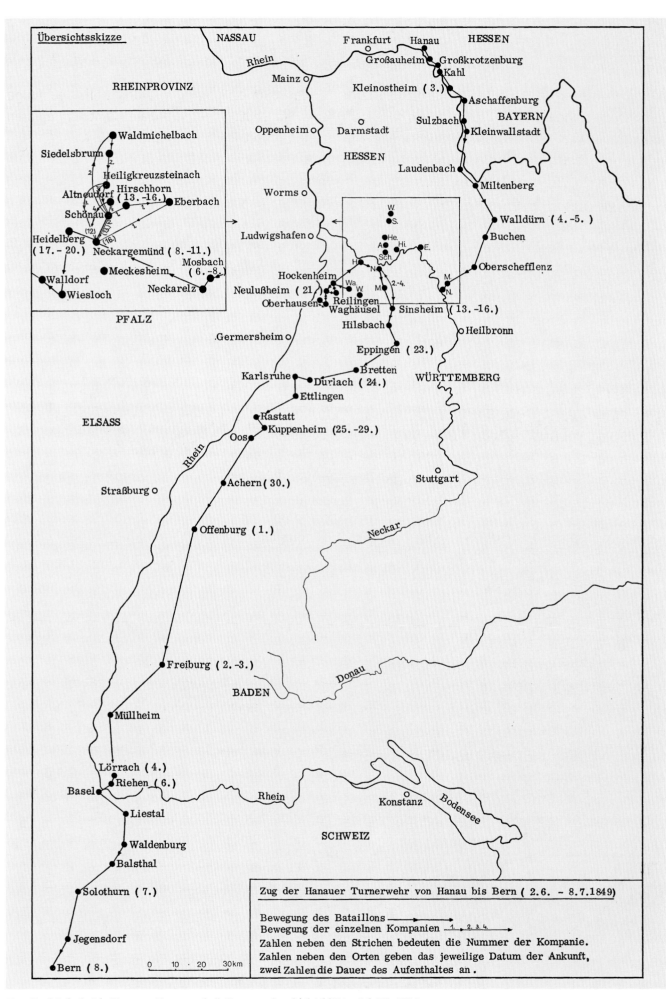

Aus: *Karl Geisel „Die Hanauer Turnerwehr", Hanauer Geschichtsblätter Bd. 25, 1974*

Auch Revolutionäre brauchen ein Zuhause!

Die Wohnung war schon immer die Keimzelle gesellschaftsverändernder Ideen. In seiner gewohnten Umgebung, gestaltet nach eigenen Vorstellungen und Wünschen, ist der Mensch frei von Zwängen, er kann sich entfalten und seine Gedanken auf das lenken, was ihn bewegt.

Aber die Wohnung bietet auch Sicherheit; wie weit wären die Hanauer Turner zur Verteidigung der Reichsverfassung wohl gezogen, ohne die Gewißheit, ein Zuhause zu haben, in das sie zurückkehren können?

Auch heute erfüllt die Wohnung vielfältige Aufgaben: Sie schützt die Privatsphäre, dient der Repräsentation, bietet Raum für geschäftliche oder gesellige Zusammenkünfte und schützt selbstverständlich vor den Widrigkeiten unseres Klimas.

Daß Wohnraum neu entsteht, erhalten wird und seine Funktionen erfüllen kann, dafür steht seit über 50 Jahren die BAUGESELLSCHAFT HANAU GMBH. Als Eigentümer und Verwalter von über 5000 Wohnungen sind wir in Hanau der größte Anbieter und finden sicher auch für Sie das Passende.

Leistungsprofil

Die Baugesellschaft Hanau
ist ein modernes, leistungsfähiges
und kundenorientiertes
Unternehmen rund um das Wohnen.

Die Gesellschaft ist tätig
im Bereich der Wohnungsverwaltung
des eigenen Besitzes,
in der Erstellung, Vermietung,
Verkauf und Vermittlung
von Wohn- und Gewerberaum.

Sie verwaltet und betreut
fremde Immobilien und berät in allen
Bau- und Grundstücksfragen.

▶ Bautätigkeit im Geschoß-
wohnungsbau für eigenen Besitz

▶ Baubetreuung für Dritte

▶ Eigentumsmaßnahmen
(Erstellung von Reihenhäusern,
Eigentumswohnungen,
Gewerbeimmobilien etc.)

▶ Umbauten, Erweiterungen,
Anbauten

▶ Kaufmännische und technische
Wohnungsverwaltung für Dritte

Bauen Sie mit uns in die Zukunft

BAUGESELLSCHAFT
HANAU

A ugust Ferdinand Schärttner, geb. am 31.1.1817, war der Sohn des Küfermeisters und Weinhändlers Corel Lodewigk Schärttner, einem Nachkommen flämischer Hugenotten, und der Hanauerin Maria Christina Hörner.

Bei seinem Vater erlernte er das Küferhandwerk und ging nach Abschluß der Lehre auf Wanderschaft, „auf die Walz". Nach seiner Rückkehr 1837 schloß er sich sofort der kurz vorher gegründeten Hanauer Turngemeinde an. Bereits 1841 wurde er deren Vorsitzender. Da im Verein nicht nur geturnt wurde, sondern auch Wehrübungen stattfanden, war dies für den kräftigen und intelligenten Revolutionär Schärttner das geeignete Forum, seine politischen Ansichten zu verbreiten. Er knüpfte Beziehungen zu vielen anderen Turnvereinen. So kam es bereits im Winter

1840, zwei Jahre vor der Aufhebung der sogenannten Turnsperre, zu ersten Zusammenkünften in Deutschland von Turnern aus Frankfurt, Hanau, Mainz und Offenbach auf der Mainkur, einem Hofgut vor den Toren Frankfurts.

August Schärttner - ein Lebensbild

Aus diesen Zusammenkünften entstand der erste Turnverband in Deutschland: der Rheinisch-hessische Turnbezirk.

Dem auf Initiative von A. Ravenstein aus Frankfurt erstmals 1844 auf dem Feldberg gefeierten, damit ältesten und heute noch stattfindenden Bergturnfest gab August Schärttner die turnerische Prä-

Wohnhaus von August Schärttner, Fischergasse

gung. Die in den nächsten Jahren auf überregionalen Turnfesten in Heilbronn 1846, Bingen und Frankfurt 1847 diskutierte Idee eines nationalen Turnverbandes setzte A. Schärttner 1848 in die Tat um. Nachdem er mit einer Volks-

kommission in Kassel am 12. März ultimativ unter anderen Grundrechten die Versammlungsfreiheit für Kurhessen erreicht hatte, erließ die Turngemeinde Hanau an alle Turnvereine Deutschlands am 19. März den Aufruf zu einer Zusammenkunft in Hanau am 2. April. Inzwischen hatten die Turner die ganze Stadt in Feststimmung gebracht.

Der Gründer des Turnens, Friedrich Ludwig Jahn, wohnte bei A. Schärttner in der Fischergasse 25 (das Haus mußte der Vergrößerung der Hauptpost weichen). Der erste Deutsche Turnerbund entstand am 3. April 1848 und die Turngemeinde Hanau wurde zum ersten geschäftsführenden Vorort gewählt.

Da sich die Turner aber in ihrer politischen Zielsetzung nicht einig waren (vgl. Beitrag zur Gründung des DTB), berief Schärttner einen zweiten Turntag zum 2./3. Juli 1848 wiederum nach Hanau. Die kontroversen Diskussionen um eine deutsche Monarchie oder Republik führte zur Spaltung des DTB. Schärttner hatte den Vorsitz abgegeben. Er wurde zum Sprecher des neu gegründeten Demokratischen Turnerbundes und hatte sich, wie alle Hanauer Turner, mit Jahn zerstritten. Schärttner hatte mit dem DTB weniger einen Turnerbund als vielmehr eine demokratische Partei geschaffen.

Nach der Ablehnung der Kaiserkrone durch Preußens König kam es zur Reichsverfassungskampagne, die an mehreren Orten Deutschlands zur Mairevolution 1849 führte.

Da war auch der Demokrat Schärttner nicht fern: Mit seiner Hanauer
Turnerwehr zog er nach Baden in
den Kampf, war aber den gut-
ausgebildeten und bewaffneten
Regierungtruppen letztlich unterlegen und emigrierte über die
Schweiz nach London im September 1849. Beim ebenfalls ins Exil
gegangenen Badener Kneipenwirt
Göringer verdingte sich der agile
Schärttner zunächst als Kellner
und trat dem „Bund der Kommunisten" bei.

Nach einem Jahr erwarb er in der
Long-Acre-Street 27 ein Lokal und
nannte es „Deutsches Haus". Es
war Treffpunkt der Emigranten, zu
denen kurzzeitig Karl Schurz, Carl
Marx, Gottfried Kinkel, ehemals
Chefredakteur der „Bonner Zeitung", Prof. Damm, ehemals Präsident der badischen Kammer,
auch der berühmte Architekt Gottfried Semper aus Dresden und
einige seiner Mitstreiter im badischen Aufstand gehörten. Aus
seiner Zeit in London ist über
den „unerbittlichen" Schärttner,
wie ihn Marx in einem Brief an
Friedrich Engels einmal nannte,
nur wenig bekannt.

Göringers Bedienstete, die Bauern-
tochter Mary Elisabeth, hatte
Schärttner mit in sein Haus genommen und sie am 22. April 1851
geheiratet. Am 2. Oktober 1857 ist
A. Schärttner in Abwesenheit in
Hanau zu acht Jahren Zuchthaus
wegen Hochverrats (der Staatsan-
walt hatte zehn Jahre gefordert)
verurteilt worden.

Die Jahre später erfolgte Gene-
ralamnestie des Kurfürsten von
Hessen-Kassel erreichte A. Schärttner nicht mehr. Am 22. Februar
1859 verstarb er 42jährig und ist in
London begraben. Mit keinem
Wort wurde sein Tod in dem in
deutscher Sprache in London erschienenen Wochenblatt „Hermann" von G. Kinkel erwähnt, der
sich mit C. Marx aus politischen
Gründen von Schärttner getrennt
hatte.

Dem Revolutionär A. Schärttner
wird nachgesagt, ein rechtschaffe-
ner Mann gewesen zu sein, der als
Junge von dreizehn Jahren Kenntnis von der Juli-Revolution von
1830 in Frankreich, in Polen, Rußland und deren Auswirkungen auf
Deutschland auch in Hanau erhalten hatte. Er hatte gehört, daß der
Landgraf, später Kurfürst, von
Hessen-Kassel junge Männer als
Soldaten an die Engländer für
den amerikanischen Unab-
hängigkeitskrieg (1776-1783)
verkaufte (der Ausdruck „ab
nach Kassel" ist noch heute
geläufig), hatte die Ideale
der Französischen Revolu-
tion von 1789 „Gleich-
heit, Freiheit, Brüder-
lichkeit" verinner-
licht und sich,
wie Marx von
ihm berichtete,
unerbittlich für
soziale Gerech-
tigkeit und die
Einheit Deutsch-
lands in einer De-
mokratie eingesetzt.

Eugen Heinz Sauer

Harald Braun

Die Schweiz, wohin sich die Hanauer Turnerwehr nach dem Scheitern der badisch-pfälzischen Erhebung Anfang Juli 1849 zurückgezogen hatte, bot den geschlagenen Streitern für die Sache von Einheit und Freiheit zwar ein sicheres Asyl, aber keine Zukunftsperspektive. Entwaffnet und in dem Berner Kornhaus interniert, hatten sie ihre politische Rolle ausgespielt, während Unterstützungsgelder und Verdienstmöglichkeiten beschränkt waren. Von den weniger Belasteten entschlossen sich daher viele zur Rückkehr in die Heimat. Andere, und zumal Offiziersränge, die nicht auf milde Richter hoffen durften, wanderten aus, entweder direkt nach Amerika oder, wenn sie noch Hoffnungen auf einen Wiederausbruch der Revolution hegten, erst einmal nach England.

Zu den letzteren gehörte auch August Schärttner, der Führer der Hanauer Turnerwehr. Am 10. September 1849 verließ er die schweizerische Bundeshauptstadt, um sich auf den Weg nach Le Havre zu machen. Von dort ging es per Schiff weiter, und Ende September landete er auf britischem Boden. In London war seine erste Anlaufstelle das Sozialdemokratische Flüchtlingskomitee, das die radikaleren Exilanten betreute. Dessen Führung lag in den Händen des 1818 geborenen Karl Marx, der nach seiner Flucht aus Preußen und der anschließenden Ausweisung aus Frankreich selber erst einige Wochen zuvor in England eingetroffen war. Obwohl ein Jahr älter, ordnete sich Schärttner willig unter, und pflichtbewußt leitete er gelegentliche Kollektenerträge aus Hanau an das Flüchtlingskomitee weiter.

Erste Kontakte zum konspirativ arbeitenden Bund der Kommunisten hatte Schärttner bereits während des Revolutionsjahres gehabt. Spätestens jetzt wurde er auch vollgültiges Mitglied. Wieviel er sich von Marxens Theorie angeeignet hat, ist schwer zu sagen. Was ihn zum Kommunisten machte, war sein sozial-republikanischer Radikalismus und das Bekenntnis

zur Revolution als dem einzigen Mittel zum Ziel. Besonders enge Freundschaft schloß Schärttner mit dem vom preußischen Leutnant zum badischen Freikorpsführer avancierten August Willich sowie mit Karl Schapper, einem Landsmann aus Nassau, der schon vor 1848 als politischer Flüchtling in England gelebt hatte und zu den Gründern des Londoner Deutschen

Karl Marx und Theodor Fontane zu Gast in August Schärttners Londoner „Flüchtlingskneipe"

Arbeiterbildungsvereins gehörte. Mit ihnen drängte Schärttner darauf, der Bund der Kommunisten müsse aktiv eine Umwälzung in Deutschland herbeizuführen suchen, während Marx für ein Reifenlassen der gesellschaftlichen Entwicklung eintrat. Der Dissens über die richtige Strategie führte

Karl Marx (1818–1883), London 1861

im Herbst 1850 zu einer offenen Spaltung des Bundes. Für den Gang der Dinge im großen erwiesen sich diese erbittert ausgefochtenen Streitereien freilich als belanglos, und beide Fraktionen sollten 1852/53 dem Triumph der Reaktion in Deutschland erliegen.

Politik war ohnehin nicht alles. Zunächst einmal mußte Schärttner

daran denken, sich seinen Lebensunterhalt zu erwerben. Schon bald nach seiner Ankunft in London war er daher in die Dienste von Karl Göhringer getreten, ehedem Offizier der badischen Revolutionsarmee, der jetzt in der Maddox Street in Mayfair eine Gastwirtschaft betrieb. Die Tätigkeit als Kellner dürfte für den standesbewußten Küfer und Weinhändler einigermaßen demütigend gewesen sein. Immerhin lernte er so seine künftige Frau kennen. Sie hieß Mary Elizabeth Powell, war die Tochter des Farmers William Powell und arbeitete als Dienstmädchen bei Göhringer. Am 22. April 1851 heirateten die beiden in der anglikanischen St. Georgskirche im Londoner Stadtteil Bloomsbury.

Kurz zuvor hatte sich Schärttner, inzwischen 34 Jahre alt, wieder selbständig gemacht, und zwar als Gastwirt. Eine bis dahin als „Windsor Castle" bekannte Schänke in Long Acre 27 unweit von Covent Garden firmierte fortan unter dem Namen „Zum Deutschen Haus". Daß Schicksalsgefährten und Gesinnungsgenossen seine besten Kunden waren, kann kaum verwundern. Es gab wohl keinen politischen Flüchtling in London, der nicht einmal bei Schärttner zu Gast gewesen wäre. Hochstimmung herrschte im Hauptquartier des „Sonderbundes", wie Marx und seine Anhänger die von ihnen bekämpfte Gruppe um Willich und Schapper nannten, als Anfang Dezember 1851 die Nachricht von Louis Napoleons Staatsstreich eintraf. Alles erwartete zuversichtlich einen Volksaufstand in Frankreich und im Gefolge davon eine allgemeine Revolution. Doch wie ein Anhänger von Marx zwei Tage später amüsiert bemerkte, war dies nur „wieder einer von den vielen Vorabenden großer Ereignisse. Im Lager der Emigrierten wurden Proklamationen adressiert, Bündel geschnürt, haranguiert, proskribiert, vor allem aber die Kehle geschmiert. Den Schärttner sollen sie binnen 24 Stunden trocken gesoffen haben. Gestern Katzenjammer!" Was sich in Paris an Widerstand geregt hatte, war nämlich mit Leichtigkeit überwunden worden, und „der Neffe seines Onkels", so nannte Marx den künftigen Napoleon III., stand kurz davor, sich zum Kaiser der Franzosen ausrufen zu lassen.

Daß sich die entschiedensten Umstürzler regelmäßig in Long Acre 27 trafen, um Neuigkeiten auszutauschen und Projekte zu schmieden, und daß sie dabei viel tranken, mußte natürlich die deutschen Geheimdienste auf den Plan rufen. Aber obwohl alle um die Gefahr der Bespitzelung wußten, verhielt sich doch kaum jemand vorsichtig genug. Als ein Gast in Gegenwart anderer einem wandernden Handwerksburschen Unterlagen für politische Freunde in der Heimat mitgab, wurde der Kurier bei der Einreise nach Preußen prompt festgenommen. „So gut ist die Polizei im Schärttnerschen Lokale organisiert", konstatierte Marx ingrimmig. Sein Freund und Mitstreiter Friedrich Engels pflichtete ihm bei: „Es wird in der Kneipe von Schärttner [...] kein Wort gesprochen, das nicht rapportiert wird." Das war zwar etwas übertrieben, aber doch nicht allzusehr.

Freilich gab es neben revolutionären Draufgängern und Informanten auch noch andere Gäste in Long Acre 27.

Im gleichen Jahr 1851, als Schärttner sein „Deutsches Haus" eröffnete, fand in London auch die erste Weltausstellung statt. Für viele ihrer Besucher aus Deutschland war es eine Art zusätzlicher Attraktion, bei dem revolutionären Gastwirt einzukehren, und wie Marx spöttisch bemerkte, hatten die Flüchtlinge selbst auch etwas davon: „Der große Strom deutscher Philister, die während des Sommers London überschwemmten, fühlte sich unheimlich in dem großen, schwirrenden Kristallpalast und in dem noch viel größeren, rasselnden, lärmenden, schreienden London, und wenn des Tages Last und Arbeit, das pflichtgemäße Besichtigen der Ausstellung und der andern Merkwürdigkeiten im Schweiß des Angesichts vollbracht war, dann erholte sich der deutsche Philister beim Hanauer Wirt Schärttner oder beim Sternenwirt Göhringer, wo alles biergemütlich und tobaksqualmig und wirtshauspolitisch war. Hier 'hatte man das ganze Vaterland beisammen', und zudem waren hier gratis die größten Männer Deutschlands zu sehen. Da saßen sie, die Parlamentsmitglieder, die Kammerabgeordneten, die Feldherren, die Klubredner der schönen Zeit von 1848 und 1849, rauchten ihre Pfeife wie ein anderer Mensch auch und verhandelten coram publico Tag für Tag mit unerschütterlicher Würde die höchsten Interessen des Vaterlandes. Das war der Ort, wo der deutsche Bürger, kam es ihm nur auf einige Flaschen äußerst billigen Weins nicht an, aufs Haar erfahren konnte, was in den geheimsten Beratungen der europäischen Kabinette vorging. Hier konnte man ihm auf die Minute sagen, wann es ‚losgehen' werde. Und dabei ging dann eine Flasche nach der andern los, und alle Parteien gingen zwar schwankend, aber mit dem stärkenden Bewußtsein nach Hause, zur Rettung des Vaterlandes das ihrige beigetragen zu haben. Nie

hat die Emigration mehr und wohlfeiler gezecht als während dieser massenhaften Anwesenheit eines zahlungsfähigen Philisteriums."

Ähnlich kritisch, wenngleich weniger boshaft, hat auch Theodor Fontane das Treiben in Long Acre 27 beurteilt. Der junge und noch kaum bekannte Dichter, mit damals dreiunddreißig Jahren zwei Jahre jünger als Schärttner, war im Frühjahr 1852 auf der Suche nach einer sicheren Existenz nach England gekommen. Nach Aufgabe des erlernten Apothekerberufs 1849 hatte er sich mehr schlecht als recht mit journalistischen Arbeiten durchgeschlagen, bevor seine Anstellung bei der preußischen „Zentralstelle für Presseangelegenheiten" ihn 1850 aus den schwersten Existenzsorgen befreit hatte. Aufgabe dieser Behörde war es, die öffentliche Meinung im Regierungssinne zu beeinflussen, was Fontane, der die Erhebung von 1848 mit aktiver Sympathie verfolgt hatte, mitunter in Gewissenskonflikte brachte. In der Ablehnung radikaler Umsturzbestrebungen gingen seine persönlichen Überzeugungen allerdings konform mit den Postulaten seiner Arbeitgeber.

Da Fontanes Berliner Position eine untergeordnete und unsichere war, hoffte er sich während einer halbjährigen Beurlaubung in London vorteilhafter etablieren zu können, sei es als Zeitungskorrespondent, als Deutschlehrer oder wieder als Apotheker. Auf der Überfahrt hatte er einen „zahmen Demokraten" aus Hessen-Kassel kennengelernt, einen jungen Landwirt, der kein Englisch sprach, aber eine Unterkunft in Aussicht hatte, während die Dinge bei Fontane andersherum lagen. So taten sich die beiden zusammen, und der Dichter landete in Long Acre 27. Was er dort vorfand, versetzte ihm allerdings einen Schock: „Schlechtes Zimmer, schlechtes Essen, schlechte Bedienung, mit einem Wort – Flüchtlingskneipe", so lautete sein Tagebucheintrag für den 23. April 1852. „Das Schicksal, in Gestalt

Blomeyers, hatte mich in das einzige Haus Londons geführt, das ich gebunden war, nicht zu betreten."

Trotz aller Vorbehalte hat Fontane dann aber doch viermal bei Schärttner übernachtet, bevor er am 27. April in eine nahegelegene Pension umzog, wo er ein gepflegtes Englisch zu hören hoffte anstatt revolutionärer Biertischgespräche auf deutsch. Auch hat er, der kompromittierenden Umstände ungeachtet, seine Erlebnisse keineswegs für sich behalten. Eine ausführliche Beschreibung findet sich nicht nur in einem Brief an seine Mutter, sondern – ebenfalls in Briefform gehalten – auch in seinem 1854 erschienenen Reisebuch „Ein Sommer in London". Das betreffende Kapitel bietet die umfassendste Darstellung von Long Acre 27, und der humorvolle Tonfall, in dem sie gehalten ist, verrät bei aller politischen Distanz zugleich ein hohes Maß menschlicher Anteilnahme.

Schärttners Lokal liege in „einer der russigsten Straßen in London, und Long Acre Numero siebenundzwanzig vermeidet es, durch unzeitige Schönheit und Sauberkeit die Schornsteinfegerphysiognomie der ganzen Straße zu unterbrechen. Das Haus hat zwei Fenster Front und drei Stockwerke. Parterre befindet sich ein Ale- und Porterladen, wo eine Art Eckensteherpublikum seine Pinte Bier trinkt, auch gelegentlich wohl sich bis zu Gin oder Whisky versteigt. Die ganze erste Etage besteht aus einem einzigen, saalartigen, aber finstren Zimmer. Dem Fenster zunächst steht ein schwerer runder Tisch, darauf demokratische Zeitungen aus allen Weltgegenden – meist alte Exemplare – aufgespeichert liegen. An den Wänden entlang, in Form eines rechten Winkels, laufen zusammengerückte Tische, darauf in den Vormittagsstunden einige stehengebliebene Bierkrüge sich langweilig angucken, während hier am Abend die künftigen Präsidenten der einigen und unteilbaren Republik sich lagern und ihre Regierungsansichten zum besten geben."

Im zweiten Stock befand sich neben dem Schärttnerschen Schlafzimmer auch das von Fontane und Blomeyer bewohnte Fremdenzimmer. Der Dichter verspürte „eine gewisse Befriedigung, daß dieselbe Tischplatte, von der aus so manche Verwünschung dessen, was uns heilig gilt, in die Welt gegangen ist, nun meiner altpreußischen Loyalität als Unterlage die-

Theodor Fontane (1819–1898), Bleistiftzeichnung von Luise Kugler aus dem Jahre 1853.

nen muß." Daß es jedoch furchtbar zog und er die ganze Zeit über jämmerlich fror, veranlaßte ihn zu dem Bekenntnis: „Ich habe nie ein ungemütlicheres Zimmer bewohnt; nur wer eben die Kasematten Magdeburgs hinter sich hat, mag sich hier verhältnismäßig wohl und heimisch fühlen. Der vielgerühmte englische Comfort ist durch einen Fetzen Teppich vertreten, der den Boden notdürftig bedeckt; kein Kamin, kein Fenstervorhang, kein Bild an den Wänden, mit Ausnahme einer grasgrünen, hier und da gelbdurchkreuzten Pinselei. [...] Von den Möbeln nur das Notdürftigste: ein paar Wandschränke rechts und links, ein Klapptisch, drei Binsenstühle, und zwischen den Fenstern ein bleifarbner Spiegel, drin man noch trauriger aussieht, als diese Umgebung einen ohnehin schon macht."

Was von unten her an seine Ohren drang, war auch nicht dazu angetan, ihn aufzumuntern. „In der Nacht vom Sonnabend auf Sonntag ist hier allwöchentlich ein großes Meeting. Dann gesellen sich die französischen Flüchtlinge zu den unsren, und bei Bier und Brandy wird die Brüderlichkeit beider Völker proklamirt und beschworen. Vorgestern Nacht hörte ich den Jubel bis zum Morgen hin. Es war ein Lärmen ohne Gleichen: deutsche und französische Lieder bunt durcheinander, dazwischen Gekreisch und Gefluch; mitunter flog eine Tür und man hörte Gepolter treppab; – ein wahres Höllentreiben!"

Fontanes Befürchtung, in „eine Räuberhöhle" geraten zu sein, war, wie er seine Mutter wissen ließ, „durch den Genuß eines Beefsteaks aus angegangenem Pferdefleisch" gleich nach der Ankunft nicht beseitigt worden. „Ja, ich glaubte allen Ernstes 2 Minuten lang – wobei sich mir die Haare zu Berge sträubten – es sei ein Fürstenpodex oder mindestens eine Grafenlende, wovon mir der Kerl eine Schnitte vorgesetzt." Menschenfresser waren die Revolutionäre dann aber doch nicht, und sie waren auch keine Ausbeuter. Jedenfalls vermerkte Fontane beim Auszug anerkennend in seinem Tagebuch: „Bezahlt (billig)." Überhaupt wurde ihm rückblickend klar, daß er „der Kneipe und ihrem Besitzer in gewissem Sinne Unrecht getan" habe. „Alle englischen Gastzimmer (soweit sie unsereins kennenlernt – es mag auch bessre geben) sind ungemütlich." Im Grunde genommen sei es gar nicht so schlecht gewesen. „Gegenteils, Bedienung und Speise ward alle Tage besser und übertraf das teure Boarding House, in dem ich jetzt stecke, immer noch wesentlich in Kaffeebereitung u. dgl. m."

Nicht revidiert hat Fontane dagegen seinen ersten Eindruck von Schärttner – „behäbig, wohlwollend, Demokrat aus Zufall, könnte ebensogut Royalist sein, lebt jetzt seinem Geschäft und seiner Frau und denkt: die Deutschen mögen's nun ohne mich versuchen". Der für seinen Radikalismus verantwortliche Zufall, so heißt es in der Buchfassung, sei die allseits verhaßte „kassel'sche Wirtschaft" gewesen: „In Stettin oder Danzig statt in Hanau geboren, wäre er der loyalste Weinhändler von der Welt geworden." Darüber, daß es auch in Preußen Grund zur Unzufriedenheit gab, sah Fontane hier vornehm hinweg. Als jemand, der selbst von seiner Kunst nicht leben konnte, hatte der Dichter aber großen Respekt für den „klugen Einfall" Schärttners, „seinen unbrauchbar im Stall stehenden Republikanismus zur milchenden Kuh zu machen". Als „Eheherr einer blassen Engländerin" lebe er „jetzt in vollster Behaglichkeit von dem unverwüstlichen Renommée eines längst aufgegebenen Prinzips. [...] Unter reichlichem Verbrauch seines eignen Ales und Porters arrondiert er sich immer mehr und mehr zum vollsten Gegensatz jener Cassius-Naturen, deren Magerkeit dem Caesar so bedenklich war." Daß dem einstmals drahtigen Turner das Gastwirtsdasein gut bekam, bezeugen auch andere Zeitgenossen, und mit wachsender Wohlbeleibtheit scheint sein politisches Engagement tatsächlich abgenommen haben.

War Schärttner also „der gemütlichste Paladin der ganzen Tafelrunde", in deren Kreis Fontane am 26. April zu Mittag aß, erschien ihm im Gegensatz dazu sein unmittelbarer Tischnachbar als „Demokrat, weil er's seinem ganzen Wesen nach sein muß". Der aus Kassel stammende Journalist Heinrich Heise war mit der Hanauer Turnerwehr nach Baden gezogen, aber erst 1851, wie Marx sich ausdrückte, mit einem „ganzen Schwarm von neuem demokratischen Gesindel" in London eingetroffen. Fontane ging in seiner Abneigung noch weiter und griff zu anthropologischen Klischees, um ihn zu beschreiben: „Das stechende Auge, die etwas spitze Nase, dazu seine Redeweise, gleich scharf an Inhalt wie Ton der Stimme, sagen einem auf der Stelle, daß man es hier mit

keinem Revolutionär aus Zufall, sondern mit einer jener negativen Naturen zu tun hat, deren Lust, wenn nicht gar deren Bestimmung das Zerstören ist."

„Verrannt, aber ehrlich", lautete demgegenüber Fontanes Urteil über den aus Sicht der Polizei weitaus gefährlicheren Willich. „Man schätzt ihn allgemein, und doch zählt Achtung nicht eben zu den Dingen, mit denen die Bewohner von Long Acre 27 besonders verschwenderisch umgehn." Daß der sonst so großsprecherische Ex-Militär kaum ein Wort zu der Unterhaltung beitrug, wie der Dichter weiter vermerkte, mag mit seiner Notlage zusammengehangen haben. Just zwei Tage vor dieser Mahlzeit, am 24. April 1852, hatte Marx nämlich nicht ohne Schadenfreude in Erfahrung gebracht, Willich und Heise müßten sich jetzt schon ein Bett teilen, so schlecht gehe es ihnen.

Einen heiteren Gegenpol zu ihnen bildete der 24-jährige Friedrich Zinn, „der lachend von einem zum andern ging und das verzogne Kind der ganzen Versammlung zu sein schien." Dank eines erst wenige Monate zurückliegenden Bravourstücks war sein Name damals in aller Munde. Eigens als Grenadier in die kurhessische Armee eingetreten, hatte sich Zinn, ein „strammes, mutiges Bürschchen", wie Fontane fand, wenn er auch etwas von einem „Raisonneur" und „Phraseur" an sich habe, zielstrebig in die Wachmannschaft des Kasseler Gefängnisses vorgearbeitet, um dem aus politischen Gründen eingekerkerten Redakteur Gottlieb Kellner zur Flucht zu verhelfen. Für die Kühnheit dieses Unternehmens hegte der Dichter ehrliche Bewunderung, obwohl ihm zugesteckt worden war, Zinn habe hauptsächlich aus persönlicher Eitelkeit gehandelt. Was Fontane aber am meisten beeindruckte, war die Tatsache, daß der gelernte Setzer in London gleich eine Anstellung gefunden hatte und wöchentlich 2 Pfund Sterling verdiente.

In schlechtester Erinnerung blieb dem Pensionsgast von Long Acre 27 „der Kellner, ein desertierter Soldat, der bei Iserlohn zu den Aufständischen überging" und einem „durch seine Süffisance" den Appetit verderbe. „Sein Benehmen gegen die renommiertesten Gäste dieses Zirkels ist das eines Spital-Beamten, der armen Leuten einen Teller Suppe reicht. Nur wenige verstehen es, sich in Respekt zu setzen; der Rest wird tyrannisiert, im günstigsten Falle protegiert." Was ihn selbst angehe, so Fontane weiter, habe er es „für überflüssig oder gar unwürdig" gehalten, „aus dem bloßen Zufall, der mich in ihre Mitte geführt hatte, irgend ein Hehl zu machen". Sein Bekenntnis zu völlig konträren politischen Ansichten sei nicht nur respektiert worden, sondern „man [...] zeigte auch, im Gespräch mit mir, eine Ruhe und Gemessenheit, die mich um so mehr frappierte, als sie den Streitenden, bei ihren Streitigkeiten untereinander, durchaus nicht eigen war. 'Komm ich heran, der Erste, den ich erschießen lasse bist Du!' zählte zu den oft und gern ausgespielten Bekräftigungs-Trümpfen."

Insgesamt empfand Fontane die Verhältnisse in Long Acre 27 als „widerlich und lächerlich zugleich; bliebe noch Raum für ein drittes Gefühl, so wär' es das des Mitleids. Da sitzen alltäglich diese blassen verkommenen Gestalten, abhängig von der Laune eines groben Kellners und der Stimmung ihrer englischen Wirtsleute daheim, da sitzen sie, sag' ich, mit von Unglück und Leidenschaft gezeichneten Gesichtern und träumen von ihrer Zeit und haben für jeden Neueintretenden nur die eine Frage: Regt sich's? Geht es los? Dabei leuchtet ihr Auge momentan auf, und erlischt dann wieder wie ein Licht ohne Nahrung." Der Dichter hielt sie letztlich allesamt für harmlos und forderte die deutschen Regierungen auf: „Tut ab die kindische Furcht vor einem hohlen Gespenst und besoldet nicht eine Armee von Augen, die dies Jammertreiben verfolgen und von jedem hingesprochnen Wort Bericht er-

139

statten soll. Ihr verdientet zu fallen, wenn dieser Abhub Euch je gefährlich werden könnte."

Das konnten die Exilanten jedoch längst nicht mehr. Fontane, der Mitte September 1852 nach Deutschland zurückkehrte, war noch in London, als Marx am 30. August frohlockend berichten konnte: „Willich verlumpt ganz. Kein Mensch pumpt ihm mehr darauf, daß 'es' losgehn soll. Sein Freund Schärttner hat ihm vor einigen Tagen coram publico erklärt, daß nun das 'freie' Fressen und Saufen aufhören müsse. Er wurde rot wie ein Puter, und der unerbittliche Schärttner nötigte ihn, die Theorie sofort in die Praxis umsetzend, die eben genossenen Potts bar zu zahlen." Marx wußte auch, wer hinter dieser Entschiedenheit steckte, hatte er doch schon einige Wochen vorher eine Karikatur kursieren gesehen, „wo Willich als Faultier auf einem Fruchtbaum sitzt und Frau Schärtt-

ner unten zerrt, um das Faultier herunterzuschütteln."

Daß Schärttner Willich den Kredit aufkündigte, tat letzten Endes beiden gut. Letzteren nötigte es, nach Amerika auszuwandern, wo er im Bürgerkrieg zum erfolgreichen General der Vereinigten Staaten aufstieg, und ersteren bewahrte es vor dem Schicksal seines zeitweiligen Chefs Göhringer. Dieser war nämlich, wie man Fontane später erzählte, „durch seine Gutmütigkeit und Eitelkeit [...] ruiniert worden. 'Ich habe Hunger, General; Sie werden mir ein Beefsteak nicht abschlagen!', so nasführte man ihn und zog ihn aus." Der politischen Inhaftierung in Baden glücklich entkommen, endete Göhringer schließlich im britischen Schuldgefängnis.

Sein einstiger Kellner dagegen florierte. Kurz nachdem Fontane im September 1855 nach London zurückgekehrt war, meldete die „Gartenlaube", Schärttner führe

„sein Bierhaus in Longacre mit zunehmendem Embonpoint und mit Musik und deutschen Liedern jeden Sonnabend". Von Politik war keine Rede mehr. Es scheint, daß Marx und Fontane das richtige Gespür gehabt hatten, was Mrs. Schärttners Energie und den Geschäftssinn ihres Gatten angeht. Seine Körperfülle konnte jedoch nicht darüber hinwegtäuschen, daß er krank und wohl auch unglücklich war. Ob Fontane, der sich dieses Mal für länger als drei Jahre in London aufhielt, die „vielgefürchtete Flüchtlingswirtschaft" noch einmal besucht hat, ist nicht bekannt. Als der Dichter Mitte Januar 1859 für immer nach Berlin zurückkehrte, ging August Schärttners Exil jedenfalls auch dem Ende entgegen. Kaum 42 Jahre alt, ist er am 22. Februar 1859 gestorben.

Rudolf Muhs

Ein Neudruck von Fontanes „Sommer in London", mit einem Nachwort vom Verfasser des vorstehenden Beitrags, erscheint im Frühjahr 1998 im Aufbau-Taschenbuch-Verlag, Berlin.

Die „Strafbayern" in Hanau
von November 1850 bis August 1851

Das Scheitern der Revolution bahnte sich, wenn auch damals noch nicht in ganzer Konsequenz erkennbar, schon am Jahresende 1848 an, als ziemlich gleichzeitig in Österreich, Preußen und Frankreich die Gegenkräfte die Oberhand gewannen.

In Kurhessen kam die Reaktion später, dann aber um so durchgreifender. Wie überall so war auch im Kurfürstentum das herrschende Regime im ersten revolutionären Ansturm zusammengebrochen. Der Kurfürst Friedrich Wilhelm mußte, mit tiefstem Widerwillen, ein liberales „Märzministerium" unter dem bisherigen Hanauer Oberbürgermeister Bernhard Eberhard berufen und war während der Jahre 1848 und 1849 von der politischen Gestaltung praktisch ausgeschaltet.

Schon im Februar 1850 leitete der Monarch aber die Wende ein, indem er das Ministerium Eberhard entließ und Ludwig Hassenpflug (aus erster Ehe Schwager der Brüder Grimm), der schon 1832 bis 1837 als Minister ein strikter Verfechter der landesherrlichen Rechte gegenüber den Landständen gewesen war, erneut ins Ministerium berief.

Vom ersten Tag an sah sich Hassenpflug, überall mit Hohn und Mißtrauen begrüßt, einer übermächtigen Fronde von Ständeversammlung, Beamtentum und Justiz (die damals durchweg liberal gesinnt waren) und öffentlicher Meinung gegenüber. Die Dinge trieben schnell auf einen offenen Konflikt zu. Ende August 1850 verweigerten die Stände die Steuern. Die Antwort der Regierung war die Verhängung des Kriegszustandes über das ganze Land. Eine Woche später flohen der Kurfürst und die Minister aus der Residenzstadt Kassel nach Wilhelmsbad, das seit dem 17. September für ein Vierteljahr Sitz der Regierung war.

Es folgte ein unerhörter Akt: Fast das gesamte hessische Offizierskorps (241 von 277), das sich an seinen Eid auf die Verfassung gebunden fühlte, verlangte am 9. Oktober seinen Abschied. Der Kurfürst hatte kein eigenes Machtmittel mehr in der Hand, eine Demütigung, die er nie verwunden hat.

Porträt Hassenpflug

Die kurhessische Staatskrise paßte allerdings nicht mehr zur inzwischen entstandenen politischen Großlage, die den Kurfürsten und seine Regierung begünstigte, nicht die Opposition. Der Ausgang der unausweichlichen Auseinandersetzung stand damit im Grunde von vornherein fest.

Schon zum 1. September 1850 hatte Österreich als Präsidialmacht des Deutschen Bundes - unter der entschlossenen Führung des Fürsten Schwarzenberg und mit maßgeblicher Unterstützung Rußlands - den alten Bundestag nach Frankfurt einberufen und damit die politischen Verhältnisse in Deutschland auf der vorrevolutionären Basis wiederhergestellt, so als wäre nichts geschehen. Schnell wurde damit dem Plan Preußens, eine „Union" deutscher Staaten unter Ausschluß Österreichs, und natürlich unter preußischer Führung, zu schaffen (dieser Union gehörte zeitweise auch Kurhessen an, und ein „Reichstag" in Erfurt war bereits im Frühjahr 1850 zusammengetreten), der Boden entzogen. Preußen mußte sich schließlich Ende November 1850 mit Österreich einigen und in den Frankfurter Bundestag zurückkehren. Das wurde damals, zu un-

Karikatur Hassenpflug

recht, weithin als preußische Niederlage verstanden.

Die erste große Frage, mit der sich der Bundestag auseinanderzusetzen hatte, war die Krise in Kurhessen. Der Kurfürst, machtlos und hilflos mit seinen Ministern in Wilhelmsbad residierend, sah in der Steuerverweigerung der Stände eine Rebellion, der er, nach der Gehorsamsaufkündigung des Offizierkorps, aus eigener Kraft nicht mehr Herr werden konnte. Er erwirkte beim Bundestag, der sich

Einmarsch der Bundestruppen in Hanau am 1. November 1850

diesen Standpunkt zu eigen machte, eine Exekution, die das Land zum Gehorsam gegen seinen Fürsten zurückführen sollte. Dies konnte nur militärisch, mit Waffengewalt geschehen. Abkommandiert zu diesem Auftrag wurden österreichische und bayerische Soldaten; einen besonderen Namen bekamen, ungerechterweise, nur die letzteren als „Strafbayern".

Am 28. Oktober 1850 richtete Kurfürst Friedrich Wilhelm aus Wilhelmsbad an „Unsere geliebten Unterthanen ein Wort des Vertrauens", in dem er das Einrücken österreichischer und bayerischer Truppen ankündigte. Die Schuld daran gab er der „Steuerverweigerung der Ständeversammlung", der „Renitenz Unserer Behörden, durch welche auch eine große Zahl Unseres Offizier-Corps sich beirren ließ". Er erwartete „gesetzliches und ruhiges Verhalten" und wollte „ernstlich darauf Bedacht nehmen, von Unseren getreuen Unterthanen jeden Nachtheil soviel als thunlich abzuwenden und alle unvermeidlichen Folgen eines vorübergehenden Kriegszustandes nach Möglichkeit zu erleichtern." Die Hanauer betrachteten die Proklamation[1] offenbar als Herausforderung und rissen zahlreiche Exemplare ab.

Am 1. November rückten also die Bayern in Hanau ein, 3.500 wurden bei den Bürgern einquartiert (bei einer Einwohnerzahl Hanaus von etwa 15.000). „Civilcommissär" (also höchste Verwaltungsinstanz) wurde der österreichische Graf Rechberg, der spätere Außenminister. Unverzüglich erließ er „im Namen des hohen deutschen Bundes" seinerseits eine Proklamation: Waffen waren abzuliefern und wurden, ebenso wie Abzeichen, verboten; ebenso Volksversammlungen; politische Vereine waren „hiermit" aufgelöst, andere mußten bestätigt werden; Zeitungen und Flugschriften unterlagen der Genehmigung. Für die Durchführung der Verordnungen waren die - weiterhin im Amt befindlichen - kurfürstlichen und städtischen Behörden verantwortlich.

Als drückenste Belastung wurden naturgemäß die Einquartierungen in den keineswegs geräumigen Häusern empfunden. Diese Strafmaßnahme rief deswegen besondere Erbitterung hervor, weil sie an vergangen geglaubte Praktiken des Absolutismus mit seinen Dragonaden erinnerten. Und mit der Unterbringung war es nicht getan, die ungebetenen Gäste mußten auch verköstigt werden: Ein am 13. November bekanntgemachter Erlaß des Kommandanten verfügte, daß morgens, mittags und abends Suppe, Fleisch bzw. Mehlspeise, Bier bzw. Wein und täglich anderthalb Pfund Brot für die „einquartierte Mannschaft" bereitzustellen waren. Ziegler bemerkt dazu: „Die b(ayerischen) Soldaten haben durchschnittlich einen sehr guten Appetit, welcher oft sogar Fräßigkeit genannt werden kann". Als besonders groteskes Beispiel erzählt er, daß ein Bayer das gesamte Mittagessen einer Familie - vierzehn bis zwanzig Mehlklöße und einen Napf Zwetschen - allein verschlang, während man auf den Hausherrn wartete; dann wurde ihm schlecht, und er bezichtigte die Quartiergeberin, sie habe ihn vergiften wollen; der „mit starker militairischer Begleitung" herbeigeeilte Arzt stellte dem Vielfraß schnell die angemessene Diagnose: Völlerei. Kein Wunder, daß man den Bayern auf den Gassen „Freßsäcke" nachschrie. Zur Verpflegung der Mannschaften kam auch noch die Fourage für die Artilleriepferde, die die Stadt täglich 100 Taler kostete, was durch erhöhte Umlagen aufgebracht werden mußte.

Haß und Abneigung richteten sich in erster Linie gegen den Kurfürsten und Hassenpflug. Auf einem Haus am Neustädter Markt konnte man tagelang die Kohleinschrift lesen: „Der Kurfürst ist ein Halunk". Dem war es freilich stets gleichgültig, was seine Untertanen von ihm

Gemischte Patrouille, Karikatur auf die Bundestruppen

dachten; einige Tage vorher hatte er bereits großes Aufsehen und widerwillige Bewunderung wegen der *„Unerschrockenheit bei den jetzigen Verhältnissen"* erregt, als er vierspännig von Wilhelmsbad ins Stadtschloß gefahren war.

An Widerstand der Bevölkerung war angesichts der Truppenübermacht nicht zu denken, höchstens daß man revolutionäre Lieder, etwa die Marseillaise oder das „Heckerlied" sang, wenn auch nicht geradezu vor den Ohren der Besatzer.

Zusätzliche Unruhe gab es durch häufige Umquartierungen, so speziell bei Bäckern, Metzgern und Wirten - mit der nicht einmal ungerechten Begründung, diese hätten von der Besatzung schließlich auch einen guten Profit. Ernster war das Vorgehen gegen die nach wie vor widerspenstigen Beamten. Als später Staatsdiener von der Einquartierung verschont werden sollten - wogegen der Stadtrat unverzüglich protestierte - wies das der Obergerichtsrat Zink - und nach ihm andere - deutlich zurück: Man verzichte auf Sonderbehandlung!

Die Bayern scheinen sich im ganzen und im Rahmen der Umstände korrekt verhalten zu haben, auch wenn es, wie nicht anders zu erwarten, an gelegentlichen „Exzessen" nicht fehlte - übrigens auch mit den nach wie vor in Hanau befindlichen kurfürstlichen Soldaten. Als der Wirt Koch einen bei ihm einquartierten Unteroffizier - einen Münchner Bierbrauersohn - allzu familiär behandelte und prompt bestohlen wurde, da griffen die Vorgesetzten sofort durch und der Gauner saß vier Wochen bei Wasser und Brot.

Ein formal noch so korrektes und akzeptables Verhalten der Soldaten konnte natürlich nichts daran ändern, daß die Besatzung gerade in Hanau als zutiefst schmählich und demütigend empfunden wurde. In der Stadt herrschte ein besonderes Meinungsklima: geprägt durch die politische Sensibilisierung seit Beginn der 40er Jahre, durch das Hochgefühl des „Hanauer Ultimatums", den Stolz auf das Ministerium Eberhard, die frische Erinnerung an den Turnerzug nach Baden, überhaupt durch die liberale und auch republikanisch-demokratische Entwicklung der jüngsten Vergangenheit. Ein besonders unglücklicher Umstand war, daß die Stadt ausgerechnet in dieser Zeit durch den plötzlichen Unfalltod

Toast!
An
Dr. F. Hecker.
Melodie: Schleswig Holstein ꝛc.

Hecker! hoch dein Name schalle
An dem ganzen deutschen Rhein!
Deine Treue, ja dein Auge
Flößt uns All' Vertrauen ein.
:,: Hecker! der als deutscher Mann
Für die Freiheit sterben kann, :,:

Wird auch Mancher jetzt nicht achten,
Was dein Mund von Freiheit spricht;
Erst wenn sie in Fesseln schmachten,
Dann erkennen sie dein Licht.
:,: Hecker, der als deutscher Mann
Für die Freiheit sterben kann.

Doch so manche Freunde brachen
Ihren Schwur der Treue, feig!
Und zum Staatsmann sich erhoben
Fühlen sie sich mächtig, reich.
:,: Doch durch den gerechten Gott
Trifft sie nur des Volkes Spott. :,:

Bist du gleich in fernem Lande,
Ist doch stets bei uns dein Geist;
Brechen müssen bald die Bande,
Wie es uns dein Mund verheißt.
:,: Hecker! großer deutscher Mann,
Komm und stoß' bald mit uns an! :,:

Ja, wenn einst dein Athem fliehet
Und dein blaues Auge bricht;
Dann ließt man auf deinem Grabe:
Hecker starb — und wankte nicht!
:,: „Hecker! sei als großer Mann —
Uns're Loosung nun fortan!" :,:

des Oberbürgermeisters August Rühl im Sommer 1850 ohne Oberhaupt war (es sollten fast fünf Jahre vergehen, bis nach sieben vergeblichen Wahlen wieder ein Oberbürgermeister das Amt antrat).

Die eigentliche hessische Staatskrise dauerte nicht lange. Ende 1850 konnte der Kurfürst wieder nach Kassel zurückkehren. Die Besatzungstruppen zogen freilich erst allmählich ab, mit unterschiedlicher Geschwindigkeit, und in Hanau besonders spät.

Im Februar 1851 rückte als erstes das bayerische Bataillon (etwa 1.100 Mann) ab, welches sich besonders mißliebig gemacht hatte (und 65 Arrestanten mitnahm) - wodurch die *Gemüther unserer Bewohner sichtbar erheitert"* wurden. Wenige Tage später kam dafür ein hessisches Regiment. Es dauerte aber fast noch ein halbes Jahr, bis am 5. August 1851 die letzten Bayern abzogen. Der Stadtkommandant Oberst von Heß, der fast während der ganzen Zeit dieses Amt geführt und den der Kurfürst mit einem hohen Orden geehrt hatte, ließ es sich nicht nehmen, den staatlichen und städtischen Behörden in einem höflichen Schreiben für die *„gute Haltung"* der Stadt und *„die gute Aufnahme und Behandlung der Truppen"* zu danken.

Die Einquartierung hatte, wie Ziegler berichtet, allein die Stadtkasse 24.000 Gulden gekostet; die Belastungen für die Privathaushalte waren erheblich höher: Schon bis Februar notiert der Chronist für Hanau 125.000 Taler und kommt für ganz Hessen als „Schlußabrechnung" Ende 1851 auf die exorbitante Summe von 1.452.828 Gulden.

Viel schwerer und katastrophal waren freilich die politischen Folgen: Die „Ordnung" im Sinn von Kurfürst und Regierung war nur scheinbar und äußerlich wiederhergestellt. Die Sieger verstanden es nicht, durch kluge Mäßigung die Bedrückungen und Demütigungen vergessen zu machen, Vertrauen zu gewinnen und dem aufgewühlten Land die nötige Ruhe zu verschaffen. Sehr bald, noch in den fünfziger Jahren, brachen die alten Gegensätze zwischen Regierung und Landständen wieder mit voller Schärfe aus, jetzt nachdrücklich von Preußen geschürt. Am Ende stand der Untergang des kurhessischen Staates, seine Annexion durch Preußen.

Günter Rauch

Anmerkung:

[1] Anlage in der Chronik von Wilhelm Ziegler, Stadtarchiv Hanau; für Fotokopien aus der Chronik, auf die im folgenden Bezug genommen wird, danke ich Frau Stadtarchivarin Monika Rademacher.

Als Revolution des Bürgertums sind die Ereignisse der Jahre 1848/49 zu Recht in die Geschichtsschreibung eingegangen, denn der dritte Stand hat sich nicht nur aktiv an dem Umsturzversuch beteiligt, sondern von ihm in politischer und wirtschaftlicher Hinsicht auch am meisten profitiert. Auch die aus der Revolution hervorgegangene Nationalversammlung ist ein Parlament gewesen, in dem das Bürgertum dominierte und seine Interessen zum Ausdruck bringen konnte. Dennoch war die deutsche Revolution keine ausschließlich bürgerliche, weil auch die proletarisierten Unterschichten - die Handwerkergesellen und Arbeiter - in nicht geringem Umfang an der Auflehnung gegen das von Adel und Militär beherrschte monarchisch-restaurative Staatensystem des Deutschen Bundes teilgenommen haben.

Dies natürlich besonders in einer Stadt wie Hanau, die zu jener Zeit schon als „industrialisiert" bezeichnet werden konnte. Arbeiter und Gesellen, letztere zu einem großen Teil in übersetzten oder sich im Niedergang befindlichen Gewerken beschäftigt, waren prägende Faktoren im Sozialgefüge der Stadt und wegen ihrer größtenteils schlechten wirtschaftlichen Lage immer auch ein potentieller Unruheherd, der in Krisenzeiten schnell zum Ausbruch kommen konnte.

So ist das Revolutionsgeschehen in Hanau auch zum einen durch eine Reihe von spontanen Exzessen oder Krawallen (diese Wortschöpfung wird übrigens den Hanauern zugeschrieben) gekennzeichnet, an denen fast ausschließlich Angehörige des Proletariats beteiligt waren. Diese Tumulte, wo Tausende von Menschen zusammenliefen, richteten sich gegen jede Form der Obrigkeit und die als „Geldsack" geschmähten Angehörigen des wohlhabenden Bürgertums. Die Darbringung sog. Katzenmusiken und das Einschlagen von Fenstern waren dabei vergleichsweise harmlose Formen des sozialen Protests gegenüber dem Verhalten einiger,

die (mit Strick oder Messer ausgerüstet) den besonders verhaßten Repräsentanten der Oberschicht nach Leib und Leben trachteten. „Wir wollen teilen", das war das Motto jener tumultuarischen Auftritte, die viele der Bedrohten und schließlich auch den Regierungsdirektor Robert zur Flucht aus der Stadt bestimmten.

Solche exzessiven Äußerungen des Unmuts gegenüber den herrschenden Zuständen sind Begleiterscheinungen jeder Revolution. Auf lange Sicht hin bleiben sie jedoch wirkungslos, weil ihnen die entscheidenden Voraussetzungen für grundlegende Veränderungen fehlen: ein gemeinsames Ziel, pragmatische Vorschläge zur Erreichung dieses Ideals und vor allem eine Organisation zur Durchsetzung des Programms.

Dies erkannten wohl auch die politisch fortgeschrittensten Vertreter der Arbeiter und Handwerkergesellen Hanaus, als sie am 20. April 1848 „nach dem Muster anderer Fabrikstädte" einen Arbeiterverein gründeten, der als Zweck die Fortbildung seiner Mitglieder und die Wahrung der Interessen des Arbeiterstandes angab. Trotz seines Namens haben die Fabrikarbeiter aber nur eine kleine Minderheit in dem Verein gebildet, da die überlieferten Berufsangaben seiner Anhängerschaft fast ausschließlich dem Handwerk zuzurechnen sind. Viele dieser Gesellen waren fremd in Hanau und nur für eine begrenzte Zeit am Ort, wodurch eine starke Fluktuation innerhalb des Ver-

eins zustande kam, der in seinen besten Zeiten über immerhin 500 Anhänger verfügte. Der Arbeiterverein hatte Zeitschriften für seine Mitglieder abonniert und bot Unterricht in gewerblichen Fächern sowie im Zeichnen, Schreiben, Rechnen, Singen, deutscher Sprache und Physik an. Zur Propagierung seiner Ziele veranstaltete er

öffentliche Vorträge mit prominenten Rednern in den bevorzugten Versammlungslokalen der revolutionären Bevölkerung, dem Theater und dem Gasthof zur „Deutschen Volkshalle", und schuf damit ein Forum zur Diskussion der sozialen und politischen Zeitprobleme.

Schon früh suchte der Arbeiterverein Kontakt mit den übrigen Sympathisanten der Demokratie in Hanau und verbündete sich deshalb mit dem demokratischen und dem Turnverein zu gemeinsamen Aktionen, so z. B. zu einem Protest an die Nationalversammlung gegen die vorgeschlagene Wahl eines Kaisers am 22. Januar 1849. Schon einen Monat zuvor hatten sich die drei genannten Vereine in einer örtlichen Organisation des sog. Märzvereins zusammengeschlossen, der, von der Linken der Paulskirche ins Leben gerufen, die Wahrung der Errungenschaften der Märzrevolution zum Ziel hatte.

Auch auf überregionaler Ebene unterhielt der Arbeiterverein Verbindungen zu gleichgesinnten Organisationen im Rhein-Main-Gebiet und dem kommunistisch beein-

Die Anfänge der Arbeiterbewegung in Hanau 1848-1851.

flußten Arbeiterverein in Köln, selbst wenn diese Kontakte gegenüber den nachforschenden Behörden beharrlich geleugnet wurden. Im Januar 1850 trat der Hanauer Arbeiterverein auch der von Stephan Born gegründeten „Arbeiterverbrüderung" bei und arbeitete im Kongreß der Arbeitervereine des Bezirks Frankfurt mit, in dessen Versammlungen man nicht nur über die Abgrenzung gegenüber den übrigen Fraktionen der Demokratie debattierte, sondern auch weitgehende soziale Forderungen und die Beschränkung der Macht des Kapitals zur Diskussion stellte.

So ist auch die übergeordneten Regierungsstellen mehrfach mitgeteilte Ansicht der Hanauer Behörden, der dortige Arbeiterverein sei als unpolitisch anzusehen, von dem keine staatsgefährdende Tendenz ausging, eher als Verharmlosung zu werten, denn in den leitenden Positionen des Vereins befanden sich durchaus radikale Elemente. Der Vorsitzende Götz Una (er war jüdischen Glaubens und Seifensieder von Beruf) hatte schon auf der Turnerversammlung in Hattersheim am 9. Januar 1848 geäußert, zuerst müsse man die Köpfe der Tyrannen haben, und auch der Buchdruckergehilfe Peter Beschor (Sekretär im Arbeiterverein) war als exaltierter und verwegener Republikaner bekannt, der durch seine heftigen und aufreizenden Reden die revolutionäre Stimmung unter der Bevölkerung besonders geschürt haben soll.

Dem Druck der siegreichen Reaktion fiel schließlich auch der Arbeiterverein zum Opfer, seine Tätigkeit wurde immer unpolitischer und beschränkte sich zuletzt auf Bildungsmaßnahmen für die Mitglieder und finanzielle Unterstützung von wandernden Gesellen. Nachdem am 1. November 1850 bayerische Truppen in Hanau eingerückt waren und die erkämpften Freiheiten wieder verlorengingen, löste sich der Arbeiterverein sofort nach diesem Ereignis auf. In der Folgezeit wurden gegen einige sei-

Wilhelm Kämmerer, Kaufmann, Vorstandsmitglied des Arbeitervereins und Turnerführer, Fotografie Paris.

ner Vorstandsmitglieder, wie bei den anderen demokratischen Vereinen auch, gerichtliche Untersuchungen eingeleitet.

Neben den berufsübergreifenden Organisationsbestrebungen des Arbeitervereins bildeten sich in den Jahren 1848/49 auch Vereinigungen mit gewerkschaftlichem Charakter. Vorreiter auf diesem Gebiet war das graphische Gewerbe, das sich im Juni 1848 in Mainz zur „Deutschen National-Buchdrucker-Vereinigung" zusammenschloß. In diesem Verband waren Hanauer Buchdrucker ebenso aktiv wie in der Nachfolgeorganisation, dem „Gutenbergbund", der im Herbst des Jahres 1849 gegründet wurde. Die Mitgliederzahl in Hanau war allerdings nicht groß, da hier zu dieser Zeit nur 20 Buchdruckergehilfen gezählt wurden. So konnte es der kleinen Gemeinde während der einsetzenden Reaktionsperiode auch gelingen, ihre Existenz vor den Behörden zu verbergen, denn es gelang der Polizei trotz mancher Nachforschungen nicht, das Bestehen eines Zweigvereins des Gutenbergbundes in Hanau nachzuweisen.

Auch die in der Tabakindustrie beschäftigten Arbeiter brachten

während der Revolution mit der Gründung der „Assoziation der Zigarrenarbeiter Deutschlands" im September 1848 eine nationale, berufsbezogene Zentralorganisation zustande. Im Vordergrund der Aktivitäten der Assoziation standen neben den vereinseigenen Selbsthilfeeinrichtungen die Durchsetzung tariflicher Mindestforderungen und der Kampf gegen die lohndrückende Frauen- und Kinderarbeit in diesem Gewerbe, letzteres ein Problem, das in Hanau besondere Bedeutung besaß. So waren hier nach der Gewerbestatistik des Jahres 1847 von den 825 Beschäftigten der Tabakindustrie mehr als die Hälfte weiblichen Geschlechts, die wichtigste Aufgabe des Hanauer Zweigvereins der Zigarrenarbeiterassoziation bestand jedoch in der Unterhaltung einer gemeinsamen Unterstützungskasse. Gegründet wurde die örtliche Mitgliedschaft wohl im Jahr 1848, auf dem zweiten Kongreß der deutschen Zigarrenarbeiter in Leipzig im September 1849 war Hanau jedenfalls durch den Abgeordneten J. Jacob vertreten, der ca. 140 organisierte Kollegen repräsentierte.

Da sich der Verein vor allem auf die Führung seiner Unterstützungskasse konzentrierte und mit politischen Willensäußerungen öffentlich nicht zutage trat, hat er die Reaktionszeit länger als der Arbeiterverein überlebt, und erst die Denunziation eines wegen schlechten Rufs zurückgewiesenen Arbeitskollegen beendete die Existenz der Zigarrenarbeiterassoziation in Hanau. Auf die Anzeige hin, in der „Weißen Taube", dem Versammlungslokal der Tabakarbeiter, würden politische Besprechungen abgehalten, marschierten am 22. März 1851 etwa 120 bayerische Soldaten zu dem Wirtshaus, umstellten es, verhafteten den Vorstand und weitere Mitglieder und beschlagnahmten im weiteren Verlauf dieser Aktion ein Siegel mit der Legende „Assoziation der Cigarrenarbeiter in Hanau und Steinheim am Main", die Statuten und die Korrespondenz des Vereins. Die 20 Verhafteten wurden nach

Kassel gebracht, von dem dortigen Kriegsgericht jedoch freigesprochen. Die Assoziation der Zigarrenarbeiter in Hanau hörte aber damit zu bestehen auf, und viele der übrigen in der Stadt noch vorhandenen privaten Kranken- und Sterbekassen, die gesetzlich ja durchaus erlaubt waren, wurden in der Folgezeit einer stärkeren polizeilichen Überwachung unterworfen.

Ein Überblick über die Anfänge der Arbeiterbewegung während der Revolution wäre nicht vollständig ohne einen kurzen Hinweis auf das Streikgeschehen dieser Jahre. Zwischen 1848 und 1851 kam es zu einer förmlichen Streikwelle in Hanau. Begonnen hatte sie mit einem Ausstand der Schneidergesellen, die im April 1848 höhere Löhne und kürzere Arbeitszeiten forderten und im Weigerungsfalle ihren Meistern mit der Herbeiführung „unangenehmer Katastrophen" drohten. Nachdem die fremden Gesellen in ihre Heimat ausgewiesen worden waren, kehrte jedoch bald wieder Ruhe im Schneidergewerbe ein.

Als nächste wurden im August die Goldarbeiter aktiv, die durch die Revolution und den damit fast vollständigen Stillstand ihrer Geschäfte in eine wirtschaftlich besonders mißliche Lage geraten waren. Um ihnen eine Beschäftigung zu bieten, hatte man zwar eine Art Notstandsprogramm für sie aufgelegt, indem man den Goldarbeitern Rodungsarbeiten auf der Lehrhöfer Heide übertrug, der Lohn war ihnen aber zu gering, und so zogen sie zum Rathaus und drohten, sie würden sich das nötige Geld schon zu verschaffen wissen.

Zu Beginn des Jahres 1849 kam es in der Tabakfabrik Blachière wegen der großen Zahl der dort beschäftigten Mädchen zu einem kurzfristigen Ausstand, der jedoch erfolglos blieb, und im März 1851 streikten fast gleichzeitig die Arbeiter in der Teppichfabrik von Leisler, der Rößlerschen Hutfabrik und erneut bei der Zigarrenfabrik Blachière, so daß die Behörden von Absprachen und einem gemeinschaftlichen Handeln aus-

gingen, was zum Teil auch zutreffend war.

Diese Ereignisse und die während der Revolutionszeit entstandenen Arbeiterorganisationen charakterisierten die frühesten Anfänge der Arbeiterbewegung in Hanau, die

von der Reaktionsperiode dann für mehr als zehn Jahre unterdrückt wurde, zu Beginn der 60er Jahre aber in weit gefestigter Form und mit größerer Durchsetzungskraft wiederaufleben sollte.

Wolfram Heitzenröder

Verloofung des Arbeiter-Bildungs-Vereins.

Neben der Aufgabe, die Bildung seiner Mitglieder, ist es auch Zweck des Arbeiter-Bildungs-Vereins, die hülfsbedürftigen wandernden Brüder zu unterstützen. Zur Erreichung beider Ziele bedarf es außer den gewöhnlichen Beiträgen noch besonderer Mittel, welche, laut Vereinsbeschlusses, durch von den Mitgliedern gefertigte Arbeiten, mittels einer Verloofung beschafft werden soller. Obgleich schon Viele eine rege Betheiligung bethätigten, so ist es doch nöthig, damit die Sammlung recht ansehnlich werde, daß die übrigen Vereinsmitglieder ihre Arbeiten beschleunigen, da der Zeitpunkt der Verloofung, die Weihnachten, nahe gerückt ist.

Wir glauben bei den Herren Prinzipalen keine Fehlbitte zu thun, wenn wir sie ersuchen, bei Ausführung dieses humanen Unternehmens ihren Gehülfen den möglichen Vorschub zu leisten und rechnen dabei auf den von ihnen schon öfter bewährten Edelmuth bei ähnlichen Gelegenheiten.

Für diejenigen Freunde des Arbeiter-Bildungs-Vereins, welche geneigt sind, unsere Sammlung durch Gegenstände zu vermehren, die Anzeige: daß zur Empfangnahme jeden Sonntag Nachmittag von 2—10 Uhr Abends 2 Mitglieder des betreffenden Comités im Vereinslocal, Gasthaus zur „schwedischen Krone", bereit sind.

Der Vorstand des Arbeiter-Bildungs-Vereins.

147

Die Entstehung des Hanauer Geschichtsvereins spielte sich eigentlich in dem Zeitraum von 1834 bis 1844 ab, war also ein Ereignis des Vormärz und steht im Zusammenhang mit der Gründungsgeschichte der ersten historischen Vereine in unserem Raum. Sie waren Zusammenschlüsse auf der Ebene der Herrschaftsterritorien: In Nassau schon sehr früh (1812 und endgültig 1821) und dem Vormärz-Zeitraum vorgreifend - im Großherzogtum Hessen (Darmstadt) in der Zeit der Erschütterungen Anfang der Dreißiger (1833) - und im Kurfürstentum Hessen (Kassel) ein Jahr später [1].

Wenn diese Gründungen auch im Zuge eines allgemeinen Erwachens geschichtlicher Interessen sowohl auf höfische[2] als auch bürgerliche[3] Anregungen hin erfolgten, so haben gerade bei den hier genannten Beispielen die Reaktion auf die Napoleonzeit und die Enttäuschung über die Ergebnisse des Wiener Kongresses Pate gestanden, und wir können behaupten, daß da „vaterländische" Bestrebungen im „gesamtdeutschen" Sinne wirkten. Sie lieferten zugleich einen Teil des Hintergrundes liberaler, demokratischer und republikanischer Strömungen. Es war nur folgerichtig, daß viele der frühen Mitglieder dieser Vereine sich in vormärzliche Aktivitäten „verstrickt" hatten.

In den Hauptstädten der Territorialstaaten stand man den neuen Gesellschaften mit ausgeprägtem Mißtrauen gegenüber, und wo es nicht gelang - wie im Großherzogtum -, Struktur und Arbeitsprogramm ganz dynastischen Vorstellungen unterzuordnen[4], blieb die neue Vereinigung auf Dauer das Objekt argwöhnischer Beobachtung durch das Staatsministerium. In Darmstadt wurde bereits im Vorfeld die Bildung von Sektionen des Vereins in den Landesteilen verhindert. Im Kurhessischen entwickelte sich dieser Prozeß schleichend und führte nach Ablauf des ersten Jahrzehnts sukzessiv zur Entstehung von Bezirksvereinen als Teilgebilden des Hauptvereins.

Unter den wenigen in der Provinz beheimateten Mitgliedern des „Vereins für hessische Geschichte und Landeskunde" war schon früh die Tendenz zu spüren, bei dem großen räumlichen Abstand von

Johann Peter Ruth (1769-1845)

der Metropole im Norden ein eigenes Vereinsleben zu entwickeln. Dahin gehörte der mehrmalige Versuch des Landbaumeisters Carl Arnd, eine „Zeitung für die Provinz Hanau" herauszugeben, was ihm 1837 auch gelang, aber durch Maßnahmen der Regierung bereits

Am 18. September des Jahres 1844 kam es schließlich durch die Herren Landbaumeister Carl Arnd, Pfarrer Anton Calaminus, Regierungsrat J. Peter Ruth, Lehrer Dr. Bernhard Denhard, Pfarrer Jonas Merz, Lehrer Dr. Friedrich Münscher und Regimentsarzt Dr. Speyer in Gelnhausen zur Konstituierung des „Bezirksvereins Hanau" innerhalb des Kasseler „Vereins für hessische Geschichte und Landeskunde[6]".

Nachdem 1834 die Gründung des Kasseler Vereins den regierungsamtlichen Segen erhalten hatte, wurde die Veränderung vom 18. September 1844 wohl gar nicht als Neugründung wahrgenommen. Aber zwei Mitglieder verspürten staatliche Eingriffe: Nach Ruths Tod (1845) beschlagnahmte die Regierung das gesamte Material seiner historischen Forschungen, und bereits 1839 mußte Arnd, wie oben gesagt, seine „Zeitschrift für die Provinz Hanau" einstellen[7].

Ein Kind des Vormärz: Der Hanauer Geschichtsverein

nach zwei Jahren wieder aufgegeben werden mußte. Noch intensiver zeigte sich die Absonderungstendenz in der Aktivität des pensionierten Regierungsrates Johann Peter Ruth, die Mitglieder in der südlichen Provinz in unregelmäßigen Abständen zu sich einzuladen und mit ihnen an Hand seiner umfangreichen Sammlung und Bibliothek historische Studien zu betreiben. Ruth wurde später der „Vater des Hanauer Geschichtsvereins" genannt[5].

Mag Ruth auch ein loyaler Beamter gewesen sein, so machte ihn das immer wache Interesse an der vergangenen und gegenwärtigen Entwicklung des Staatswesens suspekt.

Der Landbaumeister Arnd aber war ein Feuergeist der Ideen, ein Menschenfreund, ein Weltverbesserer, ein Aufklärer, ein Freihändler, ein Idealist und Moralist, der immer nach dem besseren Staat und nach der vernünftigeren Ordnung suchte; so charakterisiert ihn Hellmut Seier[8]. Zwar wirkte Arnd im Verein nicht wie ein Revolutionär, aber er war als Liberaler und Kenner französischer Verhältnisse neben seiner liebevollen Hinwendung zur Vergangenheit ein ständiger Kritiker und Verbesserer der Gegenwart, wofür seine zahlreichen Buchveröffentlichungen[9] beredtes Zeugnis ablegen .

Der wohl zielstrebigste unter den sieben Gründern des Hanauer Geschichtsvereins war der an der Marienkirche tätige Pfarrer Anton Calaminus, ein in der Gedankenwelt der Romantik verhafteter Lokalhistoriker, der sich intensiv auch allgemein historischen Studien widmete und mit z. T. recht fortschrittlichen methodischen Ansätzen um eine volkstümliche Belebung der Heimatgeschichte bemüht war. Dabei half ihm seine poetische und erzählerische Neigung, die Gegenstände lehrhaft und doch anregend - keineswegs aber unkritisch - zu gestalten. Stoßen wir doch bei dem ehemaligen Hauslehrer am Wächtersbacher Hof auf z. T. entschiedene Adelskritik[10] . Aber er gehörte zu den Zeitgenossen, welche z. B. Seier als „Eberhardianer" bezeichnete[11].

Erkennen wir bei Arnd und Calaminus gemäßigte liberale Züge, so waren die beiden Gründungsmitglieder Pfarrer Jonas Merz und Dr. Bernhard Denhard bereits bei ihrem Eintritt in den Verein mit einer „bedenklichen politischen Vergangenheit" belastet. Vor allem die Teilnahme an der „Protestation deutscher Bürger gegen die Preßsklaverei in Deutschland" 1832 hatten ihnen empfindliche Maßregelungen eingetragen - Seier spricht von „Jugendsünden und gefährlichem Karriereknick[12]". Doch beide entwickelten sich zu gemäßigten Liberalen und engagierten sich gerade mit Bearbeitung aktueller Themen in der Vereinsarbeit[13].

Friedrich Ludwig Münscher, auch liberal gesonnen, war als frühes Mitglied „vormärztypisch im vermittelnden Sinne[14]".

Carl Joseph Arnd (1788-1867)

In den ersten Jahren stießen als herausragende Persönlichkeiten der politisch und wissenschaftlich sehr aktive Fabrikant Karl Rößler sowie der Maler und Akademiedirektor Theodor Pelissier zu dem während des ersten Jahrzehnts eng begrenzten Mitgliederstamm des Bezirksvereins. Mit Rößler wirkte im politischen Raum der Fabrikant und Konsul Esaias Walther zusammen, der im März 1848 als Mitglied der Hanauer Delegation die Forderungen in Kassel überbrachte.

Anton Petrus Leopold Calaminus (1808-1868)

Rößler und Walther gehörten dem Frankfurter Vorparlament an.

Noch weiter als Walther profilierte sich im radikalen Sinne der Landmesserinspektor Buß; er leitete 1849 den Rüstungsausschuß für den Turnerzug nach Baden[15].

Hellmut Seier würdigt die Rolle und Position der „dem Vormärz entstammenden Geschichtsvereinler": Sie exponierten sich politisch vorandrängend, nahmen Risiken auf sich, folgten aber im Regelfall der Eberhard-Linie, während die Berührung mit dem demokratischen Republikanismus die meist jugendliche Ausnahme blieb. Ihr Verhältnis zu Kurhessen blieb allerdings immer kritisch und kühl[16].

Während der ersten zwölf Jahre der Vereinsgeschichte war Anton Calaminus die beherrschende Persönlichkeit der organisatorischen, vor allem aber der wissenschaftlichen Arbeit. Sein Name führte die Liste der Vortragsreferenten an[17]. Er hielt nach dem Abklingen der revolutionär bedrohlichen Spannungen am 13. März 1848 auf dem Neustädter Marktplatz einen Dankgottesdienst, wobei in Liturgie und Predigt seine adelskritische Haltung nicht zu überhören war[18].

Über der Betrachtung der hier angeführten Aspekte dürfen wir auch in einer Darstellung zum Vormärz nicht übersehen, daß die wenigen Mitglieder der ersten Stunde bemüht waren, die ganze Palette der Aufgaben eines historischen Vereins abzudecken. Neben der Vor- und Frühgeschichte mit archäologischen Ansätzen fanden alle Bereiche der Reichsgeschichte Beachtung, und in besonderem Maße widmete man sich der Lokalgeschichte, vor allem den Ereigniskomplexen an den Schnittstellen zwischen der „großen" und der Heimatgeschichte. Hier seien nur die Belagerung der Stadt 1635/36 und die Schlacht bei Hanau 1813 genannt. In die Gründung wurde der Grundstock einer Sammlung und einer Bibliothek sowie eines Archivs eingebracht, und vom Beginn an strebte man Publikationen an, mit denen auch noch im ersten Jahrzehnt begonnen wurde.

Den deutlichsten Aufschluß über die Inhalte der Arbeit gibt uns die schon im ersten Vereinsjahr entfaltete Vortragtätigkeit. Themen und Referenten - auch teilweise der Zeitpunkt - der verzeichneten Vorträge (in 150 Jahren nahezu 1000)

Franz Bernhard Friedrich Denhard (1809-1872)

lassen gerade für die Zeit des Vormärz erkennen, wie nahe man sich auch mit dem in die Vergangenheit gerichteten Blick den Ereignissen und Nöten der Gegenwart wußte:

Reichseinheit, Monarchiedebatte, Wirtschaftsgeschichte und -gegenwart, Pauperismusprobleme, Religions-, besonders Reformationsgeschichte (Deutsch-Katholiken-Auseinandersetzungen) u. a. m. wurden von Fachleuten oder Mitgliedern mit entsprechendem Interessenschwerpunkt beleuchtet.

So läßt sich wohl behaupten, daß in dem kleinen Bezirksverein ein waches Verantwortungsbewußtsein gegenüber dem Gang der öffentlichen Angelegenheiten herrschte. Für eine Bewältigung der Gegenwartsprobleme bedeuteten diesen Männern - hier sei Calaminus besonders hervorgehoben - Aufklärung und Bildung mehr als radikale Reaktionen. Es ist daher kein Zufall, daß gerade die Sieben vom 18. September 1844 im gleichen Jahr auch eine Lesegesellschaft zur Begründung einer Stadtbibliothek ins Leben riefen.

Erinnern wir uns der publizistischen Begleitmusik zur Gründung des Kasseler „Vereins für hessische Geschichte und Landeskunde" im Jahre 1834: Damals war in Blättern, welche der kurfürstlichen Regierung reserviert gegenüberstanden, zu lesen, das Unternehmen sei lobenswert, wenn es sich zur Aufgabe mache, das Fundament zu untersuchen, auf dem wir, die Lebenden, fortbauen könnten. Dem könne der wahre Freund des Vaterlandes folgen, dem es wirklich

ernst um das Besserwerden sei. Aber wie leicht könne auch er sich in die Vergangenheit so vertiefen, daß ihm die Gegenwart ein Unding werde[19].

Wir müssen den Männern des Anfangs bescheinigen, daß sie dieser Versuchung nicht erlagen und den Zeitfragen nicht auswichen.

Georg Jonas Merz (1804-1865)

Wer hätte damals allerdings ahnen können, in welchem Maße ein Jahrhundert später die Repression durch die kurhessische Regierung in den Schatten gestellt werden würde ?

Karl Ludwig Krauskopf

1 KARL LUDWIG KRAUSKOPF, 150 Jahre Hanauer Geschichtsverein, Hanau 1994, S. 3 ff.
2 Landgräfliche Gründung 1777, KARL BERNHARDI, Kurzer Abriß einer Geschichte der Gesellschaft der Alterthümer zu Kassel, in Zschr. D. Vereins f. hess. Gesch. u. Landesk., 1. Bd., Kassel 1837, S. 1.
3 KRAUSKOPF (Anm. 1), S. 3.
4 WALTER HEINEMEYER, Die Entstehung der Geschichtsvereine im Lande Hessen, in HELMUT ROTH und EGON WAMERS (Hrsg.), Hessen im Frühmittelalter, Sigmaringen 1984, S. 18 ff.
5 KARL SIEBERT, Hanauer Biographien aus drei Jahrhunderten. In Hanauer Geschichtsblätter, Hanau 1919, S. 172 f.

6 KRAUSKOPF (Anm. 1), S. 9.
7 KRAUSKOPF (Anm. 1), S. 20.
8 HELLMUTH SEIER, Hanau und Kurhessen. In Hessisches Jahrbuch für Landesgeschichte, 45. Bd., Marburg 1995, S 143 f.
9 KRAUSKOPF (Anm. 1), S. 289 f.
10 ANTON CALAMINUS, Blumen aus dem Kinzigthale, Gelnhausen 1835
11 SEIER (Anm. 8), S.147.
12 SEIER (Anm. 8), S.145.
13 Verzeichnis der während der Vereinsgeschichte gehaltenen Vorträge in KRAUSKOPF (Anm. 1), S. 139 ff.
14 SEIER (Anm. 8), S. 146.
15 Vorträge von Buß, Rößler, Walther und Pelissier in den Jahren 1846 bis 1849: Verzeichnis

KRAUSKOPF (Anm. 1), S. 140 ff..
16 SEIER, (Anm. 8), S. 147.
17 KRAUSKOPF (Anm. 2), S. 139 ff.
18 Z. B.: „Segne, o Herr, unseren Fürsten, daß er allzeit erkenne, was seinem Volke heilsam ist. Segne die Rathgeber, welche er sich erwählet hat, daß sie überall freudig die Wahrheit bekennen und keinen anderen Willen haben, als das Beste Deines Volkes zu fördern". A. CALAMINUS, Gott Lob und Dank, dargebracht für das erfreute Hanau in der gottesdienstlichen Feier am 13. März 1848, Hanau 1848.
19 Nach ALBERT DUNCKER, Der Verein für hessische Geschichte und Landeskunde in den ersten fünfzig Jahren seines Bestehens, Kassel 1884, S. 11 f.

Bilderbögen sind eine Form der Druckgrafik, deren genaue Eingrenzung nicht leicht ist. Bärbel Reißmann hat dies für die Berliner Bilderbögen versucht: „Der Bilderbogen wird in einem Wörterbuch von 1793 als „ein Bogen Papier mit bunten Bildern, welche einzeln können abgeschnitten werden", bezeichnet. Hinter dieser sparsamen Beschreibung verbergen sich volkstümliche grafische Blätter, deren Geschichte sich im deutschsprachigen Raum bis ins 14. Jahrhundert zurückverfolgen läßt. An ihrem Anfang standen von Briefmalern gezeichnete und kolorierte Andachtsbilder und Gebetszettel. Überwogen zunächst religiöse Themen, nahmen seit dem 16. Jahrhundert weltliche Motive zu. Ein breites Angebot von Darstellungen informiert unter anderem über Kuriositäten, fremde Länder, gesellschaftliche und politische Ereignisse oder diente als Märchen-, Theater-, Ausschneide- und Spielbogen der Unterhaltung. Die stets einseitig bedruckten Blätter mit einem oder mehreren Bildern waren in der Re-

Kampf an der Kinzigbrücke, Kupferstich von Johann Lorenz Rugendas.

bei war der Übergang von der einen in die andere Technik fließend. Im ausgehenden 18. Jahrhundert wurde die Lithographie als

weit über die Landesgrenzen hinaus verbreiteten".

In Hanau konnte sich im Gegensatz zu Berlin und Neuruppin keine

Die Hanauer Bürgergarde auf der Kinzigbrücke, Lithographie von Johann Heinrich Fiedler.

gel etwa 36 x 43 cm groß und mit verschieden langem Text versehen. Traditionelle Techniken waren anfangs der Holzschnitt, später der Kupferstich, der wiederum von der Lithographie abgelöst wurde. Da-

Eine denkwürdige Zeit

Hanauer Bilderbögen in der Zeit des Vormärz und der Revolution 1848/49

Flachdruckverfahren, im Gegensatz zu den bisherigen Vervielfältigungstechniken, entwickelt. Das aufwendige Eingraben einer Zeichnung in eine Kupferplatte wurde damit überflüssig. Die Lithographie erlaubte das unmittelbare und schnelle Aufbringen der Zeichnung mittels Kreide und Tusche auf einen Stein. Mit der Verbesserung der technischen Möglichkeiten konnten Druckvorlagen für höhere Auflagen der Bilderbögen hergestellt werden. In Folge entstanden aus den ursprünglichen familiären Handwerksbetrieben leistungsfähige Unternehmen, die ihre Waren

Produktion von Bilderbögen auf industrieller Ebene entwickeln, die Herstellung lag in Händen einzelner Lithographen und kleiner Verlage.

Geöffnet wurde der Markt für Bilderbögen durch die Illustrierung der Schlacht bei Hanau, einer Schlacht, die sowohl durch die bayerische, die österreichische und die französische Seite propagandistisch ausgeschlachtet worden ist. Nach diesen Vorlagen sind im Hanauer und Frankfurter Raum eine Menge an Gouachen gemalt worden, die als biedermeierlicher Wandschmuck gedacht waren.

151

Die Schlacht bei Hanau d. 30 Oktober 1813.

Schlacht bei Hanau, Lithographie von Johann Heinrich Fiedler.

weniger wichtige Szene im Nachhall der Revolution von 1830, die im Album Rößler geschildert wird: „Bei Gelegenheit des Forstbußgerichtes, wobei die gegen die Wittagsordnung vorgekommenen Frevel bestraft werden sollten, erhob sich das anwesende Volk und zwang die Beamten zur Flucht. Zeugförster Schimmelpfennig von dem Lamboyer Forste lief dabei Gefahr, mißhandelt zu werden, indem man sein Pferd am Schweife festzuhalten suchte. Dennoch gelang ihm die Flucht". In der Darstellung akzentuiert Fiedler den Kampf der einzelnen Individuen. Er zeigt die abwartende Haltung der Bürger im Zylinder, während die Handwerker und Arbeiter - auch als unmittelbar Betroffene - den Förster angreifen.

Zur Feier der kurhessischen Verfassung von 1831 brachte Fiedler

Eine graphische Produktion mit einem Hanauer Anteil ist das Blatt des Augsburger Stechers Johann Lorenz Rugendas „Kampf an der Kinzigbrücke vom 31. Oktober 1813". Zu diesem Blatt stammen die topographischen Vorzeichnungen von Conrad Westermayr.

Der markanteste und individuellste Bilderbögenhersteller in Hanau war zweifellos Johann Heinrich Fiedler, von dem bisher nur die

Zerstörung des Licentamtes, Lithographie von Johann Heinrich Fiedler.

dürren Lebensdaten bekannt sind (* 20.08.1801 - † 20.04.1857). Er illustrierte eine nicht sonderlich bekannte und ereignisreiche Szene aus der vier Tage dauernden Schlacht bei Hanau „Die Hanauer Bürgergarde auf der Kinzigbrücke am 28. Oktober 1813". Das 1825 entstandene Blatt ist der erste bekannte Bilderbogen zu histori-

schen Ereignissen von Fiedler. Sein Interesse an diesem Blatt dürfte die kleine Heldentat der Hanauer Bürgergarde gewesen sein, die ansonsten mit den Ereignissen der Schlacht selber überhaupt nichts zu tun hatte. Ein weiteres Blatt von Fiedler schildert die Kämpfe am rechten Flügel bereits nach der entscheidenden Niederlage der Bayern und Österreicher am linken Flügel und im Zentrum.

Die Revolution von 1830 und die Auseinandersetzung um die kurhessische Verfassung schildert Fiedler in vier Blättern

„Die Zerstörung des Licentamtes zu Hanau am Abend des 24. Septembers 1830". Das Tor des Licentamtes ist aufgebrochen, in einem großen Feuer verbrennt die Einrichtung, Handwerker und Arbeiter zerstören ein Faß. Die Bevölkerung ist im Halbkreis um diese Szene versammelt und schaut zu. Auch die Männer des Brandpiketts stehen dabei. Die hinter der Volksmenge wie Zinnsoldaten aufgereihten kurhessischen Soldaten greifen ebenfalls nicht ein. Fiedler schuf mit diesem Blatt eine gültige Illustrierung zu historischen Ereignissen, wobei er auch noch die gesellschaftlichen Anteile reflektiert.

Das kleinere Blatt „Der Wittags-Crawall" schildert eine wiederum

Der Abend vor dem Constitutions-Feste, Kupferstich von Johann Heinrich Fiedler.

zwei Blätter heraus „Der Abend vor dem Constitutions-Feste" und „Die denkwürdige Feier der Constitution". Format und Kleidung verleihen dem ersten Blatt bildhaften Charakter. Der Betrachter ist als unmittelbarer Teilhaber in die Masse der Zuschauer integriert, die als Rückenfiguren den Vordergrund des Bildes füllen. Die Zuschauer sind als bürgerliche Individuen durch eine liebevolle Detailschilderung ihrer Kleider dargestellt. Der eigentliche Festplatz wird durch ein Karree aus Bürgergardisten gebildet. Die Bürgergarde und die Bürger sind die Träger des Festes. Der vierte Stand ist im Gegensatz zu dem Bogen „Zerstörung des Licentamtes" hier ausgespart.

Hanau am 18. März 1848, Lithographie von Johann Heinrich Fiedler.

Das zweite Blatt zeigt die Feier der Constitution in der Johanniskirche. Hier ist die Übermacht der Bürgergarde noch deutlicher. Alle Stuhlreihen im Kirchenschiff sind für die Bürgergarde reserviert, während das nicht uniformierte Volk - diesmal nur schematisch dargestellt - auf den Emporen Platz nehmen muß.

Die Ereignisse zwischen den beiden Revolutionen in Deutschland illustrierte Fiedler nicht. Zum Wilhelmsbader Fest von 1832 entstand dagegen ein Blatt im Verlag Wilhelm Kuhl. Erst die Revolution von 1848 stachelte das illustrative Interesse des Johann Heinrich Fiedler wieder an, wobei er nicht die wesentlicheb Ereignisse, sondern eher Nebenszenen illustrierte.

Mit dem Bilderbogen „Hanau am 18. März 1848" schuf er sicher sein Meisterwerk. Das Blatt beschreibt eine nach vorne offene Masse, die sozusagen an die Rampe tritt und agiert. Am Rand stehen jeweils zwei Gruppen aus je zwei Männern, von denen einer dem Betrachter den Rücken zuwendet. Sie sind mehr als individuelle Figuren dargestellt: Die linke Gruppe besteht aus zwei Mitgliedern des Ar-

beiterfreicorps, bei der rechten Gruppe geben sich ein Turner in der Heckertracht und ein Bürgergardist die Hand. Damit soll die Einheit der Hanauer bewaffneten revolutionären Macht ausgedrückt werden, die hinter dem Geschehen steht. Über die Zerstörung des Prügelstockes als Symbol für Folter und Gewaltjustiz herrscht allgemeine Freude, die die kleinen Buben am spontansten zum Ausdruck bringen. Der Illustration sind noch zwei Textbeispiele zuzuordnen:

Ein Zitat von Schiller:

Weh, wenn sich in dem Schooß der Städte
Der Feuerzunder still gehäuft,
das Volk, zerreißend seine Kette
Zur Eigenhülfe schrecklich greift

und links ein Spruch im Hanauer Dialekt:

Nu! wos gibts dau
Eu! dar Bock ward
verschoffe.

Gerade in der Sprache drückt Fiedler zusätzlich die Spannweite der Revolution aus. Einerseits wird Schiller zitiert, der als Dichter der Freiheit großes Ansehen genoß, andererseits wird das Ereignis selber in der prägnanten Sprache des Volkes beschrieben. Die Bewegung und das Handeln geht vom Volk aus, während den Intellektuellen die Rolle zufällt, die weiterweisenden Gedanken bereitzustellen.

Die die Niederlage der deutschen Demokraten endgültig besiegelnden Kämpfe in Baden von 1849 illustrierte Fiedler mit zwei Blättern. Der Zug der Hanauer Turnerwehr nach Baden, die Niederlage bei Rastatt, die Flucht in die Schweiz und die darauffolgende Emigration von herausragenden Männern der Hanauer Revolutionäre war für Fiedler - vielleicht auch aus persönlichen Gründen - wichtig.

Mit dem Blatt „Die Darmstädter Kirschenfrau" schuf er eine neue

Die Darmstädter Kirschenfrau, Lithographie von Johann Heinrich Fiedler.

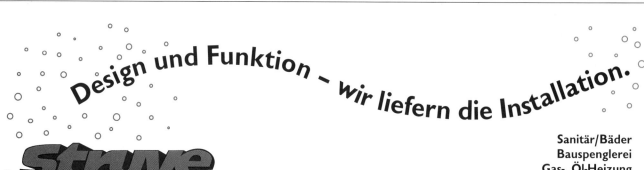

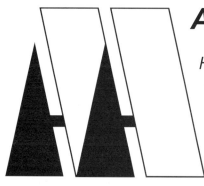

Form des Bilderbogens. Der Illustration ist ein langes Gedicht beigegeben, das das eigentliche Ereignis, die Enttarnung eines hessendarmstädtischen Spions, ausführlich schildert. Die Illustration zeigt vier Hanauer Turner, die den als Kirschenfrau verkleideten Spion gerade als hessen-darmstädtischen Leutnant erkennen. Drei Turner „sprechen" in Hanauer Dialekt, „Ei die Steube! des Mensch thut ja Gott verdamm mich frage wie e Spion", die Kirschenfrau „Derf isch mit ma Kersche og wol nuffer ins Schloß", zweiter Hanauer Turner „Na Weibsche, wo steckt dann ihr Zopp", dritter Hanauer Turner „Sapperment schöne Wade! Ei.abich.Unterhosen" und der vierte Turner sozusagen offiziell in Hochdeutsch „Das kann nur der Hauptmann erlauben". Die Texte sind unmittelbar zu den Figuren in die Nähe des Mundes gestellt. Es fehlte nur noch die Sprechblase und der Comic wäre komplett. Mit diesem Blatt schuf Fiedler zweifelsfrei einen Vorläufer der Comic-Blätter des 20. Jahrhunderts. Gerade das lebendige und dramatische Element macht die Fiedlerschen Bilderbögen so liebenswert.

Diesem noch positiven Ereignis im Rahmen des Hanauer Turnerzuges

Die Schlacht bei Waghäusel, Lithographie von Johann Heinrich Fiedler.

steht mit dem Bogen „Die Schlacht bei Waghäusel" die Illustration der Niederlage entgegen. Das Blatt schuf Fiedler dann nach dem „klassischen" Vorbild der Neuruppiner Bögen. Die Unterschrift lautet: „Drei Tage lang, den 23., 24. u. 25. Juni 1849 dauerte der Kampf. Waghäusel brannte gänzlich ab. Das badener Volksheer kämpfte mit größter Todesverachtung gegen die

Preußen. Die Zahl der Todten ist von beiden Seiten so groß wie in der größten Schlacht gewesen". Darin ist eine starke Sympathie von Fiedler für die revolutionäre Sache durchaus zu erkennen. Links sind die Truppen des Badener Volksheeres zu sehen, rechts die preußische Militärmacht, die der deutschen Revolution den Todesstoß versetzte.

Von einem Ereignis im Nachfeld der Niederlage schuf Fiedler nochmals einen, diesmal größeren Bilderbogen in seinem „Comic"-Stil „Der 5te August 1851". Eine bürgerliche Hanauer Familie befindet sich in einem Zimmer und beobachtet den Abmarsch der Besatzungstruppen des Deutschen Bundes aus Hanau am Ende der kurhessischen Staatskrise. Zwei Gruppen stehen zusammen: links die Eltern und die kleine Tochter, rechts die erwachsenen Töchter und der kleine Sohn. Sie geben zu dem beobachteten Geschehen ihre Kommentare ab, was durch Schriftzeilen geschieht. Bei der linken Gruppe kommentiert die Frau auf dem Stuhl den Abmarsch der in Hanau „Strafbayern" genannten Bundestruppen. „Gott sey's getrommelt un gepiffe", der Mann „No! endlich

Der 5. August 1851, Lithographie von Johann Heinrich Fiedler.

doch". Das kleine Mädchen, das zum Fenster hinausschaut, sagt gar nichts. Die drei erwachsenen Töchter in der rechten Gruppe haben widersprüchliche Gefühle „O weh des geht mer an's Lewe", „Nu halte mich kaan 10 Gäul mehr in Hanau", „Ach ich binn ganz todt". Offensichtlich hatten die bayerischen Soldaten größeren Eindruck hinterlassen. Der junge Bub am Fenster schmeichelt sich bei seinem Vater

Der Sieg des Bürgertums oder der Kampf der neuen mit der alten Zeit. Zeichner: Andreas Daniel Kraus. Lithographie: Wilhelm Kuhl.

ein „Vatter horch nor dei steube Menscher". Auch Hund und Katze geben ihren Kommentar ab „O Wei till Schetti! mer mache aach mit". In dem volkstümlichen Blatt werden allerdings die Mädchen als unpolitisch dargestellt, über die sich sogar der kleine Junge - sich dem Vater anbiedernd - spotten kann. Die Revolution sollte eine männliche Revolution bleiben, obwohl viele Frauen an vorderster Front mitgekämpft hatten. Den Frauen gleiche Rechte einräumen wollten die Demokraten nicht. Fiedler machte da keine Ausnahme.

Johann Heinrich Fiedler deckte mit seinen populären Bögen einen langen Zeitraum von 1825 bis 1852 ab und lieferte in seiner pointierten Art seine Sichtweise der Ereignisse. Diese Fülle und Kontinuität hat ansonsten kein Hanauer Verleger und

Drucker aufzuweisen. Die Blätter zu den Ereignissen des Vormärz und der Revolution von 1848/49 konzentrieren sich auch hauptsächlich auf die Zeit um 1830 und danach.

Während des Wilhelmsbader Festes 1832 wurde eine Lithographie mit dem programmatischen Titel „Der Sieg des Bürgertums oder Kampf der neuen mit der alten Zeit" verkauft. Andreas Daniel Kraus aus Kassel zeichnete das Blatt, das bei Wilhelm Kuhl in Hanau erschien. Zur Erklärung des komplizierten Inhaltes mußte der Verleger gleich die schriftliche Erläuterung dazu liefern:

„Der als Lenker der Staaten und Völker dargestellte und personifizierte „Weltgeist" führt mittels der freien konstitutionellen „Verfassungen", (welche durch die Inschrift einer Standarte angedeutet sind) den politischen „Staatenwagen der 5 Großmächte Europas", - trotz allem Sträuben und Zurückhalten der „Absolutisten und Aristokraten" (angedeutet durch 10 verschiedene Indivuduen) - zum „Tempel des Heils und des Friedens", dessen Säulen das „Gesetz" die „Gerechtigkeit" und ein wechselseitiges Vertrauen zwischen

Fürst und Volk sind, und der von oben geschirmt ist durch den „Dom des wahren Christenthums", welches auf „Aufklärung" und „Gewissensfreiheit" beruht. - Unaufhaltsam eilen die Rosse des Staatenwagens, geleitet an den „Zügeln der Schwurgerichte, Volksvertretungen, Pressefreiheit und Bürgerbewaffnung", dem erhabenen Ziele näher, und damit der Wagen auf seiner aufwärts gehenden Bahn nicht wieder zurückrolle in das hinter ihm liegende Grauen eines verfinsterten Zeitalters, - wo nur die drückenden Formen des „Feudalismus" der „Zwinger der Inquisition", die „Geisel des Despotismus", und das „Erz der rohen Gewalt" die Völker beherrschte und zu Boden schlug - wälzt der „Genius der Freiheit (unser Zeitgeist) durch seine gefeierten Organe (v. Rotteck, Jordan, Welker und von Raumer) 4 gewaltige Steine hinter die Räder. - Es ist der Kampf des Lichtes, der Wahrheit und der Vernunft, mit den Mächten der Finsternis, der Tyranney und des Despotismus, woraus endlich der Sieg des Bürgerthums, der Freiheit und des Rechtes - das Glück der Fürsten und Völker - hervorgeht, dessen Triumph in den lichten Wolken des Himmels erwartet und gefeiert wird, durch die verklärenden Heroen der Vorzeit: die glanzumstrahlten Namen eines Julius Cäsar, Marcus Aurelius, Carls des Grossen, Heinrich des Vogelers, Maximilian L, Martin Luther, und Joseph II."

Das programmatische Blatt und der erklärende Text stellen eine Huldigung an die kurhessische Verfassung von 1831 dar, der Vorstellung einer aufgeklärten, konstitutionellen Monarchie. Diese Verfassung setzte der Kurfürst bereits 1832 wieder außer Kraft und regierte so absolutistisch weiter wie vorher. Auf dem Wilhelmsbader Fest 1832 verkaufte der Makler Isaak Dittmar aus Hanau diese Lithographie, wobei die als Spitzel eingesetzten Gendarmen sie beschlagnahmen sollten. Sie konnten aber nur zwei Bögen einziehen, die übrigen waren von Hand zu Hand gegangen und für die Obrigkeit nicht mehr greifbar. Die Rede des Burschenschaftlers Heinrich Brüggemann auf dem Wilhelmsbader Fest ging allerdings bereits weit über den Ansatz des Kuhl'schen Bogens hinaus. Er griff auch soziale Probleme auf und sprach sich entschieden gegen die moderne Sklaverei der Arbeiter in einem 13-Stunden-Tag aus. In Wilhelmsbad zeigte sich bereits in Ansätzen, daß die liberale Bewegung aufgrund von aufkeimenden Klassengegensätzen zwischen Bürgern und Arbeitern für eine fernere Zukunft ihre Einheit nicht bewahren konnte.

1833 lithographierte Wilhelm Kuhl selber ein Gemälde von Charlet „Napoleon im Biwak", das Napoleon als kräftigen, markanten Soldaten im Feld zeigt. Offensichtlich war um 1833 die Haltung der Hanauer Napoleon gegenüber freundlicher und die Erinnerung an die Französische Zeit von 1806 bis 1813 bereits wesentlich positiver, so daß Kuhl ein so repräsentatives und napoleonfreundliches Blatt den Käufern anbieten konnte. Dies sind vielleicht Reminiszenzen an die unmittelbar vorher verlorengegangenen Feiheitsbewegungen, z. B. den Frankfurter Wachensturm.

Napoleon im Biwak, Lithographie von Wilhelm Kuhl.

Im Verlag Friedrich König in Hanau erschien als Zugabe Nr. 1 zum Volks- und Anzeigenblatt für Mitteldeutschland der Bilderbogen „Zensur in Kurhessen", der durchaus in Zusammenhang mit dem Hessischen Landboten aus dem Jahr 1834 von Georg Büchner und Pfarrer Dr. Friedrich Ludwig Weidig gesehen werden kann.

Die Beschreibung und Erläuterung ist in gereimter Form beigegeben.

Anton Merk

Ihr Bürger Abdera's kommt und seht!
Des Censors alberne Majestät
Hält auf den Beobachter den Stimmhammer,
Daß ein Weh Moll tönt in trübem Jammer,
Er schneid't mit der Schere die Freiheit weg,
Und tritt mit dem Stelzfuß die Freiheit in Dreck;
Schaut gehorsamst in ein Perspektiv hinein
Das hält ihm ein Kerl vor mit einem Ziegenbein
Gott sei bei uns! mit Eselsohren
Als hätt' ihn sich Satan zum Staatsrat erkoren,
Hält auf der Lichtflamme das Hütchen fest,
Ein dicker Frosch sich bei ihm blicken läßt,
Sind Verwandte, kamen in einem Sumpf zur Welt.
Ein Krebs an den Dekreten sich hält.
Und dem Zensor bringt für so große That
Satans Fledermaus den Titel: Geheimrath.-
Rasch über die Grenz in die Freiheit! Da steht
Schlange zertretend Hassia's Majestät,
Die Fackel der Wahrheit in ihrer Hand
Steckt all das offizielle Zeug in Brand.
Hinter ihrem Schlagbaum, in sichern Port
Fragen wir des Volkes deutsches Wort,
Und die Wächter an der Säule des Vaterlands
Tragen Hassia's Freiheit zum Himmelsglanz.
Doch Ungeziffer kriecht tief unten,
Möcht umsonst die deutschen Männer verwunden
Und ein baufällig Römerhaus steht hinten
Daraus sehn mit offenen Augen die Blinden,
Ihr Uhr ohne Zeiger zeigt keine Zeit,
Dunkel und Dünkel ist rings verbreit't:
Doch einst fährt durch die Nacht und Wolkenhaut
Ein Blitz von Gott, und der Tag geht auf.

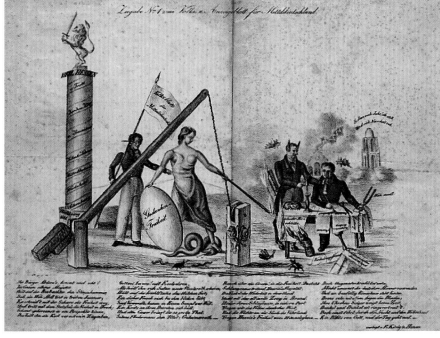

Zensur in Kurhessen, Lithographie Verlag Friedrich König.

Nach einer kurzen Blüte während der Reformation und der Bauernkriege erfuhr die Karikatur einen erneuten Aufschwung in der Zeit der Französischen Revolution und vor allem in den dreißiger Jahren des vorigen Jahrhunderts. Grundlegend für diesen Aufschwung war - wie in der populären Druckgraphik insgesamt - die Lithographie als quasi revolutionäre Erneuerung der Drucktechnik. Sie erlaubte eine schnelle Umsetzung der Zeichnung, eine hohe Auflage und ein dünnes Papier - alles Elemente, die Aktualität und niedrigen Preis möglich machten. Dies war die Voraussetzung für eine weite Verbreitung.

Im Anschluß an die Juli-Revolution in Frankreich 1830 entstanden die berühmten Karikatur-Zeitschriften „La Caricature" und „Charivari". In ihnen prägten Künstler wie Honoré Daumier, Philippon, Grandville, Gavarni, Doré und Gill die Form der politischen Karikatur. In Anknüpfung an allgemein bekannte Zusammenhänge, Begriffe und Bilder soll in einer Überhöhung und Zuspitzung der Zeichensprache ein politischer Sachverhalt so dargestellt werden, daß er ohne weitere verbale Erläuterungen sofort verstanden und dann weitergegeben werden kann. Die Zeichenkunst muß sich dabei vereinfachender und vergleichender Mittel bedienen, um abstrakte und komplizierte Vorgänge schnell und unmittelbar zu verbreiten und für jeden verständlich zu machen. Nur so kann die Karikatur aufklärend oder agitatorisch wirken.

Die Märzrevolution und der demokratische Prozeß des Nationalparlaments in der Paulskirche führten in Deutschland zu einer Blüte der Karikatur, die in der deutschen Kunstgeschichte und Publizistik einzigartig ist. Bis dahin waren Karikaturen durch die 1819 erlassenen Karlsbader Beschlüsse und die damit verbundene Zensur stark eingeschränkt. Erst die neue Freiheit durch die Märzrevolution führte zu einer weiten Verbreitung der Karikatur, die als eigenständiges Medium erst in dieser Zeit in Deutschland entstanden ist.

Neben Düsseldorf, Berlin und Leipzig waren Frankfurt, Rödelheim und Offenbach die wichtigsten Verlagsorte der Karikaturherstellung. Der Verlag Reinhold Baist in

Karikaturen

Rödelheim schuf 17 Bögen, hauptsächlich gestaltet von Ernst Schalk, und ein Blatt von Angilbert Göbel. Mit weitem Abstand am meisten Bögen wurden von dem Frankfurter Verlag Eduard Gustav May herausgebracht, insgesamt 108. Er beschäftigte mehrere Künstler: Alfons von Boddien, Ludwig von Elliot, Halm, Haubenschmid, Gerhard Malß, den Hanauer Maler Moritz Daniel Oppenheim, Ernst Schalck, Johann Baptist Scholl, G. Süß, Philipp Veit, Wilhelm Völker, Philipp Winterwerb und Zuckerbäcker. Carl Knatz, ein weiterer Frankfurter Verleger, schuf 27 Bögen von annähernd den gleichen Künstlern wie Ludwig von Elliot, Angilbert Göbel, Halm, Philipp Herrlich, Ernst Schalck und Johann Baptist Scholl. Die Lithographieranstalt J. E. Mittenzwey in Frankfurt brachte 5 Bögen und der Verlag Wilhelm Müller in Frankfurt 11 Bögen heraus. Aus der Niederlage J. Rieck in Frankfurt stammen 7 Blätter, und der Verlag J. B. Simon in Frankfurt produzierte 25 Blätter, namentlich signiert haben Ludwig von Elliot und Ernst Schalck. 30 Bögen kamen bei S. Stern in Offenbach heraus, Ludwig von Elliot, Gerhard Malß und Ludwig Maurer arbeiteten auch für Stern. Kleinere Verlage in Frankfurt waren H. Umpfenbach mit 3 Bögen, Dr. C. A Wild mit 2 Blättern und J. A. Wagner mit 8 Blättern, die alle von den katholischen Städelprofessoren Eduard Steinle und Philipp Veit stammen. Sie zeichnen sich durch eine hohe künstlerische Qualität aus, zeugen aber von der reaktionären Haltung der beiden berühmten Künstler der deutschen Revolution gegenüber.

Nach Frankfurt war Berlin das zweite Druckzentrum: in den Verlagen B. J. Hirsch's Kunsthandlung erschienen 32 Bögen (Künstler: Hucklebroich, Bremer), Wilhelm Hermes 2 Bögen, S. Loewenherz 2 Bögen, Rocca Berlin 6 Bögen, Verlag S. Scala 6 Bögen, Julius Springer 1 Bogen, W. Zawitz 8 Bögen (Künstler J. Böhmer, G. Heidenreich, H. Ulke und Wohlfahrt). Eine große Zahl von Flugschriften – oft mit kleinen Karikaturen – kam ebenfalls in Berlin heraus.

In Leipzig erschienen bei L. Blau & Co. 7 Bögen, bei J. G. Fritsche 7 Bögen im wesentlichen von Wilhelm Storck, im Verlag Luis Rocca 7 Blätter (Künstler Wilhelm Storck und Ernst Schalck).

Weitere Karikaturen erschienen auch in Mainz, München, Breslau, Königsberg und Wien.

Eine große Anzahl von Karikaturen erschien auch ohne Verlagsangabe und meist ohne Künstlerangabe. Die genannten Künstler sind Ernst Schalck, Ludwig von Elliot, Theodor Hosemann, Diedrich, A. Zampis, W., Gerhard Malß, Pecht, Carl Engel von der Rabenau, Philipp Veit, Henry Ritter, Wilhelm Heinrich Füssli, Ludwig Maurer und Wilhelm Storck.

Als Reihen und Zeitschriften erschienen:

Die Satyrischen Zeitbilder bei S. Berendsohn, Hamburg, Künstler z.T. J. Pecht

Der Satyr, 15 Bögen als Zeitungsbeilage, Künstler Wilhelm Völker und Johann Baptist Scholl, Verlag Eduard May, Frankfurt

Düsseldorfer Monatshefte, Zeitschrift. 14 Jahrgänge von 1847 bis 1860, Henry Ritter, Adolf Schröder, Ferdinand Schröder und Theodor Hosemann steuerten bedeutende publizistische Leistungen aus dem Kreis der Künstler der Düsseldorfer Akademie bei.

Der deutsche Michel, Zeichner: Johann Heinrich Fiedler

Der politische Struwwelpeter, illustriertes Buch, Künstler Henry Ritter, Verlagsort Düsseldorf

Thaten und Meinungen des Herrn Piepmeyer - Abgeordneten zur constituierenden Nationalversammlung zu Frankfurt, 16 Hefte, Zeichner Adolf Schrödter, Autor Johann Hermann Detmold, Verlagsort Frankfurt

Aetz-Bilder aus Frankfurt a. M., 21 Blätter, Künstler Friedrich Pecht, Verleger Friedrich Rocca, Leipzig

Bilder aus Frankfurt, 12 Bögen, Künstler Ernst Schalck und Philipp Herrlich, Verlag Eduard May, Frankfurt

Carikaturen Cabinett, vermutlich 17 Bögen, Verlag Carl Hohfelder, München

Ein Todtentanz aus dem Jahr 1848, Künstler Alfred Rethel

Aus der Fülle der Karikaturbögen zur Revolution 1848/49 sollen einige Beispiele exemplarisch vorgestellt werden:

Erstaunlicherweise haben sich die Hanauer Lithographen und Verleger nicht an der Produktion von Karikaturen beteiligt, vielleicht weil in Hanau die Ereignisse in der Paulskirche und die „große Politik" keine so große Rolle spielten. Bisher konnte nur eine Karikatur dem Hanauer Lithographen Johann Heinrich Fiedler zugeschrieben werden. Darin bekennt sich Fiedler deutlich zu in Hanau mehrheitlich bedachtem „linken", republikanischen Gedankengut. An einem galgenähnlichen Wegweiser „Weg zur

Hölle" lehnt der deutsche Michel eine Leiter und hängt vor den Wegweiser ein warnendes Fugblatt. Der Weg zur Hölle führt zu einem Höllenschlund mit einem Teufel, der die Insignien der preußischen Justiz und des preußischen Militärs trägt. Michel in Heckertracht wendet sich an den Demokraten und an den Freischärler und sagt: „Laßt mir's norts hängen." Der Demokrat: „Da hängt's ganz an seinem Platz;/ Mer könnt' noch mehr dabei hängen", der Freischärler: „Guk dich nor um Michel! /Mer könne diese Gesetze nit brauchen" und weist dann nach links. Vor einer aufgehenden Sonne kommen die Freischaren mit den Aufschriften „Vivat die Republik" und „Die Republik kommt mit Riesenschritten".

Auf dem warnenden Flugblatt des deutschen Michels steht:

> „Wenn ihr nur noch
> warten könnt',
> Dann wird gewiß
> das Parlament,
> Die neuen Gesetze
> schaffen;
> Denn wißt, da sitzt
> so mancher Finke,
> und da geht's jewiß
> recht flinke".

Dieser Text steht auf dem bisher einzig bekannten Exemplar im Museum Hanau auf einem nachgedruckten Zettel, der auf den ursprünglichen Text drübergeklebt ist, so daß dieser nicht mehr zu lesen ist. Mit aller Unsicherheit ist noch zu erkennen:

Neue Pressgesetze für 1848

Neue Polizeiordonanzen.

Die Karikatur bezieht sich sicher auf den Abgeordneten Georg Freiherr von Vincke, den Führer der äußersten Rechten, der an und für sich bereits gegen die Revolution, das Paulskirchenparlament und dann vor allem gegen die Republikaner eingestellt war.

Bei Reinhold Baist in Rödelheim erschien das Blatt „Reichs= Fege=Mühle", das sich auf den Antrag des Hanauer Abgeordneten und Bürgermeisters August Rühl vom 18. September 1848 bezieht.

Die Folgen seines Antrages auf Neuwahl der Nationalversammlung werden hier spöttisch vorgeführt: Der deutsche Michel, diesmal als Verkörperung der öffentlichen Meinung, werde bei den Neuwahlen die radikalen Abgeordneten der Linken und der Rechten aus dem Parlament fegen. Die Karikatur zeigt diese Abgeordnetem - teilweise als Mikroben - aus der „Reichsfegemühle" fliegend, die der Abgeordnete Rühl mit seinem Antrag füllt und der vom deutschen Michel, der die Mühle bedient, bearbeitet wird. Der deutsche Michel vertritt hier die Positionen der politischen Mitte um die Liberalen und die konstitutionellen Monarchisten.

Wie der deutsche Michel die Nachtmütze wegwirft und sich vornimmt ins Freie zu gehen

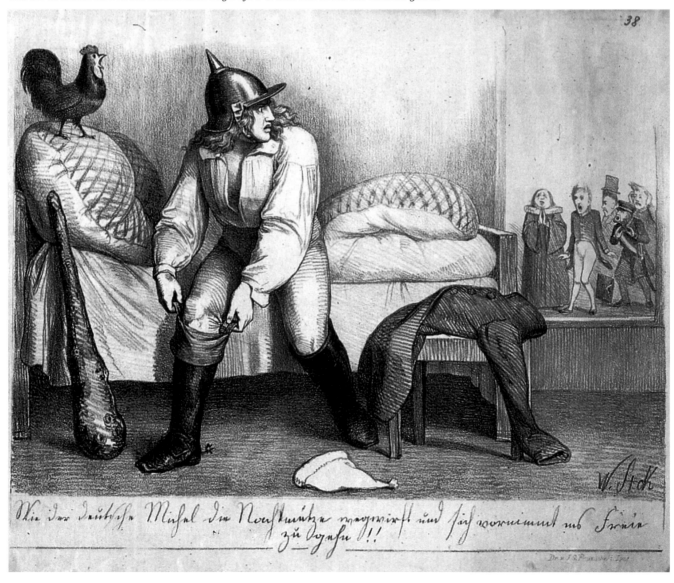

Ein sehr kraftvolles Blatt mit dem deutschen Michel erschien bei Fritsche in Leipzig, das Wilhelm Storck zeichnete: „Wie der deutsche Michel die Nachtmütze wegwirft und sich vornimmt ins Freie zu gehen." Aus einem karierten, weichen Bett erhebt sich ein kräftiger Michel, auf dem Kopf trägt er die Sturmhaube, während die Nachtmütze auf dem Boden liegt. Voll Ingrimm zieht er sich die schweren Reiterstiefel an, neben dem Bett steht griffbereit die Keule, auf einem Hocker liegt der Rock, auf dem Kopfkissen steht ein krähender Hahn. Durch ein Fenster sieht man den fürstlichen Schreiber, einen Pastoren, vermutlich einen Bürgergardisten und zwei Bürger, die vor Schreck erstarren. Der deutsche Michel wird vom gallischen Hahn wachgerüttelt, ein Hinweis auf die führende Rolle der französischen Februarrevolution in den europäischen Aufständen des Jahres 1848. In der kraftvollen, wehrhaften Gestalt des Michels ist wohl der radikaldemokratische Teil der deutschen Revolutionäre gemeint. Die alten Mächte, die Kirche und die Fürsten, sind nicht allein in ihrer Angst vor der neuen Macht des Volkes, auch das besitzende Bürgertum bekommt zunehmend Angst vor „Anarchie", das heißt vor den weitergehenden Forderungen

der Proletarier nach sozialen Reformen.

Auf einer ähnlichen, wenn auch etwas gemäßigteren Linie liegt das Blatt „Wie der deutsche Michel in Wuth geräth", das Gustav Süß zeichnete und das als Lithographie bei Eduard May erschien. Besonders attackiert wird dabei der preußische König Friedrich Wilhelm, mit Pickelhaube und der obligatorischen Sektflasche ausgestattet. Zu seinen Füßen sitzt ein Eichhörnchen, ein häufig benutzter Hinweis auf den Kultusminister Eichhorn. Während im Hinter-

Michel kehrt aus!

Wie der deutsche Michel in Wut gerät

grund die königliche Gefolgschaft, Ernst August von Hannover und der abgedankte bayerische König Ludwig I. mit seiner Mätresse Lola Montez zu sehen ist, flieht Metternich eilends vor dem deutschen Michel.

Eindeutig republikanische Position verrät auch der Bogen „Michel kehrt aus", den ein Anonymus B. zeichnete und der bei Blau in Leipzig erschien. Der bewaffnete deutsche Michel kehrt mit einem Reisigbesen den „Plunder" der Fürstenherrschaft auf den Müll der Geschichte. Im Hintergrund erscheinen bereits die Symbole der neuen Freiheit - Freiheitsbaum mit deutscher Trikolore und die über einer Druckerpresse aufgehende Sonne. Aus der Zipfelmütze des Michel wurde die phrygische Mütze der Ja-

kobiner mit der Kokarde der deutschen Revolution.

Ein wesentliches Element für die Karikaturisten waren die individuellen Schrullen und politischen Auffälligkeiten der einzelnen Abgeordneten. Bei Eduard May erschien das Blatt „Deutsche Parlamentsschattierungen". Der Zeichner C. M. zeigt Abgeordnete der verschiedenen politischen Richtungen. In der Mitte steht der als liberal geltende Parlamentspräsident Heinrich von Gagern. Links sind ihm die Abgeordneten der rechten Fraktion gegenübergestellt, und zwar von oben nach unten: Fürst Lichnowsky, Turnvater Jahn und Joseph Maria von Radowitz; rechts von ihm stehen die linken Abgeordneten Robert Blum, Friedrich Jucho und Karl Vogt.

Deutsche Parlamentsschattierungen

Charte Deutschland
Parlamentsschaukel

Friedrich Pecht hat in einem seiner „Aetz-Bilder aus Frankfurt" die Situation sehr anschaulich geschildert. 22 Abgeordnete sitzen auf einem schaukelnden Brett, das auf einem Schragen liegt. Präsident Heinrich von Gagern und seine beiden Stellvertreter Alexander von Soiron und Friedrich von Hertsch versuchen, das Brett in der Waage zu halten. Rechts sind Bassermann, Radowitz, Peucker, Vincke, Boddien, links u. a. Blum, Itzstein, Rösler und Vogt zu sehen. Einzelne Abgeordnete sind bereits von der Schaukel gefallen, rechts Detmold und links Ruge und Zimmermann. Einige halten sich noch krampfhaft an der Deutschlandkarte fest.

Ein zweites Blatt der „Aetz-Bilder aus Frankfurt" zeigt das „Ministerium der Zukunft", in dem Pecht die linken Abgeordneten nach der Regierungskrise von Anfang September 1848 schildert. Sie sind dabei namentlich bezeichnet, so u. a. Simon als Friedensrichter, Vogt als Kultusminister, Schaffrath auf einem Schaukelpferd als Zeremonienmeister, Ruge in Schlafrock und Schlafmütze als zukünftiger Außenminister, Hartmann als Innenminister und Zitz als Kriegsminister.

Bei dem Blatt „Ministerielle Reichsorgel", das bei Eduard Gustav May erschienen ist, dienen 13 Abgeordnete als Orgelpfeifen, die der Organist - der Reichsverweser Erzherzog Johann - nicht zu einem Einklang bringen kann, da die Mei-

Ministerielle Reichsorgel

nungen zu verschieden sind. Der Reichsverweser muß wohl die Anordnungen des Königs Friedrich Wilhelm IV. von Preußen, der den Blasebalg tritt, entgegennehmen, ein Hinweis darauf, wie gefährdet die deutsche Demokratie immer war, vor allem von den alten Mächten Preußen und Österreich.

In den „Thaten und Meinungen des Herrn Piepmeyer" gelang sozusagen die Quintessenz der Abgeordnetensatire. Verfaßt wurde die Geschichte von dem Abgeordneten und Satiriker Johann Hermann Detmold, illustriert von Adolf Schrödter, einem Düsseldorfer Zeichner, Maler und wichtigen Revolutionskarikaturisten, der auch Mitarbeiter der Düsseldorfer Monatshefte war.

Der Abgeordnete Alfons von Boddien schuf auch eine Anzahl von Karikaturen seiner Kollegen im Verlag Eduard May. Unter anderem verspottete er Gustav Adolf von Rösler, der sich der gemäßigten

Das Ministerium der Zukunft

Piepmayer, Heft 5

Linken um Robert Blum und Karl Vogt anschloß, als Reichskanarienvogel. Röslers rote Haare und seine gelbe Weste gaben wohl den Ausschlag. Den Spottnamen und die Darstellung als Kanarienvogel übernahmen auch andere Karikaturisten. Die Kombination Tierkörper und Abgeordnetenkopf wurde zur Spezialität Boddiens.

Ein willkommenes Objekt des Spottes war auch der linke Abgeordnete Robert Blum. Das Blatt „Ein Genius der Wahrheit" von Alfons von Boddien im Verlag Eduard May spielt auf die Rolle Blums als politischer Publizist an, wobei ihm unterstellt wird, in den literarischen Arbeiten anders zu sprechen als im Parlament.

Boddien karikierte auch den Abgeordneten Arnold Ruge aus Breslau, wie dieser sich die Welt durch seine Beine anschaut und dem Betrachter des Blattes im wesentlichen ein umfangreiches Gesäß zu sehen gibt. Die Darstellung bezieht sich auf Ruges Rede vom 26. Juli über das Unrecht der Teilung Polens, in der er die Wiederherstellung eines unabhängigen Polen forderte. Von einem rechten Standpunkt aus war dies wohl nicht gewünscht.

Auch eine Weltanschauung

Besonders für den Spott geeignet war Friedrich Ludwig Jahn. Seine selbsterfundene „altdeutsche" Tracht (anders als die 1819 verbotene altdeutsche Tracht der Burschenschaftler) und sein eigenwilliges Auftreten reizten die Karikaturisten. Bei Mittenzwey erschien das Blatt „Der junge Deutsche und sein alter Vater" in einer holzschnittartigen groben Zeichenmanier. Robert Blum wird in Freischärler-Kleidung als Führer der Linken und junger Kämpfer für die Freiheit dem alten 70jährigen Turnvater Jahn gegen-

übergestellt. Der Zeichner der Federlithograhie zeigt auch hier die Enttäuschung der Linken über den Gesinnungswandel des alten Frei-

Der junge Deutsche und sein alter Vater

heitskämpfers und sein feindliches Auftreten gegen die Linken. In dieser Enttäuschung werden sich die republikanischen Hanauer Turner ebenfalls wiederfinden. Andere Karikaturen zeigen ihn als Demokratenvertilger, Demokratenfresser.

Ein repräsentatives Blatt zeichnete Ludwig Maurer im Stern-Verlag in Offenbach, „Das Lied vom Fuchs". Es zeigt Karl Vogt als Drehleierspie-

Reichskanarienvogel

Juchhé

Der Demokratenfresser

Der Demokratenvertilger, Zeichner: Ludwig von Elliot, Lithographie

ler mit einem Guckkasten, eine Anspielung auf den Vertrauensverlust bei seinen Wählern.

Der Abgeordnete und Antisemit Moritz Mohl wird als „Insolitus Parlamenti Camelus" verspottet. Auch Moritz Daniel Oppenheim widmete der Auseinandersetzung zwischen dem auch als „Reichsperücke" verspotteten Mohl und dem jüdischen Abgeordneten Gabriel Rießer zwei Blätter, die bei May erschienen sind.

Die Meinung des Volkes faßte der Frankfurter Maler Angilbert Göbel

in der bei Carl Knatz erschienenen Chromolithograhie zusammen: Eine größere Menschenmenge betrachtet von hinten gesehen einen Teppich mit der Germania, den Frankfurter Jungfrauen zur Wahl des Reichsverwesers Erzherzog Johann von Österreich gemacht haben. Zwei durch ihre Kleidung deutlich als Handwerker ausgewiesene Männer führen folgendes Gespräch:

Der Erste: Is dann des der Deppig den die Frankfurter Mäderscher und Jungfern dem Reichsverweser gemacht hawe?

Der Zweite: No Ja!

Der Erste: Nu sag e mol was soll dann des for e Fraa sein, die in der Mitte sitzt?

Der Zweite: Ei no dumm Oos, des is die Germania, des bedeut des Volk.

Der Erste: No do soll der Mann mit seine dreckige Stiwwel druf e rum dappele?

Der Zweite: Ach was! des schatt alles nix, do braucht er sich nett noch e paar Socke zu kaafe, do kann er selbst mit Holzschuh druf erum geh denn die hott e hart Fell.

In dieser Unterhaltung kommt die ablehnende Haltung deutlich zum

Das Lied vom Fuchs, Zeichner: Ludwig Maurer, Lithographie

Insolitus Parlamenti camelus, Lithographie

Die Reichsperücke, Zeichner: Moritz Daniel Oppenheim,
Lithographie

Er wird mir gemüthlich schwer – dieser Antrag,
Zeichner: Moritz Daniel Oppenheim,
Lithographie

Ausdruck, die die Wahl von Erzherzog Johann zur zentralen Macht
des Parlaments bei dem republikanisch gesinnten Bevölkerungsan-
teil hervorgerufen hat.

Anton Merk

Germania-Teppich,
Zeichner: Angilbert Göbel,
Chromolithographie,
Knatz, Frankfurt

Klassizismus und Romantik
Die Ära Gallien

Im Kreis der Hanauer Goldarbeiter, Bijouteriers und Graveure entstand im Laufe des 18. Jahrhunderts der Wunsch, das künstlerische Niveau der Lehrlinge und auch der Handwerker selber durch eine Ausbildungstätte zu heben. In einer Bürgeraktion gründeten sie eine Stiftung mit regelmäßigen Geldeinlagen, erwarben ein Haus in der Rebengasse und schufen somit die materielle Grundlage für eine solche Institution. Der Erbprinz Wilhelm stand dem Unternehmen freundlich gegenüber, so daß am 20. Juli 1772 die „Hanauische Akademie für Zeichenkunst" ihre Pforten öffnen konnte.

Obwohl die Hanauer Zeichenakademie von Anfang an keine vollwertige Kunstakademie war, war und ist diese künstlerische Lehrstätte doch der Garant für eine überdurchschnittliche Kunstausbildung in Hanau bis in die Gegenwart.

Unter dem ersten Direktor Jean Louis Gallien (1772-1806) wurde hauptsächlich der Zeichenstil des Rokoko und des Klassizismus ge-

Porträt des Jean Louis Gallien, Anton Wilhelm Tischbein, Öl auf Leinwand.

Hanauer Malerei der Biedermeierzeit
Klassizismus und Romantik 1780 - 1830

lehrt. Goethe schreibt über die Anfangszeit: „Zwei Graveure Jean Louis Gallien als Professor und Jean Jacques Bury als Gehilfe beide hatten ihre Studien in Paris gemacht und waren wohl damals die ersten ihres Faches. Als Zeichenmeister und Hausverwalter wurde ihnen David Wächter, ein hanauerischer Maler beigegeben."[1] Jean Jacques Bury verstarb 1785, schon bald verschied auch David Wächter und dessen Nachfolger Jean David Wenz starb 1804. Sein Nachfolger wurde Nikolaus Lotter. Nikolaus Lotter bildete den Übergang zu der

Ära Conrad Westermayr. In dem letzten Jahrzehnt des 18. Jahrhunderts und zu Beginn des 19. Jahrhunderts war die Zeichenakademie in einem steten Niedergang begriffen, so daß die endgültige Berufung von Westermayr ein realer Neubeginn war.
Trotzdem kann mit Einschränkungen von einer Schule Galliens gesprochen werden, wenn auch Jean Jacques Bury und als auswärtiger Lehrer Anton Wilhelm Tischbein immer auch einen wesentlichen Anteil an der Ausbildung der jungen Studenten hatten.

Jean Jacques Bury wurde 1728 in Straßburg geboren, er wurde Graveur, ein Parisaufenthalt ist gesichert, seit 1772 wirkte er als Lehrer an der Zeichenakademie neben Jean Louis Gallien, 1785 verstarb er in Hanau. Ein Konvolut von Zeichnungen ist in der Hanauer Zeichenakademie erhalten.
Jean Louis Gallien wurde 1730 in Paris geboren, 1766 kam er als Graveur nach Hanau, ab 1772 war er der erste Direktor der Zeichenakademie, 1806 wurde er pensioniert, 1809 verstarb er in Hanau. Trotz seines langen Wirkens in Hanau

*Putti-Köpfe,
Jean Jacques Bury,
Kreide.*

ler des Erbprinzen Wilhelm in Hanau. Auch nach dessen Weggang 1782 nach Kassel, als er als Wilhelm IX. Landgraf von Hessen-Kassel wurde, blieb Anton Wilhelm Tischbein in Hanau. An der Gründung der Hanauer Zeichenakademie nahm er aktiv teil. Er engagierte sich dort auch als Lehrer, ohne jedoch ein offizielles Amt zu übernehmen. Darüber hinaus erhielt er respektable Porträtaufträge aus dem Hanauer und Frankfurter Bürgertum und dem Adel der Umgebung. Er gilt als „Hanauer Tischbein" und kann sicher zu den bedeutendsten Malern des Rokoko und des Zopfstils in Deutschland gezählt werden.

David Wächter, ein Hanauer Maler, wirkte ab 1772 als Zeichenmeister und Hausmeister an der Zeichena-

sind bisher noch keine Werke aus seiner Hand bekannt geworden.
Anton Wilhelm Tischbein wurde 1730 in Hanau geboren und verstarb dort 1804 in Hanau. Er war der jüngste von fünf Brüdern, die sich alle der Malerei widmeten. Sein Bruder Johann Valentin Tisch-

bein führte ihn in die Kunst ein. 1753 ist Anton Wilhelm Tischbein als Lehrling an der Haager Akademie eingeschrieben. Ab 1758 ist er am Hofe des Grafen von Solms Laubach nachweisbar, 1762 heiratete er. Vermutlich seit 1765 war Anton Wilhelm Tischbein Hofma-

Venus, von Diomedes verwundet, kniet vor Mars, Anton Wilhelm Tischbein, Öl auf Kupfer.

167

*Familie,
Antoine Carteret,
Feder in Grau.*

stadt. Friedrich Karl Hausmann schreibt über ihn: „Um ein Beispiel zu geben erinnere ich an den Maler Urlaub, aus Fulda (hier irrt sich Hausmann), dessen mit feiner Naturerscheinung gemalten Bildchen und Porträts jetzt anerkannt werden und galeriefähig geworden sind. Er lebte damals dahier im freien Schutze und hat dafür 4 Jahre lang jährlich 12 fl. gezahlt; dann vermochte er das Geld nicht mehr aufzubringen und alle Executionen blieben wegen seiner notorischen Armuth fruchtlos. Sein Nachsuchen um Fortsetzung dieses Schutzes ohne Zahlung wurde ab-

kademie. Bisher sind keine Werke bekannt geworden.

Jean David Wenz wurde Nachfolger von Wächter als Zeichenmeister und Hausmeister der Hanauer Zeichenakademie, 1804 verstarb er in Hanau. Auch sein Werk ist noch nicht greifbar.

Nikolaus Lotter war wiederum der Nachfolger von Wenz an der Zeichenakademie als Zeichenmeister. Von ihm exististiert vermutlich ein Gemälde in Frankfurter Privatbesitz.

Antoine Carteret war Emailmaler in Pforzheim 1768, in Hanau und in Offenbach, war auch an der Hanauer Zeichenakademie tätig.

Ein Konvolut von Entwurfszeichnungen konnte für das Museum Hanau erworben werden, so daß dieser Maler nun klarer bestimmt werden kann.

Georg Karl Urlaub ist neben Anton Wilhelm Tischbein der beste Maler des ausgehenden 18. Jahrhunderts in Hanau. 1749 in Ansbach als Sohn des Georg Christian Urlaub geboren, lebte er bis 1773 in Würzburg, dann bis 1779 in Schweinfurt, Wertheim und Frankfurt. In Frankfurt heiratete er Sybille Krumm. Danach lebte er 25 Jahre in Hanau. 1803 wird er als „arm und blind" genannt, 1811 hieß es „seit einigen Jahren nicht mehr hier". 1811 verstarb er in Darm-

Selbstbildnis, Reinhard Stengel, Öl auf Leinwand.

Paradeplatz, Georg Carl Urlaub, Öl auf Leinwand.

gewiesen. Die Akademie-Direction berichtete darüber: „Daß außer der Gabe, ein Gesicht gut zu treffen, er gar keine Kenntnis von der Malerei besitze und daher leicht vorauszusetzen sei, daß er das Probestück, um als Mitglied der Akademie aufgenommen zu werden, nicht mit Beifall werde machen können, daß auch ein Tischbein, Kraus und Schütz, lauter Maler, die sich außerhalb vielen Ruf erworben, ihn ungern als ihren Gesellschafter ansehen würden, und daß er, wenn die Liebhaberei, sich von ihm malen zu lassen, aufgehört haben werde, sich schwerlich allhier zu ernähren vermöge".[2] Ein klassisches Fehlurteil.

Von dem Emailmaler Berneaud ist bisher nur der Name bekannt.

Reinhard Stengel, ein Maler aus Hanau, wurde 1819 in Madrid mit vergifteter Limonade ermordet. Sein Selbstbildnis wird im Museum Hanau aufbewahrt.

Conrad Westermayr wurde 1765 in Hanau geboren, lernte bei seinem Vater Daniel Jacob Westermayr das Goldschmiedehandwerk, studierte an der Zeichenakademie unter Gallien, bereiste 1784 die Rheinlande und Holland, 1785 bis 1786 ist er in Marburg, wo er im Haus des

Hanauer Zeichenakademie in der Rebengasse, Conrad Westermayr, Aquarell.

Schriftstellers Jung-Stilling verkehrte, vorübergehend in Berleburg, dann in Kassel, Göttingen und Hannover und ein halbes Jahr in Düsseldorf, 1789 in Kassel an der Akademie, 1800 zog er nach Weimar, wo er bis 1806 lebte, 1800 heiratete er dort Henriette Stötzer. Ab 1806 war er bis zu seinem Tod 1834 Direktor der Hanauer Zeichenakademie. Über Westermayr soll nochmals Goethe zu Wort kommen: „Betrachten wir freilich gegenüber diesen glänzenden Zeitgenossen das Leben und Thun des wackeren Westermayr im Spiegel der Zeit, so bleibt nur seine opferwillige Thätigkeit für den Unterricht und die Verwaltung an dem ihm anvertrauten Institute Gegenstand seiner vollen Anerkennung, während die künstlerischen Leistungen, nach unserem Urtheile, als sehr bescheiden erscheinen. Als Kupferstecher hat er seinen Lehrer nicht im Entferntesten erreicht, seine Stiche haben keinen Kunstwerth, und auch seine colorierten Zeitbilder, die Scenen der Schlacht bei Hanau, haben nur ein gewisses geschichtliches Interesse und weil sie den Standpunkt der damaligen

Publication charakterisieren. Maler ist er nie gewesen, obgleich es eine besondere Vorliebe von ihm war, Oelmaler zu bilden. Seine Frau gab den eigentlichen Unterricht und ward nicht nur als Malerin, sondern auch als vortreffliche Stickerin gepriesen."[3] Im wesentlichen ist Goethes Einschätzung von Westermayr als Maler richtig, allerdings sind für uns heute seine kleinen Aquarelle von Stadtansichten und Landschaften aus der Umgebung Hanaus von großem emotionalen Wert und hinter der mürrischen Fassade muß sich ein sensibler und liebenswerter Mensch verborgen haben.

Henriette Stötzer-Westermayr besaß zweifellos ein sicheres Gespür für Malerei und Komposition als ihr Mann und war zweifellos auch die bedeutendere Künstlerin. Sie wurde 1772 in Weimar geboren und war Schülerin der Herzoglichen Zeichenakademie in Weimar. Dort heiratete sie 1800 den Maler Conrad Westermayr, 1807 übersiedelte sie zu ihrem Mann nach Hanau, der hier die Leitung der Zeichenakademie übernahm. Henriette Stötzer-Westermayr unterrichtete bis zu ihrem Tod viele Schüler dieser Akademie privat in der Malerei. Friedrich Karl Hausmann berichtet: „Doch sollen seine (d.i. Conrad Westermayr) Schroffheiten und seine Eigentümlichkeiten zuweilen bis ins Komische gegangen sein. Alle, welche sich noch jener Zeit erinnern, rühmen mehr das geistreiche angenehme Wesen seiner Frau, als das seine."[4] So ist

Darbringung im Tempel, Henriette Stötzer-Westermayr, Sepia.

es nicht zu verwundern, daß die Hofrätin mit ihrer privaten Malschule in Hanau zu einer Institution wurde.

Friedrich Bury wurde 1763 als Sohn des Jean Jacques Bury in Hanau geboren. Er war Schüler an der Zeichenakademie und nahm darüber hinaus Malunterricht bei dem Hanauer Hofmaler Anton Wilhelm Tischbein, 1780 studierte er an der Düsseldorfer Akademie. 1782 bis

Männlicher Kopf, Friedrich Bury, Rötel.

1800 weilte er in Italien, hauptsächlich in Rom, wo er Kontakt mit Wilhelm Tischbein und vor allem mit Johann Wolfgang Goethe hatte. 1800 kehrte er nach Hanau zurück, 1801 schuf er in Weimar und Berlin Porträts von bedeutenden Persönlichkeiten. Er fand Beschäftigung am niederländischen Hof in

Manfred und der Gemsjäger,
Peter Krafft, Öl auf Holz.

lichen Galerie im Belvedere. Er verstarb 1856 in Wien als angesehener Künstler und Museumsmann.

Franz Nickel ist 1783 in Hanau geboren, war hauptsächlich Emailmaler und verbrachte den größten Teil seines Lebens in Madrid, wo er Adjunkt der dortigen Kunstakademie war. Er verstarb 1845 in Hanau.

Franz Nickel war Mitglied der Hanauer Delegation, die am 17. September 1830 in Kassel eintraf und zusammen mit den Kasseler Bürgern eine Verfassung verlangte, ebenso wie die Einberufung der Landstände zur Linderung der Not. Als die Delegation am 24. September mit leeren Händen wieder in Hanau eintraf, brach die Revolution in Hanau aus.

Brüssel und am kurhessischen Hof in Kassel, wo er auch Zeichenlehrer der Kurfürstin Auguste geworden war. 1832 starb er in Aachen bei einem Kuraufenthalt.

Peter Krafft wurde 1780 in Hanau als Sohn des Emailmalers Ignatius Peter Krafft geboren. Jean Louis Gallien war sein Lehrer an der Zeichenakademie, Anton Wilhelm Tischbein unterrichtete ihn im Malen. 1799 studierte er bei Heinrich Füger an der Wiener Akademie. Auf seiner Reise 1802 nach Paris schulte er sich an der klassizistischen Kunst des Jean Jacques David. In Wien wurde er zu einem berühmten Schlachten- und Porträtmaler, 1823 erhielt er eine Professur an der Wiener Akademie, 1828 wurde er Direktor der kaiser-

Bürgergardisten,
Franz Nickel, Aquarell.

Bildnis Conrad Westermayr, Friedrich Deiker, Öl auf Leinwand.

Die Malerei des Biedermeier
Die Ära Westermayr

Friedrich Karl Hausmann schreibt über die Zeit von Westermayr: „In Hanau angekommen, mußte er vollständig von neuem Sammeln und zu arbeiten beginnen. Ein rühriges Leben von jungen strebsamen Leuten entwickelte sich bald um ihn, von denen nachher manche in verschiedenen Fächern sich Namen erworben haben und einige noch als tüchtige Künstler wirken. In dieser Periode besuchte auch Goethe, mit dem er in Beziehung geblieben war, Hanau und schilderte in seinem Aufsatz über die Kunstschätze am Rhein, Main

und Neckar in den Jahren 1814 und 1815 den von ihm angetroffenen Zustand in folgender für Hanau sehr erfreulichen Weise: „Unter den Bildungsanstalten zur Kunst verdient die Zeichenschule in Hanau eine sehr ehrenvolle Erwähnung. Herr Hofrat Wester-

Aber es gab auch Künstler, die sich von außerhalb sich in Hanau niederließen. Der 1787 in Weimar geborene Friedrich Cornicelius siedelte sich 1807 in Hanau an, besuchte Kurse an der Zeichenakademie und wurde Porzellanmaler. Bekannt ist er heute vor allem durch

Paradeplatz, Friedrich Cornicelius, Radierung.

mayr, welcher diesem Institute, das vom Staat nur eine sehr mäßige Unterstützung erhält, als erster Lehrer und Direktor vorsteht, hat um dieselbe sehr wesentliche Verdienste. Seit seiner Wiederkehr von Weimar ist der Sinn für Kunst bedeutend geweckt worden, und man merkt mit Vergnügen, daß mancher der vermögenden Einwohner kleine Bildersammlungen anzulegen beginnt".[5]

seine Ansichten von Hanauer Plätzen und Kirchen. Friedrich Cornicelius ist vielleicht als erster Wes-

Tierfolge, Zeichner C. Jahn, Radierer A. Fries.

Selbstbildnis Friedrich Deiker, Öl auf Leinwand.

Angelina Martinelli d'Alatrie, Theodor Pelissier, Öl auf Leinwand.

von Erdmann Hummel. Studienreisen führten ihn nach Wien und München. Von 1827 bis 1848 war er in Rom ansässig. Todesjahr und Sterbeort sind unbekannt.

Bildnis einer alten Römerin, Ludwig Hach, Bleistift.

Theodor Pelissier, geboren 1794 in Genf, besuchte die Zeichenakademie unter Conrad Westermayr und war gleichzeitig Schüler des Emailmalers Antoine Carteret. 1826 studierte er in Berlin unter Wach, 1827 besuchte er Paris. Von 1829 bis 1837 lebte er in Rom. Ab 1837 wurde er als Nachfolger des bereits 1834 verstorbenen Conrad

termayr-Schüler zu bezeichnen. Alle um 1790 geborenen Maler und Malerinnen aus Hanau sind Westermayr-Schüler.

Im Jahr 1829 erschien in Hanau eine Folge kleiner Tierradierungen, die ein C. Jahn zeichnete und ein E. Fries stach.

Friedrich Deiker wurde 1792 in Hanau geboren, 1807 besuchte er die Zeichenakademie, von 1810 bis 1812 studierte er an der Akademie in Kassel. Danach unternahm er eine lange Reise nach Berlin, Hamburg, Lübeck und Riga, bis er sich schließlich 1816 in Kassel niederließ. 1818 wurde er Hofmaler beim Landgrafen Friedrich V. von Hessen-Homburg und 1821 Zeichenlehrer am Gymnasium in Wetzlar. 1843 ist er dort gestorben. Seine Söhne Johannes und Karl Friedrich wurden berühmte Tiermaler.

Nikolaus Gustine, geboren 1794 in Hanau, besuchte die Zeichenakademie unter Westermayr bis 1817. Von da an war er in Berlin Schüler

Frankfurter Tor, Bernhard Hundeshagen, Aquarell.

Westermayr in die Direktion der Zeichenakademie in Hanau berufen. Dieses Amt hatte er bis zu seinem Tod im Jahre 1863 inne.

Bernhard Hundeshagen, 1794 in Hanau geboren, starb 1858 in Endenich. Er war Privatgelehrter, Kunstsammler und Amateur im Zeichnen.

Ludwig Hach wurde 1799 in Hanau geboren, besuchte bis 1818 die Zeichenakademie unter Wester-

Bildnis von Philipp Adam Ott, Heinrich Christoph Ott, Kreide.

Bildnis der Henriette Gertrude Ott, Heinrich Christoph Ott, Kreide.

Bildnis einer jungen Frau, Katharina Luja, Bleistift, Rötel.

Junges Paar, Carl Wilhelm Both, Öl auf Leinwand

mayr, dann war er Schüler des Städelschen Kunstinstituts in Frankfurt. Von 1820 bis 1821 hielt er sich in Italien auf. Anschließend leitete er sechs Jahre lang eine Zeichenschule in Gelnhausen. Seit 1829 lebte er in Marburg, seit 1831 als Universitätszeichenlehrer. Er engagierte sich in der Revolution 1848 und mußte zwei Jahre in Festungshaft verbringen. Nachdem er sein Amt als Universitätszeichenlehrer wieder erlangt hatte, übte er es bis zu seinem Tod aus.

Moritz Daniel Oppenheim, 1800 in Hanau geboren, studierte an der Hanauer Zeichenakademie unter Conrad Westermayr, der ihn auch förderte. Er studierte dann weiter in Paris und München und hielt

drich Luja war Lehrer an der Realschule und Kantor der Johanniskirche in Hanau. Sie besuchte die Zei-

Skizzenbuch Blatt Stadtschloß, Johann Caspar Stawitz, Aquarell.

sich von 1821 bis 1825 in Italien auf. Seit 1825 lebte er in Frankfurt, dort starb er 1882. Er gilt als der erste jüdische bürgerliche Maler in Deutschland.

Katharina Luja wurde 1800 in Hanau geboren. Ihr Vater Karl Frie-

Bildnis Hermann von Meyer, 1831, Conrad L'Allemand, Kreide.

chenakademie unter Conrad Westermayr. Sie malte Porträts und religiöse Darstellungen, zeichnete und benutzte auch die Lithographie. Nach ihrer Ehe mit Hauptmann von Drach übersiedelte sie nach Marburg, wo sie 1874 starb.

Heinrich Christoph Ott, 1800 in Hanau geboren, studierte an der Zeichenakademie unter Westermayr, danach am Städelschen Kunstinstitut in Frankfurt. Er war in Wiesbaden, Hanau und Frankfurt tätig, zeitweilig in Amerika. Er starb 1846.

Carl Wilhem Both, geboren 1801 in Hanau, war Schüler der Zeichenakademie unter Westermayr, studierte dann in München, wurde noch zu Lebzeiten Westermayrs Lehrer an der Zeichenakademie. Nach dem Tod Westermayrs 1834 führte er die Geschäfte der Schule bis zur Berufung des neuen Direktors Theodor Pelissier weiter. Insgesamt war er über 40 Jahre Lehrer an der Akademie und starb 1870.

Selbstbildnis, Philipp Adam Ott, Öl auf Leinwand.

schätzter Email- und Porträtmaler. Der Hanauer Chronist Wilhelm Ziegler nennt Philipp Adam Ott einen „Hanauer und ächten Republikaner". Ab 1876 war er der Leiter der neueingerichteten Fachklasse für Emailmalerei an der Zeichenakademie.

Mit Philipp Adam Ott endet die Ära der von Westermayr und seiner biedermeierlichen Grundhaltung geprägten Zeit.

Anton Merk

Anmerkungen
1 Johann Wolfgang von Goethe: Die Kunstschätze am Rhein, Main und Neckar in den Jahren 1814 und 1815.
2 Friedrich Karl Hausmann: Geschichtlicher Überblick oder die Entwicklung der Hanauer Zeichenakademie. Ein Vortrag gehalten bei dem 100jährigen Jubelfeste in: Kunst und Gewerbe, Wochenschrift zur Förderung Deutscher Kunst-Industrie, Jg VI, Nr. 23-24, Leipzig 1872, S. 357.
3 a. a. O., S 372.
4 a. a. O., S 373.

*Ehepaarbildnis,
Friedrich L'Allemand,
Öl auf Leinwand.*

Johann Caspar Stawitz, 1807 in Hanau geboren, starb 1885 in Hanau. Er war Architekt und Amateur im Zeichnen.

Conrad L'Allemand, geboren 1809 in Hanau, erhielt seine Ausbildung als Künstler in Wien, kam Anfang der 30er Jahre nach Frankfurt, wo er 10 Jahre als vielgesuchter Bildnismaler blieb, ging von da nach Berlin und Hannover, dort starb er 1880.

Fritz L'Allemand, geboren 1812 in Hanau als Sohn des Goldschmieds W. Chr. L'Allemand, der 1826 nach Wien übersiedelte, war er Schüler der Wiener Akademie, Porträt- und Schlachtenmaler, verstarb 1866 in Wien.

Karl Spitz, geboren 1813 als Sohn eines Kaufmannes in Hanau, besuchte die Hanauer Zeichenakademie. 1870 starb er in Hanau

Philipp Adam Ott wurde 1814 in Hanau geboren und ist dort auch 1879 gestorben. Der Bruder des Johann Heinrich Ott war ein ge-

Bildnis von Friedrich Jahn, Zeichnung von Georg Cornicelius, Lithographie von Valentin Schertle.

Nach dem Tod von Conrad Westermayr im Jahr 1834 dauerte es bis 1837, bis die Stelle von Theodor Pelissier wiederbesetzt wurde. Theodor Pelissier war sicher im Gegensatz zu Conrad Westermayr ein guter Lehrer und versammelte eine Schar von jungen Kunstschülern um sich, die einen engen Freundeskreis bildeten und vielfach ihr Leben lang in Verbindung blieben. Eine kleine Episode kann diese pädagogische Qualität und die Atmosphäre in diesem Kreis erhellen. Karl Siebert berichtet von seinem Onkel Georg Cornicelius: „Von diesem erzieherischen Einfluß, den dieser ungewöhnliche Mann auf seine Schüler ausübte, möge folgende Episode, die ich aus dem eigenen Munde von Cornicelius noch in seinem letzten Lebensjahr gehört habe, ein kleines Beispiel sein. Dieser hatte sich in jugendlichem Selbstgefühl

von seinem ersten, aus Porträtaufträgen verdienten Geld einen schwarzen Samtrock anfertigen lassen, ein Gewand, das dem hübschen jungen Mann ausgezeichnet stand. Als er in dem neuen Kleidungsstück in die Akademie kam, streifte Pelissier, der, über ein

Hanauer Maler Hanauer Turner

Reißbrett gebeugt, gerade eine Zeichnung korrigierte, mit einem flüchtigen Seitenblick den Ankommenden und sprach im Weiterarbeiten: ‚E ganz schö' Röckelsche haste da a, aber weißte Schorsch, ein Rock macht noch keinen Künstler.' Cornicelius nahm sich diese Worte zu Herzen, trug die Samtweste nie wieder und blieb von nun an einfach in seiner Kleidung[1]“.

Zu dem Schüler- und Freundeskreis unter Pelissier zählten die Hanauer Georg Cornicelius, Friedrich Karl Hausmann, August Schleißner, Heinrich Ludwig, Georg Gerhardt, die Söhne des Ha-

Bildnis Emilie Jahn, 1848, Zeichnung von Friedrich Karl Hausmann. Turn- und Sportmuseum „Friedrich Ludwig Jahn", Freyburg.

nauer Malers Deiker Johannes und Karl Friedrich und die beiden Brüder Louis und Gustav Spangenberg aus Hamburg.

In dem Artikel „Zum hundertsten Geburtstag von Georg Cornicelius" gibt Karl Siebert eine anschauliche Schilderung der Turnerleidenschaft seines Onkels: „Daß die überwiegende Tätigkeit in einem geschlossenen Raum für einen jungen Menschen auf die Dauer nicht zuträglich sei, empfand Cornicelius frühzeitig und suchte durch Bewegung im Freien und durch Turnen einen Ausgleich herbeizuführen. Hierzu bot sich die beste Gelegenheit in der Turngemeinde, in der seit dem Jahre 1837 die Turnkunst eifrig gepflegt wurde. Er trat als Mitglied ein und erlangte im Laufe der Zeit eine große körperliche Gewandtheit, so daß er sich im Turnen am Reck und am Barren mit dem Bijoutier Wilhelm Link, der damals als bester Turner galt, messen konnte, wie mir einst ein alter Mitturner versichert hat. Die älteren Pelissierschüler gehörten fast sämtlich der Turngemeinde an, und noch in der Riegeneinteilung vom Sommersemester 1848 finden sich unter den Turnern der 1. Riege neben seinem Namen auch die seiner besten Freunde Karl Hausmann und August Schleißner verzeichnet. Die Doppeleigenschaft als Maler und Turner war auch Ursache, daß Cornicelius und Hausmann mit dem Turnvater Friedrich Ludwig Jahn, der im April 1848 zum deutschen Turntag in Hanau erschienen war, in nähere Verbindung getreten sind. Jahn wurde während seines längeren Aufenthaltes in Hanau von Cornicelius gemalt, und die gleichfalls anwesende Frau Emilie geb. Hentsch porträtierte Hausmann[2]“.

So ergab sich die in der Kunstgeschichte seltene Konstellation, daß ein Freundeskreis von jungen Malern zugleich Turner war, was zu dieser Zeit - also unmittelbar vor der Revolution 1848 in Hanau - auch bedeutete, aufgeschlossen für die freiheitlichen, patriotischen und demokratischen Gedanken zu sein. Männer wie Christian Lautenschläger und August Schärttner waren darin auch für Georg Cornicelius, Friedrich Karl Hausmann, Georg Gerhard und August Schleißner durchaus Vorbild.

Bildnis von Georg Cornicelius, 1848, Gemälde von Friedrich Karl Hausmann. Museum Hanau – Schloß Philippsruhe.

Künstlerisch wurde dieser Zusammenhang zunächst deutlich in dem besonderen Freundschaftsverhältnis von Cornicelius und Hausmann. Beide porträtierten sich gegenseitig. Das Bildnis von Georg Cornicelius, das Friedrich Karl Hausmann gemalt hat, ist im Museum Hanau zu sehen, während das Bildnis von Hausmann, das Cornicelius gemalt hat, nur in einer schlechten Fotografie greifbar ist. Beide zeigen junge, durchaus elegante, leicht bohèmehaft gekleidete Männer, Hausmann schon mit dem für die 48er typischen Vollbart; insgesamt erscheint Cornicelius heiterer und Hausmann ernster. Die Gemälde sind aufgrund des ähnlichen Formats und des gleichen künstlerischen Zuschnitts als Pendant zu erkennen. Sie waren gegenseitige Geschenke der jungen Künstler. Ein Bildnis von August Schleißner existierte darüber hinaus von der Hand Friedrich Karl Hausmanns, vermutlich das dritte im Bunde.

Anläßlich des Deutschen Turntages wurden die beiden Freunde wieder aktiv. Georg Cornicelius schuf ein ganzfiguriges Porträt in Aquarell von Turnvater Friedrich Ludwig Jahn, das von Valentin Schertle lithographiert wurde und weit verbreitet war; Friedrich Karl Hausmann porträtierte als Pendant dazu die Frau von Friedrich Jahn, Emilie Jahn, geb. Hentsch. Es handelt sich dabei um eine halbfigurige Kohlezeichnung mit Weißhöhung, eine liebevolle Schilderung einer mütterlichen Frau.

Ebenfalls als Pendant und ebenfalls als ganzfigurige Aquarelle malte Cornicelius den Freischarführer Karl Röttelberg und Hausmann den Hanauer Turnerführer August Schärttner. Auch diese beiden Aquarelle wurden von Valentin Schertle lithographiert und fanden somit eine weite Verbreitung.

Gemeinsam schufen sie damit einen speziellen Porträttypus revolutionärer Männer. Die Gestalt orientiert sich in der opulenten, ganzfigurigen Ausprägung durchaus an den großformatigen, ganzfigurigen Leinwandporträts von Adeligen für Schlösser. Dieser auf Repräsentation ausgerichtete Bildansatz wird sozusagen demokratisiert, auf das kleine Format eines Blattes und in der neuen, hohe Auflagen ermöglichenden Drucktechnik der Lithographie vervielfältigt. Die Porträts

Bildnis von Karl Röttelberg, 1848, Zeichnung von Georg Cornicelius, Lithographie von Valentin Schertle. Museum Hanau – Schloß Philippsruhe.

waren als Bilderbögen oder als Wandschmuck für jedermann zugänglich und erschwinglich. Als Erinnerungsblätter schlagen die Porträts eine Brücke von privat zu öffentlich, von Kunst zu Politik. Das Porträt von Jahn kam im Gustav Eduard May-Verlag in Frankfurt

Der Freischärler tot auf dem Boden liegend, von einer Frau beweint. Friedrich Karl Hausmann, Kohle, 37,3 x 54,0 cm. Staatliche Museen Berlin, Preußischer Kulturbesitz, Kupferstichkabinett.

heraus und war sicher auch ein Verkaufsschlager.

Gleichzeitig schuf Cornicelius 1848 eine Bleistiftzeichnung „Turnerzug", die sich im Besitz des Malers Wilhelm Trübner befand. Hausmann zeichnete die Paulskirche und widmete dem Scheitern der Revolution 1849 eine bildmäßige Zeichnung „Der Freischärler tot auf dem Boden liegend, von einer Frau beweint". Darin drückt er sicher seine Trauer über den gescheiterten Zug der Hanauer Turner nach Baden aus.

Georg Cornicelius und Friedrich Karl Hausmann gingen zusammen

Friedrich Karl Hausmann

im September 1848 an die Kunstakademie nach Antwerpen. Dort studierte auch ihr Hanauer Freund Gustav Spangenberg. 1850 kam noch Johannes Deiker dazu, so daß, wenn auch in Etappen, ein wesentlicher Teil der Pelissier-Schüler an der Akademie in Antwerpen studierte. Die Akademie in Antwerpen war damals berühmt für die Historienmalerei. Neben vielen anderen Deutschen studierten auch Anselm Feuerbach und Victor Müller dort.

Im Gegensatz zu Cornicelius und Hausmann, die an der Akademie in Antwerpen studierten, nahmen Georg Gerhardt und August Schleißner an dem Hanauer Turnerzug nach Baden teil. Dazu schloß sich noch Friedrich Hach, der Sohn des Hanauer Malers Ludwig Hach, aus Marburg an. Gerhardt und Schleißner emigrierten gezwungenermaßen nach Amerika. Gerhardt blieb für immer dort und wurde ein gesuchter Porträtmaler. August Schleißner gab seine Malerei mehr oder weniger auf, wandte sich in Amerika der Silberwarenherstellung zu. Nach seiner Rückkehr 1861 übernahm er das Geschäft seines Vaters Johann Daniel Schleißner und erneuerte, aufbauend auf seine amerikanischen Erfahrungen, in Hanau die Silberwarenproduktion.

Christian Lautenschläger

Bei einem seiner Besuche in Hanau porträtierte Georg Gerhardt den Hanauer Turnerführer Christian Lautenschläger, durchaus im repräsentativen Rahmen des bürgerlichen Porträts der beginnenden Gründerzeit, aber mit dem Vollbart der Revolutionäre. Ein ähnliches Porträt existiert von Freischarführer Karl Röttelberg aus der Hand von Georg Cornicelius.

Anton Merk

[1] Karl Siebert: Zum hundertsten Geburtstag von Georg Cornicelius. Beiträge zu seiner Beurteilung als Mensch und Künstler. Zu Hanauisches Magazin, Monatsblätter für Heimatkunde, Nr. 8, 4. Jg., 1925, S. 58.

[2] a. a. O. S. 59.

Philipp Adam Ott, Maler

Carl Hausmann

Gustav Spangenberg

Porträts Hanauer Künstler
aus „Theodor Pelissier's Jubiläums Album
von seinen Schülern gestiftet d. 23. Juli 1862 Hanau"
Schenkung von Helma Pelissier, Hanau

Carl Hausmann

Louis Schleißner

Louis Spangenberg

Philipp August Schleißner

Georg Cornicelius

Körner, Bildhauer

Am 12. Januar 1800 wurde Moritz Daniel Oppenheim als Sohn eines jüdischen Handelsmannes in Hanau geboren. Seine Kindheit verbrachte er in der Abgeschlossenheit des Hanauer Judenviertels (heute Nordstraße), wo er die Schule (Heder) besuchte. Als während der französischen Zeit das Ghetto aufgehoben wurde, war Oppenheim der Besuch des Gymnasiums in Hanau möglich.

Seine erste künstlerische Unterweisung erhielt er an der Zeichen-

menten eher dem Geist des späten 18. Jahrhunderts verbunden.

Nach 1825 ließ sich Oppenheim in Frankfurt am Main nieder, wo er bis zu seinem Tod im Jahre 1882 lebte. Ab den 60er Jahren schuf er hauptsächlich Genrebilder aus der Zeit vor der jüdischen Emanzipation. Seine Serie „Bilder aus dem altjüdischen Familienleben" war bald so beliebt, daß er sie durch Fotografien vervielfältigen ließ. Als Künstler hatte er sich bereits einen Namen gemacht, durch seine Rei-

sen in Italien hatte er sein kunsthistorisches Wissen sehr stark vermehren können und er hatte wichtige Kontakte geknüpft, u. a. zu der Familie Rothschild. Sein damit neu erworbenes Selbstbewußtsein wird deutlich in seinem Selbstbildnis aus den ersten Frankfurter Jahren.

Mit dem Porträt des „Baruch Eschwege als freiwilliger Jäger" stellt Oppenheim ein Mitglied der Familie vor. Der Hanauer Kaufmann Baruch Eschwege war der Schwager von Moritz Oppenheims Schwester Beile. Vermutlich entstand das Bild in den ersten Frankfurter Jahren. Der Hanauer Kaufmann trägt die Uniform der kurhessischen freiwilligen Jäger, denen er während der

Moritz Daniel Oppenheim

akademie unter Conrad Westermayr, eine weitere Ausbildung absolvierte er an der Münchner Kunstakademie und bei Jean Baptist Regnault in Paris. Wie viele deutsche Künstler war auch Moritz Oppenheim von 1821 bis 1825 in Italien. Eine Ausbildung zum Künstler war für Juden zu diesem Zeitpunkt äußerst ungewöhnlich, da die Juden bildliche Darstellungen aus religiösen Gründen ablehnten.

Moritz Daniel Oppenheim gilt als der „Erste Jüdische Maler". Überblickt man sein Lebenswerk, so fällt auf, daß er sich auf drei Gattungen der Malerei beschränkte: Porträt, Historienmalerei sowohl mit religiösem als auch mit weltlich-jüdischem Inhalt und Genremalerei aus seiner jüdischen Umgebung.

Sein erstes, erhaltenes Ölgemälde hat ein mythologisches Thema „Amor biegt die Keule des Herkules". Die Zeichenakademie in Hanau erwarb bereits im Entstehungsjahr 1820 als Anerkennung und zur Unterstützung seiner weiteren Ausbildung dieses Bild. Deutlich wird bei diesem reizenden Bild seine handwerkliche Qualität, stilistisch ist es in seiner Mischung aus Rokoko- und klassizistischen Ele-

Selbstbildnis, Moritz Daniel Oppenheim, Öl auf Leinwand

Amor biegt die Keule des Herkules, Moritz Daniel Oppenheim, Öl auf Leinwand

Bildnis des Baruch Eschwege, Moritz Daniel Oppenheim, Öl auf Leinwand

Befreiungskriege zwischen November 1813 und April 1814 angehörte. Mehr als zehn Jahre später ließ sich Baruch Eschwege in dieser Uniform vor dem Hintergrund des Schlosses Philippsruhe malen, ein Indiz dafür, daß sich die Juden im Kreis der Freiwilligen auch dann noch integriert fühlten und stolz darauf waren, als sie nach dem Ende der napoleonischen Herrschaft und des Großherzogtums Frankfurt ihre Bürgerrechte wieder verloren hatten und, wie es Ludwig Börne formulierte, wieder unter die Heloten gesteckt worden waren.

Der Tod seiner ersten Frau Adelheid Cleve beendet auch seine frühe Frankfurter Zeit. Seine dritte große Werkphase beginnt nach seiner zweiten Eheschließung mit der Frankfurterin Fanny Goldschmidt im Jahr 1838. 1841 bekam er einen wichtigen Auftrag auf dem Gebiet der religiösen Tafelmalerei. Das Gemälde war ein Geschenk für Dr. Eduard Kley, Prediger im Neuen Isreailitischen Tempelverein in Hamburg, einem Zentrum der Reformbewegung, und Direktor der Israelischen Freischule, zum 25jährigen Jubiläum der Schule. Das Thema des Bildes bezieht sich auf den Inhalt von Dr. Kleys letzter Predigt. „Moses überträgt Josuah die Befehlsgewalt" ist vermutlich das erste von einer jüdischen Vereinigung für einen öffentlichen Raum erworbene Tafelgemälde in der deutschen Kunst. Neben diesem Gemälde mit religiöser jüdischer Ikonographie entwickelte Oppenheim gleichzeitig auch ein Bild über die Toleranz zwischen den Religionen. Das zwischen 1840 und 1845 entstandene Gemälde „Betrachtung der Ringe" zeigt einen Rabbiner, einen katholischen Bischof und einen evangelischen Geistlichen beim Betrachten des gleichen, prächtigen goldenen Ringes - sicher ein Hinweis auf die Ringparabel in Gotthold Ephraim Lessings „Nathan der Weise". Oppenheim bekannte sich in diesem Bild zu Toleranz unter den gleichwertigen Religionen.

Anton Merk

Moses überträgt Josuah die Befehlsgewalt, Moritz Daniel Oppenheim, Öl auf Leinwand

Betrachtung der Ringe, Moritz Daniel Oppenheim, Öl auf Leinwand

Jüdische Emanzipation

Ein verwitternder Grabstein des Jüdischen Friedhofs zu Hanau trägt die Inschrift:

HIER RUHT
MARCUS CANTHAL
KAUFMANN U. MITGLIED
DES STADTRATHS
GEB. 18. OTBR. 1807
GEST. 8. Ap RIL 1864

Die folgenden sechs Zeilen sind stark verwittert und deshalb nicht mehr lesbar.

Die gotisierende Formensprache des Grabsteins und die Aussage der deutschen Inschrift sind Zeugnisse der Assimilation der Hanauer Juden an ihr gesellschaftliches Umfeld. Die gotisierenden Ornamente haben mit dem Judentum nichts zu tun, sondern zitieren dem Zeitgeschmack entsprechend das christliche Mittelalter: Dieser Stein könnte auch auf einem christlichen Friedhof stehen. Und der gesellschaftliche Rang des Bestatteten, der als Jude Mitglied des Stadtrates war, ist ein Beleg für die fortschreitende Integration der Juden in Hanaus gesellschaftliches und politisches Leben. Bis dahin war es ein langer Weg.

Im Dezember 1603 von dem Hanau-Münzenberger Grafen Philipp Ludwig II., dem Neustadtgründer, privilegiert, war die Hanauer Judenschaft stets ein Fremdkörper geblieben. Rechtlich gehörte sie nicht zu den beiden Städten Hanau, sondern unterstand dem Amtmann des Büchertals. Sie verwaltete sich weitgehend selbst und hatte das verbriefte Anrecht auf freies Ausüben ihrer Religion. Ihr Wohnbezirk war die Judengasse (die heutige Nordstraße), und die blieb an den Wochenenden geschlossen: In Zeiten, in denen die Menschen - Christen wie Juden - die bis ins Persönliche reichenden Vorschriften ihrer jeweiligen Religion sehr ernst nahmen, waren die räumliche Trennung der Privat-

sphären und die eigenständigen Verwaltungen wohl die Voraussetzung für ein einigermaßen friedliches und störungsfreies Nebeneinanderleben.

Die Wende in dieser rechtlichen Situation brachte der Export der Egalité, der Rechtsgleichheit, durch die Armeen der Französischen Revolution und dann Napoleons. Gleich nach der Besetzung Hanaus durch französische Truppen wurden 1806 die Tore des Ghettos zerstört, und der im Großherzogtum Frankfurt, diesem kurzlebigen Rheinbundstaat des Karl von Dalberg, in dem Hanau eins der vier Departements war, eingeführte Code Napoleon sollte die Rechtsgleichheit aller ohne Rücksicht auf ihre Konfession besiegeln. Der so erreichte Fortschritt ließ sich auch durch die reaktionäre Politik des im Spätherbst 1813 aus dem Prager Exil zurückkehrende Landesherrn Kurfürst Wilhelm I. nicht aufhalten.

Zwar dauerte alles seine Zeit, doch das Gesetz „zur gleichförmigen Ordnung der besonderen Verhältnisse der Israeliten" vom 29. Oktober 1833 bestimmte, daß die jüdischen Gemeinden Kurhessens jetzt allein und ausschließlich als religiöse Gemeinden anzusehen seien, d. h. keine eigenen politischen Korporationen unter besonderem Recht mehr bildeten. Es waren zwar Ausnahmen vorgesehen, und es gab gewisse Einschränkungen, auch blieben nach wie vor diskriminierende Einzelparagraphen aus anderen Verordnungen in Kraft: Im großen und ganzen aber hatten die Israeliten in Kurhessen nun dieselben Rechte und Pflichten wie alle anderen Untertanen. Die von der Paulskirchenversammlung 1848/49 erarbeitete Verfassung sah dann die volle Gleichberechtigung aller als freie Bürger in einem demokratischen Deutschen Reich vor.

Juden engagierten sich im allgemeinen gesellschaftlichen Leben und wurden von denselben Meinungen und Stimmungen erfaßt wie alle anderen Deutschen. In einer Veröffentlichung des Hanauer Geschichtsvereins hat Max Schwab 1930 in einer Zeit eines immer stärker werdenden politischen Antisemitismus gezeigt, daß jüdische Freiwillige an den Freiheitskriegen gegen das napoleonische Frankreich (dem sie ja so viel zu verdanken hatten!) teilnahmen, und vor einigen Jahren hat Ludwig Rosenthal ebenfalls in einer Geschichtsvereinsveröffentlichung auf die Beteiligung von Juden an dem Unternehmen der Hanauer Turnerwehr in der Badischen Mairevolution 1849 hingewiesen. Der Seifensieder Bernhard Una führte beim Ausmarsch der Hanauer Turner als Hauptmann die dritte Kompanie an; er entzog sich später der Strafverfolgung durch die Auswanderung nach Amerika. Levi Spier wurde als Kriegsgefangener in Rastatt bei einem Fluchtversuch erschossen.

An den liberalen und nationalen Ideen des 19. Jahrhunderts hatte die jüdische Bevölkerung ihren Anteil wie alle anderen Deutschen. Vielen Menschen waren die Bestimmungen ihrer Religion nicht mehr so wichtig, weltliche Ideen und Ideologien beherrschten das Denken und Fühlen, und mit der Reichsgründung 1870/71 schien die Zeit gekommen zu sein, in der Menschen aller Konfessionen in einem deutschen Nationalstaat friedlich wenn schon nicht miteinander, dann doch nebeneinander leben konnten: Patriotismus war die einigende Klammer.

Ein Zeugnis dieses deutschen Patriotismus ist ein Bild aus dem Zyklus „Bilder aus dem altjüdischen Familienleben" des aus Hanau stammenden Malers Moritz Daniel Oppenheim, das jüdische Soldaten des Deutsch-Französischen Krieges in preußischen und bayerischen Uniformen bei einem improvisierten Gottesdienst nach der Schlacht von Wörth 1870 zeigt.

Der 1. Weltkrieg vereinte in dem anfänglichen Taumel nationaler Begeisterung junge Männer jeden Standes und jeder Konfession unter den deutschen Fahnen. Inschriften des Hanauer Judenfriedhofs bezeugen auch dies, wie z. B.:

„Er starb den Heldentod und ruht in fremder Erde
unser geliebter Sohn und Bruder
Isi Berberich
geb. 19. Juni 1893,
gefallen 22. August 1914."

Der 1919 gegründete „Reichsbund jüdischer Frontsoldaten" wollte die ehrende Erinnerung an das Kämpfen und Sterben deutscher jüdischer Soldaten wachhalten. Doch es war vergeblich. Die Mordpolitik der nationalsozialistischen Diktatur wendete sich gegen alle Menschen jüdischer Herkunft, und viele, die das Leben für ihr deutsches Vaterland eingesetzt hatten, mußten erleben, daß ihre Verwandten und sie selbst im Namen eben dieses Vaterlandes ermordet wurden.

Die optimistische Aufbruchstimmung des 19. Jahrhunderts mit den Visionen einer demokratischen Gesellschaft von Gleichen oder eines Nationalstaates aller Deutschen fand für die Menschen jüdischer Abstammung in den Massenmorden des NS-Staates ihr Ende.

Eckhard Meise

Szene aus der Schlacht bei Wörth, 1870
Die Jahrzeit (Minjan), Moritz Daniel Oppenheim

Der optische Telegraf war „der Triumph über die Zeit". Mit der Telegrafie war die Möglichkeit geschaffen worden, Nachrichten mit bisher ungeahnter Geschwindigkeit über große Entfernungen auszutauschen.

Experimente mit dem Nachrichtenaustausch gab es seit der Antike. Jedem von uns dürften die Rauchzeichen der Indianer aus Wildwestfilmen bekannt sein, mit denen sie Signale aussandten, die der nächste Wachposten verstehen konnte. Das nebenstehende Bild zeigt ein Fackelsignal eines römischen Limes-Wachtturmes.

Trotz der Bemühungen unermüdlicher Tüftler blieb dem Telegrafen lange Zeit der Durchbruch versagt. Erst mit der Französischen Revolution 1789 gelang es dem Bürger Claude Chappe, seine Art der Telegrafie erfolgreich in die Realität umzusetzen. Für die Revolutionsversammlung in Paris bestand die Notwendigkeit, ihre Beschlüsse schnell in ganz Frankreich bekanntzumachen und durchzusetzen. Der bisherige Tempomaßstab der Nachrichtenübermittlung wurde von der Qualität eines reitenden Boten bestimmt.

Am 2. März 1791 wurde zwischen zwei französischen Dörfern eine öffentliche Nachrichtenübermittlung über 14 Kilometer Entfernung demonstriert. Innerhalb von zehn Minuten wurde der folgende chiffrierte Satz übermittelt: „Der König ist mitnichten ein Feind der Freiheit. Die Aristokratie kann ruhig die Standarte der Revolte aufpflanzen, die Konterrevolution wird nicht stattfinden". Chappe verbesserte sein System, indem er eine Maschine konstruierte, die mittels fünf beweglicher Zeiger Zeichen darstellte, doch der Pöbel zerstörte den Aufbau der Versuchsstation 1792, da Verrat an der Revolution befürchtet wurde. Chappe stellte dem Nationalkonvent ein neues System vor. Der neue Sender bestand aus einer Art Leiter, an deren Spitze ein großer beweglicher Arm, der Regulator, angebracht war. An den beiden Enden des Armes be-

Fackelsignal eines römischen Limes-Wachtturmes.

fanden sich jeweils bewegliche Flügel, die Indikatoren. Regulator und Indikator wurden über Seilzüge bedient und stellten verschiedene

Der Telegraf

geometrische Figuren dar, die in Sichtweite eines Fernglases erkennbar waren. Der französische Nationalkonvent war von Chappes schneller Nachrichtenübermittlung überzeugt und die erste Telegrafenlinie wurde gebaut. Die militärische Bedrohung durch Truppen der österreichisch-preußischen Koalition an Frankreichs Nord- und Ostgrenzen führte zum raschen Aufbau von Telegrafenlinien. Die hohen Kosten des Ausbaus und

der Unterhalt der Telegrafenlinien nahm der mittlerweile regierende Napoleon zum Anlaß, das staatliche Telegrafenbudget drastisch zu reduzieren. Um dem nun entstandenen Kostendruck zu entgehen, sollte die ausschließlich staatliche Nutzung der Telegrafie kommerzialisiert werden. Vorgeschlagen wurde die Nutzung des Telegrafen als Presseagentur, als Nachrichtenübermittler für Handel und Banken und letztlich die Lösung: die Übertragung der Ziehungen der nationalen Lotterie. Wie häufig, war die militärische Nutzung die treibende Kraft technischer Innovationen, so auch des Telegrafen. Die napoleonischen Kriege förderten den Ausbau der französischen Telegrafenlinien. Die einzige Telegrafenlinie auf deutschem Gebiet war die unter Napoleon 1812 gebaute Linie von Straßburg nach Mainz. Sie maß 178 Kilometer und wurde von Blüchers Truppen 1814 stillgelegt.

Als am 16. April 1794 die erste telegrafische Nachricht von Lille nach Paris geschickt wurde, erregte die Mitteilung hiervon auch in deutschen Ländern die Gemüter. Das Interesse an der sogenannten Fernschreibekunst war überwältigend. Eine Unzahl von Veröffentlichungen widmeten sich der neuen französischen Fernschreibkunst. Irrtümlich wurde angenommen, daß die Nachrichten buchstabenweise übermittelt würden. Großes Interesse an der „telegrafischen Korrespondenz" zeigten die Kaufleute. Doch während Frankreich bereits von einem Netz von Telegrafenlinien überzogen war, behinderte die deutsche Kleinstaaterei den Aufbau einer Telegrafie. Das erste deutsche „Glückwunschtelegramm" wurde 1794 vom Karlsruher Physikprofessor Lorenz Böckmann vom Durlacher Turmberg nach Karlsruhe zum Markgrafen von Baden geschickt. Die „Hanauer Neue Europäische Zeitung" vom 13. Dezember 1794 schrieb hierzu „....vermuthlich die größte Depesche, welche bis itzt durch Telegraphe abgeschickt worden ist [sie hatte über 250 Buchstaben]". Umgehend regte sich Protest auf diese Zeitungsmeldung, und zwar aus Hanau selbst. Johann Andreas Benignus Bergsträßer antwortete beleidigt: „So bin ich alle Stunden dazu erbötig, die nöthigen Anstalten in kurzer Zeit zu treffen, und darzutun, daß ich in fünf Minuten das leisten kann, was Herr Hofrath [gemeint ist Lorenz Böckmann] in zehn getan hat". Der Hanauer Professor hatte bereits 1784 und 85 ein fünfbändiges Werk über die von ihm erfundene Synthematographik veröffentlicht, von dessen fünfbändigem Werk Exemplare in der Hanauer Stadtbibliothek stehen. Bergsträßer schrieb: „Synthema bezeichnet, in weiterer Bedeutung genommen, eine jede Verabredung und in der engeren nach der Sprache des Krieges bald die Parole, bald die Order, die in der Armee ausgetheilt und gegeben werden. Denkt man sich also das Wort Synthematographik im Verhältniße auf die erste, so bedeutet es eine Wissenschaft, durch Buchstaben, oder eine jede andere Zeichenschrift und nach vorhergegangener Verabredung einem anderen sich verständlich zu machen, ohne daß ein Dritter in den Sinn der Zeichen eindringen kann[1]." Bergsträßers System der Nachrichtenübermittlung basierte auf Signalen mit Fackeln, Kanonen und Raketen, die Zahlen der Seiten und Zeilen übermitteln sollten, deren Entschlüsselung auf der betreffenden Stelle seines Codebuches nachzulesen war. Er versuchte, so wie die Franzosen, vorgefertigte Nachrichten im Ganzen zu übermitteln und nicht einzelne Buchstaben oder Ersatzzeichen. Als Reaktion auf die französische Telegrafenbegeisterung schrieb Bergsträßer 1785 in seinem nächsten Buch über die Signal-Order- und Zielschreiberei in die Ferne: „Mein Synthematograph ist von dem französischen Telegrafen sehr verschieden, und verhält sich dazu, wie das Allgemeine zum Besonderen...Der französische Telegraph ist mitnichten Erfindung. Er ist bloß Nachahmung des Engländers Hooke, welcher vor mehr als hundert Jahren, ähnliche Figuren zur Bezeichnung von Zielen zu Zielen angegeben hat...Zwar bis jetzt fürchte ich, ist ihr ganzer Telegraph weiter nichts als Politik. Wahrscheinlich soll er, um das Volk von anderen Gedanken abzuziehen, Paris amüsieren, daß es zusammen laufe; wahrscheinlich soll er die Aufmerksamkeit von Europa

Telegrafie mit Rauchzeichen.

D'Ivernois, del.   Müller, scul.

spannen, und am Ende zum Besten haben." Der Karlsruher Böckmann kritisierte Bergstrassers System: „Gerade deswegen mißfielen die Schüsse, der Trompeten-Schall und das Raquetten-Aufsteigen bei der Methode des Herrn Bergsträßers, weil sie nämlich dem Feinde wenigstens schon dieses signalisieren, daß signalisiert werde; und weil sie folglich seine Aufmerksamkeit reizen[2]". Darauf reagierte Bergsträßer barsch: „Vor izt genug, Herr Böckmann! Es war Nothwehre, in die ich mich nicht gerne weiter versetzen lassen möchte. Wenn der Telegraph Ihrem Herzen ein Denkmal setzen soll: so glauben Sie mir auf mein Wort, daß es keins bekommen werde[3]." Bergsträßers langatmiges und umständliches Werk, das erst in der 1789 erschienen „Fünften Sendung" die Auflösung seiner Synthematographik bot, war ausschließlich für militärische Zwecke bestimmt, um es in seinen Worten auszudrücken, um „an den großen Zweigen der Kriegswissenschaften ein neues Aug hervortreiben" zu lassen. Der preußische Heeresreformer Gerhard Scharnhorst schrieb, daß ihm das ganze so „unordentlich und undeutlich" erschien, daß „ ihn schwerlich der 10te seiner [1000] Subskribenten lesen und verstehen wird[4]." Trotz redlicher Bemühungen gelehrter Physiker nahm erst 1832 die erste Telegrafenlinie von Koblenz nach Berlin Gestalt an. Die Militärgeographen Pistor und O'Etzel setzten diese Linie um. Die optische Telegrafie war auf freie Sicht angewiesen. Zwischen den Stationen von Kirchtürmen und Höhen wurden Schneisen in Wälder geschlagen. Über 61 Stationen wurden die Nachrichten übermittelt. Die durchschnittliche Übertragungsgeschwindigkeit der preußischen optischen Telegrafen lag bei eineinhalb Zeichen pro Minute. Bei gutem Wetter benötigte ein Signal von Berlin nach Koblenz siebeneinhalb Minuten. Die Übertragungskapazität lag bei zwei bis sechs Telegrammen pro Tag.

Die Zeichen, welche die Arme der einzelnen Telegrafenstationen zeigten, waren der Bevölkerung rätselhaft. Heinrich Heine schrieb hierzu 1831 angesichts der französischen Verhältnisse der Juli-Revolution: „Siehst Du ihn, den Willen Gottes? Er zieht durch die Luft, wie das stumme Geheimnis eines Telegraphen, der hoch über unseren Häuptern seine Verkündigungen den Wissenden mittheilt, während die Uneingeweihten unten im lauten Marktgetümmel leben und Nichts davon merken, dass ihre

Johann Andreas Benignus Bergsträsser.

wichtigsten Interessen, Krieg und Frieden, unsichtbar über sie hin in den Lüften verhandelt werden[5]."

Ludwig Börne hierzu ebenfalls 1831:„Was glauben Sie wohl, das mich hier täglich am meisten daran erinnert, daß jetzt Frankreich mehr Freiheit hat als sonst ? Der Telegraph. Unter der vorigen Regierung war ich zwei Jahre in Paris und ich kann mich keinen Tag erinnern, wo ich den Telegraphen aus dem Tuillerien-Garten nicht in Bewegung gesehen. Aber seit einem Vierteljahre, das ich jetzt hier bin, habe ich, sooft ich auch in den Tuillerien war, den Telegraphen noch nicht einmal arbeiten gese-

hen. In Friedenszeiten hat der Telegraph nur gesetzwidrige Befehle zu überbringen. Die Herrschaft der Gesetze bedarf keiner solchen Eile und duldet keine solche Kürze[6]."

Die ausschließlich staatliche Nutzung ließ, von wenigen Ausnahmen abgesehen, nichts über die Depeschen bekannt werden. Bekannt wurde allerdings folgendes Telegramm vom 17. März 1848 von Berlin nach Köln „An drei Abenden zog der Pöbel in Trupps durch die Straßen. Die Bürgerschaft wirkte beunruhigt. Seit gestern ist alles ruhig und kein Zeichen der Erneuerung vorhanden." Am nächsten Tag, dem 18. März brach in Berlin die Revolution aus[7].

Johann Andreas Benignus Bergsträßer war als tüchtiger Schulmann, als hervoragender Entomologe (Insektenforscher) und besonders als Erfinder des optischen Telegraphen bekannt geworden[8]. Am 31. Dezember 1732 in Idstein geboren, studierte er in Jena und Halle Theologie und Philologie. 1760 übernahm er die Rektorenstelle am lutherischen Gymnasium in Hanau. Bergsträßer verfaßte Bücher über Pädagogik, Philologie, Entomologie, Algebra und Geometrie. Nachdem Bergsträßer einen Ruf an das Regensburger Gymnasium abgelehnt hatte, erhielt er in Hanau den Titel eines Professors der Philosophie und wurde zum Konsisotrialrat ernannt. Am 24. Dezember 1812 starb er.

Richard Schaffer-Hartmann

[1] „Ueber sein am ein und zwanzigsten December 1784 angekuenigtes Problem einer Korrespondenz in ab= und unabsehbaren weiten der Kriegsvorfaelle oder ueber Synthemathographik mit Kupfern in Schreiben an Se. Hochfuerstliche Durchlaucht den Prinzen Ferdinand Herzogen zu Braunschweig und Lueneburg Erste Sendung von Joh. Andr. Benign. Bergstraeßer . Konsistorialrath und Professor, wie auch verschiedener gelehrten Gesellschaften Ehrenmitglied. Hanau. 1785." S. 105 f.
[2] So weit das Auge reicht, Die Geschichte der Optischen Telegrafie, Hg. Klaus Beyrer, Birgit-Susann Mathis, Frankfurt 1995, S. 62
[3] a.a.O.
[4] a.a.O., S. 140
[5] a.a.O., S. 157
[6] a.a.O., S. 158
[7] a.a.O., S. 177 ff.
[8] Hanauer Geschichtsblätter Nr.3/4, Festschrift zum 75 jähr. Bestehen des Hanauer Geschichtsvereins, Hanau 1919, S.14

Am 22. Februar. „Alles ift ruhig.“

Am 2. März. „Geftern wogten eine Menge Mannheimer Bürger nach Carls= ruhe, um revolutionäre Forderungen zu er= trotzen. Die Forderungen find heute bewil= ligt. Die Mainzer begeben fich in gleicher Abficht fchaarenweife nach Darmftadt.“

Am 8. März. „Würtemberg gibt Re= formen, wechfelt das Minifterium im Sinne der Demagogen; dort Alles ver= loren. Hamburg bewilligt Preßfreiheit ohne Garantien.“

Am 23. Februar. „In Paris ift eine Emeute ausgebrochen.“

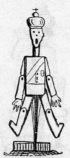

Am 3. März. „Der Bundestag be= willigt Preßfreiheit unter Garantien.“

Am 10. März. „Hanau ift verbarrika= dirt. Die Bürger rüften gewaltig, um gegen Kaffel zu ziehen.“

Am 24. Februar. „Man meldet aus Paris: die Revolution hat gefiegt. Der König und die königliche Familie find geflüchtet. Die Republik ift proklamirt.“

Am 4.März. „Naffau u. Heffendarmftadt bewilligen die revolutionärenForderungen.“

Am 11. März Morgens. „Heffen=Kaffel bewilligt die Forderungen der Hanauer.“

Am 1. März. „Der deutfche Bund wendet fich vertrauensvoll ans deutfche Volk, und will Deutfchland auf die Stufe heben, die ihm gebührt.“

Am 6. März. „Sigmaringen bewilligt Reformen ohne Erlaubniß des Bundes!!!“

Am 11. März Abends. „Die preußifchen Truppen ziehen fich bei Halle zufammen, um die revolutionären Beftrebungen in Sachfen niederzuhalten.“

Der Telegraf, Karikatur aus „Fliegende Blätter“, Holzstich 1848, eingebunden in Zieglers Chronik Bd. 1

Am 12. März. „Eine Emeute ist in Wien ausgebrochen."

Am 13. März. „Die Revolution hat in Wien gesiegt. Metternich ist entsetzt und flüchtig; Erzherzog Albrecht dito. Die Truppen sind abgezogen. Der Kaiser steht unter dem Schutze der Bürger. Preßfreiheit ist bereits eingeführt. Die sonstigen Forderungen der Anarchisten sind zugestanden."

Am 14. März. „Die Forderungen der Aufwiegler sind in Waldeck bewilligt. Dito in Homburg. Dito in Lübeck. Dito in Schwarzburg=Sondershausen. Dito in Anhalt, Bückeburg. Dito in Sachsen=Meiningen. Dito in Homburg an der Höh. Dito in Reuß, Greiz, Schleiz und Lobenstein. Da schlag ein Donnerwetter drein."

Berlin am 15. März. „Eine Emeute ist ausgebrochen. In 24 Stunden wird der Plebs zur Ruhe gebracht sein."

Berlin am 16. März. „Der Plebs will sich noch immer nicht in die Ordnung fügen."

Berlin am 17. März. „Eine Deputation des Cölnischen Stadtrathes ist eingetroffen, welche Forderungen überbringt, und im Weigerungsfall mit dem Abfall der Rhein=Provinz droht."

Berlin am 18. März. „Große Aufregung. Der König hat die Forderungen der Cölner bewilligt. Es entspinnt sich aufs Neue ein heftiger Kampf mit dem Volke. Man schießt mit Kartätschen."

Berlin am 19. März. „Der Kampf hat geendet. Er dauerte 15 Stunden und beruhte auf einem Mißverständnisse. Dieses ist beseitigt, die Truppen sind abgezogen. Der Prinz von Preußen dito. Der König befindet sich unter dem Schutze seiner lieben Berliner."

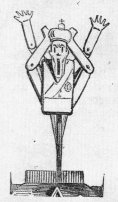

Berlin am 22. März. „Der König stellt sich an die Spitze der deutschen Bewegung ohne Usurpation, und befiehlt, daß sämmtliche Truppen die schwarz=roth=goldene Kokarde tragen sollen."

Der Telegraph hört auf zu arbeiten, Jedermann bewaffnet sich.

Redaction: **Caspar Braun** und **Friedr. Schneider.** — München, Verlag von **Braun & Schneider.** Schnellpressendruck von **J. B. Himmer** in Augsburg.

Das Ende des Hanauer Marktschiffs

Ehemaliger Treidelpfad am Main

Niemand hat die letzte Fahrt des Hanauer Marktschiffs registriert. Am 11. November 1847 annoncierte der Marktschiffer Georg Christian Bein noch für seine Fahrten, im Februar 1848 wurde das Schiff samt Einrichtung am Hanauer Mainkanal meistbietend versteigert.

Es war das Ende eines Verkehrsmittels der vorindustriellen Zeit, das von Gründung der Neustadt an über zweieinhalb Jahrhunderte hin für eine regelmäßige Verbindung zwischen Hanau und Frankfurt gesorgt hatte. Auch für Sonderfahrten stand es zur Verfügung. Am Himmelfahrtstag 1832 waren die Hanauer Teilnehmer an dem „demokratischen Volksfest" in Bergen mit dem Marktschiff bis zur Mainkur gefahren, und sie fuhren mit dem Schiff auch wieder nach Hanau zurück.

Bei Wind und Wetter, bei niedrigem und bei hohem Mainwasserstand versahen die Schiffer ihren Dienst, lediglich bei zu starkem Hochwasser oder, wenn der Main zugefroren war, wurden die Fahrten eingestellt. Pferde zogen vom Ufer aus das Schiff; bei Talfahrten half die Strömung des Flusses, und gelegentlich wurde bei günstigem Wind auch ein Segel aufgespannt. Reste des alten Leinpfades am Main und Schleifspuren an den Flutbrücken der Philippsruher Allee erinnern heute noch an diese vorindustrielle Schiffahrt.

Im zweiten Drittel des 19. Jahrhunderts hatte die Industrielle Revolution auch das im Verhältnis zum westlichen Europa ökonomisch rückständige Deutschland erfaßt, und damit war das Ende der altehrwürdigen Marktschiffahrt abzusehen.

Träger des technischen Fortschritts war die Dampfmaschine - somit waren zunächst Dampfschiffe die Konkurrenz der Treidelschiffer und Leinreiter. Mit Dampfschiffen aus Frankreich und Belgien versuchte die von dem bayerischen König Ludwig I. geförderte Maindampfschiffahrtsgesellschaft mit Sitz in Würzburg, einen fahrplanmäßigen Liniendienst zwischen Würzburg und Mainz einzurichten. Hanaus Geschäftsleute waren an diesem Erschließen ganz neuer Verkehrsmöglichkeiten höchst interessiert und hatten die für Hanau vorgesehenen Aktien von 15 000 Gulden schon bald mit 20 000 Gulden deutlich überzeichnet.

Doch konnte die Dampfschiffahrt nicht reüssieren. Der Main war damals ein ungezähmtes Wildwasser mit abwechselnd extrem hohen und extrem niedrigen Wasserständen. Die Methoden der Treidelschiffer, die Schiffe einfach über Sandbänke hinwegzuziehen oder den Main durch Querstellen eines Schiffes aufzustauen und den anderen so über die Untiefen hinwegzuhelfen, waren für Dampfschiffe mit ihren anfälligen Schaufelrädern nicht anwendbar.

Eine zusätzliche Schwierigkeit waren die hohen Kosten für den Energieträger Steinkohle. 1858 beschlossen die Aktionäre in Würzburg die Liquidation der 1841 gegründeten Gesellschaft. Für ihren Präsidenten, den Hanauer Georg Osius, wird es ein nur schwacher Trost gewesen sein, daß König Maximilian II. von Bayern ihm für seine Verdienste um die Maindampfschiffahrt das Ritterkreuz 2. Klasse des Königlichen Verdienstordens vom Heiligen Michael verlieh.

Das Verkehrsmittel der Zukunft war die Eisenbahn. Die Konkurrenz der am 10. September 1848 fahrplanmäßig eröffneten Bahnlinie Hanau-Frankfurt machte nicht nur dem Marktschiff, sondern auch der Dampfschiffahrtsgesellschaft den Garaus. Diese Bahnlinie folgte gewissermaßen der Marktschiffroute: Ausgangspunkt war ein Bahnhof (heute Hanau-West) am Mainkanal, dem damaligen Hanauer Mainhafen, und die Geleise führten über Mainkur bis zum Hanauer Bahnhof in Frankfurt-Ost, von wo aus dann die Hafenbahn den Anschluß an die Mainhäfen herstellte.

Diese Eisenbahn war billiger und vor allem schneller als jedes

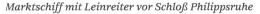

einem demokratisch-nationalen Pathos. Teilnehmer waren auch Abgeordnete der Frankfurter Nationalversammlung mit schwarz-rot-goldenen Schärpen, und auf dem Stationsgebäude wehte die schwarz-rot-goldene Fahne der Revolution.

Die Revolution wurde niedergeschlagen, der technische Fortschritt aber ging weiter. Der Versuch, in Deutschland die staatlichen und gesellschaftlichen Verhältnisse zu modernisieren, d. h. das Gemeinwesen demokratisch zu organisieren und dadurch auch die Staatsform dem sich so rasch vollziehenden Fortschritt in Wissenschaft, Technik und Volkswirtschaft anzugleichen, scheiterte. Es ist ein tragisches Verhängnis der deutschen Geschichte gewesen, daß die sich immer mehr beschleunigende Entwicklung in Technik und Ökonomie dann in einem auf alten Prinzipien beharrenden und autoritär organisierten Staat stattfand. Die Entwicklungsstufen des staatlichen und des wirtschaftlichen Lebens klafften weit auseinander.

Eckhard Meise

Dampfschiff (und natürlich auch das Marktschiff): 27 Minuten inklusive der Stationsaufenthalte dauerte eine von dem Hanauer Chronisten Wilhelm Ziegler gestoppte Fahrt von Hanau nach Frankfurt - 1½ Stunden die Fahrt des Dampfschiffs. Der Hanauer Marktschiffbetrieb wurde eingestellt, die Würzburger Dampfschiffahrtsgesellschaft liquidiert - das Eisenbahnzeitalter hatte begonnen.

Für eine kleine Zeitspanne sollten politisch-gesellschaftlicher und technischer Fortschritt Hand in Hand gehen. Die Einweihungsfahrt der Eisenbahn am 9. September 1848 gestaltete sich als eigentümliche Mischung aus der Demonstration technischen Fortschritts mit

Marktschiff mit Leinreiter vor Schloß Philippsruhe

Beginn der Dampfschiffahrt

Die Schiffe der im November 1841 in Würzburg gegründeten, im Februar 1842 vom bayerischen König und im Mai desselben Jahres vom hessischen Kurfürsten konzessionierten Gesellschaft waren nicht mehr die „Inexplosibles" der Probefahrten, denn dieser Schiffstyp war trotz der erfolgreich verlaufenden Pionierfahrten *für ungeeignet gehalten worden, weil man (seine) Verdecke nicht für fest und sicher genug hielt.* Bestellt wurden zwei Schiffe bei der Firma Cochot in Paris und eines in Belgien, bei Cockerill in Seraing (Provinz Lüttich); alle Schiffe waren aus Eisen und sollten beladen einen Tiefgang von nur 16-20 Zoll haben, eine bei dem meist seichten Main unumgängliche Notwendigkeit. Die Abmessungen der Schiffe sollten so sein, daß sie *alle Brücken und Schleußen des Mains ungehindert passiren* konnten. Zur Ankunft der beiden französischen Schiffe berichtet die Hanauer Zeitung am 4. Juni 1842:

Gestern endlich sind die lange erwarteten beiden Main-Dampfboote, „Ludwig" und „der Verein" von ihrem früheren Anhaltspunkte, Straßburg, in den Main eingelaufen und haben durch ihren raschen und sicheren Gang auch hier wieder das Sprüchwort: „gut Ding will Weile haben!" trefflich bewährt. Die Boote, geführt durch die Eigenthümer, Herren Cochot u. Sohn, legten am 2. d. M. den Weg von

Straßburg nach Mainz, sechsundsechzig Wasserstunden, in 12¼ Stunde, trotz des conträren Windes, zurück, und kommen also in Bezug auf ihre Schnelligkeit den ausgezeichneten Booten der oberrheinischen Adlergesellschaft vollkommen gleich. Die innere Ausschmückung der großen und auf das Vorteilhafteste benutzten Räumlichkeiten der Boote ist noch nicht vollständig fertig, läßt aber jetzt schon durch ihre Eleganz und Zweckmäßigkeit den Schluß ziehen, daß den Wünschen des reiseliebenden Publikums in jeder Weise entsprochen werde.

Gegen 10 Uhr fuhren die Boote gestern von Mainz ab, u. langten, - nachdem sie die Strecke von der Rheinbrücke bis zur Mündung des Mains, wozu das frühere Dampfboot zwischen Frankfurt und Mainz regelmäßig eine halbe Stunde nötig hatte, in 8 Minuten

zurückgelegt, - in 3¾ Stunden, einschließlich des mehrmaligen kürzern Verweilens an den Stationsorten, in Frankfurt an. Daselbst und in Offenbach wurde längere Zeit angehalten, und nach einer nicht vollkommen anderthalbstün-

Seitenraddampfer vor Schloß Philippsruhe

digen Fahrt kamen die Boote um 5 Uhr Nachmittags hier an. Ueberall gab sich der lauteste Enthusiasmus für das Unternehmen kund, und es läßt sich erwarten, daß die ersprießlichsten Folgen aus demselben für die Mainbewohner erblühen werden.

WILHELM ZIEGLER schreibt über weitere Fahrten der beiden Schiffe am 16. Juni 1842: *Heute Abend ½8 Uhr fuhr das Dampfschiff „Ludwig" auf seiner Probefahrt von Würzburg nach Frankfurt an unserer Stadt vorbei. Dasselbe fuhr heute früh 4 Uhr von Würzburg ab. - Nach Angabe der Würzburger Zeitung braucht dasselbe bei dem nie-*

dern Wasserstande in dieser Strecke 17 Stunden mit dem Anhalten an den verschiedenen Uferorten, dann, einen Tag später: *Vormittags 9 Uhr erschien das Dampfschiff „der Verein" an unsern Ufern. Auf demselben befanden sich die Actionaire u. Behörden von Aschaffenburg. Nach einigen Stunden kehrte das Boot nach Aschaffenburg zurück,* und schließlich am 18. Juni 1842: *Morgens 8 Uhr fand eine Lustfahrt der beiden Dampfschiffe „Ludwig" u. „der Verein" auf dem Maine statt. Die hiesigen Behörden, sowie viele Actionaire dieser Maindampfschiffahrts Ges. fuhren auf denselben nach Frankfurt.* Am 19. Juni 1842 nahm die Gesellschaft den fahrplanmäßigen Liniendienst auf.

Der Hanauer Agent der Maindampfschiffahrtsgesellschaft war JOHANNES ATHANASIUS HEROLD, Mitglied des Handels- und Gewerbevereins und später, Anfang der fünziger Jahre, Vizebürgermeister in Hanau. Er hatte seit Tagen durch Zeitungsannoncen auf diesen Termin aufmerksam gemacht und mitgeteilt, daß das Schiff „der Verein" am 19. Juni 1842 mit seinen regelmäßigen Fahrten zwischen Aschaffenburg und Mainz beginnen werde. Vorgesehen waren an allen ungeraden Tagen des Monats Fahrten von Aschaffenburg nach Mainz und zurück und an allen geraden Tagen Fahrten von Aschaffenburg nach Frankfurt, zurück nach Hanau, wieder nach Frankfurt und dann zurück nach Aschaffenburg. Billets waren tags zuvor zu lösen, morgens um ¼ nach 6 sollte „der Verein" in Hanau abfahren. Am 20. Juni 1842 begann das Schiff „Ludwig" seine Fahrten zwischen Würzburg und Frankfurt. Das vorgesehene Programm ließ sich freilich nicht durchführen, da – wie es in einer Zeitungsanzeige hieß – *der jetzige Wasserstand des Mains zwischen Hanau, Frankfurt und Mainz den angezeigten, angestrengten Dienst der Dampfboote auf dieser Strecke nicht gestattet,* und der Liniendienst des „Vereins" mußte deshalb auf tägliche Fahrten zwischen Aschaffenburg (Abfahrt 5½ Uhr morgens) über Hanau (ab 8 Uhr) nach Frankfurt und zurück (ab Frankfurt 2½ Uhr nachmittags, ab Hanau 5 Uhr abends) reduziert werden. Schon Ende Juni 1842 – also nur wenige Tage nach dem Beginn des als regelmäßig bekanntgegebenen Fahrdienstes – wurden auch die Lokalfahrten zwischen Aschaffenburg, Hanau, Offenbach und Frankfurt wieder eingestellt, und die beiden Schiffe der Würzburger Gesellschaft befuhren nur noch die Strecke Würzburg – Frankfurt mit Zwischenstationen.

Eckhard Meise

Nordmainische Eisenbahn

In das Revolutionsjahr 1848 fällt für Hanau auch der Beginn einer anderen, einer technologischen Revolution. Am 10. September 1848 wurde die Bahnstrecke von Hanau über Wilhelmsbad nach Frankfurt am Main eröffnet.

Es ist nicht untertrieben, im Zusammenhang mit der Eisenbahn von einer Revolution zu sprechen. Die Veränderungen für den Personen- und Gütertransport waren gewaltig. Anstelle einer mehrtägigen strapaziösen Reise zwischen zwei Orten in holprigen Kutschen auf schlechten Wegen konnten man mit der Eisenbahn dieselbe Strecke in wenigen Stunden durchqueren. Menschen und Güter wurden wesentlich schneller und sicherer befördert. Kein Wunder also, daß Industrie und Banken überall schnell Interesse an diesem neuen Verkehrsmittel und seinen wirtschaftlichen Möglichkeiten gewannen. Der 1825 eröffneten ersten Eisenbahnstrecke der Welt zwischen den nordenglischen Städten Stockton und Darlington folgte zehn Jahre später die erste Strecke auf deutschem Boden von Nürnberg nach Fürth.

Der wirtschaftliche Erfolg dieser ersten Strecken war überwältigend. Beispielsweise konnte die Aktiengesellschaft der Nürnberg-Fürther Strecke im ersten Betriebsjahr eine Dividende von 20% ausschütten! Er war auch die Triebfeder für den Bau längerer Verbindungen. Schon 1830 eröffnete die Liverpool & Manchester Railway ihre Strecke, 1839 wurden Leipzig und Dresden verbunden.

Der Nationalökonom Friedrich List entwarf 1833 ein Eisenbahnnetz, daß nicht nur wirtschaftlich, sondern auch politisch zur Überwindung der Kleinstaaterei und schließlich zu einem deutschen Staat führen sollte. Welche Euphorie mit solchen Gedanken verbunden war, zeigt ein Zitat des Journalisten und Schriftstellers Ludwig Börne aus dem Jahr 1831: „Diese Eisenbahnen sind nun meine und Lists Schwärmereien wegen ihrer ungeheuren politischen Folgen. Allem Despotismus wäre dadurch der Hals gebrochen, Kriege ganz unmöglich."

Leider irrten die beiden kühn in die Zukunft blickenden Männer in

diesem Punkt. Wie noch jede Erfindung wurden auch Eisenbahnen zu militärischen Zwecken mißbraucht.

Auch in Hanau war man in den vierziger Jahren des 19. Jahrhunderts bestrebt, eine Verbindung mit Frankfurt am Main durch eine Eisenbahn zu erhalten. Dort gab es bereits Bahnlinien nach Wiesbaden und Heidelberg. Neben den Bankhäusern Gebr. Bethmann aus Frankfurt und Du Fay aus Hanau war ein Eisenbahnkomitee aus Hanauer Fabrikanten die Triebfeder dieser Bahnlinie. Sie gründeten die „Frankfurt-Hanauer Eisenbahn-Gesellschaft" und erhielten am 12. April 1843 von Kurhessen eine vorläufige Genehmigung zum Bau einer Eisenbahnlinie zwischen Frankfurt am Main und Hanau. Schon wenige Wochen danach stand die mit 800 000 Gulden veranschlagte Bausumme durch Zeichnung von Aktien und Bankgarantien zur Verfügung. 1844 wurde die vorläufige Genehmigung durch Kurprinz und Mitregent Friedrich Wilhelm von Kurhessen in eine „landesherrliche Concession zur Erbauung einer Eisenbahn von

Bahnhof Hanau-West

197

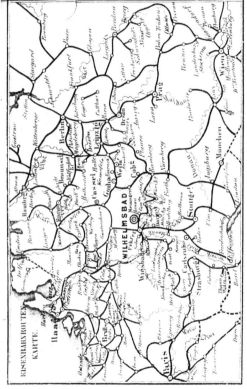

Faltplan von 1858

Frankfurt am Main nach Hanau"
umgewandelt. Friedrich Wilhelm
von Kurhessen erkannte früh den
Nutzen der Eisenbahn für sein Kür-
fürstentum. Er vermied durch die
Bauerlaubnis auch, daß Hanau und
Frankfurt am Main zuerst südmai-
nisch auf dem Gebiet des Großherzogtums Hessen über Offenbach
miteinander verbunden würden

und dadurch Kurhessen auf dieser
Verbindung ins Hintertreffen gerie-
te.

Der Bau der Strecke begann im Oktober 1845 am Braubach in der Gemarkung Dörnigheim. Die 16,6 km
lange Strecke zwischen dem Hanauer Bahnhof in Frankfurt am
Main (in Nähe der heutigen Zobel-

straße) und dem Bahnhof Hanau
(der heutige Westbahnhof) konnte
man ohne Rücksicht auf bereits
vorhandene Straßen planen. Nur
der Mainbogen bei Fechenheim
und der gewünschte Anschluß des
Ausflugsziels Wilhelmsbad erfor-
derte zwei langgestreckte Kurven
im Streckenverlauf. Zunächst wurde nur ein Gleis verlegt, die Trasse

wurde aber vorausschauend für einen zweigleisigen Ausbau vorbereitet.

Die Pläne für die nordmainische Eisenbahn wurden von den Anliegergemeinden nicht kritiklos befürwortet. Der Ortsvorstand des damals kurhessischen Ortes Dörnigheim beschwerte sich schriftlich gegen den Bau der Bahnlinie. Man könne nicht eine weitere Verminderung des bebaubaren Landes hinnehmen, da bereits die Straße von Frankfurt nach Hanau sowie ein staatlicher Exerzierplatz die nutzbare Gemarkungsfläche einschränkten. Die Bahnlinie würde außerdem durch den Gemeindewald geführt und die Zufahrt zu den Ländereien nur mit erheblichen Umwegen ermöglichen.

Doch ungeachtet solcher Proteste verliefen die Arbeiten an der Bahnlinie planmäßig. Am Kanaltor, wo sich heute der Westbahnhof befindet, wurde der Endbahnhof der Strecke errichtet. Die Strecke führte von dort nach Wilhelmsbad, wo

Fahrplan von 1858

Lokomotive Hanau 1863, Nassauische Eisenbahn

sich neben einem Bahnhofsgebäude auch eine Ausweiche befand. Das ermöglichte auf der eingleisigen Strecke Zugbegegnungen. Dann zog sich der Schienenstrang schnurgerade bis zum Mainbogen nach Fechenheim. Dort gab es den Bahnhof „Mainkur". Dieser neutrale Name wurde gewählt, weil sich die damals selbständigen Dörfer Fechenheim und Enkheim nicht über einen Bahnhofsnamen einigen konnten. Parallel zur Hanauer Landstraße verlief der letzte Teil der Bahnlinie, bis an der heutigen Zobelstraße der Frankfurter Endbahnhof erreicht wurde. Hier befanden sich neben der dreigleisigen Bahnhofshalle auch Abstellschuppen, Drehscheiben sowie Anlagen zur Versorgung der Lokomotiven mit Kohlen und Wasser.

Die Zeitläufe haben fast nichts aus der Anfangszeit dieser Bahn übrig gelassen. Die Lokomotiven und Wagen sind längst verschrottet, die Bahnanlagen modernisiert. Einzig das Gebäude des Wilhelmsbader Bahnhofs ist stummer Zeuge der Anfangszeit dieser Bahnstrecke. Seit einigen Jahren beherbergt er ein Restaurant.

Im September 1848 konnte die Strecke eröffnet werden. Schon einen Tag vor der offiziellen Eröff-

nung gab es am 9. September 1848 für geladene Gäste eine Probefahrt. Unter den Teilnehmern dieser Fahrt war neben Mitgliedern der Frankfurter Nationalversammlung und Hanauer Honoratioren auch August Schärttner, der Anführer der Hanauer Turner. Er erschien in blauer Bluse und Hut sowie einem roten Halstuch, dem Zeichen der Republikaner. Auf dem Bahnhof wehte die schwarzrotgoldene Fahne. Der Hanauer Chronist Wilhelm Ziegler berichtete über diese Probefahrt. Gegen Mittag war der erste Zug mit blumengeschmückter Lokomotive von Frankfurt am Main in Hanau eingetroffen. Mit den Ehrengästen fuhr der Zug gegen

12.30 Uhr nach Wilhelmsbad. Dort war von der Eisenbahndirektion ein Imbiß vorbereitet worden. Zwei Stunden später ging die Fahrt weiter in Richtung Frankfurt. Dort wurde erneut Einkehr gehalten. Dabei wurde auch dem Alkohol zugesprochen, denn, so berichtet der Chronist, die Rückfahrt nach Hanau verlief in gelöster Atmosphäre. Manche Herren sollen sich gegenseitig die Hüte und Mützen aus dem fahrenden Zug geworfen haben...

Tags darauf fand die offizielle Eröffnung statt. Der Andrang der Bevölkerung war so gewaltig, daß sich chaotische Szenen in und um die Wagen abspielten. Die Direktion mußte Sonderzüge einsetzen, um dem Andrang Herr zu werden. Am Eröffnungstag wurden insgesamt 15.000 Personen befördert. Die Hanauer Zeitung berichtete darüber:

„Am gestrigen Nachmittag und Abend war Wilhelmsbad sehr stark besucht. Sogar der Bahnzug, welcher um 5 Uhr von Frankfurt abging, führte in 22 Wagen noch Hunderte von Gästen uns zu, nachdem bereits die vorhergehenden Züge eine große Zahl Frankfurter hierher gebracht hatten. Auch die Hanauer hatten sich so zahlreich per Dampf nach Wilhelmsbad begeben, daß um 4 Uhr die Kasse im Bahnhof nur unter Drängen und

Bild aus dem Historischen Museum Frankfurt mit altem Hanauer Bahnhof und „neuem" Ostbahnhof im Hintergrund, Frankfurt.

Stoßen zu erreichen und in zwei Dutzend Wagen kein Platz mehr zu finden war. Bei dem ungeheuren Gedränge fiel es auf, daß das Publikum, welches den nicht theilnehmenden Zuschauer machte, eben so gut in den Bahnhof zugelassen war wie Diejenigen, welche Karten zur Fahrt besaßen. Durch diesen Mißstand wurde aber die Verwirrung um so größer, je mehr sich Alles nach den Wagen wälzte, um einen Platz zu bekommen."

Der Fahrplan des Eröffnungsjahres sah täglich sieben Fahrten in jeder Richtung vor. An rollendem Material waren 9 Lokomotiven, 48 Personenwagen, 40 Güterwagen sowie 5 Schneepflüge vorhanden.

Schon eine Woche nach der Eröffnung geriet die Bahnlinie in die Auseinandersetzungen um die Nationalversammlung in der Frankfurter Paulskirche.

Dort tagten seit dem 18. Mai 1848 über 600 Abgeordnete aus allen Teilen des damals noch in Kleinstaaten zersplitterten Deutschlands. Zwei Abstimmungen am 6. und am 16. September über den Waffenstillstand von Malmö zwischen Preußen und Dänemark mit unterschiedlichem Ausgang führten zum Aufruhr radikaldemokratischer Kräfte. Diese riefen zu einer Massenversammlung auf der Pfingstweide auf. Auch von Hanau aus machten sich daraufhin mehrere hundert Menschen auf den Weg. Sie konnten zur Anreise die kurz zuvor eröffnete Bahnlinie nutzen. Im Verlauf der Auseinandersetzungen mit preußischen Truppen wurden sogar an der Mainkur die Gleise demoliert, um den Hanauern die Anreise zu erschweren.

Die Frankfurt-Hanauer Eisenbahn war zu Beginn ein Inselbetrieb ohne Verbindung mit anderen Bahnstrecken. In Frankfurt am Main wurde über die 1859 eröffnete städtische Verbindungsbahn entlang des Mainufers der Anschluß an die Bahnhöfe am Taunustor hergestellt. Diese Strecke am Eisernen Steg wird heute noch von der Hafenbahn als Verbindung zwischen West- und Osthafen genutzt.

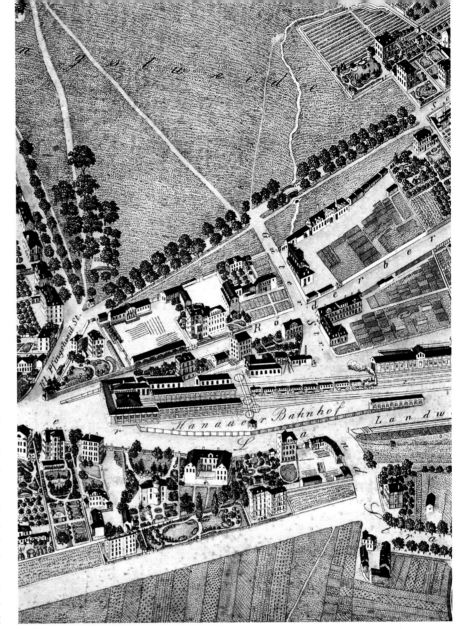

Delkeskampscher Plan.

Die Eröffnung der Deutschherrnbrücke am 1. April 1913 brachte die lang ersehnte Verbindung über den Main zum Südbahnhof. Zum gleichen Zeitpunkt legte man den Hanauer Bahnhof still. Seine Aufgabe übernahm der neue Frankfurter Ostbahnhof.

In Hanau verlängerte man die Eisenbahnlinie bereits im Juni 1854 über Großauheim und Kahl bis Aschaffenburg. Damit konnte man ohne Umsteigen in 15 Stunden von Frankfurt am Main bis München fahren – eine bis dahin unvorstellbar kurze Reisezeit.

Der bisherige Endbahnhof wurde zum Westbahnhof, weiter südöstlich entstand ein neuer Bahnhof, der Ostbahnhof. Aus ihm entwickelte sich der heutige Hauptbahnhof. Auch in Hanau enstanden, wie überall in Deutschland

und Europa, in schneller Folge weitere Strecken:

- am 1.5.1867 über Wolfgang ins Kinzigtal nach Wächtersbach (im Jahr darauf über Steinau, Elm und Neuhof nach Fulda verlängert, dort Anschluß an die Strecke nach Bebra und Kassel)

- am 15.11.1873 über Steinheim nach Offenbach und Frankfurt am Main.

- am 1.12.1879 über Hanau-Nord nach Heldenbergen-Windecken (1881 weiter bis Friedberg, dort Anschluß an die Strecke über Butzbach, Gießen und Marburg bis Kassel)

- am 1.5.1882 über Klein Auheim und Seligenstadt nach Babenhausen (dort Anschluß an die Strecke nach Wiebelsbach-Heubach und Eberbach)

„Vieux Chateau".

motiven vor den Zügen eingesetzt. Obwohl schon früh Versuche mit elektrischen Lokomotiven gemacht wurden, setzte die Elektrifizierung der wichtigsten Bahnlinien erst nach dem Zweiten Weltkrieg ein. Gegen Ende der fünfziger Jahre wurden die Hauptstrecken nach Frankfurt am Main, nach Aschaffenburg und Fulda elektrifiziert, das Zeitalter der Dampflokomotive neigte sich seinem Ende zu.

Aus dem in sechs Richtungen weisenden, vom Hauptbahnhof ausgehenden „Eisenbahnstern" wurde im Laufe der Nachkriegszeit ein „Schienenpanzer". Die Eisenbahn empfand man mehr und mehr als Hindernis für das allgemein erwünschte Ideal der „autogerechten Stadt". Weil in den sechziger und siebziger Jahren des zwanzigsten Jahrhunderts immer mehr Menschen sich ein eigenes Auto leisteten, wurden die Schlangen vor den Bahnübergängen immer länger. Daher ersetzte man die schienengleichen Übergänge an der Kastanienallee und an Nord- und Westbahnhof durch Über- bzw. Unterführungen. Im Zuge der Erweiterung der nordmainischen Bahnlinie um zwei Gleise für die S-Bahn ist der Ersatz der Schranken an der Frankfurter Landstraße und am Salisweg durch Unterführungen geplant.

1995 wurde Hanau an das Frankfurter S-Bahn-Netz angebunden. Die Eröffnung erfolgte im Mai 1995 zeitgleich mit dem Start des Rhein-Main-Verkehrsverbunds. Hanau ist seither Endstation der S-Bahn-Linie S 8, die von hier über Mühlheim

Damit war in nur 30 Jahren das Eisenbahnnetz in Hanau komplett. Die Stadt war nach Frankfurt am Main der bedeutendste Knotenpunkt der Eisenbahn im Rhein-Main-Gebiet geworden. Die Bahnstrecken wurden wegen des ständig steigenden Bahnverkehrs im Laufe der Zeit zweigleisig ausgebaut (bis auf die Linie nach Babenhausen).

Die Frankfurt-Hanauer Eisenbahn wurde bereits 1862 von der Hessischen Ludwigseisenbahn übernommen, dieser Vertrag erlangte allerdings erst nach der Annexion Frankfurts durch Preußen Rechtskraft. 1896 gliederte man die Bahnlinie in das preußische Eisenbahnnetz ein und übertrug die Verwaltung der Eisenbahndirektion in Frankfurt am Main.

In den ersten einhundert Jahren wurden ausschließlich Dampfloko-

und Offenbach nach Frankfurt am Main, zum Flughafen und weiter nach Mainz und Wiesbaden fährt. Die Eröffnung einer zweiten S-Bahn-Linie von Hanau über die nordmainische Bahnlinie nach Frankfurt am Main steht leider in den Sternen.

Vom Hanauer Hauptbahnhof kann man seit über einhundert Jahren in sechs verschiedene Richtungen fahren. Täglich halten hier Züge von der S-Bahn über den Regional-

Zeichnung von Ludwig Emil Grimm, Wartesaal II. Klasse.

Express und InterRegio bis zum ICE – wie viele andere Städte in Deutschland haben ein solches Schienennetz vorzuweisen?

Alexander Piesenecker

Quellen:
[1] Hanau im Vormärz und in der Revolution von 1848-1849, Alfred Tapp, Hanau 1976
[2] Hanauer Zeitung vom 10.9.1848
[3] Hanauer Chronik, Wilhelm Ziegler, Band II
[4] Vom Holzvergaser zum Ruftaxi, Alexander Piesenecker, 1992

„Luftbild" von Wilhelmsbad.

Frankfurt-Hanauer Eisenbahn.

Vom 10. September 1848 an finden die Fahrten auf der Frankfurt-Hanauer Eisenbahn in folgender Weise Statt:

Von Hanau
nach Wilhelmsbad, Mainkur und Frankfurt.

Morgens 5½ Uhr   Nachmitt. 2 Uhr
" 8 "   " 4 "
" 10½ "   Abends 6 "
    " 9 "

Von Frankfurt
nach Mainkur, Wilhelmsbad und Hanau.

Morgens 7 Uhr   Nachmitt. 3 Uhr
" 9½ "   " 5 "
Mittags 12 "   Abends 7 "
    " 10 "

Tarif für die Personen-Beförderung.

Von	Nach Frankfurt			Nach Mainkur			Nach Wilhelmsbad			Nach Hanau		
	I. Cl.	II. Cl.	III. Cl.	I. Cl.	II. Cl.	III. Cl.	I. Cl.	II. Cl.	III. Cl.	I. Cl.	II. Cl.	III. Cl.
	kr.	kr.	kr.	kr.	kr.	kr.	kr.	kr.	kr.	kr.	kr.	kr.
Frankfurt . .				15	9	6	36	24	15	42	30	18
Mainkur . .	15	9	6				21	15	9	27	21	12
Wilhelmsbad .	36	24	15	21	15	9				9	6	3
Hanau . . .	42	30	18	27	21	12	9	6	3			

Anmerkungen.

1) Kinder unter 4 Jahren, welche jedoch nur in Begleitung erwachsener Personen zugelassen werden können und keinen besonderen Raum auf dem Wagensitze einnehmen, auch die Reisenden nicht in sonstiger Weise belästigen, dürfen insoweit tarifrei mitgenommen werden, als je eine erwachsene Person ein Kind mit sich führt. Bei einer größeren Anzahl von Kindern unter 4 Jahren, welche mit einer erwachsenen Person befördert werden, wird nur eins derselben tarifrei belassen, die übrigen zahlen die Personentare, beziehungsweise die nachstehende moderirte Tare: Kinder von 4—12 Jahren dürfen in die I. und II. Classe mit einem Fahrbillet der zunächst niedrigern Classe in die höhere aufgenommen werden. Bei der Fahrt in Wagen III. Classe hat ein Erwachsener mit einem Kinde dieses Alters nur ein Billet II. Classe, für 2 Kinder aber ein Billett III. Classe zu lösen. — In Anstandsfällen über das Alter ist die Entscheidung des Ober-Conducteurs unbedingt bindend.

2) Auf den Zwischen-Stationen können nur Reisende aufgenommen werden, wenn noch leere Plätze vorhanden sind.

3) Jeder Reisende hat sich vor der Abfahrt mit einem Fahrbillet zu versehen. Jedes Fahrbillet gilt nur für die bezeichnete Fahrt. Der Empfänger hat daher zu prüfen, ob solches auf die gewünschte Fahrt lautet. Spätere Reclamationen können nicht berücksichtigt werden.

4) Nur wenn wegen eingetretener Hindernisse die Fahrten unterbleiben oder unterbrochen werden, kann auf ganze oder theilweise Rückgabe des bezahlten Personengeldes Anspruch gemacht werden. Eine weitere Vergütung findet nicht Statt.

5) Das Fahrbillet ist sowohl beim Eintritt in die Wartsäle dem Portier, als auch beim Einsteigen in die Wagen dem Conducteur vorzuzeigen; die Reisenden haben zu diesem Behufe ihre Billets in Bereitschaft zu halten, damit nicht ein unnöthiger Aufenthalt beim Einsteigen ic. veranlaßt wird.

6) Während der Fahrt ist das Fahrbillet dem Conducteur auf Verlangen vorzuzeigen und abzugeben; wer bei der Revision ohne Billet oder mit einem unrichtigen gefunden wird, ist zur Erlegung des Fahrgeldes verpflichtet.

Tarif*) für Equipagen und Schlachtvieh ic.

	Von Frankfurt nach Hanau et vice versa	
	fl.	kr.
Berlinen und Coupés . . .	4	—
Bepackte viersitzige Caleschen . .	3	—
Jedes andere leichte Fuhrwerk	2	30
Für Ueberlassung eines ganzen Transport-Wagens, dem ein Führer zur Beaufsichtigung des Viehs beigegeben werden muß . . .	4	—
1 Stück Rindvieh	—	40
1 Schwein	—	15
1 Kalb oder Schaaf . .	—	9

1 Hund 3 kr. und 1 Traglast für 1 Person 1 kr. von einer Station zur andern.

*) Der Transport von Equipagen und Schlachtvieh bleibt vorerst noch ausgesetzt.

Anmerkungen.

Die Reisenden, welche während der Fahrt von ihrem Wagen Gebrauch machen wollen, zahlen die Tarifpreise der II. Wagen-Classe; die Dienerschaft, welche auf den äußeren Sitzen der Reisewagen ihre Plätze nimmt, hat Billets III. Wagen-Classe zu lösen.

Tarif für das Uebergewicht von Reisegepäck bei freier Beförderung von 40 Pfund.

Von Frankfurt nach Mainkur		Wilhelmsbad	Hanau
1 à 20 Pfd.	3 kr.	3 kr.	3 kr.
21 " 40 "	3 "	4 "	6 "
41 " 60 "	3 "	6 "	9 "
61 " 80 "	4 "	8 "	12 "
81 " 100 "	5 "	10 "	15 "

Von Mainkur nach Frankfurt		Wilhelmsbad	Hanau
1 à 20 Pfd.	3 kr.	3 kr.	3 kr.
21 " 40 "	3 "	3 "	4 "
41 " 60 "	3 "	3 "	6 "
61 " 80 "	4 "	4 "	8 "
81 " 100 "	5 "	5 "	10 "

Von Wilhelmsbad nach Hanau		Mainkur	Frankfurt
1 à 20 Pfd.	3 kr.	3 kr.	3 kr.
21 " 40 "	3 "	3 "	4 "
41 " 60 "	3 "	3 "	6 "
61 " 80 "	4 "	4 "	8 "
81 " 100 "	5 "	5 "	10 "

Von Hanau nach Wilhelmsbad		Mainkur	Frankfurt
1 à 20 Pfd.	3 kr.	3 kr.	3 kr.
21 " 40 "	3 "	4 "	6 "
41 " 60 "	3 "	6 "	9 "
61 " 80 "	4 "	8 "	12 "
81 " 100 "	5 "	10 "	15 "

Anmerkungen.

1) Jeder Reisende kann 40 Pfund Gepäck frei mitführen; das Uebergewicht wird nach vorstehendem Tarife bezahlt.

2) Das Reisegepäck muß ¼ Stunde vor der Abfahrt des Wagenzugs zur Expedition gebracht werden, wenn dessen Beförderung mit nächster Fahrt geschehen soll. Von dieser Zeit an bis nach der Abfahrt kann dessen Annahme verweigert werden.

3) Für die in gehöriger Weise übergebenen Effecten wird den Reisenden ein Schein unentgeldlich ausgestellt, welcher den Empfang des Gepäcks von Seiten der Administration beurkundet.

4) Nur gegen diesen Schein wird das mit der Nummer versehene Gepäck bei der Ankunft ausgeliefert, oder, im Fall solches verloren gegangen seyn sollte, mit fl. 1 30 kr. kr. Pfund vergütet. In keinem Falle wird ein höherer Ersatz geleistet.

5) Die Effecten müssen gleich bei der Ankunft in Empfang genommen werden, indem die Administration eine längere Haftbarkeit nicht übernimmt.

6) Gegenstände, welche leicht entzündbar sind und Gefahr bringen können, als Schießpulver, Zündhölzer, chemische Präparate, geladene Schießwaffen ic. dürfen unter keiner Bedingung von Reisenden mitgenommen werden.

☞ **Stelle-Gesuch.**

Ein aufs Beste empfohlener junger Mensch, welcher schon als Bediente servirt, bei der kurhessischen Kavallerie gedient hat und mit

Edictalladung.

Die Kinder des Johannes Gieß I. in Engelrod haben die Erbschaft ihrer Eltern nur mit der Rechtswohlthat des Inventars

Freitag den 6. October d. J.

Morgens 8 Uhr,

bei dem unterzeichneten Gericht anzumelden, widrigenfalls ihr Anspruch nicht ins Inven-

Hanauer Zeitung vom 10. 9. 1848

Die Musik zur Revolutionszeit 1848/49

Bei allen großen Musikern der Zeit, gleich wie sie zu den politischen Ereignissen standen, finden sich Bezüge zum Zeitgeschehen. Schon bei Beethoven in der Vormärzzeit (Eroica, Märsche in vielen Variationszyklen und sogar in der 9. Sinfonie) beginnt sich eine revolutionäre Haltung in Tönen auszudrücken.

Richard Wagner spielte bei dem Maiaufstand in Dresden eine wichtige Rolle. Man stelle sich vor, daß seine enormen revolutionären Aktivitäten zwischen der Komposition seiner Oper Lohengrin und der Dichtung des Nibelungenzyklus lagen. Er verfaßte revolutionäre Schriften, aber auch einfache Verse, in der Manier, wie sie überall zum Singen verbreitet waren. Er wollte damit sein Einverständnis mit den Forderungen des Volkes bekunden. In einer Wiener Zeitung ließ er veröffentlichen:

Die feisten Herrn von Wein und Braten
Sie haben Büttel und Soldaten,
daß das nur sicher ruht.
(elf Strophen)

1849 mußte er außer Landes fliehen.

Erwähnt sei Fréderic Chopin, der wegen der Unruhen in Polen sein Heimatland verlassen hat und das als „Revolutionsetüde" bekannte Klavierstück komponierte.

Selbst bei dem biedermeierlichen Lortzing findet man Beispiele. Die staatlichen Kontrollen zur Vermeidung von Aufständen sind bei ihm ins Komische gerückt. Daß viele Texte aus „Zar und Zimmermann" so zu verstehen sind, liegt auf der Hand. So etwa der bekannte Vers:

O, ich bin klug und weise
und mich betrügt man nicht.

Lortzing meint dabei den Staat, die Behörden, die er nicht für weise hält, deren Anordnungen vielfach hintergangen werden.

In Hanau nahm man auch nicht immer alles ernst, was die politisch engagierten Gemüter bewegte. Der Hanauer Chronist W. Ziegler berichtet am 4. März 1848:

Seit einigen Tagen macht man sich das Vergnügen, hier jeden mit „Bürger" anzureden. Um ernsthaftes Bemühen, große Gesangswerke aufführen zu können, ging es, als der bis heute bestehende Oratorienverein gegründet wurde. Man führte als erstes größeres Werk „Judas Makkabäus" von Georg Friedrich Händel auf (29. Dez. 1848). Es mag Zufall sein, daß man ausgerechnet dieses Werk aussuchte, in einer Zeit, wo man sich vom herrschenden Adel zu befreien suchte, dreht es sich doch hierbei um eine historische Gestalt, die sich im 2. Jahrhundert vor Christus um die Befreiung der Juden von der hellenistisch-jüdischen Adelspartei verdient gemacht hat. Ob sich auch Männerchorvereinigungen in Hanau gebildet haben, erfährt man aus den Quellen nicht.

No. 8.

Mel.: Prinz Eugenius, der edle Ritter.

In Hanovia *) die Bürger sprachen:
Laßt uns Gut und Blut dran wagen
Daß im Lande Freiheit ist.
Will der Kurfürst nit gewähren,
Mag er sich zum Teufel scheeren,
Noch drei Tage gebt ihm Frist.

Kurfürst Wilhelmus von Gottes Gnaden,
Schickt Kanonen und Soldaten
Wol gen Hanau an die Kinz.
Wie man das im Land vernommen,
Sind zu Hülf' die Brüder kommen,
Weit und breit in der Provinz.

Rüstig Hessenvolk, von allen Seiten,
Zog, um für die Stadt zu streiten,
Büchs' und Sense in der Hand.
Weiber, drückt die Thränen nieder!
Es gilt unsre deutschen Brüder!
Es gilt unser Vaterland!

Von Hanovia den Abgesandten,
Die in Kassel sich befanden,

*) Hanau.

Als im März/April 1848 Turnvater Jahn zweimal in Hanau weilte, haben alle aktiven Musikanten mitgewirkt, ihn zu feiern. Man veranstaltete Umzüge und brachte dem hohen Gast Ständchen. Auch von Gesangsdarbietungen ihm zu Ehren wird berichtet.

Ein Lied der Turner mit dem Titel „Turnerleben" aus dem sogenannten Reform-Liederheft von 1848 macht deutlich, wozu man den Körper stählt und wozu man entschlossen ist.

24

Wem gilt der laute Jubelton?
Er gilt dem Vaterland.
Wenn seiner Grenze Feinde drohn,
Der Turner ist zur Hand.
Sein Muth ist kühn, sein Arm ist Stahl;
Es trifft sein Schwert, wie Wetterstrahl;
Dem Feind bleibt keine Wahl.

Und kehrt er heim aus der Gefahr,
Sein harrt die treue Maid,
Die seines Muthes Quelle war
Im heißentbrannten Streit.
Froh drückt er sie an's treue Herz;
Verschwunden ist der Trennung Schmerz;
Die Schlacht war nur ein Scherz.

Im unterdrückten Vaterland
Gedeiht der Turner schlecht.
Und greift ein Fürst mit Frevlerhand
An seines Volkes Recht.
Dann reißt der Turner, zornentbrannt,
Die blanke Waffe von der Wand,
Schwingt sie in starker Hand.

Und wie ein Recke stellt er sich
Vor seines Volks Altar,
Und bietet unerschütterlich
Die Brust dem Feinde dar.

Entsprechend der Ereignisse um den 12. März gibt das folgende Lied aus dem gleichen Liederbuch die zu allem entschlossene, radikale Einstellung des Volkes wieder.

Was die von der Stadt Hanau abgesandte Delegation mit dem „Hanauer Ultimatum" in Kassel erlebte und wie man ihre Rückkehr feierte, wird hier im Detail wiedergegeben.

Nicht überall fanden die Hanauer Umtriebe Zustimmung. Die mit dem „Hanauer Ultimatum" verbundene Drohung, sich von dem Kurfürsten abzuwenden, um sich dem Großherzog in Darmstadt anzu-

---

Ward vom Kurfürst kein Bescheid.
Daß that denn die Kassler würmen,
Drohten ihm das Schloß zu stürmen,
Da besann er sich bei Zeit.

Ein Viktoria scholl unermessen
Weit und breit im Lande Hessen
Und in Deutschland überall.
Und bei'm Sang der Freudenlieder
Zogen heim die deutschen Brüder
Wol begrüßt mit Jubelschall.

Hanau, brave Stadt, dich soll man achten,
Recht als Heldin zu betrachten,
Für die Freiheit kampfbereit.
Und in Liedern und Geschichten
Soll der Nachwelt man berichten
Von der Hessen Wackerkeit!

schließen, ging dann doch vielen zu weit.

Ferdinand Freiligrath, der eigentlich der Revolution wohlwollend gegenüberstand, schreibt in einem Gedicht an die Hessen:

Denn das ist doch die Freiheit nicht,
Die Deutschland muß begnaden,
Wenn eine Stadt in Waffen spricht
Und hinter Barrikaden:
„Kurfürst! verleih', sonst hüte Dich,
Sonst werden wir großherzoglich!"

Freiligrath mag auch von den vielen anderen radikalen Liedern gehört haben, die man in Hanau sang. Eines, das als „Das Hanauer Lied" auf einem Flugblatt unter „anonym" verbreitet war und auf die Melodie „Hallo! Zum wilden Jungen" gesungen wurde, greift auch Themen auf, die weit über die Probleme in Hanau hinausgingen.

Wenn Bürger sich und Bauer
Zu frischer Tat erhebt,
Dann muß die Knechtschaft enden,
Dann hat sie ausgelebt!
Voran, ihr Söhne Hanau's!
Wir andern folgen schon.
Ihr seid die Sensenträger
Der deutschen Nation.

Die Großen und die Frommen
Verschlossen uns den Mund;
Doch unsre Worte kommen
So recht von Herzensgrund,
Voran, ihr Söhne Hanau's!
Zu sprechen frei am Thron!
Ihr seid die Sensenträger
Der deutschen Nation.

Anderenorts waren diese, wie hier in Hanau die Turner, äußerst politisch tätig, ja vielfach sind sie entstanden, um in das politische Leben eingreifen zu können. Daß ein großes Sängerfest dieser Art im preußischen Elbing (1847) stattfand, davon hat man hierzulande wohl nichts gehört.

Über Musikkapellen ist aus den Quellen mehr zu erfahren. Sie traten oft bei politischen Aktionen auf.

Seit Urzeiten erklangen Pauken und Trompeten zum Empfang von Königen und Fürsten oder zu kriegerischen Ereignissen. Auch am Hanauer Hof spielten diese Instrumente eine wichtige Rolle. In der Revolutionszeit scheinen sie sich bisweilen einer anderen Aufgabe zu stellen, nämlich zu verkünden, wenn hohen Herrschaften irgendwelche Rechte abgerungen worden waren.

Wenn es galt, Abgeordnete zu empfangen oder sie zu einer wichtigen Mission zu geleiten, spielte die Kapelle der Bürgergarde, die Kapelle der Turner oder die anderer Vereinigungen. Auch Bälle fanden aus solchen Anlässen statt.

Fahnen-Walzer

für das

Ehret die Frauen! Sie flechten und weben
Himmlische Rosen ins irrdische Leben.
Schiller

PIANO = FORTE.

Preis 12 Xr. ———————————— illum: 18 Xr.

Hanau,

in der C.J. Edler'schen Buch-Papier-und-Musikalienhandlung.

Schon greift mit starken Händen
Zur Waffe jedermann;
Den wird nie Knechtschaft schän-
den,
Der selbst sich schützen kann.
Voran, ihr Söhne Hanau's!
Dem Schwächling gebt Pardon!
Ihr seid die Sensenträger
Der deutschen Nation!

Der kleine Dänenkönig
Greift frech nach deutschem Land,
Wir schlagen ihn ein wenig
Auf seine plumpe Hand,
Voran, ihr Söhne Hanau's!
Dem Dänen Spott und Hohn!
Ihr seid die Sensenträger
Der deutschen Nation!

Zahllose, oft laienhaft gedichtete Verse zu anderen bekannten Volksliedmelodien wurden überall gesungen. So z.B. das „Heckerlied", das in 17 Strophen den ganzen Verlauf des badischen Putschversuchs im April 1848 schildert. Sogar in den Dörfern um Hanau herum wurde es bei vielen Gelegenheiten gesungen, wie der Hanauer Chronist W. Ziegler berichtet.

Wenn besonders revolutionäre Hochstimmung in den Lokalen herrschte, stimmte man auch die damals verbotenen Lieder wie die „Marseillaise", das „Polenlied" oder das „Hambacherlied" an.

Doch nicht nur Drohungen und extrem revolutionäre Lieder und Verse machten in Hanau die Runde, auch danbkare Gefühle zeigten sich: Am Tag nach dem Eintreffen der Abordnung mit positivem Bescheid zum Hanauer Ultimatum, am 13. März 1848, wurde ein Dankgottesdienst auf dem Marktplatz gehalten, bei dem man wohl versöhnlichere Lieder sang. Doch gleich am nächsten Tag wiederum begannen die „Katzenmusiken", die radikale Elemente ihnen nicht genehmen Bürgern als Ständchen brachten und dabei Fensterscheiben einwarfen. Solche Töne sind wohl nicht der Musik zuzurechnen.

Ob Deutschland ein König- oder gar Kaiserreich oder eine Republik

Die alten Säulen wanken!
Wenn wir jetzt einig sind,
Und uns nicht selber zanken,
Stürzt sie der nächste Wind.
Voran, ihr Söhne Hanau's!
Wir andern folgen schon.
Ihr seid die Sensenträger
der deutschen Nation!

Die Räte unsrer Fürsten
Solln fleißig danach sehn,
Daß wir nicht hungern, dürsten,
Und jedem Antwort stehn.
Voran, ihr Söhne Hanau's!
Wir brauchen nur zu droh'n,
Ihr seid die Sensenträger
Der deutschen Nation!

Bald hegt in Deutschlands Gauen
Der Bürger selbst Gericht.
Dem Spruch darf man vertrauen,
Den uns kein Mietling spricht.
Voran, ihr Söhne Hanau's!
Das Recht ist unser Lohn.
Ihr seid die Sensenträger
Der deutschen Nation.

Es flammen alle Herzen
Für Freiheit hell und rein!
Der Polen heil'ge Schmerzen
Zu uns um Hilfe schrei'n.
Voran, ihr Söhne Hanau's!
Bald ist der Feind entfloh'n.
Ihr seid die Sensenträger
Der deutschen Nation!

die Zustimmung sehr zurückhaltend. Nicht ihm, sondern dem Bürgermeister Rühl brachte die Bürgerwehrkapelle abends ein Ständchen, weil er auf der Seite der Republikaner stand und auch bei der Ernennung des Erzherzogs zum Reichsverweser in der Paulskirche ferngeblieben war.

Wie bei allen hier zitierten Ereignissen zu ersehen ist, spielte die Musik eine heute kaum vorstellbare wichtige Rolle. Sie konnte die

Hanau
in der C. J. Edler'schen Buch-Papier- und Musikalienhandlung

werden soll, darüber gingen in Hanau ebenso wie in der Paulskirche die Meinungen auseinander. Verschiedene Vereine, besonders aber die Turnerschaft, unterstützten die republikanische Richtung. Als Erzherzog Johann von Österreich zum Reichsverweser gewählt worden war, gab es in Hanau Zusammenstöße zwischen beiden Richtungen, und als dieser durch Hanau zog, war

Emotionen der Bürger besondes gut zum Ausdruck bringen. Das Musikgeschehen, verkörpert durch die großen Komponisten und Interpreten der Revolutionszeit, spiegelte sich in kleinerem Rahmen in Hanau wider, nur ging es in mancher Hinsicht hier etwas radikaler zu als anderswo. Nicht umsonst wurden die Hanauer bisweilen „Krawaller" genannt.

Ludwig Sommer

Hof Trages
und den literarischen Kreis der Romantiker

F. C. von SAVIGNY.

Friedrich Carl von Savigny

„...und es schleicht ein Tag nach dem andern so anmutig vorüber, und der Savigny ist so anmutig und kindisch, daß wir ihn nicht verlassen können, alle Augenblicke hat

Am 17. April 1804 hatte Gunda Brentano, Schwester von Clemens, Bettine und Christian, den Rechtsgelehrten Friedrich Carl von Savigny geheiratet. Auf seinem Majo-

Allegorie, Wandzeichnung

eins ihm ein Geheimnis anzuvertrauen, der führt ihn in den Wald, der andre in die Laube, und Gundel muß sich's gefallen lassen, und Gescheutsein ist gar nicht Mode, der Clemens hat ihm schon ein paar Wände mit abenteuerlichen Figuren vollgemalt, und Verse und Gedichte werden mit schwarzer Farbe an alle Wände groß geschrieben. Der Clemens hat Wieland, Herder, Goethe und die Prinzessin Amalie grau in grau gemalt und den bekannten Vers dazu".

Das Zitat stammt aus dem Briefroman „Die Günderode", den Bettina von Arnim 1839 aus Korrespondenzen komponierte, die zwischen 1804 und 1806 entstanden waren.

ratshofgut Trages, hinter Rodenbach gelegen, das heute noch von seinen Nachkommen bewohnt wird, gedieh bald ein fröhliches Romantikerleben, „dem sogar Savignys zurückhaltendes Akademiker-Naturell einigen Geschmack abgewinnen konnte", wie der Brentano-Chronist Günzel schreibt.

Zum erlauchten Kreis, der sich auf dem Trages verlustierte, gehörten Jacob und Wilhelm Grimm, die bei Savigny in Marburg studierten, ihr „Maler"-Bruder Ludwig Emil Grimm, die Brentano-Geschwister, Karoline von Günderrode und Achim von Arnim. Die Treffen der kunstsinnigen und literarischen Avantgarde blieben nicht ohne Fol-

gen: 1805 haben von Arnim und Clemens Brentano die Brüder erstmals zum Märchensammeln angeregt.

Für die Liedersammlung „Des Knaben Wunderhorn" (1805/1808) trugen die Brüder von 1806 an Material zusammen. Von Arnim und Brentano planten nämlich damals noch, ihre Sammlung „durch alte, mündlich überlieferte Sagen und Mährchen" zu ergänzen. Das Vorhaben führten die Grimms schließlich alleine aus, immerhin veranlaßte von Arnim 1812 die Drucklegung der Kinder- und Hausmärchen; die erste Ausgabe widmeten die Brüder Bettina Brentano. Diese wiederum schrieb für von Arnims „Zeitung für Einsiedler" und entlockte der Kinderfrau der Savignys - Frau Lehnhardt -, die „wegen der Mährlein ... scharf examiniert wurde" unter anderem die Geschichte vom „Ältesten der königlichen Siebenlinge", die sie dann zum Kunstmärchen ausspann.

Und schließlich wählte Clemens Brentano für sein Märchen „Gockel, Hinkel und Gackeleia" als Ambiente die unmittelbare Umgebung des Trages: Gelnhausen und die Klosterruine Wolfgang. Von Ludwig Emil Grimm stammen aus der Zeit hinreißende Zeichnungen und Porträtskizzen.

Die eingangs von Bettina beschriebenen Wandgemälde befinden

sich bis heute in einem ehemaligen Wirtschaftsgebäude unterhalb des Savignyschen Herrenhauses. Der Komplex wird jetzt von der Golfplatz Trages GmbH genutzt, das sogenannte Brentano-Zimmer ist allerdings in der Verantwortlichkeit der Familie geblieben und steht unter Denkmalschutz.

Die Bleistift- und Kohlezeichnungen zieren mehrere Wände. Dominiert werden sie von einem allegorischen Fresko: ein Dichterfürst lehnt an einem von weiblichen Formen geprägten Baum und ist von Genius und Muse umgeben. Über Eck formiert sich an der nächst gelegenen Wand ein Wasserstrahl zu einem Regenbogen, in dessen Schweif aus Clemens Brentanos „Geschwind, geschwind, tauft's Riesenkind" zitiert wird. Die Titelfigur kniet nackt im Vordergrund und läßt den Wasser- und Wortschwall in Gebetshaltung über sich ergehen.

Weiter ist, nur noch schwer erkennbar, eine Karikatur angebracht. Nach Aussage von Gunda von Savigny zeigt sie „Goethe mit einem Stethoskop".

Das Spektrum aus pathetischer Allegorie/literarischer Illustration

Bettina Brentano

Clemens Brentano

und satirischer Skizze widerspiegelt die unterschiedlichen Temperamente, Talente und Themenschwerpunkte der Trages-Gäste. Aus heutiger Sicht wirkt vor allem das „Hauptwerk" wie eine Antizipation. Der Olympier erscheint vom Gestus her wie eine Seitenansicht zu Bettinas Jahrzehnte später entstandenem Entwurf für ein Goethe-Denkmal. Sich selbst skizzierte sie dabei als hüllenlose Psyche zwischen den Knien des Angebeteten. Wie überliefert wird, werkelte sie noch als Sechsundsechzigjährige „in bester Laune" mit Karl Steinhäuser am Sockel des steinernen Monumentes nachdem sie ihrer Dichterverehrung schon in „Goethes Briefwechsel mit einem Kinde" ein literarisches Vermächtnis beschert hatte.

Auch die beiden Frauengestalten auf dem Trages-Bildnis wecken Assoziationen: Die eine schwebt in nonnenhaftem Habit mit strenger Miene elegant daher, dagegen wirkt das unbekleidete weibliche

Gunda von Savigny

Briefromane „Clemens Brentanos Frühlingskranz", „Die Günderode" und „Goethes Briefwechsel mit einem Kinde". Sie kämpfte praktisch wie theoretisch gegen soziales Elend „Dies Buch gehört dem König" und politische Ungerechtigkeit „Gespräche mit Dämonen". Mit ihrem Einsatz für eine Rehabilitierung der Brüder Grimm (die 1837 als zwei der „Göttinger Sieben" gegen den königlichen Verfassungsbruch protestierten und Berufsverbot bekamen) setzte sie sich erfolgreich gegen den Widerstand ihres Schwagers und preußischen Ministers Savigny durch und verschaffte den Verfolgten Posten an der Berliner Akademie der Wissenschaften. Womit sich der Kreis zum Trages schließt…

Ruth Dröse

Bettina von Arnim

Baumwesen wie ein Kobold und verleiht damit der Szene hinterrücks Leichtigkeit und Witz.

Unversehens kommen einem da die beiden Antipodinnen und Freundinnen Karoline von Günderrode und Bettina Brentano in den Sinn. Hier - Karoline, die ältere und vernünftigere, die mit der ihr auferlegten Geschlechterrolle haderte, unter der Gesellschaft litt, weil sie eine Frau als Dichterin nicht anerkannte und die ihre Gedichte unter dem Pseudonym „Tian" veröffentlichte. Und dort - Bettina, die zeitlebens bizarr und unangepaßt war und „die Welt mit lachendem Mund umwälzen" wollte.

Während die eine sich nach einer unerwiderten Neigung zu Savigny und einer verzweifelten Liebe zu Ferdinand Creuzer mit 26 Jahren 1806 in Winkel am Rhein das Leben nahm, verbrachte die andere zunächst ein aufopferndes Frauenleben mit sieben Kindern an der Seite Achim von Arnims. Nach dessen Tod widmete sie sich nicht nur dessen künstlerischem Nachlaß, sondern brachte in 13 Jahren fünf eigene Bücher heraus, darunter die

Friedrich König - ein Hanauer Verleger des Vormärz

An dieser Stelle soll ein Hanauer Bürger des 19. Jahrhunderts vorgestellt werden, der zwar politisch aktiv war, heute jedoch fast gänzlich vergessen ist: der Buchhändler und Verleger Friedrich König. Friedrich König war, wie Fraeb[1] schreibt, „ein Mann von Mut, ein Feuergeist, der sich als Verleger und Verbreiter freiheitlicher Ideen vor Fürsten und Staatsmännern nicht scheute".

Friedrich König - nicht verwandt mit dem Schriftsteller Heinrich König - wurde am 26. 1. 1802 in Hanau geboren. Seine Eltern waren der Handelsmann Jakob Friedrich König und Margarete König geb. Wagner. Die Familie gehörte der Johanneskirchengemeinde an.

König heiratete am 14.11.1832 Margaretha Susanna Wagner; mit ihr hatte er 4 Kinder. Margaretha starb am 1.5.1841. Am 7.12.1842 heiratete König Marie Eleonore Elisabeth Gaquoin. Die Ehe blieb kinderlos.

König absolvierte von 1817 bis 1821 eine Buchhändlerlehre in Frankfurt am Main bei Ferdinand Boselli. Seine Wanderjahre führten ihn nach Bremen, Leipzig und München.

Nach Neu-Hanau zurückgekehrt, erhielt er am 6.12.1830 das Bürgerrecht und eröffnete am 16. 12. 1830, 28-jährig, eine Buch-, Musikalien- und Kunsthandlung. Es war sein „eifrigstes Bestreben... diesem Institute die möglichst größeste Ausdehnung und Vollkommenheit zu geben, dahin zu

Buchhändler Friedrich König

arbeiten, daß es in jeder Hinsicht den Bedürfnissen und dem Verlangen des Publikums entspricht und den vorzüglichsten Buchhandlungen Deutschlands gleich steht[2]".

König gehörte dem am 8.6.1831 in Hanau gegründeten Polenverein bis zu seiner Auflösung am 22.3.1833 an. Er unterschrieb mit den Aufruf vom 17.1.1832 zu Gunsten der Polen

Er war Unteroffizier der 5. Kompagnie der Hanauer Bürgergarde und wurde am 17.2.1833 zum Mitglied des Verwaltungsrates des 2. Bataillons gewählt.

König war außerdem einer der 13 Gründer des 1832 gegründeten „Hanauer Vereins zur Aufrechterhaltung der kurhessischen Verfassung". Der Verein hatte eine „Offene Erklärung kurhessischer Staatsbürger, hervorgerufen durch die Bundestagsbeschlüsse vom 28. Juni 1832" entworfen, vervielfältigt und verbreitet, ohne sie vorher der Zensur vorzulegen. Die Mitglieder des Vereins wurden angeklagt und auch zu Gefängnisstrafen verurteilt (König 2 $1/2$ Monate). In der Urteilsbegründung wurde von der „absichtlichen mittelbaren Aufreizung der kurhessischen Untertanen zum Aufruhr[3]" gesprochen.

Neben seiner Arbeit als Buchhändler entfaltete König bald eine reiche Verlagstätigkeit. Er veröffentlichte zumeist schmale Bändchen aus den Bereichen Heimatkunde/Geschichte, Politik/Recht, Religion. Die politischen Schriften ließen ihn in der Zeit von 1831 bis 1834 mehrmals mit den Zensurbehörden in Konflikt kommen.

Eine ausführliche Darstellung dieser Konflikte findet sich bei Fraeb[4]. Hier soll nur eine kurze Zusammenfassung gebracht werden.

Zensur ist so alt wie das geschriebene Wort. Immerzu schon versuchten Machthaber, die Ausbreitung unerwünschter Ideen zu verhindern, indem sie Druckwerke am Erscheinen hinderten oder bereits erschienene Bücher beschlagnahmten. Die Geschichte zeigt jedoch, daß sich der Geist nicht einsperren läßt.

Für Kurhessen - und somit auch für Hanau - galt zur Zeit Königs für Druckwerke bis zu einem Umfang von 20 Bogen die sogenannte Vorzensur: Dies bedeutete, daß alle diese Schriften vor Drucklegung einem Zensor vorzulegen waren. Die Beschränkung auf 20 Bogen deshalb, weil man sich überlegte, daß politische Schriften - alleine schon um eine weite Verbreitung zu finden - nicht allzu umfangreich sein würden. Von umfangreicheren Büchern mußte nur ein Exemplar nach dem Druck abgeliefert werden.

Für den Bereich Hanau wurde der Consistorialrat und Prediger der Johanneskirchengemeinde, Johann Ullrich Emmel, zum Zensor berufen. Er übernahm dieses Amt nur ungern. Interessanterweise genehmigte er alle später von den Polizeibehörden beanstandeten Verlagswerke Königs.

Bei Fraeb ist ein umfangreicher Schriftwechsel zwischen dem Minister des Innern, der Hanauer Polizeibehörde sowie dem Zensor Emmel abgedruckt. Emmel wurde mehrfach aufgefordert, sein Amt ernster zu nehmen und die Zensur strenger zu handhaben.

1836 wurde König zu einer Geldstrafe von 20 Reichsthalern und der Übernahme der Untersuchungskosten verurteilt, weil er eine „mit dem Namen des Verlegers nicht versehene Druckschrift in Umlauf gesetzt[5]"

Die von den Behörden beanstandeten Schriften im einzelnen:

- von König verkaufte Werke:
- der 1te May
- Das Leben der Deutschen Jugend
- Bitt ums Wort

- Das Testament des deutschen Volksboten
- Scherz und Ernst zur Lust und Lehre in einer trüben Zeit
- Predigt von Ludwig Börne
- Der Missionsverein oder die Jesuiten in Hessen
- Von König verlegte Werke:
- Der Haus- und Staats- Minister von Nassau mit sich selbst in Fehde (Sonderdruck aus „Der Verfassungsfreund")
- Protestation Deutscher Bürger für Preßfreiheit in Deutschland

Der Polen Abschied von ihrem Vaterlande.

- Der Komet des Jahres 1834
- Schulz, Wilhelm: Über Bürgergarde, Landwehr und noch Andere.

1845 wurde König als Vertreter Kurhessens in die Kommission für die Aufstellung der Statuten des Süddeutschen Buchhändler-Vereins gewählt.

In der Revolution von 1848 hielt sich König zurück und war nicht aktiv tätig.

In den 50er Jahren des 19. Jahrhunderts war König ehrenamtliches Stadtratsmitglied.

Unter der reaktionären Regierung Hassenpflug bekam König noch einmal Schwierigkeiten mit den Behörden. Nach den Bundespreßbestimmungen von 1854 mußten alle Buchhandlungen, Leihbibliotheken und Buchdruckereien eine Konzession haben. Diese wurde König verweigert. König legte Widerspruch ein und betrieb sein Geschäft trotz Verbotes weiter. Nachdem Hassenpflug am 16.10.1855 zurückgetreten war, erhielt König seine Konzession im November 1855.

1861 verkaufte König seine Firma an Philipp Klein, der bei ihm den Buchhandel gelernt hatte. Die Firma ging durch verschiedene Hände und bestand mit Sicherheit bis in die 30er Jahre unseres Jahrhunderts.

König starb am 31.12.1867. „Geliebt und geachtet, nahm er den Ruf eines braven rechtlich denkenden Mannes mit ins Grab[6]".

Königs Verlagswerke.

Bereits Fraeb[7] bedauert, daß es kein vollständiges Verzeichnis von Königs Verlagswerken gibt. Er nennt für die Jahre 1831-1861 vierzig Titel. Inzwischen konnten zusätzlich noch folgende Titel ermittelt werden:

● Arnd, Karl: Die Gewässer und der Wasserbau der Binnenlande. In naturwissenschaftlicher, technischer und staatswirthschaftlicher Beziehung, oder systematische Darstellung d. Grundsätze, nach welchen alle nicht am Meere gelegene Wasserbauten zu entwerfen und auszuführen sind. 1831.

● Bentzel-Sternau, Karl Christian Graf von: Mein ist die Welt. Lustspiel. 1831.

● Böhm, W.F.: Bürgerliche und kirchliche Feyer der Bekanntmachung der Verfassungs-Urkunde für das Kurfürstenthum Hessen. Begangen zu Bockenheim am 8. u. 9. Januar 1831. 1831.

● Freihold, Bernhard: Für Freunde dramatischer Kunst. 1831.

● Gesundheits-Magnet, oder das Nützlichste in der Haushaltung. 1831

● Koenig, H.: Leibwacht und Verfassungswacht, oder über die Bedeutung der Bürgergarden. 1831.

● Konstitutionswalzer für das Pianoforte, komponiert von E.S. Götz. 1831.

● Kurhessens freudige Zukunft dem treuen Volke verbürgt in der am 5. Jänner 1831 erschienenen Landesverfassung. Zeitgemäße Bemerkungen e. Hanauer Bürger-Gardisten. 1831.

● Merz, G.J.: Gedächtniss-Predigt auf den Hingang Herrn J.P. Hufnagels, Dr. der Theologie, Superintendenten, Konsistorialraths und ersten Predigers bei der evangelischen Gemeinde der Marienkirche in Hanau. 1831.

● Semper Lustig! Nunquam traurig! Sammlung von auserlesenen Toast's und Gesundheiten für fröhliche Gesellschaften...1831.

● Stein, Georg: Anweisung zur möglichst schnellen Erlernung der Commando beim Exerziren und Manövriren. Zum nützlichen Gebrauche der Kurhessischen Bürger-Bataillone. 1831.

● Wiederhold, L.W.: Das Interditum uti Possidelis und die Novi operis Nunciatio. 1831.

● Reuß, L.: Wie ein Volk sich verhalten müsse in einer für seine Staatsverfassung bedenklichen Zeit. Predigt... am Jahrestag des Verfassungsfestes, d. 8. Januar 1832 in der Johanniskirche zu Hanau. 1832.

● Schneidawind, Franz Josef Adolf: Kaiser Napoleon im Felde und Feldlager. 1832.

● Emmerich, Wilh.: Die Ansprüche der deutschen Standesherren auf die jura fisci des Römischen Rechts, aus dem Art. 14 der deutschen Bundes-Acte nachgewiesen. 1834.

● Die Rechtsmittel in Strafsachen und das Verfahren bei deren Anwendung. Nach d. Grundsätzen d. Kurhess. Strafprozesses. 1834.

● Buchner, Karl: Geschichte des Großh. Hess. Landtages vom Jahre 1834. 1835.

● Calaminus, Anton: Stimmen aus der Vorzeit in Erzählung, Sage und Dichtung. 1835.

● Reuß, L.: Gedenket der vorigen Zeit bis daher, und betrachtet was Gott gethan hat. Predigt... bei der Doppelfeier des zweihundertjährigen Jubiläums der Befreiung der

Stadt und Provinz Hanau im dreißigjährigen Kriege und des einhundertjährigen Anfalls derselben an das Fürstenhaus Hessen-Kassel, gehalten den 13. Juni 1836 in der Johanniskirche zu Hanau. 1836.

● Arnd, Karl: Die Mainschifffahrt; ihr Nutzen, ihre Beschwerden und ihre Zukunft. 1837.

● Staatsrechtliches Gutachten über die Beschlüsse der deutschen Bundesversammlung vom 28sten Juni 1832. 1837

● Weil, J.: Die erste Kammer und die Juden in Sachsen. 1837.

● Willich, C.: Daß wir ohne christlichen Gemeingeist keine wahren Freunde unserer Verfassung sein können. Predigt zur Jahresfeier der Einführung der kurhess. Landesverfassung vor der versammelten Bürgergarde in der Johanniskirche zu Hanau. 1837.

● Carl, J.: Wie wir unsern Bußtag würdig feiern mögen. Predigt... gehalten am 1. Nov. 1838 in der Johanneskirche zu Hanau. 1838.

● Carl, J.: Die neue Kirche und ihr Papst, Protest der alten gegen Päpste. 3. Beitrag zur Klärung unserer kirchlichen Wirren. 1839.

● Kinder-Gärtlein. Bearb. von Heinrich Weikert. 1839.

● Die Verpflichtungsformeln der Geistlichen in Bezug auf die symbolischen Bücher. 1839.

● Weikert, Heinrich: Singvöglein. Liederbuch für Kinder v. 4-9 Jahren. 1841.

● Arnd, Karl: Welche ist die zweckmäßigste Direktionslinie für die Eisenbahn zwischen Eisenach und Frankfurt? Ein Beitrag zur Aufklärung der auf die Beantwortung dieser Frage einwirkenden Verhältnisse. 1842.

Noch ist Polen nicht verloren

war der Gassenhauer in den Jahren 1830-31. Der Befreiungskampf der Polen gegen die russische Fremdherrschaft führte in den deutschen Ländern und in Frankreich zu einer großen Polensympathie. Das Tragen polnischer Mützen kam bei den Jungen in Mode, und Mädchen fertigten Verbandstoff für die polnischen Kämpfer. Am 26. Mai 1831 wurde ein polnischer Unterstützungsverein von Obergerichtsanwalt Bernhard Hartz gegründet. Beabsichtigt war eine deutschlandweite Organisation, die nicht nur humanitäre Zwecke hatte, sondern auch politische. Diesen Absichten schoben die Behörden einen Riegel vor. Mit der Eroberung Warschaus am 8. September setzte eine Flut polnischer Flüchtlinge ein. Da Hanau auf dem Fluchtweg der Polen nach Frankreich lag, kamen besonders viele Menschen im Winter 1831/32 durch die Stadt. Am 17. Januar rief die nun Polenkomitee genannte Vereinigung um den Kaufmann Ludwig Anton Pelissier dazu auf, die erwarteten 800 polnischen Offiziere auf ihrem Weg nach Frankreich aufzunehmen. Zur Unterstützung wurden 900 Gulden gesammelt. Am 30. Januar wurden die Polen unter Jubel und Gesang am Nürnberger Tor durch den Hilfsprediger Georg Jonas Merz empfangen. Abends gab es ein großes Festessen. Man riß sich um die Polen als Gäste und um ihre Mützen, Degen, Pfeifen als Andenken. Der in der Stadt herrschende Freiheitstaumel um die Polen erfaßte auch das hiesige Militär. Die überlange, mehr als zwölfjährige Dienstzeit für Soldaten und Offiziere, nährte ihren Unmut. Gruppenweise zogen Militärangehörige, Polen und Frankreich hochlobend, schreiend durch die Stadt. Schon befürchtete man in der Stadt, daß sich revoltierende Soldaten und Krawaller zu gemeinsamen Aktionen verbünden könnten. Die Bürgergarde rückte gegen die Kaserne am Paradeplatz vor. Bis zum nächsten Eintreffen polnischer Flüchtlinge war das Militär verstärkt worden. Husaren ritten in der Stadt Patrouille, begleitet von Kanonieren mit brennenden Lunten an den Kanonen. Die Freiheits- und Polenschwärmerei war bei adligem Offizierskorps und konservativen Bürgern verpönt. Offensichtlich strebte die Hanauer Militärführung eine Provokation an, um gegen das unliebsame Treiben einschreiten zu können. Am Abend des 17. Februar zog eine Gruppe Hanauer mit zwei Polen von der Gaststätte Goldene Gerste nach Hause. An der Einhornapotheke stellte sie berittenes Militär. Die Reiter sprengten die Gruppe und hieben mit ihren Säbeln auf sie ein. Der polnische Offizier Dzwonkowski wurde von Leutnant Niemeyer verhaftet. Anderntags mußte der Pole auf Intervention des Polizeidirektors Bode freigelassen werden. Der in seinem Stolz verletzte polnische Offizier forderte den Leutnant zum Pistolenduell, bei dem der Leutnant durch Kopfschuß getötet wurde. Die ständig die Stadt passierenden Polenflüchtlinge ließen in der Stadt die Freiheits- und Polenbegeisterung noch das ganze Jahr 1832 anhalten. Die gesungenen Freiheitslieder wurden in ihrem Inhalt immer radikaler und revolutionärer. Trotz des Beschlusses des Bundestages im Sommer 1832, politische Vereine zu verbieten, ließ man den Polenverein bis März 1833 bestehen.

● Emmel, J.U.: Welch ein schönes und christliches Werk es sei, uns der geistlichen Noth unserer in der Zerstreuung lebenden Glaubensbrüder anzunehmen. Predigt... gehalten am zweiten Pfingsttage. 1846.

● Merz, Johann Isaak: Sechs Predigten, am Tage der 50-jährigen Amts- Jubelfeier seines Vaters hrsg. von G.J. Merz 1847.

● Merz, Georg Jonas: Antrittspredigt zu Bockenheim. 1848.

● Faber, : Dank und Gedächtniß-Rede. Gehalten zu Hochstadt am 13. März 1848.1848.

● Der Kurhessische Landtagsabschied vom 31. Oktober 1848, oder Was hat Kurhessen seit dem März erlangt? 1848.

● Reuß, L.: Predigt... nach dem zu Frankfurt erfolgten Zusammentritt der deutschen konstituirenden Nationalversammlung. Gehalten in der Johanneskirche zu Hanau am 21. Mai 1848.1848.

● Carl, J.: Unsere Hoffnung über den Gräbern unserer im Herrn Entschlafenen. Predigt ... gehalten den 25. November 1849... zu Cassel. 1848.

● Carl, J.: Die gnadenreiche Errettung unserer geliebten Vaterstadt aus den Schrecknissen einer neunmonatlichen Belagerung im dreißigjährigen Krieg. Eine Mahnung zum Festhalten an evangelischen Glauben und konfessionellen Frieden. Festpredigt, gehalten am 13. Juni in der evangelischen Gemeinde der Johanniskirche. 1857.

● Arnd, Carl: Beiträge zur Erforschung der Baudenkmale der Germanen und Römer in der unteren Maingegend. 1858.

● Vilmar, Otto: Der Charackter Philipp II. in Schillers Don Carlos als ein Wendepunkt in Schillers Entwickelung dargestellt. 1859.

● Dommerich, : Urkundliche Geschichte der allmählichen Vergrößerung der Grafschaft Hanau von der Mitte des 13. Jahrh. bis zum Aussterben des gräflichen Hauses im Jahre 1736. Eine histor. Untersuchung mit bes. Berücksichtigung der 4 großen Erbschaften der Hanauer Grafen. 1860.

1 Fraeb, Walter Martin: Hanau in der Geschichte des Buchhandels und seiner Druckschriften. Hanau 1931. (Hanauer Geschichtsblätter. Bd 10). S. 70
2 Friedrich König in seiner Anzeige zur Geschäftseröffnung. Hanauer Zeitung vom 16.12.1830
3 s. Anm. 1., S. 97
4 s. Anm. 1, S. 73-95
5 Hanauer Anzeiger vom 30.6.1836
6 Zieglersche Chronik, Bd VI, S. 193
7 s. Anm. 1, S. 98/99

Angela Noe

Wilhelm Ziegler
– Chronist der Hanauer Revolution –

„Ein Mann, der im öffentlichen Leben niemals eine bedeutende Rolle gespielt hat und unter ziemlich einfachen Verhältnissen ein bürgerliches Dasein führte", das war Johann Daniel Wilhelm Ziegler, Klavierlehrer und Chronist in Hanau, geboren am 11. 3. 1809 in Hanau, gestorben am 11. 4. 1878 ebenda.

Zieglers Vater war Schuhmachermeister, er verstarb, als Ziegler 6 Jahre alt war. Die Mutter hat ihn und seinen Bruder „mit ihrer Hände Arbeit 20 Jahre kümmerlich ernährt". Nur einmal verließ Ziegler seine Vaterstadt Hanau für längere Zeit, als sein Onkel ihm einen dreijährigen Schulbesuch auf dem Gießener Gymnasium ermöglichte. Dort erhielt er auch seine musikalische Ausbildung. Danach kam Ziegler wieder zurück nach Hanau und gab den Kindern wohlhabender Familien Gesangs- und Klavierunterricht. Sein Beruf ermöglichte ihm viele Einblicke in Hanauer Familien der verschiedensten Schichten. Als Wilhelm Ziegler im Alter von 69 Jahren in seinem Haus am Altstädter Markt Nr. 142 starb, war er ein hochgeachteter Mann. Der Anfang der Zieglerschen Chronik liegt im Jahre 1825. Als der 16jährige Ziegler seine ersten Notizen in sein „Tagebuch" machte, ahnte er selbst noch nicht, daß er eines Tages seiner Vaterstadt ein neunbändiges Werk hinterlassen würde. Die anfänglichen Eintragungen aus seinem privaten Bereich dehnten sich erst allmählich auf das Hanauer Gesellschaftsleben, auf Veranstaltungen von städtischen Vereinen und auf Mitteilungen über kurfürstliche, glanzvolle Besuche aus, bis das Tagebuch zu einem unschätzbaren Zeitdokument heranreifte. Heute ist die Zieglersche Chronik eine der zuverlässigsten und ausführlichsten Quellen vor allem auch über die Ereignisse in Hanau während der Revolution 1848. Zieglers Eintragungen sind Augenzeugenberichte von besonderer Anschaulichkeit und Eindringlichkeit und stehen immer auch in Verbindung mit den Vorgängen des Um- und Auslandes. Ziegler war nicht der einzige Chronist in Hanau, aber offensichtlich der beste, denn er schreibt selbst, daß seine Eintragungen „gewissenhafter, ausführlicher und kontinuierlicher in der Häufigkeit seiner Niederschriften" seien.

Das Besondere an Zieglers Eintragungen ist ihre Aktualität. Die Ereignisse werden noch am gleichen Abend festgehalten, oft erfolgen sie zwei bis dreimal am Tage. In den revolutionären Märztagen des Jahres 1848 z. B. finden sich bis zu 32 Eintragungen pro Tag, meist im Abstand von einer halben Stunde. Damit erhält die Chronik eine ungewöhnliche Dramatik.

Wilhelm Ziegler mit seiner Frau und Tochter.

Die Lebensgeschichte Zieglers spielte sich vor dem Hintergrund von Restauration und Revolution ab. Die Jahre vor der Revolution 1848 waren in Hanau, wie auch im übrigen Hessen, geprägt von Wirtschaftskrisen und Mißernten, hoher Arbeitslosigkeit und zu hohen Lebensmittelpreisen. Voll Sorge schrieb Ziegler im Sept. 1846: „Fortdauernde Teuerung der Brotfrüchte - zollfreie Einlassung von ausländischem Mehl, Hungersnot in der Mittelklasse , von Tag zu Tag mehren sich die Diebstähle". Es mehrten sich aber nicht nur die Diebstähle in Hanau, auch die Auswanderungen nach Nordamerika nahmen zu und die Selbstmordrate stieg. Im November 1846 machte Ziegler die Eintragung: „Angst vor Herannahen eines öffentlichen Notstandes! Wo soll das hinaus!!"

Die Hanauer Bürger litten Kälte, Hunger und Not. Worunter sie aber noch mehr litten, war der zunehmende Druck der kurhessischen Regierung auf ihre Freiheiten wie Presse-, Meinungs- und Religionsfreiheit. Die vielen heimlichen Versammlungen in den Gasthäusern die „zum Erdrücken" voll waren und immer wieder von der Polizei aufgelöst wurden, zeigten deutlich die aufgeheizte Stimmung in der Stadt gegen die kurhessische Regierung.

Der entscheidende Impuls zum öffentlichen Aufstand in Hanau gegen die restaurative Regierung in Kassel kam aus Paris. Am 27. Februar 1848 schreibt Ziegler: „Heute Nachricht über die *wirkliche* Revolution in Paris. *Mit einem Male* hat sich der lang versteckte Freiheitsgeist in Wort und That Luft gemacht." Zweiter Eintrag an diesem Tag: „Hier herrscht in den Gemüthern der Bewohner eine ungewöhnliche *ängstliche Bewegung.*" Die Ängstlichkeit der

Gedenktafel Wilhelm Ziegler

Den Auftakt der Feierlichkeiten zum 650jährigen Jubiläum der Altstadtgründung bildete am 21. Februar 1953 die Enthüllung dieser Gedenktafel für den Hanauer Chronisten des 19. Jahrhunderts, Wilhelm Ziegler. Die Bronzetafel befindet sich auf der Südseite des Gebäudes am Seiteneingang des Deutschen Goldschmiedehauses. Im Rahmen des Wiederaufbaus Hanaus, insbesondere der Blockbebauung in der Altstadt, wurde das ehemalige zweite Altstädter Rathaus als Platz für die Tafel gewählt. Symbolisch soll sie an die Geschichte der im Zweiten Weltkrieg nahezu völlig zerstörten Alt- und Neustadt Hanaus erinnern.

Hanauer Bürger hielt nicht lange an, sie verwandelte sich in zielstrebige Entschlossenheit. Am 6. März schreibt Ziegler: „Montag abends war ich in der bei Gauff abgehaltenen Versammlung. Vorwürfe gegen die kurhessische Regierung sind nicht mit Worten zu schildern: .... „Hätten wir ihn (den K.) hier, wir schnitten ihm die Ohren ab und machten ihn zum Mops."

Anfang März des Jahres 1848 hatten die Hanauer eine Abordnung von angesehenen Bürgern mit ihren Bitten nach Kassel geschickt. Nach 6 Tagen, als noch immer keine positive Antwort der Kurhessischen Regierung eingetroffen war, stellten sie ihrem Kurfürsten ein „Ultimatum", um erneut Freiheitsrechte zu erzwingen. Am 9. März 1848 schreibt Ziegler: „Die Stadt befindet sich im Belagerungszustand, alles hat sich auf den blutigsten Kampf eingerichtet."

Am 12. März folgt der befreiende Eintrag: „Sonntag Nachmittags 5 Minuten vor 4 Uhr: Der Kurfürst hat die Wünsche des Volkes genehmigt! - in allen Straßen Jubelrufe und Freudenschüsse, überall Umarmungen und Händedruck. Am selben Abend wurden 25 Ztr. Pulver und 100 000 Freudenschüsse verschossen."

Noch zu Lebzeiten ehrten die Mitglieder des Geschichtsvereins den Chronisten Ziegler „mit einer Feier anläßlich des 50-jährigen Bestehens" seiner Chronik. Voll Stolz schrieb er in seine Biographie: „Es war dies der schönste Tag meines Lebens."

Ingeborg Platz

Hanauer Literaten

„Auch wir wollen eine Stimme haben in den öffentlichen Beratungen über das Wohl und Wehe der Menschheit; denn wir, das Volk in Blusen und Jacken, Kitteln und Kappen, wir sind die zahlreichsten, nützlichsten und kräftigsten Menschen auf Gottes weiter Erde.

Auch wir wollen eine Stimme erheben für unser und der Menschheit Wohl: damit man sich überzeuge, daß wir recht gut Kenntnis von unseren Interessen haben, und ohne von lateinischen, griechischen und kunstgemäßen Ausdrücken angeschwollen zu sein, recht gut, und zwar auf deutsch zu sagen wissen, wo uns der Schuh drückt und wo Barthel Most holt.

Auch wir wollen eine Stimme haben, denn wir sind im neunzehnten Jahrhundert, und wir haben noch nie eine gehabt."

Der, der diese Forderungen stellte, war einer aus dem „Volk derer in Blusen und Jacken", der Schneidergeselle Wilhelm Weitling. Im September 1841 in Genf veröffentlicht, waren sie ein „Aufruf an alle, welche der deutschen Sprache angehören". Für das Proletariat, bei dem er um Mitglieder im „Bund der Gerechten" warb, forderte er nicht nur in politischen Belangen eine Stimme; sein Anliegen war auch eine neue Sprache für „die Gesamtheit derer, die ihren Lebensunterhalt durch abhängige und unselbständige Handarbeit verdienen" (W. Schieder).

Der von ihm vertretene „Bund der Gerechten" trat somit in Konkurrenz zum „Jungen Deutschland", einer nach der Julirevolution 1830 aufgekommenen Bewegung liberalrevolutionärer Schriftsteller in Deutschland, deren einzelne Vertreter, obwohl sie nur sehr lose Verbindung zueinander hielten und erst durch das Verbot ihrer Schriften (in Preußen am 14.11.1835) öffentlich zusammengefaßt wurden, dennoch die gleichen, den weltlichen wie den klerikalen Obrigkeiten gleichermaßen unbequemen Ansichten und Forderungen vertraten: „Ablehnung des absolutistischen Staates, der orthodoxen Kirche, moralischer und gesellschaftlicher Konvention wie jeden Dogmas; dafür Individualismus, Gedanken- und politische Meinungsfreiheit, Diesseitsglaube, Sozialismus, Frauenemanzipation und Bindungslosigkeit der Geschlechter" (G. von Wilpert).

Karl Gutzkow

Einer der führenden Repräsentanten des Jungen Deutschland war **Karl Gutzkow**, der von 1866 bis 1869 in Hanau-Kesselstadt lebte und daher zum Thema „Hanauer Literaten" herangezogen wird. Gutzkow, 1811 in Berlin geboren, verschrieb sich schon früh als Student der Literatur, freisinniger Kritik und Politik. Sein wechselvolles Leben wurde dadurch früh bestimmt; es führte ihn in alle Landesteile Deutschlands und zu Kontakten mit den bedeutendsten Persönlichkeiten seiner Zeit. Als Schriftsteller und Herausgeber gab er bei seinem ersten längeren Aufenthalt in Frankfurt am Main das „Literaturblatt" als Beilage des „Phoenix, Frühlingszeitung in Deutschland" heraus. Darin erschien 1835 Georg Büchners „Dantons Tod", die große Revolutionstragödie, in der der Einzelmensch >unter dem gräßlichen Fatalismus der Geschichte< vernichtet wird. In dieser Zeit erschien auch Gutzkows Roman „Wally, die Zweiflerin" der erste moderne Frauenroman, der ihm 1835/36, der dort gezeigten freigeistigen Auffassung über Staat, Kirche und Ehe wegen, eine zehnwöchige Gefängnisstrafe einbrachte. Durch gezielte und allgemeine Angriffe und Kritik verschaffte sich Gutzkow viele Feinde; seines reizbaren Naturells wegen gab er seine mehrjährige Anstellung als Dramaturg des Dresdener Hoftheaters ebenso auf wie die 1861 übernommene Stelle eines Generalsekretärs der Schillerstiftung in Weimar. Seine zunehmenden Auseinandersetzungen mit anderen Literaten ließen ihn sich mehr und mehr isoliert fühlen und 1865 einen Selbstmordversuch unternehmen. Nach einem längeren Anstaltsaufenthalt nahm er am 15. Juni 1866 Wohnung in der heutigen Pfarrer-Hufnagel-Str. in Hanau-Kesselstadt. In der folgenden Zeit bis zum Frühjahr 1869 vollendete er dort die letzten Bände seines Romans „Hohenschwangau". Danach reiste er ruhelos umher, sein letzter Wohnsitz befand sich in der Oppenheimer Straße 50 in Frankfurt am Main, wo er am 16. Dezember 1878 den Folgen eines Schwelbrandes erlag. Sein fast vergessenes, umfangreiches Werk ist nicht ohne literarhistorische Bedeutung, geprägt von seinem unerbittlichen Kampf gegen die >Reaktion< in Gesellschaft, Religion und Politik.

Einen ebenfalls nur indirekten Bezug zu Hanau, dessentwegen er als „Hanauer Literat" behandelt wird, hatte **Emanuel Geibel** (* Lübeck, 17.10.1815, † ebd. 6.4.1884). Sein Vater Johannes Geibel, den Zeitgenossen als vorzüglicher Kanzelredner und scharfsinniger Theologe der reformierten Gemeinde in Lübeck bekannt, wurde 1776 in

Emanuel Geibel

Hanau geboren. Er vererbte seinem Sohn nicht nur die Liebe zu seiner Heimat, sondern auch seine poetische Begabung; drei seiner geistlichen Lieder sind in die Gesangbücher übergegangen, darunter das bekannte Gedicht „Geh auf du heller Morgenstern".

Emanuel Geibel, der 1835 an der Universität Bonn immatrikuliert war, verwandte die Herbstferien zu einem ausgedehnten Besuch in Hanau, bei der Schwester seines Vaters, die mit dem Uhrmacher Schlicht verheiratet war und in dem Haus „Zum silbernen Engel" in der Sterngasse wohnte. Er nahm nur ungern Abschied von der ihm liebgewordenen Stadt, von der unweit das Stammhaus seiner Familie stand, dem er das sinnige Liedchen widmete:

Und kam ich auch am
Ostseestrand

das Licht der Welt zu suchen,

Mein Stammhaus steht im
Frankenland

Im Dorf zu Wachenbuchen.

Geibels Leben war unstet. 1838 bis 1840 war er Hauslehrer in Athen, danach lebte er , ohne einen festen Wohnsitz zu haben, bei Freunden; besonders bekannt sind seine Aufenthalte bei seinem Gönner, dem Freiherrn Karl von der Malsburg auf Schloß Escheberg bei Kassel.

Dort, in der ländlichen Idylle dichtete er das schöne Wanderlied: „Der Mai ist gekommen".

Geibel stand mit seiner national-konservativen Geisteshaltung in striktem Gegensatz zum Jungen Deutschland. Aus christlicher und nationaler Gesinnung heraus stellte er sich in seiner Schrift „Zeitstimmen" (1841) gegen das Junge Deutschland und die Vormärz-Literatur.

Er war der offizielle, gefeierte Dichter der deutschen Einigung; er erhielt deshalb ab 1843 vom preußischen König ein jährliches Salär von 300 Talern. Seine Lyrik ist von klassizistischer Formschönheit und von romantisch-deutscher Empfindung getragen.

Einer der bedeutendsten Dichter des 19. Jahrhunderts, **Friedrich Rückert** (* Schweinfurt 16.5.1788, † Neuses bei Coburg 31.1.1866), war im Jahre 1813 nur wenige Wochen als Lehrer an der Hohen Landesschule tätig. Er zog sich dann vom akademischen Unterricht zurück und lebte als freier Schriftsteller. Professor für orientalische Sprachen war er seit 1826 in Erlangen und von 1841 bis 1848 in Berlin. Rückerts hervortretendste Leistung besteht in der Vermittlung der zu seiner Zeit weitgehend unbekannten Welt der persisch-

Friedrich Rückert

arabischen Poesie. Auch erfreute er sich zu Lebzeiten großer Beliebtheit als Lyriker. Um Rückert gerecht zu werden, muß man den gelehrten Orientalisten und den Lyriker in seiner Wechselwirkung sehen. Aus politischer Sicht gehört er zum Kreis der romantischen Oppositionslyriker wie Adelbert von Chamisso und Nikolaus Lenau.

Seiner Unzufriedenheit mit der politischen Entwicklung in Deutschland gibt er schon früh (1814) Ausdruck:

Aus: Geharnischte Sonette

Ihr Deutschen, von dem Flutenbett
des Rheines,
Bis wo die Elbe sich ins Nordmeer
gießet,

Die ihr vordem ein Volk, ein
großes, hießet,
Was habt ihr denn, um noch zu
heißen eines?

Was habt ihr denn noch großes
Allgemeines?
Welch Band, das euch als Volk
zusammenschließet?
Seit ihr den Kaiserszepter
brechen ließet
Und euer Reich zerspalten,
habt ihr keines.

Nur noch ein einziges Band ist
euch geblieben,
Das ist die Sprache, die ihr sonst
verachtet;
Jetzt müßt ihr sie als euer einziges
lieben.

Sie ist noch eu'r, ihr selber seid
verpachtet;
Sie haltet fest, wenn alles wird
zerrieben,
Daß ihr doch klagen könnt,
wie ihr verschmachtet.

Karl Spindler (* Breslau 16.10.1796, † Freiersbach (Baden) 12.7.1855) führte sein unstetes Leben für drei Jahre nach Hanau. Zuvor war er etwa zehn Jahre lang in untergeordneten Rollen bei einer Schauspielertruppe beschäftigt. 1820 heiratete er die Schauspielerin Franziska Schmieder, die 1825 bei der Truppe des Theaterdirektors Eisenhuth in Hanau ein Engagement fand. Spindler verließ die Bühnenlaufbahn und wechselte zur Schriftstellerei, für die er auch mehr Talent besaß. Seine reiche Phantasie und große erzählerische Begabung machten ihn neben Willibald Alexis und anderen zum Mitbegründer des geschichtlichen Romans. Sein umfangreiches Gesamtwerk zählt 101 Bände. Sein dreijähriger Aufenthalt in Hanau veranlaßte ihn, zweimal Stoffe aus der Hanauer Geschichte zu behandeln: Ein Schauspiel „Das Klärchen von Hanau oder der 13. Junius 1636" und eine Erzählung „Friedmüllers Sannchen", die die Befreiung der Stadt Hanau von der Herrschaft Ramsays durch Winther von Güldenbronn zum Inhalt hat.

Karl Spindler

Adeligen des alten Reichs, die aufklärerisch und profranzösisch dachten, und ihre Gesinnung, in der ein Stück Josephinismus oder Friderizianismus nachklang, in den

wechselhaften politischen Konstellationen des 19. Jahrhunderts nicht aufgaben; und nur so erklärt sich die nicht seltene Polemik gegenüber den Standesgenossen, der Kirche und den Jesuiten im besonderen. Ben(t)zel-Sternau tritt uns im wesentlichen als humoristischer, satirischer und politischer Autor entgegen, der in seinen Werken, besonders in den späteren, vergeblich versuchte, den Stil des vom ihm sehr verehrten Jean Paul zu erreichen. Seine zahlreichen Werke fanden wegen ihrer umständlichen und schwerfälligen Sprache wenig Verbreitung.

Es war Karl von Ben(t)zel-Sternau, der als Finanzminister des Großherzogtums Frankfurt **Heinrich Joseph König** (*Fulda 19.3.1790, † 23.9.1869) 1816 eine Anstellung als Finanzsekretär bei der Regierung in Fulda verschaffte; 1819 wurde König zum Sekretär der

Heinrich König

Graf von Benzel-Sternau

Karl Christian Ernst Graf von Ben(t)zel-Sternau (*Mainz 9.4.1767, † Mariahalden am Zürichsee 13.8. 1849) wurde 1811 von Dalberg als Staats- und Finanzminister nach Frankfurt am Main berufen. Nach Auflösung des Großherzogtums Frankfurt, dem seit 1810 auch das Departement Hanau angehörte, 1813 zog er sich auf sein Gut Schloß Emmerichshofen in der Nähe von Hanau zurück und betätigte sich als Schriftsteller. Der Einfluß der Gegner der Romantik machte sich auch bei ihm bemerkbar (1827 war er von der katholischen zur protestantischen Kirche übergetreten). Er gehörte zu jenen

Rentkammer in Hanau ernannt. Hanau sollte ihm zur Wahlheimat werden. Die ersten zwanzig Jahre seines Lebens - sein Vater war früh verstorben, er lebte in kleinbürgerlichen Verhältnissen im Haus des Bruders seiner Mutter, ein Gönner ermöglichte dem überaus begabten Jungen den Besuch des Gymnasiums und später des Lyzeums - hat er in seiner Selbstbiographie „Auch eine Jugend" ausführlich geschildert. Geldmangel und vor allem seine mit einem, an Bildung weit unter ihm stehenden Mädchen vorschnell geschlossene Ehe, die dann so verhängnisvoll für ihn werden sollte, hinderten ihn am Besuch einer Universität.

Wegen seiner 1827 in der Zeitschrift „Der Protestant" veröffentlichten, gegen die Geistlichkeit des Katholizismus gerichteten Abhandlungen geriet er mit dem Klerus in Konflikt, und da er der Aufforderung des Fuldaer Domkapitels, sie zu widerrufen, nicht nachkam, wurde er förmlich exkommuniziert. König schloß sich daraufhin der reformierten Gemeinde an. Um diese Zeit, nach einigen, wenig geglückten Versuchen, Theaterstücke zu schreiben, wandte er sich dem Gebiet zu, auf dem sein literarisches Talent sich als besser bestätigen sollte, dem historischen Roman zugeneigt, ging er bald zu einer selbständigen Anschauung, zum historischen Tendenzroman

über. Aus der großen Zahl der Werke Heinrich Königs verdienen die beiden Romane „Die Klubisten von Mainz" (1849) und „König Geromes Carneval" (1855) wegen der lebendigen Schilderung der damaligen Zustände in Deutschland besonders erwähnt zu werden.

Politisch blieb König nicht untätig. Mit der Schrift „Leibwacht und Verfassungswacht" (1831) griff er in die hessischen Auseinandersetzungen um eine Verfassung ein und wurde folgerichtig in den 1. Hessischen Landtag gewählt, er vertrat dort die Stadt Hanau. Zweimal erlebte er die Auflösung der Ständeversammlung unter Minister Hassenpflug, zu dem er in heftiger Opposition stand. Als er 1838 zum vierten Mal von den Hanauern zum Abgeordneten gewählt worden war, versagte ihm das Ministerium den hierfür nötigen Urlaub und maßregelte ihn sogar durch Versetzung an das Obergericht in Fulda. So ungern König seine Versetzung nach seinem Geburtsort hinnahm, so unwillkommen war er dort. Der Bischof, der ihn exkommuniziert hatte, setzte alles in Bewegung, um ihm den Aufenthalt in seiner Vaterstadt zu verleiden. 1847 ersuchte er um seine Pensionierung und kehrte im Frühjahr des nächsten Jahres nach Hanau zurück, um sich nunmehr ganz der Schriftstellerei zu widmen. Er wurde von den Landgemeinden wieder zum Abge-

ordneten gewählt, stand aber diesmal nicht zur Opposition, sondern unterstützte das Märzministerium.

1861, nach dem Freitod seiner Tochter, übersiedelte er nach Wiesbaden, dort starb er acht Jahre später. Wie sehr er Hanau zugeneigt war, beweist nicht nur ein Legat von 2000 Gulden, das er der Stadt für wohltätige Zwecke vermachte, sondern auch die Schenkung seiner Bibliothek an die hiesige Stadtbibliothek.

Sechs Schriftsteller aus dem Kreis der Hanauer Literaten wurden vorgestellt oder kamen auch zu Wort. Jacob Grimm schrieb am 29. September an Friedrich Karl von Savigny: „...Ich hoffe der Himmel wird Deutschland erhalten. Wird dem deutschen Volke bewilligt was ihm nicht mehr vorenthalten werden kann, so muß auch das geschwächte Nationalgefühl neues Leben empfangen und dann ist von den Franzosen nichts zu fürchten. Aber die Fürsten müssen ihren alten Gewohnheiten und Neigungen einige Gewalt antun und aufrichtig erkennen daß die Zeit unumschränkter Herrschaft vorüber ist, daß das Volk eine andere Sicherheit haben will, als die in dem Privatcharacter eines sterblichen Fürsten liegen kann. Gott weiß allein die Folgen und den Ausgang dieser Bewegungen, er lenkt sie vielleicht zu unserem größten Besten..."

Teppich der Leislerschen Teppichfabrik.

vervollkommnen, und so läßt sich mit Wahrheit behaupten, daß Hanau Arbeiten liefert, die man weder in Paris noch in London anzufertigen weiß, ja nicht selten jene des industriösen Genf übertreffen. Dabei ist noch besonders das Umfassende der Ateliers genannter Goldarbeiter, von dem Rohen des Materials bis zur vollendeten Ware in der größten Manigfaltigkeit zu bemerken.

Die Teppichfabrik des Herrn J. D. Leisler & Comp. verdient um deswillen besondere Aufmerksamkeit, weil in derselben die unter dem Namen „gewogene Wiltonteppiche" bekannte Ware in ihrer größten Vollkommenheit bereitet wird. Außerdem liefert die Fabrik nicht geschorener und hochgeschorener Teppiche auf Sammetart, ventianische und schottische Teppiche usw. Man findet nicht allein eine umfassende Auswahl geschmackvoller Dessins in den schönsten

Hanauer Kunsthandwerk in der Biedermeierzeit

Zur wirtschaftlichen Situation in Hanau im Bereich der angewandten Künste am Ende des 18. Jahrhunderts zum 19. Jahrhundert sei Johann Wolfgang Goethe zitiert, der in seinem Aufsatz „Kunstschätze am Rhein, Main und Neckar" aus den Jahren 1814 und 1815 schreibt:

„Die hiesigen Bijouteriefabriken sind ganz besonders merkwürdig: Sie bestehen seit dem Jahre 1670 und sind als die Pflanzschule ähnlicher Anstalten in mehreren europäischen Hauptstädten anzusehen, die indessen das Vorbild nicht erreichten. Die Graveur-Arbeiter genießen eines sehr vorteilhaften Rufes, überall werden sie gesucht. die jetzigen bedeutendsten Chefs, Gebrüder Tousäint, Souchai und Collin, Bury, Müller und Jünger, erhalten die Fabriken nicht nur in ihrem Ruf, sondern sind zugleich bemüht, solche mit jedem Tag zu

Schreibzeug, Silber, Mahagoni, Johann Conrad Lauck.

221

*Kanne, Silber, Elfenbein,
Johann Conrad Lauck.*

und lebhaftesten Farben, sondern es kann auch jede besondere Zeichnung gefertigt werden. Auch die Fabrik der seidnen Tapeten verdient Erwähnung, in dem sie in frühren Zeiten die meisten deutschen Höfe mit geschmackvollen Ameublements versah. In der stürmischen Periode der letzten Jahre fanden es die Brüder Blachierre für rathsamer, nur solche Waaren bereiten zu lassen, die allen Classen dienen."

Leider ist von den Produkten dieser führenden Wirtschaftunternehmen sehr wenig auf uns gekommen. Zu Beginn des 19. Jahrhunderts existierten die meisten Unternehmen nicht mehr. Von der einst blühenden Textilindustrie konnte sich nur die Leislersche Teppichfabrik auch im 19. Jahrhundert halten. Auch die einst angesehene Fayencemanufaktur ging 1806 endgültig ein, nachdem ihre Bedeutung bereits in den letzten Jahren des 18. Jahrhunderts erlosch. Die Silberwarenherstellung und die Bijouteriewarenherstellung konnten sich mit großen Schwankungen halten. Die Gold- und Silberarbeiter erlebten alle wirtschaftlichen Niedergänge 1816/17, 1830 und 1847 unmittelbar und reagierten so besonders empfindlich auf soziale Probleme.

Im Bereich der Silberwaren wurde ein neuer Schritt nach vorne getan, als Hanauer Bürger mit Unterstüt-

zung des Erbprinzen Wilhelm 1772 die Zeichenakademie gründeten - ausdrücklich zur Weiterbildung der hiesigen Edelmetallhandwerker. Ina Schneider schreibt dazu: „Unter den Initiatoren waren die Graveure und Goldschmiede Louis Gallien, Jean Jacques Bury, Jacob Daniel Westermayr, Nicolaus Lot-

*Kerzenleuchter, Silber,
Johann Conrad Lauck.*

ter, Johann Matheus Böhringer und Johann Christoph Rothschied. Sie sammelten Subskriptionen bei 53 Hanauer Bürgern, die sich verpflichteten, je nach Vermögen 6 - 12 fl. jährlich an die Akademiekasse zu zahlen mit der Begründung, daß ein so lobenswert nützliches

*Leuchter, Silber, Johann Conrad Wilhelm
Philipp Hessler.*

Institut nicht von den Zeitumständen abhängen solle".

Vorherrschende Richtung in dieser Zeit bis etwa 1820/30 waren in Hanau der Zopfstil und der Klassizismus. Unter den Hanauer Silberschmieden sind folgende noch mit Werken greifbar und haben größere Werkstätten geführt.

Johann Caspar Löschhorn, getauft 1737 in Frankfurt am Main, wurde 1772 Bürger der Altstadt Hanau und ist dort 1811 gestorben.

Der 1748 in Utrecht geborene Justus Staudt lebte seit 1777 in der Neustadt Hanau, wo er bereits 1795 verstarb.

Friedrich Wilhelm Holtzapfel, um 1750 geboren, lebte als Gold- und Silberarbeiter in der Neustadt, 1794 wurde er Silberwardein. Nach seinem Tod übernahm sein Sohn

*Leuchter, Silber, Johann Conrad Wilhelm
Philipp Hessler.*

Johann Philipp Holtzapfel das Geschäft, auch er war Silberwardein und erbat 1833 die Erneuerung der 13-lötigen Silberstempel, damit die Qualität der Waren besser werde. Nach seinem Tod 1840 gaben die Töchter das Geschäft auf.

Der 1770 in Gelnhausen geborene Johann Conrad Lauck übersiedelte 1794 nach Hanau, heiratete und gründete in der Neustadt Hanau eine Silberwarenmanufaktur, die großes Ansehen genoß. Nach sei-

Service mit Samowar, Silber, Johann Daniel Schleißner.

Hanau, leistete den Bürgereid, heiratete und gründete die heute noch bestehende Firma Schleißner in der Neustadt Hanau. In seiner Heimatstadt - eine der bedeutendsten Silberschmiedestädte Europas - erhielt er sicher eine gediegene Ausbildung, die er mit der Tradition Hanaus verbinden konnte. Ein Vorstellung von der Qualität seiner Arbeit gibt das große Silberservice aus dem Jahr 1841.

Sicher das interessanteste Silbergerät schuf Johann Conrad Hessler 1831 mit dem Eberhard-Pokal. Diesen Pokal stifteten die Hanauer Bürger dem Bürgermeister Bernhard Eberhard nach Abschluß der

Kelch, Silber, Johann Daniel Schleißner.

nem Tod 1826 erwarb sein 1805 in Gelnhausen geborener Neffe Johann Conrad Wilhelm Philipp Hessler die Manufaktur und führte sie bis zu seinem Tod im Jahre 1872. Seine Töchter gaben nach seinem Tod das Geschäft auf. Die Firma Lauck und Hessler war mit Sicherheit die in der ersten Hälfte des Jahrhunderts führende Hanauer Silberwarenfabrik. Von ihr gingen auch die gestalterischen Impulse aus. Während Johann Conrad Lauck noch dem Klassizismus verpflichtet war, wandte sich sein Neffe Johann Conrad Hessler nach Versuchen in einer frühen Form der Neogotik dem Stil des Biedermeiers zu, bei dem die harten Formen des Klassizismus abgeschwächt und weicher und geschwungener wurden.

Als eigentlicher Erneuerer der Hanauer Silberschmiedekunst gilt Johann Daniel Christian Schleißner.

1793 in Augsburg geboren, blieb er nach seiner Walz seit 1816 in

Kamee mit Fassung, 1845, Fassung vom Hanauer Goldschmied Jüngling.

Kamee mit Fassung.

Elfenbeinkreuz.

Tasse mit Wilhelmsbad.

Tasse mit Hanauer Ansicht.

Tasse mit Philippsruhe.

Porträttasse.

kurhessischen Verfassung, wie aus der am Deckel eingravierten Inschrift zu erkennen ist: Die Stadt Hanau ihrem Bürgermeister B. Eberhard im Jahre 1831. Eberhard gehörte als Vertreter der hanauischen Städte Alt-Hanau, Neu-Hanau, Windecken und Bockenheim der Delegiertenversammlung zur Beratung der Verfassung an.

Die Figur auf dem Deckel ist die Stadtgöttin, die Allegorie Hanaus, die einen Lorbeerkranz hochhält, um Eberhard damit zu ehren. Am Schaft des Pokals befinden sich die 5 Genien der Freundschaft. Auf der Kuppa ist ein Wappen angebracht, mit dem die Bürgerschaft sich selbst darstellen will. Die drei ganzen Sparren repräsentieren die Neustadt, die drei halben die Altstadt. Der Löwe steht für die Altstadt Hanau. Der Schwan, die Helmzier der alten Hanauer Grafen, hält schützend die Schwingen über das Wappen. Wie schon in der Inschrift, wird hier der Wunsch der Bürger laut, die beiden Städte zu vereinigen, nachdem dies in der französischen Zeit schon einmal geschehen war. Nicht zuletzt aufgrund der Septemberunruhen in Hanau 1830 wurde die Verwaltungsreform 1834 endlich vollzogen. Hessler verknüpfte die im Klassizismus tradierten antikisierende Formen mit einer neogotischen Gitterstruktur auf der Kuppa, die an Fenster gotischer Kathedralen erinnert. Mit diesem frühen historisierenden Rückgriff auf mittelalterliche Formen gibt Hessler dem Pokal eine patriotische und zugleich demokratische Bedeutung. Galten doch die mittelalterlichen, d.h. gotischen Formen, seit der Romantik als in einem idealen Sinne deutsch.

Neben der Silberwarenproduktion spielten auch andere Produktionszweige durchaus eine Rolle.

In dem Bijoutriewarengewerbe sind Zuschreibungen an einzelne Produzenten schwierig, da keine Stadt- oder Meistermarken angebracht wurden. Nach dem Erlöschen der Fayencemanufaktur

1806 waren im Biedermeier einige Porzellanmaler und einige Emailmaler ansässig. Franz Nickel und Friedrich Cornicelius sind bekannt geworden. Leider ist es nicht möglich, die bemalten Porzellantassen mit Hanauer Motiven einem Malernamen zuzuordnen.

1841 wurde der aus Berlin kommende Richard Alfred Seebaß Teilhaber an der seit dem Ende der 1830er Jahren bestehenden Gießerei von Zimmermann. Ernst Georg Zimmermann betrieb mit seinem Schwager Wilhelm Lotz eine kleine Eisengießerei.

Collier mit Ohrhängern, Eisenkunstguß.

Durch die modischen Formen, die Seebaß aus Berlin mitbrachte, gelang der Hanauer Gießerei ein wirtschaftlicher Aufschwung. Es wurden Eisenschmuck gegossen, Schreibzeuge, Schalen, Kerzenleuchter, Schatullen und vieles mehr, außerdem Kleinmöbel. Zwischen 1842 und 1846 entstand eine Reihe von Schachspielen mit historischen Figuren „Der Dreißigjährige Krieg" oder die „Hermannschlacht".

Anton Merk

Das Deutsche Goldschmiedehaus

Das Deutsche Goldschmiedehaus Hanau ist eine nationale und internationale Ausstellungsstätte für Edelmetallkunst und verwandte Bereiche mit ständig wechselnden Ausstellungen.

Hier werden das Schmuckhandwerk und die Schmuckindustrie Hanaus sowie eine historische Goldschmiedewerkstatt präsentiert.

Außerdem wird eine Sammlung zeitgenössischen Schmucks aufgebaut.

Öffnungszeiten:
Dienstag bis Sonntag
10.00 – 12.00 und 14.00 – 17.00 Uhr

Telefon 0 61 81/29 54 30
Fax 0 61 81/2 02 91

Die Geschichte der Hanauer Gold- und Silberschmiedekunst ist eng mit der Gründung der Neustadt Hanau im Jahre 1597 verknüpft. Die von Landgraf Philipp Ludwig II. garantierte Religions- und Siedlungsfreiheit zog viele wegen ihres calvinistischen Glaubens aus ihrer Heimat geflüchteten Niederländer und Wallonen in die Stadt, darunter einige namhafte Goldschmiede. Bis zum Jahre 1610 war ihre Zahl so angewachsen, daß es zur Gründung einer eigenen Zunft der Gold- und Silber-

te. Mit der zunehmenden Industrialisierung verstärkte sich auch in der Edelmetallbranche die Serienfertigung. Die zu Beginn des 19. Jahrhunderts noch vorherrschende klassizistische Formensprache wurde bald durch die Herstellung von sogenanntem Antiksilber abgelöst, das sich zunächst an Motiven der Renaissance und des Manierismus orientierte, bis man in den achtziger und neunziger Jahren des 19. Jahrhunderts mit den Bildsujets des Neobarock und Neorokoko - spielende Putten, fröhliche Feste

schen Goldschmiedehaus Hanau gezeigt.

Die zu Beginn des 20. Jahrhunderts in Mode gekommenen floralen Linienarabesken des Jugendstils stießen nur vereinzelt auf Anhänger in der Gold- und Silberschmiedestadt. August Offterdinger, seit 1882 Leiter der neu eingerichteten Ziselierklasse der Zeichenakademie und durch seine fein ziselierten figürlichen Szenen mit allegorischen oder bacchantischen Szenerien bekannt, wandte sich um die Jahrhundertwende dem Jugendstil

Hanauer Gold- und Silberschmiedekunst vom 19. Jahrhundert bis zur Gegenwart

schmiede kam. Das 1736 von Landgraf Wilhelm VIII. erlassene Freiheitspatent, das den Fabrikanten Abgaben und Dienste auf 10 Jahre erließ, Religions- und Handelsfreiheit und anderes mehr gewährte, bewirkte einen weiteren Aufschwung des Edelmetallhandwerks. Hugenotten begründeten die Galanterie- oder Bijouterieindustrie. Nun wurden in Hanau kunstvoll ziselierte und gravierte Dosen, Tabatieren, Stockgriffe und andere Preziosen in Gold und Silber gefertigt, die bis dahin nur in Paris und Genf hergestellt worden waren. Im Jahre 1764 gaben sich die Bijoutiers eine eigene Gesellschaftsordnung, ohne die traditionelle Gold- und Silberschmiedezunft zu berücksichtigen. Damit war die Trennung des Handwerks von der Manufaktur vollzogen. In diese Zeit fiel auch die von den Hanauer Bijoutiers geforderte Gründung einer Akademie der Zeichenkunst im Jahre 1772, die nicht nur den Nachwuchs für das heimische Gewerbe heranbilden, sondern auch die Grundlage des künstlerischen Lebens der Residenzstadt bilden sollte.

Nachdem im letzten Viertel des 18. Jahrhunderts das gesamte Edelmetallgewerbe einen Rückschlag erlitten hatte, erfolgte zu Beginn des 19. Jahrhunderts eine erneute Blü-

und liebliche Landschaften - Motive einer bis heute für die traditionelle Hanauer Silberschmiedekunst charakteristischen Sprache fand.

In der Blütezeit der Hanauer Gold- und Silberwarenindustrie wurden einige bis in die heutige Zeit existente Betriebe gegründet, beispielsweise die auf Antiksilber spezialisierten Silberwarenmanufakturen Schleissner (seit 1816 in Hanau) und Neresheimer Silber (gegr. 1890), der Werkzeug- und Maschinenhandel der Gebr. Ott (gegr. 1840), die Edelsteinhandlung Jean Wunderlich (gegr. 1856), die auf feine Juwelen und Goldarbeiten spezialisierte Fa. Otto Klein (gegr. 1909) sowie die bereits seit 1759 in Hanau etablierte, auf die Anfertigung von Ketten spezialisierte Firma Bury und andere mehr. Nicht zuletzt sind an dieser Stelle auch die Platinschmelze Heraeus (gegr. 1851) und die Deutsche Gold- & Silber - Scheide - Anstalt, Degussa, zu nennen, die sich 1906 mit der Beteiligung an der Platinschmelze G. Siebert in Hanau ansiedelte und mit dem zwischen 1970 und 1986 im dreijährigen Turnus stattfindenden „Degussa Wettschmieden" Lehrlinge und Fachschüler zu freien, „schöpferischen Leistungen anspornen" wollte. Die Wettbewerbsergebnisse wurden auch im Deut-

zu. Insbesondere sein Schüler und Nachfolger im Amt, der Goldschmied Max Peteler, war es, der einige exemplarische Beispiele in der ausdrucksstarken Sprache des Expressionismus und in geglätteteren Formen zwischen Art Deco und strengem Bauhausstil hinterließ.

1905 wurde der Silberschmied August Bock als Lehrer an die neugegründete Silberklasse der Akademie berufen. Mit seinen beispielhaften, in Hammerarbeit hergestellten, getriebenen Silbergefäßen läutete er eine weitere Ära der Silberschmiedekunst in Hanau ein, die nicht zuletzt auch seine als wichtige Vertreter der Moderne bekannten Schüler Christian Dell und Wilhelm Wagenfeld beeinflußten. Diese Richtung gab all jenen neue Möglichkeiten, die sich auf Einzelanfertigungen konzentrieren konnten oder wollten und nicht für Kunden arbeiteten, die altbewährte, tradierte Muster zwischen Klassizismus und Rokoko nach überlieferten Musterbüchern herstellten, wie sie bis heute ihre Liebhaber finden.

Herausragende Beispiele der frühen Moderne der Goldschmiedekunst sind die Schmuckentwürfe Reinhold Ewalds, der ab 1921 als Lehrer an der Zeichenakademie wirkte und die Arbeiten von Siegfried Männle, der wenig später seine Ausbildung an der Schule begann.

Nach einer durch den II. Weltkrieg bedingten Zäsur hielt die Nachkriegsmoderne mit Eberhard Burgel und Heinz-Ulrich Bullermann Einzug in die Akademie und die Hanauer Gold- und Silberschmiedekunst. Unabhängig von Auftraggebern ist es den Lehrern und Schülern der Zeichenakademie bis heute am leichtesten möglich, sich stilistisch frei, fern von Materialvorlieben potentieller Kunden zu entfalten. Diesen kommerziellen Zwängen enthoben, stehen die gestalterischen Möglichkeiten von Schmuck und Gerät im Vordergrund, werden die Werke nicht selten zum skulpturalen Objekt. Juweliere und Handwerksbetriebe dagegen sind auch heute eher den Wünschen der Kunden nach Tragbarkeit und „schmuckem" Äußeren verpflichtet. Insbesondere bei der Fertigung von Juwelenschmuck steht handwerkliches Geschick im dekorativen Fassen von glitzernden Steinen zu einer harmonischen Verbindung mit dem Edelmetall im Vordergrund. Die Mehrzahl der Käufer von Schmuck sucht auch heute modisch schmückendes Accessoire, das durch das gewählte Material, die kostbare Verarbeitung und durch die Formgebung besticht, während die Käufer von avantgardistischem Gerät oft markenorientiert nach bekanntem und bereits etabliertem Design streben. Eher sperriger Avantgardeschmuck, der zuweilen vermeintlich unedles Material einbezieht, nicht Beiwerk, sondern Schmuck als solcher sein möchte und sich wie das Gerät zwischen eigenständigem künstlerischen Objekt und Funktionalität bewegt, ist bis heute ein Bereich, der eher in Galerien denn traditionellen Juweliergeschäften sein Publikum sucht und findet.

Mit der in Hanau ansässigen Zulieferindustrie Heraeus und Degussa, die alle Facetten von der Edelmetallforschung über den Rohstoffhandel, Edelmetall - Scheideanstal-

ten, Recyclingverfahren, Fertigung von Halbzeug, Rohlingen und deren Handel einschließt, sowie Spezialisten auf dem Gebiet des Edelsteinschleifens, Fassens, Ziselierens, Gravierens oder Gießens und nicht zuletzt dem Vertrieb von Spezialwerkzeug und Etuis, ist eine breite Basis für das edelmetallverarbeitende Gewerbe vorhanden.

Schließlich bieten das 1942 gegründete Deutsche Goldschmiedehaus im ehemaligen Altstädter Rathaus und die seit 1985 ebenfalls an diesem Ort residierende Gesellschaft für Goldschmiedekunst ein Forum für Präsentation und Austausch weit über den Kreis der Hanauer Gold- und Silberschmiede und ihrer Verbände hinaus. Beide Institutionen stehen seit ihrer Gründung miteinander in Verbindung. Auf Anregung des Berliner Goldschmieds Ferdinand Richard Wilm, einst Schüler der Hanauer Zeichenakademie, wurde 1932, unter Mitwirkung von Emil Lettré, Albert Reimann und Peter Behrens, in Berlin die „Deutsche Gesellschaft für Goldschmiedekunst" gegründet. Nach dem Ende des II. Weltkrieges übersiedelte die Werkstätte H. J. Wilm und mit ihr die Gesellschaft nach Hamburg. Bereits 1942, kurz vor der Eröffnung des Deutschen Goldschmiedehauses im ehemaligen Altstädter Rathaus, wurde eine Zweigstelle der Gesellschaft in Hanau eröffnet, bevor 1985 ihr Sitz in das Deutsche Goldschmiedehaus Hanau verlegt wurde. Von Beginn an verstand sich die Gesellschaft, die heute etwa 500 Mitglieder aus dem In- und Ausland zählt, nicht als Berufsorganisation, sondern als Förderverein der Gold- und Silberschmiedekünstler, dessen vorrangiges Ziel es ist, zeitgenössische Gestaltungstendenzen von Schmuck und Gerät, ohne Beschränkung von Material und Technik, sowie die Erhaltung traditioneller Gold- und Silberschmiedetechniken auch in neuen Gestaltungsinhalten durch Wettbewerbe, Ausstellungen und Ehrungen zu fördern.

Ferdinand Richard Wilm war es auch, der 1941 die Gründung des

Deutschen Goldschmiedehauses im ehemaligen Altstädter Rathaus initiierte. Am 18. Oktober 1942, inmitten des II. Weltkrieges, wurde die neue Institution eingeweiht. 1945 fast völlig zerstört, entschloß sich die Stadt zum Wiederaufbau als Wahrzeichen Hanaus mit der Aufgabe, die Tradition der „Stadt des edlen Schmuckes" sichtbar zu machen. Seit der Wiedereröffnung im Jahre 1958 und der Neugestaltung der Innenräume 1982 wurde das Deutsche Goldschmiedehaus Hanau zu einer Einrichtung, in der mit Wechselausstellungen, Tagungen und Wettbewerben die regionalen und internationalen Tendenzen der Gold- und Silberschmiedekunst einem breiten Publikum präsentiert und Einblicke in neue Stile, Techniken und Materialien gegeben werden. Mit dem kontinuierlichen Ankauf von zeitgenössischem Schmuck und Gerät entsteht seit Anfang der 80er Jahre eine Sammlung von Gold- und Silberschmiedekunst der Gegenwart. Neben der Kooperation mit anderen Museen finden auch gemeinsame Veranstaltungen mit der Gesellschaft für Goldschmiedekunst statt. An erster Stelle ist hier die seit 1968 ausgeschriebene internationale „Silbertriennale" zu nennen.

Längst hat sich die Gold- und Silberschmiedekunst von der reinen Verwendung sogenannter „edler" Metalle und „edler" Steine befreit. Heute steht Historisierendes neben Avantgardistischem, Tragbares neben Experimentellem, werden Schmuck und Gerät nicht selten zum skulpturalen Objekt, das jedoch - im Gegensatz zur „freien" Kunst - sein Entstehen der Funktion verdankt. Diese Vielfalt an Anliegen und Akzenten spiegelt sich in der Bandbreite der Ausstellungsstücke wider. Abhängig von der Geschäftsstruktur, dem Kundenwunsch oder der einmal gewählten Spezialisierung stehen jeweils andere Kriterien im Vordergrund und geben doch jedem individuell angefertigten Schmuckstück oder Silbergerät sein unverwechselbares Äußeres.

Wer sich in Umberto Ecos Roman „Das Foucaultsche Pendel" bis auf Seite 506 vorgekämpft hat, befindet sich plötzlich mitten in Hanau. An dieser Stelle erzählt Ecos Figur Graf Aglié von einem Freimaurerkongreß, der sich dort Ende des 18. Jahrhunderts abgespielt haben soll. Dieser Kongreß ist nicht etwa Ausgeburt der literarischen Phantasie Ecos. Er hat tatsächlich in Wilhelmsbad stattgefunden. Wie in Ecos Roman für die weitere Handlung, so hatte dieses Ereignis im Sommer des Jahres 1782 für die „reale" Freimaurerei, die in der zweiten Hälfte des 18. Jahrhunderts in eine Krise geraten war und in Richtungskämpfen zu zerbrechen drohte, große Bedeutung. Um nichts weniger ging es, als die Ideale der Freimaurerei von Toleranz und Humanität gegen spiritualistische und alchimistische Einflüsse abzugrenzen.

So versammelte sich in Wilhelmsbad ein illustrer Kreis teilweise hochgestellter Persönlichkeiten, um der europaweit verbreiteten Bewegung ihre Grundlagen zu erhalten.

Adolf von Knigge, der am Hofe in Hanau in den 1770er Jahren ein kurzes Gastspiel gab, zählte ebenso dazu wie Gotthold Ephraim Lessing oder später die Brüder Grimm. Nachdem nun Ende des 18. Jahrhunderts das bis dahin

spektrum kaum auf einen Nenner zu bringen. Überdies wurde der Kongreß von außen unterminiert. Freiherr von Knigge, der sich wegen einer 1778 angezettelten Hofintrige in Hanau nicht mehr blicken lassen konnte, zog von Frankfurt aus die Fäden.

Auch die Machenschaften des Grafen von Saint Germain, einem im damaligen Europa weit herumgekommenen Hochstapler und Goldmacher, blieben nicht ohne Wirkung auf den Kongreß. Ihm war es gelungen, auf einen der wichtigsten Akteure, den Prinzen Karl von Hessen, Einfluß zu gewinnen.

Anfang Juni trafen die Delegierten in Wilhelmsbad ein. Das Hofleben profitierte nicht unerheblich von dem internationalen Kongreßpublikum, und auch ökonomisch muß die Zusammenkunft zumindest bei den Gastwirten ihren Niederschlag gefunden haben, reisten doch die meisten mit vielköpfiger Begleitung an.

Vielfach wurde in der Vergangenheit behauptet, Erbprinz Wilhelm, der Erbauer der Kuranlagen von Wilhelmsbad und seit 1785 Re-

Wilhelmsbad und die Freimaurerei

Die Freimaurer führten ihren Ursprung auf den Templer-Orden des Mittelalters zurück. 1717 wurde in London die erste Bruderschaft gegründet, 1737 in Hamburg die erste deutsche Loge, 1777 war es in Hanau soweit.

Die Freimaurerei konnte so mächtige und einflußreiche Persönlichkeiten wie den Herzog von Braunschweig oder den Prinzen Karl von Hessen, Bruder des Erbprinzen von Hanau, Wilhelm IX., in ihren Reihen zählen. Freiherr

gültige System der Freimaurerei zunehmend in ein Fahrwasser von Mystik, Alchimie und Geheimwissenschaftlerei und damit in eine Sinnkrise geraten war und nachdem sich immer mehr Scharlatane, Abenteurer und auch ganz gewöhnliche Gauner in ihren Kreisen tummelten, beschlossen die Ordensoberen eben jenen Konvent in Wilhelmsbad, um die Freimaurerei zu reformieren. 35 Delegierte aus allen Teilen Europas kamen zusammen, doch war ihr überaus schillerndes Richtungs-

gent in Hessen-Kassel sowie später Kurfürst, sei Freimaurer gewesen. Als Argument dafür wird angeführt, daß eben jener Konvent in Wilhelmsbad stattgefunden habe und ohnehin die gesamte Kuranlage voller freimaurerischer Symbole stecke. Die Burgruine stehe für die Festung der Tempelritter, die Pyramide auf der Insel für das altägyptische Geheimwissen, der Schneckenberg symbolisiere den Weg zur Erkenntnis, der Einsiedler sei als alchimistische Adept zu verstehen, das Karussell, die Schlucht, der unterirdische Gang, all dies lasse sich in der Lehre der Freimaurerei unterbringen oder mit kabbalistischen Zahlenspielen erklären.

Ob der Architekt der Anlage, Franz Ludwig von Cancrin, tatsächlich der Gestaltung der Kuranlage solch mystische Aspekte zugrunde legte, ist eher unwahrscheinlich. Die Kuranlage in Wilhelmsbad ist vielmehr ein Gesamtkunstwerk aus dem Geist der Zeit. Die Rückbesinnung auf die Antike ist hier ebenso spürbar wie die Vorboten der Romantik, Karussell und Burgruine stehen dafür. Viel mehr als dies spricht aber der Erbprinz selbst gegen die Vermutung, der Park sei nach freimaurerischen Gesichtspunkten angelegt. In seinen seit einigen Jahren zugänglichen Tagebüchern notiert Wilhelm: „Meine beiden Brüder gehörten schon seit etlichen Jahren jener Gemeinschaft der Freimaurer an. Mein Bruder Karl hatte seit 1777 sogar alles Erdenkliche versucht, mich dafür zu interessieren. Allein meine Stellung und Pflichten als Souverän waren mit einer solchen Bildung gänzlich unvereinbar. Die extreme Familiarität und Gleichheit, welche in dieser Bruderschaft herrscht, hat mich bewogen, ihr fernzubleiben."

Tatsächlich, so lesen wir in Wilhelms Tagebüchern weiter, hat er sich während der Dauer des Kongresses mehr für die Niederkunft seiner außerehelichen Kinder und seine Regimenter interessiert als für das, was sich da in Wilhelmsbad tat. Nicht unkritisch sah er, wie sich Leute wie Saint Germain Einfluß verschafften, und er notiert über seinen Bruder: „Nur leider gewahrte ich allzu bald die gänzliche Veränderung, welche eine neue Philosophie – will sagen gefährliche Kunst – eines Alchimisten namens Saint Germain oder Welldone, den er seit drei Jahren bei sich hatte, in seiner Denkungsart und sogar seinem ganzen Charakter hervorgerufen hat. In die Gaukeleien dieses Elenden völlig vernarrt, hatte er nur noch alle möglichen Geheimnisse in Kopf, die sich auf die gesamte Natur erstrecken sollten und welche er unsinnigerweise zu beherrschen wähnte. Schon hatte er sich in Hanau vierzigtausend Gulden zur Ausbeute der Gaunereien Saint Germains und seiner Kreaturen

Wilhelmsbad, Anfang 19. Jahrhundert

geliehen und ausgegeben, (…) ohne auch nur die Früchte und Annäherndes gesehen zu haben (…)."

Wilhelm berichtet von „trinkbaren Goldtropfen", die Saint Germain seinem Bruder aufgeschwatzt habe und die gegen alle Krankheiten helfen sollten. Karl sei „Opfer eines Beutelschneiders" geworden, notiert Wilhelm. Dessen – später sprichwörtlicher – Geiz spielte dabei wohl ebenso eine Rolle wie seine grundsätzliche Abneigung gegen die Freimaurerei.

Im Verlauf des Konvents wurde das Verhältnis der beiden Brüder zueinander eisig. Wilhelm beklagte, daß sein Bruder Personen, die „gestern angekommen", mit „mon Cher" anredete, während er seinen leiblichen Bruder vernachlässige.

Überdies, so Wilhelm weiter, gebe es angesichts der Vielzahl der eingetroffenen Maurer beinahe schon Probleme, „diese zu logieren". Selbst die Wohnung seines Fasanenmeisters in der Fasanerie, heute Golfplatz, mußte als Logis für Kongreßgäste hergerichtet werden. „Am 16. Juli nahmen die maurerischen Sitzungen ihren Anfang. Getagt wurde vormittags vier bis fünf Stunden, nachmittags desgleichen", berichtet Wilhelm. Gleichwohl blieb offenbar genügend Zeit für allerlei Kabalen und Intrigen, die Wilhelm mit spürbarer Verachtung notiert. Doch interessierten ihn viel mehr die üblichen Regierungsgeschäfte. Während in Wilhelmsbad der Konvent tagte, begab er sich auf Reisen durch seine Grafschaft zur Inspektion der Verwaltung und des Militärs. In seinem Tagebuch widmet er mehr Platz dem Besuch des russischen Thronfolgers in Stuttgart oder seinen vielschichtigen familiären Problemen.

Fast beiläufig notiert er, die Maurerschaft tage noch immer, „freilich nicht ohne Zwistigkeiten". Und er fährt fort: „Ich bin mit jedem Tag beglückter darüber, an den Mysterien der Freimaurer nicht teilgenommen zu haben (…) Ich hielt mich (…) stets abseits, beobachte alles, äußerte gleichwohl selten meine Empfindungen über das, was ich sah."

Am 28. August 1782, so lesen wir bei Wilhelm, habe in Philippsruhe eine große freimaurerische Zeremonie stattgefunden, bei der der Landgraf von Hessen-Homburg in den maurerischen Zirkel aufgenommen worden sei.

Schließlich ging der Kongreß seinem Ende zu. Zu einem Ergebnis war man allerdings nicht gekommen, kein Wunder. Am 1. September endete der Kongreß mit einer „ergreifenden Rede" des Prinzen Karl, und bis zum 7. September waren alle Kongreßteilnehmer aus Wilhelmsbad abgereist, „so daß der Ort recht verlassen dalag", wie der Erbprinz vermerkte.

Und sogleich wandte er sich wieder seinem Lieblingsthema, den Soldaten, zu und vermerkt, daß „(…) die ersten zwanzig Rekruten nach Babenhausen transportiert" wurden, um dort dem 1. Bataillon und der Artillerie zugeteilt zu werden. Sie seien für Amerika bestimmt, notiert Wilhelm, wofür er von den Engländern schon seit Jahren erhebliche Subsidien vereinnahmte, die wiederum zu einem nicht unerheblichen Teil auch zum Bau der Kuranlage von Wilhelmsbad verwandt wurden. Der Waffenstillstand vom Januar 1783 und der Frieden von Versailles im September des gleichen Jahres, der den englisch-amerikanischen Krieg beendete, machten jedoch auch diesem einträglichen „Soldatenhandel" des Hanauer Erbprinzen ein Ende.

Das Ende des Hanauer Freimaurerkongresses war jedoch nicht das Ende der Freimaurerei in Hanau. Die 1778 von Prinz Karl und Freiherr von Knigge gegründete Loge „Wilhelmine Caroline" bestand weiter.

1855 gründete Heinrich Nickel die Vereinigung „Zum Braunfels", obwohl die Freimaurerei in Kurhessen inzwischen verboten war, unterstellte man ihr doch – völlig zu Recht – demokratische Umtriebe. 1872 wurde daraus die Loge „Braunfels zur Beharrlichkeit", die vielfältig im sozialen Bereich in Hanau tätig wurde. Im 70er-Krieg richtete man Lazarette ein, man initiierte Kindergärten und letztlich auch die Hanauer Ferienkolonie.

1921 kam die Straßburger Loge „An Erweins Dom" nach der Annexion von Elsaß-Lothringen durch Frankreich nach Hanau. 1934 wurden in Deutschland sämtliche Logen von den Nationalsozialisten verboten. Die Hanauer Loge lebte nach dem Kriege für einige Jahre wieder auf, auch gründete sich in den 60er Jahren eine deutsch-amerikanische Loge, die ihre Mitglieder hauptsächlich aus der damals noch recht zahlreichen amerikanischen Militärgemeinde rekrutierte.

1990 wurde die Hanauer Loge erneut wiederbelebt, nachdem sie nach dem Krieg fast zwei Jahrzehnte bestanden hatte. Sie tagt nun wieder am historischen Ort des Konvents von 1782, in Wilhelmsbad.

Werner Kurz

Literatur: Ausführlich wird der Wilhelmsbader Kongreß dargestellt in „Ludwig Hammerstein, Der Wilhelmsbader Freimaurer-Konvent von 1782", Wolfenbüttler Studien zur Aufklärung, Heidelberg 1980.

Über die Baugeschichte der Kuranlage Wilhelmsbad siehe „Eckhard Meise, Konsequent im Stil der Zeit und nach den Gesetzen der Architektur", Hanauer Anzeiger vom 19. November 1985.

Die Tagebücher des Erbprinzen und nachmaligen Kurfürsten sind 1996 unter dem Titel „Wir, Wilhelm von Gottes Gnaden" erschienen (Campus Verlag Frankfurt).

Über die Hanauer Zeit des Freiherrn von Knigge hat Günter Rauch ausführlich im Hanauer Anzeiger vom 11. 5. 1996 S. 38 berichtet.

I m Rahmen der Revolutionsfeierlichkeiten darf eine Würdigung der Ereignisse von vor rd. 150 Jahren im Bereich der historischen Kur- und Badeanlagen Wilhelmsbad natürlich nicht fehlen.

1832 begingen hier tausende das „Wilhelmsbader Fest" à la Ham-

Maskenpuppe, Kinder- und Altfrauengesicht, Papiermaché um 1850

bach, 1848 wurde als Symbol einer neuen Zeit die Eisenbahnlinie Hanau-Wilhelmsbad-Frankfurt eröffnet. Schließlich nahm Ende 1850 die reaktionäre kurhessische Regierung unter Staatsminister Ludwig Hassenpflug für drei Monate ihren Sitz an der Parkpromenade ein.

F. L. Jahn

Das Hessische Puppenmuseum zeigt Spielzeug aus der Zeit der Revolution

Das Hessische Puppenmuseum, seit 1983 im Arkadenbau der Kuranlagen beheimatet, macht die historischen Räumlichkeiten durch die Präsentation seiner ständigen Schausammlung der Öffentlichkeit zugänglich. Während sich die Besucherinnen und Besucher auf rd. 500 qm über die Entwicklung der europäischen Spielpuppe von der Antike bis in die Gegenwart informieren können, wandeln sie durch die ehemaligen Kurzimmer und haben Gelegenheit, vom 1. Stock

zu werfen. Vom Balkon des heutigen Kabinetts hatten die Redner von 1832, aber auch Robert Blum 1848, zu „begeisterten Massen" gesprochen.

Darüber hinaus zeigt das Museum vom 1. März bis 28. Juni 1998 in einer Sonderausstellung Spielzeug aus der Zeit des Biedermeier.

Neben Bilderbogen, Gesellschaftsspielen, Papiertheatern und Puppen der Jahre 1820 bis 1850, die

des Gebäudes einen Blick in den weitläufigen Wilhelmsbader Park

aus öffentlichen Sammlungen, aus Privatbesitz und dem Depot des Puppenmuseums stammen, bilden „Michels Märzerrungenschaften - Spielzeug von rechts und links" die zweifellos herausragendsten Exponate.

Bei den Blättern, die vom Deutschen Historischen Museum Berlin entliehen wurden, handelt es sich um politische Karikaturen in Form

Maskenpuppe, Kinder- und Altfrauengesicht, Papiermaché um 1850

231

von Hampelmännern, die bei Eduard Gustav May/Frankfurt am Main im Jahre 1848 erschienen sind und ehemals reißenden Absatz fanden.

Als willenlose, der Hand des Volkes ausgelieferte Ziehfiguren, sind die Mitglieder der Paulskirchenversammlung Friedrich Daniel Bassermann, Friedrich Christoph Dahlmann, Johann Gottfried Eisenmann, Heinrich Wilhelm August Freiherr von Gagern, Johann Gu-

stav Wilhelm Moritz von Heckscher, Friedrich Ludwig Jahn, Eduard Martin Simson und Alexander Freiherr von Soiron zu sehen.

Den kuriosen, mit zahlreichen Attributen ausgestatteten Hampelmännern wurden zu „Vergleichszwecken" Original-Stiche der Portraitierten, ebenfalls 1848 datiert, aus dem Bestand des Museums Hanau, Schloß Philippsruhe/Hanauer Geschichtsverein 1844 gegenübergestellt.

Elise, Papiermachépuppe, um 1820

Das Hessische Puppenmuseum ist dienstags bis sonntags, jeweils von 10 bis 12 und 14 bis 17 Uhr geöffnet (zusätzlich Ostermontag und Pfingstmontag). Eintrittspreise: Erwachsene 3,— DM, Schüler/Studenten 2,— DM, Kinder bis 14 Jahre --,50 DM.

Informationen über Führungen, Videofilme, Diavorträge oder weitere Sonderveranstaltungen, wie etwa das Zinngießen eines Hanauer Bürgergardisten aus dem Jahre 1831, sind telefonisch unter 06181/86212 oder via Fax unter 06181/840076 erhältlich. Anschrift: Parkpromenade 4, 63454 Hanau-Wilhelmsbad.

Martin Hoppe

Moritz von Heckscher

Zur Ausstellung „Wilhelmsbad 1848 - Spielzeug aus der Zeit der Revolution" ist eine bebilderte Begleitschrift erschienen.

Hanau in der Revolution: 1918/19

Will man die Revolutionszeit 1918/19 in Hanau verstehen, muß man die wirtschaftlichen und sozialen Verhältnisse vor 1918 kennen. Auch wenn die Ereignisse im November 1918 natürlich von der Entwicklung in anderen Teilen Deutschlands beeinflußt waren, so ist das Spezifische der Hanauer Ereignisse nur aus der konkreten Entwicklung heraus zu verstehen.

1. Hanaus wirtschaftliche Ausgangslage: vom 19. Jahrhundert bis 1918

Hanau ist vor und nach dem Ersten Weltkrieg nach heutigen Kategorien eine Kleinstadt mit weniger als 40 000 Einwohnern, geprägt durch den überragenden Anteil eines Industriezweiges: der Edelmetallindustrie oder der Bijouterie, wie man damals sagte. Von knapp 8000 Industriearbeitern waren mehr als 3000 in der Edelmetallindustrie tätig, vor allem in der Gold- und Silberwarenbranche; daneben gab es Bierbrauerei, Tabakindustrie und Textilindustrie. Typisch für die Edelmetallindustrie ist die Produktion in Klein- und Kleinstbetrieben - 10 bis 20 Arbeiter -, die lange Ausbildungszeit zwischen 4 und 6 Jahren, der hohe gewerkschaftliche Organisationsgrad - mehr als drei Viertel aller Edelmetallarbeiter waren 1907 im DMV organisiert: Konsequenz war die kontinuierliche Wahl eines Sozialdemokraten in den Deutschen Reichstag.

„Hanauer Edelmetallwaren wurden in erster Linie in kleineren und mittleren Betrieben hergestellt. Die stark nicht maschinelle Tätigkeit, für die die Hanauer Edelmetallindustrie im Vergleich zu anderen Edelmetallzentren in Deutschland (Pforzheim, Schwäbisch-Gmünd) bekannt war, brachte es mit sich, daß sich die Produktion in hoch spezialisierten handwerklichen Betrieben vollzog. Charakteristisch für die Hanauer Edelmetallarbeiter war nicht nur die Produktion in Kleinstbetrieben, die dem Ortsunbekannten nur durch die Firmenschilder auffielen, sondern auch die stark hierarchische Staffelung der Einkommen nach Berufsgruppen und Berufsuntergruppen"[1].

Ein Augenzeuge berichtete:

„Durchwandert man Hanau [...] so wird man finden, daß Hanau gar

Blick in eine Hanauer Silberwarenfabrik um 1910.

nicht das Aussehen einer Industriestadt hat. Deren Wahrzeichen, die rauchenden Fabrikschornsteine, sind verhältnismäßig selten anzutreffen [...] Das Edelmetallgewerbe benötigt weder rauchende Schornsteine noch größere Maschinen. Die Hand des Menschen und durch Gas oder Elektrizität getriebene Maschinen genügen ihr. Die Betriebe liegen meist in Hinterhäusern und in hinteren Räumen der Häuser. An der Straßenfront sieht man nur ein Firmenschild"[2].

„Vielleicht war der frühe Beginn der organisatorischen Aktivität darauf zurückzuführen, daß die Bijouteriearbeiter in den kleinen Handwerksbetrieben, wie sie noch bis zum Ausbruch des 1. Weltkrieges bestanden, das Konkrete der sozialen Unterschiede tagtäglich in

größerem Maße und handgreiflicher erfahren und erkennen konnten als zur selben Zeit Proletarier in großen Industrien. Die von ihnen hergestellten Schmuckstücke waren von vornherein nicht für ihresgleichen, sondern nur für die „Herrschenden".

So waren Klassenunterschiede für sie keine abstrakten Vorstellungen, keine analytischen Begriffe, son-

dern konkret erfahrbare Wirklichkeit. Der kleine Handwerksbetrieb brachte in diesem Luxusgewerbe eine nur geringe Arbeitsteilung mit sich. Umgekehrt: zum großen Teil lag die Herstellung eines ganzen Schmuckstückes in der Hand eines Arbeiters, der auch über spezialisierte Fertigkeiten verfügte. Die Bijouterie als gewissermaßen individuelles Werk des Spezialarbeiters veranschaulichte besonders augenfällig das Auseinanderfallen von Arbeitsprozeß (worin Selbstentäußerung und Selbstverwirklichung Gestalt annahm) und Verfügung über das Arbeitsprodukt. Die besondere Krisenanfälligkeit der Bijouteriebetriebe zwang die Arbeiter schon in einem Frühstadium der industriellen Entwicklung zu Formen der kooperativen Vereinigung, so daß sie in Zeiten der Stagnation ihr Leben halbwegs weiter fristen konnten."[3] Dies zeigt sich auch an den Gründungsdaten von Arbeiter-Vereinen:

Bereits 1830 gründeten die Hanauer Edelmetallarbeiter die Krankenverpflegungskasse für Gold- und Silberarbeitergehülfen, 1859 folgte die Gründung des Konsumvereins, 1860 des Zigarrenarbeiterturnvereins und 1863 des Arbeiterbildungsvereins.

Die Streiks der Zigarrenarbeiter von 1863 und 1871, die z.T. mit Erfolg über 14 Wochen durchgehalten wurden und der große Diamantarbeiterstreik vom 12. Dezember 1896 bis 1. Dezember 1897 - also fast ein ganzes Jahr -, den die Arbeiter dann erfolglos abbrechen mußten, haben bei vielen Arbeitern prägend gewirkt. Im Geschäftsbericht des Deutschen Metallarbeiterverbandes steht zu diesem großen Streik:

„Der Streik dauerte fast ein Jahr. Jedoch wurde eine größere Anzahl Streikender noch bis Ende Januar und Februar 1898 ausgesperrt, so daß für dieselben die arbeitslose Zeit zirka 14 Monate betrug. Der Streik endete mit einer Niederlage der Arbeiter, da die vereinigten Unternehmer lieber die ganze hiesige Diamantindustrie zugrunde gehen lassen, als die gerechten Forderungen der Arbeiter bewilligen wollten"[4].

Aber dieser Mißerfolg führte in Hanau nicht zur Stagnation, sondern weiterhin zur gewerkschaftlichen und politischen Arbeit.

„Im Jahr 1907 waren 76% aller Hanauer Edelmetallarbeiter im Deutschen Metallarbeiterverband organisiert. Sie erreichten damit in der Edelmetallindustrie den höchsten Organisationsgrad. Auch in ihren Kampfmaßnahmen schnitten sie am erfolgreichsten ab. Sie schafften es, die wöchentliche Arbeitszeit um 6 Stunden zu verkürzen auf täglich 9 Stunden und gleichzeitig eine Erhöhung des Wochenlohnes um 4,70 Mark zu erreichen"[5]. Bedenkt man die aktuellen

Diskussionen um Reduzierung der Arbeitszeit auf 35 Wochenstunden und Lohnausgleich, so erscheinen solche Daten in einem anderen Licht.

Ein weiterer wichtiger Schritt in Richtung auf Zusammenfassung und Agitation der Arbeiterschaft stellte in Hanau zweifellos der von ihnen selbst im letzten Jahrzehnt des 19. Jahrhunderts errichtete Saalbau dar, ein Haus, das allen Arbeitern offen stand und in dem Versammlungen, Vorträge und Diskussionen mit bekannten Parteifunktionären durchgeführt wurden: genannt seien nur A. Bebel, K. Liebknecht, R. Luxemburg und Rudolf Hilferding, die dort Vorträge hielten. Rosa Luxemburg wurde mehrmals von den Hanauer SPD-Mitgliedern zu den SPD-Parteitagen vor dem Weltkrieg delegiert; dies zeigt die intensive Verbindung zu Hanau.

Der 1. Weltkrieg zerstörte allerdings die herausragende Stellung der Hanauer Edelmetallindustrie. Die deutschen Fürstenhäuser kauften keine Schmuckstücke mehr; statt dessen stieg die Kriegswaffenproduktion enorm an, wie man an der Kgl. Pulverfabrik verfolgen konnte.

„Betriebe, die schon vor dem Kriege bei ihrer Fabrikation teilweise Maschinen eingeführt hatten, konnten sich auf die Herstellung von Kriegsmaterial (Granatzünder) umstellen, und viele Goldschmiede fanden bei der Füllung dieser Zünder in der [...] Pulverfabrik Wolfgang eine ihrer bisherigen Beschäftigung ähnlich diffizile Tätigkeit"[6].

„In der Nachkriegszeit gelang es der Edelmetallindustrie nicht, den Produktionsrückgang, der ihre Struktur angriff, ganz zu überwinden. Ausländische Handelsverbindungen waren abgerissen und zum Teil verloren. Erst recht wirkten sich jetzt gesellschaftliche Veränderungen aus." Mit Recht wird festgestellt, daß „durch die Revolution 1918 und den damit verbundenen Sturz fast aller Herrschaftshäuser [...] die Juwelenindustrie nahezu ihre gesamte Kundschaft [verloren

hatte] und die gleich darauf einsetzende Inflation [...] ihr [...] den Rest der bürgerlichen Schmuckkonsumenten"[7] nahm. Arbeiteten 1910 noch mehr als 3000 als Bijouteriearbeiter, so waren es 1926 gerade noch 800 Arbeiter, die diesen Beruf ausüben konnten[8].

Vermutlich war vielen Arbeitern klar, daß der wirtschaftliche Anpassungsprozeß zum Ende des 1. Weltkrieges dazu führen mußte, daß die alte Edelmetallindustrie in dieser Form nicht wieder auferstehen würde. So kamen neben allen politischen Überlegungen, Forderungen und Wünschen sicherlich auch ökonomische Hoffnungen an alte Glanzzeiten wieder auf, die an alten gewerkschaftlichen Kampfformen festhielten.

2. Gegenspieler: Köpfe in der Hanauer Revolution

Betrachtet man sich die revolutionären Ereignisse in Hanau in den Jahren 1918/19[9], so waren sie an entscheidender Stelle geprägt vom Gegeneinander der führenden Protagonisten: dem konservativ-reaktionären Landrat Carl Christian Schmid und dem Arzt Dr. Georg Wagner. Wer waren diese beiden Personen - was ist aus ihnen geworden.

Georg Wagner[10], 1867 geboren, Jude, praktischer Arzt in Hanau: von 1912 bis 1933 Mitglied der Hanauer Stadtverordnetenversammlung als Vertreter der SPD, USPD, KPD, KPD (Wagnergruppe). In der Novemberrevolution vom Hanauer Arbeiter- und Soldatenrat als Landrat eingesetzt; nach der militärischen Besetzung Hanaus im Februar 1919 ins Gefängnis geworfen und nach einem großem Prozeß in Marburg/Lahn im Sommer 1919 freigesprochen.

Nach der Spaltung der USPD im Jahre 1920 sympathisierte er mit Paul Levi und widersetzte sich der Stalinisierung der deutschen KPD[11]; hier ist auch der Grund zu suchen, warum Wagner die offizielle Politik der KPD (Sektion der III. Internationale) - so der offizielle

Parteiname zu dieser Zeit - nicht mittrug und statt dessen als KPD (Wagnergruppe) weiterarbeitete. Als Vertrauensarzt der Hanauer Gewerkschaften verhalf er vielen Arbeitern bei Betriebsunfällen zu ihrem Recht und war in Hanau vor allem in der Arbeiterschaft hoch angesehen. In der Weimarer Republik nicht mehr in großen nationalen Parteien tätig, konzentrierte er seine ganze praktische Arbeit auf seine medizinische Praxis in Hanau. Er war Mitglied verschiedener Ausschüsse des Stadtparlaments und amtierte auch als Stadtrat.

Im März 1933 wurde Wagner und seine ganze Familie in ein Konzentrationslager verschleppt und dort umgebracht.

Ganz anders Carl Christian Schmid[12], 1886 in Osnabrück als Sohn eines Oberlandesgerichtspräsidenten geboren, Studium der Jurisprudenz, im 1. Weltkrieg Regierungsrat im preußischen Innenministerium und dort verantwortlich für die Massenschlachtung von Schweinen - daher der Spitzname Schweine-Schmid -, war von November 1918 bis September 1919 Landrat in Hanau; er löste dort den alten Landrat ab, der wegen Schiebereien in Verruf gekommen war. Nach einem kurzen Intermezzo im sozialdemokratisch regierten preußischen Innenministerium wurde er im Dezember 1919 Bürgermeister in Düsseldorf, 1923 Staatssekretär für die besetzten rheinländischen Gebiete.

1924-28 für die Deutsche Volkspartei im preußischen Landtag, 1929-33 im Deutschen Reichstag, machte er auch nach 1933 weiter Karriere; 1933 holte ihn Göring erneut ins preußische Innenministerium; im Mai 1933 war er Regierungspräsident in Düsseldorf, wo er bis 1938 blieb. In den restlichen sieben Jahren des Dritten Reiches beschäftigte er sich auf industriellem Gebiet, wo er in eine Reihe von Aufsichtsräten gewählt wurde. Diese Arbeit setzte er nach 1945 kontinuierlich erfolgreich weiter fort. 1947 wechselte er scheinbar die Fronten und wurde Vorsitzender der Schutzver-

einigung für den privaten Wertbesitz, was ihn allerdings nicht daran hinderte, bei Bedarf mit den Großbanken gegen die Kleinaktionäre - seine eigene Basis - vorzugehen[13].

Seiner kapitalfreundlichen, konservativen, antisozialistischen Grundeinstellung blieb der ehemalige Korpsstudent Zeit seines Lebens treu.

Zwei Biographien der Hanauer Revolution, die kaum unterschiedlicher sein konnten.

3. Die Revolution in Hanau

Das ausgesprochen linke politische Klima in Hanau führte 1917 dazu, daß sich ein erheblicher Teil der organisierten Hanauer Arbeiterschaft der im April in Gotha neugegründeten USPD[14] anschloß: treibende Kraft in Hanau war der Parteisekretär Friedrich Schnellbacher[15] und der Arzt Georg Wagner, beide Stadtverordnete in Hanau.

In den beiden Friedenskundgebungen der Arbeiterparteien in Hanau im Oktober 1918 lag bereits etwas in der Luft, wie der liberale Redakteur Hultsch in der Hanauer Zeitung berichtete:

„In beiden Versammlungen trat unverblümt die Forderung der sozialistischen Republik in den Vordergrund, eine Forderung, die während des ganzen Krieges noch niemals so begrüßt worden war, wie in diesen beiden Versammlungen"[16].

Historisch gesehen ist diese vorrevolutionäre Aktivität der Hanauer Arbeiterschaft durchaus typisch, und darin unterschied sich die Entwicklung hier von wichtigen anderen Städten.

Bereits am 7. November wurde die Stadtverordnetensitzung gesprengt, und schon am 8. November besaß Hanau einen Arbeiterrat, der mit 20 USPD- und 5 MSPD-Mitgliedern besetzt war. Während in anderen Großstädten erst die Kieler Matrosen als „Sturmvögel der Revolution" - so bezeichnete sie

Emil Barth[17] - den Anlaß zur Umwälzung gaben, waren es in Hanau eigenständige Entwicklungen, die zu den Veränderungen führten. Die alte Macht - verkörpert durch den neu ernannten preußischen Landrat C. C. Schmid - versuchte zuerst, die Bewegung mit Waffengewalt zu verhindern, stellte sich dann aber „auf den Boden der Tatsachen", was nichts anderes hieß, als daß sie zu Beginn bereit war, die realen Machtverhältnisse anzuerkennen - ihr blieb auch nicht viel anderes übrig.

Was wollte der neu gegründete Arbeiterrat verändern und durchsetzen? Zuallererst betraute der Arbeiter- und Soldatenrat seine beiden politischen Protagonisten mit zwei wichtigen Ämtern: Georg Wagner wurde komm. Landrat, sehr zum Ärger des alten Landrats C. Christian Schmid, der alles versuchte, seine alte Position wieder zu erreichen. Friedrich Schnellbacher blieb als Vorsitzender des Arbeiter- und Soldatenrates die treibende Kraft in der Öffentlichkeit. In seinem ersten öffentlichen Aufruf des Arbeiterrates heißt es - noch wenig konkret:

„Eine neue Zeit bricht an. Die Ideale, für die die besten Männer und Frauen des Proletariats litten und starben, sollen ihrer Verwirklichung entgegen geführt werden. Um dieses Ziel zu erreichen, verlangen wir Vertrauen von der gesamten Bevölkerung [...]

Alle Kinder sind von der Straße fernzuhalten. Nur Männer und Frauen können das Werk der Zukunft errichten.[...] Alle Beamte und Offiziere, die unseren Anweisungen Folge zu leisten gewillt sind, bleiben in ihren Stellungen"[18].

Welche Ziele erreicht werden sollten, welche konkreten Anweisungen erwartet werden sollten, blieb hier noch im Dunkel.

Anders klang es bei der Rede Dr. Wagners am 9. November auf dem Hanauer Marktplatz: Hier formulierte Dr. Wagner als Ziel der Bewegung die „sozialistische Republik" und die „Diktatur des Proletariats".

Kundgebung auf dem Hanauer Marktplatz am 9. November 1918.

„Mitten aus dem Untergang des deutschen Imperialismus und Militarismus", sagte er, „entstehe wie der Phönix aus der Asche eine neue Gesellschaft, in dem Menschen als gleich sprechen und leben können"[19].

Während die bürgerlichen Parteien und Verbände in den Tagen nach dem 9. November wie vom Erdboden verschwunden waren, blieb C. C. Schmid auf seinem Posten und versuchte, sich in die politische Entwicklung aktiv einzumischen. Die Hanauer Freiheit, das Organ der Hanauer Linken, entwarf ein sarkastisches Proträt:

„Er trägt Lackstiefel mit Gamaschen, stets frisch in Falte gebügelte Hosen, moderne Maßüberzieher, er hat konventmäßige Paukernarben im Gesicht, im Mund eine riesengroße Zigarre, Spazierstock mit Knopf am Arm"[20].

Mit Anbiederung an die neuen Machtverhältnisse - wußte man wie sich die politische Entwicklung im Reich vollziehen würde? - und möglicher Rückversicherung sowohl im sozialdemokratisch besetzten preußischen Innenministerium als auch beim Stellvertretenden Generalkommando in Frankfurt - Kontakte zum alten Militär konnten auf keine Fall schaden -

versuchte er, sich in den ersten Tagen über Wasser und alle Optionen offen zu halten.

4. Die ersten Aktivitäten des Arbeiter- und Soldatenrats

Die Monate November und Dezember 1918 waren von zwei in sich verwobenen z. T. gegensätzlichen Entwicklungslinien geprägt: Auf der einen Seite versuchte der Hanauer Arbeiter- und Soldatenrat, die aktuell nötigen Schritte zu unternehmen: Aufrechterhaltung der Ruhe und Ordnung in Hanau, Sicherstellung der Lebensmittelversorgung insbesondere mit Kartoffeln, gerechte Verteilung der im militärischen Bekleidungsamt aufgefundenen größeren Vorräte an Textilien, Regelung der Arbeitsverhältnisse, und zwar Wiedereinstellung der zurückkehrenden Soldaten an ihre alten Arbeitsplätze zu gleichen Lohnbedingungen, insgesamt: improvisierendes Reagieren auf die aktuell zu entscheidenden Vorgänge. Wenig ist an perspektivischer Arbeit zu erkennen; zwar wird bei der einen oder anderen Gelegenheit die „sozialistische Republik" verbal formuliert, aber Schritte in diese Richtung werden so gut wie keine unternommen.

Völlig anders dagegen die Gegenseite: C. C. Schmid entfachte bald ungeahnte Aktivitäten. Nachdem sein Versuch, in den Arbeiter- und Soldatenrat aufgenommen zu werden, gescheitert war[21], fuhr er zweimal nach Berlin ins Reichsinnenministerium, mehrmals nach Frankfurt, um das Generalkommando über die angeblich haltlo-

Kundgebung auf dem Hanauer Marktplatz am 9. November 1918. Im Hintergrund das Neustädter Rathaus.

sen Zustände in Hanau zu informieren; viele - sicherlich nicht alle - seiner Protestbriefe haben sich in den Akten niedergeschlagen. Schmid malte das Schreckgespenst des Arbeiter- und Soldatenrates in allen erdenklichen Farben und forderte bereits Mitte Dezember zum „schleunigsten Eingreifen"[22] auf.

Ende Dezember siedelte er gar nach Frankfurt - wegen der untragbaren Zustände - über, um damit einen weiteren Grund eines militärischen Eingreifens zu schaffen; da er gleichzeitig die Kasse mitnahm, setzte er den Arbeiter- und Soldatenrat aufs Trockene. Die Entwicklung im übrigen Deutschen Reich begünstigte seine lokale Politik: Nach dem Reichsrätekongreß[23] kurz vor Weihnachten 1918 war klar geworden, daß eine sozialistische Umgestaltung in Deutschland jetzt nicht mehr auf der Tagesordnung stand: die Reaktion formierte sich und Schmid konnte auf Unterstützung von außen hoffen.

Das Kreishaus, Sitz der Kreisverwaltung, des Landrates und Polizeidirektors. Fotografie um 1920.

5. Die Entwicklung im Dezember 1918 und Januar 1919

Seit Mitte Dezember begann sich das Blatt zu ungunsten des Hanauer Arbeiter- und Soldatenrats zu wenden; dies hatte verschiedene Gründe: zum einen, daß die reaktionär-konservativen Kräfte er-

Aufruf des Kreistages.

kannt hatten, daß ihre reale Macht weniger beschnitten wurde als sie vielleicht befürchtet hatten. Sie kamen wieder aus ihren Schlupflöchern herausgekrochen, vermerkte die Frankfurter Volksstimme im Dezember[24].

Beispielsweise hat der Kreistag des Landkreises Hanau, der eindeutig Schmid unterstützte, am 13. Januar 1919 in Frankfurt einen Aufruf verfaßt und diesen Aufruf als dreifarbiges Flugblatt im Landkreis verteilt (siehe Reproduktion). In dem Aufruf wird das Gewaltregiment des Spartakusbundes angeprangert und - wie aus der Feder von Schmid - formuliert: „Wir fordern, daß die Zentralregierung unverzüglich die Ordnung in unserem Kreise wiederherstellt"[25].

Die uneingeschränkte Unterstützung des Arbeiter- und Soldatenrates durch die Arbeiter in Hanau - ein zweiter Punkt der Entwicklung im Dezember/Januar - schien nachzulassen: Die schlechte wirtschaftliche Lage der Edelmetallindustrie wie auch Probleme der Wiedereingliederung führten insgesamt dazu, daß eine erste Arbeitslosendemonstration in Hanau durchgeführt wurde, z. T. vom Arbeiter- und Soldatenrat unterstützt oder zumindest gebilligt. Hier hatte der Arbeiter- und Soldatenrat nicht mehr alles „unter Kontrolle": Da wurden Zeitungen beschlagnahmt, das militärische Zeughaus gestürmt, gewaltsam in Betriebe eingedrungen, um Arbeiter zur Demonstration

aufzufordern, alles Aktionen, die unmittelbar vom in Frankfurt residierenden Landrat Schmid in Presseveröffentlichungen und Eingaben an verschiedene militärische und politische Stellen in Frankfurt, Bad Nauheim, Kassel und Berlin zur angeblichen Rechtfertigung einer notwendigen militärischen Besetzung Hanaus penibel notiert und weitergeleitet wurden.

Ein von Schmid initiierter Putschversuch des 18. Armee Kommandos aus Bad Nauheim am 15./16. Januar 1919 - also unmittelbar vor den Wahlen zur Nationalversammlung - konnte noch rechtzeitig aufgedeckt und vereitelt werden.

Aber diese Ereignisse - in Verbindung mit der Niederschlagung der Januarunruhen in Berlin und der Ermordung von R. Luxemburg und K. Liebknecht - müssen in Hanau desillusionierend gewirkt haben; eine Weiterführung der bisherigen Politik schien den führenden Vertretern nicht mehr möglich. Wagner legte am 16. Januar sein Amt als provisorischer Landrat nieder[26], und in anderen Äußerungen des Arbeiterrates kommt bereits so etwas wie Endzeitstimmung auf. Man sieht sich bereits auf verlorenem Posten. 9 Tage später beschloß auch der Arbeiter- und Soldatenrat zurückzutreten: Die reale Machtveränderung wurde damit quasi nachvollzogen. Im Hanauer Anzeiger, dem Organ des Arbeiter- und Soldatenrats, hieß es in jenen Tagen:

„Die wirkliche politische Macht und Gewalt befindet sich in den Händen der Militärbehörden, die schon seit Wochen auf die Beschlüsse der Arbeiter- und Soldatenräte pfeifen. Es war nicht mehr so wie in den ersten Tagen der Revolution, wo die Arbeiter- und Soldatenräte die Regierungs- und Militärbehörden kontrollierten, heute werden die Arbeiter- und Soldatenräte bespitzelt und überwacht"[27].

Der politische Arbeiterrat - ein Organ der USPD - blieb zwar noch bestehen, aber die politische Macht des Arbeiter- und Soldatenrates bröckelte immer weiter ab. Die Unterstützung durch die Mehrheit der Arbeiterschaft schien sich zu verflüchtigen; dies verwundert auch nicht, wenn man sich die Entwicklung im übrigen Deutschen Reich in der 2. Hälfte des Januar 1919 ansah: überall schien es mit den Arbeiter- und Soldatenräten zu Ende zu gehen und dort, wo sie noch stark waren (Bremen, München), war es nur noch eine Frage der Zeit, wann das Militär eingreifen würde[28].

Betrachtet man allerdings die Wahlergebnisse im Jahre 1919, so muß man zu dem Schluß kommen, daß die Hanauer Arbeiterschaft insgesamt die Entwicklung anders bewertete: Bei den Stadtverordnetenwahlen im März 1919 erhielt die USPD die meisten Stimmen, obwohl „während des Belagerungszustandes unter der Aufsicht von General Rumschöttel" gewählt

Wahlen in Hanau 1919[31]

| Partei | Nationalversammlung 19. Januar 1919 | | | | | | Stadtverordneten wahlen 2. März 1919 | |
| | Hanau | | Hessen-Nassau | | Deutsches Reich | | Hanau Stadt | |
	absolut	in %	absolut	in %	in Tsd.	in %	absolut	in %
SPD	7026	30,9	494600	41,0	11509	37,9	4854	24,5
USPD	6089	29,9	45734	3,8	2317	7,6	5688	28,7
DVP	1916	8,4	80555	6,7	1346	4,4	2324	11,7
DDP	5510	24,1	265351	22,0	5642	18,5	5341	27,0
DNVP	491	2,2	110370	9,1	3121	10,3	–	
Zentrum	1704	7,5	209477	17,4	5980	19,7	1582	8,0
Gültige Stimmen	22735		1206376		30400		19789	

wurde[29], und auch bei den Wahlen zur Nationalversammlung im Januar 1919 wurden fast so viele Stimmen für die USPD wie für die SPD abgegeben; dies ist durchaus untypisch, wie die Wahlergebnisse aus dem Wahlkreis Hessen-Nassau und dem Deutschen Reich im Vergleich zeigen. Trotzdem war in Hanau zwischen Wahlunterstützung und politisch aktiver Unterstützung ein großer Unterschied. Auf jeden Fall zeigen diese Wahlergebnisse, daß die USPD und der Hanauer Arbeiterrat weiterhin das Vertrauen eines Großteils der Hanauer Bevölkerung besaßen, daß also alle Unkenrufe von Schmid - „das verhaßte Joch von den Schultern zu werfen"[30], die Terrorherrschaft einiger weniger Spartakisten o. ä. abzuschütteln - an der Realität vorbeigingen.

6. Das Ende der Revolution in Hanau

Eigentlich hätte die erste Episode der Hanauer Revolution damit abgeschlossen sein können; Schmid wäre nach dem Rücktritt Wagners und Schnellbachers wieder von Frankfurt nach Hanau zurückgekehrt, um für Ruhe und Ordnung zu sorgen (was der Arbeiter- und Soldatenrat effektiv in den Monaten gemacht hatte), aber dabei hätte man Schmid unterschätzt. Die in allen Farben ausgemalten Schreckgespenste der Herrschaft des Arbeiter- und Soldatenrates und seine inständigen Bitten nach militärischer Besetzung und schneller Aburteilung aller Schuldigen ließ sich auf diesem Weg nicht durchführen. Eine halbwegs geordnete Übergabe der Macht war für ihn undenkbar. Zwar hatte er bereits durch seine vielfältigen Eingaben erreicht, daß militärische Schutzmaßnahmen des Generalkommandos vom Reichswehrminister Noske befürwortet wurden, aber selbst das reichte ihm nicht. Nötig wären spektakuläre Unruhen in Hanau gewesen, die aber bisher nicht stattfanden. Doch das sollte sich bald ändern!

Anfang Februar gab es die ersten Unruhen, da die entlassenen Soldaten nicht - wie zugesichert - ihre Anzüge vom Bekleidungsamt erhielten. Merkwürdigerweise waren im Landkreis Plakate ausgehängt worden, die genau dies versprachen. Ob Schmid dahintersteckte, ist unbekannt geblieben, aber die sich daran anschließenden Unruhen paßten objektiv sehr gut in sein Konzept: Es wurde geplündert und geschossen.

Paradoxerweise war der Spuk schnell wieder zu Ende, da Schnell-

Die gelbe Mauer, Paradeplatz, links Einfahrt Sternstraße.
Bei den Unruhen 18.-20. Februar 1919 wurde hier auf Demonstranten geschossen, die offensichtlich Schutz hinter der Mauer suchten. Die Spuren der Kugeln waren noch lange zu sehen. Mit dem Bau des Kaufhauses Wronker 1928, später Hansa und heute Hertie, wurde ein Stück dieser Mauer abgerissen.

bacher mit seinem politischen Arbeiterrat in Absprache mit dem Hanauer Garnisonkommandanten Oberst Freiherr von Schäffer diese Unruhe binnen kurzem „in den Griff" kriegen konnte. Daß dies Schmid in Frankfurt wenig paßte und er jegliche Vereinbarung mit Schnellbacher per se für schädlich hielt, braucht nicht betont zu werden. Interessanter erscheint die Frage, warum Schnellbacher dort „mitmischte": vermutlich in der richtigen Erkenntnis, daß jegliche

Unruhe nur Schmid nutzen und der Hanauer Arbeiterschaft schaden konnte.

Der Februar war von seiten Schmids immer mehr geprägt, endlich die militärische Besetzung Hanaus zu erreichen. Briefe, Telegramme, Reisen nach Kassel (Regierungspräsident), Bad Nauheim (Generalkommando) und Berlin (Reichsinnen- und Kriegsministerium) forderten seine gesamte Aufmerksamkeit.

Endlich - vom 18. - 20. Februar 1919 - gab es die lang ersehnten Unruhen in Hanau, auf die Schmid so sehnsüchtig gewartet hatte: Angeblich Arbeitslose, Zugereiste, Zigeuner, Arbeiter - über die soziale Zusammensetzung wird man weiter spekulieren dürfen - befreiten einige Gefangene, stürmten die Gerichtsschreiberei und vernichteten viele Akten (u.a. alle Dokumente bzgl. des Lebensmittelschieberprozesses des ehemaligen Landrats v. Lauer), besetzten ein Polizeigebäude, zerstörten das Lazarett in Phillipsruhe und plünderten und zerstörten das Lebensmittellager für den Stadt- und Landkreis Hanau. Die USPD distanzierte sich nicht nur, sondern stellte Patrouillen auf, um dieser Unruhe Herr zu werden. Das gelang ihr auch.

Indirekt wird man der USPD und ihren Führern aber trotzdem einen Vorwurf machen können. Ein späterer Angeklagter meinte wohl nicht ganz zu Unrecht: „In den Versammlungen haben sie uns aufgeheizt und nachher gesagt, wir sollen ruhig nach Hause gehen"[32].

Hier ist ein wunder Punkt der Politik der USPD und des Hanauer Arbeiter- und Soldatenrates angesprochen: Zwischen „Es lebe die Weltrevolution" oder „Nieder mit der Ebert-Scheidemann-Schandregierung" oder „Die Revolution marschiert" und den konkreten Alltagssorgen, -nöten und -hilfen scheint wenig Verbindendes gewesen zu sein; insofern lassen sich solche Plünderungen von Enttäuschten vielleicht erklären.

Endlich hatte Schmid, was er brauchte. Am 20. Februar entschloß sich das Generalkommando, Hanau militärisch zu besetzen. Schmid konnte - gestützt auf das Militär - wieder in Hanau regieren. In einem Telegramm an den Regierungspräsidenten in Kassel formulierte er:

„Verschärfung der Lage von mir seit 6 Wochen allen zuständigen Behörden vorausgesagt. Leider erbetene Hilfe erst jetzt gewährt. Generalkommando 18. AK hat durch unerhörte Verschleppung der von der Zentralregierung am 16. 1. angeordneten und von mir seit dem 16. 1. beinahe täglich dringlich und inständig beantragten Hilfsaktion schwere Schuld auf sich geladen"[33].

Dem ist nichts hinzuzufügen!!

7. Belagerungszustand und Prozeß: das Ende

Der Rest ist schnell erzählt: Truppen unter General Rumschöttel besetzten Hanau und riefen den Belagerungszustand aus, verhafteten Wagner, Schnellbacher und einige andere führende Vertreter des Ar-

beiterrates; Widerstand wurde nicht geleistet. Die am 2. März durchgeführten Stadtverordnetenwahlen brachten einen gewaltigen Sieg der USPD, deren Kandidatenliste von Schnellbacher und Wagner angeführt wurden.

Wagner wurde am 17. März aus dem Marburger Gefängnis aus der Haft entlassen, Schnellbacher am 1. April: Beide Male organisierte die Hanauer Arbeiterschaft eine große Kundgebung zum Empfang ihrer Vertreter. Im August desselben Jahres fand die Gerichtsverhandlung in Marburg statt. Sie endete mit Freispruch für die Hauptangeklagten: eine Blamage für Regierungsrat Schmid, der nicht mehr sehr lange in Hanau blieb und auf seiner Karriereleiter zunächst im Justizministerium eine weitere Sprosse erklomm. Die weiteren Stationen sind bereits erwähnt.

8. Ergebnisse: Revolutionsvorstellungen der Hanauer Arbeiterführer

Versucht man, das Typische dieser Hanauer Revolutionsmonate aus den Ereignissen herauszufiltern, so scheinen mir vor allem die folgenden Elemente von Bedeutung:

1. Schnellbachers Vorstellungen einer Revolution waren aus der Vergangenheit entlehnt. Sein Bild „Die Revolution ist nicht tot, sie marschiert"[34] oder „Die Weltrevolution wird ihren Einzug erhalten,"[35] das

Friedrich Schnellbacher, Fotografie Weihnachten 1920.

er oft gebrauchte, war zum Teil an Luxemburgische Massenstreikvorstellungen geknüpft; vermutlich war er sehr stark von ihr geprägt - und ging von der auf der Straße sichtbaren aktiven Arbeiterschaft aus.

2. Das bereits angesprochene Theorie-Praxis-Gefälle scheint durchaus typisch für Hanau gewesen zu sein; als revolutionären Pragmatismus ließe sich diese Politik charakterisieren: Wahlen zur Nationalversammlung trotz anders lautender Entscheidungen des Spartakusbundes ließ man als Agitationsmöglichkeit nicht aus; wo unmittelbar gearbeitet, geholfen, eingegriffen werden konnte, da krempelte man die Ärmel auf, selbst nach der Niederlage des Arbeiter- und Soldatenrates half man bei der Eindämmung von Raub und Plündereien.

3. Das Verhältnis zur Mehrheitssozialdemokratie, worüber bisher nichts berichtet wurde, muß insgesamt viel weniger problematisch gewesen sein als in anderen Städten - sonst hätte man in der Hanauer oder Frankfurter Presse darüber mehr erfahren können. In den Auseinandersetzungen mit Regierungsrat Schmid lief die Frontlinie nicht durch die Arbeiterparteien, sondern gegen die alte autoritäre Macht. Wenn die Hanauer Freiheit zu Schmids Abschied im September schrieb: „Du warst unserer besten Agitatoren einer"[36], so wurde damit der Nagel auf den Kopf getroffen.

4. Die aus dem letzten Jahrhundert erwachsene gute Organisation der Arbeiterschaft und die hochqualifizierten Arbeiter, die allerdings zu Beginn des Weltkrieges von großer Arbeitslosigkeit bedroht waren (sofern sie nicht eingezogen wurden) und in der Weimarer Republik nicht mehr aufgrund der wirtschaftlichen Strukturveränderungen an ihre alten „glorreichen" Zeiten anknüpfen konnten, stellten im positiven wie im negativen eine weitere wichtige Ausgangsvoraussetzung der Hanauer Revolution dar: einerseits gute Organisation,

geschlossenes Vorgehen, Unterstützung ihrer Vertreter, anderseits der Gefahr struktureller Arbeitslosigkeit ausgesetzt und bereit zur weiteren Radikalisierung.

Dies mag ein Grund dafür gewesen sein, daß ein erheblicher Teil der Hanauer Arbeiter mit Schnellbacher und Wagner den Weg von SPD über USPD, KPD bis zur KPD (Gruppe Wagner) gegangen sind, eine weitere typische Erscheinung Hanaus. Diese lokalen Parteifunktionäre waren bekannt: Ihnen konnte man uneingeschränkt vertrauen.

5. „Die konsequente Beschränkung der politischen Aktivitäten auf die lokale ‚Revolutionierung' der Gesellschaft war das einzige Kriterium, an dem die revolutionären Führer der Hanauer Arbeiter ihre Politik orientierten"[37].

Setzte sich die Revolution im Deutschen Reich durch, war Hanau in vorderster Front mit dabei, gab es einen Rückschlag, stand man weiter „Gewehr bei Fuß"; insofern ist Clara Zetkins Gesamtwertung zuzustimmen: Hanau erschien ihr als „ein vorgeschobener Posten der proletarischen Revolution, der zurückgezogen werden mußte, weil die breiten, starken Heersäulen nicht folgten"[38].

1 Hartfrid Krause, Revolution und Konterrevolution 1918/19 am Beispiel Hanaus, Scriptor Verlag, Kronberg 1975, S.8 f. Siehe auch Friedrich Schnellbacher. Hanau in der Revolution. Vom 7. November 1918 bis 7. November 1919, Hanau o. J. [1919]; Neudruck mit einem Anhang von Ruth Dröse, Hartfrid Krause, Rudolf Schneider, hrsgg. vom Hanauer Kulturverein, Wetzlar/Hanau 1988.

2 Wilhelm Keller, Hanau - ein wirtschafts- und siedlungsgeographischer Versuch, Diplomarbeit, Schreibmasch. Ms., Frankfurt am Main, 1928, S.24.
3 Krause, Revolution...(s.o.Anm.1), S.195
4 Geschäftsbericht über das Jahr 1910, in, Deutscher Metallarbeiter Verband, Hrsgb., Geschäftsberichte für das Jahr 1910, Bd.2, Stuttgart o.J., SS. 1700
5 Krause, Revolution...(s.o.Anm.1), S.10
6 Bruno Kaack, Die wirtschaftliche Entwicklung der Stadt Hanau, Ein Beitrag zur industriellen Standortlehre, Diplomarbeit, Schreibmasch.-Ms., Universität Frankfurt a.M., 1935, S. 113
7 Krause, Revolution...(s.o.Anm.1), S.16f.
8 „Hanau. Geschäftsbericht für das Jahr 1910,„ in, Deutscher Metallarbeiter Verband, Hrsgb., Geschäftsbericht für das Jahr 1910, Bd.2, Stuttgart, o.J., S.1728; Arbeitersekretariat Ortsausschuß des ADGB Hanau a.M. und Umgebung, Jahresbericht des Arbeitersekretariats und Ortsausschusses des ADGB für das Jahr 1916, Hanau,o.J., S.15.
9 Allgemein zur November-Revolution weiterhin sehr lesenswert: Eberhard Kolb, Die Arbeiterräte in der deutschen Innenpolitik 1918-1919, (Bd. 23 der Beiträge zur Geschichte des Parlamentarismus und der politischen Parteien), Düsseldorf: 1962 sowie das neuere „Standardwerk„ Heinrich August Winkler, Von der Revolution zur Stabilisierung. Arbeiter und Arbeiterbewegung in der Weimarer Republik 1918 bis 1924 (= Geschichte der Arbeiter und der Arbeiterbewegung in Deutschland seit dem Ende des 18. Jahrhunderts), Dietz-Nachf.: Bonn/Berlin 1984.
10 Schnellbacher, Hanau...(s.o.Anm.1) Neudruck, SS. 113 ff und Krause, Revolution... (s.o.Anm.1) S. 246 ff.
11 Siehe hierzu Herrmann Weber, Die Wandlungen des deutschen Kommunismus. Die Stalinisierung der KPD in der Weimarer Republik, Frankfurt am Main 1969.
12 Schnellbacher, Hanau...(s.o.Anm.1) Neudruck, SS. 119 ff und Krause, Revolution... (s.o.Anm.1) SS. 215 ff.
13 Siehe „Aktionäre - zum Sammeln geblasen„ in, Der Spiegel, Jg.8 Nr. 35 (25. August 1954), S.10 ff, insb. S.15.
14 Hartfrid Krause, USPD. Zur Geschichte der Unabhängigen Sozialdemokratischen Partei Deutschlands, Europäische Verlagsanstalt: Frankfurt 1975; ders., Kontinuität und Wandel, Zur Geschichte der Unabhängigen Sozialdemokratischen Partei Deutschlands, Verlag Detlev Auvermann: Glashütten 1976; Robert F. Wheeler, USPD und Internationale. Sozialistischer Internationalismus in der Zeit der Revolution, Ullstein: Frankfurt/M - Berlin - Wien: 1975; David W. Morgan, The Sozialist Left and the German Revolution, A History of the German Independent Social Democratic Party, 1917-1922, Cornell University Press, Ithaca and London 1975.

15 Wilhelm Dittmann, Erinnerungen. Bearbeitet von Jürgen Rojahn, (=Quellen und Studien zur Sozialgeschichte, hrsgg. vom Internationalen Institut für Sozialgeschichte, Bd.14, Amsterdam), Campus-Verlag: Frankfurt, New York 1995, S. 500.
16 Aus den Hanauer Revolutionstagen 1918. Ein lokaler Rückblick", in, Hanauer Zeitung, 17. November 1918, S. 2. Zur Hanauer Revolution siehe insgesamt Krause, Revolution... (s.o.Anm.1), S.19
17 Emil Barth, Aus der Werkstatt der deutschen Revolution, Hoffmann-Verlag, Berlin o. J. ,[Vorwort Juli 1919].
18 Friedrich Schnellbacher. Hanau in der Revolution...(s.o.Anm.1), S. 14ff; ders. Text in Hanauer Zeitung, 9. November 1918, S.1.
19 Krause, Revolution...(s.o.Anm.1), S.25.
20 „Wer ist Schmid", in, Freiheit, 1. März 1919, S.1.
21 Siehe Krause, Revolution...(s.o.Anm.1), S.53
22 Geheimes Berliner Staatsarchiv, 77/4827, Bl. 174 ff, insbes. Bl.174.
23 Siehe die Entscheidung des Kongresses, die Wahlen zur Nationalversammlung möglichst früh anzusetzen: Allgemeiner Kongreß der Arbeiter- und Soldatenräte Deutschlands. Vom 16. bis 21. Dezember 1918 im Abgeordnetenhaus zu Berlin. Stenographische Berichte, Berlin 1919, Sp. 281 ff.
24 Siehe Frankfurter Volksstimme, 12. Dezember 1918, S.5
25 „An die Bevölkerung des Landkreises Hanau„ vom 13. Januar 1919, in, Landratsamt Hanau, Aktenfaszikel Nr.3 „Vorübergehende Verlegung des Landratsamtes von Hanau nach Frankfurt Januar bis Februar 1919, Spalte 3.
26 Siehe Krause, Revolution...(s.o.Anm.1)., S. 98f
27 „Ein Entschluß von weittragender Bedeutung", in Hanauer Zeitung, 24. Januar 1919, S.2.
28 Siehe Kolb, Die Arbeiterräte...(s.o.Anm.8), und Winkler, Von der Revolution...(s.o.Anm.8), SS. 184 ff.
29 Siehe Krause, Revolution...(s.o.Anm.1)., S. 112.
30 Staatsarchiv Marburg, Akte 165/6788. Bl.54 ff.
31 Statistisches Reichsamt, Hrsgb., Vierteljahreshefte zur Statistik des Deutschen Reiches, 28. Jg. (1919), Erg.Heft, Berlin 1919, SS. 18 ff; Hanauer Anzeiger, 3. März 1919, S.2.
32 „Aufruhr und Landfriedensbruch", in, Freiheit, Hanau, 7. Juli 1919, S.3, Sp.3.
33 Staatsarchiv Marburg, Akte 165/6788. Bl. 116.
34 Krause, Revolution...(s.o.Anm.1).,S.184
35 „Die Sicherung der Revolution und die Bedeutung der Nationalversammlung„ in Hanauer Anzeiger, 18.12.1918, S.2.
36 „Es ist erreicht", in, Freiheit, Hanau, 8. Oktober 1919, S.3.
37 Krause, Revolution...(s.o.Anm.1)., S.208.
38 Clara Zetkin, „Geleitwort", in, Friedrich Schnellbacher, Hanau...(s.O.Anm.1), S.9.

Hartfrid Krause

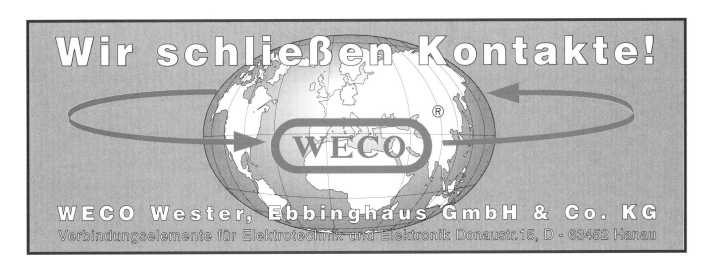

Panoramafotografie vor 1984

Das Schloß mit seinem Park liegt unmittelbar am Main im westlichen Hanauer Ortsteil Kesselstadt. Die Schloßanlage ist eines der bedeutendsten Kultur- und Baudenkmäler Hanaus. Schloß

Gegenwartskunst des von 1986 -90 durchgeführten Kunstprojektes Stadtbildhauer zeigt.

Der Schloßpark ist in den Sommermonaten die Kulisse für die Brü-

In den Räumen des Hanauer Kulturvereins gibt die kleine Remisengalerie, 1980 als Fotogalerie im Schloß initiiert, Gegenwartskünstlern Raum für wechselnde Ausstellungen.

Schloß Philippsruhe

Philippsruhe ist ein Identifikationsmerkmal für die im Zweiten Weltkrieg nahezu völlig zerstörten Innenstädte von Alt- und Neuhanau.

Die Schloßanlage ist ganzjährig zu besichtigen. In den prunkvollen, repräsentativen Räumen des Hauptgebäudes befindet sich das Museum der Stadt Hanau. Vom Museumscafé aus blickt der Besucher über die Philippsruher Allee auf Kesselstadt und Hanau. Der prächtige Trausaal gibt Brautpaaren das stilvolle Ambiente für ihre Hochzeit.

Von der großen Terrasse des Schloß-Restaurants läßt sich in Ruhe die Mainschiffahrt und der gegenüberliegende Stadtteil Steinheim mit seinem markanten Schloß betrachten. Der Mainuferweg ist für Spaziergänger und Radfahrer die vom Autoverkehr unberührte Verbindung zwischen Hanau und Frankfurt.

Im Schloßgarten befindet sich ein Skulpturenpark, der Plastiken der

der-Grimm-Märchenfestspiele. Die zweitgrößten Freiluft-Theater-Aufführungen Hessens haben im jährlich wechselnden Spielplan Märchenstücke für jung und alt als Sprechtheater, Musical oder gar als Oper.

Barock, Klassizismus und Historismus bezeichnen die drei prägenden Stilepochen des Schlosses. 1701 ließ Graf Philipp Reinhard von Hanau-Lichtenberg am Mainufer unmittelbar am Rande des damaligen Fischerdorfes Kesselstadt

Gouache um 1811

vor den Toren der beiden Städte Alt- und Neuhanau ein Landschloß im Stil des Barock nach französischen Vorbildern von den Architekten Rothweil und Girard erbauen. Der sich anschließende Park, entlang des Mains, wurde mit Pflanzenrabatten in Ornamentformen und Wasserbassins zur Erbauung der adeligen Familie und ihrer Gäste angelegt. Lange währte jedoch die Freude des Grafen am neuen Haus, dem „Klein-Versailles" nicht. 1712 starb er, und sein Bruder Johann Reinhard übernahm die Regierung in der Grafschaft Hanau. 1723 wurde mit dem Orangeriegebäude, einem Winterhaus für exotische Pflanzen wie Orangen- und Zitronenbäumen, am Ende des Parks der Ausbau der Schloß- und Parkanlage weitergeführt.

Nach dem Tode dieses letzten Hanauer Grafen, 1736, fiel die Grafschaft, ohne die Besitzungen der Lichtenberger Linie im Elsaß, aufgrund eines Erbvertrages an den Landgrafen von Hessen-Kassel. Später diente Hanau als selbständige Provinz mit dem Stadtschloß, Schloß Philippsruhe und der ab 1777 erbauten Kur- und Badeanlage Wilhelmsbad dem Kasseler Grafenhaus zeitweise als Wohnsitz. Während der Zeit der französischen Besetzung der Grafschaft und Städte Hanau schenkte Napoleon Schloß Philippsruhe seiner Schwester Pauline, der Herzogin von Borghese, die es erfolglos zum Kauf anbot. Wilhelm II. von Hessen-Kassel ließ zwischen 1826 und 1830 das renovierungsbedürftige Gebäude und den Park umgestalten. Klassizistische Stilelemente der Raumdekorationen, wie sie heute noch im Weißen Saal zu sehen sind, bereicherten nun die Gebäudearchitektur. Architekt war Johann Conrad Bromeis.

Das Eingangstor erhielt zwei klassizistische Wachhäuser und am Ende des Parkes, nahe dem Mainufer, entstand ein Gartenpavillon. Der Park mit den Stilelementen des Barock und Rokoko wurde nun zu einem englischen Landschaftsgarten umgestaltet.

Im deutsch-französischen Krieg 1871 diente das Schloß als Lazarett.

Der wesentlichste Umbau, der das Erscheinungsbild von Schloß Philippsruhe bis heute prägt, fand zwischen 1875 und 80 statt. Hessen war seit 1866 preußische Provinz geworden und das Schloß in den Besitz des Grafen Friedrich Wilhelm von Hessen-Rumpenheim und seiner Frau, Prinzessin Anna von Preußen, übergegangen. Das Paar ließ nun Philippsruhe zu

Vestibül um 1880

seinem Wohnsitz umbauen und die Räume gründlich im Stil des Historismus gestalten. Das heutige repräsentative Vestibül wurde völlig neu angebaut und dadurch die ehemalige, architektonisch mißglückte Barocktreppe beseitigt, wie nahezu alle Dekorationen dieser Zeit. Der Eingang erhielt einen Säulenportikus mit Treppe, die ein schlafender und ein wacher Löwe flankieren. Das Hauptgebäude erhielt nun auch die noch heute weithin sichtbare Dachkuppel mit Uhrtürmchen. Auch die beiden vorde-

Biedermeiersalon, Museum Hanau

ren Gebäude, der Marstall und die Remise, wurden später noch völlig umgebaut. Die klassizistischen Wachhäuser wurden durch ein prächtiges, schmiedeeisernes Tor mit Vergoldungen ersetzt, das in der Pariser Werkstatt von Bergotte und Dauvillier entstand. Der Umbau wurde nach Plänen des dänischen Architekten Mehldahl ausgeführt. Der Park wurde nun völlig als Landschaftsgarten gestaltet und nach Plänen des schwedischen Gartenarchitekten Lindahl und des Frankfurter Gartenbaudirketors Siesmayer umgebaut. Bis 1918 war Schloß Philippsruhe bewohnt. Danach diente es, völlig eingerichtet und nicht öffentlich zugänglich, der Kurhessischen Hausstiftung als Sitz. 1943, durch den Bombenkrieg bedingt, wurde der Kunstbesitz aus Furcht vor Luftangriffen nach Schloß Fasanerie / Adolphseck, Eichenzell bei Fulda ausgelagert. Bei Kriegsende wurde Hanau am 28. März 1945 durch US-Truppen besetzt. Das unbeschädigte Schloß diente kurzfristig als US-Hauptquartier. Von 1945 ab beherbergte es als größtes unbeschädigtes Ge-

bäude der Stadt mehrere Einrichtungen, z.B. Rathausverwaltung, Magistrats- und Stadtverordnetensitz, Spruchkammer, Volksküche, Wärmestube, Schloß-Filmtheater. 1950 beschloß die Stadtverordnetenversammlung, nach hitziger Debatte, den Ankauf des Schlosses von der Kurhessischen Hausstif-

tung. Bis 1964 diente das Schloß u.a. als Rathaus.

Das Museum der Stadt Hanau wurde 1967 in den repräsentativen Räumen der Beletage mit den Sammlungen des Hanauer Geschichtsvereins 1844 e.V. eröffnet. Zwischen 1980 und 84 wurde das Museum wesentlich erweitert. Am 7. August 1984 entstand durch einen Brand im Dachgeschoß des Hauptgebäudes der größte Schaden in der Geschichte des Schlosses. Fast zwei Jahre dauerten die Sanierungsarbeiten am Mittelbau des Hauptgebäudes, bis am 15. Februar 1986 das renovierte Schloß mit einer Ausstellung des Museums mit den historischen Fotografien von Schloß Philippsruhe der Öffentlichkeit wieder zugänglich war. Mit der darauf folgenden Wiedereinrichtung der Ausstellungsräume sind nun folgende Abteilungen zu sehen: Kunst und Kunsthandwerk des 17. bis 20. Jahrhunderts. Diese Abteilungen präsentieren das Hanauer Silber, die Hanauer Fayence, den Hanauer Eisenkunstguß, die Hanauer Malerei, Mobiliar und Design. Die stadtgeschichtlichen Abteilungen umfassen Handwerk und Zünfte, die Zeit der Französischen Besetzung, die Schlacht bei Hanau, die Revolution von 1830, die „Hanauer Krawalle", das Wilhelmsbader Fest

Brüder Grimm-Märchenfestspiele im Park

Reihersaal, Trauungszimmer der Stadt Hanau

(1832), die bürgerliche Revolution und Turnerbewegung 1848/49. Das Biedermeier und die Brüder Grimm, die Industrialisierung der Stadt im 19. Jahrhundert, die städtebauliche Entwicklung und Kulturgeschichte bis zum Nationalsozialismus sind weitere Ausstellungsthemen. Die Einrichtung der ständigen Abteilungen der Alt- und Neustadtgeschichte, die Zeit des Nationalsozialismus, Zerstörung und Wiederaufbau stehen noch aus.

In der Galerie des Museums finden wechselnde Sonderausstellungen zu Kunst und Kultur der Geschichte und Gegenwart statt.

Museum Hanau
Schloß Philippsruhe

Philippsruher Allee, 63454 Hanau

Öffnungszeiten: Dienstag - Sonntag 11.00 bis 18.00 Uhr
Tel. 0 61 81 / 2 02 09
Fax 0 61 81 / 25 79 39
Führungen nach telefonischer Vereinbarung.

Museum und Theater gleichzeitig

Galerie Museum, Sonderausstellungen

Das Hanauer Papiertheater-Museum hat die zur Zeit größte ständige Ausstellung von Papiertheatern in

Blick in die ständige Abteilung „Hanau im Vormärz und in der Revolution von 1848/49", Museum

Deutschland. Dieses Museum zeigt nicht nur die Geschichte des Papiertheaters, sondern bietet gleichzeitig Theater. Die große Spielbühne gibt Aufführungen verschiedener Theaterstücke, inszeniert von der Theatergruppe des Museums,

oder Gastspiele von außerhalb. Die Aufführungstermine sind aus der Presse zu erfahren. Entstanden ist das Hanauer Papiertheater aus der privaten Sammlerinitiative zweier Hanauer. Der Verein Papiertheaterfreunde Hanau trägt mittlerweile

Museum und Theater. Besuchen Sie doch einmal Hanaus kleinstes Theater.

Hanauer Papiertheater-Museum
Museum Hanau
Schloß Philippsruhe
Tel. 0 61 81 / 8 22 87 oder 6 34 49

Spielzeiten der Aufführungen entnehmen Sie der Tagespresse

Sie erreichen Schloß Philippsruhe:

- mit dem PKW über BAB A 3,
  Ausfahrt Hanau B 45

- oder BAB 66 / B 45
  Ausfahrt Hanau Nord

- mit der Deutschen Bahn AG sowie von Frankfurt mit dem RMV S-Bahn 8 nach Hanau Hauptbahnhof und der Buslinie 2 oder 7 zum Freiheitsplatz, umsteigen in die Linie 1, Richtung Königsberger Straße, Friedhof Kesselstadt

Richard Schaffer-Hartmann

Museumscafé

◀ *Salon der Landgräfin Anna von Hessen-Rumpenheim*

Museumscafé

Das Museumscafé bietet den stilvollen Rahmen zur Feier Ihres Empfangs zu Hochzeit, Geburtstag und anderen Anlässen – oder kommen doch Sie, allein, mit Familie, mit Freunden, einfach nur so zu einer Tasse Kaffee und anderem.

Ca. 30 Sitzplätze, in der wärmeren Jahreszeit können zusätzlich etwa 20 Plätze auf dem Balkon genutzt werden.

Bitte rufen Sie uns an:
Tel. 0 61 81 / 2 00 29
Fax 0 61 81 / 25 79 39

Dampfmaschinen und ein Zoo aus Bronze

Diese etwas sonderbar klingende Überschrift bezeichnet die zwei herausragenden Ausstellungsbereiche des volkskundlichen Museums Großauheim. Im Gebäude der ehemaligen öffentlichen Badeanstalt und des Elektrizitätswerkes des Ortes Großauheim, 1906 erbaut, wurde im August 1983 das zweite der Hanauer Museen eingerichtet. Die Arbeits- und Lebensweisen unserer Vorfahren in Handwerk, Landwirtschaft und Industrie unserer Region sollten im neuen Museum den Besuchern gezeigt werden. Im heutigen größten Ortsteil Hanaus, einem ehemaligen Dorf, das Bauern, Handwerker und Fischer bewohnten, entstanden durch die Industrialisierung Fabriken, dadurch wuchs Großauheim zu einer Kleinstadt. Mit der Gebietsreform von 1974 wurde die selbständige Stadt Großauheim mit anderen Orten in die Stadt Hanau eingemeindet.

Die Geschichte der industriellen Entwicklung wird am Beispiel des Ortes Großauheim gezeigt. Mobiliar, Handwerkszeuge und Arbeitsgeräte aus Bauernhäusern machen die vorindustrielle Lebens- und Arbeitsweise deutlich. Gegenübergestellt sind Maschinen aus industrieller Produktion, die die Veränderung der Verhältnisse in Alltag, Handwerks- und Landwirtschaftsbetrieben darstellen. Der Verein für Heimatkunde und Naturschutz Großauheim 1929 hatte aus Großauheimer Haushalten Zeugnisse der Ortsgeschichte zusammengetragen, die nun ausgestellt werden konnten. Weitere Ausstellungsobjekte kamen aus dem Depot des Hanauer Museums, Schloß Philippsruhe ins neue Museumsgebäude. Allerdings fehlten dem Museum noch die großen Maschinen aus Fabriken, diese wurden nun aus hiesigen Traditionsfabriken, wie Schwahn, Pelissier, Marienhütte und anderen herantransportiert. Das Symbol der Industriellen Revolution, die Dampfmaschine, wurde vom Dampfmaschinensammler und Vorsitzenden des Fördervereins Dampfmaschinen-Museum erworben. Das war der Beginn einer erfolgreichen Zusammenarbeit, die dem Großauheimer Museum einen unverwechselbaren Charakter geben sollte. Museumspädagogisches Ziel des volkskundlichen Museums war es, die Maschinen wieder dem Publikum vorzuführen. Allerdings sollte dies nicht - wie vielfach in anderen Museen - durch einen versteckten Elektromotor geschehen, den der Besucher durch Knopfdruck in Betrieb setzt. Die Dampfmaschinen sollten mit Dampf betrieben werden. Hierzu war die Beschaffung und Aufstellung von Dampfkesseln und die Installation von Dampfleitungen notwendig. Die Sanierungsarbeiten, die ein Leitungswasserschaden im Winter 1987 verursacht hatte, führten zu einer halbjährigen Schließung des Museums und boten hierdurch Gelegenheit, diese Arbeiten vorzunehmen. Weitere Dampfmaschinen und -kessel fanden, neben den

Zum 15-jährigen Jubiläum des Museums Großauheim

anderen Museen - durch einen versteckten Elektromotor geschehen, den der Besucher durch Knopfdruck in Betrieb setzt. Die Dampfmaschinen sollten mit Dampf betrieben werden. Hierzu war die Beschaffung und Aufstellung von Maschinen in den beiden Museumshallen, Aufstellung in den zwei Museumshöfen und geben den Besuchern Einblick in die Dampftechnik. Aus den bescheidenen Anfängen einer ersten Dampf-

Tierplastiken August Gaul und Malerei August Peukert.

Dampftraktor „Willem".

maschinenvorführung 1986, mit der bereits zwei Jahre zuvor erworbenen Lokomobile Badenia von 1926, entwickelten sich die mittlerweile überregional bekannten Großauheimer Dampftage im und um das Museum Großauheim. Dampfmaschinensammler mit ihren großen und kleinen Maschinen reisen hierzu aus ganz Deutschland an.

Der Zoo aus Bronze, den das Museum in der Galerie im Obergeschoß zeigt, besteht aus den Skulpturen des bekannten Tierplastikers des Deutschlands der Jahrhundertwende - August Gaul. Der gebürtige Großauheimer begab sich früh nach Berlin, um dort seine künstlerische Anerkennung zu finden. Als Mitglied in der Berliner Sezession gehörte er zu dem Kreis von Künstlern, die der damaligen Kunst neue Impulse gaben. Als Bildhauer verlegte sich August Gaul auf die Darstellung von Tieren. Die Bronzefiguren zeigen das Tier in seiner natürlichen Haltung und Wesensart, also in keinen spektakulären Gesten. Das Museum verfügt über eine beachtliche Sammlung aus dem Werk des Tierbildhauers. Die lebensgroße, stehende Löwin von 1900 weist im Eingangsbereich bereits auf die Sammlung hin. Mit dieser Plastik gelangte August Gaul zu internationalem künstlerischem Ansehen. Die Löwin markiert das Frühwerk und mit den beiden lebensgroßen Kasuaren besitzt das Museum Tierplastiken, die das Spätwerk dokumentieren. Eine Anzahl Kleintierplastiken und das graphische Werk geben Einblick in das Schaffen dieses Künstlers.

August Peukert ist der zweite Großauheimer Künstler, der über den Ort und die Region hinaus bekannt wurde. Porträts und Landschaften sind ein Teil seines Werkes, das ebenfalls in den Galerieräumen des Museums zu sehen ist. Von besonderer Bedeutung im Werk des Künstlers sind die Darstellungen von Arbeit und Industrie in Ölgemälden und Zeichnungen. Die Darstellung der Arbeitswelt in der Kunst ist in den volkskundlichen Ausstellungsräumen weitergeführt.

Zahlreiche Sonderausstellungen wurden im Museum Großauheim gezeigt. Neben den regionalgeschichtlichen Themen, wie Großauheimer Archivalien, Fotografien des Ortes, die Fabrikgeschichte der BBC/ABB, Geschichte der Pulverfabrik und Schule in Wolfgang, waren die Ausstellungen über Technikgeschichte „Wasser, Wehre und Turbinen" und „Dampfmaschinen" in Fotografien erfolgreiche Wanderausstellungen, die in ganz Deutschland, von München bis Stade, von Leipzig bis Dortmund, gezeigt wurden. Eine höchst erfolgreiche Ausstellung war die Wanderausstellung „Zur Geschichte eines Jungen im Nationalsozialismus", die eine Vielzahl von Schülern besuchte. Die Sonderausstellung des französischen Binnenschiffahrtsmuseums war ein Beitrag zur Städtepartnerschaft Großauheims mit Conflans Ste. Honorine. Die anschauliche Präsentation des bäuerlichen Alltagslebens, der Handwerke und der Industrie lassen nicht nur die Freunde der Dampftechnik ins Museum kommen, sie sind auch das Ziel vieler Schulklassen zur Veranschaulichung ihrer Unterrichtsinhalte.

Museum Großauheim - Landwirtschaft, Handwerk, Industrie

Dampfmaschinensammlung - August Gaul, Tierplastiken - August Peukert, Gemälde und Zeichnungen

Pfortenwingert 4, 63457 Hanau-Großauheim

Tel. 06181-573763 oder 20209 Fax 06181-257939

Öffnungszeiten: Donnerstag - Sonntag 10.00 - 12.00 und 14.00 - 17.00 Uhr

Führungen und Gruppenbesuche auch außerhalb der angegebenen Öffnungszeiten nach telefonischer Vereinbarung

Verkehrsanbindung: Buslinie 6 der Hanauer Straßenbahn AG

Bahnhof Großauheim, Deutsche Bahn AG

Autobahn Hanauer Kreuz Abfahrt Hanau/Hafen

Parkplatz vor dem Eingang, Kleiner Park „Alter Friedhof" am Museum, Gaststätten in unmittelbarer Nähe

Richard Schaffer-Hartmann

10. Großauheimer Dampftage anläßlich des Großauheimer Rochusmarktes

Freitag, den 25. - Sonntag, den 27. September 1998

Museum Schloß Steinheim

10 Jahre vor- und frühgeschichtliche Abteilung

Im Juli 1998 feiert die vor- und frühgeschichtliche Abteilung im Museum Schloß Steinheim ihren 10. Geburtstag. Eine gute Gelegenheit, die Abteilung und die Arbeit des Museums näher vorzustellen.

Was gibt es zu sehen?

Tonscherben, Steingeräte, Werkzeuge aus Bronze und Eisen, Schmuckgegenstände und viele andere Funde. Die meisten der gezeigten Objekte stammen aus der Sammlung des Hanauer Geschichtsvereins e.V., der seit der Mitte des 19. Jhs. intensiv die früheste Geschichte der Menschen im Raum Hanau erforscht. Eine

Reihe von Funden aus dem Besitz des Heimat- und Geschichtsvereins Steinheim e.V., - Fundort: Steinheim und Klein-Auheim - sind ebenfalls ausgestellt.

Neben Funden werden in der Ausstellung auch sog. Befunde, d.h. die bei Ausgrabungen dokumentierten Überreste von Häusern, Gräbern..., vorgestellt. Ausgehend von den Funden und Befunden vermittelt die Präsentation zum einen Charakteristisches über einzelne Epochen, zum anderen für die Region Typisches, dabei erleichtern Rekonstruktionszeichnungen, Modelle und Filme den Zugang z.B. zum

Leben der frühen Jäger und Sammler und der ersten Bauern in erheblichem Maße. Der Rundgang durch die Ausstellung beginnt „in" der Altsteinzeit und endet „im" Frühmittelalter.

Woher stammen Adam und Eva?

Die altsteinzeitlichen Zeugnisse aus der Region datieren im wesentlichen in die jüngere bzw. späte Phase der Epoche, in der die Jäger und Sammler ihre Lagerplätze im Dünengelände an Main und Kinzigunterlauf aufschlugen. Zur Illustration des kulturgeschichtlichen Hintergrundes der ausgestellten Steinartefakte wird das Video

Schloß Steinheim.

„Woher stammen Adam und Eva?" gezeigt. Der Film thematisiert die biologische Abstammung des Menschen, die Lebensweise der frühen Jäger und Sammler, ihre Werkzeugherstellung sowie die Frage

Zeit nahe. Interessant in diesem Zusammenhang ist ein in der Ausstellung vorgestellter Fundplatz aus Klein-Auheim, wo sich viele Indizien für eine Herstellung geschlagener Steinwerkzeuge fanden.

Hanau - unter römischer Herrschaft?

Ja, der römische Ostwetteraulimes des 2. und 3. Jh. n. Chr. verlief im Abschnitt Marköbel, Rückingen,

Modell einer linienbandkeramischen Siedlung.

des kulturellen Fortschritts am Beispiel des Übergangs von Alt-/Mittel- zu Jungsteinzeit.

Handwerkliche Spezialisierung bereits in der Jungsteinzeit?

Im Zentrum der Präsentation der Jungsteinzeit steht ein Modell, das eine typische Siedlung der bandkeramischen Kultur auf fruchtbarem Lößboden um 5000 v.Chr. zeigt und in die neu aufgekommene bäuerliche Lebens- und Arbeitsweise einführt. Spezifisch für das Untermaingebiet sind zur selben Zeit Siedlungen auf den wenig fruchtbaren Böden in der Mainebene. Die Wahl dieser Siedlungslage legt eineSpezialisierung in der Wirtschaftsweise bereits zu so früher

Was verändert sich?

Am Beispiel der bronzezeitlichen Gräberfelder „Galgentanne/Galgenbruch" in Steinheim und „Bruchköbeler Wald A 66/B 45", die sowohl durch Körperbestattungen unter Hügeln, als auch durch Brandbestattungen sowie durch Mischformen aus dem Übergang von Hügelgräberbronzezeit zur Urnenfelderzeit gekennzeichnet sind, werden mögliche Ursachen des Wandels der Bestattungssitten, z.B. Migration, Ideenfluß, soziale und religiöse Aspekte diskutiert. Ebenfalls angesprochen wird diese Frage in der Ausstellung zur Eisenzeit, die bislang nur provisorisch präsentiert ist.

Neuwirtshaus und Großkrotzenburg nur wenige Kilometer östlich von Hanau. Funde aus diesen Limeskastellen mit ihren Lagerdörfern sowie der älteren Anlagen von Hanau-Kesselstadt und Salisberg und Nidderau-Heldenbergen machen einen Großteil der Hanauer Sammlungen aus. Eine angemessene Präsentation der römischen Kaiserzeit steht zwar noch aus, aber den Besucher erwarten bereits jetzt zwei Blickfänge. Zuallererst ist hier der Film „Unter römischer Herrschaft" zu nennen, der die Frage der Romanisierung der Hanauer Region behandelt. In der Darstellung arbeitet der Film mit zahlreichen Analogien zur Gegenwart Hanaus. Hierfür wurde „Unter rö-

Kinder bauen mit ihren Eltern einen Backofen aus Lehm.

mischer Herrschaft" 1994 beim 1. Internationalen Archäologie-Filmfestival Cinarchea mit dem Großen Preis für den besten Film ausgezeichnet. Zweiter Blickfang ist das im Gewölbekeller auf der Basis vieler verschiedener Befunde rekonstruierte Mithräum. In seinem Mittelpunkt steht das in Erlensee-Rückingen gefundene doppelseitige Mithraskultbild.

Wie ging es nach dem Limesfall weiter?

Nach dem Abzug der Römer um 260 n.Chr. gehörte die Hanauer Region zum Gebiet der Alamannen. Sehr viel ist aber über die Zeit bis um 500 nicht bekannt. Erst für die fränkische Zeit vom 6.- 8. Jh. liegen wieder mehr Funde und Befunde vor. Die Austellung im Steinheimer Schloß zeigt eine ganze Reihe von Grabfunden, darunter das sog. „Reitergrab von Windecken" und die „Adelsgräber" von Dörnigheim, und diskutiert daran u.a. die gesellschaftlichen Strukturen im Frühmittelalter sowie die Christianisierung.

Und sonst?

Neben der Dauerausstellung bietet das Museum Schloß Steinheim ein umfangreiches Veranstaltungsprogramm zu Themen aus der Vor- und Frühgeschichte an. Ausgangspunkt der museumspädagogischen Arbeit des Museums ist der seit 1989 jährliche stattfindende Aktionstag, ein Museumsfest mit Vorführungen zum Zuschauen und Mitmachen für die ganze Familie. Aufbauend auf den Erfolg der Aktionstage wurde 1995 ein ganzjähriges Programm mit ein bis zwei Veranstaltungen pro Monat ins Leben gerufen. Die Kurse sind entweder für Kinder zwischen 8 und 12 Jahren oder für Jugendliche und Erwachsene. Besonders beliebt sind die Veranstaltungen der Reihe „Feuersteins Kochkurs": Brot backen im Lehmofen, Kochen nach römischen Rezepten, Kochen ohne Kochtopf. Darüber hinaus werden die Themen Spinnen und Weben, Schmuck basteln nach Vorbildern im Museum, Römische Kinderspiele, Bau einer altsteinzeitlichen Höhle im Modell, Bau eines Lehmofens...angeboten. Die Kurse können nach telefonischer Vereinbarung auch für eine Schulklasse, eine Geburtstagsfeier oder einen Betriebsausflug gebucht werden.

Am Schluß und doch am Anfang

Das Museum Schloß Steinheim hat seinen Ursprung im 1927 gegründeten Heimatmuseum Steinheim, das sich mit der Ortsgeschichte befaßte. Heute bildet die ortsgeschichtliche Abteilung das andere maßgebliche Standbein des 1986 wiedereröffneten Museums und bietet Informationen über die Geschichte des Schlosses, der Kirche und der Stadt Steinheim seit dem Mittelalter an.

Auch durch diese Dauerausstellung werden Führungen für Schulklassen und andere Gruppen angeboten.   Sabine Wolfram

Museum Schloß Steinheim

Schloßstraße

63456 Hanau-Steinheim

Öffnungszeiten:
Do. – So., 10 – 12 und 14 – 17 Uhr

Tel. 0 61 81 - 65 97 01
oder 20 20 9.

Anmeldungen für Veranstaltungen bitte unter Tel.: 0 61 81 - 20 20 9.

Führungen und Veranstaltungen finden nach telefonischer Vereinbarung auch außerhalb der Öffnungszeiten statt.

Tonidole der Jungsteinzeit - kultische Gegenstände oder Spielzeug? Eine Veranstaltung für Kinder.

Heimatmuseum Mittelbuchen

Im Zuge der 1200-Jahr-Feiern in Wachenbuchen und Mittelbuchen wird als fünftes Museum im Stadtgebiet Hanau das Heimatmuseum Mittelbuchen feierlich eröffnet werden. Damit wird ein langgehegter Wunsch des Mittelbuchener Heimat- und Geschichtsvereins endlich wahr. In jahrelanger ehrenamtlicher Arbeit wurde das Obertor in Mittelbuchen mit Unterstützung des Hochbauamtes der Stadt Hanau renoviert und liebevoll restauriert, so daß das Obertor nun in einem schmucken Zustand Zeugnis von einem sehr ungewöhnlichen und selten Baudenk-

geschoß. Die Räume sind von allen Spuren durch eine langjährige Wohnungsnutzung befreit und in originalen Zustand versetzt worden. Gerade hier wurde vom Mittelbuchener Heimat- und Geschichtsverein besonders viel ehrenamtliches Engagement geleistet. Die Einrichtung erfolgt in enger Zusammenarbeit von Verein und der Verwaltung der Museen der Stadt Hanau.

ter Straße und Planstraße in Mittelbuchen, spätbronzezeitliche Grabfunde aus Wachenbuchen sowie Funde aus der völkerwanderungszeitlichen Siedlung „Oberdorfelder Straße" wiederum Mittelbuchen. Den Übergang zur Ausstellung im Obergeschoß bildet die Betrachtung der „Burg der von Buchen".

Im Obergeschoß wird die Ausstellung nicht chronologisch, sondern thematisch geordnet werden. Die Kirche und die kirchliche Verwaltung, die dörfliche Verwaltung und die Wasserleitungen und die Wasserversorgung sind Themen, ebenso wie die Dorfbefestigungen und die mittelalterlichen Wüstungen.

Der Alltag auf dem Lande soll exemplarisch anhand von Keramik und Textilien und anhand der Apfelweinproduktion dargestellt werden. Weitere Themen sind die Vereine auf dem Land. Die Rolle von Wilhelmsbad, das der Wachenbuchener Gemarkung zugehört hat, des Bismarckturmes, der Judengemeinde in Wachenbuchen, und der weiteren politischen, verkehrlichen und kulturellen Entwicklung beider Jubiläumsorte im 20. Jahrhundert.

Tor und Befestigungsturm in Mittelbuchen.

mal geben kann, einem Tor zur mittelalterlichen Befestigung eines Dorfes. Im allgemeinen wurden die Dorfbefestigungen gründlicher entfernt als die Stadtbefestigungen.

Zusammen mit der Kirche und den vielen erhaltenen Hofreiten bestätigt das Obertor den Charakter eines gut erhaltenen Dorfes trotz der Zerstörungen im Krieg und diverse Abrisse der Nachkriegszeit. In diesem baulichen Erbe und der Überschaubarkeit des Ortes liegt der besondere Reiz von Hanaus ländlichem Ortsteil.

Das Innere des Obertores hat im Erdgeschoß zwei Räume und vier sehr verwinkelte Räume im Ober-

Im Erdgeschoß des neuen Museums wird die Archäologie des Büchertales gezeigt werden. Die Gemarkungen Mittelbuchen und Wachenbuchen wurden seit der frühen Jungsteinzeit nahezu kontinuierlich besiedelt. Hierzu lud die Lage an der Nahtstelle von fruchtbarer Wetterau und Mainebene ein, die eine vielseitige wirtschaftliche Nutzung bot. Die Ausstellung wird in chronologischer Ordnung die „Highlights" der Büchertaler Vor- und Frühgeschichte und dabei besonders die Ergebnisse und Funde neuerer Ausgrabungen berücksichtigen. Gezeigt werden u.a. Funde der bandkeramischen Siedlung zwischen Simmichborn, Kilianstäd-

Am 16. Mai soll das Museum eröffnet werden und so den Auftakt zu den eigentlichen Jubiläumsfeierlichkeiten, die am 1. Juni 1998 beginnen, bilden. Die Einrichtung im Jubiläumsjahr soll so offen gestaltet sein, daß durchaus die Möglichkeit zu späterer Nutzung durch Sonderausstellungen und anderen Themenschwerpunkten erhalten bleibt. Es soll ein offenes und variables kulturelles Zentrum für Mittelbuchen und seine Bewohner entstehen, das nach den Jubiläumsfeierlichkeiten, die ja unweigerlich zu Ende gehen werden, Freude und Nutzen bringen wird.

Anton Merk
Sabine Wolfram

Warum ausgerechnet Wasser aus dem Gebiet des heutigen Wachen- oder Mittelbuchen nach Hanau leiten? Diese Frage stellt sich sicherlich vielen Hanauer Haus- und Gartenbesitzern in der Main- und Kinzigniederung, da sie aus Erfahrung ja nur wenige Meter in die Tiefe graben brauchen um auf Grundwasser zu stoßen. Wasserleitungen in das heutige Hanauer Stadtgebiet sind schon lange bekannt; auch die Römer werden hierbei in einem Atemzug genannt. Reste dieser Leitungen sind immer wieder ausgegraben worden. Nicht nur die Römer leiteten angeblich Wasser nach Hanau, im 16./17. Jahrhundert gab es Anläufe und im 18. Jahrhundert wurde schließlich die sog. „Wachenbuchener Wasserleitung" in die Alt- und Neustadt Hanau gebaut. Noch heute befinden sich Brunnengalerien unterhalb Wachen- und Mittelbuchen, die Trinkwasser fördern.

Das Relief und der Aufbau des Untergrundes um Wachen- und Mittelbuchen ist durch zwei Zonen gegliedert, die lößbedeckten Höhen oberhalb der Orte und die unterhalb gelegene Niederung aus Ablagerungen des Mains. Geologisch gesehen, bestehen die Höhen oberhalb aus z.T. marinen Ablagerungen des Tertiärs mit einem Alter von ca. 15-30 Millionen Jahren. Die Gesteine werden aus einer Wechselfolge von teilweise verkarsteten Kalken und Mergeln sowie Sanden und Tonen gebildet. Diese Schichten werden von mächtigen quartären Lößablagerungen aus den letzten Kaltzeiten überdeckt. Die Ebene unterhalb besteht bei Wachenbuchen im tieferen Untergrund aus tertiären Kalken und Tonen, hingegen sind bei Mittelbuchen auch mächtige Basalte erhalten geblieben. Sie sind im Zusammenhang mit dem Vogelsbergvulkanismus vor etwa 13 Millionen Jahren entstanden. Überdeckt werden diese tertiären Gesteine von quartären Ablagerungen des Mains. Dieser hatte im Laufe der verschiedenen Kaltzeiten seinen Verlauf häufig gewechselt und hinterließ mehrere Meter mächtige Ablagerungen aus Sand und Kies.

Der Austritt von Quellen ist hier an Unterschiede in der Gesteinsbeschaffenheit des Untergrundes gebunden. Sie treten verstärkt dort zutage, wo es einen Wechsel von stärker wasserführenden und grundwasserstauenden Gesteinen gibt. Ein weiterer Faktor ist die unterschiedlich starke Lößbe-

„Buchener Wasser" nach Hanau

deckung. Hieraus resultiert eine Konzentration von Quellen an jenen Stellen, wo eine grundwasserstauende Gesteinsschicht an die Oberfläche kommt und gleichzeitig die Bedeckung mit Löß möglichst gering ist. Dies ist in den Tälern oberhalb von Wachenbuchen und Mittelbuchen der Fall. Im Borntal bei Mittelbuchen kommt noch hinzu, daß dort oberflächennahe Reste von Basalten erhalten blieben, an deren Untergrenze Quellwasser austritt.

Die einfachste Form der Wasserversorgung ist die Nutzung von natürlich austretendem Wasser aus Quellen. Bei der Nutzung von Grundwasser für die Wasserleitungen wurden die Quellaustritte mit Steinen in einem Schacht gefaßt, später sicherlich auch vertieft. Die heutige Trinkwasserversorgung greift nicht mehr auf diese Quellen zurück, sondern fördert hygienisch einwandfreies Wasser aus größeren Tiefen. Die Wasserwerksbrunnen unterhalb Wachenbuchen fördern aus den Sand- und Kiesablagerungen des Mains, die Brunnen bei Mittelbuchen aus Basalt in größerer Tiefe.

Die Römer waren bekanntermaßen hervorragende Architekten von „Wasserversorgungssystemen". Warum sollten nicht auch in Hanau Spuren von Wasserleitungen aus dieser Zeit erhalten sein? Doch stellt sich zunehmend heraus, daß die angeblichen „römischen Wasserleitungen in der Umgebung von Hanau" einer wissenschaftlich korrekten Untersuchung nicht standhalten. Deshalb halten wir uns hiermit nicht länger auf. Es ist schon wahrscheinlich, daß auch die Römer entsprechende Leitungen in dieser Region unterhielten. Ob diese jedoch weite Strecken überbrückten oder nur für die lokale Versorgung von Bädern dienten, kann nicht gesagt werden. Warten wir also auf gesicherte Funde.

Seit dem ausgehenden Mittelalter ist eine erste, gesicherte Wasserleitung von ´Buchen´ nach Hanau nachweisbar. Ab der Büchertalschule zwischen Wachen- und Mittelbuchen ist sie bekannt, verläuft von dort nach Mittelbuchen bis etwa zur Straßenkreuzung südwestlich des alten Ortskerns. Ob im Bereich Büchertalschule eine Quelle gefaßt war, die das Wasser lieferte, ist nicht bekannt. Heute ist südlich des Lützelberges keine Quelle mit ausreichender Wasserschüttung mehr vorhanden. Ein zweiter Zufluß kommt aus dem Borntal („Simmichborn") nördlich in den Ort und trifft dort auf die Leitung von der Büchertalschule. Durch die „Große Wiese" unterhalb des Ortes verlief sie nach Süden, an der „Altenburg" westlich vom Kinzigheimer Hof vorbei, durch die Autobahnanschlußstelle Hanau-Nord, entlang der Bruchköbeler Landstraße bis etwa zum Alten Rückinger Weg, um dann nach Osten abzuknicken. 1936 konnten bei der Verlegung der Fallbachmündung noch unmittelbar am Kinzigufer entsprechende Funde gemacht werden.

Warum diese Wasserleitung gebaut wurde, läßt sich anhand von Aufzeichnungen nicht nachweisen. Es bleibt hier, wie auch bei allen anderen Projekten, nur der Verweis auf eine Vielzahl von flachen Brunnen in der Stadt und das verhältnismäßig gut zu erreichende Grundwasser. Derart teure Leitungstechniken, wie sie hier verwendet wurden, rechnen sich zur Frischwasserversorgung nur für finanzstarke Auftraggeber. Eine

Holzrohr

mögliche Spekulation wäre der weitere Verlauf über die Kinzig hinweg bis zum Stadtschloß.

Die Mittelbuchen-Hanauer Wasserleitung ist als Tonrohrleitung (siehe Abbildung) angelegt. Einzelne Röhren aus braunem gebranntem Ton (Keramik) von ca. 70 cm Länge und einem Innendurchmesser von 6 - 9,5 cm wurden ineinander gesteckt. Es ist anzunehmen, daß Teilstrecken, wie Unterquerungen von Gewässern, auch aus Holz gefertigt waren. Hierfür wurden ausgehöhlte Baustämme verwendet.

Mit neuen Datierungsmethoden bestand die Möglichkeit, das Alter der Keramikröhren zu bestimmen. Die lange Zeit geäußerte Vermutung, daß es sich um römische Wasserleitungen handelt, konnte widerlegt werden. Die an Fundstücken aus Hanau-Nord vorgenommene Altersbestimmung ergab, daß die Röhren um 1570 ± 50

Jahre gebrannt wurden. Verdoppelt man den möglichen Fehler auf 100 Jahre und erhöht somit die Alterswahrscheinlichkeit, so ergibt sich ein möglicher Zeitrahmen der Verlegung von 1470 bis 1670.

Betrachtet man das Alter der Tonröhren, so fällt auf, daß der Bau der Wasserleitung mit großer Wahrscheinlichkeit in der zweiten Hälfte des 16. Jahrhunderts oder zu Beginn des 17. Jahrhunderts stattfand. 1597 erfolgte die Unterzeichnung der „Capitulation", d.h. die Gründung der Hanauer Neustadt. Mit dem Zuzug der Neubürger und dem Bau einer neuen Stadt vor den Toren der Altstadt, stieg auch der Frischwasserverbrauch in Hanau. Hier könnte ein möglicher Grund für den Bau liegen, wobei keinerlei Aufzeichnungen hierzu in den Ratsprotokollen bekannt sind. Daß die Wasserleitung nicht lange in Betrieb blieb, ist auf die sehr einfache Konstruktion zurückzuführen, die anfällig für Verstopfen mit Sand und ähnlichem Schwemmaterial war. Hierin könnte auch ein Anlaß für die fehlende historische Erwähnung liegen.

Eine weitere Anregung für den Bau einer neuen Wasserleitung ist auf den Hanauer Grafen Philipp Reinhard zurückzuführen. Nach dem Ratsprotokoll der Neustadt vom 26.4.1700 war die Errichtung eines Springbrunnens auf dem Neustädter Markt vorgesehen, so daß das Ratsprotokoll ausführte „hochgrfl. Gnaden in dem herrschaftlichen Gärten zu Kesselstadt einen extraordinär schönen Springbrunnen zu verfertigen befohlen hatten, weilen nun von selbigen das gesunde Wasser, welches dorthin von anderen orthen her geleithet werden solle, auch hierher biß auff den Neuen Stätter Marckt zum Besten geführet werden könnte...". Hierin findet sich der Hinweis auf den eigentlichen Grund für die Wasserleitung. Zwar gab es Brunnen in

der Alt- und Neustadt, doch waren diese aus hygienischen Gründen für die Trinkwasserversorgung der Bevölkerung nicht die beste Lösung. Diese Überlegungen griff Landgraf Wilhelm VIII. wieder auf. Die eigentliche Initiative für den Bau der Wachenbuchener Wasserleitung ging mit dem Entschluß im Jahr 1748 Hanau mit einer Quellwasserleitung zu versehen von ihm aus. Am 13. September 1748 ließ Wilhelm VIII. den Räten der Alt- und Neustadt eine Verfügung zugehen, daß er aus „landesväterlicher Sorgfalt [...] zu der Einwohner Gesundheit und bessere Bequemlichkeit" beide Städte mit frischem Wasser zu versehen sind. Zu diesem Zweck soll eine bei Wachenbuchen vorhandene Quelle durch eine Wasserleitung aus gußeisernen Rohren nach Hanau geleitet werden. Die Baukosten sollten zu 2/3 von den Städten und zu 1/3 aus der gräflichen Kasse übernom-

Tonrohre

men werden. Diese Finanzierung wird noch für einige Eintragungen in den Ratsprotokollen und so manchem Schriftwechsel sorgen. Die fehlende Begeisterung für derartige Kosten und mangelnde Zahlungsmoral wurde kurzerhand durch die Einführung einer neuen „Steuer", in Form einer Vermögenssteuer, durch den Grafen beantwortet.

Die mit einem Schacht eingefaßten Quellen lagen nordwestlich von Wachenbuchen am Hang des Hühnerberges. In den Gemarkungen „Pfingstweide" und „Über den Paffenerlen" sind bis in heutige

Tage Brunnen in der Topographischen Karte eingezeichnet. Die ursprünglich vier Brunnen wurden nach dem Anschluß der Hanauer Kaserne an die Wasserleitung 1828 noch durch den „Wolfsbrunnen" ergänzt. Die Gesamtschüttung der gefaßten Quellen betrug etwa 12 qm pro Stunde.

Die Leitung verlief talwärts, westlich am alten Wachenbucher Ortskern vorbei in das Wiesen- und Ackergelände unterhalb des Ortes, durch den Wald nach Wilhelmsbad, von dort über die Fasanerie und parallel der Frankfurter Landstraße bis vor die Kinzigbrücke. Anfangs wurde die Kinzig von der Wasserleitung überquert. Nachdem die Leitung im Winter trotz Isolierung mit Pferdemist regelmäßig zufror, wurde die Leitung durch das Flußbett gelegt.

Innerhalb Hanaus durchlief die Leitung die Vorstadt und Hospitalstraße bis zur Metzgerstraße. Hier stand der Katzenturm, als Hauptverteiler mit einem Kupferbehälter und Haupthahn. Zwei Stränge führten von der Metzgerstraße in die Alt- und Neustadt. Einer folgte über den Altstädter Markt, die Schloßstraße (Graf-Philipp-Ludwig-Straße) zum Waschhaus des Stadtschlosses. Der zweite Strang ging durch die Marktstraße zum Paradeplatz (Freiheitsplatz), entlang der Fahrstraße zur Mitte des Neustädter Marktes (Marktplatz). Von diesem Strang wurde die Kaserne versorgt. Die Gesamtlänge der Wachenbuchener Wasserleitung betrug ca. 8,3 km.

Die anfängliche Skepsis der Hanauer gegenüber den veranschlagten Baukosten, sie sollten ja 2/3 hiervon tragen, sollte sich später als richtig erweisen. Die endgültigen Kosten des Neubaues und der ersten Reparaturen übertrafen 1753 mit 32.000 Gulden das 3,7fache des Kostenvoranschlages!

Am 10. Oktober 1750 floss erstmals Wasser durch die Leitung, letztmalig 1845. Doch auch in diesen 95 Jahren hatte man keine große Freude an ihr. Mal gab es Wasser, mal nicht. Das ‚frische Naß‘ war im Sommer weit von den Vorstellungen eines kühlen, gutschmeckenden Quellwassers entfernt. Nach Gewitterregen oder Hochwasser war es trüb.

Neben gravierenden Konstruktionsfehlern, die zu Unterbrechungen der Wasserversorgung führten, wurde die alte Wasserpipeline auch von manchem Anlieger angezapft oder in heißen Sommern sogar unterbrochen.

1858 wurde aus der aus landesväterlicher Sorgfalt angeordneten Wasserleitung Alteisen. Der Spenglermeister Koch erwarb die Leitungen in der Stadt für 300 Gulden und ließ sie ausgraben.

Lars-Oliver Renftel

Der Ausfluß der Wachenbücher Wasserleitung im Gemeindehöfchen in der Metzgergasse, Altstadt.

Turngemeinde Hanau 1837 a.V.

- ein bemerkenswerter Verein -

Die TGH, wie sie verkürzt in der Stadt Hanau und in der Region genannt wird, steht 1998 im 161. Jahre seit ihrer Gründung. Sie ist mit rd. 3000 Mitgliedern der größte Sportverein der Stadt und des Main-Kinzig-Kreises und gehört zu den sechs ältesten Vereinen im Deutschen Turnerbund.

Die Turngemeinde Hanau 1837 a.V. ist in jeder Hinsicht ein bemerkenswerter Sportverein. Ist die Dauer des Bestehens an und für sich bereits beeindruckend, so findet man, wenn man sich mit der Historie der TGH befaßt, Bemer-

kenswertes. Das fängt mit dem Zusatz „a.V". als Bestandteil des Vereinsnamens an. Dieses Kürzel steht für „anerkannter Verein" und hat Bedeutung für den Rechtsverkehr. Die Turngemeinde Hanau 1837 a.V. ist nämlich, obwohl nicht im Vereinsregister eingetragen, eine juristische Person und voll rechtsfähig. Eine Eintragung im Vereinsregister des Amtsgerichts ist für die TGH deshalb nicht erforderlich, weil sie bei Einführung des Bürgerlichen Gesetzbuches und damit im Zeitpunkt der Einrichtung der Vereinsregister vor über 100 Jahren als entsprechende Rechtspersönlichkeit bereits anerkannt war.

Die Wurzeln dieses Vereins ragen zurück bis in die Anfänge des Turnens. Die Geschichte der Hanauer Turngemeinde ist wie bei kaum einem anderen Verein auch die Geschichte des Turnens und der Turnbewegung. Die Turngemeinde Hanau 1837 a.V. der Gründungszeit war, wie viele Turnvereine von damals, für die Bürger nicht nur ein Ort sportlicher Betätigung. Sie war Refugium und Forum für politische Agitation. Gerade die Hanauer Turner, die sich in der Turngemeinde Hanau zusammengefunden hatten, benutzten den Verein mit besonderer Hingabe als Schutzschild für ihre politischen

Postkarte mit Jahn-Turnhalle, 1903

Ziele. Unter der Führung ihres damaligen ersten Vorsitzenden August Schärttner widersetzten sie sich wiederholt und auch teilweise mit Erfolg der Obrigkeit.

Die Hanauer Turngemeinde war schließlich maßgeblich daran beteiligt, als sich die Turngemeinden Deutschlands zum ersten und zweiten Deutschen Turntag im April und Juli 1848 in der Hanauer Wallonischen Kirche versammelten.

Auch wenn das engagierte Wirken der Hanauer Turner für demokratische Rechte bei dem bewaffneten „Auszug nach Baden" im Jahre 1849 ein jähes Ende nahm und u. a. zur Folge hatte, daß die Turngemeinde Hanau im Jahre 1850 aufgelöst wurde, weil sie als politischer Verein betrachtet wurde, bedeutete dies dennoch nicht das Aus für das Bestehen des Vereins.

Drei Hanauer Turner
um 1860

Zwar ruhte praktisch die Existenz aufgund der von Staats wegen verordneten Auflösung bis 1861. In dieser Zeit blieben die Mitglieder nicht tatenlos und besannen sich auf den sportlichen Zweck. Nachdem der Verein seine Zusage gab, sich jedweder „politischer Parteienstellung" zu enthalten, durfte er auch offiziell wieder aktiv sein.

In der folgenden Zeit bemühte sich die TGH 1837 a.V. mit Erfolg auf sportlichem Sektor um Fortschritt und Erneuerung. So wurde im Jahre 1876 die erste eigene Turnhalle eingeweiht, die bald jedoch schon zu klein war, da bei den Hanauer Bürgern mehr und mehr sportliches Interesse wach wurde. Insbesondere begannen sich auch die Frauen zu regen. Es dauerte dann bis zum Jahre 1902, bis das neue Vereinshaus „Unsere Turnhalle" in der heutigen Jahnstraße eingeweiht werden konnte.

Dieser Bau machte den Weg frei für eine im Jahre 1903 für damalige Verhältnisse revolutionäre Entscheidung im Verein: die Gründung einer Frauenabteilung. Damit

war der Grundstock gelegt für die weitere Entwicklung des Vereins vom ursprünglich reinen Männer-Turnverein zu einem Verein, in dem jedermann gleich welchen Geschlechts und gleich welcher Nationalität ein sportliches Betätigungsfeld finden kann.

Die TGH 1837 a.V., bei der über ⅓ der Mitglieder unter 18 Jahren sind und die sich in erster Linie dem Breitensport widmet, bietet sportlich Interessierten in rd. 20 Abteilungen mit ca. 125 Übungsleiterinnen und Übungsleitern eine riesengroße Palette an. Es können fast alle gängigen Sportarten betrieben werden. Das Angebot reicht von Turnen und Gymnastik in den vielfältigsten Gestaltungsformen über Handball, Basketball, Volleyball, Badminton, Schwimmen, Fechten, Leichtathletik, Tennis, Ju-Jutsu, Tischtennis, Hockey, Wandern, Freizeitsport bis hin zum Baby-Schwimmen und Tanzen, um beispielhaft nur einige der Sportarten zu nennen. Jüngstes Kind in der TGH-Sportfamilie ist seit Frühjahr 1997 ein Projekt Integrationssport für Behinderte, das in Zusammen-

arbeit mit der Bertha-Heraeus- und Kathinka-Platzhoff-Stiftung durchgeführt wird.

Walter Mosler, der seit mehr als zehn Jahren im Amt befindliche derzeitige 1. Vorsitzende der TGH 1837 a.V., mit dessen Namen die Ausrichtung einiger sportlicher Großveranstaltungen in Hanau, wie z. B. Deutsche Mannschaftsmeisterschaften im Turnen und Hessisches Landesturnfest eng verknüpft ist, hat die heutige Zielsetzung des Vereins einmal wie folgt definiert:

„Die TGH dient der Allgemeinheit auf dem Gebiet des Sports in seiner Vielgestaltigkeit als Bestandteil des kommunalen und kulturellen Lebens."

Aus dieser Zielsetzung ist zu entnehmen, daß sich auch die heutige TGH im Sinne der Gründerzeit und von August Schärttner der Gesellschaft verpflichtet fühlt, auch wenn die gesellschaftlichen Probleme heute natürlich andere sind.

Hans Burster

7. Internationale Brüder Grimm-Musiktage
STEINAU AN DER STRASSE

Meisterkurs Gesang
Julia Hamari

Meisterkurs Klavier
Anatol Ugorski

26. 7. – 9. 8. 1998

Infos:
Organisationsbüro
Internationale Brüder-Grimm-Musiktage
Brüder-Grimm-Straße 47
36396 Steinau a. d. Straße
Telefon 0 66 63/9 73 32
Telefax 0 66 63/9 73 50

6. STEINAUER PUPPENSPIELTAGE
26.9. - 7.10.1998

Im Sommer und im Herbst zeigt sich die Märchenstadt Steinau an der Straße von ihrer schönsten Seite

Die Internationalen Brüder Grimm-Musiktage finden in diesem Jahr zum siebten Mal in Steinau an der Straße statt. Nutzen Sie die Gelegenheit, junge Künstler aus aller Welt im Unterricht mit weltbekannten Dozenten zu beobachten.

Besuchen Sie auch die Konzerte dieses Festivals:

26. 7. 98 Zauber der Musik – Operettenabend mit dem Johann-Strauss-Orchester im Schloßhof, Moderation Elmar Gunsch
31. 7. 98 Konzert der Barrel-House-Jazzband im Schloßhof
 1. 8. 98 Klavierkonzert mit Anatol Ugorski in der Katharinenkirche
 4. 8. 98 Klavierkonzert mit Han-Gyeol Lie (15 Jahre) in der Katharinenkirche, Preisträgerin zahlreicher Musikwettbewerbe,
   u. a. 1. Preis beim Bundeswettbewerb Klavier solo, 1996
 6. 8. 98 Konzert der Meisterklassen im Kurhaus Bad Brückenau
 8. 8. 98 Konzert der Meisterklassen in der Katharinenkirche
 9. 8. 98 Matinee der Meisterklassen in der Katharinenkirche

Vorverkaufsstellen: Verkehrsamt Steinau an der Straße, Brüder-Grimm-Straße 70, Telefon 0 66 63/9 63 10, Fax 96 31 33
Reisestudio Ulla Klemp, Steinau an der Straße, Brüder-Grimm-Straße 15, Telefon 0 66 63/73 51 und 76 96

Puppenspieltage in Steinau an der Straße
Im Jahr 1998 finden über einen Zeitraum von 12 Tagen zum 6. Mal Puppenspieltage in Steinau statt. Alljährlich vor den Herbstferien gastieren zahlreiche Bühnen aus ganz Deutschland in der Märchenstadt. Wer nun glaubt, daß Puppentheater nur etwas für Kinder sei, der irrt sich; zahlreiche Vorstellungen für Erwachsene und deren Resonanz sprechen für sich.

Steinau ist geradezu prädestiniert für Puppenspielfestivals: Die Brüder Jacob und Wilhelm Grimm verlebten in Steinau ihre Jugendzeit. In den Märchen, die sie später sammelten, finden sich die Wurzeln der abendländischen Kultur. Hinzu kommt das Marionettentheater „Die Holzköppe", das seit über 50 Jahren in Steinau beheimatet ist. Zu den zurückliegenden Märchenfestivals fanden jeweils ca. 2.000 Puppenspielbegeisterte den Weg in die mittelalterliche Kleinstadt im oberen Kinzigtal. Steinau hat neben einem attraktiven Kulturprogramm interessante Ausflugsziele zu bieten. Da sind das Brüder Grimm-Haus, das mächtige Renaissanceschloß, Hessens einzige Tropfsteinhöhle sowie der Erlebnispark.

Ausführliche Informationen erhalten Sie auf Anfrage gerne vom Städtischen Verkehrsamt, Brüder-Grimm-Straße 70, 36396 Steinau an der Straße, Telefon 0 66 63/9 63 10, Fax 96 31 33.

Wenn unsere Vaterstadt im Jahr 1998 auf eine mehr als 150jährige Turnbewegung zurückblickt, so kann mit Fug und Recht gesagt werden, daß die „Sechziger" - wie man sie im Volksmund nennt - von Anfang an dabei waren.

Denn folgt man den Überlieferungen, so gehen die Wurzeln des heutigen Turn- und Sportvereins, der heuer mehr als 1000 Mitglieder zählt, bis in die erste Hälfte der 40er Jahre des 19. Jahrhunderts zurück.

Unmittelbarer Vorläufer war der vorwiegend berufsständig orientierte Verbund „Hanauer Tabakarbeiterverein" - gegründet um 1840 - der in jenen Jahren der Blüte dieses Manufakturzweiges in unserer Region über eine sehr beachtliche Mitgliederzahl verfügte.

Matthias Daßbach

gründern des Hanauer Turnvereins - daß der Hanauer Tabakarbeiterverein bis 1850 bestand und im Gasthof „Zur Weißen Taube" sein Versammlungslokal hatte.

Dessen Mitbegründer war u. a. auch **Matthias Daßbach**, dem innerhalb der Hanauer Arbeiterbewegung eine ebenso tragende Rolle zukommen sollte.

Der Chronist Wilhelm Ziegler (1809-1878) schreibt in seinen von 1825 bis 1877 geführten Tagebuchaufzeichnungen:

„Freitag, 9. November 1860: an Robert Blums Todestag - sozialdemokratischer Politiker - bildet sich hier ein Cigarrenarbeiter-Turnverein."

„Montag, 2. April 1861: Auch sind die hiesigen Cigarrenarbeiter zu einer Turngesellschaft zusammengetreten, ihr Vereinslokal ist der Biergarten «Zur weißen Taube» - als Turnplatz wurde ein Acker an der Gelnhäuser Straße angelegt, bei einer Jahrespacht von 150 Talern."

Die 60er-Turner beginnen sich ebenso auf den Verbandsebenen der damaligen Zeit zu organisieren. Sie treten dem „Deutschen Turnerbund" und dem „Mittelrhein-Kreis" bei.

Den Betrieb der Leibesübungen übernimmt mit Philipp Störger ein in der Stadt am Main arrivierter Turnlehrer.

Es entwickelt sich ein reges Vereinsleben, das mit der ersten sportlichen Großveranstaltung dem 8. Mittelrheinischen Kreisturnfest 1868 in Hanau einen bemerkenswerten Höhepunkt erfährt. 1869 dann erfolgte der Beitritt zum lokalen Maingau-Verband. In den 70er Jahren des vorigen Jahrhunderts formierten sich dann die Turner-Sänger (1873), umbenannt wurde der Verein in „Turnverein Hanau" (1878) und ein vereinseigenes Grundstück als Turnplatz für 1200 Goldmark gekauft (1879).

Innere Zwistigkeiten führten im Jahr 1881 dazu, daß es zur Spaltung des rd. 20 Jahre zuvor etablierten Vereins kam. Die Konsequenz war, daß sich neben dem Turnverein 1860 eine Turngesellschaft 1881 in Hanau ansiedelte. So wird über jene Zeit berichtet:

Die Vereine marschierten getrennt und litten miteinander, denn eines

Turn- und Sportverein 1860 Hanau

Tradition und Gegenwart seit mehr als anderthalb Jahrhunderten

Im historischen Jahr 1848 dürften wohl sämtliche der organisierten Tabakarbeiter jenem unter der Befehligung von Turnerführer August Schärttner stehenden, mehrere hundert stark bewaffneten Freicorps zugehörig gewesen sein, das militant im nordbadischen Waghäusel preußischen und österreichischen Truppenverbänden gegenüberstand.

Der Aufstand wurde 1849 blutig niedergeschlagen, viele der Hanauer Turner gefangengenommen, deportiert und in Internierungslager gebracht.

In einem Brief vom 24. August 1910 bestätigt Georg Reuling - er gehörte im Jahre 1860 zu den Mit-

Durch falsche Anschuldigung denunziert, wurden mehrere Mitglieder der Zigarrenarbeiter von den seinerzeit in Hanau liegenden Regimentstruppen, den sogenannten „Strafbayern", verhaftet und in Kassel vor ein Kriegsgericht gestellt, wo sich hernach ihre Unschuld herausstellte.

Diese Maßnahme allerdings wirkte sich so einschneidend aus, daß es zur Auflösung des Tabakarbeitervereins kam.

Unter selbiger Fahne, ein Jahrzehnt rund später, wurde im Jahr des 1. Deutschen Turnfestes in Coburg 1860 ein „Turnverein der Cigarrenarbeiter Hanau" aus der Taufe gehoben.

hatten sie gemeinsam, sie waren - nachdem der einige Jahre zuvor erworbene Turnplatz verlorenging - beide ohne Obdach, ihren Übungsbetrieb und die Versammlungen in eigener Unterkunft abhalten zu können.

1891 dann wieder für die Hanauer Turner ein großes Jahr mit der Durchführung des 19. Mittelrheinischen Kreisturnfestes.

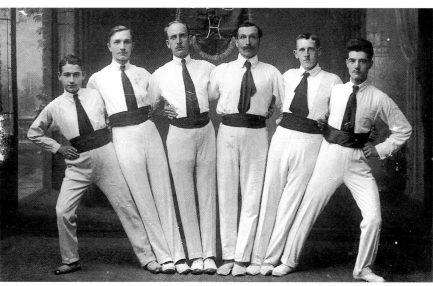
Akrobatengruppe

In den 90er Jahren kam es Stück für Stück zu Gründungen von Ballspielabteilungen und damit der Ausweitung des sportlichen Tuns in beiden Turnvereinen. 1905 war der Turnverein als erster dran, wo eine Fußballabteilung entstand. 1906 - im Jahr des 28. Mittelrheinkreis-Turnfestes wiederum in Hanau - führte man beim TV 1860 das Frauenturnen ein.

Das olympische Jahr 1912 stand im Zeichen der Gründung der Vereinsgemeinschaft Hanauer Turnerschaft (TG 1837, TFC 1869, TV 1860 Kesselstadt, TV 1860 und TGS 1881 Hanau). Der TV 1860 erwarb einen neuen Turnübungsplatz, und die mittlerweile auch gegründete Fußballabteilung der 81er-Turngesellschaft trat dem Süddeutschen Fußballverband (daselbst 1897 in Karlsruhe unter Beteiligung des 1. FC 1893 Hanau mitgegründet) bei.

Der 1. Weltkrieg 1914/18 brachte sehr erhebliche Rückschläge in das Vereinsleben. So kam der Turnbe-trieb bei der Turngesellschaft fast gänzlich zum Erliegen.

Beim Turnverein 1860 rief man hingegen in diesen Nachkriegsjahren 1919 eine Kinderturnabteilung, 1920 die Abteilungen Wandern und 1921 Handball ins Leben.

Das Jahr 1922 hatte als Jahr der Wiedervereinigung der beiden rd. vier Jahrzehnte zuvor auseinandergedrifteten Turnvereine sodann historische Bedeutung. Beim erstmals nach dem Kriege stattgefundenen Mittelrhein-Kreisfest in Aschaffenburg waren TV und Turngesellschaft gemeinsam Seite an Seite im Festzug vereint.

Wenige Wochen später kam es zur „Verschmelzung" am 20. August 1922 im Saal des Hotels „Zum Riesen" am Heumarkt, wobei mit Stimmenmehrheit der Turner Ernst Schwarzkopf, von Beruf Eisenbahnschaffner, zum 1. Vorsitzenden gewählt wurde und dieses Ehrenamt bis 1943 innehaben sollte.

Am Sandeldamm begannen die Wiederfusionierten gemeinsam ein Vereinsheim zu errichten.

1924 warf dann wieder ein Schatten auf die Entwicklungsgeschichte der Sechziger. Turnen und Fußball beschlossen getrennte Wege zu gehen. Die Balltreter nabelten sich ab und nannten ihren Club fortan „Sport 1860 Hanau".

1927 erschien die erste Vereinszeitung der nun seit fünf Jahren vereinten „Turn- und Sportvereinigung 1860 Hanau".

1928 erfolgte der Zusammenschluß der Fußballer von „Sport 1860" mit dem „Fußball-Club Viktoria 1894" zur „Spielvereinigung 1860/94 Hanau".

Damit verbunden war die Übernahme des bereits 1904 an der Freigerichtstraße als eines der ältesten Spielfelder Deutschlands eingeweihten Sportplatzes, der bis 1960 zur sportlichen Heimstätte werden sollte. Im gleichen Jahr gründete sich erstmals eine Funktionsträgerschaft Turnausschuß von 14 Personen, deren Mitaufgabe es war, neben dem üblichen Sportbetrieb auch größere Veranstaltungen organisatorisch mitzugestalten.

So im Jahre 1930, als sich in Hanau vom 31. Juli bis 4. August erneut die Turner des Regionalverbandes Mittelrhein zu ihrer 34. und letzten Auflage der seit 1860 erstmals in Offenbach turnusmäßig ausgerichteten Kreisturnfest-Veranstaltungen trafen.

1931 dann endlich ist es soweit: Am 1. Februar kann der Verein ein eigenes Heim - Am Sandeldamm 12 - beziehen. Die Kosten dieses Projektes wurden in der Hauptsache durch ein Bausparkapital von 20.000,— Goldmark erbracht.

Die Sechziger sind inzwischen auf eine Mitgliederzahl von 600 angewachsen.

Zwei Jahre später kann der Turnverein nun auch über einen Spielmannszug verfügen.

Das Jahr 1934 bringt den Wiederanschluß der Fußballer der Spielvereinigung 1860/94 an den Turnverein 1860 Hanau.

In den 30er Jahren trägt eine recht erfolgreiche Feldhandball-Mannschaft der Frauen das 60er-Trikot, die 1938 ins Endspiel um die Meisterschaft des Gaus Hessen vordringt und dabei gegen die Vertretung von Hessen-Preußen Kassel eine knappe Niederlage hinnehmen muß.

1939 schafft die Fußballelf den Aufstieg in die Gauliga Hessen, der damals höchsten deutschen Spielklasse. Dieser Premier-Liga sollte der Verein angehören, bis die Wirren des Krieges den Verbandsspielbetrieb zum Erliegen brachten.

In jener Gau-Ligamannschaft spielte ab 1942 auch der damals 17-jährige Kurt Völler (Vater des 90 fachen Nationalspielers und Fußball-Weltmeisters von 1990 - Rudi Völler).

Eine Gründung einer Kegelabteilung wurde dann im Jahr 1940 vollzogen.

Im Kriegsjahr 1943 verstarb der legendäre Vereinsvorsitzende Ernst Schwarzkopf, und Fritz Staarfänger, Kartonagen-Fabrikant, trat mit kurzer Unterbrechung (1946/47) dessen Nachfolge bis zum Jahr 1965 an.

Mit dem Zusammenbruch 1945 kam das Vereinsleben in diesem Jahr de facto gänzlich zum Stillstand, nachdem infolge mehrerer Bombentreffer das Vereinshaus am Sandeldamm in Schutt und Asche fiel.

Doch ab 1946 war man wieder daran, den Sportbetrieb in Gang zu bringen. Die Fußballer, als ehemals Gauligisten, wurden der Hessischen Landesliga zugeteilt und spielten auf dem notdürftig hergerichteten Spielfeld an der Freigerichtstraße. Allerdings konnte die Hessenliga nur 1 Jahr gehalten werden.

Im Nachkriegsjahr 1947 zählt 1860 Hanau nur noch knapp über 200 Seelen.

Ein musisch beflissener Mann namens Heiner Winhold baute im Verein eine Musikgruppe auf, deren Leiter er viele Jahre blieb vom Jahr 1950 bis in die 70er Jahre hinein.

Ein Gedenkstein an die gefallenen Mitglieder beider Weltkriege wurde 1952 eingeweiht und das wiederaufgebaute Vereinshaus am Sandeldamm konnte dann im September 1955 seiner Bestimmung übergeben werden.

Die Kegler können 1956 die Finalteilnahme bei den „Deutschen" in Essen stolz vermelden.

Am 23. März 1957 wird die Satzung des Vereins neu gefaßt, und die Sechziger firmieren von da an als „Turn- und Sportverein 1860 Hanau". Im selben Jahr ist der Verein Mitausrichter der nach Hanau vergebenen „Deutschen Turnspiel-Meisterschaften".

1958 gründet der damals 17jährige Heinz Spachovsky mit einer Handvoll Aktiven aus der Turnabteilung heraus eine Leichtathletikabteilung, deren Geschicke er in ununterbrochener Folge über 28 Jahre leitete.

Mit einem akademischen Festakt feiern die 60er ihr 100jähriges Bestehen seit der Wiedergründung in einem würdigen Rahmen, der ebenso große Beachtung in der Öffentlichkeit findet.

1961 dann finden sich Tischtennisspieler zur Gründung einer Abteilung zusammen. Alsbald setzt hier der Verbandsspielbetrieb ein.

1965 beginnt eine neue Ära: Sebastian Bache aus der Fußballabteilung übernimmt das Zepter von dem aus dem Turnerlager stammenden langjährigen 1. Vorsitzenden Fritz Staarfänger, dessen Ernennung zum Ehrenvorsitzenden erfolgt.

1966 gründet sich bei den Turnerinnen eine spezielle Gymnastikabteilung, die den modernen Entwicklungstendenzen insoweit Rechnung trägt.

Auch im Frauenhandball gibt es bald wieder einen Spielbetrieb.

Die Keglerin Hanni Laßmann wird ab 1967 mehrmals ins Nationalteam berufen.

1968 nimmt eine Serie von internationalen Jugendsportfesten unter Regie der wackeren Abteilung der Leichtathleten ihren Anfang mit teilnehmenden Mannschaften aus 5 Nationen.

Mit einer Truppe von 12 Aktiven fahren die Leichtathleten nach Vaduz und treten dort gegen eine Auswahl des Fürstentums Liechtenstein mit achtbarem Abschneiden an.

In den folgenden Jahren bis 1983 kommt es regelmäßig zu Treffen mit befreundeten Clubs in Österreich, der Schweiz, den Niederlanden, Belgien, Dänemark und Schweden.

Die 60er-Leichtathleten können ein rundes Dutzend hessischer Meistertitel und weitere relevante Erfolge auf nationaler Ebene verbuchen.

1974 gründen sich die Volleyballer. Es entsteht alsbald ein Herren- und ein Damenteam. Vorübergehend formieren sich auch Basketballer und beteiligen sich für 3 Saisons an Punktspielen im lokalen Raum. Im gleichen Jahr bildet sich auch eine Abteilung, die Freizeitsport betreibt - vornehmlich hierbei das „Hobby-Kicken" pflegt.

1983 wird Rudi Völler im Trikot des Bundesligisten SV Werder Bremen, der seit 1968 den Sechzigern als Heimatverein angehört, zum Torschützenkönig der Bundesliga und „Fußballer des Jahres in Deutschland" gekürt.

Die Frauen-Handballmannschaft gehört für 1 Jahr der Oberliga Hessen-Süd an. Die Gymnastikdamen werden erstmals Hessenpokalsieger in den Gruppenwettbewerben „Gymnastik und Tanz" und die Leichtathleten begehen ihr 25-jähriges Abteilungsjubiläum.

Mitte der 80er Jahre reifen die Planungen zum Bau eines neuen Vereinsdomizils neben dem Sportgelände am Carl-Diem-Weg, draußen im Tümpelgartengebiet. So erfolgt im September 1985 dort der erste Spatenstich.

Im Jahr des 125jährigen Bestehens zählt der Verein exakt 1025 Mitglieder, dessen Gründungszeugen Matthias Daßbach und Georg Reuling einst an jenem 9. November 1860 im Biergarten „Zur Weißen Taube" waren.

Am 9. Mai 1986 konnte das neue Vereinsheim mit einem Kostenvolumen von etwa 1,7 Mio. DM schlüsselfertig in feierlichem Rahmen übergeben werden. Im Folgejahr sind weitere beträchtliche Aufwendungen zum Ausbau des Vereinshauses in sechsstelliger Höhe zu veranschlagen.

1987 steht im Zeichen von Landesmeisterschaften bei den Leichtathleten und den Volleyballerinnen sowie dem Pokalsieg der Gymnastikdamen in Berlin beim deutschen Turnfest.

Ein hauseigener Biergarten am Vereinshaus kann im Mai 1988 seiner Bestimmung übergeben werden. 200 Gäste erleben den offiziellen Faßanstich von Oberbürgermeister Hans Martin.

1989 haben die Handballer in einer Freundschaftsbegegnung den rumänischen Europa-Cup-Gewinner von 1987 - HC Minaur Beia Mare - zu Gast, und die Leichtathleten schöpfen mit gar 7 Landesmeistertiteln noch einmal den Rahm ab.

In der 130. ordentlichen Mitgliederversammlung kommt es nach einem runden Vierteljahrhundert Amtszeit des verdienstvollen Vorsitzenden „Bastel" Bache zu einer Wachablösung in der Führung des Vereins.

Dieter Neidhardt wird als Nachfolger von Ernst Schwarzkopf (1922 - 1943), Fritz Staarfänger (1943 - 1965) und Sebastian Bache am 20. April 1990 zum 1. Vorsitzenden der Sechziger gewählt.

Ehrenvorsitzender seit April 1990 ist Sebastian Bache.

Die Stadt Hanau ehrt im selben Jahr Rudolf Völler, den Fußballweltmeister von Rom, mit der Sportplakette in Gold und dem Eintrag ins Goldene Buch - die 60er als Heimatverein ernennen ihn am 24. September zum Ehrenmitglied.

Das 10. Hessische Landesturnfest vom 27. bis 31. Mai 1993 bindet fast die Hälfte der Abteilungen des Vereins mit ein in die umfangreiche Organisationsarbeit rund um das Treffen von weit mehr als 10.000 Sportlerinnen und Sportlern in Hanau.

Es werden erstmals über 1.100 Mitglieder (31. Dez. 1993 = 1.117) gezählt.

1994 feiern die Fußballer ihr 100-jähriges Bestehen - sportlicher Rahmen dazu stellt ein Freundschaftsspiel gegen eine Auswahl der Volksrepublik China dar.

Die Sportkeglerin Renate Heck holt abermals den Hessentitel in der Einzelmeisterschaft.

Fast 70.000,— DM Sachschaden entstehen dem Verein durch das Hochwasser im Untergeschoß des Hauses, welches nach den sintflutartigen Regengüssen dort am 18. Juli eindringt. Zudem war zu beklagen, daß die Flut in den Archivräumen eine große Anzahl wertvoller Dokumente und Schriften zur Vereinschronik zerstörte.

Anläßlich der 135jährigen Gründung kann 1860 Hanau auf einen Höchstmitgliederstand von 1.140 verweisen.

Die Wanderabteilung begeht dieses Jahr mit deren 75jährigem Jubiläum. Nach mehr als 25 Jahren Tätigkeit im Hauptvorstand als Jugendleiter ernennt die Mitgliederversammlung Kurt Völler zum Ehrenvorstandsmitglied.

Der Verein schafft von nun an als Symbol seines höchsten Insigniums die Ehrentafel, die im Vestibül des Vereinshauses installiert wird.

Turnerinnen 1960

1996 sind die Handballer dran, ihren „75. Geburtstag" zu begehen. Die jahrzehntelang (26 bzw. 21 Jahre) im geschäftsführenden resp. Hauptvorstand wirkenden Mitarbeiter Paul Roßkopf und Maria Wieland werden von nun an zu Ehrenvorstandsmitgliedern erhoben.

Für die immer immenser werdenden „Tagesgeschäfte" setzt der Verein mit Jahresbeginn im Büro eine Teilzeitkraft ein.

1997 kann der TSV 1860 auf 75 Jahre Jugendfußball zurückblicken.

Unter der ehrenamtlichen Betreuung des Vereins laufen immerhin ein gutes Dutzend Schüler- und Jugendmannschaften über den grünen Rasen und die Spielfelder.

Innerhalb des Deutschen Turnerbundes holen die Gymnastikfrauen den nationalen Titel im Gruppenwettbewerb „Gymnastik und Tanz" und unterlegen ihre Abonnementsstellung durch die hessische Meisterschaft erneut auf Landesverbandsebene.

Die Stadt Hanau im Zeichen von „400 Jahre Hanauer Neustadt" veranstaltet neben den Festivitäten einen historisch ausgestalteten Umzug, an dem sich die Sechziger mit einer Fußgruppe und dem Motivwagen „TURNVEREIN DER CIGARRENARBEITER" dem Publikum präsentieren und damit die Identität ihrer Entstehungsgeschichte für jedermann nachvollziehen. Die 90er Jahre mit ihrem gesellschaftlichen Umbruch machen aber auch dem Verein deutlich, daß es zu der schwindenden Bereitschaft engagierter Mitarbeiter zur ehrenamtlichen Vereinstätigkeit zu finden, immer schwieriger wird, das Vereinsschiff zu lenken. Denn die Spielräume von seiten der Gönner, Sponsoren und insbesondere der öffentlichen Hände zeigen sich zunehmend eingeschränkter, obwohl den Aktivitäten in den Vereinen weiterhin höchste ideelle Stellenwerte beigemessen werden zum Ausgang des Jahrhunderts. Daß der Verein eben auch eine Begegnung von Mensch zu Mensch ist, belegen auch bei den Sechzigern eine große Palette von geselligen Veranstaltungsterminen innerhalb von 10 Abteilungen und solche, die seitens des Hauptvereins geboten werden, vom alljährlichen Seniorentreffen, über 5-Tage-Wandertour, Biergartenfest bis hin zur Jubilaren- und Ehrenmatinee.

Norbert Engel

Turnverein Kesselstadt 1860 e.V.

Am 18. August 1860 waren es 28 bestimmt mutige Männer, die den Turnverein ins Leben riefen, zunächst als Turngemeinde Kesselstadt. Aber dieser Name blieb nur bis 1863, zur Fahnenweihe, dann hieß er endgültig Turnverein Kesselstadt.

Es wurde damals gemunkelt, die Fahnenstickerinnen hätten sich vermessen, Turngemeinde hat 2 Buchstaben mehr als Turnverein, also mußte der kürzere Name genommen werden, um auf dem Fahnentuch noch Platz zu finden.

Geturnt wurde in Scheuern oder Scheunen. Ganz so einfach ging es mit einer Neugründung eines Turnvereins nicht. Das Jahnsche Turnen war von seinen Anfängen an politisch akzentuiert und motiviert.

Die Belebung des Gemeingeistes und des Bürgersinnes war das größte Ziel, die Pflege der deutschen Sprache und des deutschen Brauchtums, die Beseitigung von Knechtschaft und Unterdrückung jeglicher Art. Und eben diese Turnbewegung paßte manchem Landesherrn nicht.

Die ersten turnerischen Erfolge blieben nicht aus, bei Turnfesten waren Kesselstädter Turner in den Siegerlisten zu finden.

1900 wurde die Faustballabteilung gegründet, dazu gesellte sich eine Fußballriege, die aber bald wieder ihren Betrieb einstellte.

Ob ein Teil der Spitzensportler abgeworben bzw. verkauft wurden, ist nicht feststellbar.

Die Mitgliederzahl war auf 191 gestiegen. Der Wunsch nach einem Turnerheim wurde laut, und 1903 beschloß man den Turnhallenbau an der Kastanienallee. Nach den Plänen des Architekten W. Busch baute die Fa. Fr. Kellermann unsere Halle, am 4. Dezember 1904 wurde sie eingeweiht. Es war ein Werk opferwilliger Mitglieder und Ortsbürger von Kesselstadt.

Am 1. April 1907 wurde Kesselstadt nach Hanau eingemeindet.

Der Verein wuchs, man trug sich mit baulichen Erweiterungsabsichten. Als die Mittel hierfür zusam-

Die Gründer des Turnvereins zu Kesselstadt, September 1860

men waren, brach der 1. Weltkrieg aus. Zehn Turner fielen.

- Ein Krieg zerstört alles. -

1920 entstand unsere Handball-abteilung.

1929 wurde wieder gebaut, der Gaststättenteil wurde angeschlossen.

Turnerische Erfolge gab es auf dem 34. Mittelrheinischen Kreis-turnfest hier in Hanau 1930 und auf dem Deutschen Turnfest in Stuttgart 1933.

1938 gelang unseren Handballern der Aufstieg in die höchste deutsche Spielklasse, der Gauklasse.

Die Mitgliederzahl war auf 210 gestiegen.

Mitten im Höhenflug unseres Vereins brach der fürchterliche Krieg, der 2. Weltkrieg aus. Das gesamte Vereinsleben litt unter diesen Qualen des Kriegsgeschehens. Es gab bittere Wiedersehensfeiern.

Und während draußen in den russischen Steppen unsere jungen Turner umkamen, als sie tief unten in den Weltmeeren ihr letztes Amen beteten, als sie aus den Lüften stürzten und in den Gluten Afrikas verdursteten, hielten einige Alte das Fähnlein aufrecht, bis in

Die Turnmädchen des TV Kesselstadt bei den Pokalwettkämpfen 1994 in der August-Schärttner-Halle in Hanau.

jener Novembernacht 1943 unsere Turnhalle ein Opfer der Bomben wurde.

Alles, was Generationen angeschafft, wurde in einer Stunde vernichtet. 48 Mitglieder unseres Vereins kehrten nicht mehr heim, viele darbten noch in Kriegsgefangenschaft. „Ein Krieg zerstört alles."

Es wurde aber aufgebaut. In Tausenden von freiwillig geleisteten

Stunden entstand unsere Halle wieder.

Zwischenzeitlich wurde unsere Tischtennisabteilung aus der Taufe gehoben.

Unser Vorstand war eine gute Mischung, seine Hauptaufgaben waren weiterhin die Beseitigung von Kriegsschäden am Wiederaufgebauten, Schaffung neuer Übungsstätten, der Verein wuchs weiter. Dazu mußten noch viele Regulierungen mit Behörden und Ämtern getroffen werden, um Lasten abzutragen und manche Verpflichtungen zu löschen.

Es ist gelungen, unsere Turnhalle mit Gaststätte zu einem wirklichen Mittelpunkt in unserem Ortsteil zu machen.

Unsere starke Mitarbeit an Gemeinschaftsaufgaben der Stadt, unser sportliches, unser gesellschaftliches Angebot schuf ein enges Band mit den hiesigen Mitbürgern. So tragen unsere Frauen und Männer, unsere Kinder, ob Turner, Handballer, Tischtennisspieler, Faustballer, Wanderer, Volleyballer den sportlichen Ruf ins Land, unsere Karnevalisten sorgen für die entsprechenden Tupfer im grauen Alltag.

Johannes Kegelmann

Pyramiden-Turnen, vor 1914

Katalog und Bildverzeichnis
Richard Schaffer-Hartmann/Anton Merk

Alle verzeichneten Abbildungen und Objekte ohne Herkunftsangabe sind aus dem Bestand des **Museums Hanau, Schloß Philippsruhe**. Die Eigentumsverhältnisse sind wie folgt gekennzeichnet:

HGV = Hanauer Geschichtsverein 1844

St. = Stadt Hanau

I. = Inventarnummer

o.I. = ohne Inventarnummer

Die Größenangabe der Originalvorlagen der Abbildungen und Objekte ist in der Reihenfolge Höhe, Breite, Tiefe angegeben und zwar in Zentimetern.

Folgende Abkürzungen wurden verwendet:

Aqua. = Aquarell	Kupfer. = Kupferstich
Blei. = Bleistift	Lith. = Lithografie
Bg. = Blattgröße	Ö. a. L. = Öl auf Leinwand
Feder. = Federzeichnung	Rad. = Radierung
Foto. = Fotografie	RM. = Rahmenmaß
Holz. = Holzstich	Repro. = Reproduktion
HGV = Hanauer Geschichts- verein 1844	Stahl. = Stahlstich
I.: = Inventarnummer	SAH = Stadtarchiv Hanau
KM. = Keilrahmenmaß	SBH = Stadtbibliothek Hanau
kol. = koloriert	Sig. = Signatur

Inhalt/Veranstaltungen

Säbel der Bürgergarde
Metall, Leder, L 88, I. B 375 HGV, Foto.: Pfahler

Zwei Trommeln der Bürgergarde
Messingblech, Holz, Textil, Trommelfell, rot-gelb, Δ 39, H 21, u. 24, I.: B 859 HGV, Joh. Kolb in Hanau 1815, Foto.: Pfahler

Zwei Trommeln der Bürgergarde
wie vor, blau-weiß, Δ 39, H 36, I.: B 290 HGV, Foto.: Pfahler

Zwei Trommeln der Bürgergarde
wie vor, Δ 39, H 38, rot-gelb, blau-weiß, I.: B 3657 HGV, Foto.: Pfahler

Zweispitz
Hut der Bürgergarde, Filz, Leder, schwarz, Kokarde rot-weiß, 30 x 47, I.: B 416 HGV, Foto.: Pfahler

Uniformrock
Schwalbenschwanz, vmtl. Musikant, der Bürgergarde, Baumwolle, dunkelblau, rot, Knöpfe Bürgergarde, L 110, I.: B 365 HGV, Foto.: Pfahler

Tambourmajorstab
Messing, Holz, Textil, schwarz-rot-gold, L 120, I.: B 425 HGV, Vier F: frisch fromm fröhlich frei, Turn=Verein Hanau, Foto.: Pfahler

Sechs Sensen
geradegeschmiedet (gestreckt), Holz, Metall, L. 265, I.: B 516 u. B 1863 a, b HGV, davon vier vom historischen Umzug 300 Jahre Neustadt - Jubiläum 1897, zwei Originale von 1848.

Schellenbaum
Holz, Messing, Textil, H 190, I.: B 815 HGV, Foto.: Pfahler

Bürger-Gardist Hanau 1848
Gouache, 23 x 17 RM, I.: B 1992/99 St., Foto.: Pfahler

Offizier der Bürgergarde Hanau 1848
Gouache, 23 x 17 RM, I.: B 1992/98 St., Foto.: Pfahler

1. Hanau in der napoleonischen Zeit
Carl Theodor Reichs Freyherr von Dalberg
Fürst Primas und Erzbischof. Geb. d. 8ten Feb. 1744, gest. d. 1ten Feb 1817, Lith., 24, 2 x 20,5, I.: B 2772 HGV

Karte des Großherzogtums Frankfurt
34 x 33 cm, kol., Repro.: Das Großherzogtum Frankfurt. Ein Kulturbild aus der Rheinbundzeit von Paul Darmstaedter, Frankfurt a.M., 1901, Anhang, SBH, Sig. VIcD

Einzug des Fürstprimas
Karl Theodor von Dalberg, Großherzog von Frankfurt, am 1. Juni 1810 auf dem Marktplatz in Hanau, Bernhard Hundeshagen, Aqua., o. I.

2. Die Schlacht bei Hanau

Feldmarschall Fürst Wrede
Joseph Karl Stieler, Ö. a. L., Bayerisches Armeemuseum Ingolstadt, I.: 224/68, Foto.: Bayerisches Nationalmuseum

Die Reiterschlacht bei Hanau
Wilhelm von Kobell, Aqua. u. Blei., Graphische Sammlung Albertina Wien, I.: 5652, Foto.: Albertina Wien

Die Reiterschlacht
Lith. nach dem Gemälde von Horace Vernet, 43 x 70, I.: B 1988/589 St., Foto.: Pokorny

Beschießung der Stadt Hanau
und die brennende Vorstadt
Conrad Westermayr, Öl auf Papier, auf Leinwand aufgezogen, 52 x 86, I.: B 8 HGV, Foto.: Franz

Entrance into Hanau over the Kinzig Bridge
Unbekannter Künstler, Aqua., 26 x 38,5, davon kol. Rad., Verlag Bowyer, London, I.: B 1985/98 HGV, Foto.: Museum

3. Steine erinnern an die Schlacht
zwei Gedenksteine Schlacht bei Hanau, Foto.: Pfahler
vier Gedenksteine Schlacht bei Hanau, im Stadtgebiet, Foto.: Richard Schaffer-Hartmann, 1997

4. Schleifen der Befestigungsanlagen

Das Kanaltor, 1804
E. Toussaint, Aqua., 21,7 x 29,3, I.: B 3400 HGV, Foto.: Pfahler

Das Nürnberger Tor, 1809
Conrad Westermayr, Blei., Aqua., 10,6 x 16,7, I.: B 3098 c HGV, Foto.: Pfahler

Das Steinheimer Tor, 1807
Conrad Westermayr, Feder., Aqua., 10,5 x 16,5, I.: B 1990/ 186 St., Foto.: Pfahler

Das Mühltor, 1806
Conrad Westermayr, Feder., Aqua., 10,9 x 16,6, I.: 3099 HGV, Foto.: Pfahler

5. Die Vereinigung der Alt- und Neustadt Hanau

Bernhard Eberhard
Bürgermeister von Hanau geboren den 7. April 1796. Abgeordneter zum Verfassungsentwurf für Kur-Hessen im Jahre 1830. Deiker Pinx. Lith. V. E. Zinck in Offenbach am Main, I. Schubert. Lith., 43 x 28,4, BG, I.: B 6617 HGV

Paradeplatz Hanau
Friedrich Cornicelius, kol. Rad., 35 x 43, I.: 457 HGV, Foto.: Pfahler

Panorama Hanau, 1833
Friedrich Cornicelius, kol. Lith., I.: B2499 HGV, Foto.: Pfahler

Stadtplan Hanau, 1824
Verlag C. J. Edlersche Buchhandlung, kol. Lith., 50,5 x 66,6, I.: B 15 HGV, Foto.: Pfahler

6. Die *Hanauer Union* zwischen Reformierten und Lutheranern 1818
Johanneskirche
Blick auf den Altar, 1910, Foto., 12,4 x 17, o. I.

Marienkirche
Altar, Orgel, Knabenchor mit Kantor Wagner, Aufnahme Lehrer Carl Gunckel, Hanau 1910, Foto., 13,8 x 8,8, o. I.

7. Die Kurhessische Verfassung von 1831

Der Abend vor dem Constitutions-Feste auf dem Marktplatz in der Neustadt zu Hanau am 8. Januar 1831
Johann Heinrich Fiedler, Hanau, kol. Lith., 36,3 x 40,5, Bg., I.: B 484 a HGV, Foto.: Pfahler

Ehrenpokal, 1831
Johann Konrad Hessler, Hanau, Silber, H 38,6, I.: B 8218 HGV, Foto.: Pfahler

Denkwürdige Feier der Constitution, 8.1.1831
Johann Heinrich Fiedler, Hanau, Kupfer., altkol., 24,4 x 29,9, I.: B 3484 HGV, Foto.: Pfahler

8. *Die politischen Verhältnisse könnten mich rasend machen*
Georg Büchner, um 1833/34
Repro: Georg Büchner 1813 - 1837, Revolutionär, Dichter, Wissenschaftler, Frankfurt a.M./Basel 1987

9. Die sozialstrukturellen Entwicklungen der Stadt Hanau bis zur Revolution

Paradeplatz, um 1830
Johann Heinrich Fiedler, Hanau, kol. Kupfer., 14,4 x 21,6, I.: B 3485 a HGV, Foto.: Pfahler

Marktplatz, um 1830
Johann Heinrich Fiedler, Hanau, kol. Kupfer., 14,3 x 21,4, I.: B 3485 b HGV

Arbeiterin der Teppichfabrik Leisler, um 1850
Unbekannter Zeichner, Blei. u. Kohle auf Papier, 41,4 x 34,2, Bg., I.: B 7696 HGV, Foto.: Pfahler

Wappenteppich
der Fabrikantenfamilie Leisler, Baumwolle, gewebt, 280 x 300, o. I., Foto.: Pfahler

Zigarrenwicklerin
kol. Stahl., 25,3 x 16,9, I.: B 1982/56 St.

Goldschmied
Holz., 19 x 11,2, I.: B 3147 HGV

Goldschmiedewerkstatt, um 1830
Schreiber Esslingen, kol. Lith., 33,4 x 40,6, Bg., I.: B 1980/59 St., Foto.: Pfahler

Nachtlichtuhr *Pense à moi*
Hanauer Eisenkunstguß, H 38, I.: B 5016 HGV, *Im Verlag bei E. G. Zimmermann in Hanau*, Foto.: Pfahler

J.C. Herla Postmeister in Hanau
hat die Ehre sein neueingerichtetes Gasthaus zum Hessischen Hof worin zugleich die Extrapost Spedition ist dem reisenden Publicum zu empfehlen und versichert gute billige Bedienung. Seelman fec. 1806 Offenbach, Lith., 21 x 21,7, Bg., I.: B 4896 HGV, Coll. Hanov. Jac. Wiedersum Hanau. Kurz darauf, nach der Eingliederung Hanaus ins Großherzogtum Frankfurt, in *Frankfurter Hof* umbenannt.

Postkutsche London - York
Die gute alte Zeit, in Seide gewebt, Eichenholzrahmen, Karton 12, 4 x 22,2, o. I. HGV

Wanderbuch
des Lohgerbergesellen Karl Reinhold Retsch aus Schmalkalden gleichen Kreises Hanau (* 11. Dezember 1824), Lehrbrief vom 18. Mai 1843, 16,7 x 10,7, I.: B 2602 HGV

Fabrikantenfamilie Leisler
Foto. Albuminpapier auf Karton, 28,6 x 35,4, I.: B 1980/8798 HGV, dargestellte Personen: Fritz Leisler, Kutscher Johann, Josel Leisler, Großmutter Helene Leisler und Marie Leisler

Eisenbahn, um 1850
Die jetzige Zeit, in Seide gewebt, Eichenholzrahmen, Karton, 12, 8 x 22,4, o. I. HGV

10. Pressefreiheit !

Wilhelm Sauerwein
Nach der Natur auf Stein gez. v. C. Zimmermann, gedruckt v. W. Kuhl in Hanau, Lith., 30,5 x 23, I.:

Friedrich Funk
Nach der Natur v. C. Zimmermann. Gedruckt v. W. Kuhl in Hanau. Auf Stein gez. v. A. Hatzfeld, Lith., 33,5 x 24 cm, I.: B 4935 HGV

„Zugabe No. 1 zum Volks- und Anzeigenblatt für Mitteldeutschland"
verlegt von F. König, Hanau, Lith., 26,5 x 43,5, Bg. I.: B 1980/51 St. (alte Inventarisation Stadtarchiv Hanau 1948/4, Sammlung Hahne), Foto.: Pfahler, Karikatur zur Zensur in Kurhessen, Text siehe Seite 47

Tabakpfeife
Johann Christian Stephan, Holz, Porzellan, H 36, I.: B7771 HGV, Foto.: Franz, Studenten-Burschenschaftlerpfeife

11. Das Wilhelmsbader Fest - Ein Palaver ?
Heinrich Heine 1797 - 1856
Ludwig Emil Grimm, 1827, Rad., 20,9 x 16,8, I.: B 3749 HGV, handschriftlich *Verdroßen Sinn im kalten Herzen hegend, Schau ich verdreißlich in die kalte Welt*

Georg Fein
Zimmermann ad. Natur. Gedruckt v. W. Kuhl in Hanau A. Hatzfeld, Lith., 27,4 x 20,8, Bg., I.: 7746 HGV

Der Sieg des Buergerthums oder der Kampf der neuen mit der alten Zeit
Rückseite: Flußlandschaft mit Schiffen, Lith. de C.W. Woerrishoffer; W. Kuhl ad. lap. del. 1830, Lith., 38,4 x 46,6, Bg., I.: B 1980/27a und b, Foto.: Pfahler
Während des Wilhelmsbader Festes verkaufte der Makler Isaak Dittmar aus Hanau diese Lithographie, wobei die als Spitzel eingesetzten Gendarmen sie beschlagnahmen wollten. Sie konnten aber nur zwei Exemplare einziehen, die übrigen waren verschwunden.
Zur Erklärung des komplizierten Inhalts mußte der Verleger gleich eine schriftliche Erläuterung dazu liefern, die Erläuterung ist abgedruckt S. 156

12. Dem Zeit[un]geist angemessen
Drei Foto.: Zilch

13. Die vormärzliche Aktionsentfaltung der Hanauer Turngemeinde
Weihe der Fahne
der Hanauer Turngemeinde 29. Juli 1846
In: Über die Feierlichkeiten zur Weihe der Fahne welche eine Anzahl Hanauer Jungfrauen am 29. Juli 1846 der Hanauer Turngemeinde als Ehrengabe überreichten. C. J. Edler'sche Buchhandlung, SBH Sig. I.: 3 B 1

14. Die Zerstörung der Maut - die Hanauer Krawalle
Dem historischen Verein in Hanau gewidmet von dem Vereinsmitglied Carl Roeßler in Hanau früher Obrist des bewaffneten Bürgerchorps den 31. März 1847
Mappe mit eingebundenen Graphiken, Karton mit schwarzem Papier beklebt. 33,3 x 42,5, I.: B 3481 u.a. HGV

Fürst von Metternich
Kais. Königl. Oestr. Haus- Hof- und Staatskanzler, gest. in Stahl, Wien 1830, Druck und Verlag vom Bibliographischen Institut Hildburghausen, Zeitgenossen N. 42, 27 x 19, I.: 672 HGV

Hanauer Fruchtwagen
„Nach so langer und vielfältig erduldeter Noth zog am 28ten July 1817 der erste Kornwagen in unsere bedrängte Stadt feierlich ein. Innige Gebeter und Danklieder zu Gott erhoben, begleiteten ihn unterm Geläute aller Glocken, mit Musik und sämmtlicher Schuljugend", kol. Holz., 16,4 x 21, Bg., I.: B 1989/60 St.

Frankfurter Fruchtwagen
die Inschriften Diesz geschiehet Gott zu Ehren weil er uns reichlich will ernähren. An Gottes Segen ist alles gelegen. Wahre Abbildung des Fruchtwagens, auf welchem den 7. Juli 1817, nach den so harten Tagen der Noth und des Mangels, die erste neue Frucht unter dem Geläute der Glocken und vorangehung der ganzen Schuljugend mit Musik und herzerhebenden Dancklieder zu Gott, feierlich und langsam in Frankfurt eingeführt wurde. zu finden bei Neubauer Kupferstecher, kol. Lith., 19,8 x 24,6, Bg., I.: B 6360 HGV

Hanau - Aussicht von dem Zollhauß nach Philippsruh
Skizziert v. B. Hundeshagen.1808, Gouache, Feder., 24 x 35,2, Bg., I.: B 3151 HGV, Foto.: Pfahler

Petition einer Casseler Bürgerdelegation bei Kurfürst Wilhelm II. am 15.9.1830
Ludwig Emil Grimm, 1830/31, Verlag F.C. Vogel, Frankfurt a.M., Lith., 55,2 x 91,3, I.: B 362 HGV

Hungerbrötchen 1816
Holzkästchen, 12,2 x 11,3 x 5,4, I.: B 210 HGV, handschriftlich: *Dieses ist ein Hanauer Milchbrod für 1 Kreuzer im Monat Juni in den traurigen Mißjahr 1816/17,* Foto.: Pfahler

Vierspänniger Frachtwagen verläßt abends eine Stadt durchs Stadttor
kol. Lith., 10,5 x 13, o. I.

Grenzstein
Hanauer Sparrenwappen, Sandstein, 78 x 22 x 13, o. I., Foto.: Pfahler

Zwei Frachtbriefe
Darstellung: Hermes, Gott der Kaufleute und Diebe, Lith., 17,3 x 24,3, o. I.
Darstellung: Frachtwagen, Lith., 18 x 23,8, o. I.

Karte
Charte von den Laendern zwischen dem Rheine, der Werre, dem Necker und der Dimel... Weimar im Verlag des Geograph. Instituts 1806, kol. Lith., 68,8 x 53,8, I.: B 7400 HGV, Foto.: Pfahler

15. Die Garnison Hanau in kurhessischer Zeit

Der Paradeplatz und Bangert im Jahre 1775
Repro: Chronik Zimmermann Hanau-Stadt und
-Land, Hanau 1919, S. 767

Paradeplatz in Hanau, um 1830/40
Unbekannter Künstler, Gouache, Papier, Karton,
50,5 x 67, I.: B 1991/34 St., Foto.: Pfahler

Kurfürst Wilhelm II.
Gouache, 42,7 x 32,8, Bg., Holzrahmen, I.: B 13 HGV,
Foto.: Pfahler

2. Infanterie-Regiment Landgraf Wilhelm
3. Infanterie-Regiment
Repro.: Hessisches Militär zur Zeit des deutschen
Bundes, Fritz Kersten, Georg Ortenburg, Beckum
1984, S. 14

16. Die Hanauer Bürgergarde

Hanauer Bürgergarde
Friedrich. L'Allemand 1850, kol. Lith., 21,2 x 27,2,
Bg., o. I., *Darstellung 24. Juni 1831.*
Uniformzubehör: Schirmmütze, Tschako, I.: B 375
HGV, Säbel, Scheide, Bandelier, I.: B 337 und 338
HGV, Patronentasche I.: B 337 HGV, Foto.: Pfahler

Hanauer Bürgergarde
kol. Lith., 17,1 x 21, Bg., I.: B 3474 St

Nürnberger Torwache 1840
Hanauer Bürgergarde, Wilhelm Schultz, Ö. a. L.,
93,8 x 69,3 , Holzrahmen, I.: B 8387 St., Foto.: Pfahler

Fahnenweihe
des 21. Bürgerbataillons zu Hanau am 5. April 1831
in der Johanneskirche. Johann Heinrich Fiedler, Hanau, kol. Kupfer., 26 x 48, Bg., I.: B 3465, Foto.: Pfahler. Abgebildet sind u.a.: *Pfarrer Reuß, Obrist Roeßler,
Major Joseph Waltz, Major Daniel Brandt, die Fahnenträger Karl Wagner, Philipp Fritz, Ludwig Lenz
und eine Deputation der Frauen und Jungfrauen, welche die Fahne gestickt.*

Majorsuniform
Hanauer Bürgergarde, Rock, Hose, Hut, dunkelblau,
hellblau, Baumwolle, Rocklänge 110, I.: B 367 HGV,
Foto.: Pfahler

Herr Gouze
Major der Bürgergarde, dessen Uniform im Altstädter
Museum aufbewahrt ist. Bild aus den [18]50er Jah-
ren. Geschenk von Frl. Jünger, Ramsaystr. 6, Foto.,
Albuminpapier auf Karton, 9,8 x 6, o. I.

Fahne
der Hanauer Bürgergarde *Treue dem Gesetze,* gelbe
Seide, Stadtwappen farbig bestickt, 156 x 150, I.: B
271 a, b HGV, dazu zwei blaue bestickte Schleifen-
bänder *Dem Bürgerbataillon 1831 Hanaus Frauen
und Jungfrauen,* L 200, Foto.: Pfahler

Hanauer Bürgergardisten, 1831
Carl Wilhelm Both, Ö. a. L., 66 x 49, I.: B 6098 HGV,
Foto.: Museum Hanau

17. Der Hanauer Bürgergardist als Zinnfigur

Hanauer Bürgergardist
Figur, Porzellan, Stoff, Metall, Holz, H 37, I.: B 424
HGV, Foto.: Pfahler

Hanauer Bürgergardist
Zinnfigur, H 5,4, Mathäus Steiger, Hanauer Märteswein-Vereinigung, Foto.: v. Gottschalck,

Hanauer Bürgergardist
Wilhelm Schultz, Figur, Stoff, Metall, Holz, H 69,
I.: B 4310 HGV, Foto.: Pfahler

August Schärttner
Zinnfigur, H 5,4, Mathäus Steiger, Hanauer Märteswein-Vereinigung, Foto.: v. Gottschalck

August Schärttner
Anstecknadel, Pin, Silber und Silber vergoldet,
2,2 x 2,4, Angela Schuster

18. Die deutsche Revolution 1848/49

Heinrich von Gagern
F. Hickmann, Gedr. von Ed. Gust May in Frankfurt
a.M., Verlag u. Eigentum der S. Schmerber'schen
Buchhandlung (Nachfolger H. Keller) in Frankfurt
a.M., Lith., 37,8 x 27,4, Bg. I.: B 1980/101 HGV

Dr. Friedrich Hecker
Litho., 31 x 19,8, Bg., I.: B 1980/80 St.

Republic Deutschland
*Nur die Eintracht führt uns zum Ziele zu, nachdem
wir streben.* Lith., 27,5 x 44,4, I.: B 8640 St., Foto.:
Pfahler. In der Mitte der Gruppe sind Hecker und
Struve zu sehen, die Anführer des badischen Auf-
standes, in der typischen Kleidung mit einer Fahne
„Republic Deutschland". Um sie geschart sind badi-
sche Truppen und die Truppen anderer deutscher
Staaten, ein Handwerker, ein Bauer und ein Student.
Mit diesem Verbrüderungsblatt sollen die Kräfte dargestellt werden, die Hecker und Struve unterstützten.
Am 31. März trat in Frankfurt das Vorparlament zusammen, um Vorbereitungen zu einem Deutschen
Nationalparlament zu treffen. Bereits hier wurde der
Gegensatz bei den alten liberalen Politikern zwischen
den konstitutionellen Monarchisten, deren Anhänger
sich mehr in den Reihen des Großbürgertums und
der Beamtenschaft fanden, und den radikalen Republikanern, die ihre Anhänger vielfach aus den kleinbürgerlichen Handwerkern und den proletarischen
Handwerksgesellen und Arbeitern rekrutierte. Nachdem die liberale Mehrheit des Vorparlaments die badischen Republikaner nicht in den Vorbereitungsaus-
schuß gewählt hatte, versuchte Hecker in Baden
durch einen Aufstand, die Republik in Deutschland
auszurufen. Das schnelle Scheitern des Unternehmens machte die Kräfteverhältnisse zwischen Liberalen und Republikanern deutlich.

19. Am Vorabend der Revolution

Marktplatz Hanau, um 1810
Friedrich Cornicelius, kol. Rad., 36,5 x 43,5, I.: B 458
HGV, Foto.: Pfahler

Die Pariser verbrennen den Thron Louis Philippes am 24ten Februar 1848 Abends 6 Uhr am Fuße der Julisäule unter allgemeinem Jubel
Lith., 32,2 x 41,8, Bg., In: Chronik Wilhelm Ziegler, Bd. II, S. 119, I.: B 64 HGV

Johannes Ronge
Lithographie, 29 x 27, I.: 1980/94 St.

Kurfürst Friedrich Wilhelm I.
in der Uniform der Garde du Corps, um 1850, Postkarte, 14 x 9, o. I.

20. Das Hanauer Ultimatum

Rückkunft der mit dem Ultimatum nach Cassel gereisten Hanauer Deputation am 12. März 1848
kol. Lith., 33,7 x 38,8, Bg., I.: B 6723 HGV, Foto.: Pfahler

Erinnerung an die Hanauer Freischaren
(am 12. März 1848) Ein einiges freies Deutschland hoch! H. P. Hartmann, Frankfurt, Lith., Historisches Museum Frankfurt, I.: N 43583

An die Bürgerinnen......in Hanau
Mainz, am 16. März 1848, Flugblatt, 44,4 x 28,4, Bg., o. I., Danksagung an Hanauer Bürgerinnen

Dank der Hanauer - Was wir erstrebten in den letzten Tagen,- es ist erlangt! Hanau am 14. März 1848
Flugblatt, 22,2 x 18,7, Bg., o. I.

Hanau am 18. März 1848
Nu! was gibt's dau?/ Eu! dar Bock ward/ verschaffe./ Weh, wenn sich in dem Schooß der Städte/ Der Feuerzunder still gehäuft,/ Das Volk, zerreißend seine Kette/ Zur Eigenhülfe schrecklich greift! Hanau, bei J.H. Fiedler, kol. Lith., 30,7 x 37,7, Bg., I.: B 6725 HGV, der Illustration sind zwei Texte zugeordnet: ein Zitat von Schiller und ein Spruch im Hanauer Dialekt.

Bekanntmachung des Volksrathes zu Hanau, Hanau 24. März 1848
Flugblatt, 34,2 x 21, Bg., o. I.

Die Volkskommission in Hanau an den Kurfürsten von Hessen, Königl. Hoheit, Hanau 9. März 1848
Flugblatt, 36,8 x 23,8, Bg., o. I.

21. Hanau und die Nationalversammlung

Robert Blum
1848 Schertle, gedr. v. Ed Gust. May in Frankfurt a/M; nach Biow's Lichtbild

Verlag und Eigenthum der S Schmerber'schen Buchhandlung (Nachfolger H. Keller) in Frankfurt a./M., kol. Lith., 29,6 x 21,7, Bg., I.: B 3353 HGV

Kampf der Republikaner und der Parlamentarier zu Frankfurt a.M. am 30. März 1848
Holz., 29 x 32, Bg., I.: B 6925 HGV, Foto.: Pfahler

Carl Röttelberg, 1848
Georg Cornicelius, kol. Lith., 50 x 38,5, Karton, I.: B 1980/50 HGV, Foto.: Pfahler

Erzherzog Johann Reichsverweser Deutschlands
gez. u. lithog. von J. Popper/ Verlag von B.S. Berendson in Hamburg/ Druck von F.J. Stock, Lith., 51,6 x 36,9, Bg., I.: B 6721 HGV, Foto.: Pfahler

Christian Lautenschläger
Foto., Albuminpapier auf Karton, 10,5 x 6,8, In: Album Theodor Pelissier, Hanau 1862, o. I., HGV

Gauff aus Hanau
Foto., Albuminpapier auf Karton, 9,6 x 5,7, In: Album Theodor Pelissier, Hanau 1862, o. I., HGV

Emil Blachière
Foto., Albuminpapier auf Karton, 10,1 x 6, In: Album Theodor Pelissier, Hanau 1862, o. I., HGV

Ludwig Anton Pelissier
Foto., Albuminpapier auf Karton, Visitformat, 6,4 x 10,4, Atelier Franz Tellgmann, Cassel, In: Album Theodor Pelissier, Hanau 1862, o. I., HGV

Robert Glatz
Deutsch-Katholischer Prediger in Hanau 1848-1851/ handschriftlich: *Weisheit erstrebe, das ist vereint mit der Tugend Erkenntnis./Jugendlich strebender Mut, lehrt dich leiten die Zeit./Vollgenuß des Lebens nur, wo ernster Gedanke/Kräftigend Gefühle vereint, mutig die Schranken durchbricht.* Lith., 43,1 x 35,6, Bg. I.: B 7744 HGV, Foto.: Pfahler

Robert Blum
Malchow fet., Eisenkunstguß, E.G. Zimmermann, Hanau, H 10,4, Privatbesitz C. Reuel, Neu-Isenburg

Der 18. September in Frankfurt
oder: Wie gewisse Herren das Volk, d.h. ihre dienstbeflissenen Lehrlinge die etwas sehr heißen republikanischen Kastanien aus dem Feuer holen lassen... Lith. Anst. v. Ed. Gust. May in Frankfurt a. M., karikiert sind: Germain Metternich, Zitz und Blum, Lith., 26,5 x 34., o. I.

22. August Rühl - Verfasser des Hanauer Ultimatums

Karte Nationalversammlung August Rühl
Repro: Chronik, Wilhelm Ziegler, Bd. I.: B 84 HGV, Foto.: Pfahler

August Rühl
Gedr. von Ed. Gust. May in Frankfurt a. M., lithographiert von V. Schertle
Verlag u. Eigenthum der S. Schmerber'schen Buchhandlung (Nachfolger H. Keller) in Frankfurt a.M., Lith., 32 x 19,8, I.: B 3488 HGV

Mitglieder der Linken des ersten deutschen Reichstages in Frankfurt a./M.
in der Paulskirche gez. v. W. Völker; Druck u. Verlag v. Ed. Gust. May in Frankfurt a/M. Lith., 30,3 x 45,3, Bg., o. I., Foto.: Pfahler. Mittlere Reihe, dritter von links: August Rühl

Hauptrichtpunkte für ein Mitglied der deutschen constituierenden National-Versammlung
Flugblatt, SBH, Sig. If1R

23. Von Hessen nach Deutschland

Jacob Grimm

nach Oehmes's Lichtbild gedr. v. Ed. Gust. May in Frankfurt a.M., lithografiert v. Schertle, 1849, Verlag und Eigenthum der S. Schmerber'schen Buchhandlung, Nachfolger (H. Keller) in Frankfurt a.M., Lith., 31 x 22,5, Bg., I.: B 1980/144 HGV

Dr. Wilhelm Grimm Mitglied der Akademie der Wissenschaften in Berlin

Zu Krünitz Encycl. 184 Theil, Verlag v. L. W. Krause in Berlin, Lith., 20,2 x 12,2, Bg., I.: B

Die Deutsche Nationalversammlung in der Paulskirche in Frankfurt

Repro: Historisches Museum Frankfurt, I.: X 25131

„Abgeordnete" der Nationalversammlung Paulskirche, Frankfurt

Lith., 46,9 x 63, Bg., I.: B 1980/102, 100 Portraits, davon 81 Einzelportraits Abgeordnete, Nr. 14 Jacob Grimm, und 19 Zuschauer auf der Tribüne, Foto.: Pfahler

24. Der Hessische Abgeordnete des Paulskirchenparlaments - Wilhelm Schulz

Sand der Freie

Lebt wohl ihr Berge, ihr geliebten Triften, ihr traulich stillen Thäler lebet wohl! Carl Ludwig Sand enthauptet 20.5.1820, kol. Lith., 17,3 x 21,5, Bg., I.: B 1983 St., Foto.: Pfahler

Manifest der Kommunistischen Partei

Veröffentlicht im Februar 1848, London, Reprint

Die deutsche Nationalversammlung in der Paulskirche Frankfurt a/M.

Gez. v. Hesselhorst; Verlag v. G.G. Lange in Darmstadt; Stahlst. v. J. M. Kolb & F. Girsch. Lith., 15,6 x 22,6, Bg., I.: B 3351 HGV, Foto.: Museum. Im Vordergrund Mitte: Robert Blum. Auf der Empore ist das Bild der Germania, das Sinnbild für Deutschland, angebracht. Der Nazarener Philipp Veit wurde dabei als Maler verpflichtet. Er stellt diese Germania mit einer schwarz-rot-goldenen Fahne und mit einem Eichenlaubkranz auf dem Haupt dar. Zu Füßen liegen zerbrochene Ketten, das Symbol der Revolution.

Reichs-Fege-Mühle

Karikatur zu A. Rühls Antrag zur Auflösung der Nationalversammlung

Der Hessische Landbote

Erste Botschaft. Darmstadt, im Juli 1834

25. Die Gründung des Deutschen Turnerbundes in Hanau, 1848

Wallonisch-Niederländische Doppel-Kirche Hanau

Friedrich Cornicelius, Aqua., 31 x 40,3, I.: B 6726 HGV, Foto.: Pfahler

Eintritts-Karte Turntag in Hanau

Vorort des Deutschen Turnerbundes, 1848, 5,8 x 9,4, o. I., HGV

Turntag in Hanau, Eintritts-Karte für Zuhörer

Die Empfangskommission, Turngemeinde in Hanau, 6,6, x 10,3, o. I., HGV

Allgemeiner deutscher Turntag zu Hanau am 2. April 1848

33,3 x 14,4, o. I., HGV

Programm zum zweiten allgemeinen deutschen Turntage. Hanau den 2. Juli 1848

Handzettel, 24 x 11.6, I.: B 4964 HGV

Beschlüsse des Turntags zu Hanau vom 3. April 1848

Handzettel, 14,3 x 17,5, o. I., HGV

Statuten des deutschen Turnerbundes, gemäßigte Fassung, Juli 1848

Handzettel, 24,3 x 16,8, o. I., HGV

Namen der bis jetzt dem deutschen Turnerbunde beigetretenen Gemeinden, April 1848

Handzettel, 24 x 17, o. I., HGV

Aufruf Zimmervermietung Turntag, Hanau 23. März 1848

Handzettel, 24,4 x 17,3, o. I., HGV

Festlied Gesungen in der Turnerversammlung zu Hanau am 2. April 1848

Handzettel, 20,2 x 12,6, o. I., HGV

26. Friedrich Ludwig Jahn - Ein Pamphlet

Wohnhaus August Schärttner

Fischergasse 25, mit Gedenktafel F.L. Jahn enthüllt 16.1.1910, Foto.: SBH Sig. Ie 2 J.

Jahnus

Karikatur auf F.L. Jahn, Foto. Albuminpapier, o. I., HGV

Halle der Turngemeinde Hanau

(gegründet 1837) und Jahntafel am Hause Fischergasse 25, errichtet 3. April 1910. Entwurf Wilhelm Schultz, Verlag der Turngemeinde Hanau, Postkarte, o. I.

Wohin soll ich mich wenden

Karikatur auf Jahn, Foto. Albuminpapier, o. I., HGV

Der Demokratenvertilger

Karikatur auf Jahn 28.8.1848, Foto. Albuminpapier, o. I., HGV

Jahn-Eiche,

Gustav-Hoch-Straße/Ecke Kattenstraße, Foto.: Renftel 1998

27. Die Turner und die Revolution 1848/49

Uebung der Hanauer Turner

Stahl., 12,5 x 18,2, Bg., o. I. Im Hintergrund Turm der Johanneskirche

Der Kampf der 17 Tapferen Turner u. Freischärler bei Kirchheimboland den 14. Juny 1849

Postkarte nach einer Lith., Heimatmuseum Kirchheimbolanden

Freischaren und Turner in Wedelsheim, Pfalz

Ö. a. L., 34,4 x 43,3, Privatbesitz Fam. Klug, Berlin

G. Bleibtreu: Niederlage der Kieler Turner und Studenten bei Bau (Flensburg, 9.4.1848)
Verlag von Richard Bong in Berlin W.57, Stahl. 28 x 37,8, Bg., I.: B 1983/42 St.

28. Der Hanauer Turnerzug nach Baden

Bernhard Una
Hauptmann der 3. Kompanie der Hanauer Turnerwehr 1849, handschriftlich: *Seinen Freunden,* Nach d. Nat. auf Stein gez. v. M.H. Traubel, Lith., 45,3 x 30,2, I.: B 6824 HGV, Foto.: Pfahler

Der Kriegsschauplatz in Baden und Rheinbayern
Kolorierte Lithographie, 40 x 82, I.: 261 Repro: Chronik Wilhelm Ziegler, Bd. II, S. 458

Die Darmstädter Kirschenfrau
Lith. auf fliederfarbenem Papier, 22,2 x 36,7, Bg., I.: B 1980/49 HGV auch in: Chronik Wilhelm Ziegler, Bd. II, S. 457, 14./15. Juni 1849
Text: Die Darmstädter Kirschenfrau, Mel.[odie] Wohl auf Kameraden
Die Erklärung ist in einem Gedicht auf der Rückseite erläutert:

Die Darmstädter Kirschenfrau.
Als Hanaus wackre Turnerschar
Nach Baden war gezogen, Da gab's Geschichten viel fürwahr
Und manches ward gelogen, Doch unter diesem Vielerley
Bring ich ein Stückchen euch herbei,
Das sich hat zugetragen,
In heißen Junis Tagen.
Wir waren einstens eingerückt,
Zu Hirschhorn einem Städtchen,
Im Springen waren wir geschickt,
Und sahen gern die Mädchen, Flucks gings zur Stadt und aufs Schloß
Besetzen alles mit Geschoß, Zu wahren uns vor Feinden,
Die uns zu fangen meinten.
So waren wir nicht lange dort,
Da kam ein Heer gezogen,
Wir aber jagten sie bald fort,
Und das ist nicht gelogen;
Wir tödteten der Feinde viel
Und hatten da ein leichtes Spiel,
Denn hinter festen Mauern,
Da war es gut zu lauern.
Nachdem der Feind vertrieben war,
Kam eine Frau mit Kirschen.
Die waren dazumal noch rar,
Und schmeckten unsren Bürschchen;
Wir hatten halb die Maan gelert
Darauf die Kirschenfrau begehrt,
Hinauf ins Schloß zu wandern,
Verkaufen an die Andern.
Dies wurde ihr auch gern erlaubt,
Wir warn ja ohne Sorgen,
Denn Keiner hätte es geglaubt,
Daß hier etwas verborgen,

Denn wie es unter Weibern geht,
Die schwätzen viel wenn man's versteht
Mit gar geläuf'ger Zunge,
Bei einer guten Lunge.
Bei dieser aber fiel es auf
Das viel sehen und fragen,
Ein Turner nahm es übel auf
„Ei Steubenfrau!" zu sagen,
Ein Riss die Haube war vom Kopf,
Und sieh ein Titus ohne Zopf,
War unter ihr verborgen,
Dies brachte uns die Sorgen.
Rasch wurde sie nun visitiert!
Das Weibchen auszuziehen,
Sich auch nun gar nicht mehr schenirt,
Mogt sie vor Scham erglühen.
So hatten wir nun bald entdeckt,
Ein Bursche als Spion versteckt;
War unter diesem Kleide,
Zu uns'rer Augenweide.
Aus dem Verhör entnahmen wir,
Daß er'ne Stell bekleitet,
Daß er Darmstädter Offizir,
Zur Kundschaft sey verleitet.
Gebunden und am Hals umstrickt,
Ward er nun tief ins Land geschickt,
Wo er nun als ein Spion,
Erwartet den gerechten Lohn.

Die Schlacht bei Waghäusel.
Unterschrift: *Drei Tage lang, den 23., 24., u. 25. Juni 1849 dauerte der Kampf. Waghäusel brannte gänzlich ab. Das badener Volksheer kämpfte gegen die Preußen. Die Zahl der Todten ist von beiden Seiten so groß wie in der größten Schlacht gewesen. Links sind die Truppen der Badener zu sehen, rechts die Preußen,* bei Fiedler in Hanau. Lith., 30,3 x 40, Bg., I.: B 4244 HGV, Foto.: Pfahler

Begnadet zu Pulver und Blei 1849
Er behauptete eine natürliche Gleichberechtigung aller Menschen, und sprach von Rechten, welche Jeder auf seines Leibes und Lebens Nothdurft habe. Durch solche verderblichen Lehren reizte er die niedern Stände, die Unglücklichen und Armen zur Unzufriedenheit mit der bestehenden Ordnung und zur Empörung gegen die von Gott eingesetzte Obrigkeit.
Holz., 20,6 x 33,6, Bg., I.: B 1980/18 HGV

Großer Flüchtlings=Saal im Kornhause in Bern, Januar 1850.
Le Salon des refugiérs, Den Brüdern. Ein schöner Morgen...Zu haben bei Jenni, Sohn u. bei dem Verfasser Postgasse No 32 in Bern; Gedicht und Zeichnung Carl Spahn, polit. Flüchtling. Foto. von Lith., (Gevaert Papier) in vier Teilen geklebt 35,7 x 38,6, Bg., o. I.

Den Brüdern
Ein schöner Morgen war uns aufgezogen,
Ein Gottesstrahl fuhr hin durch dunkle Nacht;
Das Gut, nach dem die Völker muthig rangen,
Es lag vor uns in Herrlichkeit und Pracht.

273

Da naheten die giftgeschwollnen Schlangen,
Verrathes Brut und jene blinde Nacht;
Noch einmal sollten unsre Feinde siegen,
Noch einmal wir dem Wahnsinn unterliegen.
Die Waffe sank, - der Freiheit treue Helden,
Nahmst Du, Helvetia, in dein gastlich Haus,
Und in des Grabes schattigen Gezelten
Ruht mancher Kämpe von der Arbeit aus; -
Die Waffe sank, - doch wie im Kampf um Welten,
Stahlt sich das Herz, fern von dem Heimathaus;
Nicht sank der Muth im Dulden und im Leiden;
Denn Gottes Sache ist's, für die wir streiten.
Wie hier Magyar und Pole sich umschlingen,
Wie Franzmann sich und Deutscher Bruder heißt,
So mög' der Liebe Flamme Euch durchdringen,
Des Demokraten Brudersinn und Geist.
Sie Alle, die zum Kampf für Freiheit gingen,
Die unser Mund in Dankeshymnen preist,
Sie sind im Leiden unserer Hoffnung Sterne,
Und bleiben nah den Brüdern in der Ferne.

Gustav Struve und Frau Amalie
nach der Natur gez. und lith. v. Wilhelm Otto aus Darmstadt. Lith., 31,2 x 44,4, Bg., I.: B 1980/99 HGV

29. Der Freischarenzug des Lehrers Roediger

Karte des Hanauer Turnerzuges
Repro: Die Hanauer Turnerwehr, Ihr Einsatz in der Badischen Mairevolution von 1849 und der Turnerprozeß von Karl Geisel, Hanauer Geschichtsblätter, Hanau 1974

30. August Schärttner - ein Lebensbild

Wohnhaus August Schärttner in der Fischergasse
Teilansicht, Foto., SBH Sig. Ie 2J.

A[ugust]. Schärttner
Anführer der Turner=Schaar zu Hanau den 12ten März 1848. Nach der Natur gem. v. Hausmann/ Gedr. v. Ed. Gust. May in Frankfurt a/M./ Auf Stein gez. v. V. Schertle 1848/ Eigentum des Herausgebers, Lith., 61,6 x 45,2, Bg., I.: B 6718 HGV, Foto.: Pfahler

31. Der Dichter Theodor Fontane zu Gast in August Schärttners Flüchtlingswirtschaft

Karl Marx
Foto. 1861, Beard Photographer, London Bridge, Repro: Karl-Marx-Haus, Trier

Theodor Fontane
Blei. Luise Kugler 29. Mai 1859, Repro.: Schiller-Nationalmuseum und Deutsches Literaturarchiv Marbach, Sig. M 1414

32. Die Strafbayern in Hanau

Daniel Louis Frédéric Hassenpflug
Holz., 24,4 x 17, Bg., I.: B 6903 HGV

Karikatur Hassenpflug
Ludwig Emil Grimm, Feder., 18,8 x 13,2, Bg., I.: B 2631 HGV.

„Einmarsch der Bundestruppen in Hanau am 1. November 1850"
Holz., 12,2 x 23,9, Bg., I.: B 3464 HGV

Gemischte Patrouille
kol. Holz., Glas gerahmt, Schmuckpapier aufgeklebt, 21 x 27,3, I.: B 7698 HGV, Foto.: Pfahler, Karikatur, Rückseite handschriftlich *„Österreicher, Preußen, Baiern, Frankfurter zur Zeit des deutschen Bundes"*

Toast An Dr. F[riedrich] Hecker
Flugblatt, 19,8 x 12,4, o. I. HGV, Inv. Coll. Hanov. Jac. Wiedersum Hanau a.M.

„Der 5te August 1851"
Auszug der Strafbayern aus Hanau, Lith., 27 x 40,4, Bg., I.: B 3486 HGV. Karikatur,Texte und Beschreibung S. 144

33. Die Anfänge der Arbeiterbewegung in Hanau 1848-1851

Annonce: Verlosung des Arbeiter= Bildungs=Vereins
Hanauer Zeitung 1850, SAH., Foto.:s Pfahler

Wilhelm Kämmerer
Vorsitzender des provisorischen Vorstandes des Arbeitervereins, Teilnehmer des Turnerzuges. Foto., Albuminpapier auf Karton, Atelier Ch. Reutlinger, Rue Richelieu in Paris um 1850/60, o. I., HGV

34. Ein Kind des Vormärz - Gründung des Hanauer Geschichtsvereins 1844

Johann Peter Ruth, 1769 - 1845, **Carl Joseph Arnd,** 1788 - 1867, **Anton Petrus Leopold Calaminus,** 1808 - 1868, **Dr. Franz Bernhard Friedrich Denhard,** 1809 - 1872, Repro: K.L. Krauskopf, 150 Jahre Hanauer Geschichtsverein 1844, Festschrift, Hanauer Geschichtsblätter, Bd. 33, Hanau 1994

Georg Jonas Merz
In: Die Hanauer Union, Festschrift zur Hundertjahrfeier der ev.-unierten Kirchengemeinschaft im Konsistorialbezirk Cassel am 28. Mai 1918, Hanau 1918, S. 550, Bibliothek Museen

35. Eine denkwürdige Zeit - Hanauer Bilderbögen

Bürgergarde an der Kinzigbrücke
Johann Heinrich Fiedler, Hanau, Lith., 38 x 49, I.: B 7551 HGV, Foto.: Röttcher

Kampf an der Kinzigbrücke
Zeichner und Stecher: Johann Lorenz Rugendas nach Vorlagen von Conrad Westermayr, 48 x 57, I.: B 3561 HGV, Foto.: Museum

Schlacht bei Hanau
Johann Heinrich Fiedler, Hanau, Lith., 31,5 x 33,5, I.: B 5431 HGV, Foto.: Museum

Lizentamt
siehe Kap. 14, S. 152, Foto.: Röttcher

Abend vor der Constitution
siehe Kap. 7, S. 152, Foto.: Röttcher

Prügelbock
siehe Kap. 20, S. 153,Foto.: Röttcher

Darmstädter Kirschenfrau
siehe Kap. 28, S. 153, Foto.: Röttcher

5.8.1851 Auszug der Strafbayern
siehe Kap. 32, S. 155, Foto.: Röttcher

Schlacht bei Waghäusel
siehe Kap. 28, S. 155, Foto.: Röttcher

Sieg des Bürgertums
siehe Kap. 11, S. 156, Foto.: Röttcher

Napoleon im Biwak
Zeichner: Nicolas-Toussaint Charlet, Verlag. Wilhelm Kuhl, Hanau, Lith., 45,5 x 33,7, I.: S.F. 388, Foto.: Pfahler, S. 157

Zugabe No 1 in Kurhessen
siehe Kap. 10, S. 157, Foto.: Röttcher

36. Karikaturen

Das Ende des Fürsten von Mitternacht
Druck: L. Blau, Leipzig, Lith., 27,3 x 39,8, Bg., I.: B 1979/27 St., Foto.: Museum. Unterschrift: *Die Frau Fürstin, welche ihrem Gemahl in allen Lebenslagen folgen will, wird von dem Herrn Lieutenant noch zuvor getröstet.* Karikatur auf den Fürsten von Metternich

Spaziergang an der Themse
Drucker: J, G, Fritsche, Leipzig, Lith., 21,7 x 28,5, I.: B 1979/26 St., Foto.: Museum. Text: *Pather Rothan Jesuiten General: Ich sey gewährt mit die bitte, in eurem bunde der Vierte! Motto: Schöne seelen finden sich. Auf einem Stein steht: In geheimen Aufträgen/Gesundheitshalber/Einer Seekur wegen.* Karikatur auf den König von Frankreich, den König von Preußen und Metternich

Der deutsche Michel.
Zeichner und Lithograph: Johann Heinrich Fiedler, Hanau, Lith., 19,7 x 28,1, I.: B 6361 HGV, Foto.: Pfahler

Wie der deutsche Michel die Nachtmütze wegwirft und sich vornimmt ins Freie zu gehen!!
Verlag: J. D. Fritsche. Leipzig, Lith., 27 x 32,8, Bg., I.: B 1979/28 St., Foto.: Pfahler

Deutsche Parlaments Schattierungen
Zeichner: Monogrammist C. M., Verlag: Eduard Gustav May, Frankfurt a.M., Lith., 33,8 x 23,3, Bg., I.: B 1980/85 St., Foto.: Pfahler. Karikatur auf v. Lichnowsky, Jahn, v. Radowitz, R. Blum, Dr. Jucho aus Frankfurt, E. Vogt, H.v. Gagern

Wie der deutsche Michel in Wut geräth
Verlag: Eduard Gustav May, Frankfurt, Lith., 30,3 x 43,7, Bg., I.: B 1979/57 St., Foto.: Pfahler, Text: *M[ichel]: Fort, Ungeheuer! Lass dich nicht mehr unter meiner Bande sehen!! Murrt ihr ? - Überlegt ihr ? - Wer überlegt, wenn ich befehle ?- Fort mit ihm, sag' ich - Es sind noch mehr unter euch, die meinem Grimme reif sind. Ich kenne die Spiegelberg. Aber ich will nächstens unter euch treten und fürchterliche Musterung halten.-*

Michel kehrt aus!
Zeichner: Monogrammist B., Verlag Louis Rocca, Leipzig; Druck v. L. Blau & Co., Leipzig, Lith., 26,6 x 22,9, Bg., I.: B 1982/30 St., Foto.: Pfahler

Das Ministerium der Zukunft
Zeichner und Stecher: Friedrich Pecht, Verlag: Louis Rocca, Leipzig, Rad., 39,8 x 52,7, Bg., o. I., Foto.: Pfahler

Ministerielle Reichsorgel
Verlag Eduard Gustav May, Frankfurt, Lith., 30,8 x 24,4, Bg., I.: B 1980/73 St., Foto.: Pfahler, Text: *Orgelspieler: J kann holt ka Harmonie rausbringen. Blasebalgbegleiter: Halten Sie sich man nur an die Noten. 1848*

Charte Deutschland
Heisa juchheisa dudeldumdei. Zeichner: Friedrich Pecht, Rad., Druck Louis Rocca, Leipzig, 25,8 x 36,6, Bg., I.: B 1980/83 St., Foto.: Pfahler, Karikatur auf die Nationalversammlung

Thaten und Meinungen des Herrn Piepmeyer. Abgeordneten zur constituierenden Nationalversammlung zu Frankfurt am Mayn von AB und C; 5. Heft Professoren der Frescomalerey zu haben bei C. Jügel am Roßmarkt in Frankfurt a./M.
Lithographienheft mit neun Blättern, 22,2 x 29, I.: B 1980/77 St., Foto.: Pfahler

Ach, es ist ein schöner Traum um meine Jugendliebe
Verlag. S. Stern, Offenbach, Lith., 18,2 x 12,4, I.: B 1981/ 64 St., Foto.: Pfahler, Karikatur auf den Abgeordneten Ernst Moritz Arndt

Ein Genius der Wahrheit
Zeichner: Alfons von Boddien, Verlag Eduard Gustav May, Frankfurt, Lith., handkol. Lith., 30,3 x 21,8, Bg., I.: B1981/83 St., Foto.: Pfahler, Untertitel: *Reichstagszeitung No. 56,* Karikatur auf den Abgeordneten Robert Blum

Der Reichs-Kanarienvogel
Zeichner: Alfons von Boddien, Verlag Eduard Gustav May, Frankfurt, kol. Lith., 30,3 x 22, I.: B 1981/85 St., Foto.: Pfahler, Text: *Singt wenig - spricht viel - und lebt von Diäten,* Karikatur auf den Abgeordneten Gustav Adolf Rößler

Auch eine Welt-Anschauung!
Zeichner: Alfons von Boddien, Verlag Eduard Gustav May, Frankfurt, kol. Lith., 30 x 21,6, Bg., I.: B 1979/30 St., Foto.: Pfahler, Text: *(vide: Sitzung vom 26 ten July),* Karikatur auf den Abgeordneten Arnold Ruge

Juchhe! einstimmig zum Vicepräsidenten gewählt!
Zeichner: Wilhelm Völker, Verlag Eduard Gustav May, Frankfurt, Lith., 33 x 24, Bg., I.: B 6369 HGV, Foto.: Pfahler, Karikatur auf den Abgeordneten Friedrich Ludwig Jahn

Der junge Deutsche und sein alter Vater
Verleger J.E. Mittenzwey, Frankfurt a./M., I.: B 6366 HGV, Foto.: Pfahler, Karikatur auf Friedrich Ludwig Jahn mit Robert Blum als republikanischem Turnersohn

Der Demokratenvertilger
Zeichner: Ludwig von Elliot, Verlag Eduard Gustav May, Frankfurt, Lith.: 24 x 30,8, Bg., I.: B 6368 HGV, Foto.: Pfahler, Karikatur auf Friedrich Ludwig Jahn vor Guillotine

Der Demokratenfresser
Verlag S. Stern, Offenbach, Lith., I.: B 6367 HGV, Foto.: Pfahler
Text: *Jahn: Hohe Versammlung! Wer so lange gelebt wie ich.....*
Eine Stimme: wird grau und ist nicht immer was Sie vorstellen
Alle Stimmen: Ha Ha Ha Ha....
Karikatur auf Friedrich Ludwig Jahn vor der Redner-tribüne in der Paulskirche

Das Lied vom Fuchs
Zeichner: Ludwig Maurer, Verlag S. Stern, Offenbach, Lith., 26,6 x 34,3, Bg., I.: B 1981/772 St., Foto.: Pfah-ler, Text: *Sie schickten ihm ein Mißtrau'nsbrief/ Auf veilcherblauer Seide,/ Ob man ihn auch oft zurück rief/ Bleibt er auf rechter Seite./ Schöner, grüner u.s.w.!!!!/ Er hat gehalten Monten lang/ Stets mit der rechten Seite./ Da ward's den Wählern angst und bang/ Und schicken ihn zu Seite./ Schöner, grüner usw. Maurer; No XXIX; 97te Sitzung,* Karikatur auf den Abgeordneten Karl Vogt

Insolitus Parlamenti camelus!
Lith., 26,7 x 33,3, Bg., I.:B 1979/ 32 St., Foto.: Pfahler. Text: *Wärter: Meine Herrschaften schauen Sie ein mohl dieses seltene Thier an; es stammt aus Neu-schwaben frisst Adel u. Juden u. macht lange Phra-sen.- Meine Herrschaften! von 9 Uhr Morgens bis 2 Uhr Mittags ist dieses merkwürdige Thier jeden Tag, in der bekannten Bude in der Paulsgasse zu schauen.-* . Karikatur auf den Abgeordneten Moritz Mohl

Die Reichsperücke
Zeichner: Moritz Daniel Oppenheim, Verlag Eduard Gustav May, Frankfurt, handkol. Lith., 15,4 x 19,8 (Platte), Stadtarchiv und Museum der Stadt Butzbach, I.: Mappe 2/Blatt 62,10, Foto.: Museum Butzbach, Text: *Jude: Dau sehe Se ä Mohl! Herr Dokter, ebbes Rores a blond Perück die ganz allan steht!/ Dr.: Nun, was nützt die alte Scharleke?/ Jude: Verzeihe Se Herr Dr. Sie is noch kan 4o Jhor alt und hot uns sehr genützt.* Karikatur auf Moritz Mohl, Unterhaltung zwischen einem Juden und dem jüdischen Abgeord-neten Gabriel Rießer

Er wird mir gemüthlich schwer - dieser Antrag
Zeichner: Moritz Daniel Oppenheim, Verlag Eduard Gustav May, Frankfurt, Lith., 27,3 x 19,6 (Platte), Stadt-archiv und Museum der Stadt Butzbach, I.: Mappe 2/Bl. 63.01, Foto.: Museum Butzbach, Untertitel: Sit-zung vom 28. August 1848, Karikatur auf den Abge-ordneten Moritz Mohl

Germania - Teppich
Zeichner: Angilbert Göbel, Gedruckt bei C. Knatz in Frankfurt a/M., Lith., 26,8 x 31,6, Bg., I.: B 8544 St.,

Foto.: Pfahler, Text: *Der Erste: Is denn des der Deppig den die Frankfurter Mädercher und Jungfern dem Reichsverweser gemacht hawe?-*
Der Zweite: No ja!
Der Erste: Nu sage e mol was soll dann des for e Fraa sein, die in der Mitte sitzt?
Der Zweite: Ei no dumm Oos, des is die Germania, des bedeut des Volk.
Der Erste: No do soll der Mann mit seine dreckige Stiwwel druf e rum dappele?
Der Zweite: Ach was! des schatt alles nix, do braucht er sich nett noch e paar Socke zu kaafe, do kann er selbst mit Holzschuh druf erum geh denn die hott e hart Fell.

„Neue Art eine Constitution zu geben."
An meine lieben Berliner
Druck v. L. Blau in Leipzig, Lith., 24,1 x 35,4,
I.: B 1980/74
Karikatur auf den Kartätschenprinzen

37. Die Hanauer Maler der Biedermeierzeit

Jean Louis Gallien
Anton Wilhelm Tischbein, Ö. a. L., 84 x 71, I.: B 6007 HGV, Überweisung der Hanauer Zeichenakademie, Foto.: Pfahler

Drei Puttiköpfe
Jean Jacques Bury, schwarze und weiße Kreide auf braunem Papier, 26 x 44, Bezeichnet: Dessiné par J. Bury à Paris, Staatliche Zeichenakademie Hanau, Foto.: Pfahler

Venus, von Dieomedes verwundet, kniet vor Mars, um 1760
Anton Wilhelm Tischbein, Ö. a. Kupfer, 35,5 x 44, si-gniert unten links: A. W. Tischbein, I.: B 1994/190 St., Foto.: Pfahler

Familie, um 1780
Antoine Carteret, Feder in Grau, 8 x 9,8, I.: B 1986/ 16 St., Foto.: Pokorny

Paradeplatz in Hanau, um 1800
Georg Carl Urlaub, Ö. a. L., 26,3 x 20, I.: B 11 a und b HGV, Foto.: Pfahler

Selbstbildnis Stengel
Reinhard Stengel, Ö. auf Papier auf Holzrahmen ge-klebt, 40,5 x 37, I.: B 7807 HGV. Auf der Rückseite bezeichnet mit schwarzer Tusche: *Reinhard Stengel/ Maler aus Hanau/Bruder von Großmutter Föll/Onkel von Wilhelm Stengel / Maurermeister + Madrid, wur-de mit / Limonade gegiftet 1819,* Foto.: Pfahler

Gebäude der Zeichenakademie in der Rebengasse
Conrad Westermayr, Aqua., 10,5 x 16,7, I.: B 3098 a HGV, Foto.: Pfahler

Darbringung im Tempel
Sig. u. l. Henriette Westermayr, geb. Stötzer 1809, Sepia auf Papier, 64,2 x 63,8, I.: B 5307 St., Foto.: Pfahler

Männlicher Kopf
Johann Friedrich Bury, Rötel auf Papier, Bezeichnet: Staatliche Zeichenakademie Hanau, Foto.: Pfahler

Manfred und der Gemsjäger
Peter Krafft, Öl auf Holz, 55 x 45, I.: B 1478 HGV, Foto.: Pfahler

Hanauer Bürgergardisten, 1833
Franz Nickel, Aqua. und deckende Wasserfarben, 28,8 x 23.6, Bezeichnet: Franz Nickel anno 1833, I.: B 391 HGV, Foto.: Pfahler

Conrad Westermayr
Friedrich Deiker, Ö. a. L., 88,5 x 67, I.: B 6004 HGV, Überweisung der Hanauer Zeichenakademie, Foto.: Pfahler

Paradeplatz
Friedrich Cornicelius, altkol. Rad., 35 x 43, I.: B 457 HGV, Foto.: Pfahler
siehe Kap. 5

Deckblatt der Serie „Blaetter gezeichnet von C. Jahn radiert von A. Fries Hanau 1829"
Zeichner: C. Jahn, Radierer: A. Fries, Rad., 16, 8 x 13.6, Bg., I.: B 1474 a HGV, Foto.: Pfahler

Hundekopf, 1829
Zeichner: C. Jahn, Radierer: A. Fries, Rad., 13,6 x 16.8, Bg., I.: B 1474 f HGV, Foto.: Pfahler

Selbstbildnis Deiker, um 1810
Friedrich Deiker, Ö. a. L., 56 x 44, I.: B 8185 St., Foto.: Pfahler

Angelina Martinelli d'Alatrie
Theodor Pelissier, Ö. a. L., 75 x 62, I.: B 7901 HGV, Foto.: Museum

Frankfurter Tor, 1806
Bernhard Hundeshagen, Aqua., 20,4 x 41,4, I.: B 3406 HGV, Foto.: Pfahler

Bildnis einer alten Römerin, 1820/21
Ludwig Hach, Blei., 27,3 x 21,7, I.: B 1987/67 St., Foto.: Pfahler

Bildnis einer jungen Frau
Katharina Luja, Blei., Rötel auf hellem Papier, 29 x 20,5, I.: B 3494 a HGV, Foto.: Pfahler

Bildnis des Philipp Adam Ott
Heinrich Christoph Ott, Kreide auf bräunlichem Papier, Privatbesitz Hanau, Foto.: Pfahler

Bildnis der Henriette Getrude Ott
Heinrich Christoph Ott, Kreide auf bräunlichem Papier, Privatbesitz Hanau, Foto.: Pfahler

Junges Paar
Carl Wilhelm Both, Ö. a. L., 117 x 88, I.: B 1477 HGV, Foto.: Pfahler

Stadtschloß vor dem Abriß
in: Skizzenbuch Johann Caspar Stawitz, Blei., Aqua., 20 x 25, I.: B 7895b St., Foto.: Pfahler

Bildnis Hermann von Meyer, 1831
Conrad L'Allemand, Kreide auf hellem Papier, 21,5 x 17, I.: B 1989/ 116 St., Foto.: Pfahler

Ehepaarbildnis
Friedrich L'Allemand, Ö. a. L., 68 x 55, I.: B 8455 St. u. B 8456 St., Foto.: Pfahler

Bildnis der Susanna Brandt
Karl Spitz, Ö. a. L., 108 x 88,5, I.: B 5902 St.

Selbstbildnis
Philipp Adam Ott, Ö. a. L., 45,5 x 37,5, I.: B 7788 St., Foto.: Pfahler

38. Hanauer Maler - Hanauer Turner

Friedrich Ludwig Jahn, 1848
Zeichner: Georg Cornicelius, Lithograph: Valentin Schertle, Verlag: Eduard Gustav May, Frankfurt, Lith., 44,3 x 31, Bg., I.: B 6719 HGV, Foto.: Museum

Bildnis Emilie Jahn, 1848
Friedrich Karl Hausmann, Kohle, Weißhöhung auf bräunlichem Papier, Signiert: C Hausmann 1848, Turn- und Sportmuseum Friedrich Jahn, Freyberg, Foto.: Albuminpapier, I.: B 4941

Bildnis Georg Cornicelius, 1848
Friedrich Karl Hausmann, Ö. a. L., 59,5 x 48, I.: B 1622 HGV, Foto.: Franz

Bildnis Friedrich Karl Hausmann
Georg Cornicelius, Foto. nach einem verschollenen Gemälde

Bildnis Carl Röttelberg
Zeichnung: Georg Cornicelius, Lithograph: Valentin Schertle, Drucker: Eduard Gustav May, Frankfurt, Lith., 61,5 x 54,2, Bg., I.: B 472 HGV, Foto.: Museum. Dieses Blatt ist ein Pendant zu dem nachfolgenden Porträt von August Schärttner. Sie sind beide nach großformatigen Gemälden entstanden und stellen Erinnerungsblätter an die Führer der Arbeiterfreischar und der Turnerwehr dar, die einen entscheidenden Einfluß auf das Gelingen der Hanauer Revolution hatten. Die beiden bedeutendsten Maler Hanaus in der Mitte des 19. Jahrhunderts, Georg Cornicelius und Friedrich Karl Hausmann, geben mit diesen beiden ganzfigurigen Gemälden ihren eigenen, zustimmenden Beitrag zur Revolution. In der Komposition dieser leider verschollenen Gemälde nehmen sie bewußt die Tradition des adeligen Repräsentationsporträts des 17. und 18. Jahrhunderts auf. Die in diesen Gemälden zum Ausdruck kommende Macht, die in einer ständisch gegliederten, spätabsolutistischen Gesellschaft allein dem fürstlichen Herrscher zukommt, nehmen nun die Repräsentanten des siegreichen Bürgertums in Anspruch und setzen so bewußt die revolutionäre Macht des Volkes der des feudalistischen Herrschers entgegen.

Bildnis August Schärttner
siehe S. 178 im Buch

Bildnis Carl Röttelberg, um 1860
Georg Cornicelius, Öl auf Papier auf Leinwand auf Faserplatte, 89 x 67, I.: B 1859 HGV, Foto.: Franz

Der Freischärler tot auf dem Boden liegend, von einer Frau beweint, 1849
Friedrich Karl Hausmann, Kohle, graubraun getöntes Papier, 37,3 x 54, Staatliche Museen zu Berlin, Preußischer Kulturbesitz, Kupferstichkabinett, Sig. D 3969, Foto.: Kupferstichkabinett

Christian Lautenschläger, 1855
Georg Gerhard, Ö. a. L., 93 x 73, Signiert unten rechts: G. Gerhard 1855. I.: B 4680 HGV, Foto.: Pfahler

Porträtfotografien aus dem Album von Theodor Pelissier, Hanau 1862
Nachlaß Helma Pelissier, Hanauer Geschichtsverein 1844, Philipp Adam Ott / Carl Hausmann / Gustav Spangenberg, Carl Hausmann / Louis Schleißner / Louis Spangenberg, J.D. Schleißner / Georg Cornicelius / Körner, Bildhauer

39. Moritz Daniel Oppenheim

Selbstbildnis
Moritz Daniel Oppenheim, Ö. a. L., 95 x 76, I.: B 1984 / 44 St., Foto.: Pfahler

Amor biegt die Keule des Herkules
Moritz Daniel Oppenheim, Ö. a. L., 70 x 59, I.: B 1595 HGV, Überweisung der Hanauer Zeichenakademie, Foto.: Pfahler

Bildnis des Herrn Baruch Eschwege als freiwilliger Jäger
Moritz Daniel Oppenheim, Ö. a. L., 108,3 x 83,3, Historisches Museum Frankfurt a. M., I.: B 1437, Foto.: Horst Ziegenfusz

Moses überträgt Josuah die Befehlsgewalt, 1844
Moritz Daniel Oppenheim, Ö. a. L., 101 x 121,5, I.: B 8680 St., Foto.: Pfahler

Betrachtung der Ringe
Moritz Daniel Oppenheim, Ö. a. L., 56,7 x 44,5, I.: B 1990/57 St., Foto.: Pfahler

40. Jüdische Emanzipation

Grabstein Marcus Canthal
Jüdischer Friedhof Hanau, Foto.: Renftel

Szene aus der Schlacht bei Wörth 6.8.1870; Die Jahrzeit (Minjan)
Moritz Daniel Oppenheim, Repro.: Museum

41. Der Telegraph

Faksimile eines römischen Limes-Wachtturmes

Telegrafie mit Rauchzeichen
Ueber sein am ein und zwanzigsten Decembr. 1784 angekuendigtes Problem einer Korrespondenz in ab= und unansehbaren weiten oder ueber Synthematographie mit Kupfern in Schreiben an Se. hochfürstliche Durchlaucht den Prinzen Ferdinand Herzogen in Braunschweig und Lueneburg, Erste Sendung von

Joh. Andr. Benign. Bergstraeßer, Konsistorialrath und Professor, wie auch verschiedener gelehrtern Gesellschaften Ehrenmitglied. Hanau 1785, Anhang, SBH., Sig. Io1B

Porträt Johann Andreas Benignus Bergsträßer, 1732 - 1812
Repro: Hanauer Geschichtsblätter Nr. 3/4, S. 14

Der Telegraph
aus: Fliegende Blätter in Chronik Wilhelm Ziegler, Bd II., S. 173, I.: B 60 HGV, SAH

42. Das Ende des Hanauer Marktschiffes

Ehemaliger Leinreiterpfad
Kesselstadt, Hanau am Main, Foto.: Renftel

Annonce Main-Dampf-Schiff-Fahrt und Hanauer Marktschiff
Hanauer Zeitung 1842, SAH

Philippsruhe near Rumpenheim
Foto. nach Original - Gouache, Anfang 19. Jh., 40,5 x 56,5, Bg., o. I. St., Foto.: Pfahler

Schloss Philippsruhe bei Hanau, um 1850
Lith., 35,5 x 43,3, Bg., I.: B 7546 HGV, Foto.: Pfahler, im Vordergrund Seitenraddampfer

43. Die nordmainische Eisenbahn

Hanauer Bahnhof (Westbahnhof)
Lith., 7,8 x 10,4, o. I.

Fahrplan Frankfurt Hanauer Eisenbahn
In: Hanauer Zeitung Nr. 245, 10. September 1848, Beilage, SAH, Foto.: Pfahler

Fahrplan, Faltplan Wilhelmsbad
Juli 1858, Lith., 20 x 17,4, o. I., HGV

Lokomotive Hanau
Repro.: Lokomotiven der alten deutschen Staats- und Privatbahnen, Herman Maey, Erhard Born, Moers 1983/84, S. 64, Privatbesitz J. Arndt

Hanauer Bahnhof [Ostbahnhof] Frankfurt
Historisches Museum Frankfurt, I.: C 19445a, Repro.: Seitz-Gray, Frankfurt

Hanauer Bahnhof [Ostbahnhof], Frankfurt
In: Delkeskamp-Plan, Frankfurt, Historisches Museum Frankfurt, I. C 10956, Repro.: Seitz-Gray, Frankfurt

Eisenbahn in Wilhelmsbad, um 1850
Ausschnitt aus einer Lithographie, Werbeblatt für Wilhelmsbad, Vieux Chateau, C. Naumann's Druckerei Frankfurt a./M., 47,4 x 59,8, Bg., I.: B 6798 HGV, Foto.: Pfahler

Wilhelmsbad
Gez. v. C. T. Reiffenstein/ Gedr. bei E. G. May & Wirsing in Frankfurt a./M./ Lith. von J. Buhl, 45,5 x 61,6, Bg., kol. Lith., I.: B 6799, Foto.: Pfahler

Wartezimmer der II. Classe des Hanauer Bahnhofes nach Frankfurt [Westbahnhof]
In: Reisetagebuch in Bildern, Ludwig Emil Grimm 1850, Reprint St.

44. Die Musik der Revolutionszeit 1848/49

Marsch mit Gesang, Fahnenweihe Bürgergarde 1831 (21. Bürgerbataillon) für das Piano=Forte, C.J. Edler'sche Buch-, Papier- und Musikalienhandlung, Hanau. Lith., 26,5 x 21, I.: B 5253 a HGV, Foto.: Pfahler

Fahnen=Walzer für das Piano=Forte
Hanau in der C.J. Edler'schen Buch-, Papier- und Musikalienhandlung. *Ehret die Frauen! Sie flechten und Weben himmlische Rosen ins irdische Leben. Schiller,* kol. Lith., 26,8 x 20,8, I.: B 5233b HGV, Foto.: Pfahler

Reform=Liederheft für das Volk. Zur Unterhaltung und Belehrung. Zusammengestellt von W. Volksman 1848, o. I.: HGV

Flennwalzer für das Piano=Forte
A. Fischer, Frankfurt a.M., gedr. F.J. Fiedler, Hanau, Lith., 25,7 x 16, I.: B 5233 e HGV, Foto.: Pfahler

Cravall=Walzer für das Piano=Forte, 1830
C.J. Edler'sche Buchhandlung, gedr. F.J. Fiedler, Hanau, kol. Lith.,25,5 x 20,5, I.: B 5233 HGV, Foto.: Pfahler

Hanauer Mauth Spectakel wie auch Mainkur-Cravall-Walzer für das Piano - Forte. Cassel bei P. C. Ruprecht. P.C.R. No.5, Lith., 26 x 16, Bg., Notenblatt, Walzer von I.R., I.: B 5223 d HGV, Foto.: Pfahler

45. Über den Hof Trages und den literarischen Kreis der Romantiker

Allegorie
Wandzeichnung Brentano, Hof Trages, Foto.: Sabine Brunk, Gelnhausen

Carl Friedrich von Savigny
L.E. Grimm fec., Frankfurt d. 10. Oct. 1815, Lith., 31,5 x 22,8, Bg., I.: B 4987 HGV

Bettina Brentano
L.E. Grimm nach dem Leben, München 18.8.1809, Blei., 18,3 x 14,8, Bg., I.: B 7469 St.

Clemens Brentano
L.E. Grimm ad. viv. Den 18. July 1837, Lith., 40,5 x 31,8, Bg., I.: B 4986, alte I.: SBH

Gunda von Savigny
L.E. Grimm ad. viv. Landshut 1898, Beli., 22 x 16,8, Bg., I.: B 7471 St.

Bettina von Arnim mit Entwurf Goethe-Denkmal
L.E. Grimm ad. Viv. 29. Nov. 1838 Cassel, Blei., 21 x 18, Bg., I.: B 7470 HGV

46. Friedrich König - Ein Hanauer Verleger des Vormärz

Friedrich König
Repro: Hanauer Geschichtsblätter, No. 10, 1931, S.70

Der Polen Abschied von ihrem Vaterlande
Lith., 35,3 x 43,2, Bg., I.: B 1987/61 HGV, Foto.: Pfahler

47. Wilhelm Ziegler - Chronist der Hanauer Revolution

Wilhelm Daniel Ziegler mit Frau und Tochter
Foto., Albuminpapier auf Karton, 10,2 x 6,3, o. I. HGV

Gedenktafel Ziegler
Foto.: Renftel

48. Hanauer Literaten

Karl Gutzkow
Lith., 28,6 x 22,2, Bg., I.: B 3975 HGV

Emanuel Geibel
Repro.: Brockhaus Enzyklopädie, Wiesbaden 1969, S. 37

Friedrich Rückert
Lith., 13 x 7.9., I.: B 4258 HGV

Graf Bentzel-Sternau
Herzogl. Badenscher Staatsminister. Gemalt 1792, in Stahl gest. v. Nordheim, Bibliographisches Institut Hildburghausen, Zeitgenossen N 92 (IV Jahrg.), Stahl., 27 x 16,2, Bg., I.: B 72 HGV

Carl Spindler
Repro.: Hanauer Geschichtsblätter, No. 3/4, Hanau 1919, S.188

Heinrich Joseph Koenig
Unbekannter Künstler, Ö. a. L., 59 x 46,5, KM., I.: B 3808 HGV, Foto.: Pfahler

49. Das Hanauer Kunsthandwerk des Biedermeier

Wappenteppich der Fabrikantenfamilie Leisler
Teppich Leisler, Hanau, siehe Kapitel 9, S. 221, Foto.: Herrmann

Schreibzeug
Johann Conrad Lauck, Hanau, Silber, Mahagoni, 37 x 43, I.: B 1989/17 St., Foto.: Pfahler

Kanne
Johann Conrad Lauck, Hanau, Silber, Ebenholz, H 22,8, I.: B 1980/31 St., Foto.: Pfahler

Zwei Leuchter
Johann Conrad Lauck, Hanau, Silber, H 26,2, o. I., Foto.: Pfahler

Kaffeekanne
Johann Joseph Bürger, Hanau, Silber, Ebenholz, H 27,5, I.: B 1983/49 St., Foto.: Pfahler

Zwei Leuchter
Johann Conrad Wilhelm Philipp Hessler, Hanau, Silber, H 30,5, I.: B 2753 a u. b St., Foto.: Pfahler

Dreiarmiger Leuchter
Johann Conrad Wilhelm Philipp Hessler, Hanau, Silber, H 55 und 27,5 und I.: B 2905 St., Foto.: Pfahler

Kelch, um 1840
Johann Daniel Schleißner, Hanau, Silber, vergoldet, H 17,5, I.: B 2270 HGV, Foto.: Pfahler

Fünfteiliges Service, 1841/42
Johann Daniel Schleißner, Hanau, Silber, Ebenholz, I.: B 8592 a-e St., Foto.: Pfahler

Kamee mit Fassung, 1845
Fassung von dem Hanauer Goldschmied Jüngling, Elfenbein, 5 x 3,8, I.: B 1993/254 St., Foto.: Pfahler

Kamee mit Fassung
Elfenbein, 5,6 x 4,5, o. I., Foto.: Pfahler

Kreuzanhänger
Elfenbein, 6,8 x 3,2, o. I., Foto.: Pfahler

Tasse mit Ansicht Wilhelmsbad
Porzellan, bemalt, 7,8, I.: B 7664 a, b St., Foto.: Pfahler

Tasse mit Schloß Philippsruhe
Porzellan, bemalt, 8,5, I.: B 4775 a, b HGV, Foto.: Pfahler

Tasse mit Ansicht Hanaus
Porzellan, bemalt, 10,7, I.: B 1964 HGV, Foto.: Pfahler

Porträttasse
Porzellan, bemalt, 10,5, I.: B 3376 St., Foto.: Pfahler

Collier und Ohrhänger
Eisenkunstguß Berlin / Hanau, o. I.:, Foto.: Pfahler

50. Das Deutsche Goldschmiedehaus
Foto.: DGH

51. Die Freimaurer in Wilhelmsbad

Freyh. von Knigge
Lith., 12 x 6,6, Bg., I.: B 2766

Wilhelmsbad
Ansicht, kol. Lith., 14 x 20,5, Bg., I.: B 6673 HGV

52. Wilhelmsbad 1848 - Spielzeug aus der Zeit der Revolution

Maskenpuppe, Kinder- und Altfrauengesicht, Papiermasché, um 1850
Maskenpuppe, um 1850
Elise, Papiermaschépuppe, um 1820
Foto.: Martin Hoppe, HPM

Hampelmänner: Jahn und Heckscher
Repro.: Deutsches Historisches Museum Berlin

53. Hanau in der Revolution von 1918/19

Hanauer Silberwarenfabrik, um 1910
Repro.: Franz

Marktplatz, 9. November 1918
zwei Foto.: Wilhelm Hopp, 8,8 x 13,8, o. I., St.

Kreishaus
Verwaltung des Kreises Hanau, heute Landratsamt Main-Kinzig-Kreis, Eugen-Kaiser-Straße, Foto.: 16,7 x 22,8, o. I., HGV

Aufruf des Kreistages an die Bevölkerung des Landkreises Hanau
Flugblatt, Repro.: Krause

Die gelbe Mauer, Paradeplatz, um 1928
Bildstelle Hanau, Sig. I/160

Friedrich Schnellbacher, Dezember 1920
Foto., Papier auf Karton, 17,5 x 12,8, I.: B 1982/126 St.

54. Schloß Philippsruhe

Schloß Philippsruhe
Panoramafotografie vor 1984

Schloß Philippsruhe
Gouache, 1811, Foto.: Museum

Vestibül, um 1880
Schloß Philippsruhe, Repro.: Hessische Hausstiftung Schloß Fasanerie, Adolphseck, Eichenzell

Biedermeier - Salon
Reihersaal, Trausaal
Salon Anna, Landgräfin
Galerie, Museum Hanau
Vormärz und Revolution 1848/49
Foto.: Herrmann

Brüder-Grimm-Märchenfestspiele, Park Schloß Philippsruhe
Foto.: Museum

Museumscafé
Foto.: Herrmann

Brüder-Grimm-Sekt
Der Weinladen, Hanau

Brüder-Grimm-Torte
Café Schien, Hanau

Brüder-Grimm-Schmuck
Angela Schuster, Hanau

XIV. Brüder-Grimm-Märchenfestspiele

55. Dampfmaschinen und ein Zoo aus Bronze,

Museum Großauheim, August Gaul, Tierplastiken, August Peukert, Gemälde, Foto.: Franz

Großauheimer Dampftage
Dampftraktor Willem, Helga und Kurt Winkler, Neu-Isenburg, Foto.: v. Gottschalck, Hanau

56. Museum Schloß Steinheim

Schloß Steinheim
Ansicht, Foto.: Pfahler

Aktionstag, Lehmofenbau
Foto.: Friedrich

Tonfiguren, Veranstaltung 1997
Foto.: Schaffer-Hartmann

Modell bandkeramische Siedlung
Foto.: Herrmann

57. Das Heimatmuseum Mittelbuchen - 1200 Jahre Buchen

Obertor Mittelbuchen
Foto.: Renftel

58. *Buchener Wasser* nach Hanau

Wasserleitungen
durchbohrter Holzstamm u. Tonrohre
Foto.: Pfahler

Der Ausfluß der Wachenbücher Wasserleitung im Gemeindehöfchen in der Metzgergasse
nach einer Zeichnung von Eduard Rößler, Repro.: Die Altstadt Hanau, Ein Gedenkbuch zur 650-Jahr-Feier der Altstadt Hanau von Heinrich Bott, Hanau 1953, S. 51

59. Die Turngemeinde Hanau 1837 a. V.

Postkarte
Jahn-Turnhalle 1903, o. I., HGV

Drei Hanauer Turner
Mitglieder der Turngemeinde, die 1849 am Turner-zug teilgenommen hatten. Mitte: Wilhelm Link, Gold-schmied, Foto.: Albuminpapier auf Karton, 12 x 13, RM., I.: B 1980/264 HGV

60. Der Turn- und Sportverein 1860 Hanau e. V.

Matthias Daßbach
Foto.: Museum

Turnerinnen des TSV 1860 e. V. Hanau
Repro.: 100 Jahre Turn- und Sportverein 1860 e.V. Hanau, Hanau 1960, S. 31

Akrobatengruppe
vom Turnverein 1860 Hanau, Jahrgang 1919/20, Personen von links nach rechts: A. Hammacher, K. Kissel, K. Nix, W. Bach, H. Weber, Ph. Zachmann, Foto., 8,4 x 12,6, o. I., HGV

61. Der Turnverein Kesselstadt 1860 e. V.

Die Gründer des Turnvereins Kesselstadt, September 1860
Foto., Albuminpapier a. Kart., 22 x 27,6, o. I.:, HGV
1. Reihe v. li. n. re.: P. Altstadt, G. Diehl, Philipp Eberhard
2. Reihe v. li. n. re.: Georg Roth, J. Brehm, Wilh. Geibel, Phil. Rang, Fr. Geibel, D. Hestermann, Georg Diehl II.
3. Reihe v. li. n. re.: G. Brehm, Jac. Geibel, Frz. Lautz, Wilh. Dietz, K. Eberhard, Chr. Wild, Aug. Lautz, Ed. Nickes, Andr. Lamm, F. Altstadt, Sch. Brehm, Jac. Lautz, Andr. Belk, Louis Griesheimer, J. Wernsmann, Jean Wild

Pyramiden-Turnen vor dem I. Weltkrieg
Foto.: TVK 1860

Die Turnmädels des TV Kesselstadt bei den Pokal-wettkämpfen 1994, August-Schärttner-Halle, Hanau
Foto.: TVK 1860

62. Katalog und Bildnachweis
o. Abb.

63. Revolution und Turnerbewegung in histori-schen Bildern / Richard Schaffer-Hartmann
Bürgergarde im Museum des Geschichtsvereins
Bürgergardebuch, Hanau 1830, Aufrufe, Bekanntma-chungen, Listen, Foto., SBH. Sig. If3B

Bürgergardist
sign. M.[ax] Wiese 1902, Gouache, Feder. auf Karton, 43,7 x 29,8, Kartongröße, I.: B 380 HGV, Foto.: Pfahler

Bürgergardist mit Tuba, um 1910
Wilhelm Schultz, Ö. a. Kart. a. Holz, 35 x 26, I.: B 1617

64. Bibliographie/Stadtbibliothek Hanau
o. Abb.

65. 400 Jahre Neustadt
400-Jahre Jubiläum Neustadt Hanau, 1997
Foto.: Pfahler

66. Kul/tour
Rob Spence / Kultursommer / Robert Kreis / Musical Theater Budapest
Foto.: Kulturamt Hanau

Sonderseite
Früchtestilleben mit Nelken
Peter Soreau 1637, Ö. a. Holz, 42 x 53, Museum Hanau, Schloß Philippsruhe

Stadtarchiv Hanau

Archive sind das Gedächtnis der Menschheit. Sie bewahren unser Wissen, unsere Geschichte und unsere Kultur. Seit Jahrhunderten sind sie ein wichtiges Quellenreservoir für Geschichts- und Gesellschaftswissenschaften.

Das Stadtarchiv Hanau bewahrt auf ca. 1200 Regalmetern wichtige Quellen zur Stadtgeschichte auf. Die Bestände könnten wesentlich umfangreicher sein, aber durch unvorsichtige Aktenvernichtungen im 19. Jahrhundert kam es zu erheblichen Verlusten. Eine Brandstiftung nach dem Bombenangriff des 19. März 1945, den das Archiv unbeschadet überstanden hatte, zerstörte außerdem ca. 70% der Bestände.

Einige der interessantesten Archivalien, die durch rechtzeitige Auslagerung der Zerstörung entgingen, seien im folgenden genannt:

URKUNDEN (16.-20. Jh.), darunter die „Kapitulation" vom 1. Juni 1597

über die Gründung der Neustadt Hanau durch französische und niederländische Glaubensflüchtlinge.

RATSPROTOKOLLE, also die Verhandlungen des Stadtrats der Altstadt (ab 1616) und der Neustadt (ab 1601).

RECHNUNGEN der Neustadt (ab 1601), der Altstadt (ab 1624) und des Althanauer Hospitals (ab 1453).

ALTAKTEN der Stadt Hanau (16.-20. Jh.), die u.a. die Belagerung Hanaus durch General Lamboy im 30jährigen Krieg, zahlreiche Streitigkeiten zwischen Alt- und Neustadt, den Turnerzug nach Baden sowie Angelegenheiten des Bürgergarderegiments dokumentieren.

REZEPTIONS(=Bürgeraufnahme) PROTOKOLLE der Altstadt (ab 1672) und der Neustadt (ab 1730).

KIRCHENBÜCHER der Wallonisch-Niederländischen Gemeinde (1593-1830).

ZEITUNGEN: Hanauer Anzeiger (ab 1727), Hanauer Zeitung (1687-1922), Steinheimer Zeitungen (1872-1934).

STADTTHEATER: Theaterprogramme, Plakate, Bühnenbildentwürfe, Lebensläufe von Schauspielern.

HANAUER GESCHICHTSVEREIN: Das Archiv des HGV wird vom Stadtarchiv betreut. Von besonderer Bedeutung ist die zehnbändige handschriftliche Chronik von Johann Wilhelm Ziegler, der aus eigenem Erleben bedeutende und alltägliche Ereignisse der Hanauer Geschichte in den Jahren 1825 bis 1879 beschreibt.

In neuerer Zeit gelangten die Archive der Stadtteile Klein-Auheim, Großauheim, Mittelbuchen und Steinheim in das Stadtarchiv. Auch Unterlagen von Kesselstadt sind noch vorhanden. Die im Lauf der Jahre bei den städtischen Ämtern anfallenden Akten werden, sofern sie archivwürdig (von rechtlicher oder historischer Bedeutung) sind, nach und nach übernommen. Auch Postkarten, Tonbänder und Videos gehören heute zum Bestand des Stadtarchivs.

STADTARCHIV HANAU, Schloßplatz 2, Tel.: 06181/295-918.

Öffnungzeiten: Montag-Freitag 9-12 Uhr, nachmittags nach Vereinbarung.

Monika Rademacher

Gebäude des Stadtarchives, Fotografie von 1900

Revolution und Turnerbewegung Hanau
in historischen Bildern

300-jähriges Neustadtjubiläum 1897,
Festzuggruppe Hanauer Turner den
Auszug der Turnerwehr 1849 darstellend,
7.6.1897.

Hanauer Bürgergardist
Max Wiese, 1902.

28. Mittelrheinisches Kreisturnfest Hanau
14. - 18. Juli 1906.

Mittelrheinisches Kreisturnfest 1906.

Hanauer Bürgergardist
Wilhelm Schultz, um 1900.

Bürgergarde im Museum des
Hanauer Geschichtsvereins,
Zweiter Saal, zweites
Obergeschoß des Altstädter
Rathauses, 1903.

34. Mittelrheinisches Kreisturnfest Hanau 31.7. - 4.8.1930.

286

Deutscher Turntag in Hanau 1952.

*Sonderausstellung anläßlich des
100. Jubiläums des
Deutschen Turnerbundes in Hanau,
zum Deutschen Turntag
31.5. und 1.6.1952,
Kaufmännische Schulen,
Erbsengasse.*

*Hanau im Vormärz und in der
Revolution 1848/49,
Blick in die ständige Abteilung
des Museums Hanau,
Schloß Philippsruhe, 1989.*

AN DIESER STÄTTE FAND AM
2. APRIL 1848
DER 1. DEUTSCHE TURNTAG
STATT.
IN TREUE UND DANKBARKEIT
IHREN VORKÄMPFERN GEWIDMET
ALS VERPFLICHTUNG
FÜR DIE NACHWELT.
DER DEUTSCHE TURNERBUND
HANAU IM JAHRE
DES DEUTSCHEN TURNTAGES 1952
1. JUNI 1952

Gedenktafel zum 1. Deutschen Turntag 1848, Außenseite der Ruine der Wallonischen Kirche.

Hanau im Vormärz und in der Revolution 1848/49, Blick in die ständige Abteilung des Museums Hanau, Schloß Philippsruhe, 1980.

Vormärz und Revolution –
ein Literaturverzeichnis

Dieses Literaturverzeichnis wurde erarbeitet auf der Grundlage der Bestände der Landeskundlichen Abteilung der Stadtbibliothek Hanau. Die Signatur der Landeskundlichen Abteilung wurde jeweils am Ende jeder Titelaufnahme in runden Klammern angegeben. Die Literatur kann in der Landeskundlichen Abteilung ausgeliehen bzw. der Präsenzbestand (= alles vor 1900 Erschienene) kann vor Ort eingesehen werden. Bearbeitungsstand ist Dezember 1997.

Allgemeines

(1) Allgemeine Arbeiter-Zeitung. Organ für d. polit. u. sozialen Interessen d. arbeitenden Volkes. Zugl. Ztg. d. Arbeiter-Vereins zu Frankfurt a.M. Red. von Eduard Pelz u. Chr. Esselen. Nr. 3. Frankfurt a.M.: Adelmann 1848. S. 18-24.
(VIII b A)

(2) Beier, Gerhard: Arbeiterbewegung in Hessen. Zur Geschichte d. hess. Arbeiterbewegung durch 150 Jahre <1834-1984>. Frankfurt a.M.: Insel-Verl. 1984. 671 S. (Hessen-Bibliothek.)
ISBN 3-458-14213-4
(II b 2 B)

(3) Beutin, Ludwig: Das Bürgertum als Gesellschaftsstand im 19. Jahrhundert. <Ein Entwurf.> In: Blätter für deutsche Landesgeschichte. N.F., Jg. 90, 1953, S. 132-165.
(IX b B)

(4) Bürgerliche Feste. Symbolische Formen polit. Handelns im 19. Jahrhundert. Hrsg. von Manfred Hettling u. Paul Nolte. Göttingen: Vandenhoeck & Ruprecht 1993. 232 S.
ISBN 3-525-01352-3
(II 03.25 A)

(5) Büchner, Georg: Der hessische Landbote. Friedrich Ludwig Weidig: 1834. Neudr. beider Ausg. mit e. Nachw. von Eckhart G. Franz. Marburg: Elwert 1973. 8,9,18 S.
(II i 1 B10)

(6) Coester, B.S.: Leutnants-Erinnerungen eines alten Kurhessen. Halbvergessene Geschichten aus d. 30er u. 40er Jahren d. 19. Jh. Marburg: Elwert o.J. 340 S.
(III e 2 C)

(7) Gerland, Otto: 1810-1860. Zwei Menschenalter kurhess. Geschichte, nach... Erinnerungen u. Aufzeichnungen... u. anderen Quellen dargest. Kassel: Brunnemann 1892. V, 191 S.
(III b 2 G)

(8) Hanau, Stadt und Land. Ein Heimatbuch für Schule u. Haus. Hrsg. vom Hanauer Geschichtsverein. Hanau 1954: Nack. 511 S.
- hier insbesondere S. 378-383
(I a H)

(9) Hanauer Stadtführer. 30 Stätten demokrat. Geschichte u. antifaschist. Widerstandes. Von Angelika Cipa u.a. Hrsg.: VVN/Bund d. Antifaschisten, Kreisvereinigung Main-Kinzig. Frankfurt a.M.: Röderberg-Verl. o.J. 62 S.
darin Hinweise auf
- Wallonisch-Niederl. Kirche (1. Dt. Turntag 1848)
- Martkplatz (Hanauer Ultimatum von 1848)
- Heumarkt (Sturm auf das Zollamt 1830)
- Alte Johanneskirche (Constitutionsfeier 1831)
(I b 2 S)

Abkürzungen

AhGA — Archiv für hessische Geschichte und Altertumskunde
HA — Hanauer Anzeiger
HanMag. — Hanauisches Magazin
HGBll. — Hanauer Geschichtsblätter
HiB — Heimat im Bild
HJbLg — Hessisches Jahrbuch für Landesgeschichte
JbhKgV — Jahrbuch der hessischen kirchengeschichtlichen Vereinigung
NMagHG — Neues Magazin für hanauische Geschichte
ZVhGL — Zeitschrift des Vereins für hessische Geschichte und Landeskunde

(10) Herzogtum Nassau 1806-1866. Politik, Wirtschaft, Kultur. Eine Ausstellung. Museum Wiesbaden, 5. April bis 26. Juli 1981. Darmstadt-Arheilgen 1981: Anthes. XV, 517 S.
(V b 2 N)

(11) Der hessische Volksfreund. Red. von A. Vilmar. Jg. 1-6. Marburg 1848-1853.
(IX f 1 V)

(12) Illustrirter[!] Kalender für... Jahrbuch der Ereignisse, Bestrebungen u. Fortschritte im Völkerleben u. im Gebiete d. Wissenschaften, Künste u. Gewerbe. 1847-1850. Leipzig: Weber 1846-1849. Hier interessant ist der Jahrgang 1849.
(IX c K)

(13) Klemke, Ulrich: „Eine Anzahl überflüssiger Menschen". Die Exilierung polit. Straftäter nach Übersee: Vormärz u. Revolution 1848/49. Frankfurt a.M.: Lang 1994. 335 S. (Europäische Hochschulschriften. Reihe 3: Geschichte und ihre Hilfswissenschaften. Bd. 591)
ISBN 3-631-46427-4
(II 07.17 A)

(14) Kühn, Joachim: Kurhessischer Bilderbogen. Studien u. Porträts zur Kulturgeschichte d. 19. Jh. Berlin: Dt. Verlags-Ges. für Politik u. Geschichte 1924. 291 S.
(III c K)

(15) Kurhessische Steckbriefe. Ein Kapitel aus d. „Todtengräbern". Die besten Männer, wie sie in Warheit sind. Wien: Markgraf & Müller in Comm. 1868. 53 S.
(III b 2 S)

(16) Lerner, Franz: Wirtschafts- und Sozialgeschichte des Nassauer Raumes 1816-1964. Hrsg. von d. Nass. Sparkasse anläßl. d. 125jähr. Wiederkehr d. Tages ihrer Gründung am 22. Jan. 1840. Wiesbaden 1965. 382 S.
(V f 4 L 4°)

(17) Losch, Philipp: Geschichte des Kurfürstentums Hessen 1803 bis 1866. Marburg: Elwert 1922. VIII, 460 S.
(III b 2 L)

(18) Luckemeyer, Ludwig: Liberale in Hessen 1848-1980. Festschrift anläßl. d. 60. Geburtstages von Heinz Herbert Karry. Melsungen 1980. XXII, 363 S.
(II f 1 L)

(19) Müller, F[riedrich]: Kassel seit siebzig Jahren, zugleich auch Hessen unter vier Regierungen. Bd 1-2. Kassel: Hühn.
1. 1876. VII, 275 S.
2. 1879. VIII, 339 S.
(III b 2 M)

(20) Müller, Leonhard: Lebenserinnerungen eines alten Kurhessen aus der Zeit des Königs Jerome von Westfalen, der Kurfürsten Wilhelms I., Wilhelms II. und Friedrich Wilhelms 1806-1870. Dresden: Jahn & Jaensch 1903. 64 S.
(III e 2 M)

(21) Müller, Ludwig: Aus Deutschlands trüben Tagen. Th. [1]-2. Marburg: Ehrhardt. Angeb.: Müller: Rückblicke auf Kurhessen und das Ende des Kurfürstentums. 2. Aufl. 1890.
1. 1892. 223 S.
2. 1893. 201 S.
(II b 2 M)

(22) Nestriepke, Siegfried: Der Freiheitskampf an der Marburger Universität. München: Bavaria-Verl. 1908. 24 S.
(VII Mar N)

(23) Revolution in Deutschland? 1789-1989. 7 Beitr. hrsg. von Manfred Hettuling. Göttingen: Vandenhoeck & Ruprecht 1991. 147 S. (Kleine Vandenhoeck-Reihe. 1555)
ISBN 3-525-33572-5
(II 03.25 A)

(24) Sauerwein, Wilhelm: ABC-Buch der Freiheit für Landeskinder. Hanau: König 1832. 76 S.
(I o 2 S)

(25) Schaffer, Richard u. Anton Merk: Revolution als Museumsgegenstand? Eine neue Abteilung d. Hanauer Museums beschreibt d. Rolle, d. Hanau in d. revolutionären bürgerl. Bewegung d. 19. Jh. gespielt hat. In: Spessart. 1981, 11, S. 5-9.
(IX a S)

(26) Schwemer, Richard: Geschichte der freien Stadt Frankfurt a.M. <1814-1866>. Bd 1-3. Frankfurt a.M.: Baer. (Veröffentlichungen der Historischen Kommission der Stadt Frankfurt am Main. 3-5.)
1. 1910. XVI, 407 S.
2. 1912. XIV, 772 S.
3,1. 1915. XI, 420 S.
3.2. 1918. XV, 586 S.
(VI b 2 S)

(27) Steiner, Johann Wilhelm Christian: Zur Geschichte des Großherzogthums Hessen von 1790 bis 1848. Th. 2: Geschichte der Regierung Ludwigs II. Seligenstadt: Selbstverl. 1849. XIV, 138 S.
(IV b 2 S)

(28) [Trabert, Adam:] Die Todtengräber des kurhessischen Landesrechts. Ein Beitr. zur Zeitgeschichte, insbes. zur Charakteristik d. „National-liberalen" Gothaerthums. Leipzig: Kummer 1868. V, 163 S.
(III b 2 T)

(29) Das Wartburgfest und die oppositionelle Bewegung in Hessen. Hrsg. Burkhard Dedner. Marburg: Hitzeroth 1994. 291 S. (Marburger Studien zur Literatur. Bd 7.)
ISBN 3-89298-157-8
(II b 2 W)

(30) Wippermann, Carl Wilhelm: Kurhessen seit dem Freiheitskriege. Lfg. 1-3. Cassel: Fischer 1850.
VI, 526 S.
(III b 2 W)

(31) Zimmermann, Ernst J.: Hanau Stadt und Land. Kulturgeschichte u. Chronik e. fränk.-wetterauischen Stadt. Unveränd. Nachdr. d. verm. Ausg. von 1919. Hanau: Peters 1978. 953 S.
ISBN 3-87627-243-2
(I a Z)

(32) 175 Jahre Nassauische Verfassung. Eine Ausstellung d. Hess. Landtags u. d. Hess. Hauptstaatsarchivs zur Erinnerung an d. Erlaß d. Nass. Landständ. Verfassung am 1./2. Sept. 1814. Wiesbaden: Hess. Landtag 1989. 139 S. (Hessische Schriften zum Föderalismus und Landesparlamentarismus. Nr. 3.)
ISBN 3-923150-05-9
(V f 1 V)

Die Französische Revolution und die Mainzer Republik

(33) Bethke, Martin: Geistige Unruhe einer Epoche - 1789. Illuminaten, Logen, Studenten - Marburg - Wetzlar. Gießen. In: HiB. 1989, 16. Woche.
(IX a H)

(34) Deutsche Jakobiner. Mainzer Republik u. Cisrhenanen 1792-1798. 2. Aufl. Bd 1-3. Mainz: Bundesarchiv u. Stadt Mainz 1982.
1. Handbuch. Beitr. zur demokrat. Tradition in Deutschland. 216 S.
2. Bibliographie. Zur dt. linksrhein. Revolutionsbewegung in d. Jahren 1792/93. 74 S.
3. Katalog. 125 S.
(VII Mai J 4°)

(35) Doehmen, Ludwig: Frankfurts Handel während der französischen Revolution <Teildr.>. Borna-Leipzig: Universitätsverl. 1927. IX, 55 S.
Frankfurt a.M., Wirtschafts- u. sozialwiss. Diss. vom 20.12.1926
(VI f 4 D)

(36) Duchhardt, Heinz: Revolution und mittelrheinischer Protestantismus. Kirchlichkeit u. Frömmigkeit in d. Franzosenzeit im nördl. Departement Donnersberg. In: JbhKgV. Bd 31, 1980, S. 65-85.
(IX g J)

(37) Dumont, Franz: Die Mainzer Republik von 1792/93. Studien zur Revolutionierung in Rheinhessen u. d. Pfalz. Alzey: Verl. d. Rheinhess. Druckwerkstätte 1982. XII, 546 S. (Alzeyer Geschichtsblätter. Sonderh. 9.)
ISBN 3-87854-035-3
(VII Mai D)

(38) Franz, Eckhart G.: Hessen-Darmstadt, Kurmainz und die Französische Revolution. In: HJbLg. Bd 40, 1990, S. 125-143.
(IX b J)

(39) Görres, Jakob Joseph: Teutschland und die Revolution. Coblenz: Hölscher in Komm. 1819. 212 S.
(VIII b G) Eigentum des Hanauer Geschichtsvereins 1844

(40) Haasis, Hellmut G.: Gebt der Freiheit Flügel. Die Zeit d. dt. Jakobiner 1789-1805. Bd 1-2. Reinbek: Hamburg 1988.
1. 462 S.
2. S. 464-916.
ISBN 3-499-18363-3
(VIII g H)

(41) Klein, Karl: Geschichte von Mainz während der ersten französischen Occupation 1792/1793. Mit Aktenstücken. Mainz: von Zabern 1861. VI, 602 S.
(VII Mai K)

(42) Koenig, Heinrich: Die Clubisten von Mainz. Histor. Roman. 3., verb. Aufl. Th. 1-3. Leipzig: Brockhaus 1875. (Koenig: Ausgew. Romane. Bd 1-3)
1. 386 S.
2. 402 S.
3. 334 S.
(I o 1 K)

(43) Kracauer, I.: Frankfurt und die Französische Revolution 1789-1792. Frankfurt a.M. 1907. 88 S. Sonderabdr. aus: Archiv für Frankfurter Geschichte und Kunst. F. 3, Bd. 9.
(VI b 2 K 4°)

(44) Lucius, Georg Friedrich: Drangsale des Dorfes Jugenheim bei Mainz im ersten Revolutionskriege. Bearb. von Eduard Anthes. Darmstadt: Selbstverl., Schlapp [in Komm.] 1910. VI, 93 S. (Hessische Volksbücher. Bd. 8.)
(IV c V)

(45) Schlitzer, Paul: Das Hochstift Fulda während der Französischen Revolution. In: Fuldaer Geschichtsblätter. Jg. 50, 1974, S. 102-110.
(IX b G)

(46) Speitkamp, Winfried: Die Landgrafschaft Hessen-Kassel und die Französische Revolution. In: HJbLg. Bd 40, 1990, S. 145-167.
(IX b J)

(47) Wendel, Hermann: Frankfurt a.M. von der großen Revolution bis zur Revolution von oben <1789-1866>. Frankfurt a.M. 1910: Union-Dr. 187 S.
(VI b 2 W)

(48) Wühr, Wilhelm: Emigranten der Französischen Revolution im Kurfürstentum Mainz. In: Aschaffenburger Jahrbuch. Bd. 2, 1955, S. 61-97.
(IX b J)

Das Jahr 1830

(49) Ackermann, Jürgen: Die 1830er Krawalle im alten Kreis Gelnhausen. In: Gelnhäuser Heimat-Jahrbuch 1997. S. 142-147.
(IX b H)

(50) [Bekanntmachung über zeitweise Verlegung der Garnison in Bürgerquartiere.] Dat. Hanau, den 29. Nov. 1830. 1 Bl.
(I f 3 B)

(51) Crößmann, Christoph: Die Unruhen in Oberhessen im Herbste 1830. Darmstadt: Hess. Staatsverl. 1929. 82 S. (Quellen und Forschungen zur hessischen Geschichte. 8.)
(IV b 2 C)

(52) Denkschrift der Bürger von Hanau an ihren Landtags-Deputirten. Eingereicht im Nov. 1830. Hanau: Edler 1831. 15 S.
(I f 1 D)

(53) Görlich, Paul: Als in Sterbfritz bei Schlüchtern einst die Volksseele kochte. Eine Episode aus d. Revolutionsjahr 1830. In: HiB. 1993, 16. Woche.
(IX a H)

(54) H.: Revolte in Niedergründau und Umgebung [1830]. In: Heimat-Jahrbuch des Kreises Gelnhausen. 1954, S. 61-62.
(IX b H)

(55) Hahn, Hans Henning: Der polnische Novemberaufstand von 1830 angesichts des zeitgenössischen Völkerrechts. In: Historische Zeitschrift. Bd 235, 1982, S. 85-119.
(IX b Z)

(56) Heiler, C[arl]: Aus dem Hanauer Krawalljahre 1830. Erinnerungen eines unbekannten Hanauers. Hanau 1930: Waisenhaus-Buchdr. S. 58-80.
Ersch. auch in: HanMag. Jg. 9, Nr. 8,9,10, 1930.
(I b 2 H), (IX b M)

(57) Hübener, K.: Revolution in Bieber [1830]. In: Heimat-Jahrbuch des Kreises Gelnhausen. 1961, S. 90.
(IX b H)

(58) Knöpp, Friedrich: Ein Bericht über die Unruhen um Friedberg Ende September und Anfang Oktober 1830. In: AhGA. N.F. Bd 31, 1971/72, S. 182-185.
(IX b A)

(59) Lange, L.F.: Sechs Predigten nach den am 6. Sept. 1830 in Kassel stattgehabten Unruhen. 2. Aufl. Kassel 1831: Bohné. getr. Pag.
(VII Kas L)

(60) Sande, D.F.G. van de: Die Hanauer Revolution. Aus d. Holländ. übers. Hanau 1831. 100 S.
(I b 2 S)

(61) Schlander, Otto: Polizeistrafen 1830. In: Alt-Offenbach. Blätter d. Offenbacher Geschichtsvereins. N.F., H. 32, 1996, S. 7-11.
(IX p A)

(62) Schmitt, Wilhelm: Kasseler Sturmtage 1830. Nach d. Notizenbuch d. Obergerichtsrats Carl Schwenken. In: ZVhGL. Bd 75/76, 1964/65, S. 539-544.
(IX b Z)

(63) Stegmann, Ludwig: Das Echo unserer Tage. Oder: Überblick der erfolgreichsten Tage im Jahr 1830, Juli 27., 28., 29. als e. kleiner Beitr. zum Allgemeinen Besten von d. Verf. Ludwig Stegmann zum Lebewohl allen Hanauern zugeeignet. [Hanau] 1832: Kittsteiner. 7 S.
(I b 2 S) Eigentum des Hanauer Geschichtsvereins 1844

(64) Thyriot, Johann Peter: Die politischen Ereignisse in Hanau 1830. Aus: HA vom 27. u. 28. 3. 1909. 2 Bl.
(I b 2 T)

(65) Die Unruhen in Oberhessen im Herbst 1830. In: HiB. 1973, Nr. 22.
(IX a H)

(66) Wolf, M.: Die Hanauer Krawalle im Jahre 1830 vor dem Bundestag. In: HanMag. 10, 1931, S. 49-53.
(IX b M)

Die Zollpolitik Kurhessens

(67) Bemerkungen gegen die vor kurzem erschienene Broschüre, betitelt: „Die Zollverhältnisse Kurhessens." In bes. Rücksicht auf d. Stadt u. Provinz Hanau. Von e.... Hanauer. Frankfurt a.M. 1830: Weber. 35 S.
(I f 4 B)

(68) [Eingabe der Bürger und Einwohner von Hanau an das Kurfürstliche Ober-Appellationsgericht, die Zollverhältnisse betreffend.] Dat. Hanau, im Jan. 1832. 7 S.
Angeb.: Eingabe an die Hohe Ständeversammlung. 1832.
(I f 4 E 4°)

(69) Hahn, Hans-Werner: Geschichte des Deutschen Zollvereins. Göttingen: Vandenhoeck & Ruprecht 1984. 214 S.
ISBN 3-525-33500-8
(II 06.80 A)

(70) Noch etwas über die Hessischen, besonders Hanauischen Zollverhältnisse. Hanau: König im Comm. 1830. 16 S.
(I f 4 N)

(71) Tapp, Alfred: Hanau um 1830. Zur 90jähr. Wiederkehr d. Tages d. Zerstörung d. Zollamtes zu Hanau am 24. Sept. 1830. Aus: HA vom 10.11.1920. 1 Bl.
(I f 4 T)

(72) Was muß Kurhessen hinsichtlich seiner Zoll- und Mauthverhältnisse jetzo thun? An die ... Landstände ... von e. Hessen. Frankfurt a.M. 1830: Sauerländer. 14 S.
(III f 1 W)

(73) Die Zollverhältnisse Kurhessens. Den Kurhess. Landständen gewidmet. Leipzig: Hahn 1830. 40 S.
(III f 1 Z)

Das Hambacher Fest, Das Wilhelmsbader Fest 1832

(74) Bernges, Rudolf: Zur Erinnerung an das Wilhelmsbader politische Fest am 22. Juni 1832. [Mit Aufruf und Festliedern.] Hanau o.J. 1 Bl.
(I b 2 B 4°)

(75) Festlieder. Wilhelmsbad, am 22sten Juni 1832. Hanau: König 1832. 8 S.
Angeb.: Einladung zur Teilnahme. 1 Bl.
(I b 2 F 4°)

(76) Franz, Eckhart G.: „Der Deutschen Mai". Literatur zur 150-Jahr-Feier d. Hambacher Festes. In: AhGA. N.F., Bd 42, 1984, S. 267-274.
(IX b A)

(77) Wilhelmsbader Festanzeiger. Extrablatt d. Hanauer Kulturvereins. Erlensee 1982: Rüger. 4 S. - erschienen zum 150jähr. Jubiläum d. Wilhelmsbader Festes.
(I b 2 F 4°)

(78) Winkler, Heinz: Das politische Volksfest von 1832 in Wilhelmsbad. In: NMagHG. 3, 1955/59, S. 46-49.
(IX b M)

(79) Winkler, Heinz: Wilhelmsbader Fest. 125. Jahrestag. Aus: HA vom 27.5.-22.6.1957. 3 Bl.
(I b 2 W 4°)

Der Frankfurter Wachensturm 1833

(80) Köhler, Volkmar: Das Licht nationaler Freiheit sollte von Hessen ausgehen. Anm. zu e. interessanten Putschversuch in polititsch bewegter Zeit. In: HiB. 1983, 17. Woche.
(IX a H)

(81) Schlicht, Lothar: Der Frankfurter Wachensturm und die Neuhoffs. Frankfurt a.M.: Selbstverl. 1975. 109 S.
(VI b 2 S)

(82) Sommer, H.E.: Die Erstürmung der Wachen. Aus: Frankfurter Neue Presse vom 2.4.1958. 1 Bl.
(VI b 2 S 4°)

Die Zeit des Vormärz

(83) Actenstücke, die landständischen Anklagen wider den Kurfürstlich Hessischen Staatsminister Hans Dan. Ludw. Friedr. Hassenpflug betreffend. Ein Beitr. zur Zeitgeschichte u. zum neuern dt. Staatsrechte. Die Vertheidigungsschriften von d. Angeklagten selbst u. vom R. Mohl. Stuttgart, Tübingen: Cotta 1836. VIII, 600 S.
(III b 2 A)

(84) Akten und Eingaben aus dem kurhessischen Vormärz 1837-1848. Hrsg. u. eingel. von Hellmut Seier. Bearb. von Bernd Weber u. Hellmut Seier. Marburg: Elwert 1996. LXXVIII, 608 S. (Veröffentlichungen der

Historischen Kommission für Hessen. Bd 48,6.) (Vor-geschichte und Geschichte des Parlamentarismus in Hessen. 15.)
ISBN 3-7708-1074-0
(II b 3 V)

(85) Bullik, Manfred: Staat und Gesellschaft im hessi-schen Vormärz. Wahlen, Wahlrecht u. öffentl. Mei-nung in Kurhessen 1830-1848. Köln, Wien: Böhlau 1970. 501 S. (Neue Wirtschaftsgeschichte. Bd. 7.)
(III b 2 B)

(86) Emmerich: Verbrechen des Hochverraths an dem Kurhessischen Staate durch Eintritt in die Verbindung „Das junge Deutschland" in der Schweiz. Dat. Alten-burg, am 23. Jan. 1839. S. 333-392.
(I f 2 E)

(87) Fleck, Peter: Reform und Bürokratie in Rhein-bundzeit und Vormärz. Neue Forschungen über Hes-sen-Darmstadt, Württemberg und Nassau. In: AhGA. N.F., Bd 51, 1993, S. 273-282.
(IX b A)

(88) Fraeb, Walter Martin: Entstehung und Entwick-lung des Bürgervereins e.V. zu Hanau. Festschrift... zum 100jähr. Bestehen... 1932. Hanau: Im Selbstverl. d. Vereins 1932. 55 S.
(I m 7 F1)

(89) Funck, Friedrich: Bem. Oder Empfang der Polen zu Frankfurt am Main. Hanau: König 1832. 61 S.
(II 03.25 A)

(90) Gembries, Helmut: Verfassungsgeschichtliche Studien zum Recht auf Bildung im deutschen Vor-märz. Liberale Staatslehre u. parlamentar. Diskussion in Kurhessen. Darmstadt u. Marburg: Selbstverl. 1978. 274 S. (Quellen und Forschungen zur hessischen Ge-schichte. Bd. 32.)
(III h 1 G)

(91) Gläser, Marcus: Neue Formen kommunalen Zu-sammenlebens. Zum sozialen u. polit. Leben in Vilbel im Vormärz d. Jahre 1830-1834. In: AhGA. N.F., Bd. 45, 1987, S. 207-248.
(IX b A)

(92) Hahn, F.: Vertheidigung des Geh. Kabinetsarchi-var Müller. Mit einigen Hindeutungen auf d. Veranlas-sung d. Staatsreform in Kurhessen. Cassel: Bohné in Comm. 1831. XXXIV, 113 S.
(III f 1 H) Eigentum des Hanauer Geschichtsvereins 1844

(93) Henschke, Werner: Unruhige Jahre für Bergen und Enkheim <1830-1848>. In: Aus der Heimat. Beil. zur Bergen-Enkheimer Zeitung. 1980, Nr. 8, S. 1-21.
(IX b H)

(94) Iseler, Johannes: Die Entwicklung eines öffentli-chen politischen Lebens in Kurhessen in der Zeit von 1815-1848. Berlin: Ebering 1913. 128 S.
(III b 2 J)

(95) Der Komet des Jahres 1834. Oder welche merk-würdige Begebenheiten wird uns dieses göttliche Zei-chen verkündigen. 5. Aufl. Hanau: König 1833. 16 S.
(II 03.25 A)

(96) Der Liberalismus auf dem merkwürdigen Landta-ge zu Darmstadt 1833. Gießen: Heyer 1834. VI, 144 S.
(IV b 2 L)

(97) Der Mann vom Berge oder der politische Wetter-prophet für das Jahr 1834. Hanau: König 1834. 48 S. [Fotokopie des Exemplares der StB Mainz]
(II b 2 M)

(98) Meise, Eckhard: Das Altstädter Rathaus zu Hanau als Sitz des Kurfürstlichen Landgerichts (1822-1850). Zugl. e. Beitr. zur Geschichte d. Hanauer Behörden im Vormärz. In: HGBll. Bd. 30, 1988, S. 557-590.
(IX b G)

(99) Nolte, Paul: Gemeindeliberalismus. Zur lokalen Entstehung und sozialen Verankerung d. liberalen Par-tei in Baden 1831-1855. In: Historische Zeitschrift. Bd. 252, 1991, S. 57-93.
(IX b Z)

(100) Pfüger, Georg: Petition über Wucher-Gaunerei von den Hanauer Bürgern. Frankfurt a.M.: Oehler 1846. 16 S.
(I b 3 P)

(101) Schütz, Friedrich: Eine verbotene „Allgemeine Lesegesellschaft" von 1832. In: AhGA. N.F. Bd. 36, 1978, S. 329-344.
(IX b A)
betr. e. Lesegesellschaft in Mainz, die 1832 gegründet werden sollte, und keine Genehmigung bekam, u.a. weil einer der Gründer, Georg Strecker, sich am Ham-bacher Fest beteiligte.

(102) Seier, Hellmut: Hanau und Kurhessen im Spiegel des Vormärz und seines Geschichtsbewußtseins. Fest-vortrag zur Jubiläumsfeier d. Hanauer Geschichtsver-eins am 18. Sept. 1994. In: 1. NMagHG, 1995, S. 16-26 (Kurzfassung). 2. HJbLg. Bd. 45, 1995, S. 129-1962. (Erw. u. überarb. Fassung).
(IX b M), (IX b J)

(103) Spangenberg, Ilse: Hessen-Darmstadt und der Deutsche Bund 1815-1848. Darmstadt: Selbstverl. d. Histor. Vereins für Hessen 1969. 168 S.
(IV b 2 S)

(104) Speitkamp, Winfried: Fürst, Bürokratie und Stän-de in Kurhessen 1813-1830. In: ZVhGL, Bd. 91, 1986, S. 133-163.
(IX b Z)

(105) Stage, Detlef: Frankfurt am Main im Zollverein. Die Handelspolitik u. d. öffentl. Meinung d. Freien Stadt Frankfurt in d. Jahren 1836 bis 1866. Frankfurt a.M.: Kramer 1971. 95 S. (Studien zur Frankfurter Ge-schichte. H. 5.) Zugl.: Frankfurt a.M.; Phil. Diss. vom 12.2.1971
(VI f 4 S)

(106) Der Sybillen Weissagungen und Prophezeihungen oder salomonischer Schlüssel zur Zukunft. Hanau: König 1831. 28 S.
(03.25 A)

(107) Das Unglücksjahr 1842. Hanau: König 1842. 29 S.
(II 03.25 A)

(108) Untersuchungsberichte zur republikanischen Bewegung in Hessen 1831-1834. Hrsg. von Reinhard Görisch u. Thomas Michael Mayer. Frankfurt a.M.: Insel-Verl. 1982. 427 S. (Die Hessen-Bibliothek.)
ISBN 3-458-14044-1
(II b 3 U)

(109) Wulfmeyer, Reinhard: Die Einführung der Bezirksräte und die Umbildung der inneren Landesverwaltung in Kurhessen 1821-1848. In: HJbLg Bd. 21, 1971, S. 160-213.
(IX b J)

(110) Der Wundermann des neunzehnten Jahrhunderts. Hanau: König 1833. 56 S.
(II 03.25 A)

(111) Zimmermann, Erich: Ärzte, Richter und Angeklagte. Die polit. Prozesse in Hessen-Darmstadt u. d. großherzogl. Medizinalkolleg <1835-1845>. Mit e. Anh.: Manfred Kleiber: Der Tod Weidigs aus heutiger rechtsmedizinischer Sicht. Ein Gutachten. In: AhGA. N.F. Bd. 43, 1985, S. 271-350.
(IX b A)

Pressefreiheit und Zensur

(112) Fraeb, Walter Martin: Hanau in der Geschichte des Buchhandels und der Druckschriften. Hanau: Verl. d. Vereins 1931. 114 S. (HGBll. N.F. Nr. 10.)
(IX b G)

(113) Hitzeroth, Heinzotto: Die politische Presse Kurhessens von der Einführung der Verfassung vom 5. Januar 1813 bis zum Ausgang des Kurstaates 1866. Marburg 1935: Koch. IX, 1875 S. (Zeitung und Leben. Bd. 22.) Zugl.: München, Phil. Diss. vom 16.4.1935.
(III h H)

(114) Mann, Roger: Die Garantie der Pressefreiheit unter der Kurhessischen Verfassung von 1831. Frankfurt a.M., Berlin u.a.: Lang 1993. XIX, 141 S. (Europäische Hochschulschriften. Reihe 2: Rechtswissenschaft. Bd. 1432.)
ISBN 3-631-46458-4
(III f 2 M)

(115) Die Pokal- und Adressen-Sendung einer großen Anzahl Einwohner des Kurfürstenthums u. Großherzogthums Hessen an ihren Landsmann, den Abgeordneten, Hofrath u. Prof. Dr. Welcker in Karlsruhe. Beschrieben durch einen d. Ueberbringer von Pokal und Adressen [d.i. Karl Bucher]. Mit angehängtem Dankschreiben des Abgeordneten Welcker, biograph. u. literarischen Notizen über denselben, e. Auszuge aus dessen Werke über vollkommene und ganze Preßfreiheit und seinen ständischen Aeußerungen hinsichtlich

jenes Gegenstandes, und Rechnungslage über Verwendung der zum bezeichneten Zwecke gesammelten Gelder. Hanau: König 1832. IV, 60 S. [Fotokopie des Exemplares der HLHB Darmstadt]
(II f 1 P)

(116) Protestation deutscher Bürger für Preßfreiheit in Deutschland. Hanau: König 1832. 10 S. [Fotokopie des Exemplares der StuUB Frankfurt]
(II f 2 P)

Die Jahre 1848-1850

(117) Aufruf an das deutsche Volk! Dat. Frankfurt, den 9. Mai 1848. 1 Bl.
(VIII b a 4°) Eigentum des Hanauer Geschichtsvereins 1844

(118) [Bekanntmachungen an die Hanauer Bevölkerung. Aufrufe, Gesetze u. Erlasse.] Hanau, 1848/49. 4 Bl.
(I b 2 B)

(119) Beleuchtung kurhessischer Zustände vom März 1848 bis zur Steuerverweigerung im August 1850. Frankfurt a.M.: Lizius 1851. V, 142 S.
(III f 1 B)

(120) Berge, Otto: Fulda in der Revolution von 1848/49. In: Fuldaer Geschichtsblätter. Jg. 51, 1975, S. 133-217.
(IX b G)

(121) Blos, Wilhelm: Die deutsche Revolution. Geschichte d. dt. Bewegung von 1848 u. 1849. (Nachdr. d. 1893 ersch. Aufl.) Berlin, Bonn: Dietz 1978. VIII, 670 S.
ISBN 3-8012-0030-2
(VIII b B)

(122) Blum, Hans: Die deutsche Revolution 1848-49. Eine Jubiläumsgabe für d. dt. Volk. 9. Tsd. Florenz u. Leipzig: Diederichs 1898. XIII, 480 S.
(VIII b B) Eigentum des Hanauer Geschichtsvereins 1844.

(123) Calaminus, Anton: Gott Lob und Dank, dargebracht für das erfreute Hanau in der gottesdienstlichen Feier am 13. März 1848. Zum Besten d. Kleinkinderbewahranstalt zu Hanau hrsg. Hanau: Edler, 1848. 16 S.
[Fotokopie des Exemplares der UB Marburg]
(I g C)

(124) Cartarius, Ulrich: Die Standesherrschaft Erbach-Schönberg während der Revolution von 1848. Ereignisse u. Folgen, dargest. u. reflektiert von Johann Adam Dingeldey. In: AhGA. N.F., Bd 39, 1981, S. 315-370.
(IX b A)

(125) Denhard, B[ernhard]: Soll die Kurhessische Staatsregierung den Petitionen um Erlassung eines neuen Wahlgesetzes und um Auflösung der jetzigen Ständeversammlung Folge geben? Eine freimütige Erörterung. Hanau: König 1848. 13 S.
(III b 2 D)

(126) Dietrich, Stefan J.: Christentum und Revolution. Die christl. Kirchen in Württemberg 1848-1852. Paderborn: Schöningh 1996. 490 S. (Veröffentlichungen der Kommission für Zeitgeschichte. Reihe B: Forschungen. Bd. 71)
ISBN 3-506-79977-0
(II 03.25 A)

(127) Faber: Dank- und Gedächtniß-Rede gehalten zu Hochstadt am 13. März 1848. Von dem dasigen Pfarrer Faber. Hanau: König 1848. 7 S.
(VII Hoc F)

(128) Fischer, Roman: Im Orber März 1849 vertrieb die Bevölkerung das Militär. War es ein Akt republikanischer Revolution, Aufbegehren aus sozialer Not, Aufstand von Halbkriminellen? In: Spessart. 1988, 1, S. 3-22.
(IX a S)

(129) Frankfurt im Jahre 1848. Frankfurt o.J.: Kumpf & Reis.
[Sammelmappe]
(VI c F quer-4°)

(130) Franz, Eckhart G.: Die hessischen Arbeitervereine im Rahmen der politischen Arbeiterbewegung der Jahre 1848-1850. In: AhGA. N.F., Bd. 33, 1975, S. 167-262.
(IX b A)

(131) Franz, Günther: Die agrarische Bewegung im Jahre 1848. In: HJbLg, Bd. 9, 1959, S. 151-178.
(IX b J)

(132) Frei, Alfred Georg u. Kurt Hochstuhl: Wegbereiter der Demokratie. Die bad. Revolution 1848/49. Der Traum von d. Freiheit. Karlsruhe: Braun 1997. 127 S.
ISBN 3-7650-8168-X
(II 03.25 A1)

(133) Frei, Wilhelm: Die Volkserhebung in Baden im Mai und Juni 1849. Offenbach a.M. 1849: Köhler u. Teller. 139 S.
Angeb.: Berichte des Generals Mieroslawski über den Feldzug in Baden. Bern 1849.
(VIII b F)

(134) Ein freies Wort eines Kurhessen an seine Brüder. Kassel 1848: Ortlöpp. 1 Bl.
(III b 3 W 4°)

(135) Geisel, Karl: Am 3. Juni 1849: Sturm auf das Amtsgefängnis Gelnhausen und sein gerichtliches Nachspiel. In: Heimat-Jahrbuch des Kreises Gelnhausen. 1964, S. 81-84.
(IX b H)

(136) Geisel, Karl: Inhaber der badischen Gedächtnismedaille von 1849 aus dem Kreis Gelnhausen. In: Heimat-Jahrbuch des Kreises Gelnhausen. 1963, S. 77-78.
(IX b H)

(137) Geisel, Karl: Unruhige Tage in Udenhain im Frühjahr 1849. In: Gelnhäuser Heimat-Jahrbuch. 1976, S. 91-92.
(IX b H)

(138) Gemeinsame Beschlüsse der sämmtlichen politischen Vereine zu Hanau in Betreff der Errichtung eines Freicorps zum Schutze der Reichsverfassung und des Wahlgesetzes. Hanau 1848: Kittsteiner. 2 Bl.
(I f 3 B 4°)

(139) Der Goldacker zu Hanau. Erinnerungen e. alten Goldschmiedes aus d. Krawalljahr 1848. Ztg.-Ausschnitt o.J. 1 Bl.
(I b 2 G)

(140) Graefe, H.: Welche Aufgabe hat die nächste Ständeversammlung? Im Sinne d. Demokratie beantw. für d. Volk. Kassel: Fischer 1849. 32 S.
(III f 1 G)

(141) Hanau im Vormärz und in der Revolution 1848/49. Red.: Anton Merk u. Richard Schaffer. Hanau a.M.: Histor. Museum 1980. 88 S.
(I b 2 H)

(142) Das Hanauer Ultimatum. Aus: Illustrierte Geschichte der deutschen Revolution 1848/49. 3. Aufl. Berlin 1988. S. 65-67.
(I b 2 U 4°)

(143) Hardt, Heinrich: Kanonen vor Orb. <Zum 100jähr. Gedenktag der „Revolution".> In: Heimat-Jahrbuch des Kreises Gelnhausen 1950. S. 77.
(IX b H)

(144) Hecker, Friedrich: Die Erhebung des Volkes in Baden für die deutsche Republik im Frühjahr 1848. Repr. d. Ausg. Basel 1848. Köln: ISP 1997. 128 S.
ISBN 3-929008-94-7
(II 03.25 A2)

(145) Herrmann, G. Conrad: Die in der ersten Hälfte des Monats März 1848 statt gehabten Hanauer Ereignisse. [Hanau] o.J.: Kittsteiner. 21 S.
(I b 2 H)

(146) Hessen in der Revolution 1848/49. Revolution u. demokrat. Widerstand in d. hess. Geschichte. Ausstellung d. Hess. Staatsarchive zum Hessentag 1973. Darmstadt 1973. 27 S.
(II b 2 H 4°)

(147) Hessen in der Revolution 1848/49. Frankfurt a.M.: Staatl. Landesbildstelle Hessen 1985. [52] S. (Beiheft zur Diareihe 108110.)
(II b 2 H)

(148) Hessen in der Revolution von 1848/49. Hrsg. von Werner Wolf u. Rainer Koch. Kelkheim: Kunz 1989. 146 S. (Hessen in Geschichte und Politik. Bd 2.)
ISBN 3-923429-12-9
(II b 2 H)

(149) Holzmann, Helmut: „Die Orber Revolution" [1849]. In: Heimat-Jahrbuch des Kreises Gelnhausen. 1960, S. 126-129.
(IX b H)

(150) Jacob, Bruno: Die Hanauer Sturmtage März 1848. Aus: Hessenland. 29, 1915.getr. Pag.
(I b 2 J 4°)

(151) Jockel, Rudolf: Das Jahr 1848 und seine Auswirkungen auf den Pfarrkonvent Frankenberg. In: JbhKgV Bd. 36, 1985, S. 95-98.
(IX g J)

(152) Kähni, Otto: Die demokratische Volksbewegung 1848/49. [dt. u. franz.] Offenburg: Huber 1947. 108 S.
(VIII b K)

(153) Katz-Seibert, Mathilde: Der politische Radikalismus in Hessen während der Revolution von 1848/49. Darmstadt: Hess. Staatsverl. 1929. 80 S. (Quellen und Forschungen zur hessischen Geschichte. 9.)
(II b 2 K)

(154) Kielmannsegg, Peter Graf: Die demokratische Revolution und die Spielräume politischen Handelns. In: Historische Zeitschrift. Bd 237, 1983, S. 529-558.
(IX b Z)

(155) Köhler, Manfred: Die nationale Petitionsbewegung zu Beginn der Revolution 1848 in Hessen. Eingaben an d. Vorparlament u. an d. Fünfzigerausschuß aus Hessen <März bis Mai 1848>. Darmstadt u. Marburg: Selbstverl. 1985. 341 S. (Quellen und Forschungen zur hessischen Geschichte. 56.)
ISBN 3-88443-144-7
(II b 3 K)

(156) [Korn, Friedrich:] Das göttliche Recht der Könige und die Prärogative des Adels, behauptet gegen die modernen Staatsverbesserer. Nebst Aufklärungen über d. Entstehungsgeschichte d. Formel „Von Gottes Gnaden" u. d. myst. Sinn d. Salbungsceremonie welt. u. geistl. Herrscher. Weimar: Voigt 1849. 48 S.
(VIII b K) Eigentum des Hanauer Geschichtsvereins 1844

(157) Der kurhessische Landtagsabschied vom 31. Okt. 1848. Oder: Was hat Kurhessen seit dem März erlangt? Hanau: König 1848. 16 S.
(III b 2 L)

(158) Lehrerstimmen gegen die schulfeindlichen Umtriebe und die Anklage gegen Dr. Gräfe von seiten der pietistisch-mystischen Partei im kurhessischen Lehrerstande. Kassel: Appel 1849. 24 S.
(III h L)

(159) Lohmeyer, Oda: Kurhessen und die deutsche Einheitsbewegung in den Jahren 1848 und 1849. Marburg, Phil. Diss. vom 15. Okt. 1919. XX, 375 S. [maschinenschr.]
(III b 2 L 4°)

(160) Lotz, Philipp: Das tolle Jahr in einer Kleinstadt. Erinnerungen aus d. Jahre 1848. Ztg.-Ausschnitte von 1911. [7] S. [betr. Schlüchtern]
(VII Schl L)

(161) Martin, Roger: Die republikanische Versammlung in Frohnhofen bei Aschaffenburg am Ostermontag des Jahres 1849. In: Spessart. 1984, H. 3, S. 10-14.
(IX a S)

(162) Matthes, J.: Von der Revolution in Langendiebach und Umgegend 1848. Auszüge aus d. Nieder-schriften d. verstorbenen Langendiebacher Lehrer J. Matthes. In: HanMag. 6, 1927, S. 65-70. 7, 1928, S. 32, 39-40. 8, 1929, S. 32.
(IX b M)

(163) Mohn, Heinrich: Hailers Revolution Anno 1848. Kriegerische Ereignisse erzeugten Durst. In: Heimat-Jahrbuch des Kreises Gelnhausen 1955. S. 45-46.
(IX b H)

(164) Oetker, Fr.: Minister Hassenpflug und die kurhessische Volksvertretung. Ein Wort an d. öffentl. Meinung. Kassel: Krieger in Komm. 1850. 105 S.
(III f 1 O)

(165) Pauly, Heribert: Zur sozialen Zusammensetzung politischer Institutionen und Vereine der Stadt Mainz im Revolutionsjahr 1848. In: AhGA. N.F., Bd. 34, 1976, S. 45-81.
(IX b A)

(166) Pfaff, A.: Das Trauerspiel in Kurhessen. Ein Beitr. zur Geschichte unserer Tage. Braunschweig: Westermann 1851. VII, 237 S.
(III b 2 P)

(167) Pflüger, George: Ein Wort an die Kurhessischen Stände und Klagen. Mannheim: Hoff 1847. 100 S.
(III f 1 P)

(168) Platner, Eduard: Über die Licht- und Schattenseiten unserer politischen Zustände. Festrede... zum Geburtstage... d. Kurfürsten Friedrich Wilhelm I. Marburg: Elwert 1849. 20 S.
(III i P)

(169) Pressel, G.: Kurzgefaßte geschichtliche Darstellung der letzten politischen Ereignisse in der Stadt Hanau von ihrem 1. Entstehen bis zur Vollendung des großen Aktes am 12.3.1848. Hanau: Edler 1848. 46 S. Angeb.: Herrmann, C.: Hanauer Ereignisse. o.J.
(I b 2 P)

(170) Proklamation. [Schreiben an die Ständeversammlung der Bürger zu Hanau am 8. April 1848. Des Volksrathes an die Hanauer Bürger, betr. die Wahlen.] Dat. Hanau, 8.4.1848. 1 Bl.
(I b 3 S)

(171) Quellen zur deutschen Revolution 1848-1849. Hrsg. von Hans Fenske. Darmstadt: Wiss. Buchges. 1996. XXI, 381 S. (Ausgewählte Quellen zur deutschen Geschichte. Bd 24.)
ISBN 3-534-12143-0
(II 03.25 A)

(172) Riehl, Wilhelm Heinrich: Nassauische Chronik des Jahres 1848. Idstein: Müller-Schellenberg 1979. 173 S., 50 Faltbl.
ISBN 3-922027-99-7
(V b 2 R)

(173) Ritter Gerhard A.: Staat und Arbeiterschaft in Deutschland von der Revolution 1848/49 bis zur Nationalsozialistischen Machtergreifung. In: Historische Zeitschrift. Bd. 231, 1980, S. 325-367.
(IX b Z)

(174) Rückert, Theodor: Im Frühjahr 1848 wurde der Kahlgrund von der bürgerlichen Revolution erfaßt. In: Unser Kahlgrund. Jg. 35, 1990, S. 36-39.
(IX c K)

(175) Rusche, Fritz: Kurhessen in der bürgerlichen und sozialen Bewegung der Jahre 1848 und 1849. Phil. Diss. Marburg 1921. [ca. 300] S. [handschriftl.]
(III b 2 R 4°)

(176) Schlander, Otto: Aufbruch zu Freiheit und Demokratie. Die 48er Bewegung in Offenbach. Offenbach: Geschichtsverein 1986. 80 S. (Offenbacher Geschichtsblätter. Nr. 35.)
(IX b O)

(177) Schneider, Ernst: Bauernrevolte in Treis (Lumda) 1848. In: HiB. 1974, 36. Woche.
(IX a H)

(178) Schreiber, K.: Eine fast vergessene Revolution! [1848]. In: Geschichtsbll. für Stadt und Kreis Gelnhausen 1972/73, S. 103-110.
(IX b G)

(179) Spielmann, C.: Achtundvierziger Nassauer Chronik. Wiesbaden: Plaum 1899. 178 S.
(V b 2 S)

(180) Struck, Wolf-Heino: Wiesbaden im März 1848. Grundzüge der 48er Revolution im Herzogtum Nassau. In: HJbLg. Bd. 17, 1967, S. 226-244.
(IX b J)

(181) Szabó, Béla: 1848. Wiege d. freiheitl. Demokratie. (Vergleich d. ungar. Freiheitskampfes u. d. Aufstände in d. Staaten d. Reichsbundes 1848-1849.) Budapest: Szíriusz Stúdió 1996. 80 S., 9 Abb.
(II b 2 S)

(182) Tapp, Alfred: Hanau im Vormärz und in der Revolution von 1848-1849. Ein Beitr. zur Geschichte d. Kurfürstentums Hessen. Hanau: Hanauer Geschichtsverein 1976.
XXXI, 429 S. (HGBll. Bd 26.)
(IX b G)

(183) Tapp, Alfred: Hanau in der Revolution von 1848/49. Hanau 1923. IV, 434 S. [maschinenschr.] Frankfurt, Phil. Diss.
(I b 2 T 4°)

(184) Valentin, Veit: Frankfurt a.M. und die Revolution von 1848/49. Stuttgart u. Berlin: Cotta 1908. XIV, 554 S.
(VI b 2 V)

(185) Vogt, Karl: Der achtzehnte September in Frankfurt: Frankfurt a.M.: Literar. Anst. 1848. 86 S.
(VI b 2 V)

(186) Die Volkskommission in Hanau an den Kurfürsten von Hessen, Königl. Hoheit. Königliche Hoheit! Dat. Hanau, den 9. März 1848. 1 Bl.
(I b 3 H 4°) Eigentum des Hanauer Geschichtsvereins 1844

(187) Vollmer, Franz X.: Der Traum von der Freiheit. Vormärz u. 48er Revolution in Süddeutschland in zeitgenöss. Bildern. Stuttgart: Theiss 1983. 480 S.
ISBN 3-8062-0295-8
(VIII b V)

(188) Was fordert die Gewissensfreiheit und was gebietet das Recht? Oder Bedenken u. Wünsche in Bezug auf e. Revision d. kurhess. Gesetzes vom 29. Okt. 1848, d. Religionsfreiheit u. d. bürgerl. Ehe betreffend. Von S.R. Frankfurt a.M.: Auffarth 1851. 31 S.
(III g W)

(189) Wettengel, Michael: Die Revolution von 1848/49 im Rhein-Main-Raum. Polit. Vereine u. Revolutionsalltag im Großherzogtum Hessen, Herzogtum Nassau u. in d. Freien Stadt Frankfurt. Wiesbaden: Histor. Komm. für Nassau 1989. IX, 662 S. (Veröffentlichungen der Historischen Kommission für Nassau. 49.) Zugl. Hamburg, Diss.
ISBN 3-922244-82-3
(II b 2 W)

(190) Winkler, Heinz: Die Märzereignisse 1848 in Hanau. Politische Persönlichkeiten in Hanau um die Mitte des 19. Jahrhunderts. Deutsch-katholizismus und Turnerbewegung in Hanau. Aus: HA vom 1.2., 13.2. u. 17. 3. 1958. 3 Bl.
(I b 2 W 4°)

(191) Zwischen Unterdrückung und Widerstand. Der Vormärz in Kurhessen u. d. Revolution von 1848. Hrsg. von Margret Lemberg. Fuldatal: Hess. Inst. für Lehrerfortbildung 1994. 68 S. (Geschichte im Archiv. H. 4.)
(III b 3 G 4°)

(192) 1848. Die revolutionäre Bewegung und ihr Erbe. Wiesbaden: Limes-Verl. 1948. 79 S. (Der deutsche Lehrer. H. 6/7.)
(VIII b A)

Die Hanauer Bürgergarde

(193) Anordnungen über den Wachdienst des 21. Kurhessischen Bürger-Bataillons. Hanau 1830: Waisenhaus-Buchdr. IV, 44 S.
(I f 3 A)

(194) Hanauer Bürgergarde. [Proklamationen, Aufrufe.] Dat. Hanau, März 1848. 3 Bl.
(I f 3 B 4°)

(195) Heiler, Carl: Aus den Protokollen des Gerichts der Hanauer Bürgergarde. [1832-1850.] In: HanMag. 10, 1931, S. 94-96.
(IX b M)

(196) Koenig, H.: Leibwacht und Verfassungswacht oder über die Bedeutung der Bürgergarden. Bes. Abdr. aus: Bentzel-Sternau's Verfassungsfreund. Bd. 2, H. 6. Hanau: König 1831. 22 S.
(I f 3 K)

(197) Ordre. Betr. bewaffnetes Bürger-Corps. Dat. Hanau, 28. Sept. 1830. 1 Bl.
(I b 3 O 4°)

(198) Schmitt, W.: Von den Anfängen der Hanauer Bürgergarde. Aus: HA vom 20.1.1931. 2 Bl.
(I f 3 S)

(199) Stein, Georg: Anweisung zur möglichst schnellen Erlernung der Commando beim Exerziren und Manövriren. Zum nützlichen Gebrauche der Kurhessischen Bürger-Bataillone. Ausgez. aus d. Exerzir-Reglement für d. Kurhessische Infanterie. Hanau: König 1831. 76 S.
(I f 3 S), (I o 2 S) Eigentum des Hanauer Geschichtsvereins 1844

(200) Stiernberg, F.W.: Anleitung zur Instruktion und Erlernung des Exercitiums der Ladung und des Feuern nach den §§ 84 und 85 des Reglements für die Waffenübungen und Dienstbewegungen der Bürgergarden in Kurhessen vom 25. November 1835. Hanau: König 1840. 14 S.
(III f 3 S)

(201) Eine Vollmacht für Otto Lindenbauer von George Pflüger und L.A. Pelissier. [Betr. Waffenankauf.] Dat. Hanau, 12. März 1848. 1 Bl. [handschriftl.]
(I f 3 V)

(202) Zehner, H.G.: Epheublätter. Weihe der Fahnen des 21. Bürger-Bataillons am 5. April 1831. Hanau: Edler 1831. 24 S.
(I f 3 Z)

(203) [Bekanntmachungen an die Bürgergarde.] Dat. Hanau 1830-1832. 12 Bl.
(I f 3 B)

Die Turnbewegung und der Turnerprozeß

(204) Allgemeiner deutscher Turntag zu Hanau am 2. April 1848. (Nebst Beschlüssen.) Hanau 1848: Kittsteiner. 2 Bl.
(I b 2 T)

(205) Beck, Franz Wilhelm: Friedrich Ludwig Jahn. In: Hessenturner. Jg. 32, 1978, Nr. 15, S. 250.
(IX n H)

(206) Beck, Franz Wilhelm: Das große Jahn-Jahr 1928. In: Hessenturner. Jg. 32, 1978, Nr. 13, S. 216.
(IX n H)

(207) Beck, Franz Wilhelm: Jahn, Ehrendoktor der Universitäten Jena und Kiel. In: Hessenturner. Jg. 32, 1978, Nr. 7, S. 95. Nr. 8, S. 118.
(IX n H)

(208) Beck, Franz Wilhelm: 1977 und 1978 sind Jahn-Jahre. In: Hessenturner. Jg. 31, 1977, Nr. 13, S. 219, Nr. 15, S. 281, Nr. 17/18, S. 315-316, Nr. 19, S. 332-333, Nr. 21, S. 368-369.
(IX n H)

(209) Beckers, Walter: Im Morgenrot der Freiheit. Die Hanauer Turner im Sturmjahr 1848. Aus: Stadtblatt d. Frankfurter Zeitung vom 15.1.1932. 1 Bl.
(I b 2 B)

(210) Braun, Harald: Geschichte des Turnens in Rheinhessen. Ein Beitr. zur wechselseitigen Beeinflussung von Politik und Turnen. Bd. 1-3. Alzey: Verl. d. Rheinhess. Druckerwerkstätte.
1. 1811-1850. 1986.
ISBN 3-87854-052-3
2. 1850-1918. 1987.
ISBN 3-87854-058-2
3. 1919-1950. 1990.
ISBN 3-87854-077-9
(II n T)

(211) Carl, Julius: Die Anfänge der Turnerei zu Hanau in den Jahren 1817, 1818 und 1819. Aus d. Mitteil. e. Turners aus jener Zeit. Fotokopie o.J. S. 9-18.
(I n 1 C 1 4°)

(212) Diekert, Jürgen: 1977 und 1978 sind Jahn-Jahre. In: Hessenturner. Jg. 31, 1977, Nr. 22, S. 397.
(IX n H)

(213) Erinnerung an den Zug der „Hanauer Turnerwehr" nach Baden im Jahre 1849. Zsgest. ... zur 25jähr. Erinnerungsfeier. Hanau 1874: Waisenhausbuchdr. 48 S.
(I b 2 E)

(214) Die Fahne der ehemaligen Turngemeinde Gelnhausen aus d. J. 1848. Hanau 1953. 1 Bl.
(VII Gel F 4°)

(215) Festschrift zum 150jährigen Jubiläum des Turn- und Sportvereins 1846 Butzbach e.V. Butzbach: TSV 1996. 224 S.
(VII But F)

(216) Geisel, Karl: Die Hanauer Turnerwehr. Ihr Einsatz in d. bad. Mairevolution von 1849 u. d.Turnerprozeß. Hanau: Hanauer Geschichtsverein 1974. XX, 383 S. (HGbll. Bd. 25.)
Ersch. auch als: Veröffentlichungen der Historischen Kommission für Hessen. Bd. 32, 1.
(IX b G),(II b 3 V)

(217) Geisel, Karl: Die Teilnahme des Musketiers Hugo von Loßberg an der badischen Mai-Revolution des Jahres 1849 und seine kriegsgerichtliche Aburteilung. In: HGBll. Bd. 21, 1966, S. 215-222.
(IX b G)

(218) Hamberger, Wolfgang: Zum 125jährigen Bestehen der Fuldaer Turnerschaft 1848 e.V. In: Fuldaer Geschichtsblätter. Jg. 50, 1974, S. 118-125.
(IX b G)

(219) Der Hanauer Turnerprocess verh. vor d. Schwurgericht zu Hanau vom 24. Sept. bis 2. Okt. 1857. Frankfurt a.M.: Auffarth 1857. 62 S.
(I f 2 T)

(220) Heusohn, Heinrich: Aus der Hanauer Turngeschichte. o.O.u.J. 15 Bl.
[Fotokopie, maschinenschriftl.]
(I n 1 H 2 4°)

(221) Jacob, Bruno: Die Hanauer Turner und das 3. kurhess. Infanterie-Regiment in Baden i.J. 1849. o.O.u.J. 60 Bl.
[Fotokopie, maschinenschr. Die Urschrift aus d. Nachlaß von Bruno Jacob aus Kassel befindet sich im Stadtarchiv Kassel unter Nr. 10 e]
(I b 2 J 4°)

(222) Jahn, Friedrich Ludwig: Deutschlands Einheit. [Fotokopie] o.J. 24 S.
(VIII n J)

(223) Leipner, Kurt: Zur Geschichte der Deutschen Turnbewegung. Eine Ausstellung d. Archivs d. Stadt Stuttgart aus Anlaß d. Dt. Turnfestes 1973 in Stuttgart. Ausstellung u. Kat.: Kurt Leipner unter Mitarb. von Fritz Graefe. Stuttgart: Klett 1973. 166 S. (Veröffentlichungen des Archivs der Stadt Stuttgart. Sonderbd. 4.)
(I b 2 L)

(224) Meyrahn, Werner: Erinnerungen an den „Turnvater von Hessen". Jahn - Weidig - Faust. In: Hessenturner. Jg. 45, 1991, S. 198-199.
(IX n H)

(225) Pungs, Wilhelm: Die Entwicklung des Turnens im Kinzigtal. Geschichte d. Turngaues Kinzig. Ein Beitr. zur hess. Turngeschichte. Butzbach: Gratzfeld [1968]. 52 S.
(VII Kin P)

(226) Pungs, W[ilhelm]: Vor 125 Jahren - Kinzigtaler Turner im Kampf gegen die Reaktion. „Sie meldet kein Lied, kein Heldenbuch." [1849] In: Heimat-Jahrbuch des Kreises Gelnhausen. 1974, S. 127-129.
(IX b H)

(227) Tisch-Lieder zur 50jährigen Erinnerungsfeier an den Ausmarsch der Hanauer Turnerwehr nach Baden... Saalbau zum Deutschen Haus. [Mit angeb. Programm.] Hanau 1899: Heydt. 4 Bl.
(I b 2 T)

(228) „Turner, auf zum Streite..." Hanau 1837-1987. 150 Jahre Hanauer Turnbewegung. Festakt zum 150jähr. Jubiläum d. Turngemeinde 1837 Hanau e.V. am 20. Sept. 1987. Mit Abb. Hanau: Stadt Hanau, Hauptamt 1987. 36 S.
(Hanau. Nr. 9.)
(I b 2 H)

(229) Turntag 1848. [maschinenschr.] 1848. 4, 2 S.
(I n 1 T 3 4°)

(230) Verzeichnis der Personen, welche der Theilnahme am badischen Aufstande und der dabei vorgekommenen Vergehungen verdächtig und von kurhessischer Strafgerichtsbehörde dieserhalb zur Untersuchung zu ziehen sind. [maschinenschr.]
Aus: Acc: 1875/31 III Nr. 38 Fax IX pag. 4001-4004 <S. 4285-4296> aus d. Staatsarchiv Marburg. 9 Bl.
(I f 2 V 4°)

(231) 1977 war - 1978 ist ein Jahn-Jahr. In: Hessenturner. Jg. 32, 1978, Nr. 1, S. 4-6.
(IX n H)

Der Kampf um die Verfassung

(232) Bekanntmachung. Die Verfassung ist erschienen! Dat. Hanau, den 7. Jan. 1831. 1 Bl.
(I b 3 B 2°)

(233) Dietrich, Reinhard u. Birkenstock, Wolfgang: Die kurhessische Verfassung von 1831. In: HGBll. Bd. 29, 1985, S. 431-462.
(IX b G)

(234) Etwas über Rechte der Landstände und: Warum hat Kurhessen keine Constitution?... Wiesbaden 1819: Schellenberg. 115 S.
(III b 2 E)

(235) Für die Verfaßung von 1860 als einzige Grundlage zum Frieden in Kurhessen. Den Kurhess. Landständen gewidmet. Marburg: Elwert 1861. 33 S.
(III b 3 V)

(236) Graefe, H.: Der Verfassungskampf in Kurhessen. Nach Entstehung, Fortgang u. Ende histor. geschildert von H. Graefe. Leipzig: Costenoble & Remmelmann 1851. VIII, 298 S.
(III b 2 G)

(237) Heideking, Jürgen: Verfassungsgebung als politischer Prozeß. Ein neuer Blick auf d. amerikan. Verfassungsdebatte d. Jahre 1787-1791. In: Historische Zeitschrift. Bd. 246, 1988, S. 47-88.
(IX b Z)

(238) Henske, Hans: Die Verfassung des Deutschen Reiches vom 28. März 1849. Entstehung, Inhalt, Wirkungen. In: ZVhGL Bd. 90, 1984/85, S. 253-312.
(IX b Z)

(239) Herr Uhden und die kurhessische Verfassung. Eine Appellation an d. Hohe Dt. Bundesversammlung. 2. Abdr. Leipzig: Veit 1859. 51 S.
(III b 2 U) Eigentum des Hanauer Geschichtsvereins 1844

(240) Hopf, Wilhelm: Kurhessens deutsche Politik im Jahre 1850. Ein Beitr. zur Geschichte d. dt. Verfassungskämpfe. Marburg: Elwert 1912. VI, 295 S.
(III b 2 H)

(241) Der Kampf der Revolution in Kurhessen. Ein Beitr. zur Geschichte u. Pathologie d. Verfaßungs-Krisen in constitutionellen Staaten. H. 1. Hannover u. Nienburg: Verl. d. Expedition d. Hannoverschen Landeszeitung 1865. 141 S.
(III b 2 K)

(242) Kellner, Wolf Erich: Verfassungskämpfe und Staatsgerichtshof in Kurhessen. Marburg/Lahn: Trautvetter & Fischer 1965. 71 S. (Beiträge zur hessischen Geschichte. 3.)
(III b 2 K)

(243) Kurhessens freudige Zukunft, dem treuen Volke verbürgt in der am 5. Jan. 1831 erschienenen Landesverfassung. Zeitgemäße Bemerkungen eines Hanauer Bürger-Gardisten. Hanau: König 1831. 20 S. Angeb.: Nachträge zu den frühern, Kurhessens freudige Zu-

kunft erwägenden Bemerkungen. Hanau 1831. 14 S.
(III b 2 Z)

(244) Kurhessens Verfassungs-Urkunde vom 5. Jan. 1831 nebst den 1848 und 1849 eingetretenen Änderungen derselben, gegenübergestellt d. Verfassungs-Urkunde vom 13. April 1852. Nach d. officiellen Abdr. besorgt. Cassel: Scheel 1852. 91 S.
(III b 3 V)

(245) Die kurhessische Verfassung von 1831, der Verfassungs-Entwurf von 1852 und die Verfassungen der übrigen deutschen Staaten. Frankfurt a.M.: 1860: Heller & Rohm. 19 S.
(III b 2 V)

(246) Kurhessisches Urkundenbuch. Eine Zusammenstellung d. wichtigsten... Schriftstücke in d. kurhess. Verfassungs-Angelegenheit. Frankfurt a.M.: Auffarth in Komm. 1861. VI, 104 S.
(III b 3 U)

(247) Kurzgefaßter Inhalt der Kurhessischen Landesverfassung für den Bürger und Bauer, wie er es leicht verstehen kann. Hanau: König 1831. 16 S.
(III b 3 J)

(248) Müller, Otto: Studien zur Entstehungsgeschichte der kurhessischen Verfassung vom 5. Januar 1831. In: ZVhGL Bd. 59/60 <N.F. Bd. 49/50>, 1934, S. 69-236.
(IX b Z)

(249) Murhard, Friedrich: Die kurhessische Verfassungsurkunde. Erl. u. beleuchtet nach Maßgabe ihrer einzelnen Paragraphen. Abth. 1.2. Kassel: Bohné.
1. 1834. VIII, 465 S.
2. 1835. 679 S.
(III b 3 M)

(250) Naß, Karl: Vom deutschen zum kurhessischen Verfassungskampf. Hassenpflugs Politik 1850-1851. In: ZVhGL. Bd 55 <N.F. Bd. 45>, 1926, S. 301-356.
(IX b Z)

(251) Pfeiffer, B.W.: Geschichte der landständischen Verfassung in Kurhessen. Ein Beitr. zur Würdigung d. neuern teutschen Verfassungen überhaupt. Aus authent. Quellen mitgeth. Cassel: Krieger 1834. VIII, 330 S.
(III b 2 P)

(252) Pfeiffer, B.W.: Einige Worte über den Entwurf einer Verfassungs-Urkunde für Kurhessen vom 7. Oct. 1830. Cassel [1830]: Hof- u. Waisenhausbuchdr. 45 S.
(III b 3 P)

(253) Polley, Rainer: Die Kurhessische Verfassung von 1831. [Enthält Nachdruck von: Kurzgefaßter Inhalt der Kurhessischen Landesverfassung für den Bürger und Bauer, wie er es leicht verstehen kann. Hanau 1831.] Marburg: Trautvetter & Fischer 1981. 56 S. (Marburger Reihe. 16)
ISBN 3-87822-089-8
(II 07.11 A)

(254) Polley, Rainer: Die Vereidigung des kurhessischen Volks auf die Verfassungsurkunde vom 5. Januar 1831. In: HJbLg Bd. 32, 1982, S. 271-287.
(IX b J)

(255) Popp, Petra: Ministerverantwortlichkeit und Ministeranklage im Spannungsfeld von Verfassungsgebung und Verfassungswirklichkeit. Ein Beitr. zur Verfassungsgeschichte d. Kurfürstentums Hessen. Münster: Lit 1996. XXXVII, 393 S. (Juristische Schriftenreihe. Bd. 81.)
ISBN 3-8258-2847-6
(II 07.11 A1)

(256) Prolog zur Feier der Constitution. Gespr. von Franz August Busch, im Schauspielhaus Hanau, am 9. Januar 1831. Hanau 1831. 1 Bl.
(I b 2 P)

(257) Speitkamp, Winfried: Restauration als Transformation. Unters. zur kurhess. Verfassungsgeschichte 1813-1830. Darmstadt u. Marburg: Selbstverl. 1986. IX, 901 S. (Quellen und Forschungen zur hessischen Geschichte. 67.)
ISBN 3-88443-156-0
(III b 2 S)

(258) Eine Stimme aus dem Jahre 1830 über das kurhessische Verfassungswerk. o.O.u.J. 63, 40 S.
(III b 3 S)

(259) Die Verfassungen vom 5. Januar 1831 und vom 30. Mai 1860, ihrem sachlichen Inhalte nach verglichen. Frankfurt a.M. o.J.: Küchler. 24 S.
(III b 3 V)

(260) Verfassungs-Entwurf, vom Kurfürst Wilhelm dem Ersten von Hessen im Jahre 1816 seinem treuen Volke angeboten. Mit Vorw. u. Bemerk. begl. o.O. 1830. 46 S.
(III b 3 V)

(261) Die Verfassungsfrage in Kurhessen auf ihrem jetzigen Standpunkte. Den dt. Stände-Mitgliedern gewidmet. Leipzig: Remmelmann 1853. 93 S.
(III b 3 V)

(262) Der Verfassungsstaat als Bürge des Rechtsfriedens. Reden im Hess. Landtag zur 150-Jahr-Feier d. kurhess. Verfassung. Hrsg. von Walter Heinemeyer. Marburg: Histor. Kommission für Hessen 1982. 75 S. (Veröffentlichungen der Historischen Kommission für Hessen. Bd. 46, 1.)
(II b 3 V)

(263) Die Verfassungs-Urkunde des Kurfürstenthums Hessen. Mit geschichtl. Erl., sowie mit Hinweisen auf nothwendige oder wünschenswerte Abänderungen von H[einrich] Gräfe. Kassel: Krieger in Komm. 1848. X, 164 S.
(III f 1 V)

(264) Was bedürfen, was wünschen und was erwarten demnach Kurhessens Bewohner von ihrem erhabenen Fürstenhause und dem auf den 16. Okt. 1830 einberufenen engeren Landtage in Beziehung auf Verfas-

sung und Verwaltung? Frankfurt a.M.: Jäger in Komm. [1830.] 63 S.
(III f 1 W)

(265) Zum kurhessischen Verfassungsstreit. Hannover: Lohse 1861. 48 S. (Deutsche Fragen. 1.)
(III b 2 V)

Die erste deutsche Nationalversammlung

(266) Auch im Kreis Gelnhausen „erhob" sich das Volk. Die dt. Nationalversammlung 1848/49. In: Heimat-Jahrbuch des Kreises Gelnhausen. 1973, S. 131-133.
(IX b H)

(267) Bammel, Ernst: Gagerns Plan und die Frankfurter National-Versammlung. In: Archiv für Frankfurts Geschichte und Kunst. 5. Folge, 1. Bd. 1. Heft, 1948, S. 5-33.
(IX p A)

(268) Devisen der Transparente, welche bei der festlichen Illumination Frankfurts... 1848 zu Ehren der deutschen Volksmänner ausgestellt waren. Dat. Frankfurt a.M., 1. April 1848. 16 S.
(VI b 3 D)

(269) Die erste deutsche Nationalversammlung 1848/49. Handschriftl. Selbstzeugnisse ihrer Mitglieder. Hrsg. u. eingel. von Wilfried Fiedler. Limitierte Aufl. Königstein/Ts.: Athenäum 1980. 440 S.
ISBN 3-7610-8085-9
(VIII b B 4°)

(270) Eyck, Frank: Deutschlands große Hoffnung. Die Frankfurter Nationalversammlung 1848/49. Aus d. Engl. übers. von Thomas Eichstätt. [München:] List 1973. 495 S.
ISBN 3-471-77404-1
(II b 2 E)

(271) „Entschuldigen Sie bitte, wo geht's hier zur Revolution?" Vor 125 Jahren tagte in der Frankfurter Paulskirche die Nationalversammlung. In: HiB. 1973, Nr. 21.
(IX a H)

(272) Die Frankfurter Nationalversammlung 1848/49. Ein Handlexikon d. Abgeordneten d. dt. verfassungsgebenden Reichs-Versammlung. Hrsg. von Rainer Koch. Kelkheim: Kunz 1989. 448 S.
ISBN 3-923420-10-2
(VI b 2 N 4°)

(273) Gall, Lothar: Die Paulskirche und die deutsche Geschichte. Festvortrag von Lothar Gall zur Wiedereröffnung d. Paulskirche am 27.9.1988. In: Amtsblatt für Frankfurt am Main. 119, 1988, Nr. 41 vom 11.10.1988.
(VI b 2 G 4°)

(274) Geisel, Karl: Die kurhessischen Petitionen zur Frankfurter Nationalversammlung 1848. In: ZVhGL Bd. 81, 1970, S. 119-179.
(IX b Z)

(275) Grimm, Jacob: Antrag zur Beratung über die Grundrechte des deutschen Volkes in der Nationalversammlung zu Frankfurt am Main 1848. Begleittext von Ludwig Denecke. Kassel: Brüder-Grimm-Museum o.J. [8] S.
(Ie 3.7 G60) Eigentum des Hanauer Geschichtsvereins 1844

(276) Häußler, Bernd: Feiertagsstille statt der befürchteten „Roten Pfingsten". Die „Trutz-Paulskirche" jagte 1848 d. Bürgertum e. gewaltigen Schrecken ein. Aus: Frankfurter Allgemeine Zeitung vom 22. Sept. 1988. 1 Bl.
(VI b 2 H 4°)

(277) Jahrhundertfeier der ersten deutschen Nationalversammlung in der Paulskirche Frankfurt am Main 1848-1948. Frankfurt a.M. 1948. 128 S.
(VI b 2 J)

(278) Kumpf, Johann Heinrich: Petitionsrecht und öffentliche Meinung im Entstehungsprozeß der Paulskirchenverfassung 1848/49. Frankfurt a.M.: Lang 1983. VII, 683 S. (Rechtshistorische Reihe. Bd 29.)
ISBN 3-8204-7700-4
(II b 3 K)

(279) Meinert, Hermann: Frankfurt und Berlin im Zeichen der Paulskirche. In: JbhKgV. Bd 14, 1963, S. 417-436.
(IX g J)

(280) Mick, Günter: Die Paulskirche. Streiten für Einigkeit u. Recht u. Freiheit. Frankfurt a.M.: Kramer 1988. 382 S.
ISBN 3-7829-0357-9
(VI b 2 M)

(281) Moldenhauer, Rüdiger: Die Petitionen aus den Provinzen Starkenburg und Rheinhessen an die deutsche Nationalversammlung 1848-1849. <mit e. Nachtr. für Oberhessen>. In: AhGA. N.F. Bd 34, 1976, S. 83-170.
(IX b A)

(282) Nicolay, Wilhelm: Das Paulskirchenparlament zu Frankfurt a.M. 1848/49 im Lichte des Kaiserdomes... Frankfurt a.M. 1947. 56 S.
(VI b 2 N 4°)

(283) Pélissier, Jean Benedict: Epitre à messieurs les députés de l'assemblée nationale à Frankfort. o.O.o.J. 4 S. Angeb.: Pélissier: Elévation de l'homme et son abaissement. 1848.
(I o 1 P)

(284) Reuß. L[udwig]: Predigt. Nach dem zu Frankfurt erfolgten Zusammentritt der dt. konstituierenden Nationalversammlung geh. in d. Johanneskirche zu Hanau am 21. Mai 1848. Hanau: König 1848. 11 S.
(I g R)

(285) Rühl, A[ugust]: Hauptrichtpunkte für ein Mitglied der deutschen constituierenden National-Versammlung. Hanau o.J. 1 Bl.
(I f 1 R 4°)

(286) Schwedt, Hermann H.: Die katholischen Abgeordneten der Paulskirche und Frankfurt. In: Archiv für mittelrheinische Kirchengeschichte. Jg. 34, 1982, S. 143-166.
(IX g A)

(287) Stenographischer Bericht über die Verhandlungen der deutschen Constituierenden Nationalversammlung zu Frankfurt am Main. Hrsg. von Franz Wigard. Bd 1-9. Frankfurt a.M. 1848-1849: Sauerländer.
(VIII b B 4°)

(288) Wohnungsliste der Mitglieder der constituierenden Nationalversammlung zu Frankfurt am Main 1848. o.O. [1848?] 30 S.
(VI b 2 W)

Sonstige Landtage des 19. Jahrhunderts

(289) Akten und Briefe aus den Anfängen der kurhessischen Verfassungszeit 1830-1837. Hrsg. u. eingel. von Hellmut Seier. Marburg: Elwert 1992. LXX, 401 S. (Vorgeschichte und Geschichte des Parlamentarismus in Hessen. 8.) (Veröffentlichungen der Historischen Kommission für Hessen. 48,4.)
ISBN 3-7708-0993-9
(II b 3 V)

(290) Akten und Dokumente zur kurhessischen Parlaments- und Verfassungsgeschichte 1848-1866. Hrsg. u. eingel. von Hellmut Seier. Marburg: Elwert 1987. LXXVIII, 542 S. (Vorgeschichte und Geschichte des Parlamentarismus in Hessen. 4.) (Veröffentlichungen der Historischen Kommission für Hessen. 48,2.)
ISBN 3-7708-0866-5
(II b 3 V)

(291) Buchner, Karl: Geschichte des Großh. Hess. Landtages vom Jahre 1834. Hanau: König 1835. VIII, 167 S.
(IV b 2 B)

(292) Gesetz vom 16ten Februar 1831 über die Wahlen der Abgeordneten zu den Landtagen. Dat. Wilhelmshöhe am 16.1.1831. 16 S.
(III f 2 G)

(293) Gössel, Ferdinand: Geschichte der Kurhessischen Landtage von 1830 bis 1835. Cassel 1837: Geeh. XX, 328, LXXIX S.
(III b 2 G)

(294) Landstände und Landtage in Hessen. Von d. Innung d. Mittelalters zur demokrat. Volksvertretung. Ausstellung d. Hess. Staatsarchive zum Hessentag 1983 in Lauterbach. Darmstadt 1983. [22] S.
(II f 1 L)

(295) Lengemann, Jochen: Abgeordnete in einem vergessenen Parlament. Die kurhess. u. waldeck. Mitglieder d. Erfurter Unionsparlament von 1850. In: ZVhGL. Bd 99, 1994, S. 127-150.
(IX b Z)

(296) Lengemann, Jochen: Parlamente in Hessen 1808-1813. Biograph. Handbuch d. Reichsstände d. Königreichs Westphalen u. d. Ständeversammlung

d. Großherzogtums Frankfurt. Frankfurt a.M.: Insel-Verl. 1991. 295 S. (Die Hessen-Bibliothek.) (Vorgeschichte und Geschichte des Parlamentarismus in Hessen. Bd. 7.)
ISBN 3-458-16185-6
(II f 1 L)

(297) Losch, Philipp: Die Abgeordneten der kurhessischen Ständeversammlung von 1830 bis 1866. Marburg: Elwert 1909. 62 S.
(III e 2 L)

(298) Martin, Roger: Die Ahnen unserer Parlamentarier. Abgeordnete des Landtags und des Reichstags in der Zeit der konstitutionellen Monarchie von 1848 bis zum Ersten Weltkrieg. In: Spessart. 1988, 10, S. 3-17.
(IX a S)

(299) Martin, Siegmund: Desiderien, Wünsche und Bedürfnisse des Bauernstandes, welche auf dem gegenwärtigen kurhessischen Landtage geltend zu machen sind. Kassel: Bohné 1831. 27 S. [Fotokopie]
(II b 3 M)

(300) MdL Hessen 1808-1996. Biograph. Index von Jochen Lengemann. Marburg: Elwert 1996. 446 S. (Politische und parlamentarische Geschichte des Landes Hessen. 14.) (Veröffentlichungen der Historischen Kommission für Hessen. 48,7.)
ISBN 3-7708-1071-6
(II b 3 V)

(301) Nassauische Parlamentsdebatten. Bearb. von Volker Eichler. Bd. 1: Restauration und Vormärz 1818-1847. Wiesbaden: Histor. Komm. für Nassau 1985. 456 S. (Veröffentlichungen der Historischen Kommission für Nassau. 35.)
ISBN 3-922244-63-7
(V b 2 P)

(302) Der neue Landtag in Darmstadt. Oder: Kurze Biographien und Charakteristiken sämtlicher Mitglieder... Hanau: König 1835. 58 S.
(IV e 2 L)

(303) Ruppel, Hans Georg u. Birgit Groß: Hessische Abgeordnete 1820-1933. Biograph. Nachweise für d. Landstände d. Großherzogtums Hessen (2. Kammer) u. d. Landtag d. Volksstaates Hessen. Darmstadt: Verl. d. Histor. Vereins für Hessen 1980. 282 S. (Darmstädter Archivschriften. 5.)
ISBN 3-922316-14-X
(IV f 1 R)

(304) Wilcke, Wilhelm Theodor: Predigt welche zur Feier der Eröffnung des kurhessischen Landtages in der Stiftskirche St. Martin am 17. Okt. 1830 gehalten werden sollte. Cassel: Bohné 1830. 16 S.
(III g W)

Die Emanzipation der Juden

(305) Battenberg, Friedrich: Gesetzgebung und Judenemanzipation im Ancien Régime. Dargest. am Beisp.

Hessen-Darmstadt. Aus: Zeitschrift für historische Forschung. Berlin, 13, 1986, S. 43-63.
(IV f 2 B)

(306) Börne, Ludwig: Actenmäßige Darstellung des Bürgerrechts der Israeliten zu Frankfurt a.M. [Repr. d. Ausg.] Rödelheim 1816. Frankfurt a.M.: Kramer 1962. XLIX, 70 S.
(VI f 2 B)

(307) Dankadresse der Hanauer Israeliten. Aus: Hanauer Zeitung vom 21. u. 22.11.1833. 1 Bl.
(I b 3 D 4°)

(308) Gutachten, welches die israelitische Gemeinde zu Frankfurt a.M.... von der kurhessischen Juristen-Facultät ... eingeholt... hat. o.O. 1817. IV, 148 S.
(VI f 2 G)

(309) Hentsch, Gerhard: Gewerbeordnung und Emanzipation der Juden im Kurfürstentum Hessen. Wiesbaden: Komm. für d. Geschichte d. Juden in Hessen 1979. 204 S. (Schriften der Kommission für die Geschichte der Juden in Hessen. 4.)
ISBN 3-921434-03-3
(III f 4 H)

(310) Heuberger, Rachel u. Helga Krohn: Hinaus aus dem Ghetto... Juden in Frankfurt am Main 1800-1950. (Begleitbuch zur ständigen Ausstellung d. Jüd. Museums d. Stadt Frankfurt a.M.) Frankfurt a.M.: S. Fischer 1988. 215 S.
ISBN 3-10-031407-7
(VI c H 4°)

(311) Historisch-juridische Entwickelung der unveränderten Unterthalspflicht jüdischer Gemeinde zu Frankfurt a.M.... o.O. 1817. IV, 168 S.
(VI f 2 E)

(312) Die Judenschaft von Frankfurt und ihre Rechte. o.O. 1817. IV, 52 S.
(VI f 2 J)

(313) Keim, Anton Maria: Die Judenfrage im Landtag des Großherzogtums Hessen 1820-1849. Ein Beitr. zur Geschichte d. Juden im Vormärz. Darmstadt u. Marburg: Selbstverl. 1983. 258 S. (Quellen und Forschungen zur hessischen Geschichte. 46.)
ISBN 3-88443-134-X
(IV f 1 K)

(314) Klagruf der Israeliten in Kurhessen, und Appellation an den Zeitgeist, abgedrungen durch Entziehung der allgemeinen Menschenrechte. Hanau 1830. 14 S.
(III g K)

(315) Loebenstern: Einige Worte über die auch seit der Verfassung unglücklichen Verhältnisse der Israeliten in der Provinz Hanau. Hanau: König 1831. 8 S.
(I g L)

(316) Post, Bernhard: Judentoleranz und Judenemanzipation in Kurmainz 1774-1813. Wiesbaden: Komm. für d. Geschichte d. Juden in Hessen 1985. XXXIII,

509 S. (Schriften der Kommission für die Geschichte der Juden in Hessen. 7.)
ISBN 3-921434-06-8
(VII Mai P)

(317) Rosenthal, Ludwig: Die Beteiligung von Juden an dem Unternehmen der Hanauer Turnerwehr in der Badischen Mairevolution 1849. In: NMagHG, 6, 1973/78, S. 65-67.
(IX b M)

(318) Schimpf, Dorothee: Emanzipation und Bildungswesen der Juden im Kurfürstentum Hessen 1807-1866. Wiesbaden: Komm. für d. Geschichte d. Juden in Hessen 1994. VII, 219 S. (Schriften der Kommission für die Geschichte der Juden in Hessen. 13.)
ISBN 3-921434-15-7
(III f 1 S)

(319) Über die Ansprüche der Judenschaft in Frankfurt a.M. auf das volle Bürgerrecht dieser Stadt. o.O. 1817. IV, 78 S.
(VI f 2 A)

(320) Wirthwein, Heike: Landjuden in Hessen im Vormärz. Juden zwischen Emanzipation, Assimilation u. religiösem Traditionalismus. In: HJbLg, Bd. 44, 1994, S. 71-89.
(IX b J)

Deutschkatholizismus

(321) Einige Gegenbemerkungen zu dem Gutachten der Churhessischen Regierung über die Deutschkatholiken. Berlin: Hermes 1847. 46 S.
(III g D)

(322) Friedrich, C.: Die deutschkatholische Frage in Kurhessen. Zugl. e. Beitr. zur Lehre d. jus reformande. Leipzig: Wigand 1847. 79 S.
(III g D)

(323) Lieberknecht, Paul: Geschichte des Deutschkatholizismus in Kurhessen. Marburg: Elwert 1915. 116 S.
(III g L)

(324) Pflüger, George: Die Kurhessischen Zustände mit einem kurzen Blick auf das Ultimatum des derzeitigen kurhessischen Landtagskommissars in der schwebenden deutsch-katholischen Frage. Frankfurt a.M.: Oehler 1846. 48 S.
(III g P)

(325) Programm der Feierlichkeiten bei der Einweihung der Kirche und Einführung des Pfarrers der deutsch-katholischen Gemeinde zu Hanau am 17. December 1848. Hanau 1848: Edler. 7 S.
Angeb.: Eintheilung der Gottesverehrung der Deutschkatholischen Gemeinde zu Hanau 1848. 7 S.
(I g P)

(326) Silberhorn, Lothar W.: Ein Brief Max von Gagerns zu den Wirren um den Deutschkatholizismus im Nassauer Land. In: Archiv für mittelrheinische Kirchengeschichte. Bd 8, 1956, S. 295-299.
(IX g A)

Einzelne Personen

(327) Die Achtundvierziger. Lebensbilder aus d. dt. Revolution 1848/49. Hrsg. von Sabine Freitag. München: Beck 1998. 354 S.
ISBN 3-406-42770.7
(VI 01 A)

(328) Dichter, Denker und Reformer. Krit. Hessen d. 19. Jh. Wiesbaden: Hess. Landeszentrale für polit. Bildung o.J. [1994?] 79 S. (Kleine Schriftenreihe zur hessischen Landeskunde. 2.)
- darin u.a.:
Karl Freiherr vom Stein
Karl Follen
Heinrich von Gagern
Ludwig Börne
Georg Büchner
Friedrich Stoltze
Brüder Grimm
(II e 1 D)

(329) Duffner, Wolfgang: Der Traum der Helden. 12 Nachrufe auf im Sommer u. Herbst 1848 hingerichtete Kämpfer d. Bad. Revolution. Lahr: Schauenburg 1977. 136 S.
ISBN 3-7946-0484-9
(VI 01 A1)

(330) In 150 Jahren 13 gewählte Oberbürgermeister. Hanau 1834-1983. Zsstellung: Karlheinz Hoppe. Hanau: Stadt Hanau, Hauptamt 1984. 48 S. (Hanau. Nr. 5.)
darin u.a.: Bernhard Eberhard, OB von 1834-1848, August Rühl, OB von 1848-1850, Abgeordneter in der Frankfurter Nationalversammlung.
(I f 1 H)

(331) Siebert, Karl: Hanauer Biographien aus 3 Jahrhunderten. Hanau: Hanauer Geschichtsverein 1919. XVI, 235 S. (HGBll. Nr. 3/4.)
Darin:
- S. 44/46: Bernhard Eberhard
- S. 56-59: Friedrich Wilhelm I. von Hessen-Kassel
- S. 66-69: Jacob Grimm
- S. 173-176: August Schärttner
(IX b G)

(332) Kurfürstin **Auguste von Hessen** <1780-1841> in ihrer Zeit. Kassel: Brüder Grimm-Gesellschaft 1995. 156 S. (Kassel trifft sich - Kassel erinnert sich.)
ISBN 3-929633-27-2
(III e 2 A)

(333) Petmecky, Jakob: Karl **Bernhardi**, ein kurhessischer Vorkämpfer der deutschen Einheitsbewegung. Bad Ems 1929. 103 S. Frankfurt a. M., Phil. Diss. vom 29. Juli 1929.
(III e 2 B)

(334) Glatz, Robert: Ein ernstes Wort an das deutsche Volk. Der Trauergottesdienst für Robert **Blum**, abgehalten am 19. November 1848 von Robert Glatz, Prediger d. deutschkathol. Gemeinde zu Hanau. Hanau: König 1848. 16 S.
(I g G)

(335) **Büchner**, Georg: Werke und Briefe. Mit e. Nachw. von Fritz Bergmann. 6. Aufl. München: Dt. Taschenbuchverl. 1972. 383 S. (dtv-Gesamtausgaben. 70.)
ISBN 3-423-05170-1
(II i 1 B9)

(336) Lehmann, Werner R.: „Geht einmal euren Phrasen nach...“ Revolutionsideologie und Ideologiekritik bei Georg **Büchner**. Darmstadt: Gesellschaft Hess. Literaturfreunde 1969. 33 S. (Hessische Beiträge zur deutschen Literatur.)
(II 1 L2)

(337) Ohlendorf, Kurt u. Eckhart G. Franz: Gustav **Clemm**. Vom demokrat. Verschwörer zum Wegbereiter der deutschen Kaliindustrie. In: AhGA. N.F., Bd. 45, 1987, S. 249-269.
(IX b A)

(338) Scharwies, Walter: Reinhard **Domidion** aus Alzenau <1802-1859> war Landtagsabgeordneter, Gastwirt, Posthalter und Buchbinder. In: Unser Kahlgrund. Jg. 35, 1990, S. 30-36.
(IX c K)

(339) **Eberhard**, Bernhard: Aus meinem Leben. Erinnerungen des Oberbürgermeisters von Hanau u. kurhess. Staatsrates. Hanau: Verl. d. Vereins 1911. 74 S. (HGBll. 1.)
(IX b G)

(340) Schäfer, Dieter: Prinz **Emil** von Hessen-Darmstadt in der deutschen Revolution 1848 bis 1850. Darmstadt: Selbstverl. 1954. XVI, 126 S. (Quellen und Forschungen zur hessischen Geschichte. 17.)
(IV e 2 E)

(341) Reiter, Herbert: Revolution und Utopie. Die Amerikapläne d. Brüder Karl u. Paul **Follen** 1819 u. 1833. In: HJbLg. Bd. 43, 1993, S. 139-166.
(IX b J)

(342) Losch, Philipp: Der letzte deutsche Kurfürst. **Friedrich Wilhelm I.** von Hessen. Mit 14 Abb. Marburg: Elwert, 1937. 182 S.
(III e 2 F)

(343) Klötzer, Wolfgang: Heinrich von **Gagerns** Pariser Briefe <Februar bis April 1832>. In: JbhKgV. Bd. 14, 1963, S. 383-415.
(IX g J)

(344) Rössler, Hellmuth: Zwischen Revolution und Reaktion. Ein Lebensbild d. Reichsfreiherrn Hans Christoph von **Gagern** 1766-1852. Göttingen, Berlin, Frankfurt: Musterschmidt 1958. 321 S. (Veröffentlichungen der Historischen Kommission für Nassau. 14.)
(IV e 2 G)

(345) Georg, Fritz: Johannes **Gerich** - Ein Schicksal aus den Anfängen des deutschen Parlamentarismus. In: HiB, 1979, 7. Woche
(IX a H)

(346) Hübinger, Gangolf: Georg Gottfried **Gervinus**. Geschichtsdenken zwischen Wissenschaft, Publizistik u. Politik im 19. Jh. In: AhGA. N.F., Bd. 45, 1987, S. 271-292.
(IX b A)

(347) Losch, Philipp: Ludwig **Hassenpflug**, ein Staatsmann des 19. Jahrhunderts. In: ZVhGL. Bd 62 <N.F. Bd. 52>, 1940, S. 59-159.
(IX b Z)

(348) Schöllhammer, Hugo: Arzt, Bauer, Forscher und demokratischer Vorkämpfer. Aus d. wechselvollen Leben d. Dr. Christian **Heldmann**. In: HiB. 1977, 27. Woche.
(IX a H)

(349) Zimmermann, Erich: Heinrich Karl **Hofmann** <1795-1845>. Ein Darmstädter Liberaler des Vormärz. In: AhGA. N.F., Bd. 38, 1980, S. 339-379.
(IX b A)

(350) Brunner, Karl: Friedrich Ludwig **Jahn**. Bielefeld, Leipzig: Velhagen & Klasing 1912. 34 S. (Volksbücher der Kulturgeschichte. Nr. 41.)
(I e 2 J 4°)

(351) **Leonhard**, Karl Cäsar: Aus unserer Zeit in meinem Leben. Bd. 1+2. Stuttgart: Schweizerbart 1856.
1. XXII, 682 S. 2. VII, 296 S.
(I o 1 L)

(352) **Meibom**, Viktor von: Die Lebenserinnerungen des Viktor von Meibom <1821-1892>. Hrsg. von Jürgen Vortmann. Marburg: Elwert 1992. 197 S. (Veröffentlichungen der Historischen Kommission für Hessen. 46,2.)
ISBN 3-7708-0986-6
(II b 3 V)

(353) Zimmermann, Erich: Karl **Minningerode** <1814-1894>. Revolutionär - Freund Büchners - Geistlicher in Richmond (USA). Ein Lebensbild. In: JbhKgV. Bd. 36, 1985, S. 81-93.
(IX g J)

(354) Fritz, Jürgen W.: Carl **Preller**, der Drucker des Hessischen Landboten. Vom Kampf d. Republikaner im Vormärz. Offenbach: Geschichtsverein, 1984. 53 S. (Offenbacher Geschichtsblätter. Nr. 33.)
(IX b O)

(355) Scheinert, Wolfgang: Theodor **Reh** <1801-1868>. Ein liberaler Politiker aus Darmstadt. In: AhGA. N.F., Bd. 40, 1982, S. 187-249
- war u.a. Präsident der Nationalversammlung 1849
(IX b A)

(356) Erbach, Günter: August **Schärttner** - Führer d. Demokrat. Turnerbundes in d. Revolution von 1848/49 u. Kämpfer für e. einiges u. demokrat. Deutschland. Aus: Theorie und Praxis der Körperkultur. Jg. 3, 1954, H. 2, S. 99-192.
(I e 2 S)

(357) Turner August **Schärttner**. Zeitungsausschnitte vom 1.3.1958, 21.2.1959.
(I e 2 S 4°)

(358) Hepding, Ludwig: Jacob **Schaub**. Ein polit. u. literar. engagierter Pfarrer im 19. Jh. In: JbhKgV. Bd. 44, 1993, S. 77-86.
(IX g J)

(359) Homburg, Herfried: Politische Äußerungen Louis **Spohrs**. Ein Beitr. zur Opposition Kasseler Künstler während d. kurhess. Verfassungskämpfe. In: ZVhGL. Bd 75/76, 1964/65, S. 545-568.
(IX b Z)

(360) Kleinstück, Erwin: Frankfurt und **Stein**. In: Archiv für Frankfurts Geschichte und Kunst. 5. Folge, 2. Bd. H. 1 (= H. 41 der laufenden Folge), 1953, S. 79-113.
(IX p A)

(361) Ritter, Gerhard: Der Freiherr vom **Stein** und die Idee der Selbstverwaltung. Vortrag in d. Frankfurter Paulskirche am 27. Okt. 1959 auf Einladung d. Magistrats d. Stadt Frankfurt a.M. u. d. Arbeitsgemeinschaft d. Kommunalen Spitzenverbände d. Landes Hessen. In: Archiv für Frankfurts Geschichte und Kunst. H. 47, 1960, S. 45-55.
(IX p A)

(362) Malettke, Klaus: Heinrich von **Sybel** und seine „Geschichte der Revolutionszeit" 1789-1800". In: HJbLg, Bd. 40, 1990, S. 169-191.
(IX b J)

(363) Hoffmann, Alfons: Franz **Tafel** als Mensch und als Priester <1799-1869>. In: Archiv für mittelrheinische Kirchengeschichte. Bd. 15, 1963, S. 180-207.
(IX g A)

(364) Vogt, William: Aus dem Leben eines Gießener „Staatsfeindes" von einst. Die Schicksale Carl **Vogts** nach Aufzeichn. seines Sohnes William. Aus d. Franz übers. von Gerhard Bernbeck. In: HiB. 1979, 20. u. 21. Woche.
(IX a H)

(365) Beck, Franz Wilhelm: Ein neues **Weidigbuch**. In: Hessenturner. Jg. 32, 1978, Nr. 5, S. 66.
(IX n H)

(366) Hoferichter, Carl Horst: Unbekannte Briefe Friedrich Ludwig **Weidigs**. In: AhGA. N.F. Bd. 33, 1975, S. 409-421.
(IX b A)

(367) **Weidig**, Friedrich Ludwig: Gesammelte Schriften. Hrsg. von Hans-Joachim Müller. Darmstadt: Gesellschaft Hess. Literaturfreunde 1977. 688 S. (Hessische Beiträge zur Deutschen Literatur.)
ISBN 3-7929-0155-2
(II i 1 W 4)

Der Prozeß gegen Sylvester Jordan

(368) Achterberg, Norbert: Sylvester Jordan. Leben u. Werk d. Schöpfers d. Verfassungs-Urkunde für d. Kurfürstentum Hessen von 1831. In: HJbLg. Bd. 31, 1981, S. 173-184.

(IX b J)

(369) Boden, August: Dritte Schrift zur Vertheidigung des Herrn Professors Jordan in Marburg wider seine Gegner. Frankfurt a.M.: Sauerländer 1844. 132 S.

(III f 2 J)

(370) Boden, August: Nachträge zu meiner Vertheidigung des Herrn Professors Dr. Jordan wider den Marburger Criminal-Senats. Frankfurt a.M.: Sauerländer 1843. 42 S.

(III f 2 J)

(371) Boden, August: Vertheidigung des Herrn Professors Dr. Sylvester Jordan wider das in erster Instanz... gegen ihn gefällte Erkenntniß und Widerlegung der Gründe dieses Erkenntnisses. Frankfurt a.M.: Sauerländer 1843. 32 S.

(III f 2 J)

(372) Erkenntnisse zweiter Instanz in der Untersuchungssache gegen den Bürgermeister Dr. Scheffer zu Kirchhain und Genossen wegen versuchten Hochverraths... Mit Amn. u. Acten-Auszügen zu den die Berufung d. Prof. Dr. Jordan betreff. Erkenntnissen begleitet von H.F. Eggena. Marburg: Elwert 1846. IV,IV, 155 S.

(III f 2 J)

(373) Fischer, Ferdinand: Jordan. Vertheidigungsschrift e. dt. Advokaten. Leipzig: Wigand 1844. 215 S.

(III f 2 J)

(374) Jordan, Silv[ester]: Actenstücke zum Theil mit Anm. über die Frage, ob der § 71 der kurhessischen Verfassungsurkunde auch auf den Abgeordneten der Landes-Universität anwendbar sei... Offenbach a.M. 1833: Brede. 98 S.

(III b 3 J)

(375) Jordan, Sylvester: Selbstvertheidigung Sylvester Jordan's in der wider ihn geführten Criminaluntersuchung, Theilnahme an Hochverrath betreffend. Nebst d. Appellationsschr. seines Vertheidigers C.F. Schantz u. e. Denkschr., d. Rechtfertigung d. Beschwerden... enthaltend... Mannheim: Bassermann 1844. 373 S.

(III f 2 J)

(376) Koestlin, R.: Jordan und der deutsche Inquisitionsproceß. In: Jahrbücher der Gegenwart. 2. Sem. H. 4, 1844, S. 293-388.

(III f 2 J)

(377) Nachtrag zu der von Wigand verfaßten Vertheidigung Jordan's, bestehend in einem Schreiben Bansa an P. Wigand, die Untersuchungssache gegen Jordan betreffend. Mainz: von Zabern 1844. 16 S.

(III f 2 J)

(378) Seier, Hellmut: Sylvester Jordan und die Kurhessische Verfassung von 1831. Festschr. anläßl. d. Gedenkfeier für Sylvester Jordan am 31. Okt. 1981 in d. Aula d. alten Univ. zu Marburg. Marburg: Magistrat 1981. 39 S. (Marburger Stadtschriften zur Geschichte und Kultur. 1.)

ISBN 3-9800490-1-9

(III f 2 J)

(379) Urtheil des Oberappellations-Gerichts zu Cassel in der Untersuchungssache gegen den Sylvester Jordan wegen versuchten Hochverraths. Nebst Entscheidungsgründen. Marburg: Elwert 1846. IV, 109 S.

(III f 2 J)

(380) Urtheil in der Unterschungssache gegen Scheffer, Leopold, Eichelberg, Sylvester Jordan... wegen versuchten Hochverraths beziehungsweise Beihilfe zu hochverrätherischen Unternehmungen und sonstiger Vergehen nebst den Entscheidungsgründen. Marburg: Elwert 1843. 167 S.

(III f 2 J)

(381) Wigand, Paul: Vertheidigung Jordan's. Ein Nachtrag zu dessen Selbstvertheidigung. Mannheim: Bassermann 1844. XII, 130 S.

(III f 2 J)

„Strafbayern"

(382) Erlasse über die Besatzung Hanaus durch die Bayern. Hanau 1850. 6 Bl.

(I b 3 E)

(383) Fraeb, [Walter Martin]: Bevölkerung und Militär in der Vergangenheit Hanaus. In: HGBll. Nr. 13, 1939, S. 39-56.

(IX b G)

(384) Hanna, Georg-W.: Straf-Bayern rücken ein. In: Mitteilungsblatt der Heimatstelle Main-Kinzig. Jg. 18, 1993, S. 226-257.

(IX b M)

(385) Henkel: Offenes Schreiben an den Kurhessischen General von Hanau. Dat. Cassel, im Okt. 1850. 3 S.

betr. „Strafbayern"

(II b 3 H 4°) Eigentum des Hanauer Geschichtsvereins 1844

(386) Lotz, Philipp: Die Strafbayern. Erinnerungen aus dem Jahre 1850. Zeitungsausschnitt vom März 1911.

(III b 3 L)

(387) Thyriot, Johann Peter: Beitrag zur Kulturgeschichte meiner Vaterstadt Hanau. Hanau: Selbstverl. 1910. VIII, 164 S.

darin: S. 162-163: Die Strafbayern in Hanau
(I c T)

DAX EDV-Beratung

Axel Duchac, Hermann-Löns-Straße 7
63477 Maintal
Tel. 0 61 81 / 44 16 51 • Fax 44 16 53

Kaufmännische Software vom Spezialisten:

Warenwirtschaft, Faktura •
Buchhaltung • PPS • Lohn & Gehalt

Ihr Partner für **sage**-KHK-Software • Schulung, Betriebsorganisation,
Support, Vertrieb

Sie suchen einen Software-Partner? Bei uns sind Sie richtig!
Rufen Sie uns an!

Festschrift zum Jubiläum
Das Buch enthält 20 Beiträge
verschiedener Autoren zum Thema
und den Katalog zur Sonderausstellung im Museum Hanau,
Schloß Philippsruhe (1997).
400 Seiten, reich bebildert. **DM 58,-**

stadtzeit
Reise durch Hanaus Geschichte
Populäres Geschichtsmagazin
anläßlich des Jubiläums.
Über 50 Beiträge, reich bebildert,
A 4 Format, 228 Seiten. **DM 12,50**

400 Jahre Jubiläum
der Wallonisch-Niederländischen Gemeinde
und Neustadt Hanau 1597 - 1997

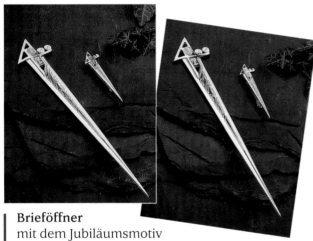

Anstecknadel
mit dem
Jubiläumsmotiv
Silber, L 6,5 cm,
DM 75.-

T-Shirt (o. Abb.)
mit dem Jubiläumsmotiv,
schwarz, farbiger Auf-
druck, **DM 20,-**

HANAUER PORTRAITS

JOCHEN STENGER

Brieföffner
mit dem Jubiläumsmotiv
Silber, L 21 cm, **DM 140.-**
Gold plattiert, **DM 89,-**

Bierkrüge
Sammlerkrüge, Porzellan,
vier Motive Hanaus aus dem
vorigen Jahrhundert, limitierte
Auflage je 400 Exemplare.
Ein Krug DM 25,-, Set von vier
Exemplaren **DM 90,-**

Hanauer Portraits
Katalog zur Sonderausstellung im
Foyer des Neustädter Rathauses
im Rahmen des Stadtjubiläums.
40 fotografische Portraits und
Text von Jochen Stenger.
A4 Format, 100 Seiten. **DM 28,-**

Zu beziehen über:
Museum Hanau, Schloß Philippsruhe, Museumskasse oder Museen-
verwaltung Hanau, Tel 0 61 81 / 2 02 09, Fax 0 61 81 / 25 79 39 oder
Verkehrsbüro Marktplatz Hanau.

Peter Soreau wurde am 17. Oktober 1604 in Hanau als Zwillingsbruder des Isaak und als einer von fünf Söhnen des Hanauer Bürgers Daniel Soreau aus Antwerpen geboren. 1637 übersiedelte er nach Frankfurt. Im gleichen Jahr heiratete er Maria von der Haecken. Als seine Frau 1672 starb, wurde sie als Witwe eingetragen, so daß Peter Soreau vor 1672 gestorben sein muß.

Die Zwillingsbrüder Isaak und Peter Soreau lernten in der Werkstatt des Vaters in Hanau, die dieser von 1597 bis zu seinem Tod 1619 betrieben hatte. Danach übernahm sein Lehrling Sebastian Stoskopff aus Straßburg die Leitung der Werkstatt, in der auch Peter Binoit und Francesco Codino (Franz Godin) arbeiteten und in der auch Joachim von Sandrart lernte.

Somit bildete sich in der von niederländischen Glaubensflüchtlingen 1597 gegründeten Neustadt Hanau eine Schule der frühen deutschen Stillebenmalerei. Die Herkunft der miteinander verwandten und versippten Stillebenmaler und ihre anhaltenden weiteren Beziehungen zu den niederländischen Stammlanden ihrer Familien brachten eine enge Verknüpfung der Motive und Bildinhalte

Peter Soreau
Hanau 1604 - vor 1672

mit den vorbildlichen Gemälden der flämischen und holländischen frühen Stillebenmalerei, so etwa zu den Bildern der Clara Peters, Roelant Savery und Jan Breughel des Älteren. Auch Stilleben von Franz Snyders müssen in Hanau bekannt gewesen sein. (Professor Dr. Gerhard Bott)

Das Gemälde „Früchtestilleben mit Nelken" ist innerhalb der bekannten fünf Gemälde des Peter Soreau von bestechender Qualität und gehört zweifelsfrei zu den bedeutenden Bildern der frühen deutschen Stillebenmalerei.

Der Ankauf diese Gemäldes von Peter Soreau schließt eine wichtige Lücke im Gemäldebestand des Museums Hanau, ist es doch das erste Gemälde der in der Hanauer Kunstgeschichte bedeutendsten Malerfamilie.

Wenn Sie uns bei unseren Bemühungen, den Ankauf zu ermöglichen, unterstützen möchten, spenden Sie bitte auf die Konten der Stadtkasse Hanau bei allen Hanauer Banken und Sparkassen unter dem Stichwort Peter Soreau und der Haushaltstelle 2.3211.3660.00.3.

Spendenquittungen werden selbstverständlich ausgestellt.

Früchtestilleben mit Nelken, Öl auf Holz, 43,2 x 53 cm, Monogrammiert und datiert: PS (ligiert) 1637.

Kultur in Hanau

MÄRZ

Dienstag, 3. März, 20.00 Uhr
Comoedienhaus Wilhelmsbad
Fisch zu viert
Kriminalkomödie

Mittwoch, 4. März, 20.00 Uhr
Comoedienhaus Wilhelmsbad
Fisch zu viert
Kriminalkomödie

Samstag, 7. März, 20.00 Uhr
Comoedienhaus Wilhelmsbad
Fisch zu viert
Kriminalkomödie

Sonntag, 8. März, 20.00 Uhr
Comoedienhaus Wilhelmsbad
Fisch zu viert
Kriminalkomödie

Montag, 9. März, 20.00 Uhr
Stadthalle Hanau
Kabale und Liebe
Schauspiel

Dienstag, 10. März, 20.00 Uhr
Stadthalle Hanau
Orchester des Pfalztheaters
Kaiserslautern
Sinfoniekonzert

Mittwoch, 11. März, 20.00 Uhr
Comoedienhaus Wilhelmsbad
Fisch zu viert
Kriminalkomödie

Donnerstag, 12. März, 20.00 Uhr
Comoedienhaus Wilhelmsbad
Fisch zu viert
Kriminalkomödie

Donnerstag, 12. März, 20.00 Uhr
Stadthalle Hanau
So ein Schlitzohr
Schauspiel

Freitag, 13. März, 20.00 Uhr
Comoedienhaus Wilhelmsbad
Fisch zu viert
Kriminalkomödie

Samstag, 14. März, 19.00 Uhr
Comoedienhaus Wilhelmsbad
Fisch zu viert
Kriminalkomödie

Sonntag, 15. März, 17.00 Uhr
Comoedienhaus Wilhelmsbad
Fisch zu viert
Kriminalkomödie

Mittwoch, 18. März, 20.00 Uhr
Stadthalle Hanau
Don Carlos, Infant von Spanien
Schauspiel

Donnerstag, 19. März, 10.00 und
15.00 Uhr
Comoedienhaus Wilhelmsbad
Der Müllartist
Kindertheater ab 3 Jahren

Freitag, 20. März, 20.00 Uhr
Comoedienhaus Wilhelmsbad
Improvisationstheater Spring-
maus
„Der Wahnsinn geht weiter"

Samstag, 21. März, 11.00 Uhr
Comoedienhaus Wilhelmsbad
14. Fabulierwettbewerb
Hanauer Schulen 1997/98

Dienstag, 24. März, 20.00 Uhr
Stadthalle Hanau
Im Dickicht der Städte
Stück von Bertolt Brecht

Donnerstag, 26. März, 20.00 Uhr
Stadthalle Hanau
Robert Kreis & die Extra Vaganten
20er-Jahre-Revue

Dienstag, 31. März, 20.00 Uhr
Stadthalle Hanau
Liebe auf spanisch
Komödie

APRIL

Mittwoch, 1. April, 20.00 Uhr
Stadthalle Hanau
Ein Stück meines Lebens
Schauspiel

Donnerstag, 2. April, 20.00 Uhr
Comoedienhaus Wilhelmsbad
Rob Spence
„Just Kidding", Comedy

Montag, 6. April, 20.00 Uhr
Stadthalle Hanau
Giselle
Ballett

Dienstag, 21. April, 20.00 Uhr
Stadthalle Hanau
Fidelio
Oper

Dienstag, 21. April, 20.00 Uhr
Comoedienhaus Wilhelmsbad
Shirley Valentine oder die Heilige
Johanna der Schlachthöfe
Schauspiel

Mittwoch, 22. April, 20.00 Uhr
Stadthalle Hanau
Opus 5 und Das kriminelle Kind
Ballett

Samstag, 25. April, 19.00 Uhr
Stadthalle Hanau
Die Hochzeit des Figaro
Oper

Samstag, 25. April, 20.00 Uhr
Comoedienhaus Wilhelmsbad
On Stage
Künstlernachwuchs auf der
Showbühne

Sonntag, 26. April, 17.00 Uhr
Stadthalle Hanau
Die Hochzeit des Figaro
Oper

Dienstag, 28. April, 20.00 Uhr
Stadthalle Hanau
Ball im Savoy
Operette

Donnerstag, 30. April, 20.00 Uhr
Comoedienhaus Wilhelmsbad
Charlie Mariano's Nassim
Konzert

MAI

Donnerstag, 7. Mai, 20.00 Uhr
Comoedienhaus Wilhelmsbad
Jo van Nelsen
Lieder und Texte entlang der
deutschen Schmerzgrenze

Freitag, 8. Mai, 20.00 Uhr
Stadthalle Hanau
Kiss me Kate
Musical

Samstag, 9. Mai, 19.00 Uhr
Stadthalle Hanau
Kiss me Kate
Musical

JUNI

Freitag, 12.Juni - Sonntag, 14. Juni
Marktplatz
Lamboyfest

JULI und AUGUST

Donnerstag, 9. Juli - Samstag,
1. August
Hanauer Kultursommer

SEPTEMBER

Donnerstag, 17. September,
20.00 Uhr
Comoedienhaus Wilhelmsbad
Minna von Barnhelm
Lustspiel

Freitag, 18. September, 20.00 Uhr
Comoedienhaus Wilhelmsbad
Minna von Barnhelm
Lustspiel

Samstag, 19. September, 20.00 Uhr
Comoedienhaus Wilhelmsbad
Minna von Barnhelm
Lustspiel

Sonntag, 20. September, 17.00 Uhr
Comoedienhaus Wilhelmsbad
Minna von Barnhelm
Lustspiel

Montag, 21. September, 20.00 Uhr
Comoedienhaus Wilhelmsbad
Minna von Barnhelm
Lustspiel

Dienstag, 22. September,
20.00 Uhr
Comoedienhaus Wilhelmsbad
Minna von Barnhelm
Lustspiel

Mittwoch, 23. September,
20.00 Uhr
Comoedienhaus Wilhelmsbad
Minna von Barnhelm
Lustspiel

Donnerstag, 24. September,
20.00 Uhr
Comoedienhaus Wilhelmsbad
Minna von Barnhelm
Lustspiel

Freitag, 25. September, 20.00 Uhr
Comoedienhaus Wilhelmsbad
Minna von Barnhelm
Lustspiel

Samstag, 26. September,
20.00 Uhr
Comoedienhaus Wilhelmsbad
Die Herkuleskeule
Dresdens Kabarett-Theater

Samstag, 26. September,
19.00 Uhr
Stadthalle Hanau
Altweibersommer
Schauspiel

Montag, 28. September, 20.00 Uhr
Stadthalle Hanau
Paganini
Operette

Mittwoch, 30. September,
20.00 Uhr
Stadthalle Hanau
Dorian Gray
Musical

OKTOBER

Freitag, 2. Oktober, 20.00 Uhr
Stadthalle Hanau
Das Jahr der Könige
Sorbische Legenden

Mittwoch, 7. Oktober, 20.00 Uhr
Stadthalle Hanau
Comedian Harmonists
Gesangsensemble der 20er Jahre

Donnerstag, 8. Oktober, 20.00 Uhr
Comoedienhaus Wilhelmsbad
Die Leiden des jungen Werther
Schauspiel

Samstag, 17. Oktober, 17.00 Uhr
Stadthalle Hanau
Judy
Schauspiel mit Musik

Sonntag, 18. Oktober, 20.00 Uhr
Comoedienhaus Wilhelmsbad
Acis und Galatea
Kammeroper

Montag, 19. Oktober, 20.00 Uhr
Comoedienhaus Wilhelmsbad
Acis und Galatea
Kammeroper

Mittwoch, 21. Oktober, 20.00 Uhr
Comoedienhaus Wilhelmsbad
Acis und Galatea
Kammeroper

Donnerstag, 22. Oktober,
20.00 Uhr
Comoedienhaus Wilhelmsbad
Acis und Galatea
Kammeroper

Donnerstag, 22. Oktober,
20.00 Uhr
Christuskirche Hanau
The Jackson Singers
Gospelkonzert

Samstag, 24. Oktober, 20.00 Uhr
Comoedienhaus Wilhelmsbad
Acis und Galatea
Kammeroper

Sonntag, 25. Oktober, 20.00 Uhr
Comoedienhaus Wilhelmsbad
Acis und Galatea
Kammeroper

Mittwoch, 28. Oktober, 20.00 Uhr
Stadthalle Hanau
Mama, I want to sing
Musical

Samstag, 31. Oktober, 20.00 Uhr
Comoedienhaus Wilhelmsbad
Clown-Comedy-Show
Meisterstücke v. d. Clownschule
Hannover

NOVEMBER

Mittwoch, 4. November,
20.00 Uhr
Stadthalle Hanau
Faust
Oper

Donnerstag,
5. November, 20.00 Uhr
Stadthalle Hanau
Faust
Oper

Freitag, 6. November,
20.00 Uhr
Comoedienhaus
Wilhelmsbad
Kabarettgruppe
Die Gestörte
Philippsruhe
Premiere - Neues
Programm

Dienstag, 10. November,
20.00 Uhr
Kammermusiksaal
Stadthalle Hanau
Das Notwendige und
das Überflüssige
oder Die Freiheit in Krähwinkel
Grotesk-absurdes Volkstheater

Mittwoch, 11. November,
20.00 Uhr
Stadthalle Hanau
Rigoletto
Oper

Samstag, 14. November, 20.00 Uhr
Comoedienhaus Wilhelmsbad
Fast ein Poet
Schauspiel

Sonntag, 15. November, 19.00 Uhr
Comoedienhaus Wilhelmsbad
Fast ein Poet
Schauspiel

Montag, 16. November, 20.00 Uhr
Comoedienhaus Wilhelmsbad
Fast ein Poet
Schauspiel

Dienstag, 17. November,
20.00 Uhr
Comoedienhaus Wilhelmsbad
Fast ein Poet
Schauspiel

Donnerstag, 18. November,
20.00 Uhr
Stadthalle Hanau
Der Wildschütz
Oper

Mittwoch, 19. November,
20.00 Uhr
Comoedienhaus Wilhelmsbad
Fast ein Poet
Schauspiel

Freitag, 20. November, 20.00 Uhr
Comoedienhaus Wilhelmsbad
Fast ein Poet
Schauspiel

Freitag, 20. November, 20.00 Uhr
Stadthalle Hanau
Lucia di Lammermoor
Oper

Samstag, 21. November,
20.00 Uhr
Comoedienhaus Wilhelmsbad
Fast ein Poet
Schauspiel

Samstag, 21. November,
20.00 Uhr
Stadthalle Hanau
Lucia di Lammermoor
Oper

Sonntag, 22. November, 15.00 Uhr
Stadthalle
Der gestiefelte Kater
Kindertheater

DEZEMBER

Donnerstag, 3. Dezember,
20.00 Uhr
Comoedienhaus Wilhelmsbad
Gardi Hutter
Clownin/Schweiz

Freitag, 4. Dezember, 20.00 Uhr
Stadthalle Hanau
Hänsel und Gretel
Märchenoper

Donnerstag, 10. Dezember,
20.00 Uhr
Stadthalle Hanau
Kennen Sie die Milchstraße?
Tragikomödie

Freitag, 11. Dezember, 20.00 Uhr
Comoedienhaus Wilhelmsbad
Wer trägt schon rosa Hemden?
Komödie

Freitag, 11. Dezember, 20.00 Uhr
Stadthalle Hanau
Der Zigeunerbaron
Operette

Samstag, 12. Dezember, 20.00 Uhr
Comoedienhaus Wilhelmsbad
Wer trägt schon rosa Hemden?
Komödie

Samstag, 12. Dezember, 17.00 Uhr
Stadthalle Hanau
Der Zigeunerbaron
Operette

Sonntag, 13. Dezember, 20.00 Uhr
Comoedienhaus Wilhelmsbad
Wer trägt schon rosa Hemden?
Komödie

Montag, 14. Dezember, 20.00 Uhr
Comoedienhaus Wilhelmsbad
Wer trägt schon rosa Hemden?
Komödie

Dienstag, 15. Dezember, 20.00 Uhr
Comoedienhaus Wilhelmsbad
Wer trägt schon rosa Hemden?
Komödie

Mittwoch, 16. Dezember,
20.00 Uhr
Comoedienhaus Wilhelmsbad
Wer trägt schon rosa Hemden?
Komödie

Donnerstag, 17. Dezember,
20.00 Uhr
Comoedienhaus Wilhelmsbad
Wer trägt schon rosa Hemden?
Komödie

Freitag, 18. Dezember, 20.00 Uhr
Comoedienhaus Wilhelmsbad
Wer trägt schon rosa Hemden?
Komödie

Freitag, 18. Dezember, 20.00 Uhr
Stadthalle Hanau
The Phantasy Musical-Gala
Walt Disney's schönste Songs aus
Film und Musical

Samstag, 19. Dezember, 17.00 Uhr
Comoedienhaus Wilhelmsbad
Wer trägt schon rosa Hemden?
Komödie

Spielplan
XIV. Brüder-Grimm-Märchenfestspiele Hanau 1998
vom 6. Juni bis 2. August

„Der Froschkönig"
„Der alte Sultan"
„Rotkäppchen"
„Aschenputtel" (Musical)

Der Froschkönig

Sa	06. Jun	20:30			(Premiere)
So	07. Jun	16:00	+	18:00	
Sa	04. Jul	16:00	+	20:30	
So	05. Jul	16:00	+	18:00	
Sa	18. Jul	16:00	+	20:30	
Fr	24. Jul	16:00	+	20:30	
Fr	31. Jul	16:00	+	20:30	

Der alte Sultan

Fr	12. Jun	20:30			(Premiere)
Sa	13. Jun	16:00	+	20:30	
So	14. Jun	16:00	+	18:00	
Fr	03. Jul	16:00	+	20:30	
Fr	17. Jul	16:00	+	20:30	
So	26. Jul	16:00	+	18:00	
Do	30. Jul	16:00	+	20:30	

Rotkäppchen

Fr	19. Jun	20:30			(Premiere)
Sa	20. Jun	16:00	+	20:30	
So	21. Jun	16:00	+	18:00	
Fr	10. Jul	16:00	+	20:30	
So	19. Jul	16:00	+	18:00	
Sa	25. Jul	16:00	+	20:30	

Aschenputtel (Musical)

Fr	26. Jun	20:30			(Premiere)
Sa	27. Jun	16:00	+	20:30	
So	28. Jun	16:00	+	18:00	
Sa	11. Jul	16:00	+	20:30	
So	12. Jul	16:00	+	18:00	
Do	23. Jul	16:00	+	20:30	
Sa	01. Aug	16:00	+	20:30	
So	02. Aug	16:00	+	18:00	

Änderungen vorbehalten!

Eintrittspreise: Erwachsene DM 15,-; Kinder (3-14 J.) DM 11,-;
Gruppen (ab 20 Pers.) DM 11,-

Vorverkaufsbeginn: 1.4.98

Vorverkaufsstellen:
Hanau: Amtl. Verkehrsbüro, Am Markt 14, Tel. (06181) 252400; Volksbühne Hanau, Nürnberger Str. 2, Tel. 20144; Reisebüro Christe, Lindenstr.1, Tel. 25030, Kaufhaus Hertie, Am Freiheitsplatz
Frankfurt: Top Ticket im Hessencenter, Tel. (06109) 733333
Offenbach:Verkehrsbüro Offenbach-Information, Stadthof 17, Tel. (069) 8065-2052
Versandkarten: Tel. (06181) 24650

Informationen: Festspielbüro Tel. (06181) 24670 + 24677, Fax (06181) 24671

Kulturamt
Hanau

Mercedes-Benz
Niederlassung Frankfurt/Offenbach
Partner der Märchenfestspiele

Kommunikation

Ideen

Träume

Informationen

Dimensionen

Sprache

neue

Medien

Öffnungszeiten

Hauptstelle
Dienstag	10.30 – 18.00 Uhr
Mittwoch	10.30 – 18.00 Uhr
Donnerstag	10.30 – 17.00 Uhr
Freitag	10.30 – 18.00 Uhr

Landeskundliche Abteilung
Dienstag	9.00 – 12.00 Uhr
Mittwoch	9.00 – 12.00 Uhr
	und 13.30 – 18.00 Uhr
Donnerstag	9.00 – 12.00 Uhr
Freitag	9.00 – 12.00 Uhr
	und 13.30 – 18.00 Uhr

Zweigstelle Großauheim
Dienstag	15.00 – 18.00 Uhr
Mittwoch	15.00 – 18.00 Uhr
Donnerstag	15.00 – 17.00 Uhr
Freitag	15.00 – 18.00 Uhr

Stadtbibliothek Hanau

Hauptstelle
Schloßplatz 2
63450 Hanau
Telefon 29 59 14

Zweigstelle Großauheim
Alte Langgasse 9
63457 Hanau
Telefon 5 29 29

Kulturamt
Hanau

Stuttgarter Bilderbogen, Jahn, 1848

Jubiläumsmedaille
150 Jahre Revolution und Turnerbewegung Hanau 1848

Ausführung:
999/Feinsilber
35 mm Ø, 20 g
DM 59,50 / St. (inkl. Etui)

vorbehaltlich evtl. Kursänderungen

Den Feingehalt garantiert die Firma Heraeus Kulzer GmbH, Hanau

AUGUST SCHÄRTTNER (1817 – 1859)

Schärttner war ein begeisterter Turner und übernahm 1841 die Leitung der Hanauer Turngemeinde. Er machte das Turnen in der Stadt populär und richtete 1843 einen Turntag an der Ehrensäule aus; auch das Feldbergturnfest 1844 begründete er mit. Von großer Bedeutung ist der erste deutsche Turntag, den Schärttner vom 2. bis zum 4. April 1848 in der Wallonischen Kirche organisierte, denn hier erfolgte die Gründung des Deutschen Turnerbundes. Am 2. Juli 1848 fand auch der zweite deutsche Turntag in Hanau statt. August Schärttner war einer der Unterzeichner des „Hanauer Ultimatums" und arbeitete in der Volkskommission mit. Als militärischer Anführer leitete er die Hanauer Turnerwehr bei ihrem Zug nach Baden. Nach der Niederlage des Volksheers ging Schärttner ins Schweizer Exil, von wo aus er über Frankreich nach London reiste. Dort betrieb er die Gastwirtschaft „Zum deutschen Haus", die ein beliebter Treffpunkt deutscher Flüchtlinge wurde.

CARL RÖTTELBERG (1793 – 1869)

Carl Röttelberg, Teilnehmer der Befreiungskriege, war Führer der Arbeiterfreischaren, die neben der Bürgergarde und der Turnerwehr die Verteidigung und die öffentliche Ordnung Hanaus in der Revolutionszeit 1848/49 sicherstellten. Er gehört zu den Unterzeichnern des „Hanauer Ultimatums", mit dem der Kurfürst in Kassel gezwungen wurde, den Bürgern wichtige Rechte wie Presse- und Versammlungsfreiheit zuzugestehen. Auch in der Volkskommission, einer von den Einwohnern Hanaus gewählten kommunalen Führungsgruppe, wirkte er mit. Aufgrund seines politischen Engagements und seiner militärischen Leitungsposition zählt Carl Röttelberg zu den herausragenden Gestalten des revolutionären Hanau.

Erhältlich bei

Sparkasse Hanau
Städt. Verkehrsbüro
Museum Schloß Philippsruhe